센스 경영학

유순근

JINSAEM 진샘미디어

서 문

No man is born wise(Miguel de Cervantas).

The best way to predict the future is to invent it(Alan Kay).

기업의 생존과 성장은 이해관계자들과의 신뢰관계가 구축될 때 가능하다. 이것은 기업이 주주, 채권자, 공급자, 종업원, 고객, 사회와 국가와 상호 동반자 관계이기 때문이다. 기업은 이해관계자들과 상호작용하면서 생존하고 발전한다. 사회의 한 구성원인 기업은 사회의 다른 구성원들과 관계를 유지하고 에너지를 교환한다. 기업은 소비자가 원하는 제품이나 서비스를 제공하고, 반대급부로 소비자들로부터 이익을 획득하는 조직이다. 고객들에게는 양질의 제품을 적정한 가격에 공급하고, 종업원들에게는 우수한 근무환경과 급여를 제공하고, 사회에는 기업의 이익을 환원하고, 정부에는 사회복지와 국민경제의 향상을 위한 세금을 납부한다. 따라서 기업은 이러한 환경 시스템에서 에너지를 공급하고, 제공받는 유기체이다.

기업의 본질적인 목적은 이윤추구이다. 그러나 기업은 이윤을 추구하는 경제주체이지만, 경제적, 사회적, 인간적, 그리고 국가적 목적 등을 동시에 수행하고, 이해관계자들과 상호 의존하는 조직이다. 이러한 목적의 달성은 기업이 꾸준한 성장과 탁월한 이익을 창출할 때 가능하다. 이러한 기업을 운영하는 것은 사람이다. 기업은 경영이고, 경영은 사람이다. 경영은 공식적으로 조직된 집단에 있는 사람들과 함께, 그리고 통해서 일을 이루게 하는 기술이다. 경영은 효율성과 효과성을 달성하기 위해 조직의 인적, 재무, 물적, 그리고 정보자원을 계획, 조직, 지휘와 통제하는 과정이다. 경영은 과학인 동시에 기술이고, 이를 실천하는 것은 사람이다. 따라서 기업을 경영하기 위해서는 경영이론과 실무기술을 습득해야 한다. 바로 이러한 점이 경영학을 배우는 이유이다.

기업은 국내 또는 해외의 치열한 경쟁환경에서 생존해야 한다. 경영자들은 기업의 목표를 설정하고, 전략을 계획하고, 자원을 할당하고, 과업을 수행한다. 그러나 경영환경은 일정한 것이 아니라 항상 변하고, 사회환경의 변화는 기업에 기회와 위협으로 예기치 않게 나타난다. 따라서 기업은 예상치 못한 경영문제를 신속하게 발견하고, 목표가 수행되는 과정을 통제하고, 적절한 조치를 취해야 한다. 따라서 경영자는 현재의 상황을 분석하고, 미래를 예측하는 능력과 발생한 문제를 적절하게 해결하는 능력이 요구된다. 또한 경영자는 대인관계, 정보관리와 의사결정 역할을 수행해야 한다. 이러한 역할을 수행하기 위해서는 경영자는 전문기술, 인간기술, 개념기술, 진단기술과 분석기술이 필요하다. 기업경영에 필요한 인간과 기업에 관한 지식과 기술을 다루는 학문이 바로 경영학이다.

경영학은 기업을 떠나서 존재할 수 없다. 대부분의 경영학 이론은 기업실무에서 연구되고 체계화되었다. 본 센스경영학은 경영학 이론과 기술을 다루는 경영학 입문서이다. 경영학을 공부하는 대학생이나 산업계에서 경영자가 되기 위해 전반적인 경영학 이론을 체계화하려는 실무자들을 위해 기업경영에 적용할 수 있는 경영학 이론과 실무기법을 체계적으로 정리한 경영학 원론이다. 본 센스경영학은 저자가 그 동안 산업계와 학계에서 종사한 경험과 연구를 토대로 집필한 저서이다. 그 동안 저자는 창의적 신제품개발, 기업가정신과 창업경영, 중소기업 마케팅, 신상품 마케팅, 비즈니스 커뮤니케이션, 센스마케팅, 서비스 마케팅, 창업 온·오프 마케팅 등 많은 저술활동을 해왔다. 따라서 본 센스경영학은 이러한 저술의 결정판이라고 할 수 있다. 경영학 원론은 다소 방대한 분야를 다루고 있지만, 본서에서는 간결하나 충실하게 경영학 이론과 기법을 정리하였다. 특히 서술 내용에 적합한 사례를 제시하여 이론과 실무 간의 간격을 축소하고, 학습의 효과를 높일 수 있도록 편집하였다.

제목에서도 알 수 있듯이 센스경영학은 경영학의 전반적인 부분을 다루고 있지만, 최근의 연구성과와 기법을 알기 쉽게, 깊이 있게 설명하는데 중점을 두었다. 센스경영학은 총 14장으로 구성되어있다. 즉, 제1장은 기업, 경영과 경영자, 제2장은 경영학 사상, 제3장은 경영환경, 경영계획과 전략경영, 제4장은 기업형태, 제5장은 기업가 정신과 창업, 제6장은 경영의사결정, 제7장은 경영조직, 제8장은 인적자원관리, 제9장 동기부여와 리더십, 제10장은 경영통제, 제11장은 성격과 커뮤니케이션, 제12장은 마케팅 관리, 제13장은 생산관리와 지식경영, 제14장은 회계와 재무관리로 구성되어있다. 각 장마다 전체 주제에 대한 통찰력을 얻을 수 있는 사례를 Insight에 제시하였고, 본문을 더 잘 이해할 수 있는 사례를 Sense에 실어 학습효과를 높이도록 하였다. 이러한 사례들이 집필 당시에는 최근의 것이지만, 시간이 흐르면서 진부하거나 더 적절한 사례가 발생할 것으로 본다.

본 센스경영학이 경영학을 처음으로 배우는 학생들이나 경영학 이론과 기법을 심층적으로 연구하려는 산업계 실무자들에게 경영학 학습의 길잡이가 되었으면 한다. 앞으로도 본서를 통하여 실무에 유용하고, 적용할 수 있는 최신의 경영학 이론, 기법과 사례를 소개할 것이며, 아울러 독자 제현들의 많은 조언과 충고를 부탁드린다. 끝으로 본서를 출판해주신 도서출판 진샘미디어의 김경태 이사님과 편집을 해주신 손명선 실장님께 감사를 드린다.

2017년 2월

유 순 근

차 례

CHAPTER 03 경영환경, 경영계획과 전략경영

CHAPTER 04 기업형태

CHAPTER 05 기업가 정신과 창업

CHAPTER 06 경영의사결정

CHAPTER 07 경영조직

CHAPTER 08 인적자원관리

CHAPTER 09 동기부여와 리더십

CHAPTER 10 경영통제

CHAPTER 11 성격과 커뮤니케이션

CHAPTER 12 마케팅 관리

Chapter 01

기업, 경영과 경영자

Insight 1

직장인의 별은 역시 임원(任員)

■ 삼성전자 1,071명 임원

삼성전자 1,071명 임원 중 고졸 신화는 1명, 최연소는 인도인이다. 임원이 되면 연봉이 2~3배 오르고, 개인 사무실에 비서, 법인차량까지 제공된다. 국내 시가총액 1위 기업인 삼성전자의 임원은 '별 중의 별'이다. 삼성전자는 매년 신규임원을 대상으로 합숙교육을 한 뒤, 교육 마지막 날 만찬을 하며 만찬장에는 이건희 회장이나 이재용 부회장 등 오너 일가가 참석하는 것으로 유명하다. 삼성전자 임원의 나이는 젊은 편이다. 2016년 3분기 기준으로는 삼성전자 임원 평균 나이는 51세다. 기업분석 전문 업체 한국CXO연구소가 조사한 국내 100대 기업 임원 평균나이 53.5세보다도 2.5살 어리다.

■ 최고령은 이건희, 최지성

2016년 3분기 기준 삼성전자 임원의 숫자는 총 1,071명이다. 이 가운데 30대 임원은 1명(0.09%)뿐이다. 지난해에는 총 3명의 30대 임원이 있었지만, 이지수 무선 개발1실 담당임원(1976년생), 김홍석 소프트웨어센터 담당임원(1976년생)이 40대가 되면서 30대 임원 명단에서 제외됐다. 삼성전자의 최연소 임원이자 유일한 30대 임원은 누구일까? 그 주인공은 지난 2014년 3분기 33세의 나이로 임원이 된 프라나브 미스트리(Pranav Mistry) 리서치아메리카(SRA) 상무(35)다. 미스트리 상무는 인도 출신 천재 과학자로 지난 2012년 삼성전자에 입사했다. 미국 매사추세츠공과대학(MIT) 박사 출신이며, 삼성 기어S2 UX(사용자경험) 기술을 구현한 싱크탱크팀을 이끌었다.

■ 미스트리 상무, 3년째 최연소 30대 임원

미스트리 상무는 구글의 래리 페이지와 페이스북의 마크 저커버그 등과 함께 MIT가 발간하는 기술잡지 '테크놀로지리뷰'가 선정한 '세계에서 가장 영향력 있는 젊은 과학자 35명'에 선정됐다. 2014년 미국 샌프란시스코에서 열린 삼성개발자회의에 등장한 '360도 입체 카메라'도 미스트리 상무의 작품이다. 미스트리 상무는 세상에 없던 제품을 만들어내며 삼성의 이미지를 '퍼스트 무버(선도자)'로 바꾸는 데 기여한 점을 인정받았다.

■ 유일한 고졸신화 황대환 상무…마이스터고 우대에 고졸 신화

삼성전자 임원의 데이터를 보면 석사 비중은 전년과 같은 23.1%(332명)이고, 박사 비중은 지난해 29.2%에서 올해 31.2%(274명)로 2% 포인트 증가했다. 삼성전자에 고학력자의 비중이 늘고 있지만, 고졸신화를 쓴 인물도 있다. 지난해 임원으로 승진한 황대환 무선 글로벌제조센터 담당임원 상무가 그 주인공이다. 황 상무는 수도전기공고가 배출한 첫 임원이다. 수도전기공고는 전기, 토목 분야의 기술자를 양성하기 위해 설립됐다. 졸업생 대부분이 철도국, 체신국, 전업회사 등에 취업하는 등 명문 공고다. 수도전기공고는 1977년 한국전력 사원 양성을 위한 특수목적 공업고등학교로 지정됐다. 이를 통해 수도전기공고 졸업생 가운데 많은 학생이 한국전력으로 취업하고 있다. 삼성전자도 수도전기공고 출신 학생들을 우선 채용하는 프로그램을 운영하고 있다. 삼성전자는 채용 예정자 학생들을 위해 학기 중에 '삼성전자 맞춤형 방과 후 학교' 수업을 진행하고, 방학에는 현장실습 프로그램을 운영하고 있다. 선발된 학생들은 졸업과 동시에 정식 직원으로 입사하게 된다.

■ 女임원 비중 애플의 4분의 1 수준

왼쪽부터 이영희 무선사업부 마케팅팀장 부사장, 하혜승 무선 Global Mobile 기업 간 거래(B2B)팀 담당임원 전무, 한승희 영상전략마케팅팀 마케팅그룹장 상무이다. 삼성전자의 부족한 여성임원 비중은 삼성전자가 글로벌 기업으로서 해결해야 할 과제로 꼽힌다. 공대 출신이 대다수라는 정보기술(IT) 제조업계 특성을 감안하더라도 지나치게 남성 위주로 임원 인력이 구성됐다는 게 업계의 평가다. 삼성전자 전체 임원 1,071명 가운데 여성임원은 46명으로, 약 4.3%의 비중을 차지하고 있다. 지난해 3분기 49명에서 3명이 줄었다. 이는 경쟁사인 애플을 비롯해 미국 IT기업들과의 차이가 크다.

출처: 조선비즈 2016.11.17

Chapter 01

기업, 경영과 경영자

제1절 기업

1. 기업의 활동

시장에는 이용할 수 있는 다양한 상품이 있고, 사람들은 필요할 때 상품을 구매할 수 있다. 이러한 상품들이 시장에서 어떻게 판매되는가? 누가 이러한 상품을 생산하고, 누가 판매하는가? 모든 상품들은 특정한 장소에서 생산되고, 생산지로부터 판매점까지 누군가가 이동시킨다. 상품의 생산과 판매활동은 이익을 추구하는 사람들에 의해서 수행된다. 상품의 생산, 유통, 구매나 판매이든 각 활동은 금전적 이득이 기대되고, 계속적으로 수행된다. 이처럼 기업활동은 상품과 서비스의 생산, 유통, 구매와 판매를 통해 영리를 획득하는 목적으로 정기적으로 수행되는 인간활동이다. 따라서 기업활동은 영리를 추구하려는 목적으로 상품과 서비스의 정기적인 생산이나 구매, 이전과 교환활동이다.

1) 기업의 활동

기업(business)은 소비자가 원하는 제품이나 서비스를 제공하고, 반대급부로 이익을 창출하는 조직이다. 이러한 기업활동은 인간이 수행하는 인간활동인 동시에 경제적 활동이다. 기업은 한 사람 이상이 최소한의 노력, 시간과 자원을 투입하고, 최대한의 결과를 얻는 영리를 추구하는 조직된 실체이다. 인간이 수행하는 활동은 영리를 목적으로 수행하는 경제적 활동과 어떤 만족을 얻기 위해 수행하는 비경제적 활동이 있다.

- 경제적 활동(economic activities): 이익을 얻기 위한 목적으로 수행하는 활동이다. 예를 들면, 농부들이 곡물을 재배하여 판매하고, 공장 근로자들이 작업을 하여 임금을 받고, 사업가들이 제품이나 서비스를 생산하고, 판매를 통해서 수입을 얻는다.

■ 비경제적 활동(non-economic activities): 이익을 얻기 위해서가 아니라 어떤 만족을 얻기 위해서 수행하는 활동이다. 이러한 활동은 사회적 의무, 신체적 단련이나 오락을 위해서 수행된다. 홍수나 지진의 피해자들에게 구제를 제공하고, 스포츠 활동에 참여하고, 정원을 가꾸고, TV를 시청하는 사람들은 비경제적 활동의 예이다.

| 표 1-1 | 경제적 활동과 비경제적 활동의 차이

기준	경제적 활동	비경제적 활동
목적	이익동기	사회적・심리적 동기
산출물	부와 자산	만족과 행복
고려사항	희소한 경제적 자원의 합리적 사용	정서적 이유

2) 경제적 활동의 유형

제조회사는 고객들이 욕구를 충족하기 위해 구매하는 제품을 생산하지만, 서비스 회사는 수행과 노력을 제공한다. 근로자가 적든 많든 간에 기업은 생산, 마케팅과 금융에 관여하는 경제적 활동주체이다. 경제적 활동은 돈을 벌기 위해서 착수된다. 사람들은 직업을 갖고, 정기적으로 경제적 활동에 종사한다. 직업은 사업가, 전문직과 근로자로 구분할 수 있다.

■ 사업가: 사업가는 돈을 벌기 위해 제품과 서비스를 생산하고 판매하는 직업이다. 사업활동의 예는 제조, 광산, 무역, 운송, 보관, 은행과 보험 등이 있다.

| 표 1-2 | 사업가, 전문직과 근로자의 차이

기준	사업가	전문직	근로자
작업의 성격	돈을 벌기 위해 제품과 서비스를 고객에게 공급	수수료를 받기 위해 전문화된 개인적 서비스 제공	임금이나 급료를 받기 위해 사용자의 지시로 작업 수행
자격요건	필요요건이 없다	특정한 분야의 교육과 훈련	사용자의 요구조건
자본	자본투자 필요	제한된 자본	자본투자 불필요
동기	상품이나 서비스의 판매로 수익획득	전문직 수수료	고정된 급료나 임금
위험	손실위험과 수익 불확실	유동적인 수수료와 주의책임	고정된 수입과 무위험
행동강령	없음	엄격	계약조건과 고용규정

- 전문직: 사람들은 모든 분야에서 전문가가 아니다. 그래서 어떤 분야를 전문으로하는 다른 사람의 서비스가 필요하다.
- 근로자: 근로자는 정기적으로 다른 사람을 위해 일하고, 반대급부로 급여를 받는 직업이다. 공무원, 직장인, 은행원이나 공장 근로자들이 해당된다. 고용을 제공하는 사용자는 근로자의 급여조건을 결정한다.

2. 기업의 특징

기업은 영리를 목적으로 제품이나 서비스를 생산하거나 유통하는 조직이다. 수익(profit)은 벌어들인 이익과 비용 간의 차이이다. 모든 기업은 생산, 마케팅과 금융 등 주요 활동에 종사한다. 기업의 기본적인 특징은 상품과 서비스의 거래, 판매나 교환, 자원투자, 이윤추구, 위험과 이익의 불확실성 등이 있다.

- 상품과 서비스의 거래: 기업은 상품과 서비스의 생산과 유통에 관여한다. 상품은 라면, 우유, 차와 같은 소비재와 공장, 기계나 장비와 같은 자본재이다. 서비스는 운송, 은행, 보험, 창고, 광고와 같은 형태이다.
- 상품과 서비스의 판매나 교환: 자가 소비나 선물용으로 제품을 생산하거나 구매한다면 기업에 종사하는 것이 아니다. 그러나 다른 사람에게 판매하기 위해서 상품을 생산하거나 구매한다면 기업에 종사하는 것이다.
- 상품과 서비스의 정기적인 교환: 생산이나 판매와 구매활동은 정기적으로 수행된다. 단절된 거래는 기업활동이 아니다.
- 자원투자: 모든 기업은 토지, 노동이나 자본 등 어느 정도의 투자가 필요하다. 이러한 자원들은 유통과 소비를 위해 다양한 상품과 서비스를 생산하는데 이용된다.
- 이윤추구 목적: 기업은 이윤추구의 주된 목적으로 수행된다. 수익이 없으면 장기적으로 생존할 수 없다. 이익확보는 기업을 성장하고 확대하는데 필요하다.
- 위험과 이익의 불확실성: 모든 기업은 이익획득을 목적으로 한다. 다양한 자원을 투자하는 기업가는 꽤 많은 수익을 기대한다. 그러나 사업가의 노력에도 불구하고 보상은 불확실하다. 매우 큰 손실을 경험하는 시간이 올 수 있다. 이것은 미래는 예측할 수 없고, 사업가는 이익에 영향을 주는 어떤 요인을 통제할 수 없기 때문이다.

Sense 미 500대 기업 수명 60년서 16년으로 … 혁신 안하면 도태

1847년 설립된 지멘스는 전기·전자 기업으로 출발했지만, 지금은 디지털 기업으로 변신하고 있는 혁신의 선두주자다. 독일 대표기업 지멘스의 조 케저 회장은 "통일 후 9개월 동안 지멘스는 옛 동독 지역에서 2만 명의 고용을 창출하는 등 역할을 다했다"며 "힘들었지만 우리의 목적과 운명을 잊은 적이 없었다. 한국도 공통의 운명을 공유하고 신뢰를 쌓으면 꿈은 반드시 이뤄진다"고 강조한다.

케저 회장은 "한국과 독일은 분단 경험뿐 아니라 제조업이 강한 나라이며, 4차 산업혁명의 문턱에서 디지털 혁신의 도전을 받고 있다는 점도 같다"며 "굳건한 제조업 기반을 가진 나라가 더 많은 일자리를 창출한다"고 말했다. 제조업에 투자하는 1달러는 다른 분야와 비교할 때 국내총생산(GDP)에서 1.4달러의 가치를 가지며, 제조업에서 창출한 1개의 일자리는 다른 분야의 최대 2개 일자리의 가치를 갖는다는 설명이다.

케저 회장은 "50년 전 미국 500대 기업의 수명은 60년이었지만, 지금은 16년으로 줄었다"며 "새로운 기업 환경에서 혁신을 통해 적응하지 않으면 도태된다"고 한다. 그는 "디지털 혁신을 위해선 강력한 교육과 혁신체계, 사고방식의 변화가 필요하다"며 "지멘스는 지난 10년간 사업 분야의 50%를 바꿨고, 2030년까지 100인승 전기항공기 제작 등 새로운 목표를 세웠다"고 설명했다. "내년이면 170세가 되는 지멘스가 170년 간 더 생존하려면 혁신이 필수"라는 것이 그의 설명이다.

출처: 중앙일보 2016.05.28

3. 기업의 목적

기업의 본질적인 목적은 이윤추구이다. 기업은 이윤을 추구하는 경제주체이고, 모든 기업은 이윤추구 이외에 많은 목적을 갖고 수행된다. 기업의 주요 목적은 경제적 목적, 사회적 목적, 인간적 목적, 국가적 목적과 세계적 목적 등으로 분류할 수 있다.

1) 경제적 목적

기업의 경제적 목적은 이익획득이다. 이익획득 활동은 고객의 창조, 지속적 혁신과 이용 가능한 자원의 최적 사용이다. 이익은 기업의 생명선이고, 이익 없이 어떤 기업도 경쟁시장에서 생존할 수 없나. 이익획득은 기업 단위가 존재하기 위한 주요 목적이다. 이익으로 사업가들은 생활비를 벌뿐만 아니라 재투자를 통해 기업을 확장할 수 있다.

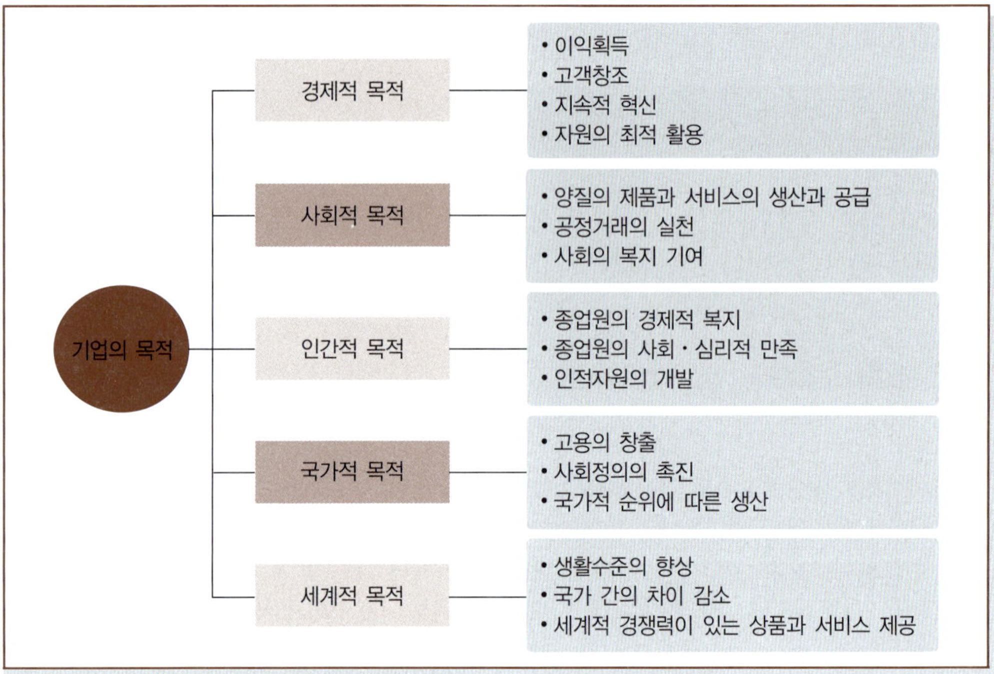

| 그림 1-1 | 기업의 목적

- 이익획득: 기업은 이익을 창출하기 위해 활동한다.
- 고객창조: 제품과 서비스를 구매할 고객이 없다면 기업은 생존할 수 없다. 양질의 제품과 서비스를 합리적인 가격으로 제공할 때만 기업은 이익을 획득할 수 있다.
- 지속적인 혁신: 기업은 매우 역동적이고, 환경변화에 스스로 적응해야 성공적일 수 있다. 혁신은 제품, 공정과 유통의 개선을 가져오는 변화이다.
- 자원의 최적 활용: 자본은 기계와 원자재를 구입하고, 종업원을 고용하고, 경비를 충당하기 위해 사용된다. 기업은 사람, 자재, 돈과 기계와 같은 다양한 자원이 필요하다.

2) 사회적 목적

사회적 목적은 사회 일반의 이익이 달성되기를 바라는 목적이다. 기업의 어떤 활동도 사회에 문제를 주어서는 안 된다. 사회적 목적은 양질의 제품과 서비스의 생산과 공급, 공정거래의 적용, 사회의 일반적인 복지기여와 편의시설의 제공을 포함한다.

- 양질의 제품과 서비스의 생산과 공급: 기업은 사회의 다양한 자원을 이용하기 때문에 사회는 기업으로부터 양질의 제품과 서비스를 기대한다. 기업은 적절한 시간에 적절한 가격으로 적절한 양으로 양질의 제품을 생산하고 공급해야 한다.

- 공정거래의 실천: 매점, 암시장과 부당한 가격과 같은 활동은 바람직하지 않다. 과장이나 허위광고는 제품품질에 거짓 인상을 준다. 기업은 필수품의 인위적인 희소성을 만들거나 많은 돈을 벌기 위해 가격을 인상해서는 안 된다.
- 사회의 일반적 복지 기여: 이것은 양질의 교육을 위해 학교와 대학을 운영하고, 생활을 유지하도록 사람들을 직업교육하고, 지역주민의 건강을 위해 병원을 설립하고, 여가와 삶의 질을 개선하기 위해 공원, 스포츠와 같은 일반 공공을 위한 휴양시설을 제공해야 한다.

3) 인간적 목적

기업의 인간적 목적은 장애인, 적절한 교육과 훈련을 받지 못한 취약계층과 종업원의 기대를 충족하기 위한 복지이다. 따라서 기업은 종업원의 경제적 복지, 종업원의 사회·심리적 만족과 인적자원의 개발을 실현해야 한다.

- 종업원의 경제적 복지: 종업원들은 성과에 대해 공정한 보상을 제공받아야 한다. 이렇게 함으로써 종업원들은 더욱 직장에 만족을 느끼고, 기업에 헌신한다.
- 종업원의 사회·심리적 만족: 기업은 직무를 흥미 있게 하고, 적절한 직무에 적절한 사람을 배치하고, 작업의 단조로움을 제거한다. 종업원들의 고충에 주의하고, 그들의 제안을 진지하게 고려한다. 종업원들이 행복하다면, 그들은 최선의 노력을 다한다.
- 인적자원의 개발: 종업원들은 언제나 전문적인 성장을 원한다. 성장에는 기술개발과 적절한 훈련이 필요하다. 종업원들이 기술을 향상하고, 능력과 역량을 개발한다면 사업은 번성할 수 있다. 기업은 종업원들을 위한 훈련과 개발을 준비해야 한다.
- 사회적 경제적 지체아의 복지: 기업은 신체적이나 정신적으로 문제가 있는 사람들과 지체아를 도와야 한다.

4) 국가적 목적

모든 기업은 국가경제의 중요한 부분이기 때문에 국가적 목적과 염원을 달성하는 목적을 가져야 한다. 국가적 목적은 고용의 창출, 사회정의의 촉진, 국가적 순위에 따른 생산, 국가수입 기여와 자급과 수출촉진 등이 있다.

- 고용의 창출: 기업은 사람들의 돈 벌이가 되는 고용기회를 창출해야 한다. 이것은 새로운 기업을 설립하고, 시장을 확장하고, 유통경로를 확대함으로써 달성될 수 있다.

- ■ 사회정의의 촉진: 모든 사람들에게 공평한 기회를 제공해야 한다. 모든 종업원들에게 근로와 승진의 기회를 공평하게 제공해야 한다. 또한 사회의 취약계층과 낙후된 지역에 특별한 관심을 기울여야 한다.
- ■ 국가적 순위에 따른 생산: 기업은 정부의 계획과 정책에서 순위에 따라 상품을 생산하고 공급해야 하고, 합리적인 가격으로 필수품의 생산과 공급을 증가해야 한다.
- ■ 국가수입에 기여: 기업은 세금을 성실하고 정기적으로 납부해야 한다. 이것은 국가의 발전과 사회복지에 사용될 수 있는 정부의 수입을 증가한다.
- ■ 자급과 수출촉진: 국가가 자립할 수 있도록 기업은 상품의 수입을 불필요하게 해야 한다. 기업은 수출을 증가하고, 외환보유고를 추가해야 한다.

5) 세계적 목적

오늘날 자유경제, 수입수출 정책과 외국인 투자제한은 폐지되고, 수입제품의 관세가 상당히 감소되었다. 이러한 변화는 시장에서 경쟁을 증가한다. 세계화로 전 세계가 큰 시장이 되었고, 한 국가에서 생산된 제품은 다른 국가에서 쉽게 이용할 수 있다.

- ■ 생활수준의 향상: 기업의 성장은 전 세계에 걸쳐 합리적인 가격으로 이용할 수 있는 양질의 제품을 만든다. 한 국가의 사람들은 다른 국가의 사람들이 사용하는 유사한 형태의 상품을 사용하게 된다. 이것은 사람들의 삶의 수준을 향상한다.
- ■ 국가 간의 차이 감소: 기업은 생산을 확대함으로써 세계의 빈국과 부국 간의 차이를 감소해야 한다. 저개발국과 개발도상국에 자본을 투자함으로써 산업과 경제성장을 육성할 수 있다.
- ■ 경쟁력이 있는 상품과 서비스의 생산: 기업은 세계적으로 경쟁력이 있는 상품과 서비스를 생산해야 하고, 외국 사장에 거대한 수요를 갖는다. 이것은 수출국의 이미지를 향상하고, 국가를 위해 외환을 더 많이 벌어들인다.

Sense 직원과 고객 행복 먼저 … 이윤은 나중

모든 기업은 꾸준한 성장과 탁월한 이익을 창출하며 장수하기를 바란다. 오랫동안 시장수익률 이상을 내면서 장수하는 기업들의 공통점, 즉 장기적인 기업경영의 성공방정식은 바로 이해관계자의 행복경영에 있다. 포드자동차의 창업자 헨리 포드는 이미 100여 년 전에 이렇게 갈파한 바 있다. "기업은 이익을 목적으로 하는 것이라고 생각해왔다. 그러나 이것은 잘못이었다. 기업의 목적은 봉사다." 일반적 통념과 달리 장수 기업은 모두가 기업의 목적이라 굳게 믿었던 이윤극대화를 추구하는 대신, 기업과 관련된 사람들의 행복을 우선 추구해왔다. 이 기업들은 남을 이롭게 함으로써 내가 이롭게 된다는 자리이타(自利利他), 의를 먼저 행하고 이익을 좇는 자는 번영한다는 선의후리(先義後利) 정신에 투철했다. 좋은 기업은 훌륭한 상품과 서비스를 제공한다. 그러나 위대한 기업은 훌륭한 상품과 서비스를 제공할 뿐만 아니라 세상을 더 나은 곳으로 만들기 위해 노력한다.

우리나라에도 이와 같은 훌륭한 경영자가 많이 있다. 남양알로에 이연호 창업회장은 "기업은 인류 사회를 풍요롭게 할 수 있는 무언가를 생산하고, 그 혜택이 사회 구성원 모두에게 골고루 전달되도록 헌신해야 한다"는 경영 이념을 가지고 있었다. 유한양행 유일한 창업회장은 "기업은 개인의 것이 아니며, 사회와 종업원의 것이다. 정성껏 좋은 제품을 만들어 국가와 동포에 봉사하고 정직 성실하고 양심적인 인재를 양성 배출해야 한다"면서 "기업이익은 첫째, 기업을 키워 일자리를 창출하고 둘째, 정직하게 납세하며 셋째, 기업을 키워준 사회에 환원한다"는 이념을 실천했다. 뛰어난 기업인이나 경영자들은 기업의 목적을 단순한 이윤추구가 아니라 혁신을 통한 초일류 경쟁력을 바탕으로 탁월한 경영성과를 내고(필요조건), 이를 기반으로 사회 친화적 활동을 전개하여 모든 이해관계자를 만족시키는 사랑받는 기업(충분조건)이 됨으로써 모두에게 존경받는 것을 목적으로 삼았다.

기업활동에는 여러 이해관계가 얽혀 있다. 누구와의 이해관계를 먼저 생각해야 할까? 주주가치를 중심에 둔 기업에서는 주주의 이익을 최우선 순위에 둔다. 그러나 모리타 아키오 전 소니 회장의 답은 다르다. "나의 경영이념은 '소니와 이해관계에 있는 모든 사람에게 행복을 선사하는 것'이다. 그 중에서 특히 직원들의 행복이 나의 최대 관심사이다." 이익창출의 기본은 고객을 위한 가치 창출에 있기에 많은 기업과 경영자들은 고객만족을 경영상의 최우선 순위로 꼽기도 한다. 하지만 하워드 슐츠 스타벅스 회장을 비롯한 용기 있는 경영자들은 주주와 고객보다 직원을 최우선에 둔다고 공개적으로 밝히고 있다. 슐츠 회장은 "우리 회사의 최우선 순위는 직원들이다. 그다음 순위는 고객만족이다. 이 두 목표가 먼저 이뤄져야만 주주들에게 장기적인 이익을 안겨줄 수 있다"고 자신의 경영철학을 천명했다.

출처: 한겨레21 2016.11.19

제2절 경영

1. 경영의 특징

기업경영에는 보편성이 있다. 모든 개인이나 조직은 목적설정, 계획수립, 직원관리, 협력과 활동관리, 목표달성과 성과평가 등이 필요하다. 이러한 활동은 인적, 재무, 물적, 정보자원이나 변수의 활용과 관련이 있다. 인적자원은 종업원 관리나 노무와 서비스, 재무자원은 현재와 장기운영에 필요한 투자, 물적자원은 원자재, 생산시설과 장비, 정보자원은 자료 등이 있다. 경영은 조직의 목적을 달성하기 위해 조직 내에 이러한 자원을 결합하는 것이다. 경영학의 구루 피터 드러커(Peter Drucker)에 의하면, 경영자의 기본적인 과업은 마케팅과 혁신이고, 경영자는 조직, 관리자, 노동자와 과업을 관리하는 다목적 기관이다.

1) 경영의 정의

경영(management)은 규칙・습관・법의 의미인 고대 그리스의 nomos에서 연유했다. nomos는 행동이 매우 예측할 수 없는 인간존재에 관한 것이다. 사람들은 개인적인 목적을 달성하기 위해 기업을 형성하기 시작했고, 경영은 개인적 노력을 조정하는 본질이다. 경영은 기능뿐만 아니라 책임을 맡고 있는 사람을 의미한다. 조직을 운영하고 활동을 지휘하는 책임을 맡은 집단은 조직의 경영을 구성한다. 기업의 운영에 필요한 계획, 조직, 지휘, 통제를 제공하는 것이 경영이다. 경영은 기업을 움직이는 모든 측면과 관계있는 중요한 기능이다. 이러한 의미로 경영은 과업을 이루게 하는 기술이다.

쿤츠(Harold Koontz)에 의하면, 경영은 공식적으로 조직된 집단에 있는 사람들과 함께 그리고 통해서 일을 이루게 하는 기술이다. 경영은 조직의 자원을 활용하여 계획, 조직과 지휘 등을 통해 조직의 목적이나 목표를 달성하는 것이다. 경영은 효율성과 효과성을 달성하기 위해 조직의 인적, 재무, 물적, 그리고 정보자원을 계획, 조직, 지휘와 통제하는 과정이다. 따라서 경영은 경영자가 개인, 집단이나 조직 등 다른 사람을 통해서 일을 이루게 하는 관리 수단이다. 다음은 주요 학자들의 경영에 대한 정의이다.

- Mary Parker Follet: 경영은 다른 사람을 통해서 일을 이루는 기술이다.
- Hick: 경영은 사람들에 의해서 그리고 사람들을 통해서 일을 이루는 과정이다.
- Koontz와 O'Donnell: 경영은 사람들을 통해서 그리고 함께 일을 이루는 것이다.
- Henry Fayol: 경영은 예측하고, 계획하고, 조직하고, 명령하고, 조정하는 것이다.

2) 경영학의 특성

과학은 과학적 방법의 적용을 통해서 체계화된 지식의 집합이다. 과학은 어떤 관계, 원리와 한계를 발견하고 검증하고, 이론, 법칙과 원리를 확립하는 의미에서 체계적이다. 그러나 이렇게 확립된 원리와 법칙은 변할 수 없다는 것이 아니다. 새로운 지식과 현상의 발견은 변경될 수 있다. 과학은 물리학, 화학, 수학과 같은 자연과학과 경제학, 사회학, 심리학과 같은 사회과학을 포함한다. 과학은 체계적이지만, 사회과학은 예측할 수 없는 인간행동에 근거하기 때문에 변할 수 있는 과학이다.

경영학은 체계적인 자연과학의 성격과 비교한다면 변할 수 있는 성격이 있지만, 과학으로 기술된다. 경영학은 조정, 조직, 의사결정 등과 관련된 많은 원리가 있는 이론적 근거를 갖고 있다. 경영학은 자연과학처럼 동일한 실험을 할 수 없는 것은 사실이지만, 기본적인 적용, 방법과 원칙은 과학이다. 또한 법학, 의학이나 공학과 같은 다른 학문처럼 경영학은 기술이다. 경영 개념은 기업성공을 위해 기술적으로 접근하고 실천할 필요가 있다. 경영은 어떤 상황의 현실을 고려하여 일을 이루는 것이다. 따라서 경영학은 기술과 과학을 동시에 포함하고 있다.

(1) 기술로써의 경영학

기술(art)은 구체적인 결과를 달성하기 위해 개인적 기술과 지식의 실천적 적용을 포함한다. 경영자들은 사람들의 노력을 조정하기 위해 지식과 기술을 적용한다. 경영자의 개인적인 재능과 상상력은 경영학을 기술에 접근한다. 경영학의 기술은 혼동된 부분으로부터 질서 있는 전체를 창조한다. 경영학은 모든 기술적인 활동의 토대인 인적재능을 조직하고 사용하기 때문에 기술 중의 기술이다. 다음은 경영학의 기술적인 특성이다.

- 경영의 과정은 지식과 기술의 사용이다.
- 경영의 과정은 구체적인 결과의 달성을 목적으로 한다.
- 개선에 필요한 생산적인 상황을 만드는 기능은 창의적이다.
- 모든 관리자가 문제에 접근하는 방식이 개별적이다.

(2) 과학으로써의 경영학

과학(science)은 특정한 조사 분야에 관한 지식의 체계적인 집합이다. 과학의 원리는 보편적인 적용이다. 이것은 지속적인 관찰, 실험과 조사를 통해 개발된 원리와 이론을 포함한다. 이와 같이 원리와 이론을 경영학의 모든 분야에서 이용할 수 있기 때문에 경영학은 과학이다. 경영학은 경영에 관한 일반적인 사실의 실천과 이해로 축적되고 확립된 체계적인 지식이다. 경영학의 기초를 이루는 과학은 비인적 실체를 다루는 자연과학처럼 정확하거나 포괄적이지 않다. 인간의 관점은 경영을 복잡하게 할 뿐만 아니라 이론이 있을 수 있다. 그럼에도 불구하고 경영방법의 과학적인 요소를 연구함으로써 경영의 실천을 향상한다. 다음은 경영의 과학적인 특성이다.

- 경영학은 지식이 제한적인 복잡한 인간현상을 다루기 때문에 부정확한 과학이다.
- 경영학은 과학을 발전시키고 있다.
- 경영학은 경제학, 사회학과 심리학 등 여러 학문분야가 관련된 과학이다.

(3) 과학과 기술로써의 경영학

과학은 현상을 관찰하고 실험하는 것을 다루고, 기술은 인간기술과 상상력의 적용을 강조한다. 모든 경영자는 효과적이고 효율적으로 일을 해야만 한다. 이것은 과학과 기술의 독특한 결합이 필요하다. 따라서 경영의 과학이 멈춘 곳에 경영의 기술이 시작된다. 이와 같이 경영의 과학이 불완전하기 때문에 경영자는 과업을 만족스럽게 수행하는 기술적 경영능력을 의지해야 한다.

3) 경영의 목적

모든 인간은 뛰어난 일을 할 수 있는 잠재력이 있다. 모든 사람들이 잠재력을 이해하고, 개발하고, 활용하도록 경영은 최대한의 결과를 개인들로부터 뽑아낼 수 있는 환경을 제공한다. 조직의 성공은 경영에 아주 큰 정도로 의존하고 있다. 경영은 인적자원의 개발, 효율성과 생산성을 증가하는 도구이다. 이러한 경영은 우수하고 더 큰 성과를 위한 새로운 아이디어, 상상력과 비전을 기업에 제공한다. 경영의 목적은 최소 노력으로 최대 결과 달성, 자원의 최적 사용, 최대 번영과 삶의 개선과 사회정의 등이 있다.

- **최소 노력으로 최대 결과 달성**: 경영의 주요 목적은 최소 노력과 자원으로 최대 결과를 확보하는 것이다. 경영은 최적 결합을 이끌어내는 방식으로 인간, 자원과 자금을 생각하고 활용하는 것이다. 이러한 결합은 다양한 비용의 감소가 된다.
- **자원의 최적 사용**: 생산의 다양한 요소를 적절하게 활용함으로써 모든 종류의 손상, 낭비 및 파손을 감소하여 얻을 수 있는 효율성은 최대한으로 증가될 수 있고, 이것은 기업의 성장과 번영에 필요한 시간, 노력과 자금을 절약하게 된다.

- 최대 번영: 경영은 기업의 기능을 유연하게 조정한다. 양호한 작업조건, 적절한 임금체계, 우대계획의 형태로 종업원들에게 최대 혜택을 제공하는데 도움이 된다.
- 삶의 개선과 사회정의: 경영은 사회의 개선뿐만 아니라 향상을 위한 도구이다. 생산성과 고용의 증가로 삶의 기준을 향상하고, 균일한 정책을 통해 정의를 제공한다.

4) 경영의 중요성

국가의 경제 활동은 상당 부분을 기업활동에 의존하게 되고, 사회 일반은 기업으로부터 우수한 제품이나 서비스를 적절한 가격에 적절한 시점에 제공받는다. 이러한 기업활동을 성공적으로 수행하게 하는 경영의 역할은 매우 크다. 경영은 집단목표의 달성, 자원의 최적활용, 비용절감, 건전한 조직구축, 균형유지와 사회의 번영을 가져온다.

- 집단목표의 달성: 경영은 목표를 달성하기 위해 효과적인 방식으로 생산요소를 준비하고, 자원을 결합하고, 조직하고, 통합한다. 경영은 사전에 결정된 목표를 달성하기 위한 집단노력을 기울인다. 경영은 자원을 조정하고, 집중하고, 관리한다.
- 자원의 최적 활용: 경영은 물적・인적자원을 생산적으로 활용한다. 가장 좋은 가능한 대안을 선택함으로써 경영은 희소자원의 최적 활용을 제공한다. 경영은 전문가를 활용하고, 전문가의 서비스는 기술, 지식을 사용하여 낭비를 피한다.
- 비용절감: 경영은 적절한 계획과 최소 투입으로 최대 산출을 얻는다. 경영은 물적, 인적, 그리고 재무자원을 최선의 결합 방식으로 사용하고, 비용을 절감한다.
- 건전한 조직구축: 건전한 조직구조를 구축하는 것은 조직의 목적에 맞추고, 성취하는 경영의 목적이다. 경영은 적절한 기술, 훈련과 자격을 갖춘 적절한 사람으로 다양한 지위를 채운다. 모든 직무는 모든 사람들에게 개방되어야 한다.
- 균형유지: 균형은 변하는 환경과 접촉을 유지하고, 조직을 생존하게 한다. 외부환경이 변함에 따라 조직은 변해야 하고, 변하는 시장의 수요와 욕구에 적응해야 한다.
- 사회의 번영: 효율적인 경영은 사람들의 복지를 향상하는 우수한 경제적 제품을 제공한다. 경영은 삶의 기준을 향상하고, 기업과 사회에 유익한 이익을 증가한다.

Sense 과학과 과학적 방법

과학은 체계적이고 논리적인 접근이다. 과학은 우주 안에 있는 모든 사물에 관한 발견을 통해서 축적된 지식의 집합이다. 과학(science)은 실증할 수 있고 재생할 수 있는 자료에 근거한 지식을 의미하는 라틴어의 scientia에서 유래되었다. 과학은 검증과 분석을 통해서 측정할 수 있는 결과를 목적으로 한다.

조사를 수행할 때 과학자들은 가설과 관련된 실험에서 측정할 수 있고, 경험할 수 있는 증거를 수집하기 위해 과학적 방법을 사용하고, 결과는 이론을 지지하거나 부인한다. 가설(hypothesis)은 특정한 현상에서 원인과 결과에 관한 기술이다. 가설은 현상을 어떻게 생각하는 일반적 기술이다. 예측은 가설이 사실이라는 것을 구체적으로 실증하는 것이다. 실험은 예측을 검증하기 위해서 수행된다. 과학적 방법(scientific method)은 과학자들이 세계의 정확한 표현을 구성하기 위해 노력하는 과정이다. 개인적이고 문화적인 신념을 확인하는 것은 자연현상의 지각과 해석에 영향을 준다. 이론을 개발할 때 이러한 영향을 최소화하기 위해 표준적인 절차와 기준을 사용한다. 이것은 가설이나 이론을 검증할 때 실험의 편견이나 편향의 영향을 최소화하려는 시도이다. 다음은 과학적 방법의 단계이다.

- 현상의 관찰과 기술
- 가설의 구성
- 예측
- 실험검증 수행
- 이론 지지와 기각

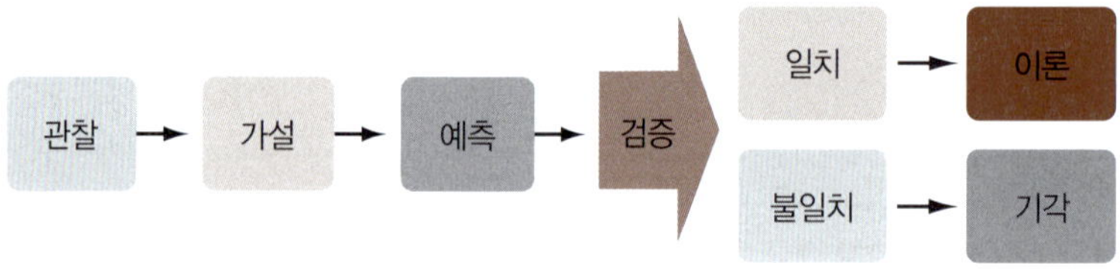

5) 조직, 경영과 관리의 개념

조직, 관리, 경영은 종종 상호 교환적으로 사용한다. 조직(organization)은 공동의 목표를 달성하기 위해 분업과 통합의 활동체계를 갖춘 사회적 단위이다. 기업에서 조직은 통합된 방식으로 기업 요소의 집합, 유지와 조정을 의미한다. 즉, 기업의 다양한 요소를 전체로 통합하는 것을 뜻한다. 조직은 기업가의 주요 직무이고, 기업의 존재는 조직 없이 생각할 수 없다. 기업의 사전 조건은 적절한 조직이다. 조직은 기업목표를 달성하기 위한 자원의 사용을 확실히 하는 것이다.

경영(administration)은 기업의 목적을 달성하기 위해 목표를 설정하고, 계획을 수립하는 기업의 추진력이다. 경영은 다른 부문의 활동의 효과적인 성과를 확실히 하기 위한 원칙을 결정한다. 경영은 기업의 목적을 달성하기 위해 계획을 수립하고, 리더십을 제공하는 책임을 맡는다. 이러한 의미에서 경영은 최고경영층으로 간주된다. 회사의 이사회는 전체 기업을 위한 계획과 리더십 기능을 수행하는 경영기관이다.

관리(management)는 사전에 결정된 목표와 목적을 달성하기 위해 경영층이 수립한 계획과 정책을 실행하는 활동이다. 기업의 성공은 경영이 수립한 계획과 정책을 얼마나 효율적으로 수행할 수 있는 관리에 달려있다. 경영층은 관리자들의 협조 없이는 성공할 수 없다. 각 경영자의 직무는 일하는 모든 사람들의 협력을 이끌어내는 것이다. 이와 같이 정책결정과 관리는 정책집행과 관련이 있고, 경영은 최고경영자에게, 관리는 일선관리자에게 더 중요한 영역이다.

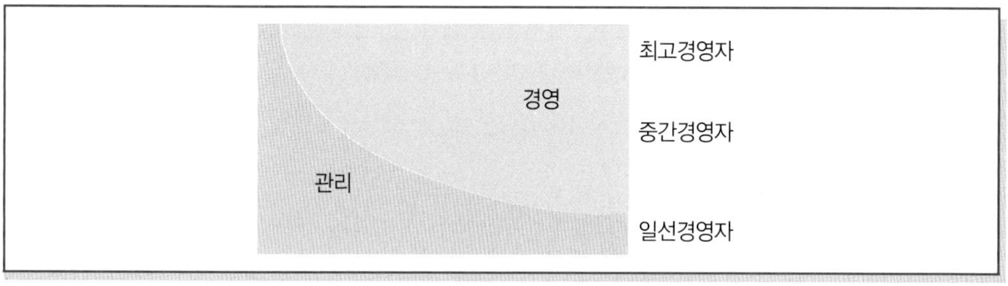

| 그림 1-2 | 경영과 관리의 중요성 영역

2. 경영의 기능

경영기능은 경영자의 방대한 의무와 책임의 범위를 포함한다. 회사가 직면하는 복잡성이 커다란 변화를 경험하더라도 경영자의 기능은 동일하다. 조직과 경영자가 직면하는 주요 과제는 경영문제를 창조적으로 해결하는 것이다. 경영의 원리는 경영자들이 경영과제를 다룰 때 사용할 수 있는 지침이다. 프랑스의 경영학자 페이욜(Henri Fayol)은 경영의 기능을 계획, 조직, 지휘와 통제로 분류한다. 이러한 경영의 기능들은 서로 밀접한 관련을 갖는 순환 구조이다. 따라서 경영의 기능은 조직의 목표를 설정하고, 입무수행을 통해 목표를 달성하기 위해 자원의 효율적이고 효과적인 사용에 관한 의사결정 행동이다.

계획(Planning)	• 조직의 비전과 사명정의 • 목적과 목표수립 • 전략계획 • 목표달성을 위한 행동계획
조직(Organizing)	• 조직구조 구성 • 자원할당 • 직무설계
지휘(Leading)	• 통솔과 지시 • 동기부여 • 조정과 커뮤니케이션
통제(Controlling)	• 과정과 기준 • 검토와 평가 • 시정조치

| 그림 1-3 | P-O-L-C 체계

1) 계획

계획(planning)은 목표수립과 목표를 달성하기 위한 행동방향의 결정을 포함하는 경영의 첫 번째인 동시에 가장 중요한 기능이다. 계획수립자는 조직이 직면하는 환경상황을 가장 잘 알고, 미래상황을 효과적으로 분석하고, 예측할 수 있는 경영자이다. 따라서 경영자는 탁월한 의사결정자가 되어야 한다. 계획은 사명, 목표와 회사목표를 달성하기 위한 행동선택이고, 의사결정이 필요하다. 계획은 조직의 위상과 상황이 미래의 어떤 시점에 어떠한지를 결정하고, 그러한 상황을 가장 잘 달성할 수 있는지를 결정하는 것을 의미한다. 이러한 계획에는 전략계획, 전술계획과 운영계획이 있다.

- 전략계획(strategic planning): 조직의 목표를 효과적으로 달성하기 위하여 조직의 미래의 방향을 설정하는 전체적 계획이다.

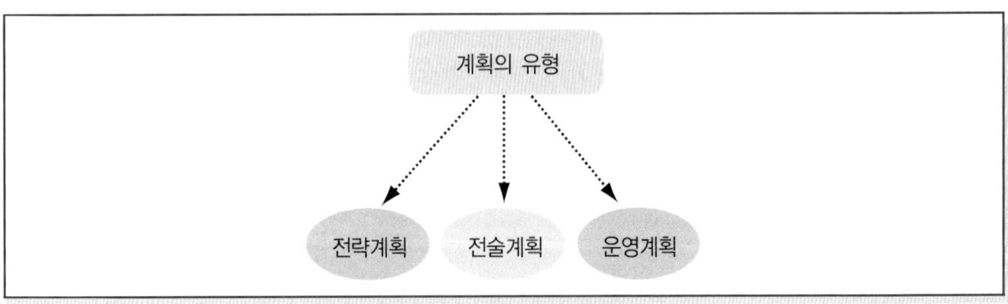

| 그림 1-4 | 계획의 유형

- 전술계획(tactical planning): 전략계획을 달성하기 위한 청사진이다. 이러한 계획은 단기적이고, 중간수준의 관리자에 의해서 수행된다.
- 운영계획(operational planning): 전체 조직의 목적과 목표를 포함하고, 전략계획을 달성하기 위한 방법과 행동단계를 실행하는 것이다.

2) 조직

관리자가 작업계획을 수립하면, 다음 단계는 계획을 수행하는데 필요한 사람과 자원을 조직하는 것이다. 조직(organizing)은 조직의 목적을 확실히 달성하기 위해 조직구조를 개발하고, 인적자원을 할당하는 경영의 기능이다. 조직은 조직의 목표를 달성하기 위해 조직 구성원들에게 계획된 작업, 권한과 자원을 배치하고, 분배하는 과정이다. 조직체계는 조직의 목표를 확실히 달성하기 위한 인적자원의 할당이다. 조직구조는 조직도로 나타내고, 조직 내에 명령의 사슬을 도표화한 것이다. 직무설계는 노동의 분업과 전문화의 원리에 근거하고, 직무내용이 좁을수록 직무를 수행하는 개인들은 더욱 능숙하게 된다는 가정이다. 다음은 조직의 주요 기능이다.

- 활동의 확인
- 활동의 분류와 집단화
- 의무의 할당
- 권한의 위임과 책임의 부여
- 권한과 책임관계의 조정

3) 지휘

조직이 성장함에 따라 조정과 통제의 필요성이 증가하고, 조직구조가 복잡해진다. 이러한 상황을 대처하고 관리하기 위해 공동의 목표를 향해 사람들을 협력하게 하고, 집단적 반응을 위한 상황을 창조할 필요가 있다. 지휘(leading)는 종업원들이 필수적인 과업을 수행하도록 지시하고, 영향을 주고, 동기를 부여하는 것이다. 조직의 목적을 꾸준히 달성하기 위해 유능한 경영자들은 동기부여를 통해 부하를 지휘한다. 개성과 직무태도의 조사는 협력과 통제에 필요한 중요한 통찰력을 준다. 조직목적을 향해 집단적으로 일하기 위해 개인적 노력 중에서 조화를 창조하는 것은 통솔에서 중요하다. 다음은 지휘의 주요 기능이다.

- 감독(supervision): 감독자가 부하의 작업을 감독하는 것이다. 이것은 작업을 관찰하고, 지시하는 행동이다.

- 동기부여(motivation): 부하를 격려하고, 자극하고, 장려하는 것이다. 긍정, 부정, 금전과 비금전 인센티브를 사용할 수 있다.
- 리더십(leadership): 원하는 방향으로 작업을 지도하고, 영향을 주는 과정이다.
- 커뮤니케이션(communication): 정보, 경험이나 의견을 전달하는 과정이다.

4) 통제

통제(controlling)는 목표와 계획에 대한 성과를 측정하고, 기준 이탈을 수정하는 것이다. 따라서 통제는 성과가 기준으로부터 이탈하지 않도록 확실히 함으로써 계획의 달성을 촉진한다. 경영자들은 어느 정도 통제의 관리기능에 관여한다. 통제기법은 예산감사와 성과감사이다. 감사는 조직기록과 서류의 물리적 조사와 확인이다. 예산감사는 재무계획과 통제 수행으로 절차에 관한 정보를 제공하고, 성과감사는 기록된 숫자가 실제성과를 반영하는지를 파악하는 것이다. 통제는 조직의 재무상태에 제한된 것이 아니라 운영, 회사정책과 규제 정책의 순응까지 조직 내에의 많은 활동을 포함한다. 다음은 통제의 주요 기능이다.

- 과업기준 설정
- 기준과 실제 성과비교
- 시정조치

3. 경영학의 구성

경영의 실무는 역사적 시간과 사회적 환경을 반영한다. 많은 현대 경영의 개념과 실무는 초기 경영이론으로 거슬러 올라간다. 오늘날 많은 조직들은 기술의 비약적인 발전에 반응하고, 웹 기반의 운영을 수행하고 있다. 이처럼 경영학은 다양한 학문과 이론적 토대로 발전되고 있어 경영학의 인접학문과 사상을 이해하고, 경영학의 다양한 분야를 이해하는 것이 필요하다.

1) 경영학의 인접학문

경영학은 과학이자 기술이며, 인류학, 경제학, 회계학, 철학, 정치학, 심리학과 사회학을 다루고 있는 종합적인 학문이다. 인류학(anthropology)은 인간, 행동, 다른 국가나 조직에 있는 사람들의 기본적인 가치, 태도와 행동의 차이에 관하여 배우는 학문이다. 경제학(economics)은 경쟁의 역할, 자유시장, 변하는 경제의 이해, 희소자원의 배분과 유통과 관계된다. 회계학(accounting)은 기업활동에 의하여 발생하는 회계정보의 생산, 분배, 이용에 관한 현상을 설명하고 분석하는 학문이다. 철학(philosophy)은 사물의 본성, 특히 가치와 윤리를 탐구하는 학문이다. 정치학(political science)은 갈등의 구조, 경제체제에서 권력의 배분, 개인적 이익을 위한 권력의 조정을 포함하여 정치 환경에서 개인과 집단의 행동에 관한 연구이다. 심리학(psychology)은 인간과 동물의 행동을 측정하고, 설명하고, 태도를 변경하려는 과학이다. 사회학(sociology)은 인간존재와 관련된 사람에 관한 학문이다.

2) 경영학의 구성

경영학의 분야는 매우 방대하다. 많은 인접학문을 포함하는 경영학은 주로 재무관리, 인사관리, 생산관리와 마케팅으로 구성된다. 이러한 경영학은 경영기능인 계획, 조직, 지휘와 통제에 의해서 실행된다. 따라서 경영학은 인접학문의 토대 위에 경영학의 분야를 경영의 기능에 의해서 효율적으로 운영되는 실천과학이다.

- 재무관리(financial management): 적절한 시간과 적절한 비용으로 기업에 자금의 적정량과 유형을 확보하는 것이다.
- 인사관리(personnel management): 조직의 인적자원을 계획, 조직, 지휘, 통제와 개발, 보상, 유지와 통합하는 것이다.
- 생산관리(production management): 적절한 시간과 적절한 비용으로 적정량으로 적절한 제품을 생산하기 위해 생산기능을 계획, 조직, 지휘와 통제하는 것이다.

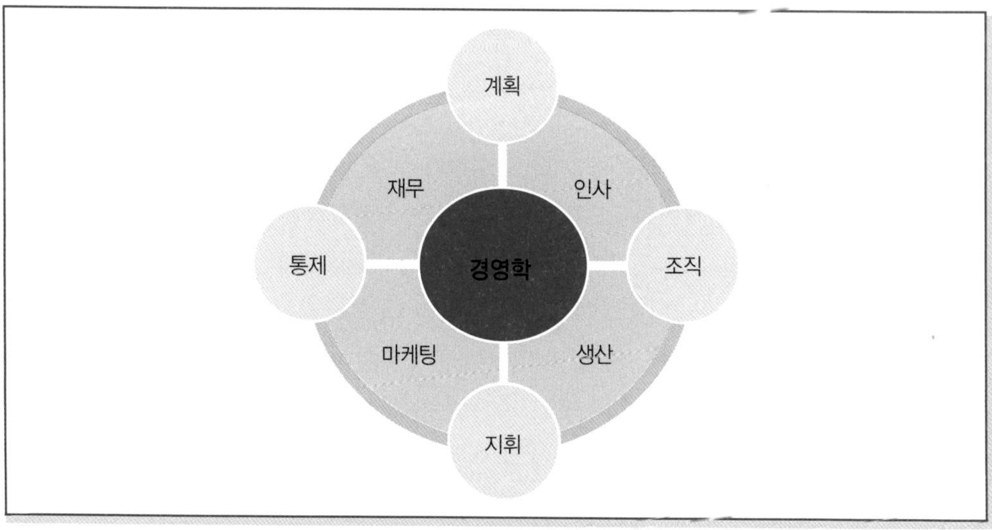

| 그림 1-5 | 경영학의 구성

- 마케팅관리(marketing management): 고객들의 욕구를 확인하고, 그들의 욕구를 만족시킬 수 있는 상품과 서비스를 공급하는 것이다.
- 자재관리(material management): 자재의 기록, 저장과 재고관리
- 구매관리(purchasing management): 자재의 구매, 입찰, 주문과 계약
- 유지관리(maintenance management): 건물, 공장, 기계, 장비의 보존과 유지

제3절 경영자

1. 경영자의 유형

경영자(manager)는 조직의 성장과 확장에 있어서 필수적인 자원이다. 기업목적을 달성하기 위해 조직은 모든 종업원과 역량을 포괄하고 지휘할 때 응집된 전체가 되어야 한다. 이것은 힘든 과제이고, 인적관리와 커뮤니케이션 기술을 갖고 있는 유능한 경영자의 몫이다. 목표를 달성하기 위해 조직을 지도하고 지휘하는 책임을 맡은 사람이 경영자이다. 경영자는 조직의 목적을 성공적으로 완수하기 위해 자원을 효과적이고 효율적으로 관리하고 조정한다. 그들의 전문지식은 조직 전체 모든 부분에 필수적이다. 경영자의 직무는 계층적 수준이다. 일선관리자의 관심사는 개별 종업원의 성과를 촉진하는 것이고, 중간관리자는 자원할당, 팀 조정이나 최고경영자 계획을 조직 전체에 실행하는 것 등 집단을 연결하는 것이다.

1) 최고경영자

최고경영자(top manager)들은 목적을 달성하기 위해 조직을 지휘하고, 조직의 비전과 사명을 창조하는 조직의 전략적 두뇌집단이다. 그들은 외부환경을 추적하고, 경쟁력이 있는 최선의 전략을 결정한다. 그들은 회장, 사장, 이사회 의장, 최고경영자(chief executive officer)와 부사장의 직책을 갖는다. 그들은 장기적 미래를 고려하고, 전반적인 환경추세와 조직의 전체 성공에 관심을 둔다. 또한 조직을 위한 공유된 비전을 커뮤니케이션하고, 조직문화를 형성하고, 회사가 혁신을 유지하고, 급속한 변화를 따라가기 위한 기업가 정신을 육성하는데 책임이 있다. 다음은 최고경영자의 역할이다.

- 기업의 목표와 정책결정

- 예산, 절차, 일정의 준비지시
- 전사적 전략계획과 정책준비
- 중간관리자 임명
- 외부세계와 접촉유지
- 지도와 방향제시
- 회사성과 책임

2) 중간 관리자

중간 관리자(middle manager)들은 조직의 중간 수준에서 일하고, 사업단위와 주요 부서에 책임을 지는 사람이다. 즉, 부서의 장은 중간관리자이다. 중간관리자들은 부서의 기능에 대해 최고경영자에게 책임을 진다. 그들은 조직과 지휘기능에 많은 시간을 기울인다. 다음은 중간 관리자의 역할이다.

- 최고경영자의 정책이나 지시와 일치하는 조직의 계획실행
- 조직의 하부단위에 대한 계획수립
- 일선관리자의 고용과 훈련참가
- 부서 내 활동의 조정책임
- 최선의 성과를 위한 일선관리자의 격려책임

3) 일선관리자

일선관리자(first-line manager)는 개별종업원이나 종업원의 집단을 관리하고, 회사의 서비스나 제품계열에 직접적으로 책임이 있다. 일선관리자는 감독자, 관리자, 주임 등이다. 그들은 제품과 서비스의 생산에 직접적으로 책임이 있다. 그들의 주요 관심사는 효율적인 생산을 달성하고, 기술지원을 제공하고, 부하를 격려하기 위한 규칙과 절차를 적용한다. 다음은 일선관리자의 활동이다.

- 다양한 작업자들에게 직무와 과업할당
- 작업자의 지도와 지시
- 생산량과 품질에 대한 책임
- 조직 내에 작업자들 간의 좋은 관계유지
- 작업자 문제, 제안과 권고 커뮤니케이션

- 작업자의 고충해결
- 근로자 훈련
- 기계, 장비, 도구와 자재의 배치
- 근로자의 성과에 대한 보고준비

4) 기타 관리자

모든 조직은 다중 프로젝트를 동시에 운영한다. 프로젝트 관리자(project manager)는 시작에서 종결까지 주로 프로젝트를 지휘하는데 책임이 있다. 그는 프로젝트를 완성하는데 필요한 자원을 계획하고 조직한다. 그는 프로젝트 목적과 목표를 정의하고, 프로젝트를 완성하는 방법을 결정한다. 계선관리자(line manager)는 제품이나 서비스를 생산하거나 판매하는 제조나 마케팅 부문에 책임이 있다. 참모 관리자(staff manager)는 계선부분을 지원하는 자금과 인적자원과 같은 부서를 책임진다. 총관리자(general manager)는 상이한 기능을 수행하는 몇 개의 부분을 책임진다.

2. 경영자의 역할

경영자는 종업원들을 통해서 효율적으로 활동을 완수하고, 회사의 목적을 설정하고, 달성하는 과정에 책임이 있다. 경영자는 공식적인 모든 문제에서 조직을 대표한다. 최고경영자는 조직이 상호작용을 하는 외부세계에 법적으로나 사회적으로 회사를 대표한다. 감독역할에서 경영자는 더 상위경영자에게 자신의 팀을 대표한다. 경영자의 역할은 경영자의 행동에 대한 기대이다. 민츠버그(Henry Mintzberg) 교수는 모든 경영자를 공통적인 세 가지 역할로 분류하였다. 즉, 경영자의 역할은 대인관계역할, 정보역할과 의사결정역할로 구분된다. 경영자는 기능을 수행하는 많은 요구를 충족하기 위해 다양한 역할을 맡고 있고, 모든 경영자에게 공통적인 역할이 있다.

1) 대인관계 역할

대인관계 역할(interpersonal role)은 다른 사람과의 관계와 인간관계기술과 관련이 있다. 경영자의 주요 역할은 대표자, 지도자와 연락자가 있다. 대표자는 사회적, 의식적, 법적 책임이 있다. 지도자는 조직을 통솔하고, 방향을 제시한다. 연락자는 내외 접촉으로 네트워크를 구축하고, 커뮤니케이션을 한다.

2) 정보역할

정보역할(informational role)은 회사의 정보망을 유지하고 개발하는 활동이다. 주요 역할은 추적자, 전파자와 대변인이 있다. 추적자는 조직과 산업과 관련이 있는 정보를 찾아내고, 생산성과 복지에 관하여 내부 팀을 추적하고 관리한다. 전파자는 유용한 정보를 내부적으로 커뮤니케이션한다. 대변인은 조직을 위해 대표하고, 대화하고, 조직에 관한 정보와 목표를 외부 사람들에게 전달한다.

3) 의사결정역할

의사결정역할(decisional role)은 경영자가 선택하고 행동을 취하여야 하는 것과 관련이 있다. 이 역할은 개념적 역할을 필요로 한다. 주요 역할은 기업가, 문제해결자, 자원배분자와 협상자다. 기업가는 문제를 해결하고, 새로운 아이디어를 창안하고, 실시하기 위해 조직 내에 변화를 창조하고 관리한다. 문제해결자는 예기치 않은 장애를 해결하고 관리한다. 자원배분자는 직원과 다른 조직의 자원을 배치하고 자금을 할당한다. 협상자는 팀, 부서나 조직 내에서 직접적으로 중요한 협상을 한다.

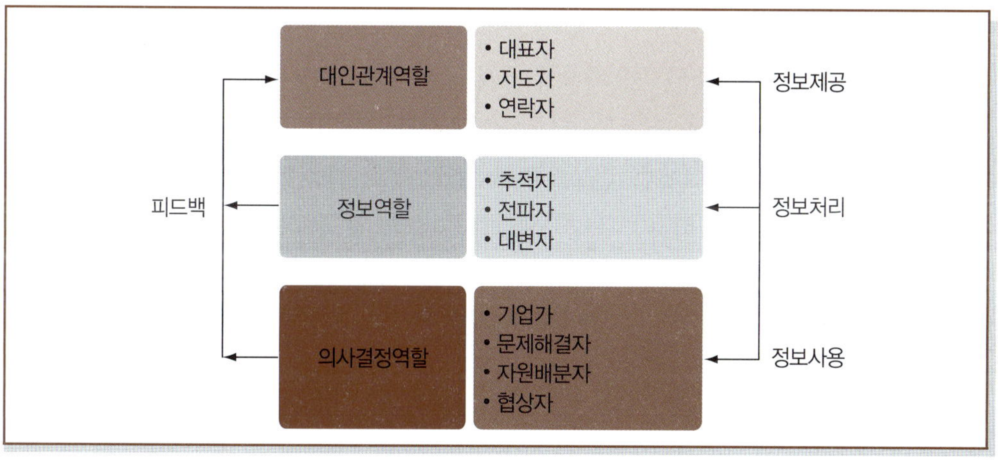

| 그림 1-6 | 경영자의 역할

출처: Mintzberg, H.(1973), The Nature of Managerial Work.

| 표 1-3 | 경영자의 역할과 활동

역할	활동
대인역할	사람이 관계되는 경영역할과 의식적이고 상징적인 의무 수행
대표자	방문객 접대와 법적 서류 서명과 같은 의식과 상징적 의무 수행
지도자	채용, 훈련, 기타 관련 임무에 대한 책임
연결자	내·외부 조직 간의 정보연결망의 유지
정보역할	정보를 탐색하고, 수집하고, 전파하는 역할
추적자	다양한 내·외부 정보탐색과 접수, 개인적 접촉유지
전파자	외부 인사나 부하로부터 받은 정보를 구성원에게 전달
대변인	조직의 계획, 정책, 실행, 결과 등에 관해 외부에 전달
의사결정역할	선택과 관련된 경영자 역할
기업가	조직과 환경을 탐색하고, 기회를 찾고, 개선을 주도하는 역할
문제해결자	분규나 위기에 대한 수정조치와 부하들 간의 갈등해결
자원배분자	일정, 예산과 순위 등 모든 종류의 자원배분
협상자	노조, 판매, 구매와 예산의 협상에서 조직 대표

3. 경영자의 기술

기술(skill)은 지식을 행동으로 전환할 수 있는 개인적 능력이다. 경영자는 다양한 경영 기능을 수행하기 위한 기술과 능력을 갖고 있어야 한다. 로버트 카츠(Robert Katz)는 성공적인 경영자에게 필요한 기본적인 기술을 전문기술, 인간기술과 개념기술을 제시하였다. 경영자가 보유해야만 하는 또 다른 기술은 진단기술, 분석기술과 디지털기술이다. 진단기술은 상황을 이해하는데 도움이 되지만, 분석기술은 주어진 상황에서 실행해야 하는 것을 결정하는데 도움이 된다.

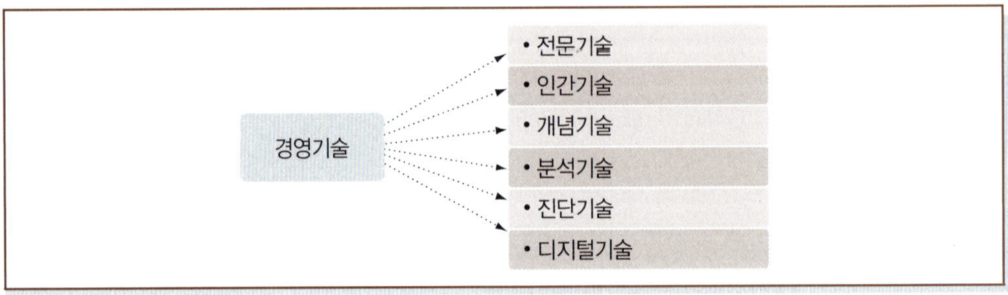

| 그림 1-7 | 경영자의 필요기술

1) 전문기술

전문기술(technical skill)은 특정한 분야의 절차, 기법과 지식을 사용할 수 있는 능력이다. 회계사, 기술자, 의사는 모두 각각의 전문직에 필요한 전문기술을 갖고 있다. 하위와 중간계층의 경영자들은 효과적인 과업수행을 위해 전문기술이 필요하다. 전문기술은 하급 직원을 훈련하고, 과업과 관련된 문제를 감독하는데 많은 시간을 보내는 일선관리자에게 특히 중요하다.

2) 인간기술

경영자들은 조직의 내・외부의 사람들과 상호작용하는데 상당한 시간을 보내기 때문에 대인관계기술이 필요하다. 인간기술(human skill)은 다른 사람들과 함께 일하고, 이해하고, 격려하는 능력이다. 경영자들은 다른 사람들과 좋은 관계를 유지하고, 다른 사람들을 통해서 과업을 수행한다. 대인관계기술은 커뮤니케이션, 협상, 지시, 운영, 동기부여와 갈등해결과 같은 기술이다. 인간기술은 모든 수준의 경영에서 매우 중요하다. 좋은 인간기술을 갖고 있는 경영자는 그렇지 못한 경영자보다 더 성공적이다.

3) 개념기술

개념기술(conceptual skill)은 조직을 더 잘 이해하고, 넓고 선견지명의 관점을 취하기 위해 정보를 조직하는 경영자의 능력이다. 기업을 전체로 보고, 주어진 상황이나 환경에 포함된 모든 기능을 계획하고, 부분이 상호 간에 어떻게 의존하는 지를 이해하고, 한 부분의 변화가 전체에 어떠한 변화를 주는지를 예상하는 능력이다. 따라서 개념기술은 추상적인 아이디어를 생각해내는 창조성, 더 넓은 지식과 능력이다.

4) 진단기술

진단기술(diagnostic skill)은 어떠한 상황에 대해 가장 적절한 반응을 예상할 수 있는 능력이다. 경영자는 해법을 개발하기 위해 조직에 있는 징후를 조사하고, 문제를 진단하고, 분석해야 한다. 문제의 근본적인 원인을 찾고, 해결안을 권고한다. 진단기술의 중요성은 높은 수준의 경영자일수록 더욱 커진다. 예를 들면, 특정 부서가 높은 이직률로 고통을 받을 수 있다. 진단기술의 도움으로 경영자는 부서의 감독자가 종업원을 다루는데 능숙하지 못하다는 것을 발견할 수 있다. 이러한 문제는 감독자를 이동하거나 훈련함으로써 해결될 수 있다.

5) 분석기술

분석기술(analytical skill)은 특정한 상황에서 중요하거나 기본적인 요소를 확인하고, 상호의존성을 평가하고, 가장 주목되는 것을 결정하는 능력이다. 이러한 분석기술은 가능한 전략을 찾아내고, 상황에 가장 적절한 것을 선택할 수 있다. 예를 들면, 신제품을 기존 제품 계열에 추가할 때 관리자는 장점과 위험을 분석하고, 최종선택을 하는 이사회에 추천한다.

6) 디지털기술

디지털기술(digital skill)은 정보기술과 인터넷을 사용하여 콘텐츠를 발견, 평가, 이용, 공유, 창조할 수 있는 능력이다. 디지털기술을 갖고 있는 경영자는 많은 업무를 수행하기 위해 디지털 지식을 사용한다. 실질적으로 디지털기술을 사용하는 것은 경영자의 생산성을 향상하기 때문에 이러한 기술은 중요하다. 컴퓨터는 재무분석, 인적자원 계획에서 상세한 과업을 수행할 수 있고, 의사결정에 매우 유용한 도구이다. 경영자들이 소프트웨어로 시나리오와 자료를 분석할 수 있다.

경영기술의 원천은 교육과 경험이다. 어떤 경영자는 하나의 원천을 사용하지만, 어떤 경영자는 두 원천을 모두 사용한다. 경영은 사람을 다루는 것이므로 인간기술은 가장 중요한 기술이다. 최고경영자는 전체를 조망하고, 환경을 통해서 계획과 전략을 수립하기 때문에 개념기술, 진단기술과 분석기술이 더욱 필요하다. 반면에 일선관리자는 하급 직원을 훈련하고, 과업과 관련된 문제를 감독하기 때문에 전문기술이 더 필요하다.

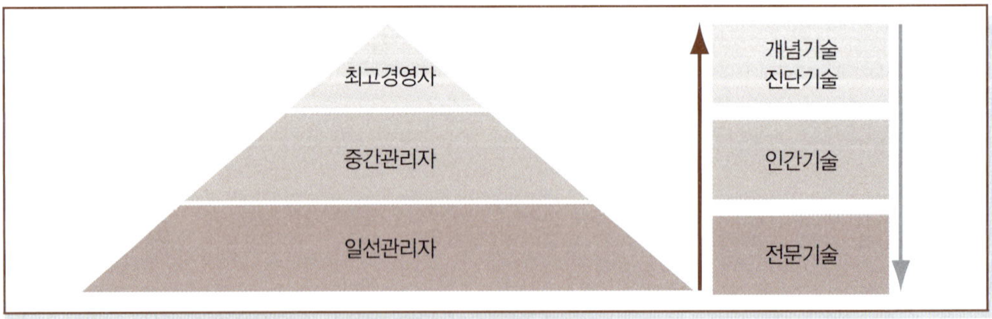

| 그림 1-8 | 다양한 수준에서의 기술의 중요성

Sense 성장기 스타트업 경영자에게 필요한 것

창업한 지 얼마 되지 않은 스타트업에서 다시 단번에 회사가 크게 성장하기 시작하는 확장단계가 되면 경영자에게 요구되는 자질이나 소양, 마음가짐도 달라진다. 다음은 마케팅 소프트웨어를 개발하는 허브스팟에서 9년 동안 CEO를 지낸 브라이언 할리간(Brian Halligan)의 경험이다.

■ 팀의 배치전환

시작과 달리 확장할 때에는 조직이 성장하고, 직원 수가 증가하고, 프로젝트를 수행하는 팀도 늘어난다. 팀마다 최대한 힘을 발휘할 수 있게 관리하는 게 중요하다. 팀의 리더가 신뢰를 잃는 경우 되찾는 건 거의 불가능하다. 팀의 리더를 대체해 팀의 사기를 다시 되찾게 해야 한다. 팀원이 리더에게 불만을 갖고 사기가 떨어졌다고 판단되면, 적절한 리더의 배치전환이 필요하다.

■ 우선순위

회사가 확장될 때 중시해야 할 순위는 기업가치이며, 다음은 팀, 마지막은 자기 자신이다. 이와 정반대로 할 때 큰 문제를 안게 된다. CEO는 기업가치, 팀, 자신이라는 순위를 철저하게 의식해야 한다. 조직이 커지면 팀 간 혹은 구성원 간 조정 비용이 늘어나 해악이 될 수 있다. 이 때 순위를 선택을 해서 조직의 힘을 집중시킨다. 또 팀 간 회의 스타일도 조직규모에 맞게 변해야 하며, 결국 한 가지 결론을 내고, 결속해 이를 실행하도록 한다. 기업 확장 단계에선 함정이 발생하지 않는지 주의 깊게 관찰하는 게 필요하다. 이런 함정의 싹이 발견되면 같은 문제가 다시 발생하지 않도록 대책을 강구한다.

■ 타협배제

확장 단계에 접어든 기업을 죽이는 건 타협이다. 관리자는 조직이 성장하면 반대 의견이 없는 보수적이면서 안전한 도로를 따라가고 싶어 한다. 하지만 경영자의 결정은 가장 인기 있는 길이 아니라 올바른 길이다. 기업 초기에는 속도가 중시된다. 만일 판단이 실수였거나 실패했다면 빠르게 전환하면 된다. 하지만 확장 단계에선 결정의 속도보다는 정확성이 더 중요해진다. 이 단계에선 의사결정 중요성은 속도보다 정확성으로 변해가기 때문에 경영자는 이에 따라 균형을 취하는 게 필요하다.

■ 기업경영 설명

CEO는 기업경영을 설명하는 사람이어야 한다. 조직이 성장함에 따라 모든 사람이 같은 방향을 향하고 일에 종사하기는 어려워진다. CEO는 모든 기회를 통해 기업의 정책을 모든 직원에게 발산할 필요가 있다. 분기에 한 번 정도는 모든 사원이 참여하는 회의를 진행하고, 기업이 나가야 할 비전을 설명한다. 또 비전을 보여주는 동시에 방향에 공감하고 분발해주는 인력을 갖추는 것과 공감하고 협력하는 직원을 확보하는 게 중요하다.

■ 뛰어난 기업문화

마지막은 뛰어난 기업문화다. 좋은 기업문화가 우수한 직원을 키우고, 좋은 제품과 서비스를 만들어 결국 고객에게 사랑받을 수 있는 중요한 열쇠이다. 독특하고 훌륭한 서비스를 만들고 싶다면 이런 서비스를 만들 훌륭한 직원이 필요하다. 기업문화를 만드는 데 상당 시간과 노력을 할애할 필요가 있다.

출처: 테크홀릭 2016. 8. 3

Chapter 02

경영학 사상

제1절 고전학파 사상

제2절 현대학파 사상

Insight 2

현대 경영학의 핵심 사상

스페인 IE경영대학원 스튜어트 크레이너와 데스 디어러브 교수가 2001년 공동 창설한 싱커스 50 재단은 매 2년마다 세계 최고의 경영사상가를 선정하여 순위를 발표해 왔다. 수여하는 최고 업적상은 '경영사상계의 오스카상', '경영학계의 노벨상'으로 불리고 있다. 2015년도에 경영학의 이단아로 불리며 논란을 낳았던 캐나다 맥길대학교의 헨리 민츠버그 교수가 상을 받았다.

■ 경쟁전략: 마이클 포터, 클레이튼 크리스텐슨, 김위찬과 르네 마보안

2015년도 1위는 경쟁전략의 선구자인 하버드경영대학원 마이클 포터 교수가 차지했다. 포터 교수는 2005년 첫 수상 이후 10년 만에 다시 1위에 올라 명성이 녹슬지 않았음을 입증했다. 클레이튼 크리스텐슨 교수가 2위, 블루오션 전략으로 유명한 김위찬 교수와 르네 마보안 교수는 한 계단 떨어진 3위, 세계적인 IT 미래학자 돈 탭스코트가 4위, 리더십 이론의 대가 마셜 골드스미스가 5위를 차지했다. 국내에 잘 알려진 인물 가운데 리더십 저술가 짐 콜린스는 12위에서 28위로, 혁신이론의 대가 게리 해멀 교수는 19위에서 30위로 순위가 떨어졌다. 여성 사상가들의 약진은 주목할 만하다. 린다 힐, 허미니아 아이바라, 리타 맥그레이스, 닐로퍼 머천트 등이다.

■ 경영분야: 헨리 민츠버그, 돈 탭스코트, 짐 콜린스

경영분야의 대표 저자인 헨리 민츠버그는 캐나다 맥길대학교 교수이다. 매니지먼트와 경영전략에 관한 탁월한 전문가로 평가받으며, 미국경영학회로부터 최고연구자상을 수상했다. 미국발 금융위기 이전부터 MBA 제도의 문제점을 지적하며 경영학의 혁신을 주장했다. 저서로 『전략 사파리』, 『생산성 탐구』가 있다. 혁신 분야의 대표 저자인 돈 탭스코트는 비즈니스 전략 분야의 권위자이면서 사회 전반에 걸쳐 통찰력이 넘치는 예견을 제시해왔다. 워싱턴테크놀로지리포트는 그를 "마샬 맥루한 이후 세계에서 가장 영향력 있는 미디어 분야 권위자"로 평가했다. 저서로 『위키노믹스』, 『디지털 네이티브』, 『패러다임 시프트』 등이 있다. 전략 분야의 대표 저자인 김위찬은 프랑스 인시아드 경영대학원의 석좌교수이다. 그의 저서 『블루오션전략』은 원래 하버드 비즈니스 리뷰에 게재했던 논문들을 묶은 것이다. 리더십 분야의 대표 필자인 짐 콜린스는 세계적인 베스트셀러인 『좋은 기업을 넘어 위대한 기업으로』를 펴냈다. 이후 스탠포드대학교에서 '기업가 정신'을 강의하면서 명강의상을 받았다. 그가 지은 『성공하는 기업들의 8가지 습관』, 『위대한 기업은 다 어디로 갔을까』 역시 명저로 꼽힌다.

■ 미래 분야: 닐로퍼 머천트, 니르말야 쿠마르

미래 분야의 주 저자인 닐로퍼 머천트는 루비콘컨설팅의 창업자이자 CEO이다. 닐로퍼 머천트는 21세기 첨단기술 분야의 선구적인 사상가로 알려졌다. 애플, 오토데스크, 어도비 등의 회사와 함께 일하며 100개 이상의 제품을 출시하여 180억 달러의 누적 순이익을 창출했다. 패스트컴퍼니는 2012년 최고의 비즈니스 도서로 그녀의 책 『소셜시대에서 가치를 창출하는 11가지 방법』을 선정했다. 인도 경영사상계를 대표하는 저자인 니르말야 쿠마르는 런던경영대학원의 교수이자 같은 대학의 마케팅연구센터 소장이다. 세계적인 마케팅 전문가로 〈포춘〉 500대 기업 중 50여 곳에서 경영컨설턴트로 활동하는 중이다. 저서로 『마케팅에 집중하라』, 『인디아 인사이드』, 『브랜드 브레이킹 아웃』 등이 있다.

■ 헨리 민츠버그와 데이비드 노튼의 사상

헨리 민츠버그는 『경영이란 무엇인가』에서 경영은 맥락에 기반을 둔 행위라고 주장한다. 그는 경영자들이 조직 내에서 수행해야 할 핵심적인 업무를 명확하게 밝혔다. 수많은 경영자들이 지나치게 비효율적인 방식으로 이리저리로 옮겨 다니기만 할 뿐 한 가지 사안에 집중하지 못한다. 또 장기적인 관점에서 문제를 심사숙고하는 대신 당장 처리할 업무를 전전하는 경우가 다반사다. 경영자가 되면서 오히려 경영하는 대상과 단절하는 일이 비일비재하다. 민츠버그는 경영자의 업무 역할을 대인관계, 정보제공과 의사결정 세 가지로 요약했다.

데이비드 노튼은 경영의 진리는 계량화라는 전제 아래 경영성과로 인식하고자 하는 모든 것을 계량화할 필요성을 역설한다. 항공기를 조종하는 조종사의 경우를 보자. 조종사가 단 하나의 계기판에 의존하는 항공기는 결코 안전할 수 없다. 여러 계기판의 모든 정보를 활용해야만 안전한 비행이 가능하다. 경영도 마찬가지다. 이를 위해 노튼은 조직에 맞는 핵심계량화지표와 이를 압축한 성과평가표를 갖추라고 조언한다. 이 지표가 반드시 담아야 할 사항이 있다. 첫째, 지표 간에 인과관계가 성립되어야 한다. 지표는 시장점유율과 같이 일반적으로 사용되는 후행지표와 해당 기업의 특성을 보여주는 선행지표의 조합으로 구성되어야 한다. 이 지표는 다른 재무적 지표들과 연관성을 지녀야 한다. 노튼의 주장이 합리적이기는 하지만 현실에서 경영역량이나 지적 자본과 같은 요소를 계량화하는 데는 여전히 어려움이 따르기 마련이다.

출처: 머니투데이 2015.11.26

Chapter 02

경영학 사상

제1절 고전학파 사상

이집트의 피라미드(Pyramids)와 중국의 만리장성(Great Wall)은 몇 천만 명의 사람들을 고용한 엄청난 규모와 범위의 대형 프로젝트였다. 이러한 프로젝트를 어떻게 완성할 수 있었을까? 답은 관리이다. 국부론(The Wealth of Nations)의 저자 아담 스미스(Adam Smith)는 분업이 조직과 사회에 가져다주는 경제적 장점을 주장하였다. 18세기 중엽 영국에서 시작된 기술혁신과 이에 수반하여 일어난 사회·경제 구조의 변혁인 산업혁명은 경영학의 발달에 많은 영향을 주었다.

1. 전고전이론

사람과 자원의 적절한 사용으로 목적을 달성하려는 노력, 이러한 목적을 다른 사람들이 달성하도록 하는 것과 달성 결과를 추적하는 것은 현대 관리의 개념이 되었다. 주요학자로는 로버트 오웬, 찰스 배비지와 헨리 타운 등이 있다. 로버트 오웬(Robert Owen: 1771-1858)은 노동자 작업과 생활조건의 중요성을 주창한 영국의 공장 소유자였다. 찰스 배비지(Charlcs Babbage: 1792-1871)는 현대 컴퓨터의 선구리고 할 수 있는 기계식 계신기의 원리를 발견한 영국의 수학자이자 경제학자로 정신노동을 포함한 작업 전문화의 필요성을 주창하였다. 그의 관리사상은 생산성을 향상하기 위해 이익공유의 개념을 예상하였다. 헨리 타운(Henry E. Towne: 1844-1924)은 관리환경에 적용할 수 있는 관리원리의 개발과 관리의 과학을 수립하였다. 이러한 전고전이론(preclassical theory)의 발전은 고전이론의 토대가 되었다.

2. 고전학파 사상

고전학파의 사상은 과학적 관리, 관료제 관리와 일반적 관리로 분류된다. 과학적 관리는 수행된 작업에 대해 최선의 방법을 정의하기 위해 과학적 방법을 사용한다. 프레드릭 테일러는 과학적 관리의 아버지로 불린다. 생산의 효율성을 향상하기 위해 명확한 지침을 정의함으로써 작업자와 관리자의 정신혁명을 창조하는 것이다. 간트는 계획, 일정관리와 통제에 유용한 시각적 도표를 개발하였다. 길브레스는 시간과 동작연구를 개척하고, 테일러와 독립적으로 관리기법을 개발하였다. 작업자들이 더 높은 생산성과 효율성을 달성함으로써 국가의 생활수준을 향상할 수 있었기 때문에 중요하다. 또한 과학적 관리를 위해 개발된 많은 도구와 기법들이 오늘날 조직에서 아직도 사용하고 있다.

1) 과학적 관리

과학적 관리(scientific management)는 체계적인 관찰, 실험이나 추론으로 수집된 사실이나 진실에 의해서 설정된 기준으로 사업이나 업무를 수행하는 것이다. 작업자가 업무수행 시간, 적절한 기구나 장비의 사용으로 업무를 쉽게 수행할 수 있는 방법, 적은 시간으로 많은 일을 수행할 수 있는 방법에 대해 관심을 갖는다. 이러한 사상의 옹호자들은 주로 공장 근로자들의 작업을 관리함으로써 노동효율성 향상을 시도하였다.

(1) 프레드릭 테일러

과학적 관리의 아버지라 불리는 프레드릭 윈즐로 테일러(Frederick Winslow Taylor: 1856-1915)는 조직이 과업을 연구하고, 정밀한 절차를 준비해야 한다고 믿었다. 그는 노동자의 쟁의행위와 공장의 경영난을 목격하고, 과학을 바탕으로 하는 작업관리의 필요성을 느꼈다. 테일러리즘(Taylorism)이라 불리는 과학적 관리는 기업경영에 많은 기여를 하였다. 다음은 그의 주요 연구이다.

- 작업자들이 게으름 피우는 문제를 저지하기 위해 과학적 관리를 개발하였다.
- 불필요한 동작을 제거하고, 최적 일일생산을 찾기 위해 시간과 동작연구를 하였다.
- 최적의 작업방법을 찾기 위해 과업의 과학적 연구를 주창하였다.
- 베들레헴철강에서 선철작업 개선연구를 포함한 그의 이론을 실천하였다.

테일러의 다양한 경험으로 작업자의 문제와 태도에 대한 직접적인 지식과 통찰력을 얻게 되었고, 작업장에서 관리의 질을 향상할 기회를 탐구하였다. 직접적인 경험을 근거로 한

이론형성은 그의 생각과 과학적 관리를 만들고, 작업자의 효율성을 향상하는 방법에 집중되었다. 테일러의 과학적 방법의 핵심은 비용효과성, 효율성과 생산성처럼 경제적 요소를 강조하는 기업 관리이다. 다음은 과학적 관리의 주요원리이다.

- 계획과 실행의 구분, 작업자와 관리자 간의 작업과 책임의 구분
- 관리의 경험법칙(rule of thumb)을 과학적 방법으로 대체
- 작업자의 과학적 선발과 훈련
- 작업자와 관리자 간의 협력
- 작업의 표준시간 결정
- 감독수준에 기능적 감독제 도입
- 차별적 성과급제 도입

Sense **프레더릭 윈즐로 테일러(Frederick Winslow Taylor)**

미국의 경영학자·능률기사인 테일러는 필라델피아에서 1856년에 출생하여 1915년에 사망하였다. 그는 목형공 견습생 생활을 하면서 1874년에는 작업현장을 경험했고, 일하면서 스티븐스 공대에서 기계공학을 전공했다. 견습생 시절을 발판 삼아 Taylor는 Midvale Steel Company에서 일하게 되었고, 노동자로 시작해 6년 만에 연구부장으로 승진한 뒤 기관장이 되었다. 테일러는 공장에 근무하던 시절에 노동자의 쟁의행위와 공장의 경영난을 목격하고, 과학을 바탕으로 하는 작업관리의 필요성을 느꼈다. 그는 과학적인 방법에 의해 전 생산공정을 최소단위로 분해하여 각 요소동작의 형태, 순서, 소요시간 등을 시간연구와 동작연구에 의하여 표준화하고, 차별능률급제를 채용하는 과학적 관리법을 개발했다. 과학적 관리법(scientific management)은 경영합리화와 생산성 향상에 기여하였고, 미국의 행정학을 성립시키는데 영향을 미쳤다. 주요 저서는 공장관리론(Shop Management, 1903), 금속절단 기술론(On the Art of Cutting Metals, 1906), 과학적 관리의 원리(The Principles of Scientific Management, 1911) 등이 있다.

(2) 간트 도표

간트(Henry Gantt: 1861-1919)는 생산의 각 단계에 따라 계획과 완성 작업을 측정하는 간트 도표(Gantt Chart)를 개발하였다. 이 시각적 도표는 계획, 일정관리와 통제에 도움이 되는 도표로 관리와 계획도구로 널리 사용되고 있다. 간트 도표(Gantt chart)는 작업진

도 도표로 작업계획과 실제의 작업량을 작업일정이나 시간에 견주어서 평행선으로 표시하여 계획과 통제기능을 동시에 수행할 수 있도록 설계된 막대 도표이다. 그의 또 다른 연구는 독특한 급여 인센티브 제도와 기업의 사회적 책임이다.

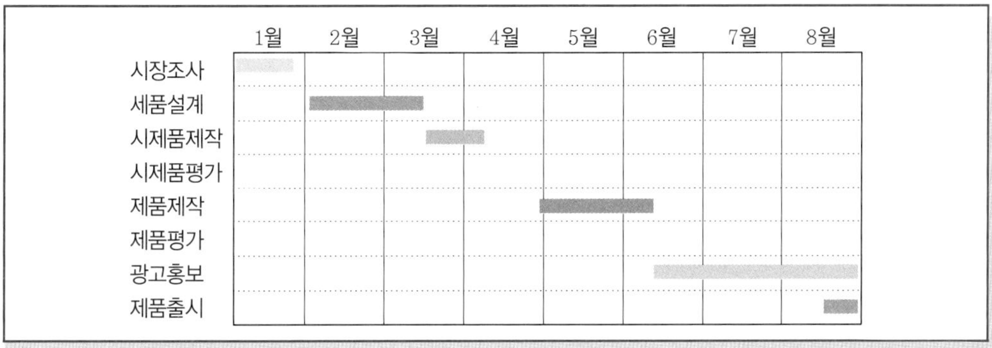

| 그림 2-1 | 간트 도표

(3) 프랭크 길브레스 부부의 시간과 동작연구

프랭크 길브레스(Frank Gilbreth: 1868-1924)와 그의 부인 릴리안 몰러 길브레스(Lillian Moller Gilbreth: 1878-1972)는 시간과 동작연구를 개척하고, 테일러와 독립적으로 많은 관리기법을 개발하였다. 그들의 연구는 불필요한 동작을 제거하고, 과업 피로를 제거하는 방법이었다. 작업자의 개별동작을 촬영함으로써 동작연구를 고안했다. 서브릭(Therblig)은 작업장에서 사용되는 손, 팔과 신체동작의 기본단위 또는 기호를 제안하였다. 이러한 동작연구는 각 과업에 시간을 맞춤으로써 진행되었는데, 이 연구를 시간과 동작연구(time and motion study)라고 한다. 벽돌쌓기에 시간과 동작연구를 적용함으로써 길브레스는 낭비동작을 제거하고, 하루에 1,000개에서 2,700개로 생산성을 향상하는 방법을 고안해냈다. 다음은 그들이 주창한 과학적 관리의 기본원리이다.

- 각 직무를 수행하는 새로운 표준방법 개발
- 작업자들에게 자기훈련과 과업선정 허용
- 작업자와 관리자 간의 협력개발
- 직무에 가장 적합한 집단의 근거로 작업분업

과학적 관리의 주요 아이디어를 사용하기 위해 관리자들은 각 과업을 수행하는 표준방법을 개발하고, 적절한 능력이 있는 작업자를 선발하고, 표준방법으로 그들을 훈련하고, 작업자를 지원하고, 간섭을 제거하고, 급료 인센티브를 제공해야 한다.

| 표 2-1 | 과학적 관리의 공헌과 비판

공헌	비판
과업수행을 위한 보상의 중요성 실증	작업의 사회적 맥락과 작업자의 욕구 경시
과업과 직무의 최초 연구	편차와 개인 불인정
직원의 선발과 훈련의 중요성 실증	작업자의 아이디어와 제안 무시

2) 관료제 관리

관료제 관리(bureaucratic management)는 전체 조직에 초점을 둔다. 관리이론의 주요 이론가는 헨리 패욜과 막스 웨버이다. 헨리 패욜은 모든 관리자의 활동을 목표로 삼고, 대표적인 기업기능과 다른 관리의 원칙을 기술하였다. 독일의 사회학자인 막스 베버(Max Weber: 1864-1920)는 권한구조의 이론을 개발하고, 권한관계에 근거한 조직활동을 기술하였다. 관료제 관리는 조직의 이상적인 형태에 집중한다. 관찰에 근거하여 초기 많은 조직들이 개인적 관계와 충성심에 근거한 의사결정으로 인해 비효율적으로 관리된다고 주장한다. 노동의 분업, 명확하게 정의된 위계, 상세한 규칙, 규제와 비개인적 관계가 특징인 조직의 형태가 관료제이다. 조직에서 관리자의 권한은 전통이나 카리스마가 아니라 관리자가 갖고 있는 지위에 근거한다고 주장하였다. 과학적 관리는 작업이나 직무와 그것이 어떻게 잘 수행되는지에 초점을 두나, 관료제관리는 전체 성과(performance)를 더 잘 성취하기 위해 조직의 구조를 어떻게 잘 구축하는지에 초점을 둔다.

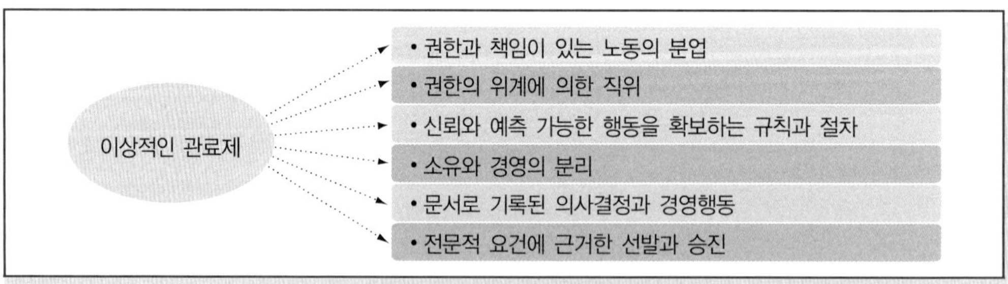

| 그림 2-2 | 이상적인 관료제의 특징

관료제bureaucracy)는 엄격한 권한의 위임과 전문화된 직무의 체계를 가지고 합리적인 규칙에 따라 조직의 목표를 능률적으로 실현하는 조직의 운영체제이다. 정당성을 인정받을 수 있는 권한은 합법적 권한이며, 이것은 관료제적 권위이다. 합법적으로 제도화된 질서

에 따라 합법적 권한(rational authority)은 계층적으로 이루어지며, 이 합법적 권한이 반영된 조직이 관료제이다. 관료제는 업무의 분업화와 전문화, 명확한 위계, 세부적인 규정과 규칙, 비인간적인 관계가 특징이다. 또한 인간은 합리적으로 행동한다는 가정하에 인간의 조직을 합리적으로 관리할 수 있는 조직 유형이다. 조직을 이끄는 원천은 권위로부터 나온다. 권위의 유형은 카리스마적 유형, 전통적 유형과 합법적 유형이 있다.

- 카리스마적 유형: 특정 인물의 초인적인 힘에 의하여 지배
- 전통적 유형: 지배자가 시민을 지배
- 합법적 유형: 적법절차에 의한 권위를 부여하는 방식

| 표 2-2 | 관료제의 장점과 단점

장점	단점
• 규칙과 규정을 통한 통일성	• 지나친 권위주위
• 권위의 위계구조를 통한 책임수행	• 형식주의
• 목표달성의 효율적인 수행	• 인간성의 상실
• 업무의 분업화, 전문화로 업무능률 극대화	• 전문화로 인한 무능
• 직급에 따라 부여된 권리와 의무 명확화	• 의사결정에 시간 소요
• 합리성 추구	• 인간적 측면 무시

3) 일반적 관리

페이욜(Henry Fayol: 1841-1925)은 관리의 모든 부문에 동일하게 적용할 수 있는 일반과정(universal process)의 이론을 규정하여 현대 관리이론의 아버지로 알려져 있다. 그는 석탄광산 기사로 시작하여 최고경영자가 되었다. 그는 관리를 통제하고 조직할 수 있는 기능으로 본다. 그의 이론은 다른 기관에 동일하게 적용할 수 있는 광범위한 관리를 형성하려는 관리이론이다. 그는 경영의 기능을 계획, 조직, 명령, 조정과 통제로 설명하고, 기업의 모든 활동을 구분하였다.

- 생산과 관련된 기술적 활동
- 구매와 판매와 관련된 사업적 활동
- 자본의 최적 사용과 관련된 재무활동
- 최종 설명, 원가와 통계와 관련된 회계활동
- 자산의 보호와 관련된 안전활동
- 관리활동

페이욜 이론에는 가정이 있다. 즉, 기업, 정부, 교육이나 종교와 같이 조직의 목적이 다르더라도 모든 조직에 동일한 핵심 관리과정이 있다. 일반적 관리과정은 분리된 기능과 관련된 원칙의 집합을 감소시킬 수 있다. 페이욜은 관리의 14개 일반원칙을 확인하고, 이 원칙은 기능적 의무를 어떻게 수행하는지를 관리자에게 보여주는 것을 목적으로 한다.

| 표 2-3 | 관리의 14개 일반원칙

원칙	설명
노동의 전문화(specialization of labor)	전문화를 통한 노동의 효율성 향상 노동시간의 감소와 기술개발 향상
권한(authority)	권리에 비례한 책임이 있는 명령권한
규율(discipline)	조직을 지배할 규칙, 정책과 합의에 대한 준수
명령의 일원화(unity of command)	혼란과 갈등을 피하기 위해 부하는 1인의 상사로부터 명령을 받는다.
지휘의 통일(unity of direction)	유사한 활동은 1인의 관리자에게 통합되어야 한다. 지시에서 어떤 갈등도 있어서는 안 된다.
개인의 복종(subordination of individual interest to common good)	조직 내의 개인과 집단의 요구는 전체로써 조직의 요구에 우선해서는 안 된다.
보상(remuneration)	보상은 종업원과 조직 모두에게 공평해야 한다.
집권화(centralization)	권한은 가능한 상위계층으로 집권화되어야 한다.
계층조직의 원칙(scale of chain)	권한은 상하로 연결되어야 하고, 준수되어야 한다.
질서(order)	인적·물적자원은 요구되는 장소와 시간에 따라 조정되어야 한다.
공평(equity)	충성심과 헌신을 뽑아내기 위해서는 종업원들은 공평하게 대우받아야 한다.
종업원의 지위안정(personal tenure)	불필요한 이직은 나쁜 관리의 원인과 결과이다.
주도권(initiative)	아이디어를 생각하고 수행하도록 부하를 장려해야 한다.
단결(esprit de corps)	팀워크, 단체정신과 단결력을 강조, 유지해야 한다.

3. 신고전학파 사상

테일러와 페이욜이 제창한 과학과 관리이론의 비판은 관리의 행동이론을 낳았다. 주요 비판은 관리에서 기업의 인간적 측면을 무시하거나 경시한 점이다. 그들의 연구는 작업자와 근로자의 인간측면이 고려되어 있지 않은 점이 비판받았다. 폴레(Mary Parker Follett)와 버나드(Chester Barnard)는 인간행동, 욕구와 태도, 사회적 상호작용과 집단과정을 강조하는 인본주의적 관점의 초기 옹호자들이었다. 인간관계운동, 인본주의적 관점은 인적자원 관점과 행동과학이다. 행동학자들이 기여한 점은 호손실험 이후 전 세계적으로 인정되었다. 행동학자들은 관리의 연구가 조직에서 인간행동과 문제와 관련이 있어야 한다고 주장한다. 조직 효과성은 조직에서 작업하는 사람들 간의 관계의 품질에 달려 있다. 우수한 관리는 구성원들 간의 대인적 능력을 개발하고, 조직의 모든 수준에서 집단적 노력을 지원하는 관리자의 능력에 달려 있다.

인간관계, 비공식 집단의 커뮤니케이션, 종업원의 동기부여와 리더십 유형을 강조함으로써 관리의 행동적 접근은 조직행동, 집단역할, 조직갈등, 조직개발의 변화와 기법과 같은 사회·심리적 현상에 관심을 갖는 것이다. 심리학자와 사회학자들이 행동학파에 많은 영향을 주었다. 인간관계이론은 사회와 심리적 요인을 확인한다. 인간행동학파는 집단목적의 동시 발생을 강조한다. 인간행동학파는 작업자와 근로자들이 인간존재에 있는 심리·사회체계로써 조직을 간주한다. 매슬로우, 맥그리거, 아지리스, 허즈버그, 맥클리랜드, 민츠버그, 리커트, 폴레와 버나드와 같은 많은 학자들은 인간관계와 인간행동 이론의 공헌자들이다.

1) 인간관계운동

인간관계운동(human relations movement)은 엄격하고, 권위적인 통제보다는 개별 작업자로부터 효과적인 통제에 근거한다. 이러한 학파는 종업원의 현명한 대우를 위해 사회적 압력을 알고, 직접적으로 반응한다. 산업심리와 직원선발의 초기 연구들은 과학적 관리의 우수성 때문에 덜 주목받았다. 시카고 전기회사 연구는 호손연구로 알려졌다. 전기회사는 산업사용자들에게 생산성을 더욱 높이기 위해 더 많은 전구가 필요하였다. 그들의 주장을 실증하기 위해 실험검증을 사용하였다. 관리자들은 결과에 회의적이었기 때문에 산업조명협회가 검증을 실시하기 위해 설립되었다. 검증의 신뢰성을 높이기 위해 토마스 에디슨(Thomas Edison)은 협회의 명예회장이 되었다.

호손실험에서 흥미 있는 사건이 발생하였다. 이 실험은 4개 실험과 3개 통제집단으로 구성되었다. 다섯 번의 검증이 실시되었다. 이 실험에서 생산성에 영향을 주는 조명보다 다른 요인의 중요성이 발견되었다. 이러한 요인들을 신중하게 검증하기 위해 많은 다른 실험이 실시되었다. 가장 유명한 연구결과인 전화계전기 조립 실험은 매우 논란이 많았다. 엘튼 메이요(Elton Mayo: 1880-1949)와 프리츠 뢰슬리스버그(Fritz Roethlisberger: 1898-1974) 하버드 교수의 지도하에 실험이 거의 6년 동안 지속되었다. 많은 요인들이 변했고, 많은 예측하지 못한 요인들이 통제되었다. 생산량 산출을 증가하는 가장 중요한 요인은 돈이 아니라 인간관계였다. 관리자들이 긍정적인 방식으로 대우할 때 종업원들은 가장 좋게 과업을 수행하였다.

실험의 재분석을 통해 많은 요인들이 작업자들에게 다르고, 돈은 중요한 요인의 하나라고 알게 되었다. 원래 참여자가 면접을 통해 실험집단에 들어가는 것은 수입이 증가한다는 것을 의미한다고 느꼈다. 또한 작업자들의 생산성은 이러한 중요한 프로젝트에 선택되어 느끼는 종업원들은 집단 자부심과 중요하다는 느낌이 증가하였다. 조사자들과 학자들은 종업원들이 조사대상에 포함됨으로써 실험의 결과에 영향을 미친다는 것을 알았다. 메이요와 호손연구는 조명실험, 계전기 조립작업 실험, 면접실험 등이다. 호손실험의 결론에서 생산성을 좌우하는 것은 작업시간, 조명, 임금과 같은 과학적 관리법에서 중시한 것이 아니라 근로자가 자신이 속하는 집단에 대해서 갖는 감정, 태도 등의 심리조건, 사람과 사람과의 관계였다. 다음은 호손연구에서 발견한 내용이다.

- 인간과 사회적 요소가 작업에 영향을 미치고, 생산성 증가는 집단역학의 결과이다.
- 사회적 요인은 재무동기처럼 작업자 생산성의 강력한 결정요인이다.
- 인간행동, 특히 집단행동을 이해하는 관리기법은 호손효과(Hawthorne effect)로 알려진 동기부여, 상담, 지휘와 커뮤니케이션과 같은 대인기술이다.
- 종업원들이나 작업자들은 사회적인 존재이고, 그래서 사회적 시스템에 작업자들을 맞추는 것이 매우 중요하다.

인간관계운동은 작업자의 생산성 향상의 비결로써 종업원의 기본적 욕구의 만족을 강조한 경영의 사상과 실천이다. 호손연구는 웨스턴 전기회사의 호손공장에서 1924년에 작업자 생산성에 관한 실험이다. 작업자들에 대한 관리자의 더 좋은 대우가 그들의 생산성 증가를 이끌어낸다. 그러나 많은 발견에도 불구하고 호손연구의 비판점이 있다.

- 사회적이나 인간적 측면을 지나치게 강조하였다.
- 만족과 행복을 유지하고, 동작을 조작함으로써 종업원의 착취를 촉진하였다.

2) 인적자원 관점

인적자원(human resources) 관점은 작업자의 참여와 리더십에 관심을 유지하지만, 사람들이 수행하는 일일과업을 고려하기 위해 강조점을 이동한다. 인적자원 관점은 직무설계를 위한 규정을 동기이론과 결합한다. 작업자들이 충분한 잠재력을 사용하도록 허용하기 위해 인적자원 관점에서 직무는 설계되어야 한다. 인적자원 관점의 가장 유명한 공헌자는 뮌스터베르크, 매슬로우와 맥그리거이다. 독일의 심리학자인 휴고 뮌스터베르크(Hugo Munsterbeg: 1863-1916)는 산업심리학의 아버지로 불리며, 심리학의 실용적인 적용을 개발하였다. 뮌스터베르크는 심리학을 응용하여, 산업심리학, 법심리학, 의학심리학, 치료심리학, 교육심리학과 기업 심리학 등을 구축하였다.

메리 파커 폴레(Mary Parker Follett, 1868-1933)는 관리를 정치과학과 사회운동의 관점에서 고려하였다. 폴레는 조직에 있어서의 규범적이고 심리적인 접근방법을 강조하고, 가치판단에 근거한 전통적인 인간주의 사회심리에 근거하였다. 개인과 조직의 통합, 관리자와 조직구성원의 공동협력, 권력의 공유, 동의에 대한 권위, 민주적 의사결정 등을 강조하였다. 다음은 그녀가 확인한 조직에서의 중요한 요소이다.

- 조직에서 개인이 아니라 집단기능의 중요성
- 종업원 관계에서 지배권력보다는 공유권력의 원리
- 통합을 통한 갈등의 해결
- 통합적 화합의 달성

환자의 문제는 그들의 욕구를 만족시킬 수 없는 것에서 발생한다는 것을 심리학자인 매슬로우(Abraham Maslow: 1908-1970)는 관찰했다. 그는 욕구의 단계를 제안하였다. 인간의 욕구는 생리적 욕구에서 시작하여 자아실현의 욕구까지 단계적이다. 즉, 그는 인간본성에 관한 세 가지 가정에 근거한 동기이론을 개발하였다.

- 인간은 결코 완전히 만족되지 않는 욕구(needs)를 갖고 있다.
- 인간은 주어진 시점에서 만족되지 않은 욕구를 만족하려고 한다.
- 욕구는 하위 수준에서 상위 수준으로 단계적 상승하고, 어느 정도 예측할 수 있다.

맥그리거(Douglas McGregor: 1906-1964)는 초기 지나치게 단순한 인간관계 관념으로 좌절하였다. 그는 인간행동에 관한 고전적 관점과 초기 인간관계 가정에 이의를 제기하였다. 즉, 기존의 수동적인 작업자 가설인 X이론을 비판하고, 자기실현의 욕구를 가진 능동적인 작업자 가설인 Y이론을 주장했다. 관리자와 상담자로써 그의 경험에 근거하여 X이론과 Y이론을 구성하였다. Y이론의 요점은 조직이 모든 종업원들의 상상력과 지식을 이용할 수 있다는 것이다. 기회가 주어질 때 종업원들은 자기통제를 하고, 조직목적에 공헌한다. 소수의 회사들은 X이론을 사용하지만, 많은 회사들은 Y이론을 사용한다. 인적자원 관점은 작업자들의 충분한 잠재력을 사용하도록 작업자들에게 허용함으로써 높은 수준의 욕구를 만족하기 위해 직무는 설계되어야 한다는 관리 관점이다.

3) 행동과학 접근

행동과학(behavioral sciences) 접근은 경제학, 심리학, 사회학과 인류학 등을 적용하였다. 조직은 사회 기술적 시스템이다. 조직에 있는 사람들의 대인이나 집단행동은 다양한 요인에 의해서 영향을 받는다. 조직개발은 변화에 대처하고, 내적 관계를 향상하고, 문제해결능력을 증가하고, 조직의 건강과 효과성을 향상하기 위해 행동과학을 적용한다. 작업장에서 행동을 이해하고, 예측하는 개념과 분석적 도구에 집중한다. 행동과학 접근은 개성, 태도, 가치, 동기, 집단행동, 리더십, 커뮤니케이션과 갈등의 집중을 통해 경영의 연구에 기여하였다. 특히, 에이브라함 매슬로우, 프레드릭 허즈버그, 더글라스 맥그리거, 비터 브룸, 제임스 마치, 허버트 사이몬과 체스타 버나드 등은 행동과학 접근의 공헌자들이다.

행동과학 접근은 조직에 있는 사람들과 집단의 태도, 행동과 성과에 초점을 둔다. 인간은 고전적 접근의 경제인(economic man)과 인간관계 접근의 사회인(social man)보다 더욱 복잡하다고 생각한다. 따라서 기술과 전문지식을 나타내기 위해 인간욕구를 만족시키는 정도와 작업의 본질에 집중한다. 종업원들의 좋은 성과를 얻기 위해 커뮤니케이션, 동기부여, 참여경영, 리더십과 집단역학이 통합된다. 리더십은 집단관계에 집중하고, 조직 효과성에서 개인의 사고방식과 집단행동의 한 부분이다. 다음은 행동과학 접근의 공헌이다.

- 조직의 목적을 달성하기 위해 팀의 활용
- 직원의 훈련과 개발강조
- 혁신적 보상과 인센티브 기법의 사용

제2절 현대학파 사상

1. 현대학파 사상

1950년대에 이르러 과학적 관리법, 고전적 조직이론이나 인간관계론의 단점들을 보완하면서 현대 관리론(modern management)이 체계화되었다. 현대학파의 주요 사상은 작업자와 조직 간에 있는 요인의 개발에 집중한다. 모든 측면에서 작업자와 관리의 상호관련을 분석한다. 시스템 이론과 상황이론은 현대학파의 주요 이론이다.

1) 시스템 접근법

버나드(Chester Barnard, 1886-1961)는 1927년 뉴저지 벨 전화회사 사장을 거쳐 1948년 록펠러재단 이사장이 되었다. 그는 실무에서의 오랜 경험으로 경영관리론에 업적을 남겼다. 그의 논문인 경영자의 기능(The Functions of the Executive)은 가장 영향력이 있는 출판물의 하나이다. 버나드는 뉴저지 벨 전화회사의 최고경영자로서 경험의 근거로 경영을 새롭게 접근하였다. 그는 모든 조직을 협력적 시스템으로써 특징지었다. 협력적인 시스템은 둘 이상의 사람의 협력에 의해서 체계적인 관계 안에 있는 생물학적, 신체적, 개인적, 그리고 사회적 구성요소의 복합체이다. 전략적 요인으로써 협력의 중요성과 개인의 역할을 강조하였다. 조직 안에 있는 몰입, 공동의 목적과 커뮤니케이션에 대한 자발성을 중요한 요소로써 간주하였다. 이러한 요소가 존재하지 않고 상호의존적으로 작동하지 않는다면 조직은 존재하지 않는다고 간주하였다. 다음은 시스템 이론의 기본적인 원칙이다.

- 모든 조직은 협력 시스템이다.
- 협력 시스템으로써 조직은 둘 이상의 사람의 협력으로 일정한 시스템 관계 안에 있는 복합적인 자연과학, 생물학, 개인과 사회적 요소의 결합이다.
- 종업원의 역할과 협력은 조직목적을 달성할 때 전략적 요소이다.

시스템(system)은 공동의 목적을 달성하기 위해 전체로써 기능하는 상호 관련된 부분의 집합이다. 시스템은 외부환경으로부터 유입을 받고, 특정한 방식으로 이를 변환하여 환경에 다시 유출한다. 조직은 유입, 변환과정, 유출, 피드백과 환경으로 구성된다. 유입은 상품이나 서비스를 생산하기 위해 사용되는 물적, 인적, 자금이나 정보자원이다. 변환과정은 유입을 유출로 변경하기 위해 관리자가 사용하는 생산기술이다. 피드백은 유입의 선택에 영향을 주는 결과의 지식이다. 환경은 사회적, 정치적, 경제적 힘이다.

시스템에 있는 아이디어는 관리자의 생각에 영향을 준다. 아이디어는 개방, 폐쇄 시스템, 시너지와 하위 시스템을 포함한다. 개방시스템(open systems)은 생존하기 위해 환경과 상호작용을 하나, 폐쇄 시스템(closed systems)은 환경이 필요하지 않다. 고전관점에서 조직은 폐쇄 시스템의 사고이다. 그러나 모든 조직은 개방 시스템이고, 환경을 무시하면 실패에 이른다. 시너지(synergy)는 전체가 부분의 합보다 크다는 것을 의미한다. 조직이 형성될 때 새로운 것이 세상에 출현한다. 전에 존재하지 않는 관리, 조직과 생산이 나타난다. 함께 작업하는 조직단위는 혼사 작업하는 것보다 더 많은 것을 달성할 수 있다. 하위 시스템(subsystems)은 시스템의 부분으로써 서로 의존한다. 조직에서 한 부분의 변화는 다른 부분에 영향을 준다. 조직은 협력된 전체로써 관리되어야 한다.

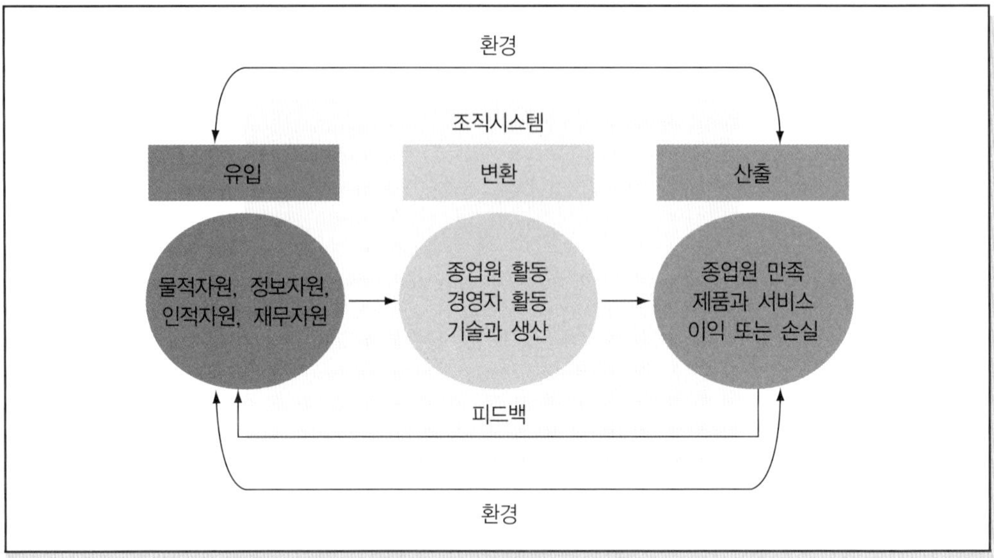

| 그림 2-3 | 조직의 시스템

시스템 사고(systemic thinking)는 상황의 독특한 요소와 요소들 간의 상호작용을 생각하는 것이다. 시스템 사고의 기본적인 가정은 세계에 있는 모든 것은 상호 영향을 주고, 그 주변에 있는 것에 의해 영향을 받는다는 것이다. 조직의 한 부분에서 취한 행동은 조직의 다른 부분에 영향을 미친다. 시스템을 이해하기 위해서 부분은 전체에 의해서 설명되어야 한다. 그러나 시스템 이론은 단점을 갖고 있다. 지적 호소와 매력적인 전문용어가 길고, 증명할 수 있는 사실과 실용적인 조언이 적다.

2) 경영과학 관점

경영과학 접근은 계량기법의 적용을 통해 의사결정을 향상하는데 집중한다. 이것은 통계학, 최적화 모형, 정보모형과 컴퓨터 시뮬레이션 등이 포함된다. 예를 들면, 경영자들이 예산, 일정관리, 품질관리와 유사한 의사결정을 할 때 계량기법을 일반적으로 의존한다. 주요 계량경영 관점의 분야는 경영과학, 운영관리와 경영정보시스템이다.

(1) 경영과학

오퍼레이션 리서치(operations research)라고 하는 경영과학(management science)은 경영문제를 해결하기 위해 수학과 통계학을 사용한다. 전쟁의 복잡한 문제에 과학적 지식과 방법을 적용하기 위해 세계 2차 대전 중에 개발되었다. 이것은 수학적 모형 구축과 경영문제에 대한 계량적 기법의 적용으로 구성된다. 컴퓨터의 출현은 생산과 운영관리를 위한 많은 경영과학 도구와 개념을 만들었다. 이러한 접근은 자원을 상품과 서비스로 전환하는 생산공정의 운영과 통제에 집중된다.

(2) 생산과 운영관리

생산과 운영관리(production and operations management)는 제조와 서비스 조직의 생산성과 품질을 강조한다. 데밍(Edwards Deming)은 생산성과 품질을 향상하는 현대사상을 형성하는데 많은 영향을 미쳤다. 운영관리는 서비스의 생산을 전문화하는 경영의 분야이다. 운영관리 전문가는 생산문제를 해결하기 위해 계량기법을 사용한다. 운영관리의 주요 분야는 생산능력계획, 설비위치와 배치, 자재소요계획, 일정계획, 구매와 재고관리, 품질관리, 실시간 재고 시스템과 유연 제조 시스템이다.

(3) 경영정보시스템

경영정보시스템(management information systems: MIS)은 조직 내에서 부서를 조직하고, 평가하고, 효율적으로 관리하기 위한 도구를 경영자들에게 제공하는 컴퓨터 기반 정보시스템이다. 과거, 현재와 미래 정보를 제공하기 위해 경영정보시스템은 의사결정과 자료 관리에 도움이 되는 소프트웨어, 인적자원관리와 프로젝트 관리 등에 활용된다.

3) 상황접근

상황접근은 조직을 관리하는 시스템 이론에서 진화하였다. 상황이론(contingency approach)은 모든 조직이 동일하다는 가정 하에 조직의 능률성 극대화를 위해 유일, 최선의 관리방식을 추구하는 고전적 조직이론을 비판한다. 경영은 상황에 따라 다르다. 모든 상황에 적용할 수 있는 보편적인 경영원칙은 존재하지 않고, 상황에 따라 적합한 원칙을 개발해야 한다. 효과적인 조직구조나 관리방법은 환경 등의 상황요인에 따라 달라지기 때문에 구체적인 상황인 환경, 기술, 구조 등에 따라 적합한 조직구조나 관리방법을 찾아낸다. 경영자가 직면하는 상황이 언제나 변하듯이 경영에 가장 좋은 단일 이론은 없다. 때문에 상황과 관련 있는 변수를 확인하고, 평가함으로써 경영자들은 상황에 적합한 기법을 찾아야 한다. 상황접근은 각 상황의 독특한 특징에 맞는 경영원리와 과정을 적용하는 데 집중한다. 이것은 관리하는 하나의 최선의 방법은 존재하지 않고, 외부환경, 기술, 조직특성, 경영자의 특성과 부하의 특성과 같은 다양한 상황 요인에 달려 있다는 것을 강조한다.

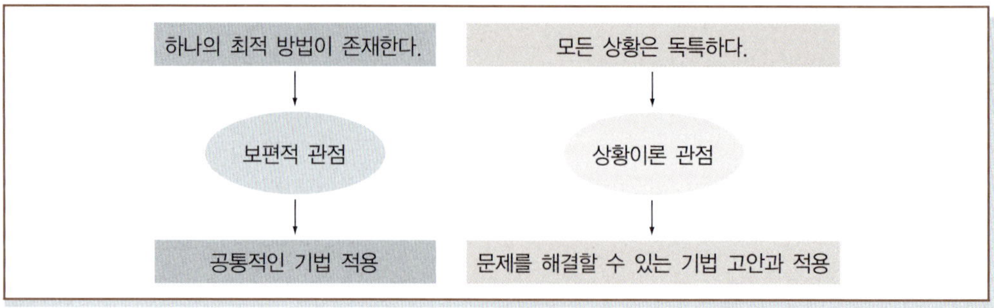

| 그림 2-4 | 상황이론의 특징

4) 품질학파

전사적 품질관리로 알려진 품질학파(quality school)는 조직을 지휘하고 운영하기 위한 포괄적인 모델이다. 이해관계자들의 욕구를 다룰 때 고객에 집중함으로써 제품성능을 지속적으로 향상하는 것에 초점을 둔다. 즉, 고객에게 높은 품질을 전달하기 위해 전체 조직을 관리하는데 집중한다. 품질학파의 고려사항은 회사 산출물의 품질, 조직구조, 집단역학, 지속적 개선, 투명성과 신뢰 등이다.

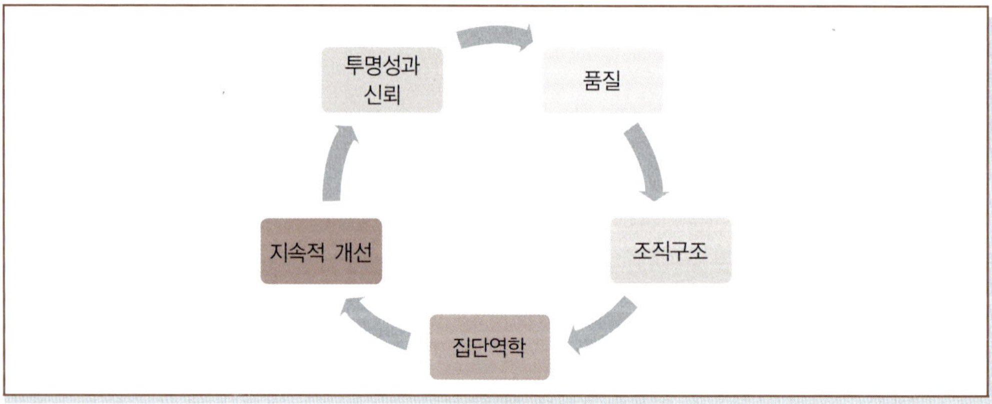

| 그림 2-5 | 품질학파의 고려사항

- 제품품질: 조직의 생존과 성장에 핵심이라고 생각하는 고객의 요구사항을 만족하는 상품과 서비스를 제공하는데 집중한다.
- 조직구조: 모든 조직은 고객과 공급자의 복잡한 시스템으로 구성되고, 모든 개인은 공급자와 고객으로서 역할을 한다.
- 집단역학: 조직은 집단에서 작업하는 환경을 육성해야 한다. 경영은 계획과 문제해결의 촉매자인 집단 안에서 조화와 효율성을 확인하고 육성한다.

- 지속적 개선: 회사의 정책과 과정을 지속적으로 검토한다. 이것은 전문화와 최종적인 우수한 산출이 된다.
- 투명성과 신뢰: 종업원들을 모든 수준에 연결하고, 신뢰와 안정의 문화를 창조한다.

5) 리엔지니어링

업무재설계(business process reengineering) 또는 리엔지니어링(reengineering)은 환경에 있는 변화에 반응할 때 강력한 수평적 협력과 더 큰 유연성으로 핵심사업 과정의 완전한 재생각과 변형이다. 즉, 비용, 품질, 서비스, 속도 등 기업의 핵심요소를 향상시키기 위한 작업공정을 근본적으로 재설계하는 것이다. 따라서 리엔지니어링은 변화의 필요성을 알고, 변화를 예상하고, 발생할 때 효과적으로 반응하는 것에 집중한다. 다음은 리엔지니어링의 과정이다.

- 사업의 비전과 공정목표 개발
- 사업공정 확인
- 기존공정의 조사와 측정
- 새로운 공정의 모형설계와 구축
- 변화의 추진과 관리

| 표 2-4 | 주요 경영이론의 추세

<table>
<tr><th colspan="2">이론</th><th>시작년도</th><th>강조점</th></tr>
<tr><td rowspan="3">고전학파</td><td>과학적 관리</td><td>1880년대</td><td>경험규칙이 작업장의 연구 이후 정밀한 절차로 대체</td></tr>
<tr><td>관료제 관리</td><td>1920년대</td><td>전통적 · 카리스마 리더십이 합법적 리더십으로 대체</td></tr>
<tr><td>일반적 관리</td><td>1940년대</td><td>경영의 주요기능과 경영의 14개 원리</td></tr>
<tr><td rowspan="2">행동적 접근</td><td>인간관계</td><td>1930년대</td><td>작업자의 태도가 생산성과 관련</td></tr>
<tr><td>행동과학</td><td>1950년대</td><td>조직에서 인간행동의 이해</td></tr>
<tr><td rowspan="2">계량적 접근</td><td>경영과학</td><td>1940년대</td><td>관리문제해결을 위해 수학과 통계학 사용</td></tr>
<tr><td>생산 · 운영관리</td><td>1940년대</td><td>자원을 상품과 서비스로 전환하기 위한 제조공정의 통제와 운영 집중</td></tr>
<tr><td rowspan="2">현대학파</td><td>시스템 접근</td><td>1950년대</td><td>조직은 환경과의 지속적인 상호작용에서 투입을 산출로 전환하는 시스템이다.</td></tr>
<tr><td>상황접근</td><td>1960년대</td><td>각 상황의 독특한 특성에 적합한 관리원리와 과정 적용</td></tr>
</table>

2. 경영사상의 공헌자

경영학 이론은 기업의 성장과 발전에 많은 기여를 하였다. 피터 드러커(Peter F. Drucker), 에드워드 데밍(W. Edwards Deming), 로렌스 피터(Laurence Peter), 윌리엄 오우치(William Ouchi), 토마스 피터(Thomas Peters), 로버트 워터맨(Robert Waterman)과 낸시 오스틴(Nancy Austin) 등은 경영학 이론의 중요한 공헌자이다.

1) 피터 드러커

현대 경영학의 구루(guru)인 피터 드러커((Peter Ferdinand Drucker: 1909-2005)는 경영의 주요 과업을 조직의 목적과 사명결정, 작업 생산성, 사회적 영향과 책임의 관리라고 주장한다. 드러커는 작업 생산성 향상을 강조한다. 인적자원은 조직의 유일하고 진정한 자원이다. 경영이 최대한의 성공을 달성하기 위해서는 하급직원들이 효율적으로 작업을 해야 한다. 또한 관리자는 주어진 상황에서 어떤 기법이 적절한지를 판단할 수 있어야 한다. 분권화(decentralization), 민영화(privatization), 권한위양(empowerment), 지식노동자(knowledge worker), 학습조직(learning organization), 목표관리(MBO), 수평조직(flat organization) 등이 있다. 주요 저서에 「경제인의 종말」, 「경영의 실제」, 「단절의 시대」, 「미래 기업」, 「미래의 조직」, 「자본주의 이후의 사회」, 「21세기 지식 경영」 등이 있다.

2) 윌리엄 오우치

Z이론으로 유명한 윌리엄 오우치(William G. Ouch: 1943~현재)는 일본의 경영사례가 미국에 적용될 수 있는지를 알려준다. 미국식 경영방식을 A타입, 일본식 경영방식을 J타입, 그리고 이 둘의 혼합형이 Z이론이다. Z이론은 맥그리거의 XY이론의 연장선 위에 있다. 맥그리거의 이론이 경영자의 지도성 및 리더십 유형 간의 차이를 강조한 반면에 Z이론은 기업문화에 관심을 두고 있다. 성공적인 기업은 친밀성, 신뢰, 협동, 팀워크, 평등주의 등 공유된 가치관에 의해서 내적으로 일관되고 다져진 독특한 기업문화를 가지고 있고, 조직의 성공은 기술보다는 사람관리에 있다.

3) 토마스 피터와 로버트 워터맨

토마스 피터(Thomas Peters)와 로버트 워터맨(Robert H. Waterman)은 탁월함을 찾아서(In Search of Excellence)의 저서에서 우수한 기업의 속성을 제시하였다. 미국에서 가장 성공적인 회사를 설명하였다. 고객들, 종업원들과 새로운 아이디어와 같은 기본적인 요소에 더욱 주의를 기울이는 것이 경영자에게 필요하다. 우수한 회사들은 분권화되고, 가치 지향적이다. 이러한 조직은 종업원의 인간적인 대우, 혁신, 실험과 고객만족에 전념한다. 다음은 미국 6개 주요 산업에서 가장 성공적인 기업의 43개에 집중한 토마스 피터와 로버트 워터맨의 연구에 근거하여 우수한 조직에서 9개의 경영원리이다.

Sense 피터 드러커

피터 드러커(Peter Ferdinand Drucker)는 1909년 오스트리아 빈에서 출생하였다. 아버지는 경제학자이자 오스트리아 공무원이었고, 어머니는 의학을 공부했다. 아버지와 어머니의 영향으로 어린 시절부터 저명한 경제학자, 철학자, 의학자 등을 만나면서 조숙했다. 함부르크로 이주하여 대학을 다녔고, 이때 무역회사에 취업하였다. 1929년에는 프랑크푸르트 금융회사에서 근무하였으나 세계 대공황이 일어나면서 직장을 그만두게 되었고, 신문사 기자로 취업하였다. 1931년 독일 프랑크푸르트 대학교에서 법학을 전공하여 박사학위를 받았다. 1933년 독일에서 히틀러의 나치정권이 들어서자 오스트리아로 돌아갔으나 적당한 직업을 구하지 못했다. 그해 영국 런던으로 이주하여 보험회사에 취업했다. 이후 프리드버그 은행에서 일하였다.

영국 출신의 세계적인 경제학자인 케인즈(John Maynard Keynes)의 강의와 세미나에 참석하면서 많은 영향을 받았다. 미국 신문사에 글을 기고하며 대학 강사로 활동하였고, 경제인의 종말(The End of Economic Man)이라는 저서를 출간하였다. 그는 나치주의와 파시즘 등 전체주의가 등장한 역사적 배경을 분석하고, 히틀러를 비판하였다. 미국 사회에 책이 알려지기 시작했으며, 미 육군에서 유럽의 정황을 조언하는 고문으로 일하였다. 2차 세계대전으로 폐허가 된 유럽을 재건하기 위한 마셜플랜을 수립하는 과정에서 자문역할을 하였고, 일본을 재건하는 계획에도 일조했다. 미국 대통령에 대한 조언 역할을 하면서 ≪대통령이 지켜야 할 6가지 규칙≫이라는 논문을 발표하였다. 1942년 베닝턴대학교 교수가 되었으며 미국 정부의 자문위원으로 활약하였다. 그해 산업인의 미래(The Future of Industrial Man)를 출간하였다. 1949년에는 뉴욕대학교 비즈니스 스쿨 경영학부 교수가 되어 본격적인 경영학 연구와 체계화 노력을 했고, 20년 동안 뉴욕대학교에 재직하면서 경영학을 강의했다.

피터 드러커는 현대경영학을 창시하고 체계적으로 수립한 경영학자이다. 산업혁명 이후 등장한 기업 조직을 정의하였고, 사회를 구성하는 중요한 조직으로 보았다. 기업은 영리를 추구하는 경제적 조직이지만, 사회공동체적 조직이라고 주장하였고, 경영(management)이라는 분야를 학문으로써 확립하는데 기여했다. 경영자는 경제적 자원을 효율적으로 운용하고 관리함으로써 경제적 성과를 산출할 수 있으며, 나아가 인간의 생활을 보다 향상시킬 수 있다고 생각했고, 높은 수준의 생산과 소비는 인간 생활의 발전을 가져올 것이라고 보았다. 그리고 미래에는 지식사회가 도래할 것이라고 예견하기도 했다. 주요 저서로는 경제인의 종말(The End of Economic Man), 산업인의 미래(The Future of Industrial Man), 새로운 사회(The New Society), 경영의 실제(The Practice of Management), 단절의 시대(The Age of Discontinuity) 등이 있다.

출처: 두산백과 정리

- 모호성과 역설관리: 동일한 시간에 마음에 있는 두 가지 대립되는 생각을 유지하는 관리자의 능력
- 행동에 대한 편견: 조직이 무반응으로 두는 무력감과 관성에 대한 성급한 문화
- 고객밀착: 고객의 욕구와 필요를 이해하고 예상하기 위해 고객과 밀착유지
- 자율성과 기업가 정신: 혁신을 장려하고, 고객과 제품 옹호자를 육성하는 행동
- 사람을 통한 생산성: 품질의 원천으로써 평사원 관리
- 직접과 가치 중심: 실천을 지도하고, 경영의 약속을 보여주는 경영철학
- 몰입과 고수: 가장 잘 하는 것과 가장 잘 아는 사업 지속
- 간결한 형태와 직원: 가장 좋은 회사는 매우 간결한 본부와 직원이다.
- 동시 유연성: 현장 활동의 자율성과 집중된 가치

3. 경영학의 미래

현대경영학은 고전, 인적자원과 계량이론을 반영한다. 그러나 이러한 이론이 적용에 한계를 갖고 있더라도 문제를 해결하고, 조직목표를 달성할 때 경영자의 선택을 확대할 수 있는 가치 있는 통찰력을 제공한다.

1) 경영이론 적용의 고려요소

성공적인 경영자들은 역동적인 환경의 요구를 충족하기 위한 이론을 확대한다. 조직이 진화하고 성장하듯이 종업원들의 욕구는 시간에 따라 변한다. 사람들은 개발될 수 있는 다양한 재능과 역량을 갖고 있다. 결과를 최적화하기 위해 조직과 경영자들은 다양한 경영전략과 취업기회가 있는 개인들에게 반응해야 한다. 다음은 고려할 경영의 중요한 측면이다.

- 품질경영과 지속적인 운영의 개선을 통해서 조직은 고객의 욕구를 충족할 뿐만 아니라 고객의 기대를 초과하기 위해 몰입한다.
- 공정개선을 위해 새로운 방법을 재투자하고, 다른 조직과 환경에 있는 가장 좋은 사례와 새로운 방법을 지속적으로 학습한다.
- 조직은 가장 중요한 자산, 인적자본에 재투자한다. 낭비를 감소하고, 효과적으로 몰입하고, 인적자원을 적극적으로 사용한다.
- 경영자들은 다양한 역할을 수행하기 위해 리더십 책임이 우수해야 한다.

2) 경영학의 추세

현대경영학 개념과 실무는 현실의 경험을 토대로 발전하고, 결과는 내일의 역사를 형성한다. 기존고객의 유지에 비해 신규고객의 확보비용과 노력이 훨씬 크기 때문에 기업은 고객의 충성도 확보를 위한 고객과의 장기적 관계유지에 노력을 집중하고 있다. 또한 기업은 기업의 사회적 책임 이행과 윤리경영이 기업의 수익을 향상한다는 것을 인식하고 있다. 따라서 현대경영학의 흐름은 고객관계관리, 사회적 책임과 경영윤리, 기업가 정신과 이비즈니스 세계와 세계화에 대한 틀이다.

(1) 고객관계관리

기술의 가장 대중적인 적용의 하나는 고객관계관리이다. 고객관계관리(customer relationship management: CRM)는 고객과 접촉을 유지하고, 많은 고객자료를 수집하고, 관리하기 위해 최근의 정보기술을 사용한다. 이러한 자료는 종업원들과 관리자들이 고객에 따라 조치를 취하고, 최선의 의사결정을 하고, 우수한 고객 서비스를 제공하는데 유용하다. 예를 들면, 호텔에 숙박할 때 고객이 과거에 선호한 침대 크기나 음식 등을 고려하여 서비스를 제공한다. 고객욕구와 필요를 충족하는 것은 조직의 주요 목적이고, 고객들이 실제로 원하는 것을 제공하기 위해 CRM을 사용하는 것은 고객 서비스와 만족을 증가한다.

(2) 사회적 책임

1960년대 이전에 사회적 책임을 기업조직에서 강조한 사람은 많지 않았다. 그러나 지금은 시대가 변했다. 사회적 책임이 무엇인지를 이해하는 것은 중요하다. 사회적 책임에 대한 관점은 두 가지가 상반된다. 고전적 관점에서 경영의 사회적 책임은 이익을 극대화하는 것으로 지지자는 미국의 경제학자 프리드만(Milton Friedman)이다. 그는 경영자의 주요 책임은 주주의 최대 이익을 위해 기업을 경영하는 것이라고 주장한다. 사회경제적 관점에서 경영자의 사회적 책임은 사회복지를 보호하고 향상하기 위해 이익을 추구하는 관점이다. 이 관점의 주장은 기업이 주주에게만 책임이 있는 독립된 실체가 아니라는 것이다. 현대 조직은 이미 경제적 기관만이 아니다. 다음은 사회적 책임에 대한 주요 주장이다.

- 공공의 기대
- 장기적 이익
- 윤리적 의무
- 공공 이미지

• 더 나은 환경
• 정부규제의 방지
• 책임과 권한의 균형
• 주주의 이익
• 자원의 보유

사회적 책임(social responsibility)은 법과 경제가 필요한 것 이상의 의무이다. 즉, 기업이 사회를 위해 유용하고, 장기적 목표를 추구하는 것이다. 사회적 의무(social obligation)는 경제와 법적 책임을 충족하는 기업의 의무이다. 사회적 반응성(social responsiveness)은 변화하는 사회적 환경에 적응하는 기업의 능력이다. 기업의 사회적 관여와 경제적 성과 간에는 긍정적인 관계가 있다는 많은 연구가 있다. 윤리(ethics)는 옳고 그른 행동을 정의하는 규칙과 원리이다. 경영의사결정과 행동에 대한 윤리적 관점은 실용적 관점, 권리적 관점, 정의적 관점과 통합적 사회적 계약이론 등이 있다.

■ 실용적 관점: 실용적 의사결정은 산출이나 결과의 기준에 의해서만 이루어진다.
■ 권리적 관점: 의사결정은 사적정보의 권리, 양심의 자유, 표현의 자유, 생활과 안전, 적법 절차와 같은 개인의 자유와 혜택을 존중하고, 보호하는 것에 관심이 있다.
■ 정의적 관점: 의사결정자들은 규칙을 공정하고, 공평하게 시행한다.
■ 통합적 사회적 계약이론: 의사결정은 경험적이고, 규범적인 요소에 근거하여 이루어져야 한다. 의사결정에 영향을 주는 특정한 공동체의 구성원들 간의 일반적인 사회계약과 구체적인 계약의 통합에 근거한다.

(3) 기업가 정신

기업가 정신(entrepreneurship)은 창조성과 혁신을 통해서 고객의 욕구와 필요를 충족함으로써 고객의 가치를 창조하고, 성장할 기회를 추구하는 것을 의미한다. 즉, 사업기회와 기회를 이용할 자원의 발견이다. 기업가 정신은 어느 누구도 보지 않고, 관심을 기울이지 않는 환경추세와 변화를 추구하는 것이다. 신제품이나 서비스, 사업을 경영하는 새로운 방법 등을 변경하고, 변혁하고, 변형하고, 도입하는 혁신이다. 따라서 기업가 정신은 기업가가 창조성, 혁신과 기회추구를 통해 성장하고, 결과적으로 사회에 혜택을 준다.

(4) 이비즈니스 세계

조직은 점점 더 이비즈니스가 되고 있다. 이비즈니스(electronic businesses)는 정보기술을 활용한 모든 상행위이다. 이비즈니스는 기업의 목적을 효율적이고 효과적으로 달성하기 위해 종업원, 관리자, 고객, 공급자와 협력업체와 인터넷 기반의 연결을 사용함으로써 사업을 하는 방식이다. 이커머스(electronic commerce)는 거래자와 전자적으로 상호작용하는 사업교환이나 거래의 형태이다. 이커머스는 거래행위이나 이비즈니스는 거래행위를 포함하여 소비자, 거래업체와 관계형성을 통한 원가절감, 잠재고객 발굴 등을 포함한다.

(5) 세계화

세계화(globalization)는 지구상의 모든 국가들이 동일한 정치, 경제, 사회나 문화적 생활권을 형성해 나가는 추세이다. 세계화는 국가 단위를 초월한 세계 모두가 주체가 되며, 전 인류 수준에서 협력하고, 통합하는 것이다. 세계는 지구촌이 되어가고 있고, 기업경영은 국경에 의해 제한되지 않는다. 세계에 있는 모든 형태의 기업 관리자들은 세계시장에서 운영하는 기회와 도전에 직면하고 있다.

Sense 경영자에게 필요한 자질

경영 환경이 어느 때보다 빠르게 변하고 있다. 저성장과 저소비, 높은 실업률이 일상화된 '뉴 노멀'이 거시경제의 새로운 질서로 자리 잡았다. 인터넷 보급과 맞물린 IT 혁신으로 온라인 공간과 스마트 기기를 활용한 사업모델이 속속 등장하며 산업 지형도가 달라지고 있다. 노령화와 베이비붐 세대의 은퇴, 세대갈등 등 인구구조를 둘러싼 변화도 벌어지고 있다. 다음은 경영자에게 앞으로 필요한 자질이다.

■ 기술을 이해하는 뉴 하드스킬

세계경제포럼은 농업혁명, 기계화와 대량생산에 따른 산업혁명, 디지털혁명에 이은 '제4차 산업혁명'이 진행 중이라고 분석했다. 제조업과 첨단 과학기술, 정보통신기술(ICT)이 융합되면서 앞선 산업혁명 때와 같이 모든 경제의 근간이 달라질 것이다. 지식의 생성과 활용을 중심으로 한 '지식 기반 경제'다. 리더에게 필요한 자질로 '뉴 하드스킬'이다. 재무 · 회계 · 마케팅 같은 경영 지식인 '하드스킬'보다 첨단 기술에 대한 지식인 '뉴 하드스킬'이 더 중요해졌다. 자신의 분야를 넘어서 다른 학문의 전문가에게 손을 내미는 능력도 중요한 자질이다. 지식 기반 경제로 옮아가면서 재무나 생산관리보다 혁신이 기업의 성과를 좌우하는 경향이 강해졌기 때문이다.

■ 혁신 이끄는 동기부여형 리더

'똑똑한 1인 보스 체제'보다 '혁신적인 조직'이다. 소비자의 입맛이 급변하고 기술이 빠르게 등장하고 사라지는 상황에서는 경영자 한 사람이 모든 혁신을 주도할 수 없다. '카리스마형 리더'가 더는 좋은 리더가 아니다. 비전을 제시하고, 조직원들이 능동적으로 따라오게 만드는 리더가 있어야 기업이 변화에 빠르게 적응하고 경쟁력을 유지할 수 있다. 리더는 뚜렷한 목표를 제시하고, 직원들 스스로 혁신을 이뤄내도록 자극하고 적절한 환경을 조성한다.

■ 新세대 · 외부 인재 끌어들이는 수평적 조직문화

조직원들을 매끄럽게 아우르고 좋은 인재를 끌어들이는 것도 기업을 안정적으로 운영하는 데 필수적인 능력이다. 기업이 끊임없이 계속 변신하는 과정에서 조직이 흔들리고 인재 이탈이 이어지는 경우가 많다. 개방적이고 직원 개개인의 특성을 존중하는 미국 실리콘밸리 기업들의 수평적인 조직문화가 주목받고 있다. 경영자들이 신세대의 사고방식과 일에 대한 태도를 이해하고 인정해야 하며, 모든 직원과 함께 새로운 조직문화를 만들어야 한다.

■ 新 가치 … 배려와 진정성의 경영

기업의 사회적 책임과 경영자의 도덕성도 새로운 관심사다. 폴크스바겐의 배기가스량 조작 문제나 옥시의 가습기 살균제 스캔들 같은 사고를 수습하는 소극적인 범위의 사회적 책임에서, 친환경 방식으로 제품을 생산하고 수익의 일정 부분을 지역사회에 환원하는 적극적인 방향으로 확대되는 분위기다. 진정성(authenticity)이나 사회적 기업과의 연계가 기업의 실적에도 영향을 미칠 것이란 주장들도 힘을 얻고 있다. 진정성은 인위적이지 않으면서도 일관된 가치를 추구하고 사회적 · 도덕적 문제에 깨어 있는 것이다. 현대 소비자들에겐 본인이 중시하는 가치에 부합하는 상품을 선호하는 '가치 소비'의 경향이 있어, 유명 상표나 대기업의 제품이 아니더라도 진정성 있는 것에 끌린다는 분석이다.

출처: 조선일보 2016.8.17 정리

Chapter 03

경영환경, 경영계획과 전략경영

Insight 3

안팎 악재에 홍역 앓는 10대그룹

주요 그룹 사업계획 방향

그룹	사업계획 방향
삼성	경영계획 초안 미확정, 갤럭시노트7 화재 원인 규명 속도에 주요 계열사 경영계획 영향, 전장사업 등 M&A 적극 발굴
현대차	해외법인장 회의에서 최종 계획 확정, 판매량 목표(813만대) 하향 또는 미공개 가능성
LG	이달 업적보고회 통해 확정, 전기차 등 신성장사업 투자 확대
SK	조(兆) 단위 M&A 및 투자 준비
롯데	향후 5년 간 40조원투자
한화	연말 사장단 인사 앞당겨 경영계획 조기 확정

자료 : 업계 종합

■ 확실한 것은 모든 것이 불확실하다는 사실뿐

경영계획 수립 업무에 관여하고 있는 한 사장급 임원은 서울경제신문과의 통화에서 "보고서를 받아봐도 올해보다 내년이 좋아질 게 도무지 없어 보인다"며 이같이 털어놓았다. 통상 11월이면 주요 그룹 전략경영본부가 각 계열사의 내년도 경영계획 초안을 받아 확정지어야 하는 시기인데 현재는 환율·유가·경제성장률 등 모든 면에서 불확실성이 워낙 커 경영여건을 관망하고 있다. 그는 "외부에서는 대기업들이 여유가 있는데도 구조조정과 같은 '감량'에 나선다고 보지만 내부의 시각은 전혀 다르다"며 "아직 국내 기업 전반에 낭비요인이 많아 생산성이 떨어지지 않는 수준에서 내년에도 구조조정이 이어질 것"이라고 말했다.

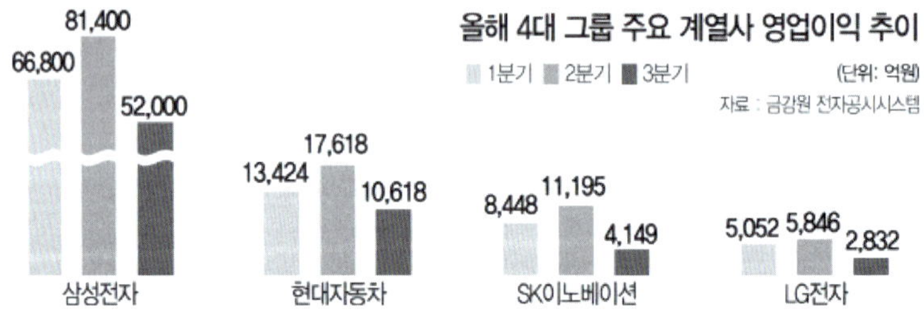

■ 경영계획 수립 뒤로 밀리고…그나마 긴축·비상경영

기업 최상부의 경영상황 인식이 어둡다 보니 각 계열사 및 사업부에서도 내년 경영계획 수립에 애를 먹고 있다. 10대 그룹에 속한 한 계열사 사업부는 최근 내년도 예산안 초안을 그룹에 올렸다 퇴짜를 맞았다. 더 비용을 절감할 부분이 있는 만큼 전체 예산 규모를 줄여오라는 게 그룹 재무팀의 지시였다고 한다. 이 사업부 관계자는 "올해 예산안 기준이 빡빡해 통과가 쉽지 않을 분위기"라고 말했다. 주요 대기업들은 대체로 내년 사업계획을 보수적으로 접근하고 있다. 경영환경이 예측조차 어려울 정도로 깜깜해 가능한 수비적으로 대응한다는 전략이다.

삼성그룹이 대표적이다. 삼성전자의 경우 갤럭시노트7 생산중단 사태가 빚어지면서 경영계획 수립에 막대한 차질이 빚어지고 있다. 삼성전자의 스마트폰 브랜드명인 '갤럭시'마저 포기할 수 있다는 전망이 나올 정도다. 전자업계의 한 관계자는 "차기작인 갤럭시S8의 출시일정이 불투명해질 경우 이 안에 탑재되는 각종 반도체는 물론 배터리(삼성SDI), 기판(삼성전기) 등도 영향을 받을 수 있다"고 설명했다. 삼성은 통상 12월 사장단 경영전략회의에 발맞춰 내년도 경영계획을 확정하고, 연초 이재용 부회장에게 계열사 사장들이 보고하는 형식이지만 올해는 전반적인 일정이 뒤로 밀릴 수 있다. 2년 연속 판매량 목표달성에 실패한 현대자동차그룹도 비상이 걸렸다. 올해 현대차그룹의 판매량 목표는 813만대였는데 "800만대 판매도 어려울 수 있다"는 고백이 나왔다. 내년에도 시장 사정은 더 어려울 것으로 보인다. 현대차 글로벌경영연구소는 내년 국내시장 전체 판매량이 올해 180만대에서 176만대로 줄어들 것으로 최근 분석했다. 현대차 관계자는 "내년 판매목표를 축소하거나 2009년 글로벌 금융위기 때처럼 아예 발표하지 않는 방안도 고심하고 있다"고 밝혔다. 조선업계는 생존을 최대 목표로 잡았다. 현대중공업은 최근 5년간 평균 수주량의 절반에도 못 미치는 75억 달러어치 물량을 내년에 수주할 것으로 보고 있다. 삼성중공업 역시 내년 수주목표를 올해와 같은 53억 달러 수준으로 잡았다. 이밖에 포스코는 내년에도 불확실성이 크다는 판단 하에 철강제품뿐 아니라 '솔루션'을 함께 판매하는 마케팅 전략을 유지할 계획이다.

■ 미래 먹거리에는 과감한 투자

국내 대기업들은 다만 불투명한 경영여건 속에서도 미래 먹거리에는 과감히 투자한다는 원칙을 세웠다. SK그룹은 최태원 회장이 직접 나서 "판을 바꿀 정도로 과감한 투자와 인수합병(M&A)을 서둘러 달라"고 주문했다. SK 관계사 최고경영자들은 지난달 경기 이천시 SKMS연구소에서 열린 CEO 세미나에서 이 같은 경영철학을 공유하고, 다양한 '먹잇감'을 물색하고 있다. 중국에서 석유화학기업 지분 인수 및 전기차 관련 합작사입을 준비하고 있는 SK이노베이션이 선두주자로 통한다. SK의 한 관계자는 "이르면 연내에 주요 계열사들이 M&A 소식을 시장에 전할 것"이라고 말했다. 롯데그룹 역시 최근 불미스런 사태에 따른 경영공백을 뒤로 하고, 내년 공격적인 베팅을 준비하고 있다. 신동빈 롯데 회장은 지난달 경영쇄신안을 발표하면서 "앞으로 5년간 40조원을 투자하겠다"고 밝힌 바 있다. 이에 따라 검찰 수사 이후 중단됐던 M&A와 설비 및 시설투자 등이 집행에 속도를 낼 것으로 보인다. 구본준 부회장이 그룹 신성장사업추진단을 맡아 먹거리 발굴을 주도하고 있는 LG그룹 역시 투자에는 과감히 나설 예정이다. 주력 계열사인 LG화학은 오는 2020년까지 신성장동력인 전기차배터리에서 7조원의 매출을 올리겠다는 청사진을 내놓았다. 한화그룹 역시 지난달 일찌감치 사장단 인사를 마무리하고 한화테크윈 등 방산계열사의 사업영역을 재조정한 뒤 미래성장동력을 집중 발굴하는 방향으로 사업전략을 짜고 있다.

출처: 서울경제 2016.11.02.

Chapter 03

경영환경, 경영계획과 전략경영

제1절 경영환경

1. 경영환경

어떤 사람이나 기업도 환경 밖에서 홀로 존재할 수 없다. 기업은 법과 책임, 압력단체, 공공단체, 고객과 경쟁자들에 둘러싸여 있다. 기업은 환경 안에서 사업을 영위하고, 경영은 조직과 외부세계 사이의 공유영역에 있기 때문에 환경관리는 중요한 과업이다. 이것은 회사의 경영정책이 복잡하고 빠르게 변하는 환경 안에서 활동하는 것을 의미한다. 기업이 목적을 달성하려면 외부요인들을 추적해야 하고 적절히 반응해야 한다.

1) 경영환경의 의미

경영환경은 동전의 양면처럼 기업에 위협과 기회의 복잡한 형태를 주고, 심대한 영향을 준다. 기업경영에 많은 영향을 주는 마케팅 환경은 외부환경과 내부환경으로 나눈다. 외부환경은 조직외부에서, 내부환경은 조직내부에서 일어나는 기업내부 요소이다. 기업은 내부환경보다 외부환경에 더 많은 주의를 집중하지만 모두 중요하다.

Sense 외부환경요인

자연재해, 전쟁, 파산, 환율변동, 경제위기나 사건사고 등은 위협요인이자 기회요인이다.

외부환경(external environment)은 기업에 밀접한 요인인 미시환경과 사회전체에 공통적인 요인인 거시환경으로 구성된다. 미시환경은 고객 기반, 회사 창고의 위치와 기업에 비호의적인 지역 압력단체의 존재 등이다. 거시환경은 인구 통계적 요인, 경제적 요인, 정치적 요인, 법적 요인, 사회문화적 요인, 생태적, 지리적 요인과 기술적 요인 등이 있다. 기업은 외부환경에 둔감하다. 위협은 기회로 전환해야 한다. 새로운 입법은 경쟁자가 새로운 규칙을 준수해야만 하는 동안 이용할 수 있는 허점을 제공한다. STEP(Socio-cultural, Technological, Economic, and Political) 분석은 외부환경을 조사하는 유용한 방법이다.

| 그림 3-1 | 미시와 거시환경 요인

| 표 3-1 | 거시요인과 미시요인

거시요인	미시요인
• 경제적 요인과 글로벌 사건은 경영이나 회사의 통제 밖에 있다. • 회사의 목적에 간접적인 영향을 준다. • 거시요인은 불안정하고, 위험이 있기 때문에 거시경제 위기를 회피하는데 민첩해야 한다. • 국가의 경제적 산출, 인플레이션, 정치적 환경과 실업	• 기업운영과 성공에 직접적인 영향을 주는 회사특유의 영향 • 요인은 관리되고, 변경될 수 있다. • 회사의 수익과 이익 • 종업원, 이해관계자, 제품의 생산량과 광고 전략

2) 조직과 환경의 관계

외부환경은 기업에 많은 영향을 준다. 외부환경은 기업 경영자에게 불확실성을 주고, 환경에 적응하기 위해 조직을 계획함으로써 경영자들이 반응해야 한다.

(1) 환경의 불확실성

기업은 환경의 불확실성을 효과적으로 관리해야 한다. 불확실성은 경영자들이 환경의 필요성과 변화를 이해하고 예측하기 위해 환경요인에 관한 충분한 정보를 갖고 있지 못하다는 것을 의미한다. 외부요인들이 급속하게 변할 때, 기업의 경험은 불확실성의 정도가 높다. 기업은 환경에서 급속한 변화에 적응하기 위한 노력을 해야 한다. 조직이 외부요인을 다루고, 이러한 요인들이 상대적으로 안전할 때 경영자들은 낮은 불확실성을 경험하고, 외부환경에 덜 주의를 기울일 수 있다.

(2) 환경의 적응

기업이 경쟁자, 고객, 공급자나 정부규제에 관하여 증가된 불확실성에 직면한다면 경영자들은 이러한 변화에 적응하기 위해 경계연결 역할, 조직 간 협력, 합병이나 합작투자 등과 같은 전략을 사용할 수 있다. 경계연결(boundary-spanning) 역할은 조직과 외부환경의 핵심 요소를 연결하고, 조정하는 것이다. 경계연결자들은 환경에 있는 변화에 관하여 정보를 탐지하고, 처리하고, 조직의 관심을 환경에 기울인다. 기술, 조사나 개발 직원들은 새로운 기술개발, 혁신, 원자재를 찾는다. 마케팅과 구매 직원은 대면과 시장조사를 통해서 고객과 공급자와 함께 일하기 위해 경계를 연결한다. 환경이동이 세계에서 매우 신속하게 발생하기 때문에 경계연결은 조직에서 중요한 과업이다. 경영자들은 탁월한 결정을 위해 경쟁자, 고객과 환경의 다른 요소에 관한 우수한 정보를 필요로 한다.

3) 경영환경의 중요성

경영환경은 외부적 환경의 전체이고, 기업의 기능에 크게 영향을 준다. 고객, 경쟁자, 공급자, 사회, 문화, 정치, 기술과 법적 조건과 같은 요소를 포함한다. 기업환경은 역동적이고, 계속적인 변화를 의미한다. 기업환경의 변화는 예측할 수 없고, 미래 사건의 정확한 성격과 경제와 사회적 환경의 변화를 예측하는 것은 어렵다. 기업환경은 장소, 지역과 나라마다 다르고, 정치적 환경과 사람들의 기호와 가치는 나라마다 다르다. 기업은 자급자족할 수 없고, 끊임없이 외부 환경과 접촉하게 되고, 환경과 독립적으로 존재할 수도 기능할 수도 없다. 경영자는 기업이 목표를 달성할 수 있도록, 그리고 기업환경 내에서 제대로 기능하도록 준비하는 것이다. 기업과 환경 간에는 밀접하고 지속적인 상호작용이 있다. 상호작용은 기업을 강화하고, 자원을 효과적으로 사용하는데 도움이 된다. 또한 기업환경은 다면적이고, 복잡하고, 역동적이며. 기업의 생존과 성장에 지대한 영향을 준다. 사회, 정치, 법적, 경제적 환경에 대한 적절한 이해는 다음과 같은 방식으로 기업에 도움이 된다.

- 기회와 위협파악: 기업과 환경 간의 상호작용은 기업에 유리한 기회와 불리한 위협을 확인한다. 기업이 도전을 성공적으로 대처하는데 도움이 된다.
- 성장을 위한 방향제시: 환경과의 상호작용은 기업에 성장의 새로운 기회를 열어준다. 기업이 활동의 확장을 위한 기회를 확인할 수 있다.
- 지속적인 학습: 경영자들은 사업영역에 있는 예측된 변화를 충족하기 위한 지식, 이해와 기술을 지속적으로 갱신하는 것을 유도한다.
- 이미지 구축: 환경의 이해는 기업이 이미지를 향상하는데 도움이 된다.
- 경쟁대처: 기업환경은 기업이 경쟁자의 전략을 분석하고, 기업의 전략을 수립하는데 도움이 된다.
- 기업의 강점과 약점 확인: 기업환경은 기술과 글로벌 발전의 관점에서 개별적인 강점과 약점을 확인하는데 도움이 된다.

2. 거시환경

거시환경(macro-environment)은 회사 자체에 영향을 줄뿐만 아니라 미시환경에 있는 경쟁자와 요소에 영향을 주는 주요 힘을 포함한다. 거시환경은 미시환경보다 미치는 영향을 이해하기 어렵지만, 회사가 단순히 수동적으로 있는 것을 의미하지는 않는다. 통제 불능은 영향을 주지 않는다는 것을 의미하지는 않는다. 거시환경은 좋은 공중활동에 의해서 영향을 받는다. 거시환경의 주요 요인은 인구통계적 요인, 경제적 요인, 정치적 요인, 법적 요인, 사회문화적 요인, 생태적, 지리적 요인과 기술적 요인 등이 있다.

1) 인구 통계적 요인

인구통계(demographics)는 인종, 성, 연령, 지위나 직업과 같은 인구요소의 조사이며, 인구밀도, 인구규모와 같은 일반적인 요인이다. 인구 통계적 변화는 회사에 중요한 영향을 미칠 수 있다. 예컨대 최근의 출생률 감소는 유아용품의 판매에 분명한 영향이 있고, 조기퇴직과 고령화는 근로인구의 수를 위축한다. 중국이 35년간 유지해 온 산아제한 정책인 한 자녀정책을 폐지하고 모든 부부에게 자녀 2명을 낳는 것을 허용했다. 2자녀 허용정책으로 유아용품이나 유아교육에 대한 신규수요가 증가할 것이다. 인구집중화는 지역 서비스에 대한 수요에서 변화를 야기하고, 소매상들에게 제품과 서비스의 변화를 초래한다.

2) 경제적 요인

경제적 요인(economic factors)은 호황과 불황주기와 전통적인 산업의 폐쇄 결과로 실업의 증가와 같은 영역을 포함한다. 경제는 소비자와 기업의 소비에 큰 영향을 미치고, 결국 기업의 목적과 전략에 영향을 준다. 거시경제 요인은 경제학에서 수요관리를 다룬다. 경제 요인은 인플레이션, 실업, 이자율, 경제가 성장기나 침체기에 있는지와 같은 변수이다. 정부가 사용하는 주요 방법은 이자율 관리, 조세정책과 정부지출이다. 정부가 지출을 증가한다면 유동성이 증가하고 수요가 증가할 것이다. 또한 정부가 세금을 증가한다면 소비자들이 소비할 돈이 적어지고, 그래서 수요는 위축될 것이다. 인플레이션은 주거비가 계속적으로 상승할 때 발생하고, 구매력을 약화한다. 이자율은 인플레이션이 발생할 때 종종 상승한다. 금리상승은 수요를 감소하는 경향이 있고, 주택대출은 점점 더 고리가 되고, 신용카드사용이 증가될 것이다.

3) 정치적 요인

정치적 요인(political factors)은 사업에 영향을 준다. 민영화에 대한 광범위한 추세는 산업의 효율성과 경쟁력을 강화하고 있으나, 고용시장을 불안정하게 하는 요인이 있다. 거의 모든 기업의 활동은 정치적 요인에 의하여 영향을 받고, 정치가 안정되지 않은 후진국일수록 그 강도는 더욱 커진다. 모든 조직들은 정부의 규제에 순응해야 하고, 사업을 하는 지역의 정치와 법적환경을 이해해야 한다. 어떤 국가는 소비자와 산업을 보호하기 위해 제정된 많은 규제를 강제한다. 기업은 여러 지역의 시장에서 사업을 할 때 규제가 나라에 따라서 다르다는 것을 이해해야 한다.

4) 법적 요인

법적 요인(legal factors)은 정부가 기업에 영향을 미치는 법률을 통과하기 때문에 정치적 요인으로부터 온다. 많은 국가는 기업전략에 영향을 주는 법률을 갖고 있다. 예를 들면, 제품수요를 맞추기 위해 새로운 공장을 건설할 때 국가에 따라서 지원과 규제가 다른 경우이다. 분명히 사업은 법률 안에서 유지해야 하고, 법이 규정하는 것을 확실히 하고, 법의 변화가 임박하다는 것을 아는 것이 점점 어렵다.

5) 사회문화적 요인

사회문화적 요인(socio-cultural factors)은 사람들의 공유된 신념과 태도를 포함하는 영역이다. 사회와 문화환경은 사회추세, 연령, 소득, 결혼여부, 교육과 직업과 같은 인구특성, 사람들의 신념과 가치와 관계되는 문화를 포함한다. 이러한 것들은 세계시장에서 변화하고 있다. 사람들은 사회로부터 피드백의 결과로써 특별한 방식으로 행동하는 것을 배운다. 부적절하거나 무례한 것으로 간주되는 행동과 태도는 즉시 수정되고, 또한 사람들은 다른 사람들이 행동해야 하는 방식을 기대한다.

6) 생태 및 지리적 요인

생태 및 지리적 요인은 사고의 중심이 되어왔다. 원자재의 희소성, 폐기물 처분 문제와 산업단지의 적절한 위치 선정의 어려움은 사업의사결정에 심각한 영향을 미치는 요인들이다. 마케팅 상황에서 기업은 이러한 문제에 대한 공적 견해를 고려해야 한다. 이러한 사안을 가장 효과적으로 처리하는 방법은 기업이 과도한 자원을 약속하기 전에 관련된 압력집단과 상의를 시작하는 것이다. 그린 마케팅(green marketing)은 환경에 유용한 방식으로 환경적으로 안전한 제품과 서비스를 마케팅하는 것이다. 그린 마케팅은 환경에 도움이 될 뿐만 아니라 회사와 궁극적으로 소비자들에게 자원의 절약이 된다. 지속가능성, 윤리와 사회적 책임은 조직의 계획과 전략에 영향을 미친다.

7) 기술적 요인

최근 기술적 진보는 빠르게 진전되어 왔고, 생활의 거의 모든 영역에 영향을 미치고 있다. 인터넷이 가상현실이나 컴퓨터 지원 설계 시스템처럼 새로운 산업을 출현하였다. 이러한 산업들은 30년 전에는 알려지지도 않았다. 세상에서 이용할 수 있는 기술은 사람들이 의사소통하는 방법과 기업이 사업하는 방법을 변화하고 있다. 모든 사람들은 기술변화에 의해서 영향을 받는다. 소비자들은 정보를 얻고, 신문을 읽고, 문자메시지를 사용하고, 온라인 쇼핑을 한다. 결과적으로 마케터는 온라인 광고와 모바일 마케팅에 촉진예산을 할당한다. 기술변화가 계속적으로 증가하고, 더 새로운 산업이 출현할 것이다. 필연적으로 어떤 구산업은 사라지거나 적어도 전적으로 예측하지 못한 방향에서 경쟁에 직면할 것이다. 미리 이러한 추세를 확인하는 것은 어렵지만 불가능하지도 않다.

8) 조직공증

기업의 공중은 거시환경의 한 부분을 형성한다. 공중(publics)은 회사에 대한 실제적이거나 잠재적인 영향을 갖고 있는 모든 집단을 포함하는 일반적인 용어이다. 공중의 범위는 정부공중, 금융공중, 지역공중, 매체공중과 시민행동공중 등을 포함한다. 이러한 공중과 관련된 마케팅 활동을 공중관계(public relations)라고 한다.

(1) 정부공중

정부공중(governmental publics)은 법률을 통과하고, 금리를 설정하고, 환율을 정함으로써 기업의 활동을 제한하는 국가, 지방정부와 국제기관이다. 정부공중은 로비와 무역협회에 의해서 영향을 받을 수 있다.

(2) 금융공중

금융공중(financial publics)은 회사의 자금을 통제하고, 특별한 방법으로 회사가 행동하도록 압력을 주는 은행과 주주를 포함한다. 이러한 압력은 강력할 수 있고, 심지어 회사의 존재를 위협할 수 있다. 금융공중에 의해서 회사가 선호하지 않는 것을 강제로 할 수 있다. 이것은 화려한 회사 보고서가 생산되는 문제를 야기한다.

(3) 지역공중

지역공중(local relations)은 주로 회사의 이웃으로 구성된다. 이러한 지역조직과 개인들은 회사가 지역행동을 취하도록 압력을 가한다. 예를 들면, 오염방지나 지역자선단체에 대한 후원 등이다. 지역공중과의 친선은 회사가 이웃과 조화롭게 살아가는 것을 쉽게 하고, 단기적인 지역난제를 감소할 수 있다. 예를 들면, 바디 샵은 놀이터를 감독하거나 지역자선에 기금을 후원함으로써 체인점이 지역사회를 돕는 봉사활동에 참여한다. 종업원들은 회사 시간에 프로젝트에 참여한다. 후원활동은 회사의 이미지를 높이고, 지역주민들 사이에 있는 점포에 긍정적인 감정을 창출한다. 회사 직원을 위한 분할설립은 종업원들이 모회사에 일한다는 것을 느낀다. 바디 샵 종업원들은 그들의 사용자에게 매우 긍정적인 경향이 있다.

(4) 매체공중

매체공중(media publics)인 신문, TV와 라디오는 기업의 마케팅을 돕거나 반대로 기업의 평판을 해칠 수 있는 뉴스, 특집과 광고를 전달한다. 공중관계 부서는 매체공중이 기업의 긍정적인 이미지를 전달하는 것을 확보하기 위해 노력한다. 예를 들면, 기업은 주요 스포츠 경기의 후원을 알리기 위해 기자회견을 발표할 수 있다. 스포츠 경기가 방송될 때 공중으로부터 긍정적인 반응과 기업의 긍정적인 이미지를 낳을 수 있다.

(5) 시민행동공중

시민행동공중(citizen action publics)은 일반 공중의 생활을 향상하기 위해 제조자와 다른 사람을 로비하는 소비자 권리단체나 시민단체와 같은 압력단체이다. 어떤 압력단체는 비공식적으로 조직화되고, 최근에 지역압력단체와 항의자들이 급증하고 있다.

3. 미시환경

미시환경(micro-environment)은 기업이 고객의 욕구를 충족시키는 능력에 영향을 직접적으로 미치는 요인으로 마케터가 통제 가능한 환경이다. 시장진입 가능성을 파악하기 위한 미시환경 분석은 거시환경 분석 후에 실시한다. 미시환경 분석은 고객, 경쟁자 분석을 통하여 자사의 역량을 높일 수 있다. 이러한 미시환경이 기업에 직접적으로 영향을 주는 요인은 경쟁자, 고객, 공급자, 중개자와 일반 공중 등이 있다.

1) 경쟁자

기업들은 경쟁자가 누구인지 잘 인식하지 못한다. 경쟁자들은 유사한 제품을 공급하는 회사이거나 소비자들이 애써서 번 돈에 대하여 경쟁하는 회사이지만, 어느 쪽이든 다른 경쟁자가 제공하는 제품보다 더 소비자들의 욕구를 충족하는 제품을 제공할 필요가 있다. 모든 조직은 소비자를 얻기 위해 다투는 직접적이거나 간접적인 경쟁환경을 고려해야 한다. 유사한 제품이나 서비스를 제공하는 경쟁자의 집단은 산업을 형성한다. Michael Porter 교수는 산업분석을 위한 방법인 Five Forces Model을 개발하였다. 그는 장기적으로 특정 산업의 수익성 및 매력도는 산업의 구조적 특성에 의하여 영향을 받으며, 이는 5가지의 힘(Five Forces)에 의하여 결정된다고 한다. 5가지의 힘은 신규 진입자의 위협, 공급자의 협상력, 구매자의 협상력, 대체재의 위협, 산업 내 기존 경쟁자 간의 경쟁강도 등이다. 기업은 환경 시스템의 한 구성원이기 때문에 환경 속에서 에너지를 교환하는 것이다. 따라서 기업은 에너지가 유리하게 교환되는 시스템을 구축해야 한다.

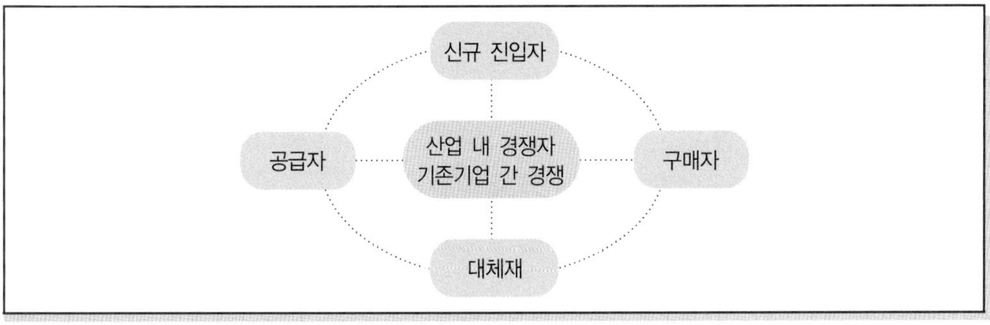

| 그림 3-2 | 마이클 포터 5가지의 힘

(1) 기존기업 간 경쟁강도

기업은 시장지위를 자사에 유리하게 만들기 위해 가격, 신제품개발과 광고 등으로 경쟁을 반복한다. 이러한 경쟁으로 결국 자원을 소모하여 수익이 악화된다. 시장이 성숙단계로 진입하면 기업도 매출을 유지하기 위해 시장을 침식하는 전략에 돌입하게 된다. 경쟁기업 수가 많을 때, 경쟁기업의 규모나 힘이 동등할 때, 차별화가 없을 때나 전환비용이 들지 않을 때 경쟁기업 간의 경쟁을 격화시키는 요인이다.

(2) 신규 진입자의 위협

신규 진입자는 기존기업과의 경쟁에서 생존하기 위해 공격적인 마케팅 전략을 구사하기 때문에 산업계 전체의 수익이 저하된다. 이에 맞서 기존기업은 과도한 경쟁을 막고, 수익을 유지하기 위해 진입장벽을 높이는 다양한 전략을 실행한다. 진입장벽을 높이는 방법은 규모의 경제, 제품차별화, 유통채널 확보와 원가우위 전략 등이 있다.

(3) 대체재의 위협

대체재의 등장은 기존 산업에 큰 위협이 될 수 있다. 해당 산업의 제품과 유사하여 동일한 고객의 범주욕구를 충족할 수 있는 제품은 대체재로 쉽게 전환될 수 있기 때문이다. 또한 대체재 이외에도 동일한 시간대에 소비하는 대안재도 큰 위협요소가 된다. 따라서 가격인하는 불가피하고, 수익은 상대적으로 떨어진다.

(4) 공급자의 협상력

원자재의 가격변동은 기업의 경쟁력에 중요한 영향을 미친다. 공급자의 교섭력이 증가할수록 기업의 수익은 악화되어 시장매력도가 떨어진다. 가격인상이나 품질수준의 상향으로 비용이 증가되거나 이익이 감소된다. 소수의 공급자에 의해 지배되고 있는 경우, 구매자가 공급자를 교체할 때 전환비용[1]이 높은 경우나 공급자가 전방통합에 나설 경우 공급자의 교섭력을 강하게 만드는 요인이다.

(5) 구매자의 협상력

구매자의 교섭력이 크면 구매자는 가격인하, 품질 및 서비스 개선을 요구하여 산업의

---

1. 전환비용(switching cost): 현재 사용하고 있는 제품이 아닌 다른 제품을 사용할 때 들어가는 비용으로 금전적인 비용뿐만 아니라 개인의 희생이나 노력 등 무형의 비용도 포함한다.

매력도가 떨어진다. 또한 구매자가 소수이고, 대량으로 구입하는 경우, 구매자 전환비용이 낮은 경우나 구매자가 후방통합에 나설 경우 구매자의 교섭력을 강하게 만드는 요인이다.

2) 고객

고객들의 욕구는 변화하거나 심지어 없어지기도 한다. 존슨 앤 존슨은 베이비 샴푸와 땀띠약이 많이 판매되는 것을 알게 되었다. 조사결과 많은 성인들이 제품을 사용하고 있었다. 그래서 성인용 땀띠약 캠페인을 벌였다. 이처럼 새로운 소비자 집단이 나타나면 이것에 반응하여 변화된 환경을 활용할 수 있다. 분명히 소비자의 욕구는 마케터에게 매우 중요하기 때문에 새로운 세분시장을 확인하는 것이 필수적이다. 어떤 세분시장이 사라지는 것을 인식하고, 더 수익성이 좋은 세분시장에 마케팅 노력을 전환할 때를 아는 것이 중요하다.

3) 공급자

공급자들(suppliers)은 회사에 영향을 주기 때문에 미시환경의 한 부분을 형성한다. 공급자는 값싼 물건을 공급하거나 납기일을 맞추지 못할 때 부정적 영향을 야기할 수 있고, 마침내는 회사의 고객에게 부정적인 영향을 준다. 회사는 공급자를 추적할 필요가 있고, 적절한 제품을 공급하고 있는지를 확실히 해야 한다. 공급자와 고객 간의 관계가 밀접해야 하고, 고객의 약속과 높은 수준의 정보교환을 위해 회사는 공급자를 자주 방문해야 한다. 공급자가 적절한 제품과 서비스를 적절한 장소에 적절한 시간에 제공하기 위한 시스템 안에 연결된 물류시스템을 갖추고 있는지도 매우 중요하다.

4) 중개기관

중개기관(intermediaries)은 회사의 제품을 유통하는 소매상, 도매상과 대리상 등이다. 회사가 최종 소비자에게 제품을 성공적으로 전달하려면 중개기관과의 관계가 좋아야 한다. 또 판매기능 이외의 중개기관은 조사, 광고, 수송과 보관을 제공하는 물류회사와 전시회사와 같은 마케팅 서비스 제공자를 포함한다. 이들은 회사와 고객 사이에서 제품의 유통을 돕는 개인이나 조직이다. 중개기관은 자신의 사업을 갖고 있고, 자신의 영역에 노력을 기울인다. 공급자와 함께 정보를 공유하고, 의사소통을 유지함으로써 좋은 관계를 지속할 수 있다.

5) 내부환경

내부공중(internal publics)은 회사의 종업원이다. 종업원들은 외부환경보다는 오히려 내부환경의 일부이지만, 외부환경을 지향하는 활동은 종업원 태도에 영향을 준다. 그밖에 종업원 태도는 외부공중에 영향을 준다. 때때로 종업원들은 일하는 조직의 부정적인 이미지를 전달하고, 이것은 더 광범위한 공중의 지각에 영향을 미칠 수밖에 없다. 조직의 내부환경은 외부환경의 축소판이다. 모든 조직은 종업원을 갖고 있고, 자신의 언어, 관습, 전통과 위계가 있는 기업문화(corporate culture)를 개발한다. 조직의 하위집단과 개인들은 정치적 의제, 압력단체 유형을 가질 수 있다. 조직은 자신의 규정과 규제를 갖고 있다. 조직문화, 규칙, 위계와 전통은 조직의 공개얼굴을 구성하는 주요 요인이기 때문에 내부환경은 외부환경만큼 중요하다.

제2절 환경분석

1. 3C 분석

3C 분석은 고객(Customer), 경쟁자(Competitor)와 자사(Company)의 현재 상태를 분석하는 기법이다. 3C 분석은 기본적으로 현재 상태에 대한 분석이지 미래의 변화되는 상황에 대한 분석은 아니기 때문에 미래에 대한 분석을 위해서는 시나리오 분석 등이 필요하다. 기업은 3C 분석을 통해 자사와 동일한 고객을 대상으로 경쟁하고 있는 경쟁자를 비교·분석함으로써 자사의 차별화와 경쟁전략을 찾아낼 수 있다. 현재의 시장동향을 파악하여 고객을 정의함으로써 시장을 명확히 한다. 따라서 회사는 3C 분석을 통해서 고객의 욕구와 필요를 파악하여 새로운 제품이나 서비스를 찾아낼 수 있다.

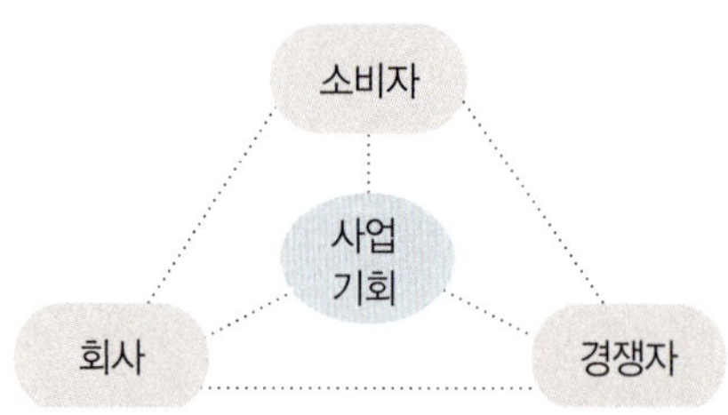

| 그림 3-3 | 3C의 관계

2. SWOT 분석

1) SWOT 분석

SWOT 분석은 강점(strength), 약점(weaknesses), 기회(opportunities)와 위협(threats)을 종합적으로 고려하여 기업내부의 강점과 약점, 그리고 외부환경의 기회와 위협 요인을 분석·평가하고, 전략을 개발하는 도구이다. 이 기법은 기업의 강·약점 등의 내부 역량과 기회·위협과 같은 외부의 가능성 사이의 적합성을 평가하기 위해 사용된다. 한 기업의 장점은 다른 기업에는 약점이 될 수 있다. 기업이나 조직이 미래에 나아갈 방향을 살펴보고, 명확한 목적을 구체화하고, 유리하거나 불리한 내외적 요인을 확인함으로써 기업의 전략수립에 유용한 도구이다.

내부요인(internal factors)은 조직의 강점과 약점으로 다소 통제가능하다. 강점은 목적을 달성하는데 도움이 되는 내적 속성이며, 약점은 목적을 성취하는데 해로운 내적 속성이다. 조직의 강점은 브랜드명, 효율적인 유통 네트워크, 제품이나 서비스에 대한 평판과 우수한 재무상태이다. 회사의 약점은 시장에서 제품인지도 부족, 인적자원의 부족과 열악한 위치 등이다. 외부요인(external factors)은 외부환경에 의해서 영향을 받는 기회와 위협이며, 거의 통제 불가능하다. 기회는 조직이 목적을 달성하는데 도움이 되는 외적 요인이며, 위협은 조직이 목적을 달성하는데 해로운 외적 요인이다. 기회는 회사 제품에 대한 국제수요, 적은 경쟁자와 사람들이 장수하는 것처럼 호의적인 사회추세이다. 위협은 침체하는 경기, 지급비용을 증가하는 금리인상과 노동자를 찾는데 어려운 고령인구 등이다. 외적 요인은 시장이나 경쟁위치의 변화뿐만 아니라 경제, 기술변화, 법률, 사회문화의 변화를 포함한다.

- 내부요인: 조직의 강점과 약점
- 외부요인: 외부환경에 의해서 영향을 받는 기회와 위협

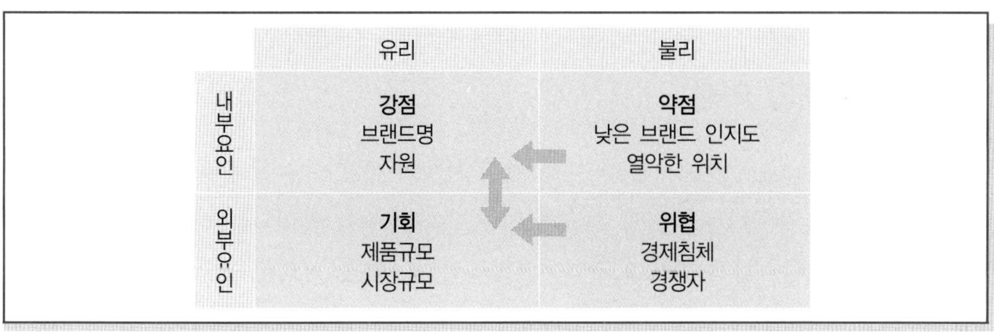

|그림 3-4| SWOT의 요소

2) SWOT 분석에 따른 전략

SWOT 분석은 목적을 달성하는데 중요한 내·외부요인을 확인하는 것이다. 기업의 내·외부요인을 분석하여, 강점과 약점, 기회와 위협을 찾아내어, 강점은 강화하고, 약점은 제거하거나 축소하고, 기회는 활용하고, 위협은 억제하는 전략을 수립한다. SWOT 분석을 통해서 얻은 결과로 전략적 대안을 수립하는 방법은 아래와 같다.

- SO전략: 강점을 가지고 기회를 활용하는 전략
- ST전략: 강점을 가지고 위협을 회피하는 전략
- WO전략: 약점을 보완해 기회를 활용하는 전략
- WT전략: 약점을 보완해 위협을 극복하는 전략

	기회 (O)	위협 (T)
강점 (S)	• SO: 강점으로 기회활용 • 1위: 성공전략, 시장선점, 제품 다각화	• ST: 강점으로 위협회피 • 2위: 위협회피, 시장침투, 제품확충
약점 (W)	• WO: 역점보완으로 기회활용 • 3위: 약점보완, 핵심강화, 전략제휴	• WT: 약점보완으로 위협극복 • 4위: 약점보완, 철수, 집중화

| 그림 3-5 | SWOT 분석에 따른 전략 설정

제3절 기업전략

1. 기업전략의 이해

전략계획(strategic planning)은 전사적인 사명과 목표를 수립하는 것으로 기업이 선택된 환경 내에서 추구하는 방향을 기술하고, 자원과 노력을 안내하는 과정이다. 효과적인 전략계획을 개발하는 과정은 사명 정의, 위협과 기회 평가, 그리고 순위 설정이다. 첫째, 기업은 사명을 정의한다. 둘째, 사명을 고려하여 기업이 위협과 기회의 상황적인 평가를 실시한다. 이 단계에서 기업은 독특한 역량을 평가한다. 마지막으로 기업은 사명과 일치하는 기업목표에 근거하여 순위를 설정한다. 이러한 단계가 실행되면 기업은 더 넓은 시장에서 경쟁할 때 추구할 전략을 발견할 수 있다.

1) 전략체계

마케팅은 고객의 가치를 창출하고, 고객에게 가치를 전달함으로써 회사에 수익을 실현하는 전사적 활동이다. 이러한 활동은 마케팅 전략을 수립하고 실행함으로써 이루어진다. 회사는 마케팅 전략을 수립하여 실행하고 있다. 이미 수립된 마케팅 전략은 상황에 적합한지를 검토해야 한다. 따라서 마케팅 전략은 새롭게 계획하거나 이미 수립된 마케팅 노력을 수정하거나 변경하는 것을 포함한다. 마케팅 전략의 수립과정은 회사비전, 회사사명, 마케팅 목표와 전략 등으로 구성된다. 회사는 이러한 각 구성요소를 신중하게 고려하고, 계획한다.

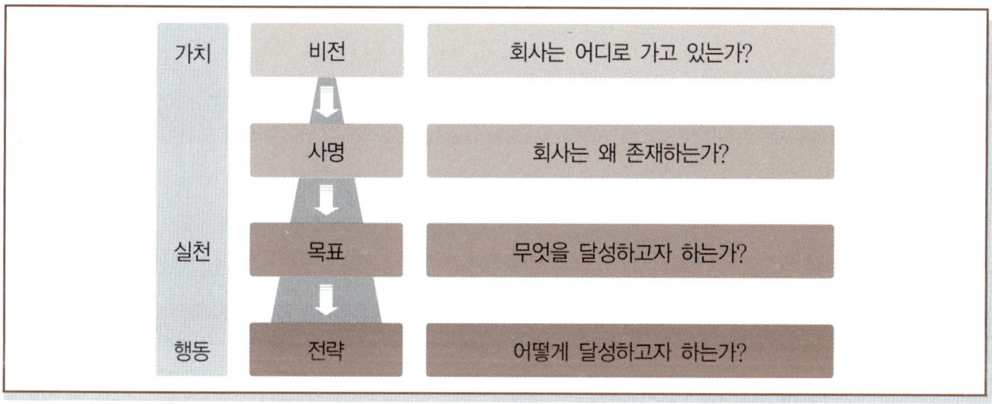

| 그림 3-6 | 전략과 수립과정

(1) 비전과 사명

비전(vision)은 회사가 나아가야 할 방향으로 기업의 장기적인 목적이며 창업자의 목표와 일치한다. 즉, 회사가 지향하는 것을 명확하게 설명한 것이다. 비전선언문(vision statement)은 조직의 목적과 열망에 대한 미래의 선언이다. 예를 들면, 중소기업의 욕구에 적합한 주문화되고, 사용자 위주의 소프트웨어를 공급함으로써 회사는 향후 5년 안에 중소기업에 경영프로그램의 선도공급자가 될 것이다. 사명(mission)은 회사가 존재해야 할 목적과 이유이다. 사명은 조직의 존재 이유를 종업원들에게 커뮤니케이션하고, 회사의 목적과 철학을 나타낸다. 또한 제품, 시장과 고객 등에 의해 현재와 미래의 사업을 정의한다.

- 비전(vision): 회사가 나아가야 할 방향
- 사명(mission): 회사가 존재해야 할 목적과 이유

회사의 사업을 아는 것이 중요하다. 비전선언문과 사명선언문은 기업에게 방향을 제공하기 때문에 신중하게 개발하여야 한다. 사명은 최고경영자의 가치를 반영하고, 기업의 제품, 시장영역과 활동범위를 규정한다. 사명선언문(mission statement)은 회사의 목적, 윤리, 문화와 의사결정의 규준을 정의한다. 또한 회사의 가치 요약을 포함한다. 가치(value)는 개인이나 집단의 신념이다. 사명은 고객의 관점에서 개발되고, 비전과 일치해야 하며, 다음은 사명의 구성요소이다.

- 기업의 목적: 회사는 왜 존재하는가?
- 주요 고객: 회사는 누구를 위해 존재하는가?
- 제품이나 서비스: 회사는 무엇을 제공하기 위해 존재하는가?

Sense 기업 사명의 예

- 삼성: 인류에 공헌
- 현대자동차: 인류 사회의 꿈을 실현
- LG: 가치창조
- SK: 인류의 행복에 공헌
- Starbucks: 고객들에게 세계 최고품질의 커피 제공
- 3M: 문제를 혁신적으로 해결한다.
- 보령메디앙스: 인류건강을 위해 헌신하는 기업

(2) 목적과 목표

목적(objective)은 방향 또는 중점에 대한 일반적, 포괄적 진술, 장기적인 의미를 뜻한다. 목적은 주어진 시간 내에 조직이 달성하고자 원하는 최종 결과를 뜻한다. 이와 달리 목표(goal)는 목적을 구체화한 것으로 목적을 실현하기 위한 활동 수단이며, 단기적, 수량적으로 표현된다. 목적과 목표는 상호 교환하여 사용되는 경우가 있다.

- 목적(objective): 달성하고자 원하는 최종 결과
- 목표(goal): 목적을 실현하기 위한 활동 수단

마케팅 목표는 회사가 마케팅으로 달성하고자 하는 것으로 마케팅 전략을 수립하기 위한 근거이다. 목표는 다양한 방법으로 형성되지만, 목표의 달성은 매출이다. 회사는 자원을 마케팅 활동에 할당하기 전에 목표를 설정할 필요가 있다. 마케팅 목표는 SMART 요소로 구성되며 다음은 SMART 요소이다.

- 구체성(Specific)
- 측정가능성(Measurable)
- 달성가능성(Achievable)
- 현실성(Realistic)
- 시간기준(Time-Based)

(3) 가치, 정책, 문화와 의례

가치(value)는 개인이나 집단의 신념이다. 가치는 조직 내에서 종업원들의 성공을 정의하는 기본적인 신념이다. 영웅은 이미지, 태도나 가치를 반영하는 모범적인 사람이며, 다른 종업원들의 역할 모델이다. 영웅은 때때로 현대의 정주영, 애플의 스티브 잡스처럼 조직의 설립자이다. 조직의 가치는 사업실천을 위한 도덕적 지침이다. 모든 조직은 가치를 갖고 있다. 문서로 된 가치는 조직의 문화와 신념을 정의하는데 도움이 된다. 공동의 가치를 갖고 있는 조직은 내외문제를 처리할 때 단결이 된다.

정책(policies)은 조직상황을 어떻게 처리하는지를 안내하는 공식적인 지침과 절차이다. 종업원들이 조직 내에서 자주 발생하는 어떤 환경과 일치하게 행동하도록 지침을 제공하기 위해 회사는 정책을 수립한다. 회사 정책은 조직 개성의 지표이고, 사명선언문과 일치해야 한다. 조직문화(culture)는 조직의 개성을 나타내는 신념과 가치이다. 사람들은 각자 독특한 개성이 있듯이 조직도 마찬가지이다. 조직의 문화는 다른 조직과 구별되고, 구성원들의 행동을 형성한다. 의례(ritual)는 회사가 높은 성과를 내는 종업원을 인식하기 위해 사용하는 의식절차이다. 시상식 연회, 집회와 분기회의는 뛰어난 종업원들을 인정할 수 있다. 시상은 회사의 모든 종업원들의 좋은 예가되고, 종업원들을 격려할 수 있다.

2) 경쟁전략의 유형

마이클 포터(Michel Porter)는 경쟁우위와 경쟁범위라는 차원에서 전략을 구분하고 이를 본원적 전략이라고 하였다. 경쟁우위는 기업이 경쟁에서 살아남기 위해 우선시해야 하는 요소를 의미하고, 경쟁범위는 기업이 목표로 하는 시장의 넓이를 의미한다. 본원적 전략을 원가우위 전략, 차별화 전략, 집중화 전략으로 구분하였다. 또한 경쟁범위의 관점에서 어떤 기업은 매우 폭넓은 시장을 겨냥하지만 어떤 기업은 상대적으로 좁은 시장의 일부분을 겨냥한다. 기업은 차별화전략, 원가우위 전략과 집중화 전략 중에서 하나를 선택할 수 있다.

		전략적 우위	
		독특성	저원가
전략적 표적	복수시장	차별화 전략	원가우위 전략
	특정시장	집중화 전략	

| 그림 3-7 | 본원적 전략

(1) 차별화 전략

차별화 전략(differentiation strategy)은 고객들이 가치 있게 생각하고, 경쟁제품과 다르거나 더 좋다고 지각하는 독특한 속성을 제공하는 제품이나 서비스의 개발이다. 제품의 독특성으로 추가되는 가치는 더 비싼 가격을 받을 수 있다. 더 비싼 가격은 독특한 제품을 제공할 때 발생하는 추가적인 비용을 초과한다. 제품의 독특한 속성을 제공하는 기업은 대체품을 쉽게 발견할 수 없는 고객들에게 비용을 떠넘길 수 있다. 또한 차별화는 시장에 진입하는 새로운 기업이 극복하기 어려운 고객충성도의 형태로 진입장벽을 세운다. 차별화 전략과 관련된 위험은 경쟁자들의 모방과 고객기호의 변화이다. 집중화 전략을 추구하는 많은 회사들은 시장에서 더 큰 차별화를 달성할 수 있다.

(2) 원가우위 전략

원가우위 전략(cost leadership strategy)은 기업이 효율적인 설비를 찾고, 원가절감을 추구하고, 경쟁자보다 더 효율적으로 제품을 생산하기 위해 비용통제를 하는 것이다. 저비용 관점은 회사가 경쟁자의 가격보다 저가로 판매하고, 비슷한 품질을 제공하고, 합리적인 수익을 얻는 것을 의미한다. 원가우위 전략은 넓은 시장을 목표로 한다. 기업이 원가우위를 확보하는 방법은 공정을 개선하고, 저비용 자재의 원천에 독특하게 접근할 수 있고, 최적으로 외주하고, 수직적 통합을 하는 것이다. 경쟁회사가 동일한 수량으로 비용을 낮출 수 없다면 기업은 원가우위에 근거한 경쟁우위를 유지할 수 있다. 그러나 원가우위 전략도 위험성이 있다. 다른 기업들도 비용을 낮출 수 있다. 기술이 발전함에 따라 경쟁은 생산능력을 비약적으로 발전시킬 수 있다. 집중화 전략을 추구하고, 좁은 시장을 표적화하는 기업들은 그들의 세분시장에서 저원가를 달성할 수 있고, 상당한 시장점유율을 얻을 수 있다.

(3) 집중화 전략

집중화 전략(focus strategy)은 특정 세분시장, 특정 소비자 집단, 일부 제품종류, 특정 지역 등을 집중적으로 공략하는 것을 의미한다. 집단의 욕구에 집중함으로써 더 잘 제공할 수 있다는 것을 전제로 한다. 회사는 차별화 전략이나 원가우위 전략을 사용할 수 있으나, 단지 좁은 시장을 목표로 한다. 집중화 전략을 사용하는 기업은 높은 수준의 고객충성도를 갖고 있고, 굳건한 충성도는 다른 기업이 경쟁을 어렵게 한다. 좁은 시장집중으로 집중화 전략을 추구하는 기업은 판매량과 공급자와의 교섭력이 작다. 그러나 유사한 대체품이 존재하지 않기 때문에 고객들에게 더 밀접하게 접근할 수 있다.

(4) 본원적 전략의 결합

기업이 모든 부분에서 우위를 달성하려면, 모든 부분에서 어떠한 우위도 달성할 수 없다. 예를 들면, 기업이 높은 품질의 제품을 제공함으로써 차별화하고, 원가우위 전략을 추구한다면 품질을 손상할 위험이 있다. 비록 품질이 손상되지 않더라도 기업은 혼동되는 이미지를 보호할 위험이 있다. 이러한 이유로 마이클 포터는 장기적으로 성공하려면 기업은 세 가지 본원적 전략 중에서 하나를 선택해야 한다고 주장한다. 그렇지 않다면 하나의 본원적 전략보다 더 많은 전략으로 기업은 중간에 갇혀 이도 저도 아닌 상황(stuck in the middle)에 처하고, 경쟁우위를 달성할 수 없다. 즉, 제품 차별화와 원가우위를 동시에 하려는 기업은 생존할 수 없다는 의미이다. 또한 마이클 포터는 복수 전략으로 성공할 수 있는 기업은 각 전략을 위한 독립된 사업단위를 창조함으로써 가능하다고 주장한다. 그러나 동일한 제품 안에서 고객들은 품질, 스타일, 편의성과 가격의 결합처럼 다차원적인 만족을 추구하기 때문에 단일의 본원적 전략이 언제나 가장 좋은 것이 아니라는 견해도 있다.

2. 기업전략의 추세

역동적인 역량과 관련된 전략적 접근은 경영자들이 경쟁우위를 제공하는 방식으로 기업의 기존자산, 역량과 핵심역량으로부터 제품개발에 집중하는 것을 의미한다. 학습, 기존자원의 재배치와 내부혁신은 경쟁환경에서 새로운 과제를 대처하고, 새로운 고객욕구를 충족하는 길이다.

1) 인수와 합병

조직은 인수와 합병이 활발하다. 인수(acquisitions)와 합병(mergers)을 통해 새로운 역량을 확보함으로써 기업들은 경쟁우위를 얻거나 유지한다. 이러한 합병과 인수는 혁신과 성장의 주요 수단으로써 조직의 기존 역량을 향상한다.

2) 전략적 제휴

전략적 제휴(strategic partnership)는 기업 간 상호협력 관계를 유지하여 다른 기업에 대하여 경쟁우위를 확보하려는 전략이다. 예를 들면, 은행과 보험회사나 항공사와 카드사 간의 제휴이다. 내부혁신은 회사가 언제나 단독으로 진행하는 것을 의미하지 않는다. 다른 조직과의 협력은 기업들이 새로운 사업영역에 진입할 때 중요하다. 새로운 사업영역에는 강력한 경쟁자들이 자리를 잡고 있다.

3) 세계전략

기업의 국제화 전략(international strategy)은 다국시장전략, 세계화전략과 초국가전략이 있다. 다국시장전략(multidomestic strategy)은 외국에 진출한 회사가 현지 상황에 맞추는 전략으로 현지화 전략이라고도 한다. 즉, 다국적기업들이 여러 나라에 자회사를 설치하고, 자회사의 운영은 자회사에게 일임하는 형태의 전략이다. 자국 본사의 계열이기는 하지만, 타국 자회사에서 해당 국가만을 표적으로 하는 전략이다. 이와 달리 세계화전략(global strategy)은 자국 본사에서 세계를 하나의 시장으로 보는 표준화 · 통일화 전략이다. 이 경우에는 특정 국가만이 아닌 세계의 추세에 집중하게 되며, 타국에서의 실수나 경영전략에 대해 모두 해당국 본사에서 계획을 수립, 실행해 나간다. 초국가전략(transnational strategy)은 현지화 전략과 표준화 전략 모두를 목적으로 하는 전략이다.

■ 다국시장전략: 외국에 진출한 회사가 현지 상황에 맞추는 현지화 전략

- 세계화전략: 자국 본사에서 세계를 하나의 시장으로 보는 표준화·통일화전략
- 초국가전략: 현지화 전략과 표준화 전략 모두를 목적으로 하는 전략

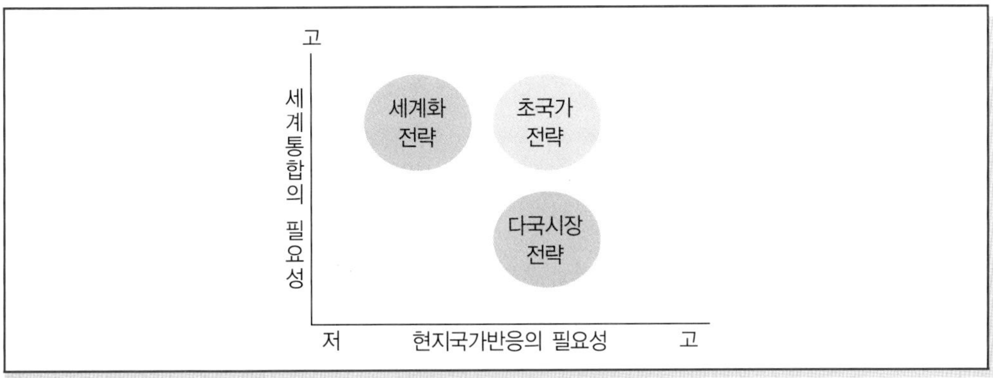

|그림 3-8| 글로벌 기업전략

출처: Hitt, M. A., Ireland, R. D., & Hoskisson, R. E.(2012), Strategic Management: Competitiveness and Globalization, Cengage Learning.

3. 기업의 성장전략

기업은 성장하기 위해 다양한 전략이 필요하다. 기업은 성장전략을 개발하기 전에 회사가 추구하는 기본적인 시장전략의 유형을 검토한다. 앤소프는 4가지 전략 중 하나를 사용함으로써 기업이 성장잠재력을 갖는다는 Ansoff Product-Growth Matrix를 발표하였다. 이 전략은 기존제품과 기존시장, 신제품과 신시장을 도입하여, 시장침투, 시장개발, 제품개발과 다각화로 설명한다. 따라서 앤소프 매트릭스는 기업의 제품과 시장의 복합적인 4가지 가

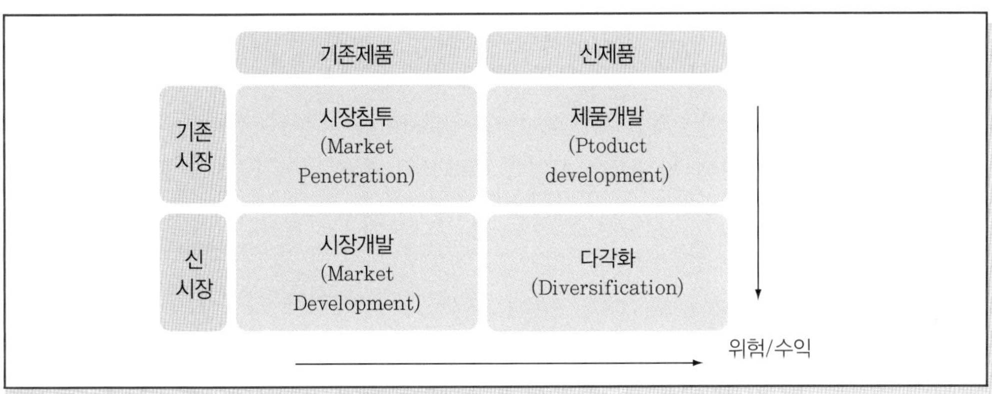

|그림 3-9| Ansoff's Matix

설과 방향을 바탕으로 기업의 성장방향과 위험도를 예측하고 분석하여 기업의 성장방향을 결정하는 도구이다.

1) 시장침투전략

시장침투(market penetration)는 기업이 판매를 증가하기 위해 판매촉진을 하거나 가격을 인하함으로써 기존제품의 판매를 증가하고, 시장에 침투하는 것이다. 즉, 회사가 기존 고객에게 기존제품의 판매를 증대하는 것에 집중하는 전략이다. 회사는 제품의 사용을 증가하고, 제품구매를 촉진하기 위해 소비자들에게 특별한 촉진이나 저가격을 제공한다. 이 전략은 기업이 제품과 시장을 알기 때문에 가장 낮은 위험전략이다. 시장침투는 슈퍼마켓과 큰 소매점에서 자주 사용된다.

2) 제품개발전략

제품개발(product development)은 기존고객에게 신제품을 판매할 목적으로 신제품을 기존시장에 도입하는 전략이다. 즉, 기존고객에게 새로운 제품을 제공하는 것이다. 신제품은 전반적으로 새로운 혁신, 개선된 제품이나 향상된 가치이다. 예를 들면, 삼성전자가 스마트폰 갤럭시를 생산하면서 웨어러블 갤럭시 기어를 생산한 경우이다. 기존시장을 목적으로 기존모델에 추가할 필요가 있는 신제품의 예이다. 기업이 시장을 잘 알지만 새로운 제품을 잘 알지 못하기 때문에 제품개발은 중간 수준의 위험전략이다.

3) 시장개발전략

시장개발(market development)은 기업이 신시장에 기존제품을 판매하는 전략이다. 즉, 기존제품으로 새로운 시장에 진입하는 것이다. 신시장은 다른 연령집단, 새로운 지역이나 국제시장과 같은 새로운 고객집단이다. 예를 들면, 어느 한 지역에서 잘 판매하고 있는 주방가전 판매점이 다른 지역에 또 다른 주방가전 판매점을 개점하는 전략이다. 시장개발을 통해 주방가전 판매점은 전국적인 체인점이 되는 잠재력을 가질 수 있다. 연령, 배경, 관심과 소득이 다른 고객집단을 대상으로 제품을 판매하기 위해 다른 지역을 포함하는 새로운 시장으로 정의하기도 한다.

4) 다각화전략

다각화(diversification)는 새로운 시장에 새로운 상품을 판매하는 전략이다. 현재 사업이 아닌 다른 사업을 하거나 새로운 제품으로 새로운 시장에 진출하는 것이다. 다른 시장이나 다른 제품에 대한 경험이 적은 기업이 다른 회사를 인수함으로써 제품계열을 다각화한다. 다각화는 수익성이 있으나 회사가 전략을 성공적으로 추진하는데 필요한 전문지식이나 자원이 없다면 위험하다. 예를 들면, 직물을 생산하는 기업이 우레탄 수지를 생산하는 경우이다. 기업이 제품과 표적시장을 잘 알지 못하기 때문에 매우 높은 위험전략이다.

Sense 다각화전략(diversification strategy)

다각화전략(diversification strategy)은 기존의 사업과는 다른 새로운 사업영역에 진출하여 기업의 성장을 전개하는 방법이다. 예를 들면, 애플이 컴퓨터에서 모바일 폰 사업으로 진입한 경우이다. 다각화의 목적은 새로운 종류의 가치 있는 제품과 서비스를 생산하기 위해 사업운영을 확대하는 것이다. 새로운 사업이 기업의 기존 활동과 관련이 있을 때 조직은 관련된 다각화의 전략을 실행하는 것이다. 반면 비관련 다각화는 조직이 새로운 사업계열로 확장할 때이다. 예를 들면, 자동차 회사가 증권회사를 인수하는 경우이다. 비관련 다각화로 사업계열은 논리적으로 서로 관련이 없다. 그래서 전략을 성공적으로 하는 것이 어려울 수 있다. 대부분의 회사들은 비관련 다각화전략을 포기하고, 핵심영역에 집중한다.

회사의 경영자들은 수직적 통합의 전략으로 가치를 창조하기 위해 다각화 기회를 추구한다. 수직적 통합(vertical combination)은 전방통합과 후방통합으로 구분된다. 전방통합(forward integration)은 제조회사가 유통회사를 통합하는 것으로 기업의 시장지배력을 강화시키기 위한 전략이다. 후방통합(backward integration)은 유통회사가 제조회사를 통합하는 것으로 기업이 공급자에 대한 영향력을 강화하기 위한 전략이다. 수평적 통합(horizontal combination)은 동일 업종의 기업이 동등한 조건 하에서 합병·제휴하는 것이다. 수평적 통합으로 시장점유율을 높여 가격선도자(price leader) 역할을 수행할 수 있으며, 생산설비 능력이 증가하여 생산규모 확대의 장점을 확보할 수 있고, 판매망을 강화할 수 있으며, 자금조달 능력을 강화할 수 있다.

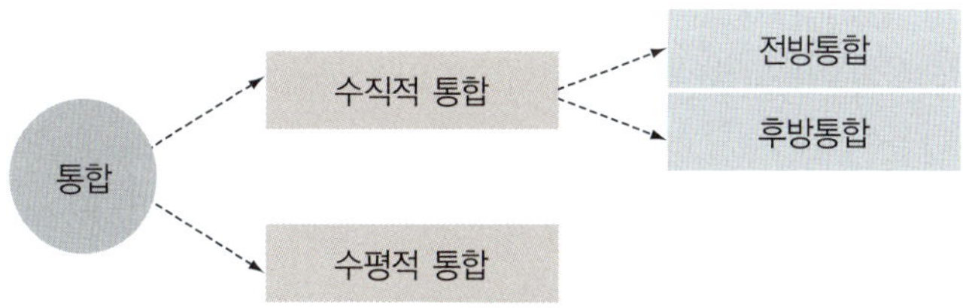

| 통합의 유형 |

제4절 경영계획

1. 경영계획의 기능

계획은 목적수립, 목표설정과 목적, 목표달성을 위한 방법의 정의를 포함한 모든 관리 기능의 가장 중요한 기본이다. 조직은 장·단기 미래 방향을 위해 계획한다. 시장과 사회, 정치, 경제적 추세를 예측함으로써 경영자들은 미래에 회사가 되기를 바라는 것을 결정하기 위해 계획한다. 계획은 다양한 자원의 유형과 양을 결정하는 것이다. 계획이 목적을 달성하기 위해 수립되기 때문에 모든 계획은 조직의 목적과 목표의 달성으로 가야한다.

1) 경영계획의 개념

계획(plan)은 목적을 달성하기 위한 청사진이고, 필요한 자원배분, 일정, 과업과 행동을 명시한 것이다. 기획(planning)은 조직의 목적을 결정하고, 목적을 달성하기 위한 수단을 정의하는 과정이다. 즉, 미래에 대한 일련의 구체적인 행동을 계획하는 과정이다. 기획은 목적을 달성하는데 필요한 사명, 목적과 행동을 선택하는 것을 포함한다. 기획의 중요한 측면은 의사결정이다. 따라서 기획은 반영적 사고, 상상력과 선견지명이 필요하다. 그러나 계획과 기획은 구별하지 않고, 상호 교환적으로 사용되기도 한다. 다음은 계획의 특성이다.

- 목적 지향성: 모든 계획은 집단목적을 달성하기 위해 긍정적인 방향을 갖고 있다. 계획이 목적과 관련이 없다면 의미가 없다.
- 관리의 우선성: 계획은 첫 번째 관리기능이다. 모든 관리기능을 우선하고, 가장 기본적인 관리기능이다. 모든 관리기능은 계획에 주로 의존한다.
- 계획의 침투성: 계획은 조직의 모든 수준과 부문에 침투된다. 대안 중에서 행동의 미래 과정을 선택하는 계획은 감독자의 수준이나 관리의 모든 계층에서 동일하다.
- 계획의 효율성, 정확성과 경제성: 계획의 효율성은 경제적 목적에 대한 기여이다. 적절한 비용으로 목적을 달성한다면 계획은 효율적이고, 정확한 예측이 필요하다.
- 통합성: 계획의 내용, 사람, 방법, 장소와 이유를 포함한다. 이러한 모든 활동이 없다면 조직은 통일된 노력을 기울일 수 없다.
- 자원의 제한성: 기획자는 제한된 자원을 인식해야 하고, 중요한 요소에 따라서 계획을 수립해야 한다.

- 유연성: 계획의 과정은 변화하는 환경조건에 적응할 수 있어야 한다.
- 지적 과정: 계획의 질은 경영자의 지식수준에 따라서 다른 지적 과정이다.

2) 경영계획의 중요성

경영계획은 관련된 사실을 수집하고, 분석하고, 미래에 대해 가정하는 지적 과정이다. 이러한 경영계획은 혼란을 질서로 대체하고, 경영의 의사결정과정에 합리성을 준다. 이것은 조직, 충원, 지휘와 통제 등 관리기능의 틀을 제공한다. 경영과정에 있는 주요 요소로써 경영계획의 중요성은 통일된 방향성 제공, 자원의 최적 사용과 불확실성 대비 등으로 사업을 안정하고, 확실하게 한다.

- 방향성 제공: 계획은 통일된 목적을 제공한다. 이것은 공통된 목적을 달성하기 위해 모든 자원을 결합한다.
- 자원의 최적 사용: 경영은 우수한 계획을 통해 제한된 인적, 물적, 재무자원으로 산출을 최적화하는 과업이다.
- 불확실성 대비: 조직은 지속적으로 경제적 불확실성에 직면한다. 계획은 경영자에게 그러한 변화를 예상하고, 과제를 대처하는데 도움이 된다.

3) 경영계획의 한계

경영계획은 관리의 모든 부문에 보급되는 핵심 기능이다. 조직에 있는 직위와 관계없이 어떤 경영자도 계획 없이 지낼 수 없다. 그러나 경영계획은 한계를 갖고 있고, 적절한 이해는 경영계획의 효율성을 향상하는데 도움이 된다.

- 가정설정의 신뢰성: 가정은 예측의 토대와 구조를 제공한다. 미래는 절대적인 정확성으로 예측될 수 없기 때문에 가정에는 오류와 추측이 있다.
- 환경의 변화: 기업은 변하는 환경에서 운영된다. 변화의 정도와 영향은 산업과 회사에 따라서 다르다. 기업은 환경의 불안정성으로 새로운 문제와 복잡성에 직면한다.
- 시간의 이용가능성과 비용: 위기나 우발성으로 의사결정은 미리 계획 없이 이루어질 수 있다. 이러한 의사결정은 상세한 분석과 조사를 위한 시간이 없는 경우에 발생한다. 계획은 비용을 수반한다. 계획이 상세할수록 비용은 더 많이 소요된다.
- 경영철학: 경영철학과 일치하지 않는 계획은 실행하는 것이 어렵다. 사람들은 변화에 심리적으로 저항하고, 변화의 가치를 잘 인식하려고 하지 않는다.

- 절차와 정책의 경직성: 이미 확립된 절차, 규칙과 정책은 변하기 어렵다. 반면 계획은 기존절차와 정책에서 변화를 요구한다.

2. 경영계획의 구성요소

경영계획은 목적을 달성하기 위한 청사진이고, 필요한 자원배분, 일정, 과업과 행동을 명시한 것이다. 경영계획의 구성요소는 기업의 사명, 목적, 정책, 절차, 방법과 규칙, 프로그램, 프로젝트, 예산과 전략을 포함한다.

1) 사명

사명(mission)은 회사가 존재해야 할 목적과 이유이다. 기업의 사명은 다른 기업과 구분하고, 제품과 시장에 의해 운영의 범위를 확인하는 기본적이고, 독특한 목적이다. 사명은 기업의 의도를 표현한 선언으로 경영자의 신념과 철학을 반영한다.

2) 목적

목적(objectives)은 경영의 계획과 다른 활동을 안내하는 최종 결과를 표현한다. 목적은 명확하게 정의되고, 조직 전체에 커뮤니케이션되어야 한다. 목적은 개인적이거나 집단적이고, 단기나 장기, 무형이나 유형, 일반적이거나 구체적일 수 있다. 피터 드러커(Peter Drucker)는 경영의 실천(The Practice of Management)에서 중요한 영역의 시장지위, 혁신, 생산성, 물적・재무자원, 수익성, 경영성과와 개발, 작업 성과와 태도, 공적 책임 등을 목적으로 한다. 기업이 운영하는 환경을 강조할 필요가 있다. 다른 영역에 있는 목적은 적절하게 균형을 맞추어야 한다.

3) 정책

정책(policy)은 조직구성원들이 앞으로 나아갈 노선이나 취해야 할 방침이다. 정책은 현재와 미래의 의사결정을 안내하고 결정하기 위해 선택된 행동의 과정으로 관리자가 제한된 영역 안에서 재량을 사용하도록 한다. 따라서 정책은 의사결정이 이루어지는 한계를 규정하고, 그래서 일관되고 통일된 성과를 확실히 한다. 경영자는 권한 내에서 정책을 결정하고, 정책은 문서, 구두나 암시적일 수 있고, 판매, 생산, 직원, 재무와 구매와 관련되어 분류될 수 있다. 엄격하게 경직된 정책은 규칙이 되고, 부하의 주도성을 감소하는 경향이 있다.

4) 절차, 방법과 규칙

절차(procedures)는 어떤 구체적인 활동을 하는 정확한 방법이다. 예를 들면, 기업은 나이에 근거하여 승진정책을 가질 수 있다. 정책을 실행하기 위한 절차는 종업원들의 나이를 계산하고, 실제적인 승진을 주기 위해 수립되어야 한다. 정책은 생각을 안내하지만, 절차는 행동을 안내한다. 이와 달리 방법(method)은 단일 운영이나 하나의 구체적인 단계를 포함하고, 이러한 단계가 어떻게 채택되어야 하는지를 명시한다. 규칙(rule)은 긍정적이거나 부정적인 규범을 명시하고, 적용할 때 재량을 허용하지 않는다.

5) 예산

예산(budget)은 계수적 용어로 기대 결과를 포함하는 계획이다. 예산은 돈과 기간 등의 측정할 수 있는 단위로 표현된 프로그램이다. 예를 들면, 수입과 비용예산은 주어진 기간 동안에 기대수입과 비용을 반영한다. 이러한 예산이 통제와 연결되는 중요한 관리도구이다. 예산계획은 계획과정이지만, 관리는 통제의 한 부분이다.

6) 프로그램

프로그램(programme)은 특정한 목적을 달성할 목적으로 적절한 순서로 수행되는 작업계획의 개요이다. 프로그램은 목적, 정책과 절차에 의해서 적절한 순서 안에서 수행되는 행동의 계획이다. 프로그램은 정책, 절차, 방법, 규칙, 예산과 다른 배치의 복잡한 구조이다. 프로그램은 조직에 있는 어떤 수준에서 시작할 수 있다. 기본적이거나 중요한 프로그램은 많은 파생적인 프로그램의 제정을 요구한다.

7) 프로젝트

프로젝트(project)는 프로그램과 연결되어 수행되어야 하는 특정한 과업이다. 프로그램에 있는 단일 단계(single step)이다. 프로젝트는 분명한 대상과 명확한 종결이 있다. 프로젝트는 프로그램처럼 동일한 특성이 있지만, 범위가 좁고, 덜 복잡하다. 프로젝트는 프로그램을 지원하거나 보완하기 위해서 사용된다.

8) 전략

전략(strategies)은 목적에 이르는 수단이거나 회사가 목적을 달성하고자 하는 것이다. 성공적인 전략은 경쟁자가 쉽게 모방할 수 없는 경쟁우위를 확립한다. 전략은 통일된 방향을 나타내고, 강조점과 자원의 개발을 포함한다. 회사는 목적을 달성하고 기회를 이용하기 위해 여러 가지 전략을 사용한다. 예를 들면, Walmart는 저비용 전략을 추구하는 것 이외에 동시에 전 세계적으로 신속하게 신설점포를 개점하는 전략을 추구한다.

3. 경영계획의 유형

경영계획은 미래의 목적을 달성하기 위해 다양한 자원을 조직한다. 경영계획의 유형은 기간, 위계와 내용에 따라 분류된다. 기간 기준으로 장기계획, 중기계획과 단기계획으로 구분한다. 장기계획(long term planning)은 5년 이상의 기간으로 조직이 장기적으로 되기를 원하는 것을 명기하고, 많은 불확실성이 포함된다. 중기계획(intermediate term planning)은 2~5년의 계획이고, 단기계획(short term planning)은 2년 미만의 계획이다. 위계수준으로는 기업수준계획, 사업수준계획과 기능수준계획 등이 있다. 또한 경영계획의 내용에 따라 전략계획, 전술계획, 운영계획과 비상계획 등이 있다.

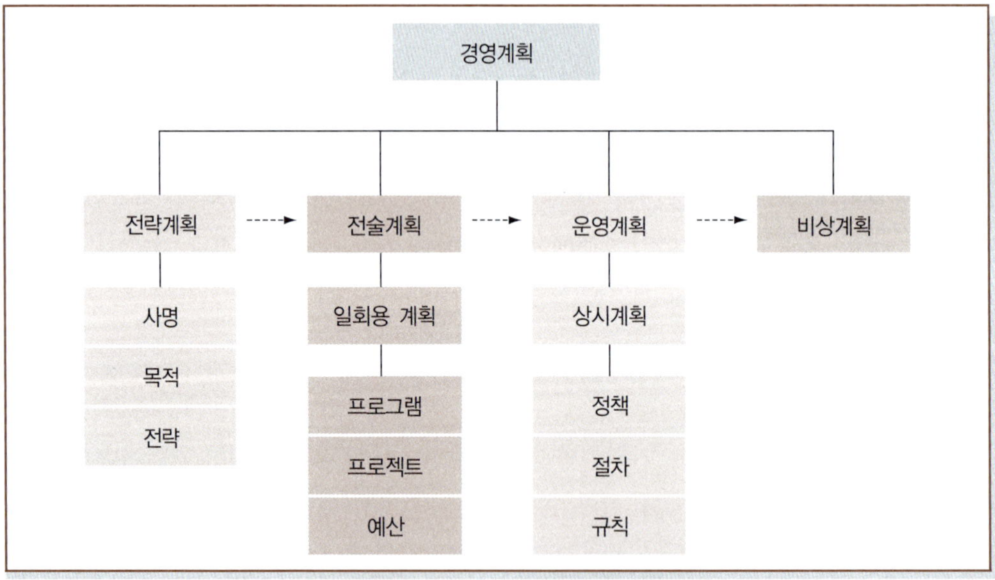

| 그림 3-10 | 경영계획의 유형

1) 전략계획

전략계획(strategic plan)은 조직의 비전과 조직이 비전을 현실로 만드는 방법의 구조를 정의한다. 기업의 장기적 목적, 목적을 달성하기 위해 동원되는 자원과 채택되는 행동계획의 결정이다. 전략계획은 회사의 발전방향을 계획하기 때문에 조직의 최고 경영진에 의해서 수행된다. 회사가 제품과 서비스, 가격, 촉진과 판매를 결정하는 것은 경영의사결정에서 중요한 부분이다. 회사는 일반적으로 계획과 전략을 개발한다. 계획은 자원, 역량과 기술 등 회사의 현재 내부상황을 고려한다. 회사가 원하는 것에 영향을 주는 경제, 경쟁자와 정부 규제와 같은 외부환경을 고려한다. 장기적 전략을 개발하고, 회사의 강점과 자원을 이용할 수 있는 기회에 맞추고, 변화하는 환경에 따라 계획을 조절한다. 전략계획은 조직이 시장에서 기회를 활용하기 위해 자원을 할당하는데 도움이 되는 과정으로 장기적인 과정이다.

2) 전술계획

전술계획(tactical plan)은 관리자가 전략계획 안에 수립된 목적을 달성하기 위해 채택하는 계획이다. 보통 2년 미만의 단기적인 계획이 중간 수준의 관리자에 의해 개발된다. 각 부문 안에 있는 단위에 의해서 전략계획을 추진하는 구체적인 수단이나 행동이다. 따라서 전술계획은 각 부분 안에 있는 하부 단위에 상세한 자원과 작업의 할당을 수반한다.

3) 운영계획

운영계획(operational plan)은 1년 미만의 단기계획으로 전략계획과 전술계획을 지원하는 구체적인 행동을 추진하기 위해 개발된다. 이것은 직무책임을 완수하기 위해 관리자들이 개발한다. 관리자들은 감독자, 팀장과 전술계획을 지원하는 조력자들이다. 이러한 운영계획에는 사용빈도나 반복성에 따라 일회용 계획과 상시계획이 있다. 일회용 계획(single-use plan)은 단일이나 예외적인 상황이나 문제를 준비하고, 사용 후에 버리거나 대체된다. 예를 들면, 프로그램, 프로젝트나 예산 등이 있다. 상시계획(standing plan)은 관리자가 반복적으로 직면하는 문제를 포함한다. 예를 들면, 관리자들이 자주 지각하는 종업원들의 문제에 직면할 수 있다. 정책, 절차나 규칙처럼 관리자들은 종업원들이 작업장에 지각하는 시간을 자동적으로 점검하는 계획을 설계할 수 있다.

4) 비상계획

비상계획(contingency plan)은 조직의 상황에서 일어날 것 같은 것에 관한 어떤 가정에 근거한 위기관리 계획이다. 비상계획은 가정이 잘못되었다면 발생할 수 있는 상황을 다룬나. 문제와 사긴이 계획된 행동방향을 방해한다면 이러한 비상계획은 행동방향의 대안을 개발하는 것이다. 기대하지 않은 문세와 사건이 자주 발생한다. 이러한 것들이 발생할 때 경영자들은 계획을 변경할 필요가 있다. 파업, 불매, 자연재해나 주요 경제적 변화와 같은 예측하지 못한 사건이 기존 계획을 운영하지 못하거나 부적절하게 한다면 비상계획은 경영진이 즉시 조치를 취하도록 해준다.

제5절 전략경영

1. 전략경영

전략경영(strategic management)은 조직의 목적을 달성하기 위해 필요한 행동의 지속적인 계획, 추적, 분석과 평가이다. 경영자들은 결과를 산출하는데 필요한 결정과 행동을 판단하기 위해 목적을 설정하는 조직의 능력을 나타내는 전략계획에 몰입하는 것이 필요하다. 따라서 전략경영은 최적 경영실천을 유지하기 위한 기반을 제공하기 위해 고객, 경쟁자와 조직 자체와 관련된 요인의 체계적 분석이다.

1) 전략경영의 특징

전략경영(strategic management)은 조직의 목적을 달성하기 위해 조직과 환경 간의 탁월성을 제공하는 전략을 구성하고 실행하기 위해 사용되는 의사결정과 행동이다. 따라서 전략경영은 두 과정을 포함한다. 첫째, 기업을 위한 구체적인 목표를 확인하는 과정과 기업의 목표를 달성하기 위한 전략을 구성한다. 둘째, 이러한 전략을 실행하는 과정이다. 경영자들은 다음과 같은 질문에 답할 수 있어야 한다. 이러한 질문에 대한 답은 경영자가 경쟁환경에서 조직을 위치시키는 방법을 선택하는데 도움이 된다. 탁월한 조직성과는 행운이 아니라 경영자의 선택에 의해서 결정된다.

- 경쟁환경에서 일어나는 변화와 추세가 무엇인가?
- 누가 경쟁자들이고, 경쟁자들의 강점과 약점은 무엇인가?
- 어떤 제품을 제공하고, 가장 효율적으로 제공할 수 있는 방법은 무엇인가?
- 게임의 법칙을 어떻게 변경할 수 있는가?

2) 전략경영의 목적

전략경영의 목적은 기업정책과 전략적 순위의 최적 배열을 달성하는 것이다. 전략경영은 환경을 다루고, 경쟁우위를 달성하고, 조직의 목적을 성취하기 위해 자원배분을 기술하는 행동의 계획인 명시적 전략을 정의하는 것이다. 경쟁우위(competitive advantage)는 조직이 다른 회사와 구별되고, 시장에서 고객의 욕구를 충족하기 위해 독특한 강점을 제공하는 것이다. 전략수립의 핵심은 조직이 어떻게 다를 것인지를 선택하는 것이다. 경영자는 경쟁자가 하는 것과 다른 활동을 수행하거나 동일한 활동을 다르게 수행하는지에 관해 결정한다. 전략은 반드시 환경조건에 맞추기 위해 변하지만, 경쟁력이 있기 위해서 회사는 핵심역량에 집중하고, 상승효과를 개발하고, 고객을 위한 가치를 창조하는 전략을 개발한다.

3) 핵심역량

핵심역량(core competence)은 시장에 경쟁우위를 제공하고, 고객에게 가치를 전달하고, 지속적인 회사 성장에 도움이 되는 회사의 독특한 특성이나 능력이다. 핵심역량은 특정한 분야에 있는 기본적인 지식, 능력, 전문지식, 탁월한 R&D, 기술, 노하우, 공정 효율성이나 예외적인 고객 서비스를 포함하고, 쉽게 경쟁자들이 모방할 수 없는 독특한 능력이다. 회사가 경쟁자들이 갖지 못한 전문지식을 확보한다면 핵심역량은 경쟁우위를 나타낸다.

4) 상승효과 구축

상승효과(synergy effect)는 부분들 간의 결합작용이 부분이 따로 작용하는 경우에 비해 더 많은 결과나 생산성을 나타내는 현상이다. 조직은 비용, 시장지배력, 기술이나 경영기술에 관하여 특별한 이점을 확보할 수 있다. 적절하게 관리될 때 상승효과는 기존 자원으로 추가적인 가치를 창조할 수 있다. 상승효과는 조직 간에 좋은 관계로 얻을 수 있다.

5) 가치전달

고객에게 가치를 전달하는 것은 전략의 핵심이다. 가치는 받은 혜택과 지불한 비용의 차이이다. 회사는 핵심역량을 활용하고, 상승효과를 달성하는 전략을 고안함으로써 가치를 창조하고, 고객에게 전달함으로써 기업의 생존과 성장을 도모할 수 있다.

2. 전략계획

1) 전략계획의 수준

전략계획과정은 기업수준계획, 사업수준계획과 기능수준계획이 있다. 기업수준계획(corporate level plan)은 회사 전체 전략계획으로 비전, 목표, 자원의 할당과 관련된 계획과 기준이다. 전략사업단위(strategic business unit: SBU)는 조직 안에 자신의 경쟁자, 고객과 회계목적으로 이익센터를 갖고 있는 사업이나 제품계열이다. SBU는 자신의 사명선언문을 갖고 있고, 스스로 전략계획을 개발한다. 사업수준계획(business level plan)은 특정 제품시장에서 경쟁우위를 확보하는 방법계획이다. 회사나 SBU 안에서 마케팅 계획, 회계계획이나 재무계획을 개발할 수 있는데 이를 기능수준계획(functional level plan)이라고 한다.

- 기업수준계획: 기업 전체로써 비전, 목표, 자원의 할당과 관련 계획과 기준
- 사업수준계획: 특정 제품시장에서 경쟁우위를 확보하는 방법계획
- 기능수준계획: 사업단위의 각 기능부서가 사업단위 목표를 달성하기 위한 구체적인 활동방향 계획

[그림 3-11]은 한 음료회사의 전략계획을 수준별로 나열한 것이다. 기업수준계획은 음료의 판매와 이익을 증가하는 것이지만, 각 사업부는 전체 기업수준계획 및 기능수준계획과 일치하는 사업수준계획을 수립하여 판매와 이익을 실현한다. 사업단위는 사회와 환경에 기여하면서 동시에 이익이 있는 제공물을 위한 전략계획을 개발한다. 기능수준에서 종업원들

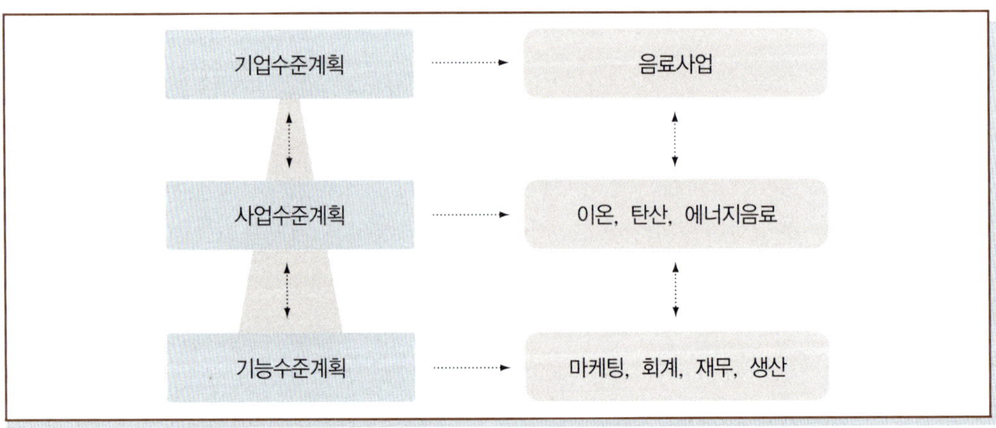

| 그림 3-11 | 전략계획 수준

은 회사가 더 큰 시장점유율을 확보하기 위해 더 건강한 제품을 개발하고, 환경 친화적인 포장을 사용한다. 조직은 조직의 다양한 목적을 달성하기 위해 기업 내에 있는 다른 수준에서 복합적인 방법과 전략을 이용할 수 있다. 그러나 전략계획 과정의 기본적인 구성요소는 각 다른 수준에서 동일하다.

2) 전략경영과정

경영자들이 사명, 목적과 전략에 관하여 현재 위치를 평가할 때 전략경영과정은 시작된다. 경영자들은 조직의 내·외부 환경을 조사하고, 변화를 필요로 하는 전략요소를 확인한다. 내·외부 사건은 사명이나 목표를 재정의하거나 기업, 사업이나 기능수준에서 새로운 전략을 형성할 필요성을 가리킨다. 전략경영의 마지막 단계는 새로운 전략의 실행이다.

(1) 전략구성

전략의 구성은 기업의 목적을 설정하고, 구체적인 전략계획을 개발하는 계획과 의사결정을 포함한다. 전략구성은 외부환경과 내부문제를 평가하고, 결과를 목표와 전략에 통합하는 것이다. 이러한 과정은 전략실행과 대조된다. 전략실행은 전략계획의 관리와 추진이다. 전략이 현실이 되기 위해서는 리더십과 문화, 조직구조, 인적자원, 정보와 통제체계 등이 적절해야 한다. 경영자들은 종업원들과 자원을 확실히 활용하기 위해 설득, 새로운 장비, 조직구조의 변화나 보상체계의 변경을 사용한다.

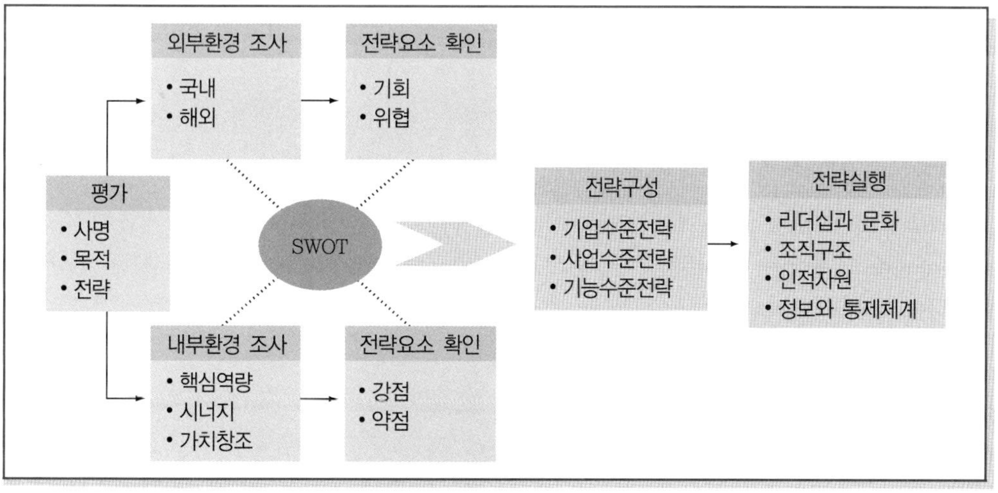

| 그림 3-12 | 전략경영의 과정

(2) 전략적 포트폴리오 계획

개인투자자들은 고위험 증권, 저위험 증권, 성장증권과 저수익 채권으로 투자 포트폴리오(portfolio)[2]를 다양화하기를 원한다. 이와 마찬가지로 기업은 전략적 사업단위라고 하는 사업부문의 균형 잡힌 결합을 가져야 한다. 전략적 사업단위는 독특한 기업사명, 제품계열(product line)[3], 경쟁자와 시장을 갖고 있다. 전체 기업을 책임지는 경영자들은 전체 사업 전략을 정의하고, 수행하기 위해 전략적 사업단위의 포트폴리오를 결합한다. 포트폴리오 전략(portfolio strategy)은 사업단위, 회사의 경쟁우위와 상승효과를 제공하는 논리적인 방식으로 잘 어울리는 제품계열의 혼합과 관계있다. 경영자들은 한 사업단위에 지나치게 의존하는 것을 싫어한다.

회사가 여러 가지 전략사업단위를 갖고 있을 때 각 사업에 대한 목적과 전략이 무엇인지와 각 사업단위에 자원을 어떻게 배분할 것인지를 결정해야 한다. 각 사업을 평가하기 위해 포트폴리오 계획법을 사용한다. 사업의 집단을 포트폴리오라고 한다. 포트폴리오계획법은 회사의 전체사업의 집합을 분석하는 것이다. 즉, 포트폴리오 분석은 각 SBU의 매력도를 평가하기 위해 사용되는 도구이다. 각 전략사업단위의 시장매력도와 사업의 시장 내 경쟁적 위치를 확인함으로써 각 전략사업단위의 기업성과에 대한 상대적 공헌도를 시각적으로 알 수 있다. 가장 널리 사용되는 것은 BCG matrix(Boston Consulting Group)와 GE 접근법(General Electric)이다.

① BCG matrix

회사 내 여러 사업들을 시장성장률과 시장점유율이라는 두 변수를 양축으로 하는 2차원 공간상에 표시하여 각 사업의 상대적 매력도를 비교하는 것이다. 시장성장률(market growth rate)은 시장매력도를 측정하기 위해서, 상대적 시장점유율(relative market share)은 사업의 경쟁적 강점을 측정하기 위해서 사용된다. 원의 위치는 각 사업단위의 시장성장률과 상대적 시장점유율의 크기이며, 원의 크기는 각 사업단위의 매출액을 보여준다. BCG matrix는 수익성과 시장점유율이 서로 높게 관련되어 있다고 가정하기 때문에 사업과 투자의사결정에 유용하다. [그림 3-13]처럼 SBU를 네 개 중의 하나로 분류할 수 있다.

2. 서류가방 또는 자료 수집철을 의미하나 하나의 자산에 투자하지 않고, 주식, 채권, 부동산 등 둘 이상의 자산에 분산 투자할 경우 투자대상 총칭
3. 기업이 동일한 기능을 제공하는 모든 개별제품의 집합

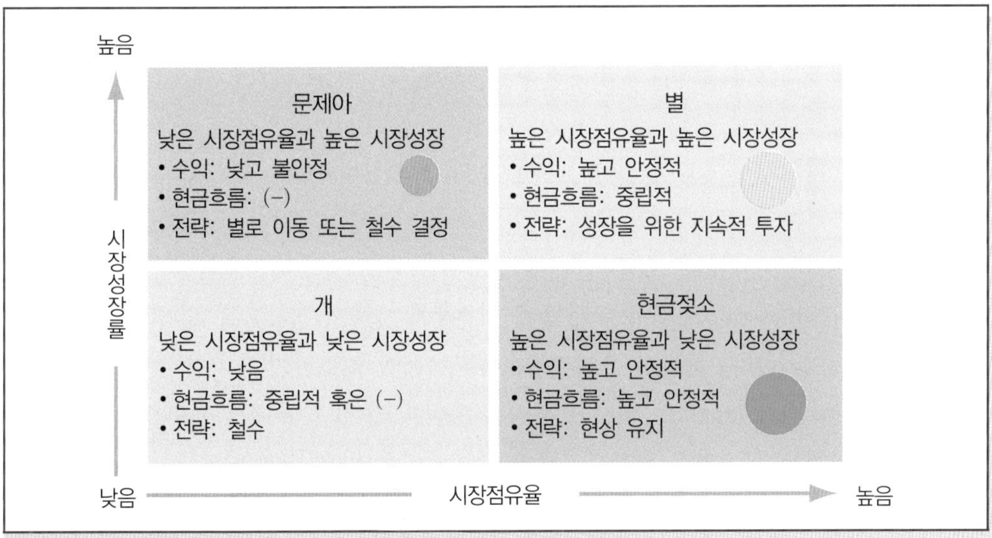

| 그림 3–13 | BCG matrix

ⓐ 별

모든 사람은 별이 되기를 원한다. 별(star)은 높은 성장과 높은 시장점유율을 갖고 있는 제품이다. 별 제품의 성장을 유지하기 위해 회사는 돈을 투자하고 촉진뿐만 아니라 유통도 개선해야 한다. 사업을 통해 많은 현금을 벌어들이지만, 급속히 성장하는 시장에서 시장점유율을 유지·증대시키기 위해 많은 자금 필요하다.

ⓑ 현금 젖소

현금 젖소(cash cow)는 낮은 성장과 높은 시장점유율이 있는 제품이다. 현금 젖소는 위축되는 시장에서 높은 점유율을 갖고 있다. 비록 많은 현금을 창출하더라도 장기적인 미래를 갖고 있지 않다. 현금 젖소를 갖고 있는 회사는 별 제품에 자금을 투자하고, 수익을 창출하기 위해 현금 젖소를 관리할 필요가 있다.

ⓒ 문제아

문제아(problem children)는 물음표(questions mark)라고도 일컬으며, 제품이 높은 성장 시장에서 낮은 점유율을 갖고 있다. 또한 시장점유율을 유지·증가시키는데 있어 많은 현금이 필요하다. 경쟁력이 있는 사업단위는 시장점유율 증대를 위해 현금을 지원하고 경쟁력이 낮은 사업단위는 처분한다.

ⓓ 개

사업에서 개라고 간주하는 것은 좋은 것이 아니다. 개(dog)는 낮은 성장과 낮은 시장점유율을 갖고 있는 제품이다. 개는 많은 돈을 벌지 못하고, 유망한 미래를 갖고 있지도 않다. 수익성이 낮고 시장전망이 어둡다. 회사는 종종 개를 제거한다.

BCG matrix는 경영자들이 자원배분 결정을 하는데 도움이 된다. 제품에 따라서 회사는 확대, 유지, 수확과 철수와 같이 많은 전략을 결정한다.

- 확대전략(building): 사업이나 제품에 대한 시장점유율을 확대하는 것이다. 특히 별이 되는 제품이다. 회사가 시장점유율을 증가할 수 있기 때문에 많은 회사들은 문제아에 투자한다. 성공의 연속으로 돈은 현금 젖소에서 나온다.
- 유지전략(holding): 회사가 동일한 수준에서 제품의 점유율을 유지하기를 원하는 것을 의미한다. 회사가 유지전략을 추구할 때 최소한의 투자만 한다.
- 수확전략(harvesting): 회사가 투자를 줄이는 것이다. 목적은 생존을 위해 장기적인 영향과 관계없이 제품으로부터 단기적인 이익을 창출한다.
- 철수전략(divesting): 회사가 제품을 단종하거나 매각한다.

② GE 접근법

회사가 기회에 투자할지를 결정하는데 도움이 되는 또 다른 포트폴리오 계획법은 GE(General Electric) 접근법이다. GE 접근법은 사업강점과 경쟁하고 있는 산업의 매력도를 검토하는 것이다. 사업강점(business strengths)은 시장점유율, 매출성장률, 가격·원가 우위, 제품품질, 자금력, 지식, 기술력 등과 같은 기업 내부요인이다. 산업의 매력도(industry attractiveness)도 시장성장률, 시장의 규모, 산업의 수익률, 산업의 경기 및 계절 민감도, 경쟁강도 등 기업 외부요인 등을 포함한다. 예를 들면, 자동차 회사는 경기 침체기에는 매력적이지 않다. 회사는 사업강점과 산업매력도를 저, 중, 고로 평가한다. 그런 다음 두 변수 간의 상관관계에 근거하여 투자전략을 결정한다. 원의 크기는 각 사업단위가 진출한 산업의 크기이며, 원 내의 %는 각 사업단위의 시장점유율이다.

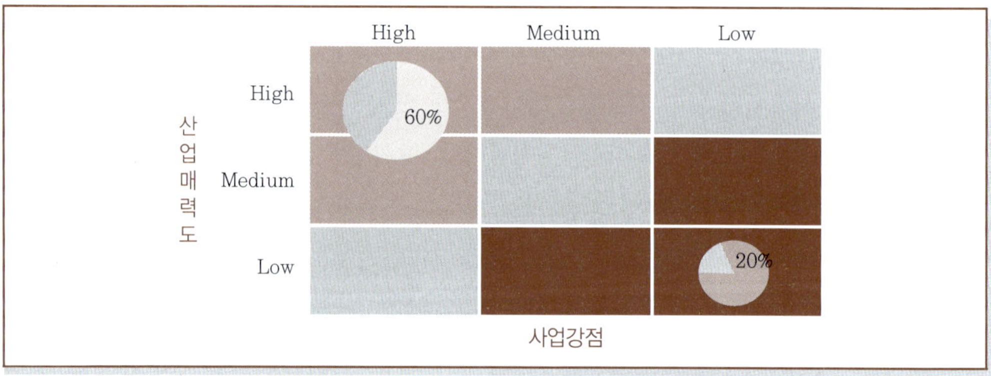

| 그림 3-14 | GE 산업의 매력도와 사업강점 매트릭스

GE 접근법은 교통신호등에 비유하여 투자선택을 개괄적으로 보여 준다. 예를 들면, 회사가 산업에서 경쟁할 사업의 강점을 갖고 있지 않고 산업이 매력적이 아니라고 느끼면 이것은 평점이 낮고, 적색등에 해당한다. 이 경우에 회사는 수확을 하고 서서히 투자를 줄이거나, 사업을 철수하거나 투자를 중지한다. 많은 사람들이 황색등을 속도증가로 생각하더라도 실제로는 경고이다. 사업의 강점과 산업의 매력성에서 중간 평점을 받는 회사는 투자할 때 주의해야 하고, 갖고 있는 시장점유율을 유지해야 한다. 회사가 사업의 강점에서 높게 평점을 받고 산업이 매우 매력적이라면, 이것은 녹색등에 비교된다. 이 경우에는 회사는 사업에 투자해야 하고, 시장점유율을 확대해야 한다. 경제가 좋지 않은 시기 동안에 많은 산업은 매력적이지 않다. 그러나 경제가 개선될 때 기업은 기회를 재평가해야 한다.

적색등: 수확이나 철수, 새로운 제품, 시장이나 기술투자 중지

황색등: 시장점유율 유지, 투자주의

녹색등: 시장점율 확대, 신제품, 시장이나 기술자원

| 그림 3-15 | GE 접근법

(3) 전략실행

전략실행은 전략을 실행하거나 행동으로 옮기는 것이다. 많은 회사들은 승리하는 전략을 많이 갖고 있으나 경영자들은 이를 효과적으로 실행하지 못한다. 전략이 아무리 화려하더라도 전략이 능숙하게 실행되지 않는다면 조직은 혜택을 얻지 못한다. 전략실행은 조직의 모든 부문이 전략과 일치하는 것이 필요하고, 모든 개인의 노력이 전략적 목적을 달성하는 데 향하도록 조정되어야 한다. 새로운 전략이 선택되면 리더십, 구조, 정보와 통제 시스템, 인적자원에서 변화를 통해 실행된다.

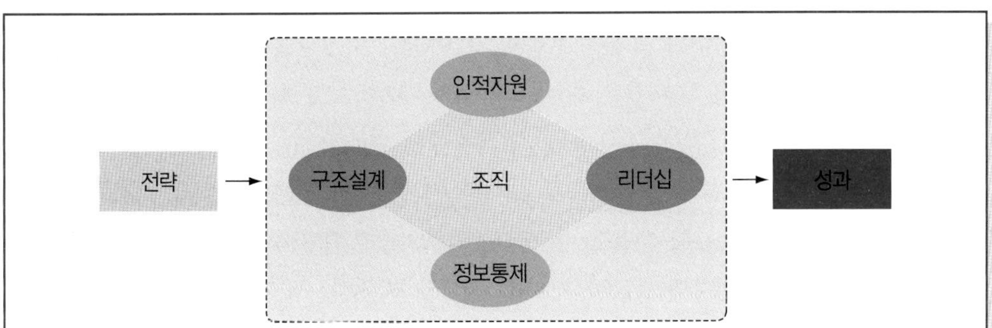

| 그림 3-16 | 전략실행의 도구

① 구조설계

구조설계는 관리자의 책임, 권한의 정도, 시설, 부문의 통합에 관한 것이다. 구조는 집권화, 분권화, 과업의 설계와 같은 문제이다. 권한과 책임이 충돌하는 전략을 실행하는 것은 최대의 장애물이다. 새로운 전략은 직위의 추가나 변경, 팀의 재조직, 직무의 재설계나 권한과 책임의 이동과 같은 조직구조에서 변화를 필요로 한다.

② 인적자원

조직의 인적자원은 종업원들이다. 인적자원 기능은 전략적 목적을 달성하기 위해 종업원들의 모집, 선발, 훈련, 이동, 승진과 해고이다. 종업원들이 새로운 전략의 목적과 중요성을 이해하고, 저항을 극복하고, 전략을 실행하기 위해 필요한 기술과 행동을 개발하기 때문에 종업원의 훈련은 중요하다. 종업원들에게 다기능훈련을 하는 것은 다양한 기능을 수행하고, 이직률을 극소화한다.

③ 리더십

성공적인 전략실행의 핵심은 리더십이다. 리더십(leadership)은 전략이 실행에 옮겨지기 위해 필요한 새로운 행동을 채택하도록 사람들을 움직이게 하는 능력이다. 리더는 새로운 전략을 지원하기 위해 설득, 동기부여와 문화가치를 사용한다. 새로운 전략방향을 지원하는 사람들의 제휴를 구축하고, 회사를 위한 비전에 동의하도록 중간 관리자를 설득한다. 새로운 접근을 위해 모든 수준에 있는 관리자들에게 직원들을 통제하기 보다는 지휘하는 방법을 교육한다.

④ 정보와 통제 시스템

정보와 통제 시스템은 보상 시스템, 급여 인센티브, 자원할당을 위한 예산, 정보기술 시스템과 조직의 규칙, 정책과 절차를 포함한다. 이러한 시스템의 변화는 전략이 실행되는 주요 도구이다. 예를 들면, 피자헛은 새로운 제품을 지속적으로 혁신하는 차별화 전략을 지원하기 위해 정교한 정보기술을 사용한다. 고객거래의 판매정보는 컴퓨터 저장장치에 들어간다. 이러한 판매정보로부터 관리자들은 고객을 더 잘 관리할 뿐만 아니라 추세를 예측할 수 있는 경쟁력이 있는 정보를 추출할 수 있다. 정보기술은 할인점이 계산을 쉽게 하고, 재고를 관리하고, 유통을 통제함으로써 저비용 전략을 지원하는데도 사용된다.

⑤ 효과적인 전략의 실행

전략계획의 효과적인 실행은 목표를 달성하기 위해 자원의 할당, 적절한 조직구조, 효과적인 경영정보시스템, 전략적 목적의 달성을 촉진하는 예산 시스템, 전략을 지원하는 보상 시스템이 필요하다. 다음은 전략계획의 실패를 야기하는 중요한 요소이다.

- 경영자가 전략계획을 준비한다.
- 정보가 행동을 위한 후속 계획준비에 불충분하다.
- 조직의 목적이 모호하다.
- 사업단위가 명확하게 구분되지 못하다.
- 전략계획과 통제 간의 연결이 부적절하다.

Chapter 04

기업형태

Insight 4

기업들, 지주사 전환 가속화

삼성전자가 지주회사 전환 검토를 공식화하면서 SK텔레콤의 인적 분할 가능성도 다시 수면으로 떠오르고 있다. 삼성은 물론 현대중공업과 오리온 등 최근 인적 분할을 결정한 기업들의 선택이 정치권 움직임과 무관치 않다는 해석 때문이다. 재계에서는 앞으로 지배구조 재편 작업을 서두르는 기업들이 더 확산될 것으로 보고 있다.

■ 주목받는 SK

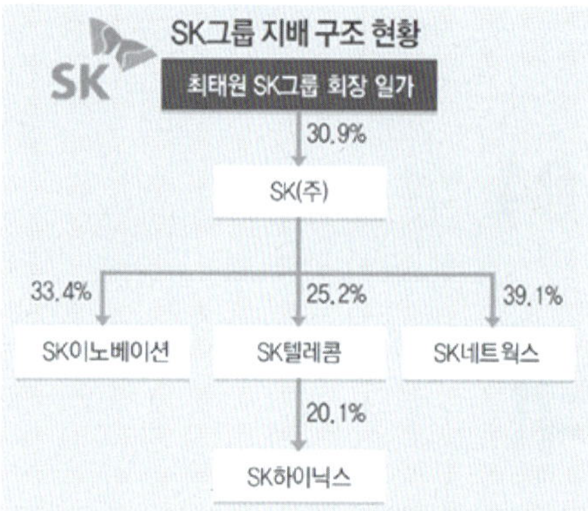

최태원 SK그룹 회장은 지난달 그룹 최고경영자(CEO) 세미나에서 '과감한 인수합병(M&A)을 통한 신성장동력 확보' 등을 내세우며 강도 높은 그룹 재편 가능성을 시사했다. 2007년 지주회사 체제로 전환한 SK그룹은 지난해 4월 지주회사인 SK㈜와 최 회장이 대주주인 SK C&C를 합병해 지배구조를 안정화시켰다. 합병회사 SK㈜는 현재 최 회장과 여동생 최기원 SK행복나눔재단 이사장이 각각 23.4%, 7.5%의 지분을 갖고 있다. SK㈜가 SK텔레콤의 지분 25.22%를, SK텔레콤이 SK하이닉스의 지분 20.07%를 갖고 있는 구조다. SK그룹으로서는 '손자회사'인 SK하이닉스의 지위를 큰 출혈 없이 '자회사'로 격상시키는 게 큰 과제다. 현행 공정거래법상 손자회사는 다른 회사를 M&A할 때 지분을 100% 확보토록 돼 있어 손자회사를 통한 적극적인 M&A 전략은 힘든 상태다.

SK텔레콤이 투자 부문 회사인 SK텔레콤홀딩스(가칭)와 사업 부문 회사로 인적 분할한 뒤 SK㈜와 SK텔레콤홀딩스가 합병할 것이라는 시나리오가 나온 배경이다. 이렇게 되면 SK하이닉스는 통합 지주회사의 자회사가 된다. 최남곤 유안타증권 연구원은 "SK그룹은 사업 포트폴리오를 정유·화학, 통신, 정보기술(IT)로 재편했다"며 "3대 포트폴리오의 한 축인 IT사업을 손자회사로 보유한 것은 이치에 맞지 않다"고 분석했다. SK그룹은 일단 조심스러운 반응이다. SK그룹 관계자는 "최 회장 일가의 지주사 지분이 매우 높은 수준이고 삼성과는 전혀 상황이 다르다"며 "현재로선 추가 재편은 검토한 바 없다"고 말했다.

■ 현대차 그룹

증권가에서는 현대자동차그룹도 지배구조 재편에 나설지 주목하고 있다. 현대자동차, 기아자동차, 현대모비스, 현대글로비스 등이 여전히 복잡한 순환출자 구조로 얽혀 있어 해소가 불가피하기 때문이다. 하지만 이를 쉽게 추진할 수 없는 것은 역시 돈 문제다. 윤태호 한국투자증권 지주담당연

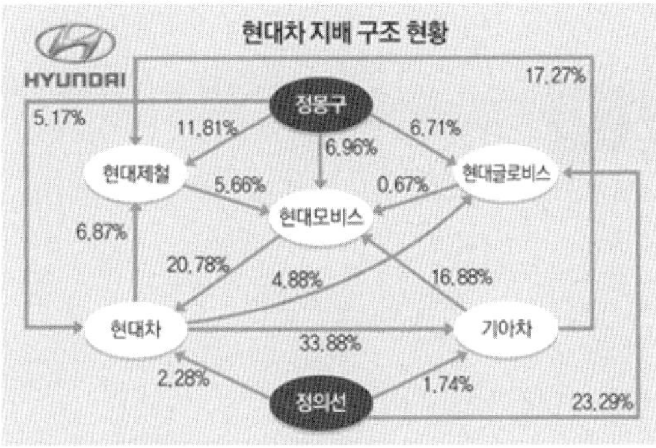

구원은 “삼성과 비교해도 현대차그룹의 지주전환 작업은 아직 걸음마 수준”이라며 “현대차그룹은 모비스를 지배하면 그룹 전체를 지배할 수 있는 구조이지만 순환출자 연결고리를 끊는 데 약 4조 1,000억 원이 필요할 것”이라고 설명했다. 현대차가 M&A나 인적 분할 같은 대규모 이벤트 없이 최소한의 변화를 추진하면서 장기적으로 추진할 것이라는 전망도 있다. 이미 삼성물산과 제일모직 합병 과정에서 삼성이 감당해야 했던 기회비용, 시간, 사회정치적 논란을 목격했다는 이유에서다. 현대차그룹 관계자는 “순환출자구조의 핵심 축인 현대모비스, 현대차, 기아차 사이의 고리를 끊기 위해서는 막대한 자금이 필요하다”며 “아직 정 회장의 경영능력이 건재하기 때문에 장기적인 관점에서 접근할 문제”라고 말했다.

■ 식품업계

식품업계에서도 지배구조 재편이 활발하다. 지난달 크라운제과에 이어 22일에는 오리온과 매일유업이 인적 분할 계획을 발표했다. NH투자증권은 “크라운제과에 비해 상대적으로 시간적 여유가 있는 오리온, 매일유업의 지주회사 전환 결정은 최근 야당의 국정 영향력 확대로 인한 경제민주화 법안들의 국회통과 가능성 상승과 관련 있어 보인다”고 설명했다.

■ 현대중공업

15일 현대중공업이 모두 6개 기업으로 분할하기로 했다고 발표했을 때도 증권가에서는 ‘지주사 전환의 첫 단계’로 풀이했다. 현대중공업이 분리돼 나온 로봇사업부에 현대오일뱅크지분을 넘기기로 한 것이 사실상 로봇사업부 관련 신설법인을 지주회사로 만들려는 사전작업이라는 해석이었다. 사상 최악의 수주 가뭄을 겪고 있는 현대중공업 조선해양사업 부문의 재무구조 개선에도 물론 도움이 되지만 보다 큰 그림이 있었다는 뜻이다.

출처: 동아일보 2016.11.30

■ 기업분할 방식

인적분할은 회사를 분리한 후 신설 법인의 주식을 기존회사 주주들이 지분율대로 나눠 갖는 것이지만, 물적분할은 기존 회사가 새로 만들어진 회사의 주식을 소유하는 것이다.

Chapter 04

기업형태

제1절 기업형태

1. 기업형태의 이해

기업은 영리추구를 목적으로 생산수단을 소유하고, 자원을 활용하여, 재화와 용역을 생산하는 경제단위이다. 또한 투입에 비해 많은 산출물을 생산하기 위한 개별경제의 주체로써의 공동체이다. 기업형태(form of business organization)는 기업의 종류 또는 유형으로써 생산에 활용되는 생산수단의 소유와 경영, 지배구조의 관계를 의미한다. 기업형태는 창업과정뿐만 아니라 향후 기업의 성장과 발전에도 중요하다. 기업형태는 출자자, 소유방식, 법률, 기업의 규모, 업종 등에 따라 분류할 수 있다.

- 출자자: 사기업, 공기업, 공사공동기업
- 소유방식: 개인기업, 인적 공동기업, 자본적 공동기업
- 법률규정: 합명회사, 합자회사, 유한회사, 협동조합, 주식회사
- 기업규모: 대기업, 중기업, 소기업
- 업종분류: 공업, 상업, 광업, 금융업, 통신업

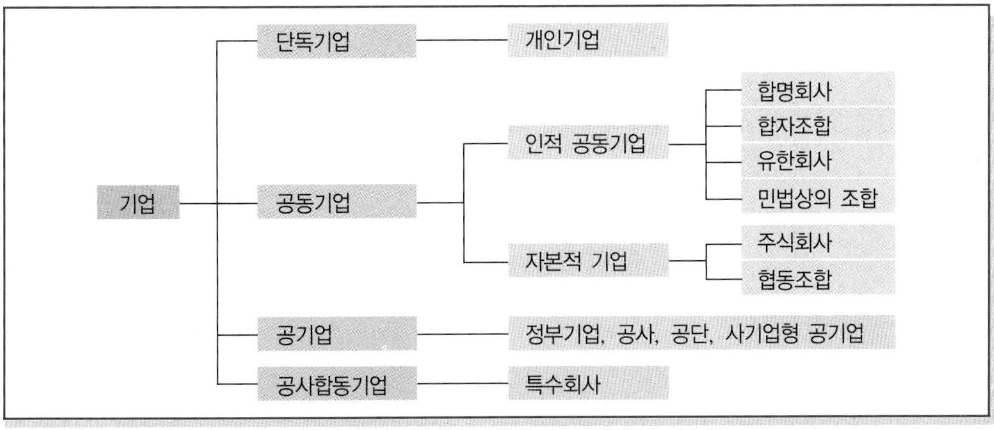

| 그림 4-1 | 기업형태의 분류

2. 기업형태의 결정

기업가가 사업을 시작하기로 결정하면, 직면하는 가장 중요한 문제의 하나는 소유의 형태를 선정하는 것이다. 새로운 사업을 위해 소유의 형태를 결정하기 전에 기업가는 법적 소유의 형태를 검토하고, 소유의 형태가 기업가의 구체적인 욕구를 가장 잘 다룰 수 있는지를 확인하기 위해 변호사나 회계사의 자문을 얻는다. 기업소유의 적절한 형태를 선택하는 비결은 소유의 특성을 이해하고, 기업과 개인적 환경에 영향을 주는 것을 아는 능력이다. 소요자금, 업종, 규모, 채무부담의 한계, 소유권의 양도성, 세금문제 등을 고려하여 최적의 기업형태를 결정한다. [그림 4-2]는 기업가들이 평가과정에서 고려해야 할 요소이다.

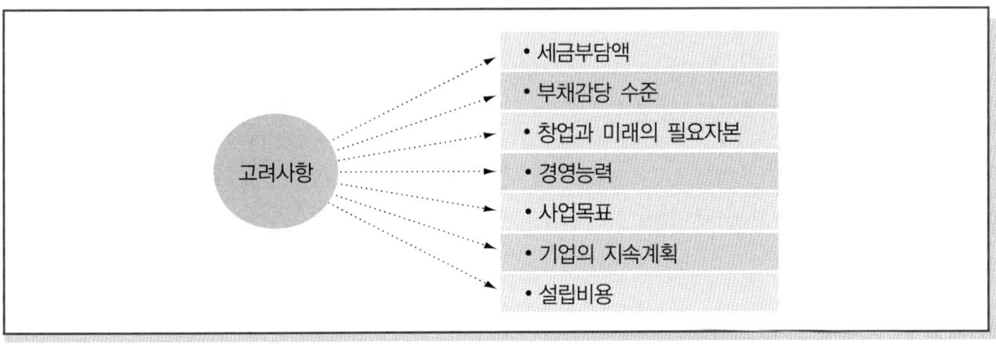

| 그림 4-2 | 기업형태 결정의 고려사항

- 세금부담액: 회사 수입의 실현으로 기업가는 매년 기업의 세금을 계산해야 한다. 세율의 차이는 기업에 중요한 영향을 준다.

- 부채감당 수준: 기업가는 법적 · 재무적 부채에 대한 가능성을 평가하고, 회사의 의무에 대한 개인적 책임을 맡을 수 있는 정도를 결정한다. 재무적 손실위험을 회피하는 개인은 개인 자산의 더 큰 보호를 제공하는 소유 형태를 선택할 수 있다.
- 창업과 미래의 필요자본: 소유의 형태는 창업자금을 조달하는 기업가의 능력에 영향을 줄 수 있다. 필요한 자본, 조달원천과 소유 형태는 창업자본을 조달할 때 가장 중요하다. 기업이 성장함에 따라 필요한 자본이 증가하고, 어떤 소유 형태는 외부자금 조달을 쉽게 한다.
- 경영능력: 기업가들은 회사를 성공적으로 경영할 수 있는 능력을 평가해야 한다. 어떤 부분에서 전문기술이나 경험이 부족하다면 회사에 필요한 전문기술과 경험을 소유한 개인들을 유치할 수 있는 소유 형태를 선택할 필요가 있다.
- 사업목표: 기업가가 계획하는 사업의 규모와 수익성은 소유 형태에 영향을 준다.
- 기업의 지속계획: 소유 형태를 선택할 때, 기업 소유자들은 다음 세대까지 지속되는 것을 내다봐야 한다.
- 설립비용: 주식회사는 설립비용이 많이 들고, 설립절차가 복잡하다.

제2절 사기업의 형태

상법상으로는 회사의 구성원인 사원과 주주를 보호하고, 회사 채권자를 보호하기 위해서 회사법 규정은 강행법적 성질을 가진다. 상법은 회사의 채무에 대해 사원의 책임을 기준으로 회사를 합명회사, 합자회사, 주식회사, 유한회사로 구분한다. 사원의 책임은 사원이 그 사원자격에 기초하여 부담하는 모든 지급의무를 뜻하며, 그 내용은 회사에 대한 출자의무, 회사의 채무변제 의무, 사원 상호 간의 손실분담 의무, 다른 사원의 현물출자의 가격부족액 또는 출자 미필액을 부담할 의무의 네 가지 중 일부 또는 전부이다. 또 회사의 사원은 회사 채무에 대한 책임에 따라 무한책임사원과 유한책임사원으로 구별된다. 무한책임사원들로만 구성되는 회사는 합명회사라 하고, 무한책임사원과 유한책임사원이 병존하는 회사 형태를 합자회사라 한다. 이에 반해 주식회사나 유한회사는 모두 유한책임사원들로만 구성되어 있어 양자 간에 차이가 크지 않다.

| 표 4-1 | 주요 기업형태의 차이

기업형태 \ 구분		설립과정	사원: 종류	사원: 책임	사원: 출자물	사원: 지위	사원: 양도	사원: 수	업무집행기관
인적회사	합명회사	정관작성 설립등기	무한책임 사원	직접·연대·무한	재산·노무·신용	지분	부자유	2인 이상	사원
	합자회사	정관작성 설립등기	무한책임 사원	직접·연대·무한	재산·노무·신용	지분	부자유	각각 1인 이상	무한책임 사원
			유한책임 사원	직접·연대·유한	재산	지분	약간 부자유	1인 이상	
물적회사	주식회사	정관작성 주식인수 설립등기	주주	간접·유한	재산	주식	자유	1인 이상	이사회 대표이사
	유한회사	정관작성 출자의무 설립등기	유한책임 사원	간접·유한	재산	지분	약간 부자유	1인 이상~50인 이하	이사

1. 개인기업

개인기업(sole proprietorship)은 소유권이 가장 간단하고, 가장 인기 있는 형태이다. 개인기업은 한 개인이 소유하고 관리한다. 즉, 개인기업은 한 사람의 소유자와 한 사람의 의사결정자이다. 개인기업은 상대적으로 작고 단순하게 기업을 유지하기를 원하는 기업가들에게는 이상적이다. 어떤 기업가는 동업이 개인기업의 단점을 극복하는 방법이라고 생각한다. 예를 들면, 특정한 관리기술이 부족하거나 필요한 자본이 부족한 사람은 경영기술이나 투자할 자금을 갖고 있는 사람들과 협력함으로써 자신의 단점을 보충할 수 있다. 다음은 개인기업의 장점이다.

- 설립의 용이성과 절차의 간편성: 개인기업의 매력은 설립의 용이성, 속도와 절차의 간편성이다. 개인기업 설립은 장벽이 적기 때문에 하루에 회사 설립의 모든 단계를 종결할 수 있다.
- 저렴한 설립비용: 쉬운 설립절차 이외에 설립비용이 가장 적게 든다. 회사 설립에 필요한 발기인, 정관작성, 주주총회 개최와 설립등기 등이 필요하지 않다.

- 이윤동기: 기업가가 회사의 모든 비용을 지불하면, 세후 이익을 모두 사용할 수 있다. 대부분의 기업가들은 이윤동기가 가장 강력하다.
- 전체 의사결정 권한: 개인사업자들은 회사의 운영을 전체적으로 결정하고, 통제하하고, 신속하게 반응할 수 있다. 이러한 능력은 변하는 시장에서 자산이다.
- 소유의 법적 제한: 개인기업은 사업소유권에 대한 특별한 규제가 없다.
- 폐업의 용이성: 기업가가 폐업을 결정한다면 신속하게 종결할 수 있다.

개인기업은 새로운 사업을 계획하는 대부분의 사람들에게 매력적이지만, 상당한 단점이 있다. 그래서 사업이 어느 정도 궤도에 진입하면, 자금조달, 세율과 대외적인 공신력의 한계를 극복하기 위해 주식회사로 전환하는 경우가 많다. 따라서 창업 초기에 매출액이 그리 많지 않다고 추정되면, 설립비용이나 인력관리의 측면에서 개인회사로 시작하고, 어느 정도 매출액에 이르면 주식회사로 전환하는 것이 바람직하다. 다음은 개인기업의 단점이다.

- 개인의 무한책임: 개인기업 소유자는 회사의 모든 부채에 대해 개인적으로 무한책임이다. 기업가와 기업은 하나이다. 소유자는 회사의 모든 자산을 소유하고, 기업이 파산한다면 채권자들은 채권을 보호하기 위해 기업가의 모든 자산을 강제적으로 매각할 수 있다. 즉, 회사의 부채가 개인기업 소유자의 부채이다.
- 자본조달의 한계: 사업이 성장하고 확장된다면 기업은 추가적인 자금조달이 필요하다. 그러나 소유자는 투자와 차입이 매우 제한적이다.
- 전문기술과 능력의 한계: 소유자는 기업을 경영하는데 필요한 전체 범위의 전문기술을 소유하고 있지 못하다. 소유자들이 사업성공에 필수적인 분야에서 전문기술, 지식과 경험이 부족하기 때문에 기업이 실패한다.
- 고립감: 홀로 기업을 경영하는 것은 기업가에게 최대의 유연성을 허용하지만, 고립감을 자아낸다. 문제를 해결하거나 새로운 아이디어에 피드백을 구할 수 있는 사람이 없다. 기업가들이 누구의 조언이나 지도 없이 의사결정을 해야 할 때 고독이나 두려움을 느낀다. 중요한 의사결정은 기업가의 어깨에만 달려있다.
- 사업 계속성의 부족: 소유자가 사망하고, 은퇴하거나 무능력하게 될 때 기업은 자동적으로 종결된다. 계속성의 부족은 개인회사에서 내재적이다.
- 소득세율: 개인기업의 소득세율은 법인세율보다 더 높다. 세율의 차이가 법인사업자로 전환하는 주된 이유 중의 하나이다.

2. 인적 공동기업

인적 공동기업은 개인이 출자하여 경영하는 개인기업의 한계를 극복하기 위해 2인 이상 소수가 공동으로 출자하여 경영하는 기업형태이다. 영리를 목적으로 하는 법인격을 갖는 사단법인체로 회사법의 규정에 따라 설립된다. 서로 관련이 있는 사람들이 모여 인적 협력을 통해 경영하는 기업형태로 합명회사, 합자회사와 유한회사 등이 있다.

1) 합명회사

합명회사(partnership)는 이익을 얻기 위해 사업을 공동으로 소유하는 2인 이상의 사람들의 연합이다. 합명회사는 2인 이상의 무한책임사원만으로 구성되는 회사로써 전사원이 회사 채무에 대하여 직접 · 연대 · 무한책임을 지고, 각 사원이 업무집행권과 대표권을 가지는 회사이다. 공동소유자들은 공동계약의 조건에 따라 회사의 자산, 부채와 이익을 법적으로 공유한다. 2인 이상의 사원이 공동으로 정관을 작성하고, 설립등기를 완료함으로써 회사가 성립한다. 각 사원은 출자의무가 있지만, 출자는 재산, 노무와 신용까지도 가능하고, 업무집행권과 대표권은 정관에 다른 규정이 없는 한 각 사원이 모두 가진다. 지분을 타인에게 양도하려면 총사원의 동의가 필요하다. 회사재산으로 회사의 채무를 완제할 수 없을 때에는 각 사원도 연대하여 변제의 책임을 진다.

합명회사는 각 사원이 회사의 채권자에 대하여 직접 책임을 지는 데에서 대외적으로 인적신용이 중시되고, 사원의 책임강도는 내부적으로 사원 상호 간의 신뢰관계를 필요로 한다. 사원의 기업경영 참여를 강화함으로써 회사는 공동경영의 성격이 있고, 사단법인이면서도 실질적으로는 조합 성격을 띤다. 가족적 · 인적 결합이 강한 인적회사이며, 인적 신뢰관계가 있는 소수의 인원으로써 구성되는 공동기업에 적당하다. 또 설립절차가 간단하고, 정관을 작성하고, 설립등기를 완료하면 회사가 성립한다.

2) 합자회사

합자회사(limited partnership)는 유한책임사원과 무한책임사원으로 구성된다. 무한책임사원(general partner)은 회사의 부채에 대해 개인적인 무한책임이 있으나, 유한책임사원((limited partner)은 회사에 투자한 지분에만 책임이 있다. 무한책임사원이 경영하는 사업에 유한책임사원이 자본적 참가를 하는 형식이며, 인적요소와 물적요소의 결합 형태이다. 무한책임사원의 출자는 재산 · 노무 · 신용 중 어느 것이든지 가능하고, 유한책임사원은 금전이나 그 밖의 재산만을 출자의 목적으로 할 수가 있다.

정관에 다른 정함이 없는 한 무한책임사원의 각자가 업무를 집행할 권리와 의무를 가진다. 이와 달리 유한책임사원은 회사의 업무를 집행할 수가 없지만, 제한적인 감시권이 있다. 업무집행의 의사결정은 업무집행권을 가지는 무한책임사원의 과반수로 행한다. 무한책임사원의 지분양도에는 사원전원의 승낙을 필요로 하거나 유한책임사원의 지분양도에는 무한책임사원 전원의 승낙만으로써 가능하다. 상법도 별단의 규정 외에는 합명회사의 규정을 준용하고, 합명회사의 한 변형으로 간주된다. 경영능력이 있으나 자본이 없고, 자본이 있으나 경영능력이 없는 소수가 결합하여 소규모의 공동기업을 경영하는데 적합한 회사이다.

3) 유한회사

유한회사(private company)는 사원이 회사에 대하여 출자금액을 한도로 책임을 질 뿐 회사 채권자에 대하여 아무 책임도 지지 않는 사원으로 구성된 회사이다. 이것은 1892년 독일에서 최초로 발생하였고, 주식회사・합명회사・합자회사와 함께 물적회사와 인적회사의 요소를 가미한 중간 형태의 회사이다. 설립이 용이하고, 설립비용이 소액인 동시에 주식회사보다도 조직이 간단하고, 공개의무도 없다. 사원 전원의 책임이 간접적이고 유한한 점에서 주식회사와 유사하나 정관으로 지분의 양도를 제한할 수 있는 점이 다르다. 유한회사는 다수의 균등액 출자로 구성되는 사원 전원이 자본에 대한 출자의무를 진다.

설립절차가 간단하고 발기설립에 해당하는 방법만이 인정되며, 모집설립에 해당하는 것은 없다. 사원총회의 소집절차도 간소화되어 있어 서면에 의한 결의방법이 인정된다. 사원에게 법정의 출자인수권을 인정하고, 사원은 지분의 전부 또는 일부를 양도하거나 상속할 수 있으나, 정관으로 지분의 양도를 제한할 수 있다. 주식회사에 관한 규정이 준용된다.

3. 자본적 공동기업

자본적 공동기업은 출자자 간에 인적 결합관계가 필요하지 않고, 자본에 의한 결합관계이다. 따라서 기업지배보다는 출자에 대한 이익배당에 더 관심이 있고, 출자자와 경영자의 분리로 경영의 전문성과 효율성을 향상할 수 있다. 이러한 자본적 공동기업의 종류는 주식회사와 협동조합 등이 있다.

1) 주식회사

주식회사는 오늘날 가장 대표적인 기업의 형태이다. 주식회사는 자본이 주주의 출자 단위인 주식으로 분할되어, 주주는 그 주식의 인수가액을 한도로 하는 출자의무를 부담하나 회사 채무에 대하여 별도의 책임을 지지 않는 회사이다. 따라서 주식회사의 특징은 자본, 주식과 주주의 유한책임인 물적회사이다.

(1) 주식회사의 성격

독일의 레에만(Lehmann, K.)은 1602년에 설립된 네덜란드 동인도회사를 주식회사의 기원이라고 한다. 주식회사(corporation)는 주식의 발행으로 설립된 회사로 주주는 회사에 대해 인수한 주식의 가액을 한도로 출자의무를 부담할 뿐 이외의 어떤 의무도 부담하지 않는다. 즉, 주식을 발행해서 개인이 갖는 주식의 인수가액을 한도로 출자의무를 지는 물적회사이다. 주주가 출자하여 자본이 구성되고, 자본은 일정한 금액의 주식으로 분할되고, 주주는 자신이 인수한 주식의 인수가액 한도 내에서 회사의 채무에 대하여 책임을 진다. 주식회사의 특징은 자본단체이며, 자본은 주식발행에 의해서 조달되고, 주주는 인수한 주식에 비례한 유한책임이 있다.

(2) 주식회사의 장단점

주주는 출자자로서 주주총회에 출석하여 의결권을 행사할 수 있고, 이익배당을 청구할 수 있지만, 업무집행에 참여하지 않는다. 주식의 양도는 자유롭고, 주주의 수가 많아서 대자본금을 유인할 수 있어 대기업의 경영에 알맞은 회사제도이다. 이러한 주식회사의 특징은 자본의 증권화, 주주의 유한책임제도, 소유와 경영의 분리가 있다.

- 자본의 증권화: 출자의 단위를 소액 균등화하여, 소액으로도 출자할 수 있다. 또한 보유지분은 다른 주주의 동의 없이 제3자에게 매매가 가능하다.
- 주주의 유한책임제도: 출자자는 자신의 출자액 한도 내에서만 회사의 자본위험에 대한 책임을 진다. 소액 다수의 투자자들로부터 대량의 자금을 집중시킬 수 있고, 기업위험을 분산시킬 수 있다.
- 소유와 경영의 분리: 소수의 지배주주와 전문 경영인들로 분리되어, 기업의 원활한 경영이 이루어질 수 있다.

반면 주식회사는 많은 장점에도 불구하고 단점이 있다. 주식회사를 제외하고는 도관(pass-through)[4] 과세이다. 기업 지배권의 집중, 법인격과 유한책임의 남용, 이해관계자

---

4. 정부가 회사의 소득에 대해 회사 차원의 과세를 하지 않고, 회사 소유주들에게 소유주의 개인소득세율로 과세하는 형태의 과세이다.

의 이익침해와 정부나 법적 규제 등과 같은 단점이 있다.

- 기업 지배권의 집중: 대주주와 경영진들에게 집중된 지배권을 이용하여 자신들의 이익만을 추구함으로써 회사재산과 존립을 위태롭게 할 수 있다.
- 법인격과 유한책임의 남용: 대주주가 회사의 법인격이나 유한책임을 남용하여 자신의 사익을 추구하고, 유한책임 이외에는 아무런 책임을 지지 않을 수 있다.
- 이해관계자의 이익침해: 대주주의 잘못된 경영판단으로 회사가 도산하면 근로자, 소비자, 공급자, 주주, 채권자 등 이해관계자의 이익이 침해된다.
- 정부나 법적 규제: 상법에 의한 규제, 공시와 보고 의무가 있고, 사업목적은 정관에 의해서만 변경이 가능하다. 회사 설립절차가 복잡하고, 설립비용이 많이 소요된다.

(3) 주식회사의 기관

주식회사는 기능을 달리 하는 세 기관으로 분립, 운영되고 있다. 즉, 의사결정기관인 주주총회, 집행기관인 이사회와 집행을 감독하는 감사가 각각 존재하여, 운영의 민주적 수행을 법적으로 규제하고 있다. 현재 상법상으로 이사의 임기는 3년, 감사의 임기는 3년으로 되어 있다. 다음은 주식회사의 기관이다.

- 주주총회: 회사의 기본조직과 경영에 관하여 주주들이 의사를 표시하여 공동으로 결정하는 최고의결기관인 정기 주주총회와 임시 주주총회가 있다.
- 이사회: 이사는 주주총회에서 선임되고, 대표이사는 대외적으로 회사를 대표하고, 대표는 대내적으로는 업무집행의 최고책임자로 주주총회로부터 위임받은 경영활동을 수행하는 최고 집행기관이다.
- 감사: 감사는 회계감사와 업무감사를 수행하며, 주주총회에서 선임된다.

2) 협동조합

영국에서 1844년에 발족한 로치데일 공정선구자 조합(Rochidale Society of Equitable Pioneers)이 근대 협동조합의 효시이다. 협동조합(cooperative)은 제품이나 서비스를 더욱 효과적이고 경제적으로 얻기 위해 개인보다 집단에 의한 사업이다. 즉, 소비자, 소상공인, 소규모 생산자 등이 출자해 조합을 만들어 공동으로 운영하는 조직이다. 조합원 2인 이상이 공동으로 출자하고, 조합원 전원이 무한책임을 지며, 업무집행은 조합원 과반수의 찬성으로 결정한다. 조합원들은 상호이익의 사업을 소유하고, 자금을 대고, 운영한다. 경제적 이익을 촉진하기 위해 함께 작업하는 사람들의 자발적인 연합으로 자조와 상호협조의 원리이다. 다음은 협동조합의 특징이다.

- 사업의 목적: 영리에 있지 않고, 경제적 약자 간의 상호부조에 있다.
- 조합원의 자격요건: 임의로 설립되며, 조합원의 가입 · 탈퇴가 자유롭다.
- 조합운영: 의결권 행사는 출자액에 관계없이 1인 1표의 평등한 의결권이다.
- 잉여금 사용의 제한: 사업활동을 통해 발생한 잉여금은 조합 발전기금으로 적립하고, 배당은 출자액에 의하지 않고 조합원의 조합사업 이용에 비례한다.
- 자치성의 원칙: 조합원에 의한 자치 · 자조 조직이다.

협동조합은 영리를 추구하기 보다는 경제적 약자 간의 상호부조의 목적을 달성하기 위한 것으로 협동조합의 유형에는 조합원들의 운영목적에 따라 소비자협동조합, 생산자협동조합과 신용협동조합 등이 있다.

① 소비자협동조합

조합원들의 소비에 필요한 합리적인 가격으로 우수한 품질의 소비재를 공동 구매함으로써 소비자들의 이익을 보호한다.

② 생산자협동조합

조합원들의 상호이익을 위해 판매조합, 구매조합, 이용조합과 생산조합 등이 있다.

- 판매조합: 조합원들의 생산물을 협동으로 판매한다.
- 구매조합: 조합원들이 사업에 필요한 물자를 협동으로 구입한다.
- 이용조합: 조합원들이 시설을 공동으로 설치하여 공동으로 사용한다.
- 생산조합: 조합원들이 공동생산을 위해 원자재, 생산과 판매를 공동으로 한다.

③ 신용협동조합

조합원들이 자금의 융통을 도모하기 위해 금융 사업만을 한다.

| 표 4-2 | 협동조합과 주식회사의 특징

구분	협동조합	주식회사
최우선 가치	조합원 실익 증진	이윤 극대화
운영방식	1인 1표	1주 1표
소유방식	조합원 소유 독점소유 불가	투자자 소유 독점소유 가능
설립인가	신고	신고
특징	공동출자, 공동소유, 이익공유, 영리사업 가능	이윤의 극대화, 출자에 비례한 이윤참여, 영리사업

제3절 공기업의 형태

1. 공기업의 형태

공기업은 국가가 법률에 의해서 경제정책, 사회정책, 재정정책, 공공정책이나 기타 목적을 위해 제품이나 서비스를 제공하는 기업이다. 대체로 공익성과 기업성은 모순적인 성격이다. 따라서 국가는 목적에 따라서 기업성보다는 공익성을 우선하여 기업을 경영하고 통제한다. 공기업은 수익성을 가지고 경영되는 기업활동이며, 행정적 공익추구 의사와 경제적 이득추구 의사가 중요한 작용을 한다. 그러나 공기업은 경영의 창의성과 효율성을 저해하는 문제가 발생할 수 있다.

1) 공기업의 개념

공기업(public corporation)은 생산 · 유통 또는 서비스를 공급할 목적으로 국가나 지방공공단체가 법률에 따라 출자하고, 경영하는 기업이다. 즉, 공기업은 국가나 지방공공단체가 수행하는 사업 중에서 기업적인 성격이다. 이 기업적인 성격은 정부가 물품이나 서비스를 국민들에게 제공할 때에 대가를 받는다. 사기업과 달리 공기업은 영리만을 목적으로 하지는 않지만, 국가나 지방자치 단체의 재정수입 조달의 수단이 되고, 공익성 · 공공성이 강한 독점적 성질이 강한 사업분야로 투자액이 거액이면서 이익을 기대할 수 없는 분야를 담당한다. 공기업은 사회정책적인 목적의 사업도 실시한다. 이러한 기능은 사기업이 담당할 수 없는 분야를 보완한다. 또한 단시일 내에 비약적인 경제성장을 도모하려는 후진국에서 자본육성과 국민경제적 복리를 위해 공기업이 진전된다. 프리드먼(W. Friedman) 교수에 의하면 공기업은 민간자본의 부족, 국방과 전략의 필요, 녹점적 서비스의 필요, 정치적 신념으로 발달한다. 다음은 공기업의 운영목적이다.

- 경제정책: 국가 전체의 경제안정과 발전
- 사회정책: 국민의 생활안정과 복지증진
- 재정정책: 독점적 경영으로 재정수입 증대
- 공공정책: 일반대중의 공공이익 증대
- 기타목적: 국가기관이 필요한 제품과 서비스 직접생산

| 표 4-3 | 공기업의 장 · 단점

공기업의 장점	공기업의 단점
• 자본조달의 용이성과 규모의 경제 • 원자재나 반제품 등에 대한 구매 우선권 • 조세 및 기타 공과금의 면제 • 재무상의 자주성	• 관료화로 경영의 창의성과 적극성 부족 • 자율재량권과 경영의 기동성 · 신축성 제약 • 경영관리의 형식성과 낭비요소 • 거액의 자본투자

2. 공기업의 종류

공기업은 공공복리를 목적으로 제품이나 서비스를 제공하는 기업이지만, 이윤을 추구하는 형태도 있다. 공기업은 항상 기업의 경제성과 공공복리를 증대하도록 운영되어야 한다. 공공복리와 경제성에 따라 정부나 지방공공단체가 기업활동을 수행하는 역할에서 차이가 있다. 공기업의 종류는 정부기업, 공사와 사기업형 공기업 등이 있다.

1) 정부기업

정부기업(government-operated enterprise)은 국가나 지방공공단체가 자본을 전액 출자하고, 직접 운영하는 기업이다. 정부기업은 일반 행정기관과 같이 정부조직법의 적용을 받으며, 소관 부처가 관리 통제한다. 예를 들면, 체신사업, 전매사업, 철도사업과 조달사업 등이 있다. 행정부의 부처와 같은 조직 형태를 지닌 공기업, 정부 부처형 공기업 또는 관청기업 · 행정기업이라고도 부른다. 그러나 정부기업은 조직의 경직성으로 자율성과 능률성이 제한되어 공사형이나 주식회사형 공기업으로 전환되어 가는 추세이다. 다음은 정부기업의 주요 특징이다.

- 매년 국회의 의결을 거친 예산으로 운영된다.
- 경제적 이윤보다 공익성에 더 큰 비중을 둔다.
- 정부기업예산법을 적용하여 특별회계를 마련하고, 독립채산제를 취하고 있다.
- 소속 직원은 공무원의 신분이다.
- 정부기업은 당사자 능력이 없어 민사소송이 제기될 경우 국가의 명의로 한다.

2) 공사

공사(public corporation)는 특별법에 의해 정부의 전액출자로 설립되는 법인체형 공기업이다. 따라서 공사는 정부기업의 장점인 공익성과 주식회사형 공기업의 장점인 기업성을 결합하여 특별법에 의해 설립되는 기업이다. 정부기업은 정부조직법에, 주식회사형 공기업은 상법에 의거해 설립되는데 비해 공사는 특별법에 의해 설립된다. 공사는 한국가스공사, 한국석유공사, 한국전력공사, 한국지역난방공사. 한국관광공사, 한국주택공사, 한국도로공사, 한국자산관리공사, 인천국제공항공사 등이 있다. 다음은 이러한 공사의 특징이다.

- 특별법에 의하여 설립된다.
- 전액 정부 투자기관이다.
- 정부가 운영의 최종적 책임을 진다.
- 정부가 임명하는 임원이 회사를 운영한다.
- 독립된 법인격을 갖는다.
- 재정상 독립채산제를 채택하나 감사원의 감사를 받는다.
- 정책결정기관으로 이사회가 있으며, 집행기관은 사장이다.

3) 사기업형 공기업

사기업형 공기업은 국민생활에 필수적인 전력·가스·수도·전신·교통 등의 서비스를 정부의 규제하에 공익사업을 수행하는 기업이다. 또한 상법에 의해 설립되고, 사기업과 같은 독립성과 자율성을 보장받는다. 공익사업의 주체는 국가·공공단체 또는 국가의 특허를 얻은 개인·사법인도 될 수 있다. 공익사업은 대체로 그 공익적 특성 때문에 공기업을 설립해 경영하고 있으며, 또한 자연적 독점성이 강한 사업으로 요금책정 등을 정부의 관리하에 국민을 독점가격의 횡포로부터 보호하고 있다.

4) 공사합동기업

공사합동기업(mixed ownership government corporation)은 공기업과 사기업이 혼합 운영되어 있는 기업형태로 국가 또는 지방자치단체와 개인 및 사기업이 공동출자자가 되어 기업을 설립하여 운영하는 기업이다. 즉, 반관반민의 기업형태이다. 주주총회를 통해서 중요 사항을 의결하는 점에서 주식회사와 같으나, 이사의 임면은 정부가 행사하는 점이 주식회사와 다른 점이다. 공사합동기업은 중소기업은행이나 한국증권거래소 등이 있다. 공사합동기업의 방법은 정부가 기존 사기업에 지분참여, 개인이나 사기업이 기존 공기업에 지분참여나 기업을 신설할 때 정부와 개인이 공동출자 등이 있다.

| 표 4-4 | 공사합동기업의 장 · 단점

공사합동기업의 장점	공사합동기업의 단점
• 자본의 조달 용이성 • 기업의 과당경쟁의 요인을 국가적 차원에서 제거 • 원료구입과 시장에 우선권을 갖고 경영활동 가능	• 인사권 정부 소유 • 책임의 전가 • 적극적인 책임경영 부족

제4절 기업집중과 결합

1. 기업집중의 이해

기업집중(business concentration)은 기업이 자본적으로 결합하거나 기업 상호 간의 협정에 의해 둘 이상의 기업들이 독점적 이익이나 과당경쟁을 방지하기 위하여 사업 활동의 일부를 제휴나 공동으로 하거나 전부를 통합하는 과정이나 형태이다. 기업들이 자본적으로 결합함으로써 기업의 안정과 시장지배를 도모하게 되는 일련의 현상이다.

기업집중의 목적은 시장지배력의 강화, 기업 상호 간의 경쟁 제한과 배제, 생산공정과 경영의 합리화, 금융의 원활화 등이 있다. 즉, 시장지배력의 유지나 강화, 규모의 경제, 제품 다각화, 경영능력이나 기술의 흡수, 세제상의 지원, 정보나 판매 제휴, 출자관계를 통한 기업의 지배 등의 경제적 요인에 의하여 이루어진다. 그러나 독점규제 및 공정거래에 관한 법률은 공정하고 자유로운 경쟁질서의 유지라는 관점에서 기업집중을 규제하고 있다. 다음은 기업집중을 제한하는 이유와 형태이다.

- 시장경쟁의 제한 및 배제: 카르텔, 트러스트
- 생산공정의 합리화: 수직적 결합, 산업형 콘체른, 콤비나트
- 금융적 목적: 자본적 결합, 금융형 콘체른의 형태

2. 기업집중의 형태

기업집중은 둘 이상의 기업들이 상호 간 불필요한 경쟁을 배제하고, 독점적 이익이나 경영적 이익 등을 얻기 위해 기업활동의 전부나 일부를 공동으로 하거나 자본제휴를 하는 것을 뜻한다. 이러한 기업집중의 형태는 시장형태에 의한 분류와 결합정도 또는 조직에 의한 분류가 있다.

1) 시장형태에 의한 분류

기업집중의 형태는 시장의 종류나 형태에 따라 수평적 집중, 수직적 집중, 혼합적 집중 등 세 가지로 분류된다.

(1) 수평적 집중

수평적 집중은 동일한 시장에서 동일한 제품이나 서비스를 제공하는 경쟁관계 회사 간의 결합이다. 즉, 동일업종 기업 간의 동등한 합병·제휴이다. 시장점유율 증대, 생산규모 확대와 판매망 강화를 목적으로 한다. 그러나 수평적 집중은 독점화를 통하여 경제적인 손실을 초래한다.

(2) 수직적 집중

수직적 집중은 어떤 재화나 용역의 생산에서 판매에 이르는 서로 다른 단계를 영위하는 기업 간의 결합이다. 예를 들면, 제조회사와 원료공급회사와 같이 전·후방 거래관계에 있는 회사 간의 결합을 말한다. 이러한 수직적 집중은 수직적 생산단계 간의 기술적 상호의존성에 의한 비용을 절감하기 위하여 생산의 연속적 단계가 같은 장소에서 발생하는 것으로써 비용절감효과를 가져온다는 긍정적 측면과 독점적 지배관계가 수직적으로 강화된다는 부정적 측면이 있다.

(3) 혼합적 집중

혼합적 집중은 직접적 경쟁관계나 전·후방 거래관계가 없는 회사 간의 결합으로써 수평적, 수직적 집중을 제외한 기타의 집중형태를 의미한다. 직접적 경쟁관계가 없는 제품확대형, 동일의 재화나 용역을 다른 지역시장에서 공급하는 기업 간의 결합인 지역확대형, 모든 부문에서 전혀 사업적 경쟁관계나 거래관계가 없는 순수 혼합적 집중 등이 있다.

2) 결합정도 또는 조직에 의한 분류

기업 간의 결합정도 또는 조직에 의한 분류는 카르텔, 콘체른과 트러스트가 있다.

(1) 카르텔

카르텔(cartel)은 동종이나 유사기업이 경쟁을 제한하고, 시장의 독점적 지배를 위해 기업 간 협정을 통해 결합하는 기업연합이다. 법률적, 경제적으로 기업의 독립성을 유지하면서 협정사항에 따라 결합한다. 따라서 기업이 자율성과 독립성을 유지하면서 결합한다는 장점이 있는 반면 결합력이 약하다는 단점이 있다. 카르텔의 유형으로는 판매카르텔, 구매카르텔과 생산카르텔 등이 있다.

- 판매 카르텔: 판매카르텔은 판매상의 상호경쟁을 제한하기 위하여 동종이나 유사업종 간에 협정을 체결하는 기업결합이다. 대금지급 조건, 운임, 포장비 등을 통제하는 조건 카르텔, 가격의 범위를 협정하는 가격 카르텔, 판매량이나 구매량을 제한하는 수량 카르텔, 고객의 지역을 제한하는 지역 카르텔 등이 있다.
- 구매 카르텔: 원자재나 반제품의 구입이 어려운 경우 상호협정을 통해서 구매를 용이하게 하는 기업결합이다.
- 생산 카르텔: 기업 간에 과잉생산의 문제를 해결하기 위하여 생산에 관한 협정을 상호 체결하는 기업결합이다. 동종기업 간의 생산활동 제한을 위하여 상호 협정한다.

(2) 콘체른

콘체른(konzern)은 다수의 기업들이 각각 법률적으로 독립성을 유지하고 있으나 실제로는 주식의 소유, 대출형태의 금융적 방법을 통해서 결합하고 있는 형태이다. 다수의 기업이 형식상 독립성을 유지하고 있으나 실질적으로는 자본의 소유나 금융관계 등을 통하여 결합되어 있는 기업집단이다. 카르텔과 트러스트는 동종 산업의 독점형태이나 콘체른은 동종 산업뿐만 아니라 이종산업까지 자본과 금융적으로 지배함으로써 결합력이 가장 강한 기업

지배이다. 미국은 지주회사(holding company)[5], 한국은 재벌이 콘체른 형태이다. 다음은 법률적으로는 독립이나 실질적으로는 하나의 기업인 결합방식이다.

- 생산콘체른: 생산합리화, 생산비 절감 등을 위한 결합
- 판매콘체른: 판매망 확보, 판매비 절약을 위한 결합
- 금융콘체른: 금융상 또는 기업지배의 목적으로 결합

(3) 트러스트

트러스트(trust)는 법률적·경제적으로 독립성을 상실하고 하나의 기업으로 결합하는 형태이다. 시장독점과 경영합리화를 위해 자본적으로나 법률적으로 각 기업체는 독립성을 완전히 상실하고, 결합한 기업형태이다. 기업의 독립성 상실 측면에서 트러스트는 카르텔보다 훨씬 강한 결합력과 시장 독점력을 가지고 있다.

| 표 4-5 | 기업집중 형태별 특징

	카르텔	콘체른	트러스트
명칭	기업연합	기업결합	기업합동
목적	시장통제	기업지배력 강화	시장지배
독립성	독립성유지	법률적 유지, 경제적 상실	법, 경제적 완전상실
결합성	약	경제적 결합	강
존속성	기간 후 자동 해체	자본적 통일체	완전 통일체
결합방법	동종의 수평적 결합	수평, 수직적 결합	수평, 수직적 결합

Sense 기업집단, 독립기업보다 총요소 생산성 낮아

독립기업이 성장과정에서 기업집단을 이루는 경우가 많지만 정작 기업집단은 독립기업보다 총요소 생산성이 낮다는 연구 결과가 나왔다. 조덕상 한국개발연구원(KDI) 연구위원은 1일 '최근 기업집단 비중 확대의 특징과 거시경제적 함의'라는 제목의 보고서에서 "기업집단으로 이동한 기업은 독립기업 대비 생산요

5. 다른 회사의 주식을 소유함으로써 사업활동을 지배하는 것을 주된 사업으로 하는 회사.

소 투입 증가율이 높았지만, 부가가치 증가율은 상대적으로 낮았다"고 밝혔다. 보고서는 "기업집단으로 지배구조를 변경한 독립기업은 독립기업으로 남아있는 경우와 비교해 5년간 자본은 1.36배 증가했지만, 부가가치는 1.16배 증가하는데 그쳤다"라고 설명했다. 이는 기업집단으로 지배구조를 변경한 기업이 상대적으로 생산요소를 과도하게 사용하고 있는 것으로 해석할 수 있는 대목이다. 보고서는 이를 근거로 독립기업에서 기업집단으로 지배구조를 변경한 기업의 총요소 생산성 증가율은 독립기업보다 연평균 약 1%포인트 낮은 것으로 추정했다.

독립기업의 지배구조 변경에 따른 기업집단 비중 확대가 경제 전체의 생산성을 낮추는 요인이 될 수 있다고 지적했다. 보고서는 기업집단이 독립기업보다 생산성이 떨어짐에도 기업집단 비중이 확대되는 이유로 내부거래를 통한 거래비용 절감, 지배주주의 사익 편취 추구, 외부충격에 대한 위험 공유 등을 들었다. 독립기업이 몸집이 커져 정부가 중소기업에 지원하는 혜택을 받을 수 없게 되자 기업집단 전환 뒤 기업분할 등을 통해 중소기업에 남으려는 유인도 영향을 미쳤다고 보고서는 설명했다. 보고서는 "독립기업이 기업집단을 형성하지 않더라도 더 많은 생산요소를 활용해 빠르게 성장할 수 있는 시장의 경쟁기능과 금융기능 강화가 요구된다"고 말했다. 출처: 연합뉴스 2016.12.01

3. 기업집중의 발전

기업집중(business concentration)은 기업의 여러 가지 방식을 결합함으로써 특정한 생산부문이나 유통부문에서 독과점적인 지위를 차지하는 것으로 공정거래를 해치고, 산업의 균형적 발전에 해롭다. 기업집중의 형태는 기업 간 주식의 상호보유를 통한 상호출자형식이 대표적이다. 기업집중의 목적은 시장의 독점화를 통한 독점이익의 극대화를 추구하기 위한 것이다.

1) 기업집단

기업집단(kombinat)은 주식의 소유, 임원의 파견, 업무제휴, 기술원조 등을 통하여 계속적인 공동이익을 추구하는 기업집중의 형태이다. 즉, 동일인이 독점규제 및 공정거래에 관한 법률이 정하는 기준에 의하여 사업내용을 사실상 지배하는 회사의 집단이다.

2) 복합기업

복합기업(conglomerate)은 이종업계 기업 간의 합병이다. 즉, 자사의 업종과 관계가 없는 상호관련이 없는 이종기업을 매수·합병하여 경영을 다각화하는 기업집중형태이다. 합병하는 기업 간에 공통점이 전혀 없는 순수형, 판매시상이 같은 시장확장형, 제조기술에 공통점이 있는 제품확장형 복합기업 등이 있다.

3) 기업의 계열화

기업의 계열화는 대기업이 중소기업을 협력업체 형태의 하청관계를 형성하는 것이다. 계열기업(affiliated company)은 직접적인 이해관계가 있는 기업들이 상호 간에 관계를 형성하는 것이다. 대기업이 중소기업을 거래상의 관계로 전체를 지배하거나 종속시켜 자기회사의 통제하에 둠으로써 생산, 판매나 자금 등의 경제력을 독점적·배타적으로 이용한다.

4) 합작투자(joint venture)

합작투자(joint venture)는 둘 이상의 기업이나 개인이 특별한 사업을 추진하기 위해 결성한 협력단체이다. 둘 이상의 사업자가 공동계산으로 손익을 분담하여 공동사업을 영위하는 것으로 공동사업이 종료되면 해산되는 한시적 조직체이다. 합작투자의 주요 이유는 공동출자, 기술과 지식자원의 공동확보, 위험분산, 신시장개발 등이 있다. 기업의 국제화 과정에서 자본력이 부족한 유망산업을 설립할 때에 외국의 자본가와 공동출하여 공동 투자기업을 설립하기도 한다.

Sense 자산총액 5兆 이상 기업집단도 상호출자 현황 의무공시

상호출자제한 기업집단(대기업집단)에 속하지 않는 자산 5조원 이상 기업집단도 상호출자 현황을 공시해야 한다. 앞으로 기업집단별 자산 기준은 시행령을 통해 자산규모 10조원 이상의 '상호출자 제한 기업집단'과 5조원 이상의 '공시대상기업집단'으로 구분해 지정된다.

공시대상기업집단에는 공시의무, 특수 관계인에 대한 부당한 이익제공 금지 등의 경제력집중 억제시책이 적용된다. 상호출자제한 기업집단에는 여기에 상호·순환출자 금지, 채무보증 금지, 금융·보험사 의결권 제한 등이 더해진다. 또 기업집단 현황 공시 항목에 '상호출자 현황'이 추가되면서 순환출자 현황, 금융·보험사 의결권 행사 여부 등 모든 경제력집중 억제 시책 현황이 공시된다. 공정위는 "상호출자제한 기업집단 지정 기준이 상향되면서 규제 적용 대상에서 제외된 자산규모 5조~10조원의 하위집단에 총수일가 사익 편취 규제, 공시 의무를 예전처럼 다시 적용했다"며 "이를 통해 부(富)의 부당한 이전이 차단되고 시장 감시 기능이 강화돼 기업경영의 투명성이 높아질 것"이라고 밝혔다.

출처: 뉴시스 2018.11.15

Chapter 05

기업가 정신과 창업

Insight 5

자라 창업자 오르테가, 억만장자 1위가 되기까지

■ 억만장자의 순위

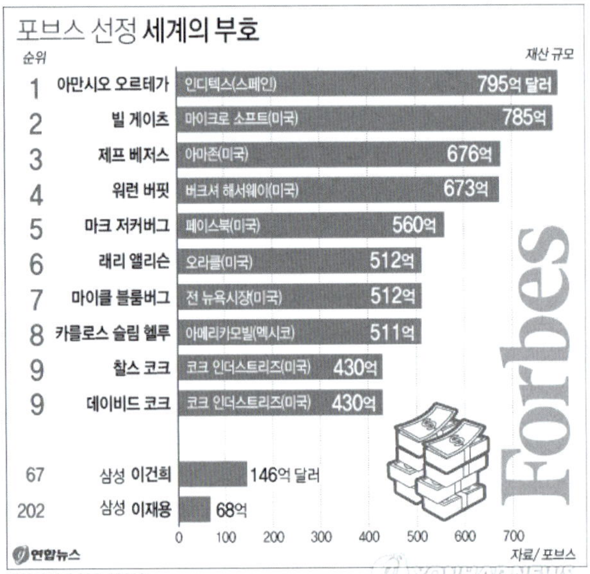

박영석 기자 / 20160909
트위터 @yonhap_graphics, 페이스북 tuney.kr/LeYN1

의류 브랜드 자라의 공동창업자인 스페인 기업가 아만시오 오르테가가 미경제지 포브스의 세계 부호 명단에서 순 자산 795억 달러(86조 7,000억 원)로 억만장자 순위에서 1위에 올랐다고 보도했다. 다만 블룸버그 억만장자 순위에서는 빌 게이츠가 약 150억 달러의 차이로 1위를 유지하고 있다. 순 자산 785억 달러인 빌 게이츠를 10억 달러 차이로 앞섰다. 3위는 제프 베저스 아마존 최고경영자(CEO)(676억 달러), 4위는 워런 버핏 버크셔 해서웨이 회장(673억 달러), 5위는 마크 저커버그 페이스북 CEO(560억 달러)로 나타났다. 오라클 창업자 래리 앨리슨(512억 달러)이 6위, 마이클 블룸버그 전 뉴욕시장이 7위(512억 달러), 멕시코 통신재벌 카를로스 슬림 헬루(511억 달러)가 8위, 미국 에너지기업 코크 인더스트리즈의 소유주인 찰스 코크와 데이비드 코크 형제(각각 430억 달러)가 공동 9위였다. 11~15위는 화장품 기업 로레알 상속녀인 릴리안 베탕쿠르, 구글 공동창업자인 래리 페이지와 세르게이 브린, 세계적 명품그룹 루이뷔통모에헤네시(LVMH) 회장인 베르나르 아르노, 미국 유통업체 월마트 창립자의 아들인 짐 월턴이었다.

출처: 연합뉴스 2016.09.09.

■ 아만시오 오르테가의 옷가게 창업

아만시오 오르테가는 1936년 스페인 라코루냐 지방에서 철도 노동자의 아들로 태어났다. 그리고 열세 살에 중학교를 자퇴하고 일을 해야 했다. 당시 셔츠가게의 무급 견습직원으로 일을 했던 그는 100달러도 안 되는 돈으로 26세에 라코루냐에서 약혼녀와 함께 자신의 옷가게를 처음 열었다고 한다. 1975년 라코루냐 지역에 문을 연 가게의 이름을 '자라'로 정했고, 8년 뒤 지점을 9개로 늘리며 회사를 키웠다. 자라는 스페인과 포르투갈을 넘어서 국제 시장으로 사업을 확장했다. 1990년대에는 멕시코, 그리스, 벨기에, 스웨덴에 이어 노르웨이와 이스라엘까지 진출했다. 아만시오 오르테가는 아동복 브랜드인 키디스클라스를 인수해 자라 키즈까지 영역을 넓혔다. 2005년에는

인도네시아, 태국, 필리핀까지 진출했고, 최근에는 남미와 아프리카 시장에 눈을 돌리고 있다. 자라는 2013년 기준으로 진 세계 82개국에 1,900여개 매장을 보유하고 있다. 오르테가는 다른 의류업체와 달리 거의 광고에 의존하지 않고, 생산·유통에서의 효율성을 높이는 데 주력했다. 갭(GAP)이나 H&M 같은 경쟁업체들이 2000년대 초 옷을 디자인하고 생산하고 파는 데까지 5개월이 걸렸던 반면 자라는 3주 만에 모든 과정을 마쳤다. 생산 기간을 단축해 소비자들의 취향을 훨씬 더 빨리 제품에 반영했고 창고 비용을 줄여 수익성도 높일 수 있었다.

■ 소박한 삶을 이어가는 오르테가

오르테가는 2001년 순자산 66억 달러로 처음 포브스의 억만장자 순위에 이름을 올렸다. 당시 세계 최고 부자였던 빌 게이츠의 순자산이 587억 달러였던 때였다. 2009년~2013년 스페인 경제가 침체에 빠졌을 때도 그는 390억 달러의 순자산을 늘렸다. 그는 큰 부자가 됐고, 흙수저에서 다이아몬드 수저가 됐지만, 여전히 소박한 삶을 이어가고 있다고 한다. 지금도 직원들과 회의를 직접하고, 여가 시간엔 닭을 키우며 고향에서 살아가고 있다. 전 세계에 부동산을 갖고 있지만 그는 여전히 지금도 고향에서 살고 있다.

출처: 데일리한국 2016.09.09

Chapter 05

기업가 정신과 창업

제1절 기업가 정신

1. 기업가의 특징

현대그룹의 창업자인 정주영 회장(1915~2001)은 가진 것도 배운 것도 없이 신용과 창의성으로 기업을 창업하여 세계적인 기업으로 성장시킨 한국경제의 성장에 공헌한 위대한 기업가이다. 정주영 회장은 과감한 도전과 창의력, 시련은 있어도 실패는 없다는 기업가 정신과 자본가가 아니라 부유한 노동자라는 성취정신으로 한국의 경제발전에 위대한 업적을 남긴 기업가였다. 기업가 정주영 회장의 성공은 미래를 보는 통찰력, 새로운 방법을 생각해 내는 창의력, 도전정신, 개척정신, 손해를 감수하는 신용과 특유의 근검, 미래의 번영을 생각하는 창조적 개척정신의 리더십이다.

1) 기업가의 정의

기업가(entrepreneur)는 어떤 중요한 기회를 확인하고, 이익과 성장을 성취하기 위해 위험을 추구함으로써 새로운 사업을 창조하는 사람이다. 즉, 기회의 이익을 얻기 위해 모험사업(venture)을 조직하고, 진취적으로 행동하고, 무엇을, 어떻게, 얼마나 생산할 것인지를 결정하는 사람이다. 기업가는 위험추구자로서 자본을 제공하고, 사업활동을 추적하고 관리한다. 따라서 기업가는 독립을 대단히 중요하게 생각하고, 우수성을 통해 차별성을 추구하며, 매우 낙관적이고, 언제나 적절한 위험과 변화를 선호한다. 기회를 탐색하여 혁신과 위험추구로 사업을 추구하는 기업가는 관찰, 호기심과 도전정신이 다른 사람들보다 뛰어나다. 기업가는 경험이나 시장과 고객의 관찰을 통해 뛰어난 아이디어를 창출하고, 이러한 아이디어를 구체적인 사업으로 전환하는 특징이 있다. 다음은 성공한 기업가들이 갖고 있는 독특한 특징이다.

- 자신감: 여러 번 실패에도 불구하고 성공을 낙관하고 개인적 능력을 신뢰한다.
- 즉각적 결과 열망: 신속한 결과를 추구하고, 결과를 지속적으로 추적한다.
- 적절한 위험선호: 계산된 위험을 감수하는 능력이 있고, 위험을 추구한다.
- 책임감: 목적을 달성하기 위해 자신의 자원관리를 좋아하고, 책임을 기꺼이 진다.
- 높은 행동력: 사업에 필요한 놀라운 노력을 기울이는 높은 행동력이 있다.
- 비전: 과거 성공이나 실패를 생각하지 않고 미래기회를 발견하는 비전이 있다.
- 조직기능: 기업경영을 위해 과업을 수행하는 사람들을 조직하는 기능이 있다.
- 돈을 버는 것보다는 성취열망: 기업가는 진취적으로 사업을 추진하고, 성취를 열망하고, 단지 돈은 성공의 확인이라고 생각한다.
- 높은 수준의 몰입: 다른 사람에게는 극복할 수 없는 것처럼 보이는 장애를 제거하고, 성공을 창조하기 위해 열심히 일하는 높은 수준의 몰입이 있다.
- 모호성의 허용: 불확실하거나 모순된 정보에 근거하여 때때로 의사결정을 한다.
- 유연성: 변화하는 고객수요에 적응하는 능력은 기업가 정신의 중요한 특징이다.

경영자(manager)는 회사의 과업을 계획하고, 지시하고, 관리하며 필요할 때 수정행동을 취하는 사람이다. 기업을 창업하는 것은 기업가이나 기업을 운영하는 것은 경영자이다. 최고경영자와 경영진은 기업가의 역할이고, 중간관리자나 하급관리자는 조직의 직원이다. 전문경영자는 전략계획, 운영계획, 자원조직, 인력계획, 조정, 동기부여와 조직의 과업을 관리한다. 경영자는 조직에 의해 임명받고 고용계약으로 급여를 받지만, 기업가는 유급경영자가 아니며, 새로운 사업을 시작하고 성공적으로 완수하려는 동기를 갖고 있다. 기업가와 경영자는 종종 동의어로 간주되기도 하지만, 양자의 주요 차이점은 [표 5-1]과 같다.

| 표 5-1 | 기업가와 경영자의 차이점

관점	기업가	경영자
동기	개인적 만족을 위해 창업한다.	임금을 얻기 위해 기업에 종사한다.
신분	소유자	고용인
위험	위험과 불확실성을 책임진다.	기업에 포함된 어떤 위험도 지지 않는다.
보상	불확실하고 고정되지 않은 수익	확실하고 고정된 급여
혁신	제품생산방법을 스스로 생각한다.	기업가가 사전에 준비한 계획을 수행한다.
자격	성취동기, 사고의 독창성, 위험추구와 같은 성격과 자격을 필요로 한다.	경영이론과 실행에서 전문적인 지식과 조직관리 능력을 필요로 한다.

Sense 구글의 창업

• 래리 페이지와 세르게이 브린

래리 페이지(Larry Page)는 1973년 미국 미시건주 이스트랜싱에서 태어났다. 6살부터 컴퓨터에 관심을 갖기 시작했고, 초등학교 숙제를 워드 프로세서로 작성해 제출하기도 했다. 12살 페이지는 '니콜라 테슬라'에 대한 전기를 읽고, 그처럼 세상을 바꿀 혁신적인 발명가가 되길 꿈꾸게 된다. 페이지는 고등학교 졸업 후 미시건 대학교에 진학해 컴퓨터 엔지니어링을 공부한 후 스탠퍼드 대학원에 진학해 컴퓨터 사이언스에 대한 연구를 시작했다. 스탠퍼드 대학원에 진학한 페이지는 평생을 함께할 친구 세르게이 브린을 만나게 된다. 세르게이 브린(Sergey Brin)은 러시아 출신의 미국 시민권자 기업인으로서 래리 페이지와 함께 구글을 창립했다. 6살 때 미국에 온 그는 수학과 컴퓨터 과학을 전공하였다. 이후 그는 스탠퍼드 대학원에 입학하여 컴퓨터 과학을 전공하였다. 학위를 취득한 그는 컴퓨터 과학 박사과정을 밟았으나, 도중에 래리 페이지를 만나 박사과정을 그만두고 1998년 친구의 차고에서 구글을 창립하였다.

• 경험에서 아이디어를 찾아

브린의 지도교수인 Motwani 교수는 박사학위 논문 주제로 다량의 자료 중에서 의미 있는 정보를 찾아내는 새로운 방법을 제안하였다. 1990년대 중반 당시 인터넷에서 필요한 정보를 검색하는 것은 쉽지 않았다. 대표적인 검색엔진 WebCrawler, Lycos, Magellan, Infoseek, Excite 등이 있었다. 페이지는 AltaVista 검색엔진으로 검색하면서 검색결과에 나타나는 정보의 하나인 링크에 주목하는데, 이것들로부터 정보를 얼마나 얻을 수 있는지가 궁금하였다. 1996년 스탠퍼드대학교 박사과정에 재학 중이던 두 사람은 페이지랭크(PageRank)란 기술을 개발했다. 페이지는 학술논문에서 항상 다른 논문을 인용을 하는 것처럼 모든 링크가 다른 가치가 있다고 생각하였다. 가장 많은 링크를 갖는 웹사이트가 더 중요하다는 생각으로 링크 랭킹 시스템을 구축하여 PageRank라고 하였다. 1997년 초에 브린과 페이지는 이 PageRank 아이디어를 적용하여 박사학위 논문을 공저하고, 초보적인 검색엔진 BackRub을 제작하여 링크를 분석하는데 활용하였다. 웹사이트의 중요도를 그 사이트로 연결되는 링크(link)를 따져 결정되도록 한 이 기술이 구글의 시초다. 페이지와 브린은 웹이 커질수록 검색엔진 또한 중요하다는 점을 깨달았다. 페이지랭크(PageRank: 래리 페이지가 발명한 것으로 웹사이트의 인기도를 다른 사이트가 링크한 개수에 의거해 계산해내는 방식)는 링크를 분석하는 형태로 작동하기 때문에 웹이 더 커질수록 이것은 더 좋은 결과를 보여주게 된다. 이 사실이 계기가 되어 그들은 새로운 검색엔진을 구골(googol, 1에 0을 100개 붙인 수학적 용어)이란 말을 패러디해서 구글이라고 불렀다. 1996년 8월 구글의 첫 번째 버전을 스탠포드 웹사이트에 올렸다. 인기가 대단하여 스탠포드대학의 인터넷 연결이 마비된 적이 한 두 번이 아니었다.

• 구글의 창업

페이지와 브린이 처음부터 회사를 차리려던 것은 아니었다. 검색엔진을 기존 포털업체에 팔려고 하였다. 희망 가격은 16억 원이었다. 그러나 야후, 인포시크, 익사이트 등 어떤 포털업체도 이 돈을 주고 구글을 사려하지 않았다. 체리턴 지도교수는 브린과 페이지에게 신생기업에 적극적으로 투자하고 있던 선 마이크로시스템즈의 창립자인 앤디 벡톨샤임을 만나볼 것을 권했다. 앤디 벡톨샤임은 수표에 회사명을 뭐라고 적어야 하는지를 물었다. 구글의 창립자들은 그때까지 회사 이름을 정하지 않은 상태였다. 그러자 앤디 벡톨샤임은 서비스의 이름을 따서 구글사로 하자고 제안했고, 그들은 그의 제안에 동의했다. 그리고 몇 분 뒤 그들의 손에는 10만 달러짜리 수표가 쥐어져 있었다. 바로 이런 것이 회사를 창업하는 맛이었다. 1998년 9월 7일 구글이 공식적으로 첫발을 내딛었고, 래리 페이지는 CEO를, 세르게이 브린은 사장을 맡았다. 구글의 첫 사무실은 페이지의 여자 친구 집 차고에서 시작하였다. 구글은 창업 2년 만에 하루 1,800만 건의 검색을 하는 미국 최대 검색 사이트로 급성장하게 되었다. 구글은 다른 포털과 웹사이트에 검색엔진을 임대해주는 사업도 벌였다. 1999년 구글은 팔로알토의 중심부에 있는 유니버시티 애버뉴에 임대사무실을 쓰면서 직원 수가 10명 가까이 늘어난 이 신생업체는 현금을 만들어낼 수익모델이 필요했고, 결국 영업사원을 충원해야만 했다.

2) 기업가 정신의 정의

기업가 정신(entrepreneurship)은 이익을 얻기 위해 위험이 있는 모험사업을 개발하고, 조직하고, 운영하는 능력과 의지이다. 기업가 정신은 대체적으로 창조성, 혁신과 위험추구이다. Schumpeter에 의하면 기업가 정신은 본질적으로 창조적인 활동이다. 기업가는 새롭고 더 좋은 방법으로 일을 하고, 불확실성하에 의사결정을 한다. 기업가 정신의 기본적인 요소는 위험추구, 혁신성과 기회추구이다.

■ 기업가 정신: 이익을 얻기 위해 위험이 있는 모험사업을 개발하고, 조직하고, 운영하는 능력과 의지

창조성(creativity)은 새로운 것을 산출하는 능력이다. 창조성은 혁신을 통해 제품이나 서비스로 전환된다. 혁신(innovation)은 새롭게 하거나 다르게 하는 것이다. 위험추구(risk taking)는 새로운 사업을 하는데 있어서의 위험이다. 새롭고 다른 일을 하는 것은 위험이다. 변화하는 고객의 선호, 경쟁의 증가, 원자재와 같은 다양한 요소에 의존하기 때문에 기

업은 이익을 획득하거나 손실을 초래할 수 있다. 기업가는 위험회피자가 아니라 위험추구자이며, 위험, 창조성과 혁신을 수행하는 기업가 정신의 특징은 다음과 같다.

- 경영(management): 기업가 정신은 일상적인 경영과업, 모험자본가와 다른 외부자금 원천과의 관계, 제품개발, 마케팅 등으로 구성된다.
- 상상력이나 창조성(imagination or creativity): 기업가의 개인적, 심리적 특성으로 대담성, 상상력이나 창조성과 관련이 있다.
- 혁신(innovation): 기업가는 새로운 것을 창조하고, 생산을 조직하고 위험을 부담하며, 기업에 관련된 경제적 불확실성을 다루는 사람이다.
- 기민성이나 발견(alertness or discovery): 기업가는 기회를 얻기 위해 민첩하다. 수익의 원천은 다른 시장 참여자들에게 알려지지 않은 것의 발견이다.
- 카리스마 리더십(charismatic leadership): 계획, 규칙, 비전을 분명히 하는 능력이다. 성공적인 기업가는 의사소통하는데 탁월하다.
- 판단(judgment): 기업가는 불확실성 하에서 의사결정한다. 판단은 가능한 미래결과가 일반적으로 알려지지 않을 때 사업의 의사결정을 의미한다.
- 위험추구자(risk taker): 위험추구는 기업가의 존재이유이다. 기업가는 신체적 손상이나 재무적 손실이 잠재적으로 발생할 수 있지만, 목적을 성취하기 위해 행동한다.

불확실성은 보장되지 않고, 계산할 수 없는 위험이다. 위험과 불확실성은 차이가 있다. 위험(risk)은 결과의 분포가 알려져 있는 보험의 원리로 감소될 수 있지만, 불확실성(uncertainty)은 계산될 수 없다. 기업가는 어떤 기회를 이용하기 위해 모험을 하고, 거의 전적으로 개인적 관심에 근거한 전략을 개발하는 사람이다. 따라서 기업가는 사람이고, 기업은 대상이며, 기업가 정신은 기업가가 수행하는 행동과정을 뜻한다. [그림 5-1]은 기업가, 기업가 정신과 기업 간의 관계이다.

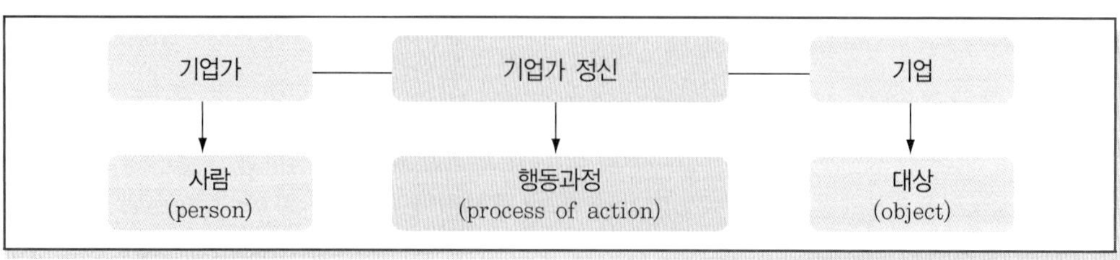

| 그림 5-1 | 기업가, 기업가 정신과 기업 간의 관계

3) 창업의 장점

기업가들은 사업의 성공을 경제적 독립과 성취기회로 인식하고, 사업을 시작한다. 중소기업의 소유자들은 대기업에 종사할 때보다 더 열심히 일한다면 더 많은 돈을 벌고 더 행복할 것이라고 믿는다. 그래서 중소기업을 시작하기 전에 모든 기업가들은 잠재적 장점을 생각한다. 다음은 일반적으로 기업을 창업하여 얻을 수 있는 장점이다.

- 독립과 성취기회: 자신의 희망을 실행하기 위해 타인들에게 의존하지 않는다. 이것은 바람직한 목표를 달성할 수 있는 기회와 독립이다.
- 사회적 인정: 더 좋은 생활과 성공이 있는 사회적 인정으로 자신이 관여하는 분야에서 주목을 받는 기회가 온다.
- 고급품 사용 기회: 기업가들은 번 돈으로 양질의 제품을 사용하는 만족을 얻는다.
- 충분한 수익획득 기회: 창업의 목적은 충분한 수익을 얻기 위해서이다.
- 사회적 목적의 달성과 인정: 창업을 통해 사회적 기여와 인정을 받는 사람이 된다.
- 좋아하는 것을 할 기회: 기업가들은 자신이 일하는 것을 좋아하고, 특별한 만족을 얻을 수 있는 영역에서 사업을 발전시킨다.

4) 기업가 정신의 도구

기업가 정신은 수익을 획득할 목적으로 환경, 사회, 문화, 기술이나 인구 등의 변화와 기회를 이용하여 가치를 창조하는 것이다. 가치를 창조하는 기업가의 비결은 창조성과 혁신이다. 기업가는 고객의 욕구를 충족하거나 고객의 문제를 해결하는 제품이나 서비스를 창조하기 위해 새로운 아이디어와 새로운 통찰력을 활용한다.

(1) 창조성과 혁신

창조성(creativity)은 새로운 것을 만드는 능력이다. 사람들은 새로운 것을 상상하고 얼마나 유용한지를 생각할 수 있지만, 대부분은 반드시 현실로 만들기 위한 필요한 조치를 취하지는 않는다. 혁신(innovation)은 새로운 것을 만드는 과정이다. 새로운 아이디어를 갖고 있는 것만으로는 충분하지 않고, 아이디어를 유형제품으로 변환하는 것을 의미한다. 혁신은 창조적인 아이디어를 유용한 응용으로 변환하는 것이지만, 창조성은 혁신의 선결조건이다. 기업가 정신은 새로운 아이디어를 개발하고, 아이디어로부터 사회에 가치를 추가하는 새로운 기업을 창설하는 것이다.

- 창조성: 새로운 것을 만드는 능력
- 혁신: 새로운 것을 만드는 과정

(2) 창조적 과정

창조성과 혁신은 큰 경쟁자와 성공적으로 경쟁할 수 있는 중소기업의 핵심적인 역량이다. 혁신적인 기업가들은 새롭고 다른 것을 창조하고, 가치 있는 것으로 변환한다. 많은 사람들이 새롭거나 다른 제품과 서비스를 위한 창조적인 아이디어를 창안하지만, 대부분은 결코 어떠한 것도 생산하지 못한다. 기업가는 창조적 아이디어를 사업의 구조와 의미 있는 행동과 연결하는 사람이다. 창조성은 경쟁우위를 구축하는데 중요한 원천일 뿐만 아니라 생존에 필수적이다. 문제에 대한 창조적인 해결책을 개발할 때 기업가들은 과거에 했던 것 이상을 해야 한다. 각 단계에서 창조적 개인은 시작단계에서 검증단계로 이동하기 위해 다르게 행동하고, 개인들은 그들의 아이디어 가운데 매우 다르게 행동한다. 발명과 창조성을 밀접하게 연결하고, 발명을 상업적으로 이용할 수 있는 기회가 된다면 발명을 기업가 정신과 연결한다. 창조성은 발명이나 기회탐지와 연관되는지 여부가 출발점이다. 창조성은 혁신을 통해 제품이나 서비스로 전환된다.

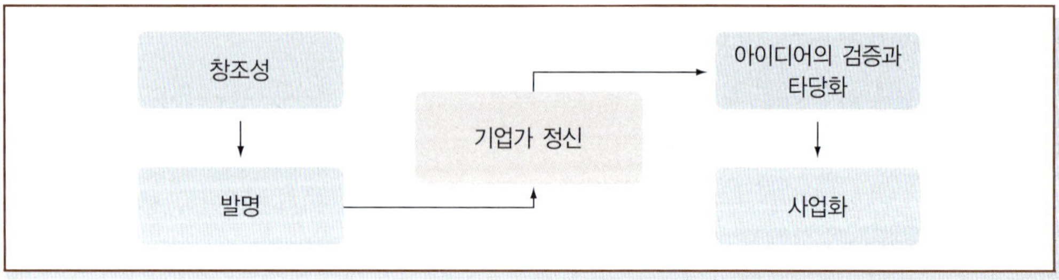

| 그림 5-2 | 창조적 과정과 사업화

(3) 창조성과 기업가 정신

혁신자는 창조성과 기업가 정신을 매력적으로 결합한다. 분투자는 과도하게 아이디어를 낭비한다. 그래서 아이디어의 상업적 적용을 파악하고 이용하는 능력이 기업가에게는 부족하다. 모방자는 창의성이 부족하지만 적어도 다른 회사를 모방을 할 수 있고 다른 회사로부터 오는 창조성을 개선할 수 있다. 부진자는 창조성이 부족하고 기업가 정신을 결코 성장할 수 없기 때문에 참으로 생존이 의심스럽다.

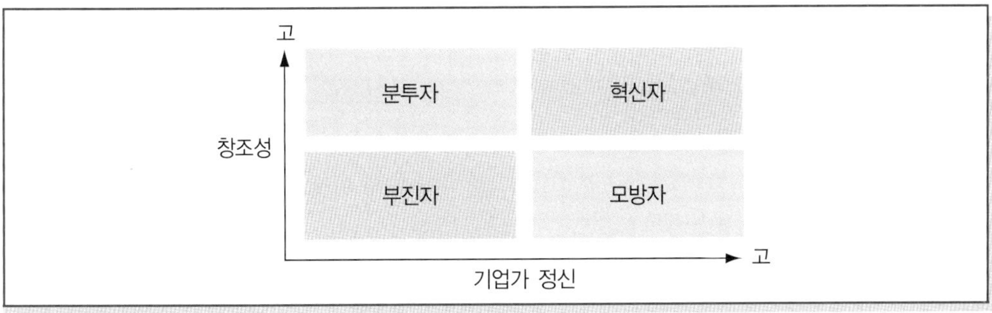

| 그림 5-3 | 창조성과 기업과 정신

혁신은 현재 숙고하고 새로운 방법으로 관련 요소를 결합할 때 오거나 더 단순하거나 더 좋은 것을 창조하기 위해서 어떤 것을 버릴 때 온다. 혁신은 기업가들이 다른 사업이나 서비스를 위한 기회로써 변화를 이용하는 특별한 도구나 수단이다. 효과적으로 혁신하기 위해서는 고객과 시장, 가능한 것과 불가능한 것, 일어나는 일에 관한 통찰력이 필요하다. 혁신은 사업성장을 확립하는데 필수적인 조건이지만, 충분조건은 아니다. 혁신을 성공적으로 이용하는 데에는 개인적인 특성, 경영능력과 돈을 필요로 한다. 따라서 창조성은 새로운 것을 창조하여 새로운 지식을 산출하는 것이며, 혁신은 아이디어와 자원을 유용한 방법으로 변환하여 신제품, 서비스, 공정과 시장을 산출하는 것이다.

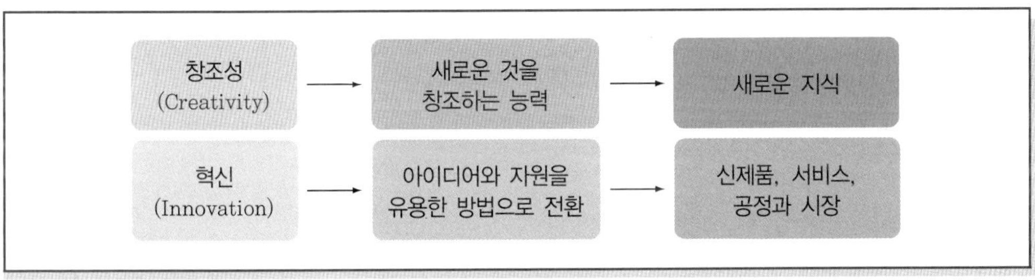

| 그림 5-4 | 창조성과 혁신의 특징

5) 기업가의 기능

기업가는 새로운 사업을 위해 창조성과 혁신을 통해 새로운 것을 창조하는 모험추구자이다. 즉, 기업가는 기회추구자, 아이디어 창출과 혁신자, 의사결정권자, 조직의 구축자와 생산요소의 조정자이다. 기업가는 사업기회를 인식하고, 사람, 자금, 기계, 자재와 방법과 같은 자원을 동원한다. 기업가의 주요 기능은 위험추구, 기업관리, 변화를 위한 혁신, 동기부여와 기타 관련 활동이 있다. 기업가 기능은 기업의 규모, 형태와 기업가 개인의 특질에 따라 다르고, 이는 훈련과 교육에 의해서 향상될 수 있다.

(1) 혁신

기업가에 의해서 수행되는 가장 중요한 기능은 혁신이다. 회사의 현재 상태를 분석하고, 기존자원의 새롭고 생산적인 결합으로 새로운 수준의 균형에 이르려고 노력한다. 창조적인 아이디어를 생각하고, 이러한 아이디어를 실현하기 위해 경영과 혁신 재능을 사용한다. 혁신은 상상력과 창조성을 포함한다. 모험사업에서 새롭고 다른 것을 창조하지 않는다면 기업가가 아니다. 또한 기업가는 생산요소를 결합하고, 국가의 경제발전에 도움을 준다. Schumpeter에 의하면 혁신은 다음과 같은 형태로 나타난다.

- 신제품의 도입
- 새로운 생산방법의 사용
- 신시장의 개척
- 새로운 원자재 공급자의 획득
- 어떤 산업의 재조직

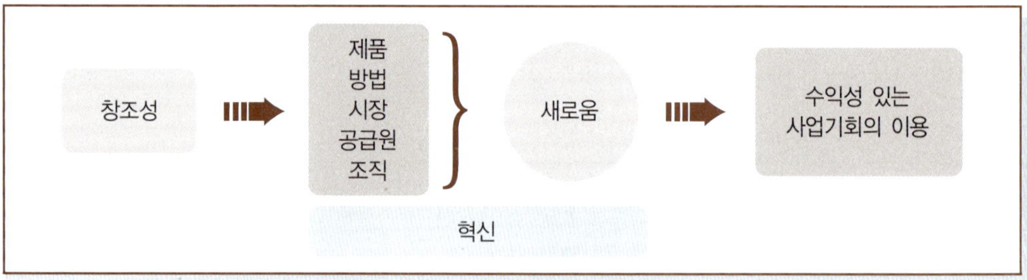

| 그림 5-5 | 기업가의 창조성과 혁신

기업가가 변화에 기여하는 다섯 가지 유형이 있다. 즉, 초기확장, 이후확장, 요소혁신, 제품혁신과 시장혁신이다. 초기확장은 제품의 최초 생산을 의미하고, 후기확장은 생산된 제품에서 변화를 추가하는 것이다. 요소혁신은 공급이나 생산요소의 생산성 향상을 위해 새로운 원천이나 새로운 형태의 자본, 노동력과 자재의 확보이다. 제품혁신은 생산공정의 변화로 새로운 기술의 사용이나 사람들 간의 관계구조에서 변화이다. 제품혁신은 새로운 제품의 생산, 기존제품의 품질이나 원가에서의 변화이고, 시장혁신은 새로운 시장의 발견이다. 기업가의 장점은 새로운 것을 창조하는데 있다. 혁신은 완전히 새로운 제품을 기획하는 것이다. 혁신은 불연속적 혁신, 동적인 연속적 혁신, 연속적 혁신과 모방이 있다.

- 불연속적 혁신(discontinuous innovation): 이전에 충족하지 못했던 고객욕구를 충족하는 비약적인 제품이나 서비스이다. 예를 들면, 1980년대 후기 PC나 휴대폰으로 확립된 구매자 행동패턴에 파괴적인 영향(disruptive effect)을 준다.
- 동적인 연속적 혁신(dynamically continuous innovation): 현재 제품을 실질적으로 개선한 것으로 노트북이나 안드로이드 폰이며, 약간의 파괴적 영향이 있다.

Sense 4차 혁명은 근본적으로 달라

"4차 산업혁명은 기존과는 완전히 다른 양상으로 일어나고 있습니다. 파이프라인(가스 수송관처럼 선형적인 형태의 공급망)의 세계에서 플랫폼의 세계로 나아가고 있습니다. 4차 산업혁명을 이끌 주인공은 플랫폼을 구축하거나 활용하는 기업이 될 것입니다." '플랫폼 혁명'의 저자이자 '싱커스 50 레이더'인 상지트 폴 초우더리(Sangeet Paul Choudary)는 '스마트클라우드쇼 2106'에서 "플랫폼 혁명이 4차 산업혁명의 핵심이 될 것"이라고 말했다.

초우더리는 플랫폼 혁명을 탄광 산업에 빗대어 설명했다. 그는 "과거에는 자원을 채굴하기 위해 광산에 사람을 보냈지만 이제는 로봇이 광산에 간다"면서 "로봇이 수집한 데이터를 모아 플랫폼하면, 그 데이터를 토대로 로봇을 다시 학습해 보다 효율적인 채굴이 가능해진다"고 말했다. 그는 플랫폼 혁명에 성공하기 위해선 '데이터의 플랫폼화'를 통해 제3자에게 데이터를 공개하는 것이 중요하다고 강조했다. 그는 "일례로 자동차 업체들이 서로 가진 데이터를 공개해 플랫폼화해야 자동차 산업 전체가 자율주행차 쪽으로 빨리 발전할 수 있고, 병원도 자체 정보를 플랫폼화해 공개해야 환자가 병원을 선택할 기회가 더 확대될 것"이라고 말했다.

그는 "4차 산업혁명을 통해 곳곳에서 데이터 플랫폼화가 진행되면 가치 창출 방식이 완전히 바뀔 것"이라며 "플랫폼이 다양한 비지니스 모델에서 활용되는 새 경제 시스템이 출현할 것"이라고 말했다. 그는 "사물에 인터넷 연결이 가능한 센서를 붙이는 것이 4차 산업혁명이 아니라면서 이를 토대로 완전한 플랫폼화를 이뤄야 한다"며 "GE와 보쉬 등 많은 기업들이 이미 그렇게 하려고 노력하고 있다"고 덧붙였다. 그는 결국 망한 노키아가 기존의 파이프 라인 형태의 기업이라면, 아이폰을 플랫폼화하고 생태계를 만든 애플의 모델이야말로 4차 산업혁명에 적합하다는 것이다. 그는 "스마트폰의 등장으로 자동차가 디지털화했고, 그 덕분에 우버나 페이스북 같은 플랫폼 기업이 등장할 수 있었다"면서 "산업이 디지털을 중심으로 빠르게 재조직되면서 파이프라인 모델에서 플랫폼 모델로의 거대한 전환이 시작됐다"고 덧붙였다.

출처: 조선비즈 2016.09.22

■ 연속적 혁신(continuous innovation): 제품이나 서비스를 계속적으로 향상하는 변화이다. 예를 들면, 노트북용 수명이 긴 배터리와 스마트폰용 새로운 소프트웨어의 도입은 파괴적인 영향이 거의 없다.

■ 모방(imitation): 제품이나 서비스 개발에 활기를 주기 위해 다른 회사의 혁신을 사용하는 것이다. 예를 들면, Apple이 iPad를 도입했을 때 다른 회사들은 후속적으로 휴대용 태블릿 장치를 출시하였다.

(2) 위험추구

실현되는 아이디어가 성공을 보장하지 않는다. 기업가는 운영하는 기업의 성공이나 실패위험을 감수한다. 이러한 위험은 보험이 없다. 아이디어를 실현하여 사업을 운영한다면 기업가는 스스로 손실을 감당해야 한다. 위험추구는 진취성, 재능과 현명한 판단에 의해 불확실성을 감소하려고 하는 기업가의 가장 중요한 기능이다. 한 회사가 추구하는 혁신은 위험과 부정적이거나 긍정적인 상관관계가 있다.[6] [그림 5-6]은 혁신과 위험 간의 상관관계이다. 불연속적 혁신과 모방은 위험과의 상관관계가 높지만, 연속적 혁신과 동적 연속적 혁신은 위험과의 상관관계가 낮다.

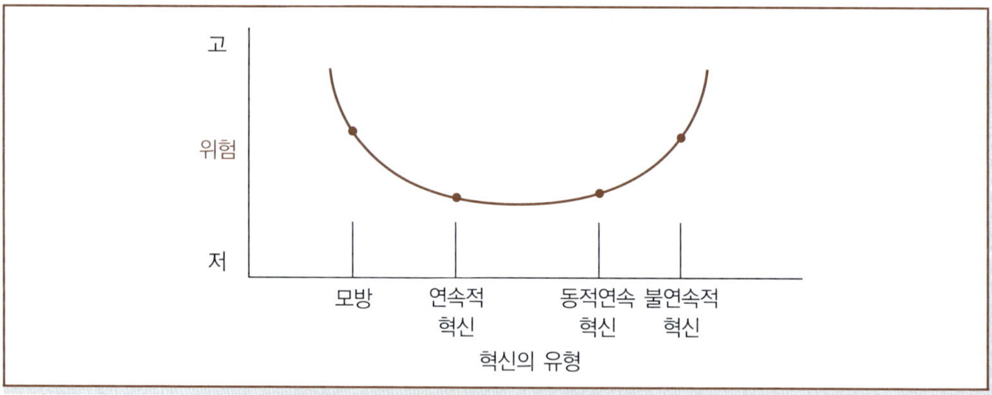

| 그림 5-6 | 혁신과 위험의 상관관계

기업가의 위험은 가능한 수익의 계산된 평가에 근거하고, 위험에는 네 가지 영역이 있다.[7] 즉, 재무적 위험, 경력위험, 가족과 사회적 위험, 심리적 위험이다. 이러한 위험관리는 사업의 수익력을 보존하고 우발적 손실을 최소화함으로써 자산을 보존하는 과정이다.[8] 이

6. Morrish, S.(2011).
7. Urban, B.(2011).
8. Athreya, Kartik, Xuan S. Tam, and Eric R. Young(2009).

러한 사업위험의 관리전략은 수용, 축소, 제거와 이전이다.

- 수용(acceptance): 기업가가 어떤 위험에 관하여 할 수 있는 것이 거의 없다. 위험은 통제 밖이며, 특정한 위험을 제거하는 비용은 너무 크다.
- 축소(reduction): 기업가는 위험축소를 위해 시스템과 과정을 도입할 수 있다.
- 제거(elimination): 위험이 기업가의 통제하에 전적으로 있지 않다면 기회를 성취할 수 없지만, 위험제거는 이상적이다.
- 이전(transfer): 사업으로부터 위험을 이전하는 것은 유용한 전략이다. 위험을 이전하기 위해 보험과 제휴를 사용한다.

(3) 아이디어 창출

기업가는 시장과 고객을 탐구하여 찾은 아이디어를 실천한다. 아이디어는 환경심사와 시장조사를 통해 창안될 수 있다. 상업적으로 실행할 수 있는 최적의 사업기회를 선택할 목적으로 많은 아이디어를 창안하는 것이 기업가의 기능이다. 기업가는 다양한 아이디어를 생각하고, 적용가능성을 테스트하는 계량기법을 적용하고, 아이디어를 경험적 발견으로 보충하고, 최적 대안에 도달하고, 실무적으로 적용한다. 아이디어의 선택은 비전, 직관, 통찰력, 예리한 관찰, 경험, 교육, 훈련으로 조사방법의 적용을 포함한다. 아이디어 창출은 정확하게 제품선택과 프로젝트 확인을 포함한다.

(4) 조직과 관리

기업가는 생산의 다양한 자원을 결합하고, 적절하게 조직하고, 제조단위로 전환하는 혁신을 적용한다. 또한 시장과 정부정책을 조사하고, 사업목표를 결정하며, 자금을 관리한다. 원자재를 확보하고, 인력의 확보와 양성에 책임을 진다. 혁신적인 기업가는 다음과 같은 활동을 관리한다.

- 사업환경의 심사: SWOT 분석으로 기회와 위협, 장점과 단점을 파악한다.
- 사업 아이디어의 적합성 측정: 사업목적과 회사의 자원에 적합한지를 검토한다.
- 시장조사와 제품계열의 선택: 시장조사와 제품조사는 기업가가 제조하기 원하는 제품에 관한 자료의 체계적인 수집이다. 기업가는 의도한 제품수요, 제품계열 선택, 고객의 규모 등을 파악하기 위해 시장조사를 지속적으로 한다.
- 정부 규제와 정책 조사: 정부의 정책변화가 사업에 미치는 영향을 조사한다.

- 목표결정: 사명, 비전, 목적과 목표를 결정하고 규정한다. 기업가는 기업의 미래 전망에 관하여 매우 분명해야 한다.
- 기업의 형태 결정: 기업가는 제품의 성격, 투자금액, 활동, 제품유형과 품질, 인적 자원의 질에 근거하여 기업의 형태를 결정한다.
- 자금관리: 자금조달은 기업가의 가장 중요한 기능이다. 사업의 모든 활동은 자금과 적절한 경영에 달려있다. 자금을 조달하는 것은 사업가의 책무이다.
- 원자재 확보: 기업가는 원자재의 저렴하고 지속적인 원천을 확인해야 한다. 생산원가를 절감하고 경쟁을 대항한다.
- 기계와 장비의 확보: 기업가의 기능은 기업의 설립을 위한 기계와 장비의 조달이다. 기계를 조달할 때 기술의 명세, 기계능력, 설치 후 A/S 등을 확인한다.
- 인력의 모집선발과 배치: 조직의 인력필요를 추산하고, 선발절차를 계획하고, 종업원을 채용하고, 배치한다.

(5) 의사결정

기업가는 의사결정자일 뿐만 아니라 대・내외적으로 좋은 관계를 유지하고 회사를 대표한다. 또한 사업목적을 결정하고, 제품의 아이디어를 창안하고, 자원을 조달하고, 제품을 개발하고, 표적고객에게 제공한다. 기업의 성장을 위한 전략을 수립하고, 기업의 성공을 실현한다. 다음은 기업가의 주요 의사결정 내용이다.

- 기업에 필요하거나 유리한 조건으로 사업목적을 결정하거나 변경한다.
- 모든 종업원과의 효율적인 관계를 포함하여 조직을 개발한다.
- 공중과 좋은 관계를 유지하고, 적절한 재무자원을 확보한다.
- 효율적인 기술장비를 조달한다.
- 제품을 위한 시장을 개발하고, 고객수요를 충족하는 신제품을 고안한다.

(6) 지휘, 성장관리와 사회적 환경자원

기업이 발전함에 따라 기업가는 새로운 지도자의 역할을 맡고, 비전 제시자로 행동한다. 기업가의 지휘기능은 인적자원에서 최선을 끌어내는 것이다. 팀워크와 동기부여를 창출한다. 지휘자로서 기업가는 명령과 통제 스타일에서 지시와 협업 스타일로 이전해야 한다. 기업가는 기업의 성장을 관리해야 한다. 위기를 다루고, 재무적 성장에 대한 다양한 방법을 탐구하고, 사업에 가치를 두는 적절한 성장전략을 개발하고 추진해야 한다. 사회적 환경은 사회관습, 문화, 가치와 신념으로 특징을 이룬다. 변화는 한 나라의 주어진 사회경제적 환경에서 쉽게 수용되지 않는다. 기업가는 원자재의 새로운 원천, 신시장과 새로운 기회를 발견하고, 새롭고 수익이 있는 조직의 형태를 확립해야 한다. 이것은 의지력, 열정과 정력의 반영이고, 사회의 변화저항을 극복하는데 도움이 된다.

2. 기업가의 실패요인

일반적으로 중소기업은 자원의 한계, 비효율적인 경영과 재무적 불안정성으로 시장에서 대기업보다 더 많이 사라진다. 파산은 기업을 설립한 후 운영하는 동안에 기업가에게 있는 여러 가지 실수에서 온다. 이러한 실수는 대부분 지식이나 경험의 부족에서 온다. 기업가들이 흔히 하는 실수는 경영부실, 경험부족, 초보적 자금관리, 저급품의 출시, 전략부족, 계획되지 않는 성장, 적절한 정보의 부족, 불필요한 재고와 부정확한 가격설정과 성장관리의 미숙 등이 있다.

1) 경영부실

기업가의 가장 흔한 실수는 경영지식의 부족에서 발생하는 부실한 경영관리이다. 기업가는 사업을 운영하는 능력, 지도에 필요한 리더십과 지식을 갖고 있지 못하다. 이것은 회사를 운영하는 중에, 특히 사업이 일정한 규모를 얻은 후에 발생하는데 경영지식이 부족하기 때문이다. 일정한 규모의 사업은 지식과 경험이 있는 사람에 의해서 운영되는 성과관리를 필요로 하는 것을 이해하지 못하기 때문에 많은 기업가들은 실패한다. 기업가적인 재능은 큰 규모의 기업을 지도하는데 충분하지 않다.

2) 경험부족

사업을 진전하는 데는 경험을 필요로 한다. 필요한 기술을 갖고 있지 않은 영역에서 사업을 창조하고 발전하는 것은 제품이나 서비스의 질을 간과한다. 성공에 필요한 사업의 모든 영역에서도 마찬가지이다. 신생기업은 기술과 경험 있는 인력의 부족과 기술자의 부족에 직면한다. 대부분의 사람들은 수백 명의 종업원과 안정적인 실적을 갖고 있는 잘 확립된 조직에서 일하는 것을 선호하고, 경험이 있는 인력은 신생기업에서 일하는 것을 원하지 않는다. 경험이 있고 숙련된 인력의 부족은 생산성과 산출물의 질을 떨어뜨린다. 특히 위기 때 고급인력의 부재를 겪는다.

3) 초보적 자금관리

사업성공은 자본의 이용성에 달려있다. 사업실패 원인 중의 하나는 불충분한 자금관리이다. 특정한 활동의 수행으로부터 수익을 얻을 때 시간에 맞게 자금을 지불하는 재무적 수단의 부족이 오고, 이는 파산에 이를 수 있다. 경영은 적절한 원가계산 방법의 사용과 적절한 자금관리를 필요로 한다. 그러나 많은 기업가들은 사업수행의 각 단계에서 유동성을 확보하기 위해 현금흐름을 잘 고려하지 못한다. 많은 운영문제로 재무관리를 상대적으로 소홀히 하는 경향이 있다. 또한 기업가들은 자금조달에 더 관심을 두지만, 자금의 운용에는 덜 관심을 둔다. 재무관리의 공통적인 실수는 불량채권 관리, 부적절한 현금관리, 비생산적인 투자, 빈약한 예산결정과 형편없는 재고관리 등이다.

4) 저급품의 출시

고객을 위한 좋은 제품을 개발하고 생산하여 판매하는 것이 고객으로부터 신뢰를 얻고, 고객을 계속적으로 유지하는 길이다. 그러나 자원의 부족, 시장조사의 불충분, 성급함과 거래관계의 미숙으로 저급품을 출시하는 경우가 있다. 저급품의 출시는 일반 표적고객에게 실망감을 주어 불만족을 유발하고, 긍정적 구전의 확산을 방해한다. 또한 잘 만들어진 마케팅 계획에 의한 판매를 실시하는 능력이 부족하여 고객에게 효과적으로 접근하지 못한다.

5) 전략부족

기업가는 무지나 시간의 부족으로 전략이 대기업에만 필요하다고 생각한다. 그래서 생존전략의 부족은 새로 신설된 회사가 성장하는데 한계가 있다. 분명한 목표가 없이는 경쟁우위를 성취할 수 있는 방법이 없기 때문에 기업은 파산한다. 명확한 전략이 없다면 표적고객과 고객유지 방법을 알 수 없고, 경쟁자보다 더 우수한 가치를 제공하지 못하거나 주어진 경쟁환경에서 지속가능한 발전을 확보하는 방법을 알 수 없다.

6) 계획되지 않는 성장

모든 기업가는 지속적이고 급격히 발전하는 사업을 원한다. 그러나 이러한 성장은 계획되어야 하고 통제되어야 한다. 그렇지 않다면 이러한 성장을 통제할 수 없고, 반갑지 않은 추락으로 들어가는 큰 실수가 될 수 있다. 높은 성장은 생산시설, 인력, 유통과 생산능력에 큰 압박을 준다. 이것들은 한계까지 생산량을 증가하고, 더 많은 자본투자를 필요로 한다. 많은 일들이 성장과 보조를 맞추지 못한다. 또한 과도한 성장으로 인한 기업의 가장 흔한 현상은 현금이 고갈되어 유동성 위기에 닥친다.

7) 적절한 정보의 부족

심지어 무료로 유통되는 정보의 시대에서도 대기업이 활용할 수 있는 정보의 질은 신생기업보다 더 우수하다. 고급정보는 언제나 비용이 들고, 작은 기업은 고급정보를 얻기 위해 많은 것을 투자할 수 없다. 예를 들면, 신시장에 진입하기 전에 신생기업은 고객, 소매상과 도매상을 인터뷰하기 위해 직원을 보낸다. 반면 대기업은 시장조사 회사가 미래의 제품이나 서비스의 잠재력과 신시장의 기회를 전문적으로 조사한다.

8) 불필요한 재고와 부정확한 가격설정

신생기업에서 가장 큰 투자는 필요한 기계설비와 장비이지만, 덜 주의를 기울이는 것은 재고수준이다. 그러나 비효율적인 재고는 사업의 계속성에 실패가 되는 이유를 구성하는 불필요한 재고비용이 될 수 있다. 부적절한 재고관리는 큰 문제가 된다. 생산은 부적당한 재고 때문에 멈출 수 있지만, 초과재고는 낭비와 재무적 손실이 될 수 있다. 재고의 비정상적 평가는 회사의 재무상태를 오판할 수 있으며, 이는 부적절한 가격정책으로 이어질 수 있다.

가격이나 서비스의 가격을 부정확하게 결정하는 것이나 경쟁자의 가격영향으로 과도하거나 최저가격에 가장 좋은 제품을 판매한다는 인식은 사업실패에 이를 수 있는 실수이다. 그래서 가격결정은 제품이나 서비스 사양을 생산할 때 발생하는 비용의 정확한 지식과 경쟁시장 조건으로부터 출발해야 한다. 원가구조, 생산성 수준, 수요의 성격과 경쟁관계를 고려하여 가격정책을 채택한다. 가격은 판매량과 직접적으로 관련이 있기 때문에 가격의 부적절한 관리는 기업가에게 많은 문제를 야기한다.

9) 성장관리의 미숙

회사의 역량에 관한 무지나 지나친 자신감이 있는 기업가들은 부적절한 사업성장과 발전으로 장애를 만난다. 사업이 일정하게 발전한 후에는 충분한 기업가 재능이 있는 특정한 전문가를 사용하여야 한다. 소유자가 이러한 필요를 언급하지 않는다면 증가하는 이용 가능한 자원을 효과적으로 관리할 수 없어 심지어는 파산에 이를 수 있다.

3. 기업가의 성공적 요인

새로운 기업을 창업하였다고 해서 모든 기업가가 성공하는 것은 아니다. 성공한 창업자들은 야망, 창조성, 끈기, 위험추구, 도전에 대한 긍정적 반응, 독립심, 직관과 혁신을 갖고 있다. 개인으로서의 기업가의 특징이나 자질은 기업의 성공에 필수적이다. 많은 연구에서 성공적인 기업가는 다음과 같은 요인을 갖고 있다.

1) 혁신자

이용가능한 자원의 제약에서 기업가는 가능한 자원을 잘 이용한다. 기업가는 사업기회를 인식하기 위한 창조적인 비전을 갖고 있고, 창조적인 생각을 하고, 다양한 문제와 상황을 분석할 수 있다. 기업가는 신제품, 신기술과 새로운 경제활동을 도입한다. 변화를 예상하고 결정해야 하는 다양한 상황을 연구한다.

2) 성취동기

성공적인 기업가는 과업성취를 위한 강한 동기를 갖고 있고, 상당한 노력을 기울인다. 성취하기 위한 강력한 동기로 적극적인 모험과 성취욕구를 갖고 있다.

3) 불확실성 관리능력

기업가는 친숙하지 않은 자원으로부터 새롭거나 모순된 정보를 사용하여 의사결정을 하기 때문에 불확실성 관리능력은 중요하다. 가능한 결과가 무엇인지를 생각하는 것이 어려울 때도 일에 기꺼이 뛰어드는 의지를 보인다.

4) 적절한 위험추구자

기업가는 무모한 위험추구자(wild risk taker)가 아니라 계산하는 위험추구자(calculating risk taker)이다. 기업가는 자신의 지식, 배경과 경험의 영역에서 언제나 기회를 찾고, 성공의 확률을 높인다. 기업가는 문제를 예견하고, 공급자, 채권자와 함께 문제를 공유하는 방법을 창안하고, 성공적인 기업을 창조하기 위해 위험을 최소화한다.

5) 목표지향성과 책임

기업가는 목표 지향적이고, 고객의 미충족 욕구를 충족하는 제품과 서비스 생산을 목표로 한다. 기업가는 계획자, 행동자, 상상가와 행동 수행자이다. 기업가는 상상하는 것을 실행하고 현실적이지만 도전적인 목표를 설정한다. 기업가는 기업의 결과에 대한 깊은 개인적 책임감을 느낀다. 자신의 자원을 통제하는 것을 선호하며 자기결정 목표를 달성하기 위해 자신의 자원을 이용한다.

6) 정서적 안정과 자기통제

정서적 건강은 기업가가 새로운 사업기회를 이용하는 도전을 대응하는데 필요하다. 기업가는 성공을 자신과 기업을 통제하는데 있다고 믿는다.

7) 의사소통능력과 인간관계 능력

지도자로서 기업가는 은행, 종업원, 고객, 채권자와 기업과 관계된 모든 사람과 효과적으로 의사소통한다. 재치 있고 따뜻한 인관관계는 기업가에게 성공의 중요한 요소이다. 공중과 좋은 관계를 유지하는 기업가는 인간관계에 소홀히 하는 사람들보다 더 성공한다.

8) 미래지향성과 유연성

기업가는 미래를 보고 어제 한 일보다 내일 할 일에 관심이 더 크다. 기업가는 자신의 성공을 만족하지 않고, 미래에 계속적으로 집중한다. 전통적인 경영자는 이용할 수 있는 자원을 관리하는데 관심이 있지만, 기업가는 기회를 탐지하고 이용하는데 더 관심이 많다. 아이디어가 부적절할 때 아이디어를 변경한다.

9) 기술지식

기업가는 합리적인 수준의 기술지식을 가져야 한다. 이것은 대부분의 사람들이 충분히 열심히 노력한다면 얻을 수 있는 능력이다. 기업가는 변화를 열망하고 시장에서 이용할 수 있는 새로운 산업이나 상업적인 기술에 적응해야 한다.

제2절 창업의 이해

1. 창업의 이해

기업가는 기회를 탐색하여 이를 사업 아이디어로 전환하고, 혁신과 모험정신으로 기업을 설립하여 사업활동을 시작한다. 이러한 사업활동의 목적은 성취욕구와 부의 추구이다. 창업은 사업가 개인의 물질적인 풍요를 얻을 뿐만 아니라 고용을 확대하여 일자리 창출로 이어져 결국은 사회 일반에게까지 부와 삶의 질을 개선하는 효과가 있다. 따라서 기업가의 창업은 기업가, 종업원, 공급자, 고객, 지역사회와 사회 일반에게 경제적 소득, 좋은 제품과 서비스, 과학과 기술의 발전 등 많은 긍정적 효과를 가져다준다.

1) 창업의 정의

창업은 이윤창출을 목적으로 창업자가 기업을 새로 설립해서 사업을 개시하는 것이다. 즉, 창업자가 영리를 목적으로 새로운 아이디어와 다양한 경영자원을 동원하여 제품이나 서비스를 생산 혹은 판매할 수 있는 새로운 기업을 만드는 행위이다. 따라서 창업은 해결안이 확실하지 않고 성공이 보장되지 않는 문제를 해결하기 위해 도전하는 일이다. 창업의 과정은 아이디어를 창출하고, 자금을 조달하고, 사업의 구조를 결정하고, 운영을 시작하는 단계로 이동한다. 중소기업창업지원법 제2조에 따르면 창업은 중소기업을 새로이 설립하여 사업을 개시하는 것으로 규정한다. 법에서 창업은 제조업, 광업, 건축, 엔지니어링 기타 기술서비스업, 정보처리 기타 컴퓨터 운용관련업, 기계 및 장비 임대업을 새로이 개시하는 것으로 규정한다. 중소기업의 창업을 촉진하기 위한 중소기업창업지원법은 창업절차를 간소화하고, 다양한 금융과 세제를 지원한다.

2) 창업의 구성요소

창업은 일정한 자원을 활용하여 제품이나 서비스를 창조하는 경제적 활동이다. 이러한 창업에 필요한 기본적인 요소는 창업자, 사업 아이디어와 자본이다. 창업은 창업자가 사업 아이디어를 자본과 결합하여 제품과 서비스로 전환하여 판매하는 조직을 구성하는 행위이다. 따라서 창업은 창업자가 이윤을 추구하기 위해 사업 아이디어에 인적요소와 물적요소를 결합하여 새로운 제품이나 서비스를 제공하는 기업을 조직하는 활동이다. [그림 5-7]은 창업의 구성요소이다.

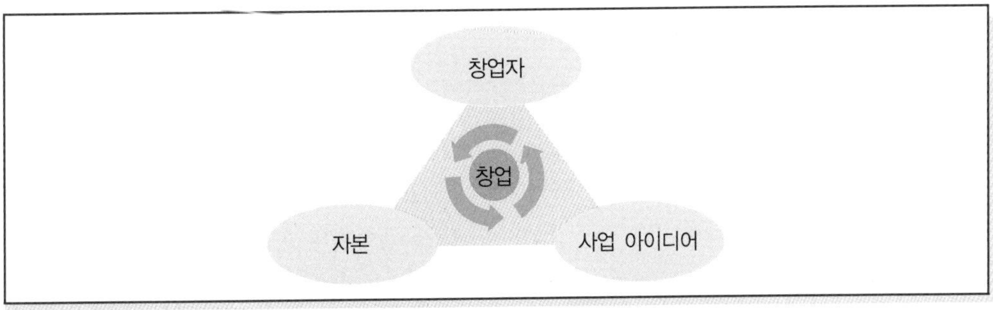

| 그림 5-7 | 창업의 구성요소

(1) 창업자

창업자는 창업에서 가장 중요한 요소이다. 창업자는 인적요소로 기업을 조직화하고 운영을 주도하는 사람이다. 창업자는 창업을 주도적으로 계획하고, 추진하며, 창업에 필요한 자금과 위험을 책임진다. 종업원은 창업자와 함께 제품이나 서비스를 생산하고 판매한다. 창업자는 시장, 고객과 경쟁자의 분석을 통하여 사업 아이디어를 창안하고, 이를 제품이나 서비스로 전환하는 전반적인 역할을 담당한다. 창업자는 사업 아이디어를 찾고, 고객의 욕구와 문제를 해결하는 해결책을 강구하고, 이를 인적자원과 물적자원과 결합하여 제품이나 서비스로 전환한다. 또한 이러한 제품과 서비스의 경제성과 사업성을 분석하고, 사업계획서를 작성하고, 생산과 판매에 필요한 자원을 동원한다. 창업자의 경험, 지식, 기술, 가치관, 열정, 집념, 헌신, 리더십, 인맥, 정력, 성격, 친화력과 자원동원 능력 등은 창업기업의 성공과 직결된다. 창업자의 자질이나 능력은 기업의 성패에 중요한 요인이 되는데, 창업자에게는 다음과 같은 능력과 자질이 요구된다.

- 미래에 대한 통찰력과 판단력
- 사업기회에 대한 창의력과 추진력
- 도전정신과 모험정신
- 성취욕구와 독립욕구
- 경영능력과 리더십
- 윤리의식과 사회적 책임의식
- 열정과 인내심

(2) 사업 아이디어

사업 아이디어는 창업자가 설립하려는 신생기업이 생산과 판매할 제품에 관한 아이디어이다. 사업 아이디어는 창업을 통해 시장이나 고객에게 제공할 사업 내용으로 기업의 존재이유와 목적이기도 하다. 사업 아이디어는 시장에서 제공하지 못한 고객욕구의 문제와 이에 대한 해결책이다. 사업 아이디어는 창업자나 창업 구성원의 상상력과 창조성 등 인적요인에 의해 이루어진다. 사업 아이디어는 산업의 매력성과 수익성이 있어야 한다. 창업자가 제공할 제품이나 서비스는 소비자가 지각하는 가치가 가격보다 커야하고, 충분한 시장수요가 있고, 경쟁자가 적어야 한다. 이러한 사업 아이디어는 창업기업이 고객에게 가치를 제공하기 위한 제품이나 서비스를 결정한다.

기업가는 혁신적 행동과 특유한 지식으로 기존시장의 불균형, 이익동기나 민첩성을 활용함으로써 기회를 발견한다. 사업 아이디어는 사업기회와 결합하여야 한다. 좋은 사업기회는 기술, 경제와 상업적으로 실행 가능하고, 타당하고, 환경적으로 지속가능한 문제이다. 기회는 새로운 제품, 서비스, 원자재와 조직의 방법이 도입되고, 제조비용보다 더 큰 가격으로 판매되는 상황이다. 가치를 창조하거나 추가하는 것이 매력적이고, 지속적이고, 시의적절한 잠재적 제품이나 서비스이어야 한다.[9] 사업기회는 시장에 혁신적인 새로운 제품이나 서비스를 제공하고, 기존제품이나 서비스를 개선하거나 수익성이 있는 제품이나 서비스를 모방하고, 수익을 추구하는 잠재적인 모험이다.[10] 즉, 현재시장에 없는 미래제품과 서비스를 창조할 수 있는 아이디어, 신념과 행동이다.[11]

사업 아이디어는 시장의 공백, 고객의 미충족 욕구, 경쟁제품의 미제공이나 과소제공에서 문제를 발견하여 해결책을 찾은 사업성이 있는 아이디어이다. 창업기업은 대체적으로 고객에게 탁월하고 차별적인 가치를 제공하기 위해 사업 아이디어를 창안하여 선정하고, 이를 생산과 판매를 위한 조직화를 하여 사업의 방향을 결정한다. 사업 아이디어의 원천은 주로 창업자이지만, 창업 구성원이나 기타 제3자인 경우도 있다. 사업 아이디어는 내용에 따라 다음과 같이 크게 네 가지 유형이 있다.

- 시장의 미제공 욕구나 과소제공 욕구: 지금까지 존재하지 않은 제품이나 서비스를 새롭게 생산하여 새로운 시장에 제공하는 경우이다. 시장과 고객의 욕구에 대한 지식이 불충분하기 때문에 위험이 크지만 큰 보상을 얻을 수 있다.

9. Timmons, J. A.(1999).
10. Singh, R. (2001).
11. Sarasvathy, S. D., Dew, N., & Velamuri, S. R.(2002).

- 모방제품이나 개선제품: 이미 존재하는 기존제품이나 서비스를 개선하여 기존시장이나 새로운 시장에 제공하는 경우이다.
- 주문자 상표[12]: 주문자의 상표로 생산한 반제품 또는 완제품을 판매하는 경우이다. 주문자의 상표로 생산하기 때문에 기술개발이나 마케팅 노력을 기울일 필요가 없어 안정적인 생산과 판매가 가능하지만, 장기적으로는 수익과 성장에 한계가 있다.
- 독점적 유통: 기존의 제조자로부터 제품이나 서비스를 독점적으로 공급받아 판매만을 전문으로 취급하는 경우이다. 위험은 상대적으로 적지만 이익은 크지 않다.

하워드 슐츠(Howard Schultz)는 1953년 뉴욕 브루클린의 트럭 운전사의 아들로 궁핍한 가정에서 태어났다. 대학졸업 후 제록스사에 영원 사원으로 출발하였다. 그 후 스타벅스(Star Bucks)에 마케팅 이사와 컨설턴트로 취업하여 근무하다가 회사를 인수하여, 전 세계 70여국 20,000여 점포를 운영하는 세계 기업으로 성장시켰다. 스타벅스는 맛과 향이 좋은 커피가 아니라 편안하고, 안정적인 공간, 열정과 낭만, 편안한 음악, 진심이 담긴 친절한 서비스를 판매하는 문화기업이다. 또한 시간제근무 근무자를 포함한 직원들에게 스톡옵션(Beans Stock)을 비롯한 양질의 복지제도를 실시하고 있다.

(3) 자본

자본은 사업 아이디어를 제품이나 서비스로 전환하고 기업을 운영하는데 필요한 금전적 자원뿐만 아니라 기술, 토지, 건물, 기계설비, 부품, 원자재 등을 포함한다. 창업요소 중 가장 중요한 비중을 차지하는 자본은 사업 아이디어를 구체적으로 제품화하는 데 필요한 기술이나 자원 등을 조달하는데 사용된다. 필요한 적절한 자본은 제품이나 서비스의 생산과 판매에 매우 중요하다.

자본에는 창업자의 자기자본과 타인자본이 있다. 창업자금의 조달원천은 대체로 70% 대 30% 법칙이 적용된다. 즉, 창업 시에 자기자본과 타인자본의 비율이 7:3이 이상적이다. 창업자금은 대체로 시설자금과 운전자금으로 사용된다. 시설자금은 사업장 매입이나 임차비용, 집기비품의 구입비나 제품생산에 필요한 생산설비의 구입비이다. 운전자금은 사업을 시작한 후 회사운영에 필요한 자재비, 인건비, 경비 등이다. 창업의 초기에는 타인자본의 조달에 한계가 있기 때문에 창업자의 자기자본에 의존할 수밖에 없다. 벤처기업의 요건을 충족하면 자본의 조달원천으로써 벤처캐피탈을 활용할 수 있다.

---

12. OEM(original equipment manufacturer).

3) 창업자와 창업조직의 유형

(1) 창업자의 유형

통상적인 창업유형은 기술창업, 아이디어창업, 지식서비스창업, 일반창업, 프랜차이즈, 자영업창업, 청년창업과 시니어창업으로 구분한다.

- 기술창업: 기계・자재, 전기・전자, 정보・통신, 화공・섬유, 생명・식품, 환경・에너지, 공예・디자인 등 업종의 창업
- 아이디어창업: 틈새유형제품, 틈새서비스상품, 틈새유통의 창업
- 지식서비스창업: 만화, 게임, 캐릭터, 애니메이션, 영화, 방송, 전자출판, 음악, 이러닝, 정보서비스, 디자인 등 업종의 창업
- 일반창업: 통신판매업, 인터넷 쇼핑몰, 유통업 창업
- 프랜차이즈 창업: 가맹점과의 프랜차이즈 계약을 통한 창업
- 자영업창업: 소규모 점포 형태로써 도소매, 음식, 서비스 업종의 소상공인 창업
- 청년창업: 39세 이하의 창업자가 하는 지식서비스, 문화콘텐츠, 제조업의 창업
- 시니어창업: 50대 전후의 직장 퇴직자의 창업

(2) 창업조직의 유형

창업기업은 기업의 법적 구조에 따라 개인기업과 법인기업으로 나누어진다. 개인기업은 사업주 개인이 단독으로 출자하고, 직접 경영하며, 채권자에 대한 무한책임을 지는 형태로써 소규모 운영에 알맞은 형태이다. 법인기업은 법인격이 주어진 기업이며 주로 주식회사가 대표적이다. 법인기업은 그 자체로 완전한 법인격을 가지고, 스스로의 권리와 의무의 주체가 되며, 기업의 소유자로부터 분리되어 영속성이 존재할 수 있는 기업을 말한다. 대표자는 회사운영에 대해 일정한 책임을 지며, 주주는 출자금의 한도로 채무자에 대해 유한책임을 진다. 일정 규모 이상으로 성장성이 있는 유망사업에 적합하다.

벤처기업은 첨단의 신기술과 아이디어를 개발하여 사업에 도전하는 기술집약형 중소기업을 의미한다. 다른 기업에 비해 기술성이나 성장성이 높아 벤처기업육성에 관한 특별조치법으로 정부로부터 우선 지원을 받을 수 있다. 주로 소수의 기술 창업가가 기술혁신의 아이디어를 상업화하기 위해 설립한 신생기업이다. 높은 위험부담이 있으나 성공할 경우 높은 기대이익이 예상되고, 성장성이 높고 시장잠재력이 풍부하나 높은 경영위험에 도전하는 기업가에 의해 주도된다. 소호(SOHO: Small Office Home Office)란 작은 사무실(Small

Office)과 자택 사무실(Home Office)을 사용하는 근무형태로 주로 인터넷 등을 활용하여 자신의 사업을 주체적으로 전개하는 지적사업의 소규모 사업장이다.

| 표 5-2 | 개인기업과 법인기업의 장 · 단점

구분	개인기업	법인기업
장점	• 설립등기가 필요 없고, 사업자등록으로 사업개시가 가능 • 기업이윤과 손실은 기업주에게 전부 귀속 • 창업비용과 창업자금이 비교적 적게 소요되어 소자본 창업가능 • 기업활동 자유, 계획수립과 변경용이 • 초기 중소규모 사업에 적합	• 자본조달과 대자본 형성용이 • 출자금액 범위 내에서 법적 유한책임 • 소유와 경영의 분리 가능 • 코스닥이나 증권거래소 상장 등을 통하여 기업의 대중화 가능 • 법인의 공신력이 높으므로 영업 상 유리 • 일정규모 이상의 성장 유망산업에 적합
단점	• 기업주가 채무자에 대한 무한책임 • 투자 등 자본조달 한계 • 사업양도 시 높은 양도소득세 • 소유와 경영의 일치로 경영능력의 한계 • 대표자 변경 시 폐업 후 신규 등록	• 설립절차가 복잡하나 최소 납입자본금요건이 없음 • 기업이윤이 출자지분에 따라 배당 • 주주 상호간의 이해관계 대립 마찰소지 • 각종 법상 각종 의무가 많음

2. 창업의 과정

창업의 과정은 준비절차와 본 절차로 구분하여 준비하는 것이 좋다. 준비절차에서는 기회를 확인하여 아이디어를 탐색하고, 해결안을 도출하여 제품을 개발하는 과정이 포함된다. 제품을 개발하여 테스트 마케팅을 하여 사업성이 있다고 판단된다면 본격적인 창업절차에 돌입한다. 준비절차는 착실하게 충분한 기간을 거치는 것이 좋다. 준비되고 성공적인 토대가 마련된 후에 창업을 하는 것이 바람직하다. 이러한 과정을 거치는 창업자는 많은 자금과 자원을 낭비하지 않아 초조하지 않고, 제품개발에 전념할 수 있다.

1) 창업의 과정

창업은 사전에 철저한 준비가 필요하다. 아이디어를 탐구하고, 제품 아이디어를 찾아, 상품화하는 신제품개발 과정과 이러한 과정에 필요한 조직을 구축하는 과정이 있다. 신제품개발은 기업의 본질적인 경영활동이며 수익창출의 근원이다. 신제품개발은 시장기회의 인식과 고객의 미충족 욕구의 탐색으로 시작하여 아이디어 창출, 제품컨셉 창출, 제품사양의 결정과 제품설계, 시제품 개발과 테스트, 경제성 분석, 마케팅 전략의 수립과 출시, 그리고 출시 후 관리로 끝을 맺는 활동이다. 신제품개발의 구체적인 절차는 아이디어 탐색, 해결안

도출, 제품컨셉 창출, 제품개발, 마케팅 전략과 출시 과정으로 진행된다. 아이디어가 사업 타당성이 있다고 판단될 경우에 회사의 형태를 결정하고, 조직화하는 것이 바람직하다.

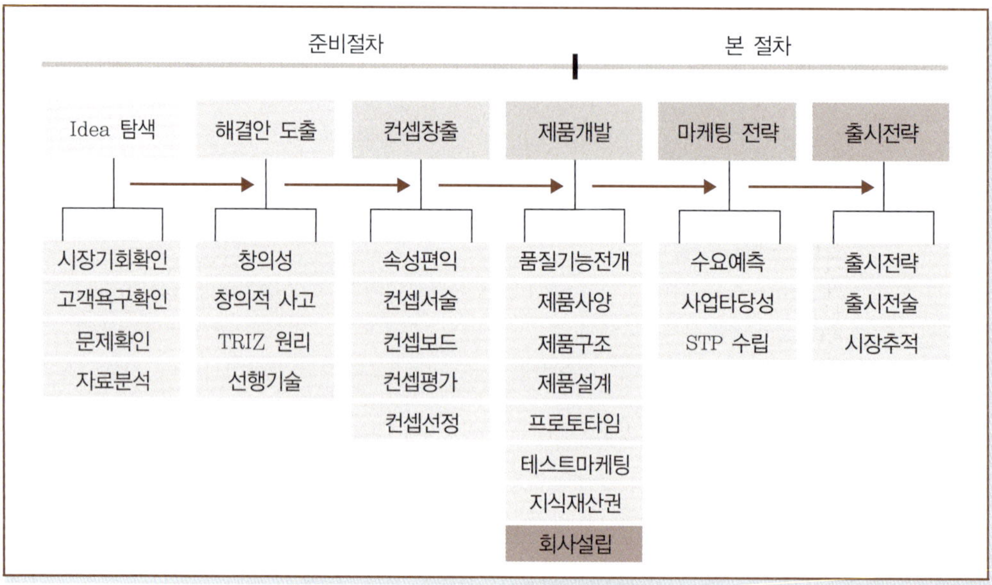

| 그림 5-8 | 창업의 과정

2) 창업 인허가의 취득

창업 시 업종을 선정하고 사업계획을 수립하면 다음으로 해당 업종이 인허가 대상인지를 파악한다. 법령에 의해서 인허가 등록 및 신고를 득해야 사업을 개시할 수 있는 업종은 사전에 주무관청이나 시군구에서 인허가나 신고를 하여야 한다. 일반적으로 사업의 인허가 신청은 관할 시군구의 해당부서에 필요한 서류를 작성하여 제출한다. 관할 행정기관은 현장 확인이나 서류를 통하여 허가 여부를 결정할 수 있다. 그러나 인허가 업종이 아닌 경우 사업자 등록만으로 사업을 개시할 수 있다. 인허가는 허가, 신고, 등록, 지정, 면허, 인정 등이 있다. 인허가의 내용은 시설기준, 자격기준, 준수사항 등이 있다. 일반적으로 인허가 내용은 법률에 있고, 절차는 시행령에 있으며, 신청서 서식은 시행규칙에 있다. 사업장 임대차계약 전에 인허가 내용을 검토한다.

| 표 5-3 | 인허가 업종

허가	등록	신고
• 식품제조 · 가공업	• 부동산 중개업	• 장난감 제조업
• 의약품제조업	• 비디오감상실	• 세척제 제조업
• 화장품제조업	• 안경업	• 건설기계 매매업
• 먹는 샘물 제조업	• 약국	• 무역업
• 의료용구 제조업	• 자동차 운전 알선업	• 결혼상담업
• 고압가스 판매업	• 음반 판매업	• 교습소
• 용역경비업(1억)	• 창고업	• 노래연습장
• 숙박업	• 다단계 판매	• 동물병원
• 식품 · 접객업	• 외국 간행물 수입업	• 만화 대여업
• 음식점업	• 여행업	• 목욕장업
• 의약품 도매업	• 전문 서비스업	• 세탁업
• 전당포업	• 학원 등	• 미용업
• 폐기물 처리업		• 예식장업 등
• 중고자동차 매매업		
• 피시방		
• 운송업 등		

3) 개인기업의 설립절차

신규로 사업을 개시하는 자는 법령에 의하여 인허가 등록 및 신고가 필요한 업종인지 사전에 확인한다. 필요한 업종이라면 인허가 등록 및 신고를 득하고 새로 사업을 시작하려면 사업장이 소재하는 관할 세무서 민원봉사실에 사업자를 신청하면 대체로 신청일 즉시 사업자등록증을 교부받는다. 사업자등록 신청 시 구비서류로는 사업자등록 신청서 1부, 법령 규정의 업종인 경우는 사업 인허가증 사본 1부, 주 사업장 매매계약서 또는 임대차계약서 사본 1부, 대표자 주민등록등본 1부 등이 필요하다.

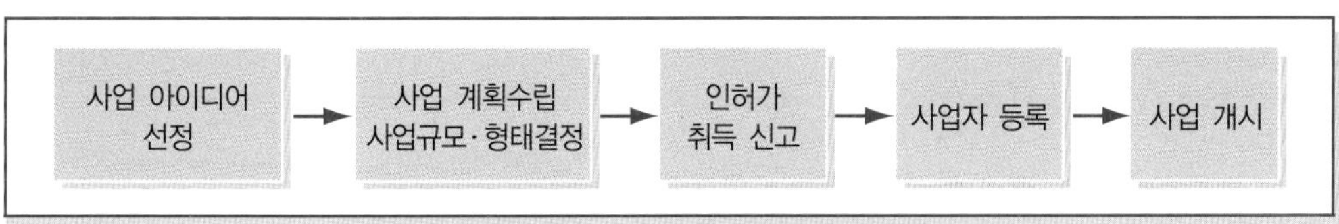

| 그림 5-9 | 개인기업의 창업절차

Sense 국세청 홈텍스 사업자등록증 서비스

4) 법인기업의 설립절차

주식회사는 정관의 작성, 자본의 확정 및 이행, 임원의 선임, 설립등기의 법적 절차를 통해야 설립된다. 설립형태는 발기설립과 모집설립이 있다. 발기설립은 발기인이 주식의 전부를 인수하는 경우이나 모집설립은 발기인이 주식의 일부만을 인수하고, 나머지는 주주를 모집하여 주식을 인수시키는 경우이다. 다음은 주식회사의 설립절차이다.

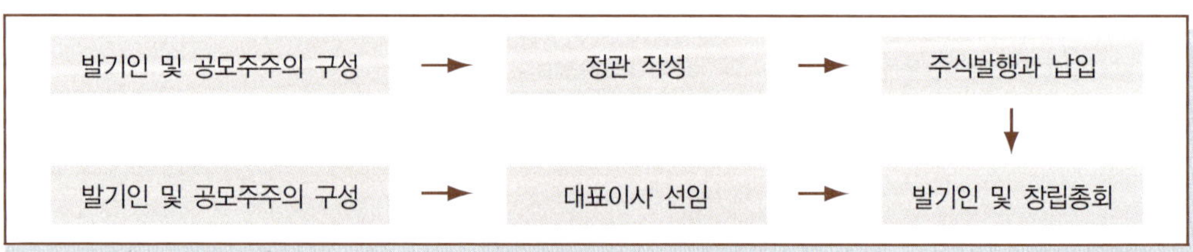

| 그림 5-10 | 주식회사의 설립절차

Sense 주식회사의 설립등기 사항

- 목적, 상호, 회사가 발행할 주식의 총수, 1주의 금액, 본점소재지(지점을 둔 경우 그 지점소재지 기재), 회사가 공고를 하는 방법
- 자본의 총액
- 발행주식의 총수, 그 종류와 각종 주식의 내용과 수
- 주식의 양도에 대해 이사회의 승인을 받도록 정한 때에는 그 규정
- 주식매수선택권을 부여하도록 정한 때에는 그 규정
- 회사의 존립기간 또는 해산사유를 정한 때에는 그 기간 또는 사유
- 개업 전에 이자를 배당할 것을 정한 때에는 그 규정
- 주주에게 배당할 이익으로 주식을 소각할 것을 정한 때에는 그 규정
- 전환주식을 발행하는 경우에는 전환주식 발행 절차, 주식을 다른 종류의 주식으로 전환할 수 있다는 뜻, 전환의 조건, 전환으로 인해 발행할 주식의 내용, 전환을 청구할 수 있는 기간
- 사내이사, 사외이사, 기타 상무에 종사하지 않는 이사, 감사의 성명과 주민등록번호
- 회사를 대표할 이사의 성명·주민등록번호 및 주소
- 여러 명의 대표이사가 공동으로 회사를 대표할 것을 정한 때에는 그 규정
- 명의개서(名義改書) 대리인을 둔 때에는 그 상호 및 본점소재지
- 감사위원회를 설치한 때에는 감사위원회 위원의 성명 및 주민등록번호

제3절 중소기업의 이해

1. 중소기업의 특징

중소기업(small and medium enterprise)은 규모가 상대적으로 작은 기업이다. 중소기업기본법에서 종업원 수, 자본금, 총자산, 자기자본 및 매출액 등의 기준으로 범위를 규정한다. 중소기업의 질적 특징은 소유와 경영의 미분리, 경영자와 종업원 및 고객 간의 밀접한 관계, 자본 조달의 곤란, 저생산성, 저자본비율, 저임금 및 과당경쟁 등이 있다. 중소기업은 종업원 수가 적고, 매출액과 자기자본이 적고, 규모가 작은 사업장이다.

1) 중소기업의 특징

중소기업은 소유자나 관리자가 매우 높은 개인화된 경영방식이 있고, 소수의 종업원을 고용하며, 산업 내에서 중요도가 작은 독립적인 조직이다. 오늘날 중소기업은 대기업보다 상당히 창조적이고 혁신적인 경향이 있을 뿐만 아니라 고용의 주요 원천이다. 중소기업이 경제적으로나 사회적으로나 중요하나 높은 실패율은 전반적으로 경제나 사회에 해롭다. 중소기업은 시장이나 고객과의 관계가 밀접하고, 제품개발에 혁신적이고, 유연성과 적은 이익으로 운영할 능력을 갖고 있고, 신속하게 의사결정을 할 수 있다. 그러나 자금, 인적, 물적이나 정보자원이 제한적이다.

중소기업은 산업 내에서 상대적으로 규모가 작고, 끊임없는 불확실성에 직면하고, 공식적인 전략을 계획하지 않고, 즉흥적으로 경영하는 바람직하지 못한 경영방식을 갖고 있다. 또한 소유자나 관리자의 매우 높은 개인화된 경영방식에 대부분 의존하고 있다. 중소기업은 대기업에 비해 유연성, 혁신과 간접비에서는 유리하나 시장 지배력, 네트워크 접근, 자본과 경영자원에서 한계가 있다. 많은 중소기업의 경영자들은 마케팅, 정부규제, 자본조달과 조직관리에서 문제를 경험한다. 중소기업의 종업원들은 대기업의 종업원보다 매우 높게 동기를 받고, 다양한 업무를 수행하고, 그들의 사장과 더욱 밀접하게 일한다. 이러한 방식들이 대기업 마케팅과 다른 특성의 마케팅을 수립하고 실행해야 할 이유이다.

2) 중소기업가의 개인적 특질

중소기업의 경영에서 소유자나 경영자의 편재(omnipresence)는 일반적이다. 즉, 중소기업에서 소유자나 경영자들은 사업 자체와 분리할 수 없는 경우가 많다. 중소기업의 마케팅 지식은 대체로 소유자나 경영자의 마케팅 지식에 대한 제한된 이해에 의존한다. 회사경영에 관한 소유자나 경영자의 영향력을 지나치게 과장한 측면이 있지만, 중소기업 소유자나 경영자의 관리능력은 기업성공이나 실패의 가장 중요한 결정요인이다. 중소기업 소유자의 특질을 직관과 계획, 성장에 대한 태도와 개인적 특징 등 측면에서 살펴본다.

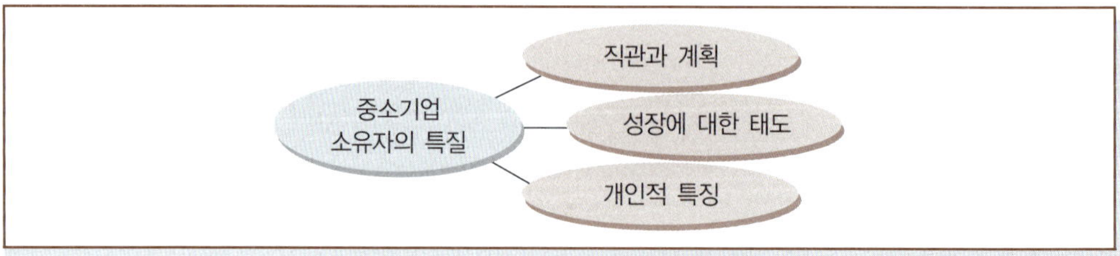

| 그림 5-11 | 중소기업 소유자의 특질

(1) 직관과 계획

중소기업의 소유자나 경영자는 자원의 제약으로 사업에 관하여 전략적으로 생각할 시간이 없다. 일반적으로 중소기업의 소유자나 경영자들은 계획체계에서 공식과 비공식의 영리한 균형을 이루어야 한다는 권고에도 불구하고 공식적인 전략계획이 사업에 이익이 된다는 것을 잘 믿지 않는다. 많은 성공적인 중소기업이 전략경영을 실행하지 않았다는 증거도 있다. 이러한 현상은 복잡한 이론과 수준 있는 공식절차를 소유자나 경영자들이 사용하지 않을 뿐만 아니라 정교한 계획과 관리기법보다는 오히려 비공식적인 경영실무와 직관(intuition)에 따라 경영하는 것을 선호한다. 이것은 많은 마케팅 이론이 대기업을 위한 것이거나 관한 것으로 중소기업을 위한 이론이나 기법이 거의 없기 때문이다.

(2) 성장에 대한 태도

중소기업 소유자나 경영자의 성장에 대한 태도의 하나는 기업이 작을 때 독재경영방식이 성공한다는 것이다. 그러나 회사가 성장함에 따라 경영방식과 조직구조가 변화할 필요성이 있다. 중소기업은 대기업에 비하여 자원의 제약이 많기 때문에 새로운 경영방식의 도입과 혁신이 오히려 더 필요하다. 회사의 성장은 소유자나 경영자의 이미지와 회사가 활동하는 시장 등에 달려 있고, 이러한 경영환경은 직관과 독재경영방식의 한계를 극복할 필요가 있다. 따라서 소유자나 경영자에게 혁신과 과학적인 경영방식이 중소기업의 성장에 중요한 의미가 있다.

(3) 개인적 특징

새로운 기업을 일으켜 성공에 이른 창업자들은 위험에 대하여 도전적이고, 업무에서는 정열적인 자세를 갖고 있다. 그들은 중소기업에 특유한 장점과 단점을 알고, 이에 적합한 이론과 기법을 개발하여 회사를 경영한다. 다음은 중소기업을 더 혁신적인 경영방식으로 자원의 한계를 극복한 성공한 중소기업의 소유자나 경영자들의 특질이다.

- 열정(passion): 중소기업 소유자들은 사업을 성공적으로 만드는데 관심이 있고, 달성하기 위해 새로운 구상과 아이디어에 더 개방적이다.
- 고객연결(customer connection): 중소기업은 고객욕구를 잘 알고, 욕구를 충족하기 위해 고객과 밀접하게 연결되어 있다.
- 민첩성(agility): 중소기업은 변화하는 환경에 쉽게 적응할 수 있다.

- 열정(Passion)
- 고객연결(custimer connection)
- 민첩성(agility)
- 실험 감수성(willingness to experiment)
- 자원의 제약(resourece limitation) 극복
- 정보공유(information sharing)

| 그림 5-12 | 성공한 중소기업가의 특질

- 실험 감수성(willingness to experiment): 중소기업 소유자들은 어떤 실험에 대한 실패위험을 기꺼이 감수하려고 한다.
- 자원의 제약(resource limitation): 중소기업은 자원이 적지만, 적은 것보다 더 많은 역할을 하는데 능숙하고 이를 극복한다.
- 정보공유(information sharing): 소규모는 아이디어 공유에 대한 밀접한 사회적 네트워크가 있다는 것을 의미한다.

2. 중소기업의 성공요인

사업에 성공하기 위해서 경쟁자가 제공하는 것보다 더 큰 가치를 고객에게 제공해야 한다. 가치는 기업에게 경쟁우위를 제공한다. 경쟁우위가 더 강력하고 더 유지될수록 고객을 획득하고 유지하는 기회는 더욱 증가한다. 사업은 경쟁자보다 더 좋게 제공하는 제품이나 서비스를 가져야한다. 그렇지 않다면 시장의 압력은 사업을 진부하게 만들 것이다. 중소기업은 고유의 경쟁우위를 활용해야 시장에서 성공할 수 있다. 따라서 중소기업의 경쟁우위이자 성공비결은 혁신, 유연성과 고객과의 밀접성 등이 있다.

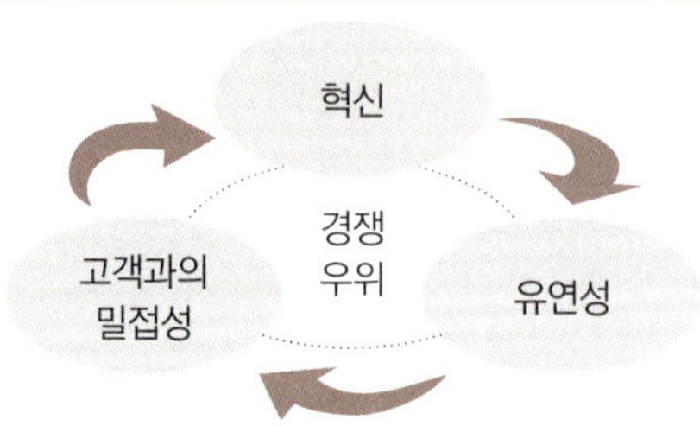

| 그림 5-13 | 중소기업의 성공요인

1) 혁신

실제로 혁신(innovation)은 독립적인 발명가와 중소기업에서 종종 온다. 그 이유는 무엇인가? 대부분의 대기업의 연구개발 부서는 회사가 이미 만든 제품의 개선에 집중하는 경향이 있다. 이러한 관행은 회사가 거대한 공장과 설비투자로부터 이익을 창출하려는 동시에 기존제품과 관련된 새로운 아이디어와 제품을 개발하는 경향이 있다. 예를 들면, 이동통신 회사들은 고객들에게 더 좋은 서비스를 제공하기 위해 중계국을 계속적으로 확장하고 새로운 부가서비스를 제공한다.

이와 달리 중소기업은 매일 많은 발명에 몰입한다. 기업가적 회사의 매우 큰 가치는 혁신에 대기업을 반응하게 하는 방법이다. 중소기업은 새로운 기술과 시장을 도입하고, 새로운 시장을 창조하고, 새로운 제품을 개발하고, 대기업과 경쟁해야만 하는 새로운 아이디어와 행동을 촉진하고, 그럼으로써 대기업을 변화시킴으로써 혁신을 해야 한다. 기존제품 공정, 아이디어와 사업을 새롭고 개선된 것으로 대체하는 것을 창조적 파괴(creative destruction)[13]라고 한다. 그러나 이것은 쉬운 과정이 아니다. 변화는 위협적이지만 변화의 이면에는 위험을 갖고 오는 위협과 기회의 양면성이 동시에 상존하고 있기 때문이다. 특히 중소기업이 신기술을 개발할 때 창조적 파괴에 이르는 변화의 추진력이 발생한다. Schumpeter의 주장처럼 중소기업은 혁신을 창조할 때 중요한 역할을 한다. 다음은 중소기업이 창조하는 혁신의 유형이다.

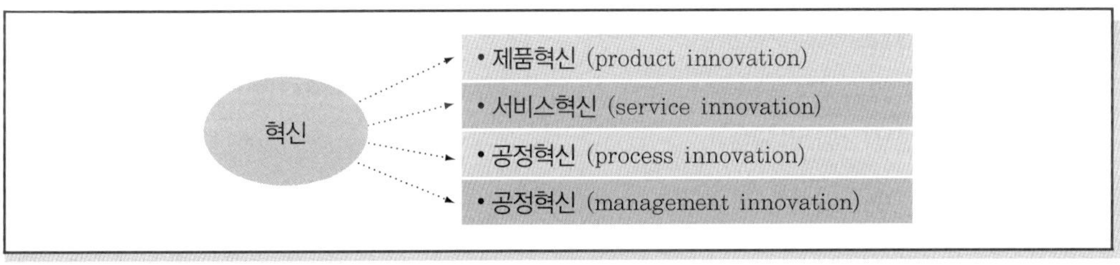

| 그림 5-14 | 혁신의 유형

- 제품혁신(product innovation): 새롭거나 개선된 제품의 개발
- 서비스혁신(service innovation): 판매를 위해 새롭거나 변경된 서비스의 제공
- 공정혁신(process innovation): 물리적 투입을 조직하는 방법의 발명
- 경영혁신(management innovation): 경영자원을 조직하는 새로운 방법의 창안

13. Schumpeter, Joseph A(2013).

2) 유연성

규모의 경제를 활용하기 위해서 대기업은 장기간 많은 제품을 생산할 자원투입을 찾는다. 이러한 자원의 투입은 새롭고 빠르게 변화하는 시장에 반응하는 능력을 제한한다. 중소기업은 의사결정과정이 짧고 신속하다. 그래서 상황에 따라 신속하게 변화에 적응할 수 있는 효과적인 의사결정이 가능하다. 경영환경 전반에 걸쳐 변화가 일어나기 때문에 경영에서 유연성은 매우 중요하다. 변경할 수 있는 선택을 갖는다면 사업이 덜 취약하다. 유연성은 실수, 오류와 비효율을 수정하는데 도움이 된다. 유연성(flexibility)은 쉽게 변경할 수 있는 권한과 시스템을 의미한다. 유연성은 기업운영의 시스템에서 나온다. 기업운영의 시스템은 변경에 반응할 때 쉽고 신속하여야 한다. 변경에 더 유연한 기업을 만들 수 있는 시스템과 제도가 성공의 핵심요소이다. 변경에 반응하는 속도는 경영에서 정확한 유연성이다.

3) 고객과의 밀접한 관계

중소기업 소유자들은 고객과 이웃을 개인적으로 잘 알고 친밀하다. 이러한 친밀성으로 고객의 욕구와 필요를 직접 알고, 개인화된 서비스를 제공할 수 있다. 반면에 대기업은 마케팅조사의 제한된 표본을 통해서만 고객을 알게 된다. 고객을 개인적으로 알게 되면 중소기업은 전문품, 개인화된 서비스와 품질에 근거하여 경쟁우위를 구축할 수 있고, 대량생산으로 얻는 거대기업의 저가격과 맞서 경쟁할 수 있다. 특히 중소기업은 고객과 구축하는 라포(rapport)[14]가 매우 중요하다는 것을 기억해야 한다.

3. 중소기업의 실패요인

중소기업의 실패율은 한 마디로 혼란스럽다. 90%에서 10%로 매우 다른 수치를 갖고 있기 때문이다. 실패율에는 많은 요인들이 빠져있고, 산업에 따라서 다양하다. 또한 실패율의 차이를 설명하는 중요한 요인은 기간설정이 다르다. 기간설정은 여러 의미가 있다. 실제로 다양한 이해관계자 집단들이 평가에 사용된 기준에 따라서 동일한 기업을 동시에 성공과 실패로 판단할 수 있다. 결과적으로 중소기업의 실패율에도 혼란이 따르기 마련이다. 비호의적인 경제상황, 부적절한 사업계획과 관리능력과 같은 요인이 결합된 취약성은 중소기업의 실패와 관련이 있다는 것이 일반적인 견해이다.

---

14. 상호 간에 신뢰하며, 감정적으로 친근감을 느끼는 인간관계.

중소기업의 실패원인은 대체로 마케팅 능력의 부족, 경영의 부적절성, 자금의 부적절성과 외적 요인 등이 있다. 경영의 부적절성(managerial inadequacy)은 기업실패에서 가장 빈도가 높다. 이것은 모든 비행기의 추락을 조종사의 실패라고 설명하는 것처럼 모두 포괄하는 설명이다. 자금의 부적절성(financial inadequacy)이거나 자금의 부족이다. 또는 경제침체와 같은 환경이나 외적 요인이다. 이러한 요인은 서로 관련이 없는 독립적인 요소가 아니다. 침체되는 경제는 기업의 판매를 위축하고, 이것은 부정적으로 기업의 현금흐름에 영향을 준다. 이러한 현금흐름 문제를 관리하기 위한 지식이나 경험이 부족한 소유자는 기업실패를 보게 될 가능성이 크다.

- 경영의 부적절성
- 자금의 부적절성
- 경영의 외적요인

| 그림 5-15 | 중소기업의 실패이유

1) 경영의 부적절성

(1) 경영의 부적절성

구체적으로 확인된 문제는 행동문제, 경영기술의 부족, 특정한 기술능력의 부족과 마케팅 근시안(marketing myopia)[15]을 포함한다. 종업원과 고객과의 불충분한 의사소통은 실패의 표시로 나타난다. 자신의 생각에서 유연할 수 없는 것처럼 비판이나 다양한 견해에 귀를 기울이는 능력의 부족이다. 체계적인 전략계획을 수립하지 않는 소유자나 경영자가 많다. 자원이 상대적으로 부족하기 때문에 중소기업은 계획을 직관적인 방법으로 선택하는 경향이 있다. 계획의 공식적 접근은 시간 낭비로 보거나 이론적으로 본다. 이러한 이유로 최종 결과는 많은 중소기업 소유자들이 의미 있는 방법으로 공식적인 전략계획을 수행하지 못한다. 중소기업은 전략계획을 개발할 뿐만 아니라 계속적인 갱신으로 수행할 필요가 대기업보다 오히려 더 많이 있다. 그런데도 많은 경영자들은 전략적인 계획을 수립하지 않고, 직관에 따라 경영을 하고, 직원을 정확하게 선택하거나 관리할 능력을 갖고 있지 않다.

15. 테오도르 레빗(Theodore Levitt) 하버드대 교수는 마케팅 근시안을 먼 미래를 예상하지 못하고 바로 앞에 닥친 상황만 고려한 마케팅이라고 한다. 근시안적 시각을 가진 조직 또는 기업은 오래갈 수 없다. 사업단위를 제품이 아니라 고객의 욕구로 정의할 것을 제시한다.

(2) 마케팅 능력의 부족

중소기업은 고객의 소리를 기술적 사양으로 변환하는 능력이 상대적으로 대기업에 비해 부족할 뿐만 아니라 기술개발에만 지나치게 몰두하여 마케팅 시야가 좁다. 이래서 기술적으로는 탁월한 제품이지만 팔리는 제품이 되지 못한다. 또한 시장경쟁을 이기는 전략이 부재하여 소비자에게 접근하지 못하는 경우가 많다. 또 다른 경영실패는 마케팅의 기능영역에서 제한점이다. 실패하는 기업은 고객의 변화하는 욕구를 무시하는 경향이 있고, 그 결과를 잘 반영하지 않는다. 고객이 중요하게 생각하는 것을 이해하지 못하고 변화하는 고객욕구를 수용하지 않는 것은 사업실패에 이른다. 마케팅 능력을 증가하고 마케팅 실행을 향상하여 자원의 취약성을 보완함으로써 기업을 성장하는데 도움을 준다.

2) 자금의 부적절성

자금문제는 창업자금, 현금흐름과 자금관리 등 세 측면에서 분류된다. 기업이 사업운영을 시작할 때 자금이 필요하다. 많은 중소기업 소유자들은 처음에 운영에 필요한 자금을 과소 추정한다. 창업 이후 필요자금의 과소추정은 너무 낙관적인 자금흐름 추정에 원인이 있다. 중소기업이 충분한 자금으로 시작하지 못하면 소유자가 필요할 때 자금을 집행하지 못하는 결과가 된다. 필요자금에 대한 계획의 실패가 곧 사업실패로 연결된다. 기업실패의 주요 요인은 자금과 영업 간의 상호작용의 불일치에 있다. 양호한 현금흐름 관리는 기업의 생존에 필수적이지만 세밀한 주의를 요한다. 중소기업은 채권관리와 같은 효과적인 자금통제를 개발하고 유지해야 한다. 소유자는 적어도 회계와 자금에 기본적으로 친숙해야 한다. 많은 소유자들은 사업을 관리하기 위해 회계사의 충고를 충분히 사용하지 않는다.

3) 외적 요인

잠재적으로 무한한 원인이지만 경제환경은 가장 중요하다. 대체로 경제환경이 중소기업 실패의 30%~50% 사이라고 한다. 경제성장율, 환율, 이자율과 실업율의 경제적 요인은 실패율에 미치는 영향이 크다. 이러한 외적 경제변수의 잠재적 영향은 소유자가 계획자가 되거나 잠재적 우발성이나 운을 다룰 필요가 있다는 것이다. [표 5-4]는 중소기업의 실패이유를 요약하여 설명한 것이다.

|표 5-4| 중소기업의 실패 이유

경영의 부적절성	자금의 부적절성	외적 요인
• 사업계획의 실패 • 사업운영 관리의 경험부족 • 비효율적인 인력충원 • 불충분한 의사소통 기술 • 충고의 실행이나 반응의 실패 • 과거실패의 학습 무시 • 경쟁 무시와 혁신실패 • 고객기반의 다양화 실패 • 비효과적인 마케팅 전략	• 현금흐름 문제 • 불충분한 최초자금 • 부적절한 자금기록 • 회계사의 통찰력 미활용 • 부적절한 자금확보 전략 • 성장에 추가되는 자금부족	• 경제침체 • 실업증가 • 이자율 상승 • 고객이 원하지 않는 제품이나 서비스 • 대항하기 어려운 해외경쟁 • 사기 • 재난

4. 중소기업의 성공전략

사업을 성공적으로 경영하기 위해서 중소기업의 성공과 실패요인을 참고할 만하다. 창업에 성공하기 위해 창업 전에 사업 성공전략을 수립할 필요가 있다. 사업을 시작하기 전에 성공하기 위한 적절한 전략을 갖고 있는지를 확인한다. 따라서 성공전략은 이익을 창출할 만한 시장, 충분한 자금, 숙련된 종업원과 정확한 정보를 확인하는 것이다.

• 시상규모와 정의
• 충분한 자금확보
• 유능한 종업원의 발견과 유지
• 정확한 정보수집

|그림 5-16| 중소기업의 성공전략

1) 시장규모와 정의

누가, 왜, 제품과 서비스를 구매하는가? 마케팅 기법은 제품을 구매하는 고객이 누구인지, 그리고 고객이 원하는 것이 무엇인지, 즉 표적고객과 제품을 발견하는데 도움이 된다. 정보로 무장하면 특정한 제품이나 서비스를 제공하는 수익성에 관하여 현명한 의사결정을 할 수 있다. 사업을 시작하기 위해서는 시장규모가 충분히 크고, 잠재고객들이 공통적으로 갖고 있는 것과 잠재고객들이 좋아하거나 싫어하는 것을 파악하여 고객들에게 가장 가치 있는 것을 제공하고 경쟁우위를 유지해야 한다.

2) 충분한 자금확보

기업가들은 충분한 창업자금의 확보 없이 창업을 시작하려고 한다. 신생기업의 생명선은 현금이다. 취약한 자금은 성공의 기회를 약화한다. 수익은 궁극적인 목표이지만 부적절한 현금흐름은 혈액공급을 차단하여 성장의 기회를 제한한다. 따라서 창업자본을 찾을 때 현금흐름을 고려한 현명한 계획이 필요하다.

3) 유능한 종업원의 발견과 유지

유능한 인재의 확보와 유지는 중소기업에게는 끝이 없는 과업이다. 중소기업은 직원선발에 충분한 시간을 들이지 않고, 우발적으로 채용하는 경향이 있다. 사업을 시작하기 전에 직원을 고용하고, 훈련하고, 동기를 부여하여야 한다. 고용한 종업원은 가장 가치 있는 자산인 동시에 창업의 동반자이다. 사업을 성공적으로 만드는 것은 종업원의 기술, 지식과 정보이다. 이러한 무형자산을 지식자본이라 한다.

4) 정확한 정보수집

조직의 경영자들은 모든 관련 정보를 얻기 전에 의사결정을 하는 것이 어렵다. 다양한 정보원으로부터 자문을 받고 몇 가지 유리한 점을 고려한다면 더 정확한 그림을 그릴 수 있다. 따라서 시장과 고객에 관한 정확한 정보를 수집하고, 분석한다.

Chapter 06

경영의사결정

제1절 의사결정의 이해

제2절 의사결정 모형

제3절 의사결정의 도구와 과정

Insight 6

마윈, 최고 부자는 가장 먼저 책임을 짊어지는 자리

■ 최고 부자(首富)는 가장 먼저 책임을 짊어지는(負 · 부) 자리

마윈(馬雲 · 52) 알리바바그룹 회장이 8일 중국 재계의 최대 이너 서클인 중국기업가클럽의 신임 주석에 취임했다. 그는 이날 "부자 순위를 선정하지 말아 달라"며 "최고 부자(首富)는 가장 먼저 책임을 짊어지는(負 · 부) 자리이기 때문"이라고 말했다. 마 회장은 "나는 누가 또 최고 갑부가 됐는지 보는 게 가장 두렵다"며 "부자 순위는 사회 발전에 어떤 도움도 주지 못하면서 반(反)부자 심리만 조장한다"고 토로했다. 그는 "중국 기업가는 어떻게 하면 사회와 세계의 존중을 받을 수 있는지 고민해야 한다"며 "기업가는 최고 부자(首富)를 추구해선 안 되고 먼저 책임질 것(首負)을 생각해야 한다"고 강조했다.

■ 기업은 돈 · 정부 · 세계 · 미래와 새로운 관계를 정립

중국기업가클럽은 회원사 연간 매출액 총합이 3조 위안(약 536조원)에 이른다. 이는 중국의 지난해 국내총생산(GDP · 67조 6,708억 위안)의 4.4% 수준이다. 전임 주석인 류촨즈(柳傳志) 레노버 명예회장의 권유로 주석에 오른 마 회장은 이날 매체 간담회에서 "기업은 돈 · 정부 · 세계 · 미래와 새로운 관계를 정립해야 한다"고 주장했다. 우선 돈과 기업의 관계에 대해 마 회장은 "기업가의 돈은 사회와 국가가 맡긴 책임"이라며 "진정한 기업가라면 중대한 결정을 내릴 때 돈이 아닌 도덕 · 가치관 · 사회적 책임에 따라야 한다"고 말했다. 정부와 기업의 관계에 대해서는 "뇌물, 임금 체불, 탈세, 지적재산권 침해를 해선 안 된다"며 네 가지 불가론을 펼쳤다. 이어 "기업가는 경제와 사회 발전의 과학자"라고 했다. 중국 기업가는 세계와의 관계도 잘 맺어야 한다고 주장했다. "해외에 공장 몇 개 세운다고 세계화가 아니다. 영어 잘한다고 되는 것도 아니다. 헨리 키신저는 중국어를 몰랐고, 마오쩌둥(毛澤東) 주석도 영어를 못했지만 큰일을 해냈다. 해외로 원정 가는 게 아니라 세계와 융합하고, 세계 경제 성장에 참여해 가치를 창조하는 것이 진정한 세계화다."

■ 현재를 소중히 여기며 미래에 대한 경외심이 충만해야

그는 "개혁 · 개방 30여 년의 성과가 없었다면 오늘날의 중국 경제와 기업은 없었을 것"이라며 "기업가 집단은 신념을 갖고 과거에 감사하고 현재를 소중히 여기며 미래에 대한 경외심이 충만해야 한다"고 말했다.

출처: 중앙일보 2016.05.10.

Chapter

06 경영의사결정

제1절 의사결정의 이해

1. 의사결정의 성격

의사결정은 성공이나 실패의 중요한 요인의 하나이다. 경영자들은 계획부터 통제까지 경영주기의 다양한 수준에서 의사결정을 한다. 의사결정이 없으면 계획, 조직, 지휘, 충원과 통제와 같은 다른 관리기능이 수행될 수 없다. 경영의 주요 기능은 적절한 의사결정을 하고, 실행을 통해 논리적인 최종 결과를 찾는 것이다. 의사결정은 종업원의 사기와 성과에 영향을 주고, 궁극적으로 전체 사업성과에 영향을 준다. 기업정책과 전략이 회사의 결과와 성과에 영향을 주기 때문에 경영에서 의사결정의 중요성은 막대하다.

1) 의사결정의 개념

의사결정은 계획의 핵심이다. 경영자는 문제와 상황의 모든 유형을 결정한다. 합리적 과정으로써 의사결정은 관련된 사실과 정보의 체계적인 분석에 근거해야 한다. 결정(decision)은 “잘라내다”를 의미하는 라틴어의 decidere에서 연유하였다. 결정은 바람직한 것과 바람직하지 않은 것 간의 대안의 절단(cutoff)이다. 의사결정(decision making)은 두 개 이상의 가능한 대안으로부터 어떤 기준에 의한 선택이다. 즉, 많은 대안으로부터 행동의 과정을 선택하는 것이다. 둘 이상의 대안에 직면한 경영자는 선택할 하나를 결정한다. 의사결정은 타당한 대안을 확인하고, 대안으로부터 행동과정을 선택하는 일관되고 합리적인 과정이다. 따라서 의사결정은 목표를 달성하기 위하여 여러 대안 중에서 최선의 대안을 선택하는 과정이다.

- 의사결정: 목표를 달성하기 위하여 여러 대안 중에서 최선의 대안을 선택하는 과정

2) 의사결정의 특징

선택(choice making), 의사결정(decision making)과 문제해결(problem solving)은 상호 교환적으로 사용된다. 그러나 이들 간에는 차이가 있다. 선택은 이미 확인된 대안으로부터 하나를 선택하는 활동이다. 경영자가 다수 대안 중에 하나를 선택하는 것과 관련이 있다. 의사결정은 문제확인에서 시작하고, 선택으로 종결한다. 예를 들면, 의사결정은 제품결함으로 제품이 많이 회수될 때 필요하다. 결함제품의 원인을 확인하고, 이러한 문제를 처리하는 가장 좋은 방법은 품질관리 직원을 갖는 것이며, 새로운 품질관리 직무에 임명할 직원을 선택하는 것이다. 문제해결은 불만족한 상황을 시정하기 위한 행동과정을 발견하고, 문제를 해결하는 활동이다. 이것은 의사결정을 포함하지 않고, 결정의 실행, 추적과 유지를 포함한다. 다음은 의사결정의 특징이다.

- 가장 바람직한 대안이 문제를 해결하거나 기대결과에 도달하기 위해 선택된다.
- 의사결정자는 대안을 선택할 자유가 있다.
- 의사결정은 다양한 대안을 분석, 추론과 평가를 한 후에 이루어진다.
- 의사결정은 목적 지향적이다.
- 의사결정은 정신적이거나 지적인 과정이다.
- 대안 중에서 선택은 최종 결과에 대한 불확실성을 내포한다.

2. 의사결정의 상황

모든 조직은 동일한 상황이 존재하지 않고, 또한 상황에 따라 의사결정은 동일하지 않다. 의사결정자는 결정의 최종 결과에 관하여 갖고 있는 지식의 수준에 근거한다. 경영자의 의사결정은 경영자의 지식, 경험, 이해와 직관과 같은 많은 요인에 달려있다. 구텐베르크

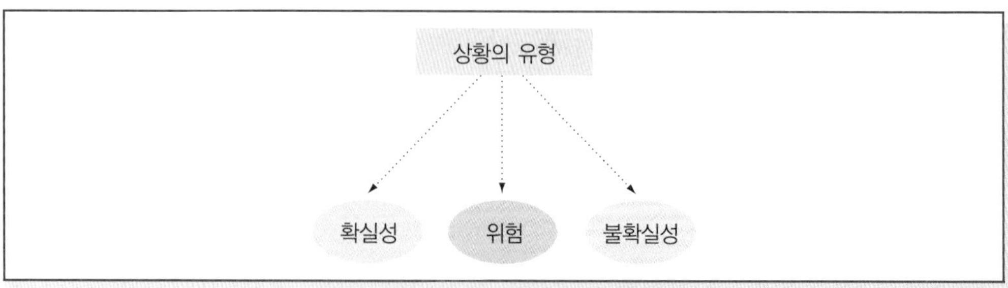

| 그림 6-1 | 의사결정의 상황

(E. Gutenberg)는 기업이 직면하는 상황에 따라 의사결정의 상황을 확실성, 위험과 불확실성 등으로 구분한다.

1) 확실성(certainty)

의사결정자가 미래에 일어날 일을 정확히 안다면 의사결정은 완벽할 수 있다. 예를 들면, 일 년 만기 정기예금 금리가 2%라면, 저축금액에 대한 일 년 이자금액은 확실하게 계산할 수 있다. 확실성하에서 의사결정이 이루어질 때 경영자는 자원과 시간 등을 알기 때문에 결과를 정확하게 알 수 있다.

- 의사결정 전에 경영자가 의사결정의 결과를 아는데 충분한 정보를 갖고 있을 때 확실성의 조건 하에서 의사결정이 이루어진다.
- 경영자는 행동의 조건과 결과뿐만 아니라 이용할 수 있는 대안을 알고 있다.
- 그릇된 의사결정을 할 가능성과 모호성이 적다.

2) 위험(risk)

경영자는 미래 상황을 사전에 알 수 없다. 현실 세계에서 대부분의 경영의사결정은 위험하에서 이루어진다. 즉, 어느 정도 정보를 이용할 수 있지만, 결과에 관한 모든 문제를 답하는 것은 충분하지 않다. 위험의 상황에서 확률추정이 도움이 된다. 경영자의 경험과 지식이 큰 도움이 된다. 그래서 의사결정자는 결과의 확률적 추정을 한다. 상황이 동일하다면 과거 경험에 의존한다. 그러나 기업운영에서 어떠한 상황도 정확하게 동일하지 않다. 확률추정이 과거 경험에 근거할 때는 기대된 결과는 객관적인 확률이다. 반면 확률추정을 육감에 의존할 때는 주관적인 확률이다. 문제를 해결하기 위해 과거 경험에 전적으로 의존할 수도 있다. 사용된 방법이 무엇이든 의사결정자의 태도가 중요하다. 어떤 의사결정자는 위험추구자이나 어떤 사람들은 위험회피자이다.

- 대부분의 경영의사결정은 위험의 조건에서 이루어진다.
- 경영자가 어느 정도 정보를 갖고 있지만, 모두 아는 것이 아니고, 결과를 모르거나 확실하지 않을 때 의사결정이 이루어진다.

3) 불확실성(uncertainty)

불확실성하에서 의사결정자는 다양한 대안이나 결과에 관해 확률을 추정할 수 없다. 왜냐하면, 대안에 대한 발생가능성을 측정하는 방법을 갖고 있지 않기 때문이다. 불확실성하에서 경영자는 의사결정을 위한 합리적인 틀을 생각하기 위해 상황에 대한 어떤 가정을 해야 한다. 직관, 판단과 경험은 이러한 상황에서 중요한 역할을 한다. 예를 들면, 극한오지 탐험을 계획할 때, 전에 가본 적이 전혀 없고, 극한오지에 관하여 들어본 적이 전혀 없다면 휴대할 옷이나 음식에 관해 곤경에 처하게 된다.

- 결과의 확률을 모를 때 의사결정은 불확실성하에서 이루어진다.
- 대안, 심지어 결과를 알지 못한다.

3. 의사결정의 원리

의사결정은 다양한 상황에서 이루어진다. 상황은 확실성, 위험과 불확실성처럼 다양하고, 경영자의 지식과 경험도 매우 다르다. 또한 기업이 처한 현실적인 상황이나 기업의 핵심역량도 다르다. 그러나 기본적인 의사결정의 원리는 있다. 의사결정의 유형과 상황이 다르더라도 이러한 원리를 활용하면 문제파악과 해결대안을 찾는데 유익하다. 경영의 효과성은 의사결정의 품질과 관련이 있다. 경영자가 내리는 의사결정은 결론과 판단의 실행을 포함한다. 모든 상황에서 경영의사결정은 건전성을 확보하는 기본적인 원리, 즉 정의, 증거와 확인의 원리를 따라야 한다.

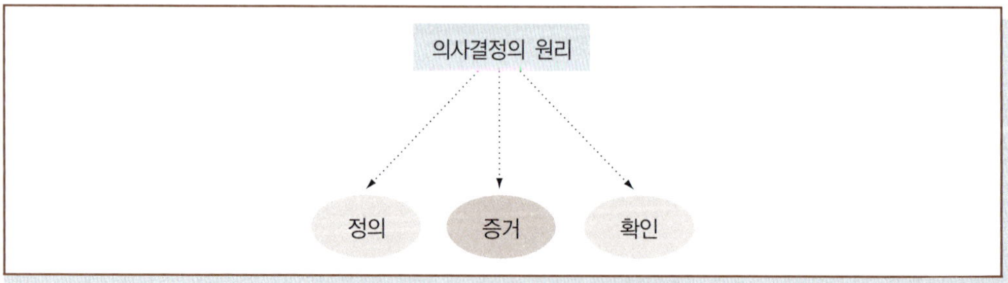

| 그림 6-2 | 의사결정의 원리

1) 정의의 원칙(principle of definition)

실제적인 문제가 철저한 관찰과 신중한 주의로 정의될 때만이 논리적 의사결정이 이루어질 수 있다. 문제나 목적이 무엇인지를 정확하게 찾아낼 수 없는 경영자의 무능으로 시간과 노력이 낭비된다. 잘 정의된 문제는 반은 해결된 것이나 다름이 없다.

2) 증거의 원리(principle of evidence)

의사결정을 성급하게 해서는 안 된다. 판단을 위해 적절한 사실이 존재해야 한다는 의미로 증거에 근거해야 한다. 문제가 되는 사실이 수집되고, 상황을 분석하기 위해 신중한 주의를 기울일 때 의사결정의 기본적인 작업이 이루어진다.

3) 확인의 원리(principle of identity)

다양한 관점으로 문제를 분석하는 것이다. 동일한 대상이라도 사람에 따라서 다르게 보이거나 동일한 사실의 중요성도 시간에 따라서 다르다. 의사결정자는 다른 관점을 고려해야 하고, 사건이 일어나는 동안 시간의 상대적 중요성을 간파해야 한다. 둘 이상의 사람들이 포함된 집단의사결정인 경우 의사결정이 이루어지기 전에 각자의 견해는 신중하게 고려하고, 다른 원천을 점검하는 것이 필요하다.

Sense 경영관련회의 직접 주관하는 구본준

구본무 회장이 주관했던 전략보고회 등 계열사들의 주요 의사결정 회의를 구본준 부회장이 앞으로 직접 책임진다. 구본무 회장은 지주회사 ㈜LG의 대표이사 및 이사회 의장으로서 중요 사업 포트폴리오 관리 및 최고경영진 인사 등 LG 회장으로서 큰 틀에서의 의사결정 및 주요 경영 사안을 챙긴다. 구 부회장의 역할 확대는 글로벌 저성장 기조 장기화, 대외 거시경제 불확실성 증가 등 어려운 경영환경 속에서 자회사들이 사업경쟁력을 높일 수 있는 변화와 혁신 추진을 지원하고 가속화하기 위한 차원이다. 그룹 측은 "자동차부품과 에너지솔루션 등 신성장사업 분야에서 적극적인 사업전개와 효율적인 성과창출을 위해 LG전자, LG디스플레이, LG상사 등 주력 계열사 CEO를 역임했던 구 부회장의 경험과 추진력의 지원이 필요하다는 구본무 회장의 판단에 따른 것"이라고 설명했다.

출처: 헤럴드경제 2016.12.01

4. 의사결정의 유형

의사결정과 문제해결은 다양한 상황에서 다양한 대안을 분석하고, 적절한 행동의 과정을 선택하고, 필요한 행동을 추가하는 지속적인 과정이다. 이러한 의사결정의 형태는 정형성, 사고방식, 전략과 전술에 의한 구분이 있다. 정형성에 의한 구분은 정형적 의사결정과 비정형적 의사결정이 있고, 사고방식에 의한 의사결정의 유형은 지시적 의사결정, 분석적 의사결정, 행동적 의사결정과 개념적 의사결정이 있고, 전략과 전술에 의한 분류는 전략적 의사결정과 전술적 의사결정이 있다.

1) 사이먼의 분류

사이먼(Herbert A. Simon)은 행동과학적 조직론을 창시한 경영학자로 조직의 체계적 이론을 확립하여 의사결정자의 모델을 제시하여 노벨경제학상을 수상하였다. 그는 의사결정의 유형을 의사결정이 반복적으로 이루어지는가 여부에 따라 분류한다. 즉, 일상적이고, 반복적으로 발생하는 구조화된 의사결정은 정형적 의사결정, 독특하고, 비구조화, 일회성 의사결정은 비정형적 의사결정이다.

(1) 정형적 의사결정

정형적 결정(programmed decision making)은 선례에 따라 반복적으로 이루어지거나 문제해결을 위한 절차나 모델이 이미 만들어져 있어, 기존 정책설계의 틀을 이용할 수 있는 의사결정이다. 이것은 표준적인 운영절차나 잘 정의된 방법을 사용한다. 의사결정은 일상적이거나 자주 일어나는 상황이다. 동일한 상황이 발생할 때 수행되는 과정이나 절차를 열거한다. 이러한 정형적 순서와 방법은 조직에서 표준이 되는 규칙, 절차와 정책의 구성이 된다.

(2) 비정형적 의사결정

비정형적 의사결정(non-programmed decision making)은 독특하고, 비구조화, 일회성 의사결정이다. 즉, 문제의 구조화 정도가 낮고, 선례가 없어 문제가 발생할 때마다 설계를 새롭게 하는 의사결정이다. 선례나 업무처리 규칙 등이 없고, 프로그램되어 있지 않기 때문에 처음부터 형성 과정을 밟아 대안을 선택하는 의사결정이다. 판단, 직관과 창조성과 같은 기법으로 이루어지고, 예외적이고, 기대되지 않고, 독특한 문제를 다룬다. 비정형적 의사결정의 특징은 진기하고, 비반복적이거나 이미 만들어진 해법은 이용할 수 없는 점이다. 의사결정이 중요하고 장기적인 결과를 갖기 때문에 최고경영층에 의해서 이루어진다.

|표 6-1| 정형적 의사결정과 비정형적 의사결정의 특징

특성	정형적 의사결정	비정형적 의사결정
발생빈도	반복적, 일상적	새롭거나 특이
결정대상	분명, 단순, 구체적	모호, 애매, 복잡
주어진 정보	충분, 분석용이	부족, 분석난이
결정의 중요성	비교적 덜 중요	중요
결정자 직책	하급층, 개인	경영진, 고위층, 집단
결정영향	단기적	장기적
결정방식	규정, 정책	판단력, 창의력
과거경험	대	소

2) 사고방식에 의한 의사결정의 유형

의사결정 유형은 문제해결에 대한 개성과 접근방법에 따라 다양하다. 모든 지도자나 경영자는 경험, 배경과 능력에 의해 개별적인 의사결정 유형을 갖고 있다. 사고방식에 의한 의사결정은 지시적 의사결정, 분석적 의사결정, 행동적 의사결정과 개념적 의사결정으로 분류된다. 지시적 의사결정(directive decision making)은 다른 사람과 상의하고, 정보를 찾고, 논리와 아이디어를 사용하는 것이 중요하지 않다. 분석적 의사결정(analytical decision making)은 많은 정보를 찾고, 많은 대안, 사실과 상세한 정보를 고려한다. 행동적 의사결정(behavioral decision making)은 참여적 관리를 믿고, 부하의 성취를 고려하고, 그들로부터 제안을 받는다. 개념적 의사결정(conceptual decision making)은 모호성을 높게 허용하고, 직관적인 의사결정으로 많은 대안을 찾고, 장기적인 결과에 집중한다.

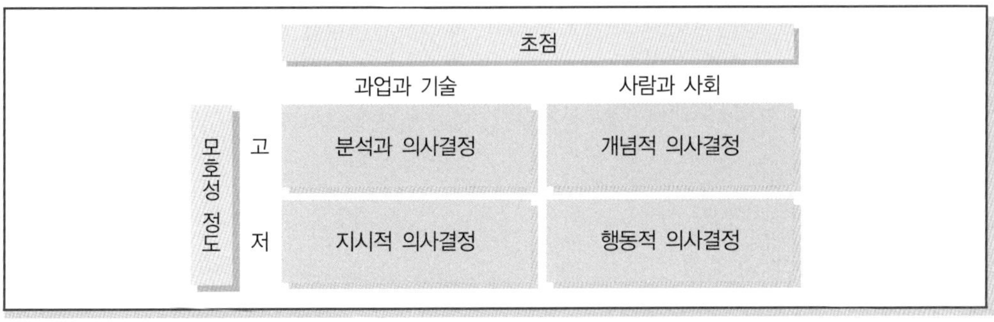

|그림 6-3| 사고방식에 의한 의사결정의 유형

| 표 6-2 | 사고방식에 의한 의사결정의 특징

유형	특징
지시적 의사결정	• 다른 사람과 상의하고, 논리와 아이디어를 사용하는 것이 중요하지 않다. • 대안을 평가하고, 제한된 정보를 고려하고, 직관적이다. • 의사결정 속도가 빠르고, 단기적인 결과에 집중한다.
분석적 의사결정	• 많은 정보를 찾고, 많은 대안, 사실과 상세한 정보를 고려한다. • 독특한 상황에 적응하거나 대처하는 능력을 갖고 있다. • 의사결정에 신중하고, 합리적이다.
행동적 의사결정	• 참여적 관리를 믿고, 부하의 성취를 고려하고, 그들로부터 제안을 받는다. • 토론과 회의를 통해서 부하로부터 정보를 받으려고 한다. • 다른 사람의 수용이 중요할 때 갈등을 피하거나 해결한다.
개념적 의사결정	• 사고방식이 직관적이고, 모호성을 높게 허용한다. • 많은 대안을 찾고, 장기적인 결과에 집중한다. • 창조적인 해결안을 도출한다.

3) 전략과 전술에 의한 분류

경영자는 의사결정에 책임이 있고, 경영자의 의사결정은 기업의 성공과 실패에 큰 영향을 미친다. 따라서 의사결정은 기업의 목적을 달성하기 위해 가장 바람직한 대안을 찾는 일이다. 경영자는 의사결정을 할 때 다양한 상황에 처하게 된다. 이러한 상황은 항상 동일하지 않고, 경영자의 여러 가지 요인에 의해서 의사결정에 영향을 준다.

(1) 전략적 의사결정

전략적 의사결정(strategic decision)은 조직의 목적을 달성하기 위해 기업의 외부환경에 적응하기 위한 자원의 할당과 관련된 행동의 선택이다. 예를 들면, 신규사업의 결정, 신제품개발, 조직의 구조개편, 기업목표의 수립 등이다. 목표를 달성하기 위한 전략을 개발하고, 관찰된 결과에 근거하여 전략을 변경하는 계속적인 과정이다.

- 조직의 비전, 사명과 가치 지원
- 중요한 자원할당 효과
- 의사결정을 위한 선례 설정
- 간헐적 발생
- 조직의 경쟁력에 중요한 영향
- 경영층의 수준

(2) 전술적 의사결정

전술적 의사결정(tactical decision)은 일상적이고 반복적인 의사결정이다. 전략적 결정에 근거하고, 정형화되어 있는 관리자 수준의 의사결정이다. 전술적 의사결정의 결과는 단기적이고, 조직의 좁은 부분에 영향을 준다.

- 조직을 위한 공식화와 정책의 실행
- 사업단위나 제품의 마케팅과 같은 특정한 사업기능에 영향
- 관리자 수준의 의사결정

(3) 운영적 의사결정

운영적 의사결정(operational decision)은 종업원들이 조직을 운영하기 위해서 일상적으로 하는 의사결정이다. 즉, 자원의 능률과 효율을 극대화하기 위한 자원배분, 일정계획, 업무감독과 관리활동이다. 예를 들면, 레스토랑에서 종업원들이 고객으로부터 불평을 받을 때 무료 디저트를 제공하는 결정을 한다. 레스토랑의 소유자는 더 좋은 고객 서비스를 위한 전략적 의사결정을 한다. 레스토랑의 관리자는 전술적 결정인 고객불평을 다루기 위해 무료 디저트 정책을 실행한다. 고객의 불평을 받든 관계없이 레스토랑의 종업원들은 매일 개인적인 의사결정을 한다.

| 표 6-3 | 의사결정의 특성 비교

유형	전략적 의사결정	전술적 의사결정	운영적 의사결정
범위	전체조직	사업기능, 사업단위, 제품	일상 업무
변화정도	대	중	소
자원 관계	대	중	소
특징	복잡, 불확실, 비구조화	덜 복잡, 구조화, 개별적	단순, 일상, 높은 구조화
결정수준	이사회	관리자	종업원
발생빈도	장기적 영향 저빈도, 비반복	중간적 영향 규칙적, 다빈도	일별이나 주별 발생 단기적 영향
사례	회사합병, 신제품개발, 조직 다운사이징	종업원 동기부여, 신제품 출시	동료와의 의사소통, 제품 설명, 고객불만 처리

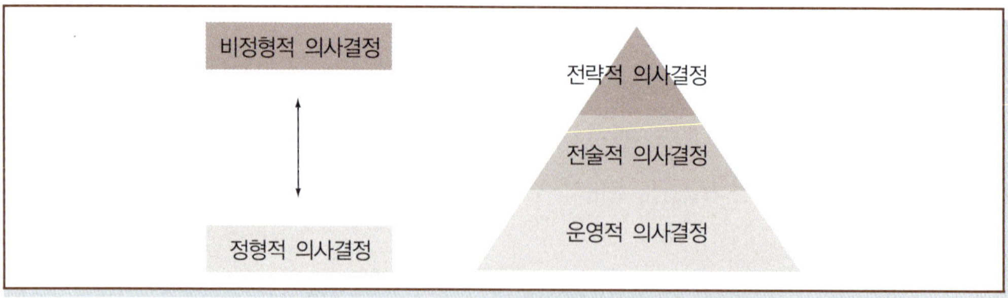

| 그림 6-4 | 정형성 여부에 따른 위계적 의사결정

제2절 의사결정 모형

1. 합리적 의사결정 모형

의사결정은 바라는 결과를 달성하기 위해 많은 대안으로부터 최적 대안을 선택하는 과정이다. 경영자가 내리는 의사결정이 항상 올바른 것은 아니고, 부적절한 의사결정으로 인식할 때가 있다. 의사결정자는 자신의 결정에 대해 갈등이 나타날 수 있다. 이 때 나타나는 반응은 결정의 철회, 실행의 축소와 결정의 재확인이 있다.

- 결정의 철회: 판단 실수를 인정하고, 새로운 대안을 모색한다.
- 실행의 축소: 의사결정의 실행규모를 축소하든가 지연한다.
- 결정의 재확인: 결정의 긍정적인 면을 강조하고, 올바른 결정으로 확신한다.

의사결정 모형은 합리적 의사결정 모형, 제한된 합리성 모형, 정치적 의사결정 모형과 행동적 비합리적 의사결정 모형 등 있다. 인간의 의사결정은 합리적인 것이 아니라 제한된 합리성에 따라 의사결정을 한다. 합리성은 완벽한 추론자에 의한 결정이지만, 인간은 완벽한 추론자가 아니다. 완벽한 추론자는 동시에 모순되는 사물을 믿지 않는다. 신념은 논리의 법칙을 따르고, 신념의 정도에서 모순을 가지고 있지 않다. 예를 들면, 인간은 이야기가 상세할 때 종종 어떤 이야기가 타당하다고 생각하지만, 완벽한 추론자는 상세할 때 타당하지 않다고 안다. 완벽한 추론자는 자신의 신념이나 희망과 일치하지 않는 것을 선택하지 않는다.

1) 합리성의 개념

의사결정에서 중요한 문제는 합리성이다. 합리성은 목적을 인식하고, 목적이 수행되는 수단을 평가할 때 이치에 맞고, 비감정적이고, 논리적인 접근을 하는 능력과 의지이다. 합리성은 논리(logic)나 추론(reason)을 의미한다. 합리성(rationality)은 결론에 이르거나 문제를 해결할 때 경험과 감정이 아니라 사실이나 추론에 근거하는 논리적, 객관적, 체계적인 방법을 사용하는 사고이다. 객관적이고, 합리적인 맥락에서 의사결정자는 완전한 지식에 의해서 문제, 기회와 대안을 명확하게 알고 있다. 사이먼(Herbert A. Simon)은 합리성을 실질적 합리성과 절차적 합리성으로 구분한다. 실질적 합리성(substantive rationality)은 목표에 적합한 행동이 선택되는 것을, 절차적 합리성(procedural rationality)은 결정과정이 추론에 따라 이루어지는 것을 의미한다.

- 합리성: 논리적, 객관적, 체계적인 방법을 사용하는 사고
- 실질적 합리성: 목표에 적합한 행동이 선택되는 것
- 절차적 합리성: 결정과정이 추론에 따라 이루어지는 것

2) 합리적 의사결정 모형의 특징

합리성 모형은 조직에 가치를 최대화하는 최적 선택의 논리에 근거한다. 경영의사결정은 합리성을 가정한다. 경영자들은 대안, 결과와 의사결정 기준을 알고 있고, 최적 선택을 하고, 이를 실행할 능력이 있다. 합리적인 사람의 정신 상태는 주어진 맥락에서 자신의 경험과 일치하고, 일관된 신념, 수단과 결과분석에 의한 목적이 있는 행동, 비용편익 분석에 의한 의사결정, 전반적인 최적화 접근 등으로 특징짓는다.

합리적 의사결정(rational decision making)은 근거와 사실에 의해 가능한 대안 중에서 체계적으로 선택하는 방법이다. 합리적 의사결정은 경영자들이 특정한 행동과정을 선택하기 전에 관련된 사실, 관찰과 가능한 결과를 검토하기 위한 분석적인 단계를 사용한다. 합리적 의사결정 모형은 의사결정자가 완전히 합리적인 것이 특징이다. 의사결정자가 완전히 합리적이라면, 완전한 정보를 갖고 있고, 모든 대안을 알고, 모든 결과를 파악하고, 완전한 선호를 확립한다. 의사결정과정의 단계는 각 의사결정의 문제에 대한 해결안을 극대화하는 대안을 선택하게 된다. 다음은 합리적 선택 과정의 특징이다.

- 대안이 많이 알려져 있다.
- 각 대안은 가능한 결과를 산출한다. 이러한 결과는 알려져 있고, 계량화할 수 있다.

- 결과를 순위화하고, 대안을 선택할 수 있는 선호나 효용 체계를 갖고 있다.
- 경영자는 대안을 분석하거나 모든 결과를 생각할 시간이나 돈이 좀처럼 없다.

3) 합리적 의사결정 모형의 비판

합리적 선택(rational choice)의 기본적인 전제는 인간의 행동은 합리적 추정에 근거하고, 의사결정할 때 합리성으로 행동하고, 선택은 자신의 즐거움이나 이익을 최적화하는 것을 목적으로 한다. 경영자는 가장 효과적인 대안을 선택할 때 객관적이고, 지식이 많은 사람이라고 가정한다. 따라서 합리적 의사결정은 다음과 같은 전제 사항이 있다.

- 인간의 경제적인 행동
- 문제에 대한 완전한 이해와 정보 존재
- 해결을 위한 모든 대안 파악
- 명확한 대안선택의 기준 존재
- 충분한 자원과 합리적인 최선의 대안선택
- 선택 대안의 행동결과 사전예측 가능

합리적 의사결정은 합리적 조직을 뜻한다. 합리적 조직은 집중화된 권력, 목표의 조화와 일치, 객관적이고 충분한 지식이 있는 구성원들을 갖고 있는 조직이다. 이러한 조직은 조직의 공동목표를 극대화하는 대안을 선택하는 경향이 있다. 합리성이 모든 조직의 구성들에게 항상 존재한다면 조직은 일관되고 합리적인 정책을 보인다. 그러나 조직은 제한된 자원의 몫을 얻기 위해 많은 정보원천을 사용하는 제휴의 복잡한 집단이다. 조직에 있는 개인들은 다양한 지각과 목표를 갖고 있고, 자신의 이익을 극대화하기 위해 행동한다. 그러나 실제로 경영자들은 대안을 분석하거나 모든 결과를 생각할 시간이나 돈이 좀처럼 없다. 따라서 다음은 합리적 모형이 비판받는 이유이다.

- 문제해결 능력의 한계
- 정보의 부족
- 시간적 · 경제적 비용
- 가치와 사실의 불일치

2. 제한된 합리성 모형

완전한 합리성은 제한이 없는 인지적 능력을 요구한다. 완전히 합리적인 사람은 모든 수학적 문제의 해법을 찾고, 즉각적으로 모든 계산을 수행할 수 있는 신비한 영웅이다. 그러나 인간의 인지적 능력은 제한적이다. 의사결정자는 정보를 평가하고 처리할 수 있는 능력, 의사결정을 할 수 있는 시간과 대안이 제한적이다. 합리적인 의사결정을 하려는 개인들조차 복잡한 상황에서 최대나 적정화보다는 오히려 선택은 만족한 선택이다.

1) 제한된 합리성의 개념

사이먼(Herbert A. Simon)은 인간은 제한된 합리성을 가지고 있다 가정한다. 인간은 제한된 정보와 능력으로 최선의 대안이 아니라 최적의 대안을 선택한다. 제한된 합리성(bounded rationality)은 적절한 목표를 일관성 있게 추구한다는 관념이다. 왜냐하면 의사결정자가 문제의 성격 및 해결책에 관한 완전한 정보를 수집하기 위한 시간과 경제적 비용, 많은 양의 정보를 기억할 수 있는 능력과 지적 수준의 한계가 있기 때문이다. 즉, 인간은 현실적으로 정보수집이나 다른 의사결정과정에서 제한된 능력으로 합리적인 의사결정을 하지 못한다. 만족스런 대안이 나온다면 인간은 제한된 합리성을 가지고 있기 때문에 어떠한 환경에서 만족할 만하거나 충분히 좋은 행동의 과정을 선택한다.

의사결정을 할 때 모든 정보를 가진 최고의 능력을 가진 사람이 최선의 대안을 선택하는 것은 아니다. 대부분 제한된 정보와 능력, 상황 하에서 최적의 대안을 선택하게 되는데 이를 제한된 합리성하에서의 의사결정이라고 한다. 경제인(economic man) 가설에서는 합리성을 가정하지만, 관리인(administrative man) 가설에서는 관리자는 제한된 합리성하에서 의사결정을 하는 존재로 인식된다. 완전하게 합리적인 방법으로 의사결정을 하는 것은 매우 어렵지만, 경영자는 제한된 합리성을 해결해야 한다. 경영자들이 실무에서 충분히 합리적이라는 것은 불가능하기 때문에 위험을 회피하거나 타협한다. 합리성은 합리적 의사결정이 매우 완벽하고 어떠한 결함도 없는 이상적인 개념이다. 그러나 합리성을 가정하는 것은 실제적인 인간행동에서 비현실적이다. 인간은 완전한 합리성을 달성할 수 없다. 따라서 인간은 만족할 만하거나 충분히 좋은 행동의 과정을 선택한다. 제한된 합리성의 원리는 다음과 같은 현실을 인정한다.

- 어떠한 사람도 과거에 영향을 주는 의사결정을 할 수 없듯이 의사결정은 미래에 작동되어야 하고, 미래는 불확실성을 포함한다.
- 과거, 현재와 미래 사건에 관한 완전한 지식과 정보를 인식하고, 기억하고, 회상하는

인간의 능력은 제한적이다. 정보는 즉시 이용할 수 없거나 자유재가 아니다.

- 인간의 인지적 제한 때문에 목표에 접근하기 위해서 따라가는 모든 대안을 아는 것이 어렵다. 전체 대안을 창안하는 것은 필요하지도 타당하지도 않다. 의사결정자의 계산 능력은 제한되어 있고 모든 대안을 분석할 수 없다.
- 의사결정 과정에 영향을 주는 주관적인 관점을 완전히 배제할 수 없다. 그래서 의사결정자는 만족할 만하고 충분한 선택에 더 많은 관심이 있다.

2) 제한된 합리성 모형의 특징

제한된 합리성은 만족의 원리이다. 만족(satisficing)은 충분히 좋은(good enough) 해결책의 수용을 뜻한다. 의사결정은 모든 가능성을 탐구하지 않고, 채택의 최소기준을 만족하는 첫 번째 대안을 선택하는 것을 뜻한다. 대부분의 의사결정은 만족할 만한(satisfactory) 대안의 발견이나 선택과 관련이 있다. 경영자들은 문제가 존재한다는 것을 종종 알지 못한다. 시간제한, 비용과 정보처리 능력에서 한계가 있고, 심지어 문제를 알 때에도 가능한 대안을 체계적으로 탐색하지 못한다. 경험, 직관, 다른 사람의 조언과 어느 정도 창조적 생각에 근거한 문제해결안을 부분적으로 창출한다.

인간의 합리성은 제한적이다. 합리적 모형에서는 조건과 가격에 의해서 제공물이 최고 가치가 있는 것을 결정한다. 제한된 합리적 모형에서는 최저가격을 충족하는 제공물을 수용한다. 만족은 감소된 의사결정의 질이 되지만 시간과 노력을 절약한다. 경영자는 열망수준과 대안의 수에 근거하여 타당하고, 충분히 좋은 해결안(feasible, good enough solution)을 결정한다. 다음은 제한된 합리성 모형의 비판점이다.

- 만족스러운 기준의 적절성
- 대안의 선택의 주관성

| 표 6-4 | 합리적 의사결정모형과 제한된 합리성모형의 비교

가 정	합리적 의사결정모형	제한된 합리성모형
• 의사결정자의 합리성	• 완전한 합리성	• 제한된 합리성
• 정보의 이용성	• 완전	• 제한
• 대체안의 선택	• 최적선택	• 만족선택
• 모형의 유형	• 규범적	• 기술적

3. 정치적 의사결정 모형

정치적 모형(political model)은 합리적 과정보다는 오히려 이해집단의 이해상충을 정치나 협상과정으로 해결하려는 의사결정과정이다. 사람들은 조직의 목적, 가치와 정보의 관련성에서 서로 다르다. 의사결정과정은 서로 다른 제휴 간의 지속적인 경쟁이다. 한 집단이 한 차례의 경쟁에서 승리하면 다른 상대방이 다음 경쟁에서 승리하기 위해 마음을 가다듬거나 더욱 단호하게 될 수 있다. 이러한 경우에 영향력과 힘은 정교한 방법과 자기 이익으로 행사된다. 제휴의 목적은 전체로써 조직을 위한 목적이 아니라 오히려 자신의 이익이다. 다음은 정치적 모형의 특징이다.

- 의사결정자는 합리적, 객관적이거나 편견이 있는 것도 아니다.
- 집단구성원들은 다른 견해를 갖고 있기 때문에 서로 협상해야 한다.
- 의사결정과정은 의사결정자들 간의 협상 순환이다.
- 협상은 힘과 선호에 근거하기 때문에 주어진 견해를 교묘하게 처리하기 위해 충분한 정보를 제공하지 않는다.
- 집단구성원들은 문제와 갈등을 예측할 수 있고, 최소화할 수 있다. 강력한 사람이 특정한 견해를 조종한다면 다른 집단구성원들은 대체로 따른다.
- 협상과 조종의 본질은 오래 지속되고, 해로운 결과를 낳을 수 있다.

정치적 모형은 단일 문제가 아니라 개인적 목적을 반영하는 조직 내 많은 문제에 집중한다. 또한 기존의 표준적 운영절차, 프로그램과 일과에 적용하는 것을 가정하지 않는다. 의사결정은 제휴(coalition) 중의 협상으로부터 생긴다. 의사결정의 개념은 목표, 가치와 이해의 다양성을 강조한다. 정치적 모형은 타협의 산물로써 갈등해결과 합의도출의 과정이 있는 의사결정이다. 문제가 변화를 필요로 할 때, 정치적 모형은 경영자가 기존 정책과 유사한 소수의 대안을 고려한다. 경영자들은 명확한 계획과 포괄적인 프로그램을 생각해내는 대신 즉각적인 압력에 반응하는 작은 변화를 추구한다. 경영자들이 정보탐색 시간과 문제정의 단계에서 소비되는 시간을 절약할 수 있다.

4. 행동적 비합리적 의사결정 모형

행동적 비합리적 의사결정은 사람들이 정보를 어떻게 처리하고, 판단을 어떻게 하는지와 관련이 있다. 의사결정자들은 영리하고, 직관적 기법을 사용할 수 있다. 또한 마음에 정해 놓은 선호하는 안으로 의사결정하며 의사결정이 생략된다. 자신을 둘러싸고 있는 현상을 스스로 통제할 수 있다거나 자신이 실제로 갖고 있는 것보다 더 많은 지식이나 정보를 갖고 있다고 착각하고, 비합리적인 선택을 한다. 이러한 통제력, 능력이나 지식의 착각으로 의사결정을 위해 두뇌는 인지적 지도를 개발하고, 다른 방식으로 사용한다.

1) 인지도와 통찰력

두뇌는 학습한 지식과 경험에 근거하여 기대나 인지적 표상을 개발한다. 인지적 표상(cognitive representation)을 인지도(cognitive map)[16]라고도 한다. 인지도를 개발함으로써 개인들은 자신의 인지유형을 갖는다. 인지유형(cognitive style)은 사람들이 관찰에 근거하여 정보를 처리하고, 조직하고, 판단이나 결론에 도달하는 방식이다. 문제를 해결하는데 도움이 되는 유용한 관계에 대해 정의하는 통찰력에 의해서 사람들은 문제를 학습하고 해결할 수 있다.

통찰력(insight)은 이전에 학습된 반응의 결합이다. 사람들은 분석을 시작하기 전에 무의식적으로 의사결정을 한다. 어떤 상황에 직면할 때, 새로운 상황과 경험이나 학습한 상황 간의 유사성을 인식하고, 이전 경험에 근거하여 상세한 것을 생략하고 가정한다. 중요한 단서, 수행할 목표와 기대를 확인함으로써 관련성이 있다는 생각을 전개한다. 상황이 이전에 경험한 상황과 정확하게 동일하지 않더라도 인식된 형태는 반응과 행동 답안을 포함하고, 상상력으로 행동을 평가함으로써 할 것과 하지 말아야 할 것을 알기 위해 떠오르는 육감에 따라 중요한 방향을 발견한다. 이러한 과정을 인지점화의사결정 모형(recognition primed decision model)이라 한다.

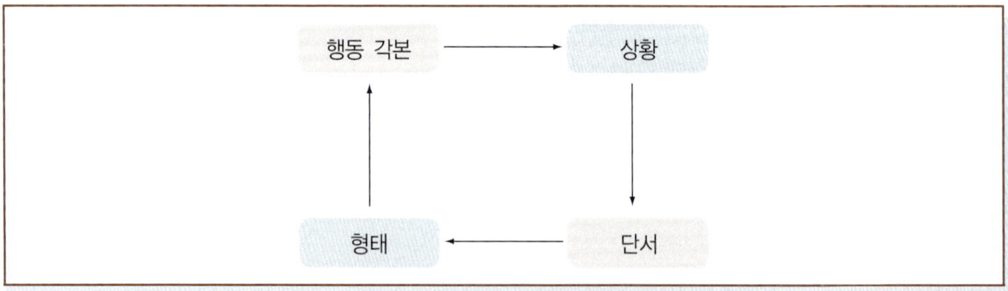

| 그림 6-5 | 인지점화 의사결정 모형

16. 어떤 행동을 했을 때 어떤 결과가 나오리라는 것을 마음속으로 미리 그려보는 마음의 지도이다. 이는 자신의 상황, 환경, 또는 경험에 의해 형성된다.

2) 직관

직관(intuition)은 분석적 사고에 근거하지 않고, 관습, 경험과 정서에서 형성되는 정신지도로써 지혜의 소리를 준다. 직관은 경영자들의 일상과업, 특히 불확실성의 수준이 높거나 정보가 불충분한 상황에서 신속하게 의사결정을 해야 할 때 중요한 역할을 한다. 인지적 형태와 직관의 역할은 경영자들이 동시에 의사결정을 필요로 하고, 신속하고 전례 없는 사업환경의 변화에서 증가하고 있다. 직관의 통합은 경영자들이 조직의 성과를 향상하는데, 특히 불안정한 환경에서 도움이 되는 중요한 전략과정의 요인이다. 다음은 경영자들이 직관을 사용하는 경우이다.

- 불확실한 상황
- 과거의 전례가 없을 때
- 자료와 정보의 부족
- 의사결정의 조건변화
- 시간압박

3) 휴리스틱 의사결정 모형

휴리스틱(heuristic)은 학습하고 개선하기 위해 경험을 사용하는 것으로 실험과 시행착오(trial-and-error)로써 학습, 발견이나 문제해결에 도움이 된다. 복잡한 방법보다 신속한 의사결정을 위해 정보를 무시하는 경험법칙(rule of thumb)이다. 즉, 복잡하고 불확실한 상황에서 해결안을 찾는데 도움이 되는 경험법칙이다. 예를 들면, 고객은 언제나 옳다. 종업원들을 성숙한 인간으로 대우한다. 의심이 들 때 가장 잘 아는 사업을 고수한다. 이러한 말들은 복잡한 의사결정을 단순화하는데 도움이 되는 규칙이다.

경영자는 최선의 결과가 되는 정확한 확률을 모르기 때문에 가능성의 판단으로부터 어떤 휴리스틱을 적용하는 경향이 있다. 휴리스틱은 경영자들이 계산을 하거나 어떤 문제를 해결하기 위한 경험법칙이다. 이것은 논리와 확률이론으로 다룰 수 없는 문제해결을 위한 유용하고 필수적인 인지적 과정이다. 그러나 판단과 직관이 있는 휴리스틱은 복잡한 문제를 과도하게 단순화하거나 의사결정에 편견을 도입하는 경향이 있다.

의사결정과정은 장황하고 복잡하다. 그래서 소비자들은 휴리스틱(heuristic)이나 의사결정기준(decision making rules)을 사용한다. 지침으로 이전 경험을 사용함으로써 위험을 감소시키는 간단한 'If then rule'[17]이 있다. 예를 들면, 낯신 도시를 방문하는 해외 여행객

---

17. 자극의 속성을 관계 지을 때, 만약 …라면(if … then)이라는 논리적 관계를 양방향 모두에 이용한 이중 조건 법칙(biconditional rule).

은 지역주민들이 가장 좋은 식당을 안다는 이유로 현지인이 가득 찬 음식점에 식사를 하는 발견적 학습법을 갖고 있다. 경험법칙은 세 가지로 분류된다.

- 탐색휴리스틱(search heuristic): 정보를 발견해 내는 규칙과 관련이 있다.
- 평가휴리스틱(evaluation heuristic): 대안을 평가하는 것이다.
- 선택휴리스틱(choice heuristic): 대안의 선택이다.

4) 쓰레기통 모형

코헨(M. Cohen) 등이 주장한 쓰레기통 모형(garbage can model)은 의사결정이 일정한 규칙에 따라 이루어지는 것이 아니라 문제, 해결책, 선택 기회, 참여자의 흐름(streams) 등 4가지의 구성요소가 제각기 시간을 달리하며, 우연히 한곳에 들어와 모여질 때 비로소 통일된 하나의 의사가 결정될 수 있다고 보는 모형이다. 즉, 의사결정은 정연한 분석과 평가과정의 산물이 아니라 여러 가지 상호 독립적인 요인의 흐름 속에서 빚어진 결과나 해석이다.

Sense 의사결정을 방해하는 오류

조선·해운업계 구조조정이 지지부진하다는 평가가 지배적이다. 오래전부터 예견된 사태임에도 불구하고 대책에 나선 시점, 속도, 주체, 과정 등에서 총체적인 질타를 받고 있다. 과거 GM, 일본항공 등이 빠르고 적절한 의사결정으로 성공적인 구조조정을 한 사례와 대비된다. 빠르게 바뀌는 현대 경제·경영 환경에서 의사결정의 적절성과 속도는 기업과 국가경쟁력의 핵심이다. 신속하고 스마트한 의사결정은 많은 사회과학 학자의 끊임없는 연구 대상이다. 다임러벤츠의 전임 최고경영자 위르겐 슈렘프는 반대를 무릅쓰고 크라이슬러사를 합병했다가 9년 만에 헐값에 되팔았다. 이렇게 자신의 분야에서 최고 경력을 쌓은 전문가들도 종종 치명적인 오류를 범한다. 의사결정은 패턴인식(pattern recognition)을 통해 상황을 판단하고 기억 속에 붙어 있는 감정적 꼬리표(emotional tag)에 근거해 특정 반응을 보이는 과정을 거친다.

출처: 한국경제 2016.10.07

문제(problems)의 흐름은 사람들이 갖는 관심 사항을, 선택(choices)의 흐름은 결정을 위한 기회의 흐름을, 해결(solutions)의 흐름은 문제에 대한 해결책을 가리킨다. 그리고 참여자(participants)의 흐름은 조직의 참여자들이 바치는 노력의 정도를 뜻한다. 네 가지 구성요소는 완전히 독립적인 것은 아니지만, 각각은 서로 어느 정도 독립적이며 체제 외생적이다. 구체적으로 어떤 결정이 이루어질 것인지는 이러한 요인들 하나하나가 흐르는 유형과 비율, 관련된 절차에 의존한다.

제3절 의사결정 도구와 과정

1. 의사결정 도구

우수한 의사결정을 위해 경영자들은 정성・정량정보와 의사결정을 위해 정보를 평가하는 과정을 갖고 있어야 한다. 또한 자료를 분석하고, 의사결정할 때 내・외부환경을 지속적으로 추적함으로써 변변치 못한 의사결정을 할 위험을 감소할 수 있다. 대안을 개발하는 도구를 활용하여 가능한 많은 대안을 창안하고, 이 대안에서 최적의 대안을 선택한다. 의사결정자가 적절한 선택을 위한 정성기법은 의사결정의 전반적인 품질을 향상하는데 사용된다. 대부분의 조직에서는 개인의 결정보다는 집단의사결정을 한다. 집단에 의해 도출된 의사결정은 개인의 의사결정과는 다르다. 집단구성원들이 다수결, 설득, 참여 등을 통하여 이루어지는 의사결정이다. 집단의사결정은 개인보다 정확성과 창의성이 더 높지만, 문제해결 시간이 길게 소요된다.

1) 악마의 옹호자법

악마의 옹호자(devil's advocacy)는 가톨릭에서 한 인물을 성인으로 인정할 때 그의 업적과 순교가 과연 성인의 지위에 합당한 것인가에 대해 판단하기 위해 성인의 반대편 입장에서 그를 논박하는 역할을 맡은 성직자에게 주어지는 칭호이다. 여기서 유래된 악마의 옹호자는 한 집단에 있어서 고의적으로 집단이 하는 주장과 반대편에서 집단의 주장이 타당한지를 검증 또는 반론을 제기하는 악역을 담당하는 사람을 말한다. 악마의 옹호는 과도한 순응이나 집단사고와 싸우는 좋은 방법이다. 어떤 구성원은 악마의 옹호자를 하고, 다른 집단 구성원의 견해에 이의를 제기한다.

옹호자는 유능하고 믿을 수 있는 집단구성원으로 선발한다. 악마의 옹호자는 집중해야 할 문제해결과정이 어딘지를 결정한다. 집단구성원이 가능한 해결책을 평가할 때 문제해결 국면 동안만 사용될 수도 있다. 비록 다른 구성원이 해결에 이르는 정보와 아이디어에 집중하더라도 악마의 옹호자의 과업은 견해와 상반되는 정보와 의견을 표명하는 것이다. 즉, 도전을 쟁점화하는 것이다. 악마의 옹호자는 현안 주장에 사용된 자료나 논리에 있어서 비일관성, 비관련성이나 부정확성을 지적할 수 있다. 다음은 악마의 옹호자법 진행절차이다.

- 토론 사안의 결정: 결정할 사항이나 문제의 정의
- 반론자 임명: 참여 집단을 둘로 나누거나 집단구성원 중 반론자 임명
- 의견 제시: 결정할 사안에 대하여 의견을 제시하고, 최선의 2~3개 안으로 수렴
- 반론자에게 설명: 수렴된 의견을 지명 반론집단에게 이유와 효과 설명
- 반론제시: 반론집단은 논리적 허점과 최악 성과 무조건적으로 반론 제시
- 최적의 대안: 해결책을 찾을 수 있도록 대안을 찾을 때까지 반론 진행
- 최종안 결정: 제시된 모든 반론을 감안한 최종안 결정

| 표 6-5 | 악마의 옹호자법의 장점과 단점

장점	단점
• 발생가능한 모든 문제점을 고려하여, 실행 가능한 의사결정이 가능하다. • 사용방법이 쉽다. • 내부 문제를 쉽게 파악할 수 있다. • 집단사고현상을 방지할 수 있다.	• 반대를 고의적으로 지적하는 것이 심리적인 부담이다. • 전문적 집단이 아닌 경우 해결방법이 모호할 수 있다.

2) 명목집단 기법

명목집단 기법(nominal group technique)은 의사결정을 하는 과정에서 논의하거나 대화하는 것을 금지하여 명목상의 집단이라는 데에서 붙여진 명칭이다. 테이블에 둘러앉아 종이에 아이디어를 기록하고, 각자가 생각한 아이디어를 발표한 후 비밀투표로 우수한 안을 선택한다. 이 때 최다득표 안이 채택된다. 비교적 구조화된 상황에서 문제와 해결책을 집단이 토의한다. 이 기법은 새로 형성된 집단과 구성원들 간에 신분과 커뮤니케이션의 능력이 차이가 있는 집단에 유용하다. 다음은 명목집단 기법의 진행절차이다.

- 집단구성원들이 테이블에 둘러앉되 서로 말은 하지 않는다.
- 각 구성원들은 아이디어를 종이에 적는다.

• 자신의 아이디어를 발표하고, 사회자는 칠판이나 큰 차트에 적는다.
  이때 아이디어에 대한 토의는 하지 않는다.
• 자신의 아이디어를 보충 설명하거나 지지 이유를 말할 수 있다.
• 각 구성원들은 제시된 아이디어에 대한 순위를 묻는 비밀투표를 실시한다.
• 최다득표를 얻은 안이 채택된다.

| 표 6-6 | 명목집단 기법의 장점과 단점

장점	단점
• 구성원 간의 갈등이 적고, 소수의 지배가 배제된다. • 아이디어 도출과 평가의 분리로 창의적 개발이 가능하다. • 의견 불일치로 인한 논란이 적다. • 다양한 아이디어 도출이 가능하다. • 의사결정의 종결이 확실하다.	• 지식이 확실한 리더가 필요하다. • 구성원들이 아이디어를 정확히 표현할 능력이 필요하다. • 정보와 자료들의 사전준비가 필요하다. • 의사결정과정의 구조화로 문제를 바꾸거나 수정하기가 어렵다. • 한 번에 하나의 문제만을 다룬다.

3) 브레인스토밍

브레인스토밍(Brain Storming)은 400여 년 전 인도의 힌두교 교리를 가르칠 때 사용된 교수 방법을 토대로 오스본(Alex F. Osborn)이 창안한 기법이다. 브레인스토밍은 뇌에 폭풍을 일으킨다는 뜻으로 어느 한 주제에 대해 다양한 아이디어를 공동으로 내놓는 집단토의 기법이다. 이떤 구체적인 문제에 대한 해결방안을 생각할 때, 비판이나 판단 없이 질을 고려하지 않고 머릿속에 떠오르는 대로 가능한 많은 아이디어를 창출하는 방법이다. 이 방법은 문제해결에 유용하다고 생각되는 정보를 권위, 책임이나 고정관념에 빠지지 않고 자유분방하게 끄집어내는 것으로 언어의 논리구조에 제약되는 좌뇌보다는 오히려 이미지, 유추, 비유 또는 패턴 형식의 인식 등을 담당하는 우뇌를 활동시키는 것이다. 다음은 브레인스토밍의 4가지 규칙이다.

■ 비판금지(deferment-of-judgment)
  • 산출 아이디어에 대해서 끝날 때까지 평가나 판단을 금지한다.
  • 어떤 것이든 말하며 부적절한 제안이라도 평가나 비판하지 않는다.
■ 다다익선(quantity yield quality)
  • 아이디어의 수준에 관계없이 가능한 많이 산출하도록 한다.
  • 아이디어의 질보다 많은 양의 아이디어를 산출한다.

■ 자유분방(free-wheeling)
- 과거의 지식, 경험, 전통 등에 관계하지 않고 자유롭게 아이디어를 산출한다.

■ 결합과 개선(combination and improvement)
- 제안된 아이디어에 다른 아이디어를 결합, 개선하여 새로운 아이디어를 창출한다.

| 표 6-7 | 브레인스토밍의 장 · 단점

장점	단점
• 구성원들 간의 의사표시가 자유롭고, 창의성이 유발되고, 소수의 의견이 무시되지 않는다. • 구성원들의 아이디어를 통해 새로운 시각을 자극받고 학습할 기회가 생긴다. • 다량의 아이디어를 도출할 수 있다. • 소수에 의한 지배가 이루어지지 않는다.	• 자유로운 분위기를 조성하기 쉽지 않다. • 결론 도출보다 집단의 합의에 집중한다. • 개별적인 아이디어들의 구조화가 어렵다. • 아이디어를 이해하기 위한 시간부족으로 엉뚱한 아이디어가 제시될 수 있다. • 복잡한 문제를 깊이 있게 논의하는 데는 부적합하다.

아이디어 생성을 위한 진행시간이나 아이디어의 수를 미리 정할 수 있다. 아이디어를 정리한 후 하나씩 평가과정을 거쳐 좋은 아이디어를 선택한다. 소심한 참여자들이 많은 경우에는 Brain Writing으로 변경할 수 있다. 다음은 브레인스토밍의 진행절차이다.

■ 집단의 크기: 5~12명(투표를 위해 홀수가 좋음)
■ 집단의 구성: 구성원의 성별, 연령이나 수준을 균등하게 구성하여 문제에 대해 다양하고 폭넓은 시각을 갖고 다양한 아이디어를 산출한다.
■ 사회자: 많은 아이디어를 발표할 수 있도록 자유스럽게 진행한다.
■ 기록자: 발표 내용을 빠뜨리지 않고 핵심단어로 기록한다.

4) 델파이법

델파이(Delphi)는 유명한 아폴로 신전이 자리 잡고 있었던 고대 그리스의 도시 이름이다. 미국의 Rand사의 Dalkey와 동료들에 의해 개발된 기법인 델파이법(Delphi method)은 전문가의 패널들이 익명으로 예상을 제공하고, 논평하고, 그런 다음 이것들을 결합하여 패널 구성원들에게 보내는 방법이다. 집중적인 설문을 통해 여러 전문가로부터 의견을 수렴하여 일치된 의견이나 예측을 도출하는 기법이다. 이러한 과정은 합의에 도달할 때까지 반복된다. 이 방법의 목적은 패널들의 익명을 유지함으로써 사회적 압력의 영향을 최소화하기 위한 것이다. 이것은 최초 예측에서 편견(bias)을 회피하기 위한 방법이다. 델파이법은 많은 예측을 만들 필요가 있을 때 시간이 많이 소모되고 상황에 적절하지 못하다. 다음은 델파이법의 장점이다. 패널들은 설문지를 통해서만 의견이 교환되기 때문에 익명성이 보장된다. 대세(bandwagon effect)[18]에 편승하여 발생할 수 있는 상호영향이나 타협을 배제할 수 있다. 응답결과를 통계·분석하여 중앙값과 분포를 표시할 수 있다. 다음은 델파이법의 진행 절차이다.

- 패널을 구성한다.
- 조정자는 1차 설문지를 작성하여 각 패널들에게 배포한다.
- 조정자는 1차 설문지에 대한 회답을 수집하여 정리한다.
- 조정자는 편집된 결과를 토대로 2차 설문지를 작성한다.
- 조정자는 2차 설문 조사결과를 패널들에게 보내고, 패널들이 예측치와 비교하여 새운 예측치를 서면으로 제출하고, 조정자는 이를 분석한다.
- 전체의 의견이 충분히 수렴될 때까지 위의 과정을 3~6회 정도 반복한 뒤 최종 결 분석한다.

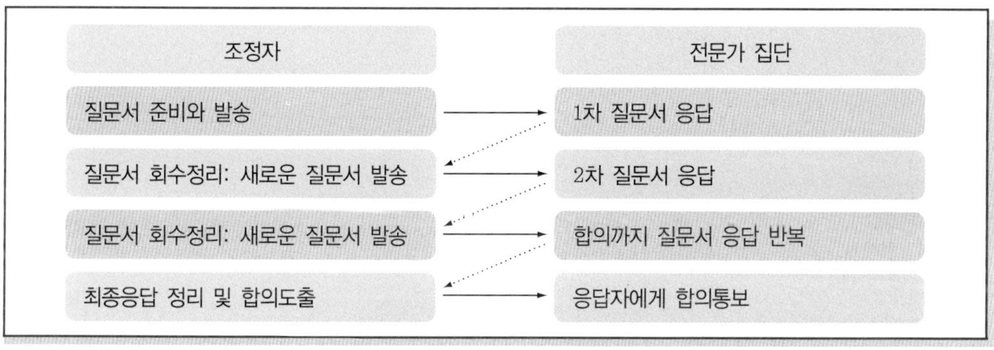

| 그림 6-6 | 델파이법 진행절차

5) 시네틱스

시네틱스(synectics)는 서로 관련 없는 요소들의 결합을 의미하는 희랍어의 synecticos에서 유래했다. 이는 시네틱스사를 창립한 고든(W. Gordon)이 개발한 것으로 유사한 문제의 인식을 촉진하는 것이다. 여러 개의 유추(analogy)로부터 아이디어나 힌트를 얻는 방법이다. 이는 이질순화(異質馴化: 낯선 것을 친숙한 것처럼)와 순질이화(馴質異化: 친숙한 것을 낯선 것처럼)의 과정이다. 서로 다르고 언뜻 보기에 관련이 없는 것 같은 요소를 연결시킨다. 어떤

18. 유행에 따라 상품을 구입하는 소비현상, 유행을 따라가는 집단행동.

사물과 현상을 관찰하여 다른 사상을 추측하거나 연상하는 것이다. 친숙한 것을 이용해 새로운 것을 창안하는 것과 친숙하지 않은 것을 친숙한 것으로 보는 것이다. 고든은 비유를 활용한다. 비유는 사물, 현상, 사건 등의 유사, 비교 등의 관계를 나타내는 것으로 비유를 통해서 특정 사물과의 개념적 거리를 느끼고, 고정관념을 깨뜨리고 새로운 대안을 창출할 수 있다. 상상력을 동원해서 특이하고 실질적인 문제전략을 이끌어내는데 유용하다.

| 표 6-8 | 시네틱스의 진행절차

① 문제제시: 팀원에게 문제를 제시한다.
② 해결목표의 설정: 해결해야 할 문제를 목표의 형태로 구체적으로 기록한다.
③ 유추요구의 질문: 사회자는 목표에 근거 유추한 것에 어떤 것이 있는지 질문한다.
- 직접유추(direct analogy): 창조하려는 대상과 다른 것을 선택하여 두 대상을 직접 비교 검토하는 것(우산으로 낙하산의 원리 파악)
- 의인유추(personal analogy): 자신이 해결하려는 대상이 되어 보는 것(자신이 직접 자동차가 되어 차가 겪는 어려움 생각하기)
- 상징적 유추(symbolic analogy): 두 대상물 간의 관계를 기술하는 과정에서 상징을 활용(센스 경영학은 성공의 천사이다)
- 환상적 유추(fantasy analogy): 환상적이고 신화적인 유추(하늘을 나는 자동차)

④ 유추선택: 각 도출된 안들 중 과제해결에 사용할 수 있는 것 선택
⑤ 유추검토: 해결목표에 따라 상세한 힌트를 찾고, 검토한다.
⑥ 가능성 연결: 도출안을 현실적으로 쓸 수 있는 아이디어로 연결한다.
⑦ 해결책 작성

Sense **고객들은 종종 비논리적이다. 왜 도요타 대신 렉서스를 거의 배로 구입하는가?**

두 모델은 많은 동일한 구성부품에 동일한 차대로 제작되어 있다. 거의 동일한 해결책을 제공할 때 왜 다른 서비스 제공자의 비용견적을 찾고, 가장 비싼 제안을 선택할까?

고객들은 제품이 전달할 것으로 믿는 약속, 희망이나 만족을 구매한다. 자동차가 전달하는 위신과 고급의 느낌으로 고급세단을 선택한다. 권위 있는 고객명부에 자신의 이름이 있는 것을 좋아하기 때문에 법률, 광고나 회계 서비스를 위해 최고가를 지불할 뿐만 아니라 저가견적보다 고가견적을 더 신뢰하고 좋아한다. 회사가 그들을 좋게 느끼게 하기 때문에 제품을 구매한다. 그래서 단순히 특징이나 가격을 적합하게 함으로써 경쟁자의 고객을 유인할 수 있다고 생각하는 것은 어리석다.

제품특징, 서비스나 심지어 가격표를 언급함으로써 사람들은 여러 가지 비논리적인 이유로 구매를 결정하고, 그런 다음 구매를 정당화하고 합리화한다. 제품이 요청가격에 공정한 거래라고 믿게 하는 무

형적이고, 불가능하게 정의하는 가치를 보기 때문에 고객들은 구매한다. 가치는 소비자들이 거래하는 사람을 좋아하는 단순한 사실과 관련이 있다. 개인적 관계의 힘을 과소평가해서는 안 된다. 구매의사결정은 가격과는 거의 드물고, 가치에 관한 것이다. 가격은 고객들이 제품을 평가하는 방법을 정확하게 반영해야 한다. 고객들이 제품가격이 지나치게 높다고 생각한다면 다음 중의 하나이다.

- 고객은 구매하지 않을 것이다.
- 고객은 구매하지만 가치에 대해 만족하지 않을 것이다.
- 회사는 거래를 획득하였으나 고객의 호의, 반복거래를 상실한 것이다.
- 고객은 제품이 과도한 가격이라고 다른 사람에게 말할 것이다.

2. 의사결정과정

문제를 확인한 후 문제에 대한 대안이 창출된다. 경영자들은 대안을 평가하고, 최적 대안을 선정하고, 실행하고, 실행된 대안을 평가하여 효과성을 확인한다. 경영자들은 문제가 단순하거나 복잡하든 의사결정을 해야 한다. 우수한 의사결정은 어려운 과업이다. 경영자는 주어진 수준에서 취할 수 있는 권한과 의사결정의 범위 내에서 문제에 관한 의사결정을 할 책임이 있다. 의사결정의 수준이 맡고 있는 책임의 범위를 나타내기 때문에 문제에 관하여 결정하는 동안 기술과 지식을 사용할 수 있다. 의사결정은 문제확인, 대안개발, 대안평가, 대안선정, 대안실행과 추적평가 등의 연속적인 과정이다.

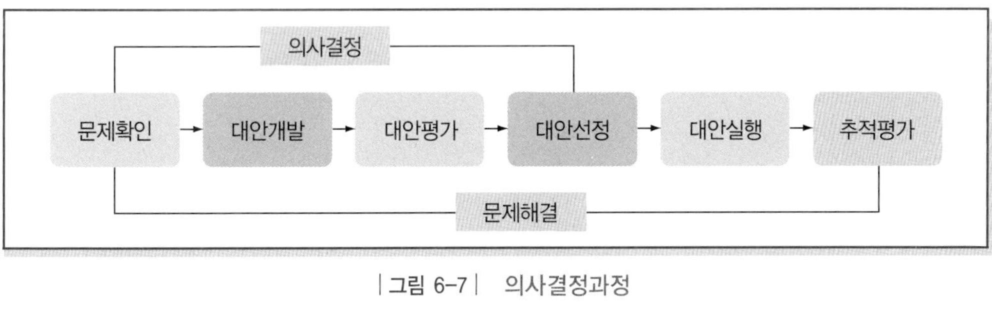

| 그림 6-7 | 의사결정과정

1) 문제확인

문제확인은 합리적 의사결정과정의 첫 단계이다. 문제(problem)는 현재 상태와 이상적인 상태 간의 차이를 말한다. 문제는 위험과 기회의 두 측면이 있다. 기회확인은 문제를 탐색하고, 해결하는 방법을 발견하는 것이다. 문제는 직관, 행운이나 기회와 같은 단순한 방법과 관찰을 통해서도 알 수 있다. 분명하게 정의되고, 구체적인 문제를 확인하는 것은 문제해결과정을 성공적으로 수행하는 중요한 단계이다.

경영자들은 문제의 정확한 성격을 확인하기 위해 지식, 판단, 직관과 경험을 사용한다. 유능한 의사결정자는 문제를 올바르게 확인하고, 문제상황을 제대로 이해한다. 문제분석은 문제확인, 문제분류, 문제의 순위와 인과관계의 확인이다. 따라서 문제확인은 해결할 문제를 탐구하고, 관련 정보를 수집하고, 상황을 분석하는 과정이다. 이때 상황이나 문제의 광범위하고 깊게 해석하기 위해 구조화된 문제를 사용할 수 있다. 경영자들은 경영보고서를 조사하고, 예산을 검토하고, 결과를 경쟁자와 비교하고, 효율성이나 비효율성의 요인을 평가한다. 또한 문제확인 후 문제와 관련된 정보를 수집한다.

- 의사결정과 관련되거나 관련되지 않은 것은 무엇인가?
- 의사결정하기 전에 알아야 하는 것은 무엇인가?
- 올바른 의사결정을 하는데 도움이 되는 것은 무엇인가?
- 이용할 수 있는 대안은 무엇인가?
- 자료를 다르게 해석할 수 있는가?

2) 대안개발

대안개발은 문제를 확인하고, 이용할 수 있는 대안을 탐색하는 과정이다. 그러나 실제 환경에 반응하는 요인은 크고 다양하지만, 의사결정에 중요하거나 전략적인 핵심요인의 발견에 집중한다. 주어진 상황에 있는 핵심요인을 아는 것은 대안탐색의 범위를 줄일 수 있고, 이용할 수 있는 정보, 자원과 시간으로 가장 좋은 의사결정을 할 수 있다. 대안을 개발하는 방법은 브레인스토밍, 명목집단법과 델파이법 등이 있다.[19] 전략적 요인을 발견하기 위해 경영자는 기업의 목적을 잊어서는 안 되고, 조직의 목적을 달성하는데 이바지하는 방식으로 요인을 분석해야 한다.

문제에 대한 대안개발은 문제에 적절한 집중과 주의를 필요로 한다. 최종적으로 행동으로 전환하기 전에 모든 제안의 적절성을 충분히 검토해야 한다. what if 분석은 결과에 영향을 주는 다양한 요인을 발견하기 위해 수행된다. 즉, 일이 일어나지는 않았지만, 일어난다면 어떤 결과가 나타나는지를 분석하는 것이다. 이때 많은 선택과 창조적인 해결안을 창출하는 것이 중요하다. 경영자는 동일한 문제에 다양한 해결안을 개발해야 한다. 대안개발 능력은 대안 중에서 적절한 의사결정을 하는 것만큼 중요하다. 대안개발은 창조적이고 혁신적인 활

---

19. 유순근(2016), 비즈니스 커뮤니케이션, 무역경영사.

동이다. 이것은 확산적 사고를 요구한다. 확산적 사고는 다량의 아이디어를 창출하는 창의적 사고기법이다.[20] 경영자들은 지식의 현재 영역 밖에 있는 해결안을 찾아야 한다.

3) 대안평가

최종 의사결정 전에 경영자들은 각 대안의 장점과 단점을 확인하고, 다양한 상황에 비추어 평가해야 한다. 대안평가는 계량적으로 할 수 있다. 대안이 발견되면, 각 대안의 상대적인 중요성을 분석하고 비교한다. 경영자는 대안에 있는 위험의 요소와 실행에 이용할 수 있는 자원을 고려하고, 목적의 달성, 노력과 기대된 결과의 관점에서 각 대안의 중요성을 평가한다. 유형과 무형적인 요소는 각 대안을 평가하는 동안 고려된다. 수익, 시간, 돈과 자본투자수익률과 같은 요소는 양적으로 표현될 수 있다. 이러한 요소는 이익, 비용과 원가 구조에 관한 결과를 반영하여 평가·비교되어야 한다. 요소가 미래를 위해 분석되면 평균 예측과 추정에 근거한다.

경영자는 행동의 과정에 기울이는 노력이 경시될 수 있는 무형적인 요소를 조사해야 한다. 양적으로 표현하는 것이 어렵더라도 PR, 평판, 종업원 사기와 직원관계와 같은 사실은 중요하여 무시될 수 없다. 그러므로 현명한 의사결정에 도달하기 위해 관련된 무형적인 요소를 확인하고, 관련된 중요성을 확인한다. 경영자는 두 개 이상의 대안이 동일하게 좋거나 나쁘게 보이는 상황에 직면할 수 있다. 이러한 경우 실제적인 차이가 결정요인이다. 고려 중인 대안이 어떤 것도 바람직한 결과를 낳을 것으로 기대되지 않으면, 경영자는 발견되지 않은 다른 대안을 추적할 수 있다. 대안은 비용 효과성의 기준으로 평가될 수 있다.

4) 대안선택

경영자는 의사결정 목적을 최적으로 충족하는 대안을 선택한다. 문제를 정의하고, 대안을 확인하고, 대안을 분석하고, 평가한 후 요구기준을 충족하는 최적 대안을 선택한다. 대안을 선택할 때 현재 문제가 과거에 직면한 문제와 유사하다면 경영자는 과거 경험을 활용하는 경향이 있다. 과거 경험은 현재 의사결정에 대한 유용한 지침이다. 그러나 경영환경과 과거 의사결정의 기본적인 가정에서 변화가 있기 때문에 경험에 근거하여 문제를 결정할 때 신중해야 한다. 가장 좋은 대안이 명확하지 않을 때 경영자는 확률추정, 경험과 판단에 의한 조사와 분석을 사용한다. 피터 드러커(Peter Drucker)가 제시한 이용할 수 있는 대안 중에서 적절한 선택을 위한 기준이 있다.

---

20. 유순근(2017), 신제품개발(2판), 진샘미디어.

- 기대이익에 대한 행동과정의 위험을 평가한다.
- 물적·인적자원의 최소투입으로 최대산출을 주는 대안이 최선의 대안이다.
- 물적, 재무적, 인적자원은 선택에 제한을 준다.
- 제한을 주는 가장 중요한 자원은 의사결정을 수행하는 사람이다.

대안을 선별할 때 중요한 점은 좋은 대안을 제거하는 탈락오류(drop error)와 불충분한 대안을 선택하는 진행오류(go error)이다. 창출된 대안 중에서 최적 대안을 일정한 기준에 따라 평가하고 선택한다. 대안을 평가하기 위한 기준은 타당성, 만족성과 채택가능성에 대하여 평가한다. 타당성은 현재의 자원과 상황에서 실행할 수 있는 정도이다. 대안의 만족성은 대안이 바라는 목표나 목적과 일치하는 정도이다. 선택된 대안은 목적을 가장 잘 달성할 수 있고, 의사결정의 결과를 수용해야 하는 사람들에게 채택될 수 있어야 한다. 채택가능성은 문제를 해결하고, 다른 동료들이 수용할 수 있는 정도로 다른 대안보다 더 적용하는데 효과적인 대안이다. 우수한 대안은 혁신성, 독특성, 명확성, 표준성을 갖추어야 한다. 대안을 평가할 때 다음과 같은 질문에 답할 수 있어야 한다.

- 대안이 목적을 가장 잘 달성할 수 있는가?
- 대안은 실행가능한가?
- 만족할 만한 대안인가?
- 사람들에게 어떠한 영향을 주는가?

5) 대안실행

경영자들은 선택된 대안을 실행한다. 의사결정을 실행하기 위해 적절한 계획을 수립한다. 적절하게 실행되지 못한다면 올바른 의사결정이라도 실패할 수 있다. 성공적인 실행을 위해서 고려사항은 대안의 커뮤니케이션, 대안수용의 촉진, 의사결정의 참여, 충분한 자원의 제공, 작업일정의 수립과 명확한 책임의 할당 등이 있다. 대안을 실행할 때 다음과 같은 질문에 답할 수 있어야 한다.

- 누가, 무엇을 수행하는가?
- 의사결정은 동료들이 수락하고, 지원하는가?
- 동료들이 의사결정에 몰입할 수 있는가?

경영자는 관련된 모든 직원들에게 대안을 명확하게 확실히 이해시켜야 한다. 이것은 모든 직원들에게 대안을 커뮤니케이션하는 것이 필요하다. 효과적인 커뮤니케이션은 의사결정을 효과적으로 실행하는데 필요하다. 경영자는 행동의 필요한 과정으로써 대안의 수용을 촉진할 필요가 있다. 의사결정을 수행하는 직원들이 과정에 참여한다면 그들은 실행에 더욱 열정적으로 된다. 직원들이 의사결정과정에 참여하는 것은 성공에 더 큰 영향을 준다.

실행하기 위해 필요한 자원을 배분한다. 대안이 성공적으로 수행되기 위해서는 경영자는 충분한 자원을 제공할 수 있다. 착수하기로 결정한 행동에 대한 예산과 일정을 수립한다. 즉, 의사결정의 실행은 사무실, 직원, 자금 등이 필요하다. 경영자는 작업일정을 계획해야 한다. 전체 행동을 단계적으로 또는 동시에 수행할지를 결정한다. 마지막으로 경영자는 책임을 명확하게 할당해야 한다. 문제의 해결은 많은 구성원들의 결합된 노력이 필요하기 때문에 각자는 실행의 과정에서 어떤 역할을 하는지를 이해해야 한다.

6) 추적과 평가

의사결정의 최종 단계는 의사결정의 효과성을 평가하는 것이다. 실행이 계획을 달성하지 못할 때 많은 원인이 있다. 즉, 문제의 부정확한 정의, 대안의 서툰 평가와 부적절한 실행이다. 이러한 원인들 중에 대부분의 공통적이고 심각한 오류는 문제의 부정확한 정의이다. 문제를 부정확하게 정의할 때 선택되고 실행되는 대안은 바라는 결과를 산출할 수 없다. 의사결정은 계속적인 과정이기 때문에 평가는 중요하다. 평가는 새로운 의사결정과정에 참여할 수 있는 직원들에게 정보를 제공한다. 평가는 새로운 의사결정이 이루어져야 하는지를 평가하는 의사결정과정의 한 부분이다. 따라서 지속적으로 대안을 평가하고, 가장 적절한 개선을 제공하는 시도를 할 때 많은 문제가 해결된다.

경영자는 해결안의 효과성에 관한 피드백을 찾아야 한다. 피드백(feedback)은 경영자가 해결안과 관련된 문제를 아는데 도움이 된다. 성공을 측정하기 위해 행동의 결과를 추적하는 것이다. 이것은 의사결정 능력을 평가할 수 있다. 지속적인 추적과 주기적인 피드백은 추적 과정에 필수적인 부분이다. 경영자의 직무는 의사결정으로 끝나는 것이 아니다. 경영자들은 의사결정과 실행으로부터 유리한 결과에 책임이 있다. 의사결정의 효과성은 의도한 결과를 달성하기 위해 의사결정의 실행 결과 평가를 통해서 이루어진다. 즉, 의사결정이 어떻게 실행되고, 어떤 결과를 낳고, 어떤 수정과 조정이 필요한지에 관한 피드백을 제공하는 체계적이고 과학적인 평가이다. 효과적인 의사결정은 행동지향, 목적지향과 실행의 효과성을 포함해야 한다.

- 행동지향: 의사결정은 행동 지향적이고, 환경과 관련되고 통제할 수 있는 측면이 되어야 한다. 의사결정은 해결안이 실행되었을 때의 혜택을 발견할 수 있어야 한다.

- 목적지향: 의사결정은 목적을 충족할 수 있어야 한다.
- 실행의 효과성: 의사결정은 의사결정이 적절하게 실행될 수 있도록 내·외부 맥락에서 모든 가능한 요소를 고려해야 한다.

Chapter 07

경영조직

제1절 조직구조

제2절 조직변화

제3절 위기경영

제4절 조직문화

Insight 7

세상을 움직이는 따뜻한 톱니바퀴

개별 기업 간 경쟁에서 기업을 둘러싼 수많은 협력사로 연결된 네트워크 간의 경쟁으로 기업 경쟁 패러다임이 변하고 있는 상황에서 협력사와 함께하지 않으면 그룹의 경쟁력도 약해질 것이라는 결론에 이르고 있다. 협력사 경쟁력 강화를 지원하면서 성장의 선순환 구조를 이뤄나가겠다는 뜻이 담겨있다. 삼성그룹은 삼성전자를 비롯한 계열사들이 협력사들과 함께 공생할 수 있는 건전한 생태계 구축과 확대를 위해 다양한 노력을 기울이고 있다.

■ 협력사의 발전이 곧 삼성그룹의 경쟁력 향상

협력사의 발전이 곧 삼성그룹의 경쟁력 향상으로 이어진다는 철학 아래 상호 성장할 수 있는 상생전략을 강화해 나가고 있다. 협력사의 경쟁력을 높이고, 동반 관계를 구축하는 등 지속가능한 협력 체제를 구축하는 데 상생경영의 초점이 맞춰져 있다. 협력사 경쟁력 강화와 성장을 지원하는 '희망의 선순환' 구조를 위해 선택과 집중을 통한 글로벌 강소기업 육성, 핵심기술 보유업체 지원 확대와 공동개발을 강화하고 과제 활성화도 함께 추진하고 있다. 또 성장의 온기가 협력사에 골고루 퍼질 수 있도록 '따뜻한 성장'을 위한 협력사별 맞춤형 소통, 찾아가는 소통을 강화한다. 이를 통해 1, 2차 협력사 간 소통을 확대하고, 1차 협력사 지원 내용을 2차 협력사로 전파해 1, 2차 협력사 간 공정거래 협약 확산, 협력사의 준법경영 체제를 강화하고 있다. 삼성은 공정위 표준하도급계약서와 4대 실천사항을 도입·운영하고, 협력사 대금 지급을 100% 현금성 결제로 10일 이내 지급하는 등 하도급 대금 지급 조건을 개선했고, 원자재가 인상 시 적극적인 단가 조정도 해왔다. 또 계열사별 동반성장 관련 전담 부서를 두고 협력사 접점 부서 임원 업무평가 시 동반성장 추진 실적을 반영하고 협력사의 경쟁력을 높이기 위한 기술과 자금 지원, 인력 양성 등 다양한 상생협력 프로그램을 강화해 나갈 계획이다.

■ 호텔신라는 '맛있는 제주 만들기'

호텔신라는 사회공헌 활동의 하나로 '맛있는 제주 만들기' 프로젝트를 추진하고 있다. 프로젝트 수혜 식당들에 대한 입소문이 퍼지면서 제주를 찾는 관광객들에게 새로운 맛집 코스로 떠오르고 있을 뿐 아니라 기업의 사회공헌 활동의 선순환 모델로 좋은 평가를 받고 있다. 맛있는 제주 만들기는 호텔신라가 추진 중인 대표 사회공헌 활동으로 호텔이 보유한 조리법, 서비스 교육과 더불어 식당 시설과 내부 인테리어 등을 개선해 영세 식당들의 자립을 도와주는 프로그램이다. 제주도청

주관의 선정위원회가 심의 절차를 거쳐 대상 식당을 선정하면 호텔신라의 요리・시설・서비스 전문가 등으로 구성된 TF팀이 음식 조리법・손님 응대 서비스・주방설비 등 메뉴부터 시설까지 전반적으로 새 단장을 할 수 있도록 지원한다. 맛있는 제주 만들기 식당들은 2014년 2월 1호점 신성할망식당 오픈을 시작으로 현재까지 총 14개의 가게를 재개장했다. 삼성전기는 2015년부터 협력 회사와 공동개발을 강화하고 있다. 해마다 ‘공동개발 어워드’를 통해 삼성전기의 미래사업과 기술 로드맵을 공유하고 우수한 협력 회사의 개발 제안에 대해 개발자금・기술・인력 등을 종합적으로 지원하는 프로그램을 운영하고 있다. 2015년에는 24개사의 34개 과제를 공동개발 어워드 과제로 선정했고, 2016년부터는 이를 정례화했다.

■ 에스원은 상생펀드 조성

에스원은 상생펀드를 조성해 동반성장을 실행하고 있다. 협력사와 상생 방안의 일환으로 IBK기업은행과 100억 원 규모의 상생펀드를 조성해 동반성장을 실행하고 있다. 2011년부터 시작된 에스원의 상생펀드는 에스원과 IBK기업은행이 각각 50억 원씩 출자해 협력사의 대출 이자 부담을 완화해 주고 있다. 이에 따라 에스원의 협력사는 신용등급에 따라 시중 금리에 비해 약 1.1% 포인트 저렴한 금리로 자금을 대출받을 수 있다. 에스원은 또 협력사와 공정거래 및 상생 활동을 통해 균형 있게 발전하고 안정적인 성장을 이어 갈 수 있도록 금융 지원을 비롯해 기술교류・교육 등을 제공하고 협력사의 성장을 지원하고 있다.

출처: 경향신문 2016.11.29

Chapter 07

경영조직

제1절 조직구조

1. 조직화의 이해

조직화는 여러 요소를 순차적이나 공간적 구조로 배치하는 것이다. 조직화는 계획을 수행하는 경영의 기능이다. 이것은 인적, 물적과 재무자원의 동시화와 결합이 일어나는 기능이다. 이러한 세 자원은 결과를 얻는데 중요하다. 조직기능은 기업의 기능화를 위해 중요한 결과의 달성에 도움이 된다. 조직화는 기업이 직책, 직무와 권위와 책임 사이의 조정을 정의할 수 있는 기능이다. 따라서 경영자는 결과를 얻기 위해 조직화해야 한다.

1) 조직화의 개념

조직화(organizing)는 사람과 사람, 사람과 업무관계를 통해 공동목표를 달성하기 위해 창조된 시스템이다. 조직은 목표 지향적이고, 협동적인 활동 시스템을 위해 구조화된 사회적 실체이며, 외부환경과 연결되어 있다. 경영자들은 조직목적을 달성하기 위해 조직자원을 구성하고 조정한다. 조직은 특정한 필요에 따라 관계의 성격을 정의하는 외부와 내부환경을 갖고 있다. 조직화는 경영자들이 조직목표의 달성을 촉진하기 위해 조직 내부환경의 구성요소를 설계하고, 구성하고, 배치하는 기능이다. 조직화는 회사의 목표와 목적을 성취하는데 필요한 구조를 창조한다. 조직화는 공동사명에 대한 다양한 자원을 배치하는 것이다.

2) 조직화의 중요성

조직화는 하나의 전문분야에서 유사하고 관련된 직무를 분류함으로써 다양한 부문을 결합한다. 이것은 작업에서 노력과 조화를 통일하는 다양한 부문 간의 조정을 확고히 한다. 조직구조에서 활동과 권한관계를 정의함으로써 다양한 부문의 작업을 조정한다. 또한 기업에서 다양한 활동을 경영자들이 지휘하고, 통제하는 구조를 만든다. 조직화는 조직에서 모든 종업원들을 위한 효과적인 역할과 직무의 적합성을 확실히 한다. 작업과 노력의 중복뿐만 아니라 혼동과 지연을 피하는데 도움이 된다.

(1) 전문화

전문화(specialization)는 조직에서 업무를 종류나 특성별로 나누어 조직구성원들이 한 가지 주된 업무를 분담하도록 하는 것으로 분업화라 한다. 즉, 조직구조는 작업이 단위와 부서로 분업되는 관계구조이다. 이러한 과업의 분화는 다양한 활동에서 전문화를 가져오는데 도움이 된다. 전문화는 업무의 능률을 향상시키거나 업무의 권태를 야기한다.

(2) 과업의 적절한 정의

조직구조는 구성원들의 자격, 기술 및 경험에 따라 다양한 부서의 직무에 적절한 사람을 배치하는데 도움이 된다. 이것은 모든 사람들의 역할을 명확히 하는 과업을 적절하게 정의하는 데 도움이 된다. 따라서 업무의 중복과 혼돈을 방지한다.

(3) 권한의 명확화

조직구조는 모든 경영자의 직책을 명확히 하는데 도움이 된다. 조직구조는 모든 경영자의 권한을 명확히 하고, 권한의 오용이 발생하지 않도록 명확히 한다. 잘 정의된 직무와 책임은 경영의 효율성과 생산성을 증가한다.

(4) 조정

조직은 기업의 다른 부문에서 조정을 만드는 수단이다. 이것은 직책 간의 관계를 명확히 하고, 개인들 간의 상호협동을 확보한다. 관리자는 하위 수준의 관리자 활동에 대해 권한을 행사함으로써 직무를 조정한다. 권한과 책임의 관계는 공식관계가 있을 때에만 효과적이다. 권한과 책임 간의 조정은 조직의 원활한 운용을 위해 중요하다. 책임이 없는 권한은 비효과적인 행동이 되고, 권한이 없는 책임은 개인을 무능하게 한다.

(5) 효과적인 관리

조직구조는 직책을 정의하는데 유용하다. 관리자들이 수행할 역할이 명확해진다. 전문화는 작업의 분업을 통해서 달성된다. 이것은 효과적이고 효율적인 관리로 이어진다.

(6) 성장과 다양화

회사의 성장은 기업이 전체적으로 얼마나 효과적이고 원활하게 작동하는지에 달려있다. 관리자의 역할, 권한과 책임 간의 조정을 명확히 하고, 전문화에 집중함으로써 효율성이 달성될 수 있다. 이것은 조직구조가 잘 정의될 때만 가능하다.

(7) 안전감

조직구조는 직책(job position)을 명확히 한다. 모든 관리자들에게 할당된 역할은 명확하다. 권한의 명확화는 정신적 만족과 안전감이 자동적으로 증가하는데 유용하다. 이것은 직무만족에 매우 중요하다. 직원들의 만족은 고객만족으로 연결된다.

(8) 새로운 변화 범위

수행되는 역할과 활동이 명확하고, 모든 사람들은 작업할 때 독립적이고, 이것은 자신의 재능을 개발하고, 지식을 풍부하게 한다. 관리자는 새로운 생산기법을 적용하는 독립된 의사결정을 내릴 준비를 한다. 기업운영에 새로운 변화를 도입하는 범위는 조직구조를 통해서 가능하다. 새로운 변화는 직원들의 창의성을 자극한다.

3) 전문화의 이점

전문화는 과업을 분할하여 서로 다른 사람에 의해서 수행되도록 하는 것을 뜻한다. 조직화는 분업의 개념에 근거하여 집단을 조직하고, 다양한 활동과 직무를 세분하는 과정이다. 이것은 전문화의 이점을 확보하기 위해 최소 시간에 최대 작업의 완성에 도움이 된다. 전문화의 이점은 효과적인 커뮤니케이션의 촉진, 명료성 창조, 확대와 성장, 집중화와 분권화, 부문화 등이 있다. 그러나 전문화는 인간의 능력을 편파적으로 발전시켜 인간의 소외나 비인간화의 한 요인이 된다.

(1) 효과적인 커뮤니케이션의 촉진

조직화는 조직의 다양한 부문에서 조정과 커뮤니케이션을 창조하는 중요한 수단이다. 상이한 직무와 직책은 구조적 관계에 의해서 상호 관련이 된다. 다른 구성원들과 커뮤니케이션의 경로와 방법을 명시한다. 조직의 생산성과 협력을 촉진한다.

(2) 명료성 창조

조직화는 종업원들 간의 권한관계를 규정하고, 조직에 명료성을 준다. 종업원들이 수행한 직무와 활동은 매일 수행해야 할 직무기술을 명확하게 정의한다.

(3) 확대와 성장

자원이 최적으로 이용되고, 부문과 종업원들 간에 작업의 적절한 분업이 있을 때 경영자는 강점을 증대하고, 더 많은 활동을 착수할 수 있다. 조직은 도전에 쉽게 대처하고, 계획된 방식으로 활동을 확대할 수 있다. 개인과 조직의 역량을 강화한다.

(4) 집중화와 분권화

집중화와 분권화는 권한위임과의 관계가 있다. 집중화(centralization)는 권한과 작업활동을 부하에게 거의 위임하지 않는 것을 의미한다. 일선관리자는 상대적으로 적은 의사결정을 하고, 경영자가 대부분의 권한을 갖고 있다. 최고경영자의 감독범위는 비교적 넓고, 조직에는 많은 단계가 있다. 다음은 집중화의 특징이다.

- 강조점: 하향식 통제, 리더십, 비전과 전략
- 의사결정: 강력한 권위주의, 비전, 카리스마
- 조직경로: 리더의 비전
- 과업실행: 과단성, 신속, 조정
- 관리통일: 조직 부문 간의 이견이나 갈등이 낮음

| 표 7-1 | 집중화의 장 · 단점

장점	단점
• 경영자를 위한 권한과 위신 제공 • 통일된 정책, 실행과 의사결정 촉진 • 집중적인 통제절차와 실행 • 기능중복의 최소화	• 중간 수준에 대한 경시와 동기부여의 부족 • 감독자 양성 기능 부진 • 하위수준의 자율성 부족

분권화(decentralization)는 집중화와 반대이다. 권한과 작업활동을 소수의 경영 집단이 보유하기보다는 하부구조에 위임한다. 많은 요인에 따라서 조직은 분권화의 연속선을 왔다갔다 이동한다. 예를 들면, 위기관리 때는 결정이 신속해야 하기 때문에 더 많은 집중화된 결정이 필요하다. 위기가 없거나 정상적인 과업 상황에서는 분권화된 의사결정을 선호하고

종업원들에게 권한위임을 장려한다. 집중화나 분권화에 대해 보편적으로 인정되는 지침은 없지만, 최적의 조직은 변하는 외부환경에 반응하여 집중화의 수준을 유연하게 이동할 수 있는 조직이다. 다음은 분권화의 특징이다.

- 강조점: 상향식, 학습 조직
- 의사결정: 민주, 참여, 상세
- 조직변화: 상호작용과 조직의 역동성
- 과업실행: 전문화와 자율성
- 참여와 책임: 자발적 수용

| 표 7-2 | 분권화의 장 · 단점

장점	단점
• 사기진작과 대인관계촉진 • 일별관리 경감 • 행동에 가까운 의사결정 • 예비관리자 개발 • 종업원들의 열정과 협동 촉진 • 하위 관리자의 행동 촉진	• 최고경영층은 자신의 지위가 감소한다고 느낀다. • 관리자들은 유능한 직원을 충분하고 최대한으로 이용하지 않는다. • 많은 관리자와 직원으로 비용이 증가한다. • 노력의 중복이 될 수 있다.

(5) 부문화

부문화(departmentalization)는 일정한 기준에 따라 유사한 기능이나 업무들을 분류하여 조직 단위를 구성하는 것이다. 즉, 조직 내에서 수행되는 활동을 구성원들이 수행하는 유사한 기능으로 구분하는 방법이다. 기준은 업무의 목적이나 기능, 과정이나 기술, 동일한 역할자의 수, 시간, 기능, 지역, 서비스, 고객, 그리고 서비스 접근 경로 등이 있다.

2. 조직화의 원리

조직화는 조직의 목적이나 목표를 달성하기 위해 의도적으로 활동을 정의하고, 분류하고, 권한관계를 수립하는 과정이다. 경영자들이 의사결정하고 행동하기 위해서 어떠한 지침을 갖고 있다면 조직화 과정은 효율적으로 수행될 수 있다. 효과적인 방법으로 조직하기 위해서 조직화의 원리를 사용한다. 이러한 조직화의 원리는 전문화, 권한, 명령의 사슬, 위임과 통솔범위 등이 있다.

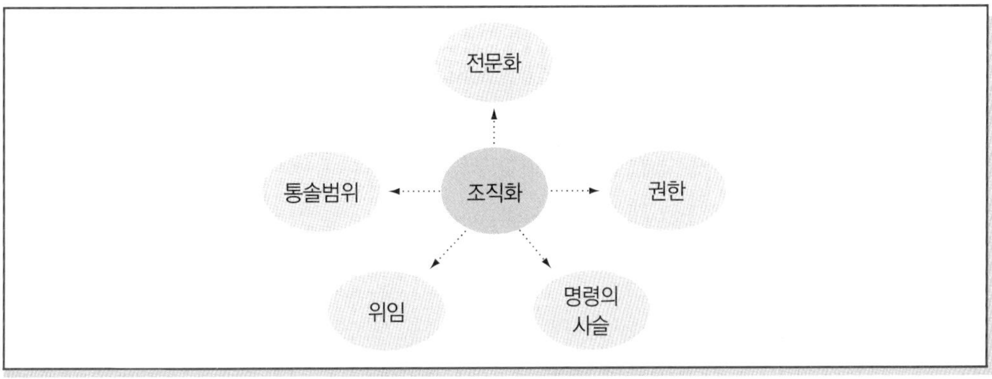

| 그림 7-1 | 조직화의 원리

1) 직무의 전문화

분업(division of labor)이라고도 하는 업무 전문화(work specialization)는 조직의 과업을 별도의 직무로 나누는 방법이다. 조직은 전문화로 자원을 효율적으로 활용하고, 생산성을 달성하게 된다. 종업원들은 전문화된 기능과 관련된 구체적인 과업을 수행하기 위해 훈련을 받는다. 집단은 유사한 기능에 근거하여 구조화된다. 활동이나 역할은 작을 수 있지만, 근로자들은 전문화될 때 효과적으로 수행할 수 있다. 기업이 클수록 효율성과 생산성을 향상하기 위해 사람들을 전문화하는 것이 바람직하다. 전문화의 장점에도 불구하고 과도한 전문화가 종업원들을 고립시키고, 일상적인 과업을 수행하는 기술로 한정할 수 있다.

2) 권한

권한(authority)은 경영자들이 조직의 목적을 달성하기 위해 의사결정하고, 명령하고, 자원을 배분하도록 할당된 합법적 힘이다. 권한은 조직의 구조 안에 있고, 경영자의 직무역할에서 필수적인 부분이며, 하향식 위계를 따른다. 위계의 최고 수준에 있는 역할과 지위는 하위 층에 있는 지위보다 더 많은 공식적인 권한을 부여받는다. 권한의 범위와 수준은 경영자의 직무역할에 의해서 정의된다. 경영자의 권한이 공식적이고 합법적일 때 부하는 경영자의 권한에 순응한다.

계선(line)은 상사에서 부하의 순으로 연결하는 조직으로 명확한 책임과 권한을 갖고 있다. 이에 반해 참모(staff)는 전문적인 지식을 활용해 계선에 조언하는 것이 주요 역할이다. 예를 들면, 영업, 생산은 계선이고, 인사, 회계, 기획, 총무, 마케팅 등은 참모이다. 조직에서 중요한 특징은 계선권한과 참모권한이다. 계선권한(line authority)은 상층에서 하층으로 명령이 흐르고, 참모권한(staff authority)은 중요한 문제에 관해 계선에게 조언을 하는 전문가에 의해 실행된다. 계선임원이 활동을 잘 수행할 수 있도록 전문가는 전문성으로 준비가 되어 있어야 한다. 참모임원은 조직에서 어떠한 명령의 힘을 갖고 있지 않다. 계선은 규율과 안정성을 유지하고, 참모는 전문정보를 제공한다. 계선은 제품을 산출하고, 참모는 조사, 계획, 일정계획, 기준의 설정과 성과의 기록 등을 수행한다. 참모는 이러한 기능을 수행하는 권한은 계선에 의해서 위임되고, 성과는 계선에게 수용될 수 있어야 한다.

3) 명령의 사슬

명령의 사슬(chain of command)은 한 조직 내의 명령 계통이 상하 계층 간의 사슬로 연결되어 상부에서 내린 명령이나 지시가 한 단계씩 차례대로 말단에까지 전달되게 하는 체제를 의미한다. 명령의 사슬은 관리직위를 통해 최고층과 개인들을 연결하는 권한의 계속적인 선이다. 질서를 유지하고, 책임을 할당하는 효과적인 기업의 도구이다. 조직구성원들의 수준에서 기대되는 책임과 보고해야 할 사람을 알 수 있도록 명령의 사슬은 제정되어야 한다. 명령의 사슬은 책임과 의무를 실행하고, 명령의 일원화 원칙(unity of command)과 사다리원칙(scalar principle)에 근거한다.

(1) 명령의 일원화

명령의 일원화(unity of command)는 부하가 오직 한 사람의 상사를 갖고 있다는 것을 의미한다. 기업의 각 구성원은 의사결정하고 일을 하는 권한을 주는 사람을 알아야 한다. 다수의 상사로부터 충돌적인 명령을 받는 것은 혼동과 좌절을 만들어 낸다. 명령의 일원화를 위배하는 것은 권한을 해치고, 충성도를 분열시키고, 책임을 회피하고, 노력이 중복되는 상황을 만는다. 명령의 일원화를 준수하면 규율, 안전과 질서를 상사와 부하 간의 조화로운 관계를 제공한다. 명령의 일원화는 모두에게 가장 의미가 있지만, 중소기업에서 위반되는 경향이 많이 있다.

(2) 사다리원리

사다리원리(scalar principle)는 Henry Fayol의 관리의 14원칙 중 하나로 조직의 모든 구성원들이 수직적 계층으로 연결되어 계층구조를 형성한다는 원칙이다. 상하의 연결된 계층구조에 따라서 권한이 발휘되고, 지휘체계가 확립됨으로써 의사결정도 질서 있게 이뤄진다는 원칙이다. 조직 내의 모든 명령은 계층구조에 의해서 전달되며, 수직적 계층구조는 사람들이 누구에게 보고하며, 누구로부터 지시를 받을 것인지를 분명히 알게 한다. 사다리원리는 권한과 책임이 상층관리자에서 하층관리자에게 분명하고 손상되지 않는 선 안에서 흐른다는 원리이다. 이 원리를 준수할 때 조직의 다양한 수준에서 효과적인 의사결정과 의사소통이 이루어진다. 이 사슬을 깨면 관계의 혼란과 종업원 좌절에 이르게 된다. 그러나 건널판(gang plank)은 관리의 위계를 무시하고, 긴급한 경우에 부하가 상사에게 접촉하는 것을 의미한다. 건널판제도는 위기관리에서 효과적이다.

4) 위임

위임(delegation)은 종업원들이나 부하에게 업무와 관련된 과업이나 권한을 넘겨주는 것을 의미한다. 권한의 위임이 없으면 경영자들은 모든 일을 스스로가 하고, 종업원들을 충분히 활용할 수 없다. 위임능력은 경영성공에 중요하다. 상사가 부하에게 재량권을 줄 때 권한은 위임된다. 위임은 경영자로부터 부하에게 권한을 하향 이전하는 것이다. 과정으로써의 위임은 기대된 결과의 확립, 과업할당, 권한의 위임과 책임의 강요이다. 종업원들이 아이디어에 기여할 자유를 갖고, 가능한 최선의 방법으로 그들의 직무를 수행할 때 위임은 역량강화(empowerment)가 된다.

5) 통솔의 범위

통솔의 범위(span of control)는 한 사람의 상사나 감독자가 직접 효과적으로 통솔할 수 있는 부하의 수를 의미한다. 통솔의 범위는 조직설계와 조직 내에서 작동하는 집단역학(group dynamics)[21]을 이해할 때 중요하다. 통솔의 범위는 조직 내에서 한 부문에서 다른 부문으로 변경될 수 있다. 범위는 넓거나 좁을 수 있다. 넓은 통솔범위는 경영자에게 보고하는 종업원들이 많을 때 존재하고, 그러한 구조는 많은 자율성을 제공한다. 좁은 통솔범위는 경영자가 갖고 있는 직접적인 보고자의 수가 적고, 직접적인 보고를 받을 시간이 많을 때 허용되고, 경영자는 전문적인 성장과 발전을 유발하는 경향이 있다.

3. 조직구조의 성격

조직은 공동목표를 달성하기 위해 계획되고, 관리되는 개인들의 사회적 단위이다. 조직은 환경에 의해서 크게 영향을 받는 개방 시스템이다. 모든 조직은 다양한 종업원들 간의 관계, 수행하는 과업, 과업을 수행하기 위해 제공되는 역할, 책임과 권한을 정의하고, 지배하고, 고유한 경영구조를 갖고 있다. 잘 구축된 조직은 효과적인 조화를 달성한다. 구조가 공식적인 커뮤니케이션 경로를 설명하고, 개인들의 행동이 어떻게 연결되는지를 기술한다.

---

21. 일정한 사회적 상황에서 집단구성원 상호 간에 존재하는 상호작용이나 상호의존성과 세력 관계를 분석하고자 하는 학문적 지향으로 집단 내에 있는 긍정적이고 부정적인 힘.

조직구조는 역할, 힘, 권한과 책임이 할당되고, 정보가 조직 내에서 다른 위계수준으로 어떻게 흐르는지를 나타낸다.

1) 조직구조의 이해

조직이 설계한 구조는 조직의 목표를 달성할 때 채택하는 목적과 전략에 크게 의존한다. 조직구조를 만들 때 조직은 최대한 주의를 기울이는 것이 중요하다. 효과적인 작업 흐름이 되도록 우수한 커뮤니케이션을 지원해야 하기 때문에 조직구조를 설계할 때 보고관계와 권한의 흐름을 명확하게 결정해야 한다. 조직도(organizational chart)는 조직의 구조, 관계와 위치의 상대적 서열로 기업의 공식적인 조직을 시각적으로 표현한 것이다. 하부집단에 대한 경영통제의 방향을 나타내는 작업 위치를 조직하는데 도움이 된다. 조직도는 다음과 같은 이점을 제공한다.

- 조직, 종업원과 기업정보를 효과적으로 의사소통한다.
- 관리자에게 의사결정과 변화관리 틀을 제공하며, 운영정보를 의사소통한다.
- 기업에서 미래에 발생하는 일에 관하여 투명하고 예측가능하다.
- 기업에 있는 공식계층에 관해 신속하게 파악할 수 있다.
- 보고자와 책임자를 분명하게 알 수 있다.

그러나 조직도는 많은 단점이 있다. 조직이 변하고 성장국면을 통과할 때 종종 정적이고, 탄력적이지 못하고, 구식이 된다. 비공식소직에서 실제로 일어나는 것을 이해하는데 도움이 되지 않는다. 외주, 정보기술, 전략적 제휴 등으로 기업의 변화하는 외부에 대처할 수 없다. 경영층은 조직을 어떻게 구축하기를 원하는지를 진지하게 고려해야 한다.

2) 조직구조의 유형

기업은 소수의 최고경영자들이 계획하고, 의사결정하는 집권화된 조직을 대부분 사용한다. 대부분의 회사에서 집권화된 조직이 문제를 야기한다. 많은 기업들은 복잡한 집권화된 조직구조를 갖고 있는데, 이러한 구조는 커뮤니케이션 문제와 조직을 통제하는 많은 정책과 규칙에 대한 필요성을 야기할 수 있다. 그래서 관리자들과 종업원들은 집권화된 조직구조를 기업의 중요하지 않은 부분으로 느낀다. 규칙이 중요한 과업을 수행하는데 방해가 되거나 의사결정을 하는데 오랜 시간이 걸릴 때 관리자들과 종업원들은 좌절하게 된다. 이러한 문제를 극복하기 위해 회사는 분권화된 조직으로 이동한다. 대기업은 더 작은 운영단위로 나누고, 단위 관리지들은 운영에 대한 전반적인 책임과 권한을 갖는다.

(1) 기능조직 구조

기능구조(functional structure)는 대부분의 조직에서 발견되는 가장 공통적인 구조이다. 이러한 구조를 갖는 조직은 생산, 기술, 구매, 재무, 마케팅, 인적자원처럼 전문화된 기능에 근거하여 작은 집단으로 나누어진다. 조직의 최고경영층 집단은 생산임원, 기술임원, 구매임원, 마케팅임원이나 인적자원임원처럼 기능부분의 장으로 구성된다. 커뮤니케이션은 대체로 각 기능부문 안에서 이루어지고, 기능부문의 장을 통해 각 부문에 전달된다. 이 구조는 더 큰 운영 효율성을 제공한다. 종업원들은 전문지식과 공유된 기능에 근거하여 기능적으로 분류된다. 각 전문가 집단이 독립적으로 운영될 때 전문성이 증가된다. 이러한 장점에도 불구하고 기능조직에서 발생하는 문제가 있다. 다른 기능부문이 고립될 때 부문의 책임에만 집중하고, 다른 기능 부문을 지원하지 않는 점이다. 또한 학습과 성장이 부문에만 국한되기 때문에 전문지식이 제한된다.

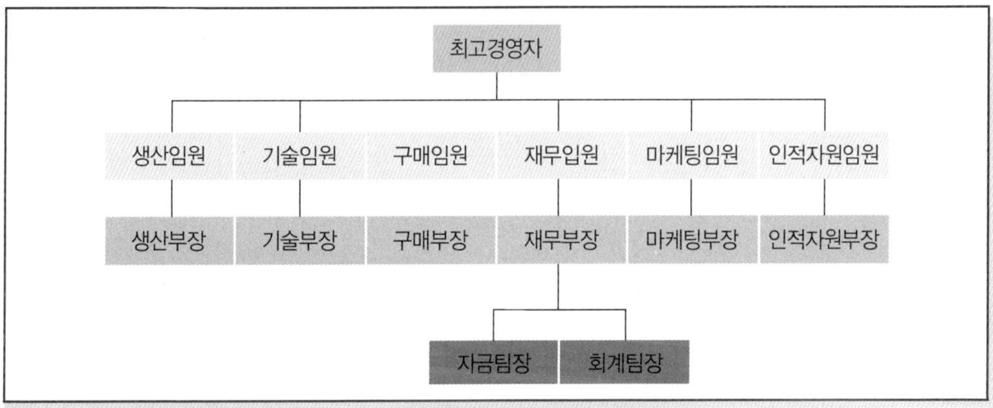

| 그림 7-2 | 기능조직도

(2) 사업부제 구조

사업부제 구조(divisional structure)는 제품 · 고객 · 지역 등에 따라 분할하여 일관된 사업을 독립적으로 수행하는 구조이다. 사업부 조직의 경우 사업부 간에 갈등이 유발될 수 있고, 조정이 어려울 수 있다. 또한 사업부 간의 중복으로 예산낭비, 사업부 간 이기주의의 초래 등 문제점이 발생할 수 있다. 사업부 형태의 조직은 변화가 심하지 않은 조직에 적합하며, 급격한 변화가 초래되는 조직에는 적합하지 않다. 기능은 조직 내에 존재하지만, 주로 제품, 지역이나 고객에 근거한다. 각 사업부는 독자적인 기능부문을 갖고 있다. 이것은 운영의 효율성과 사업부의 최고 지식과 높은 사기에 기여하는 공통문화와 단결심을 구축할 수 있다. 중소기업이 시장이나 고객기반에서 다양한 제품으로 성장하기 시작할 때 기능구조에서 사업부구조로 전환한다. 그러나 경쟁적인 사업부는 전략적 사고보다는 오히려 정치적으로 일하게 되고, 사업부가 너무 구분되어 제품 간의 호환성에 문제가 될 수 있다.

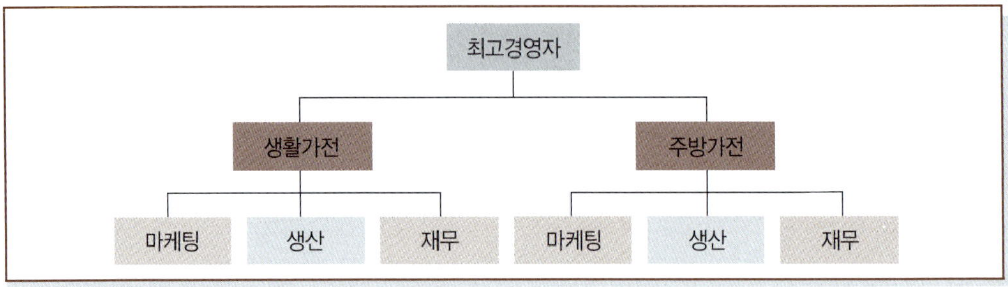

| 그림 7-3 | 사업부제 구조도

(3) 매트릭스 구조

매트릭스 구조(matrix structure)는 다른 프로젝트의 전문가와 함께 단기적으로 일함으로써 기능과 사업부 구조의 요소를 결합한 것이다. 프로젝트팀의 각 구성원은 직속 상사와 프로젝트 관리자 두 상사에게 보고한다. 관리는 수행해야 할 주요 기능이고, 마케팅, 기술, 제조와 자금은 다른 조직이나 개인에게 외주된다. 개별적인 전문가는 사무실을 공유하거나 하지 않을 수 있고, 조직은 지리적으로 분산되어 있고, 조직의 구성원은 정보기술을 통해서 그들의 과업을 의사소통하고 조정한다. 시간과 위치의 장벽이 제거된다.

매트릭스구조는 첨단기술, 다국적, 컨설팅, 항공회사와 병원에서 인기 있다. 주요 이점으로는 전문가 배치의 유연성, 신속한 환경변화에 대한 신속한 대응, 주요 제품과 문제에 자원집중, 종업원에 대한 동기부여와 만족의 높은 수준이 있는 환경의 조성 등이 있다. 그러

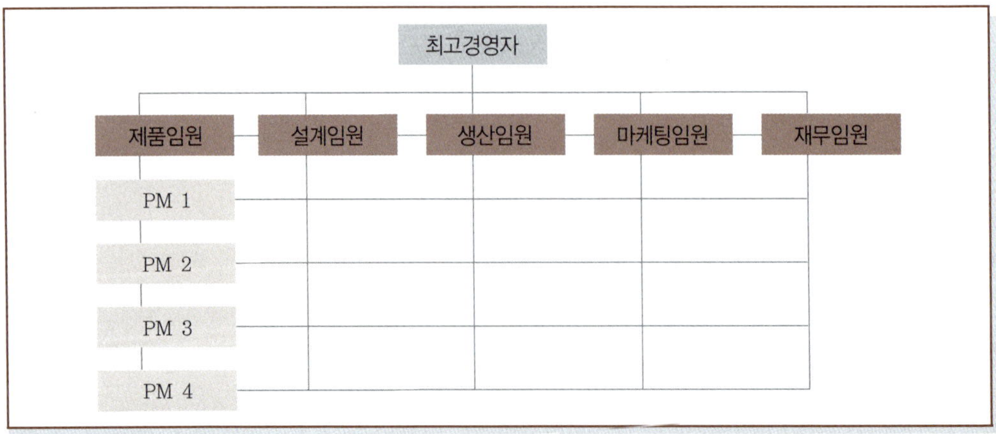

| 그림 7-4 | 매트릭스 구조도

나 권한과 책임의 이중성 때문에 명령의 일원화에 위배되어 종업원들은 좌절과 혼란을 경험할 수 있다. 기능과 프로젝트 관리자 간의 권력투쟁, 과도한 집단의사결정, 과도한 십난회의, 성격차이와 정의되지 않은 개인적 역할 등이 단점이 된다.

(4) 팀조직

팀조직(team organization)은 종업원들을 작업팀으로 분할하는 조직이다. 팀은 일상업무에 대한 제한된 관리통제를 갖고, 중요한 활동에 대한 책임과 권한을 갖는다. 팀조직에서는 경영자보다는 오히려 경험이 있는 종업원이 팀장이 된다. 팀장은 감독자의 위치를 갖고, 조정자로서 행동한다. 팀장은 집단으로써 문제를 해결하기 위해 팀이 문제를 확인하고, 팀원과 함께 일한다. 팀 구성원들은 팀장에게 보고하고, 팀장은 팀을 위해 의사결정을 한다. 경영자의 역할은 팀의 자문자로서 봉사하고, 높은 수준의 경영과업에 집중하는 것이다. 효율적인 작업팀을 개발하는 회사들은 고객만족을 유지하고, 결근율과 이직률을 감소하고, 동기를 높인다. 다음은 팀장이 성공하기 위한 요소이다.

- 직무기술: 전문기술, 업무기술과 경험
- 대인기술: 글쓰기, 말하기, 토론과 협상
- 관리기술: 회의주재, 분석적 사고와 기록유지

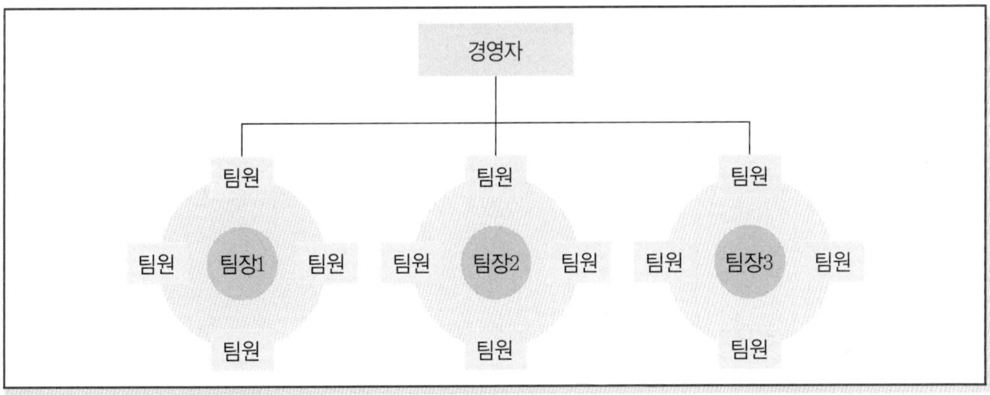

| 그림 7-5 | 팀조직도

(5) 가상조직

가상조직(virtual organization) 또는 네트워크 조직은 컴퓨터 네트워크 상에 존재하는 가상공간이라는 매체를 통해 형성된 기업조직이다. 가상조직은 둘 이상의 독립된 기업이 우수한 제품과 서비스의 제공을 목표로 각 조직의 인적자원 및 기술 등을 일시적으로 통합, 제휴하는데 이용된다. 이러한 가상조직의 유형은 사이버 공간에서 활동하는 사이버 가상조직과 중앙에는 핵심 관리기능만 유지하고 구성원들은 네트워크를 이용하여 업무를 수행하는 네트워크 가상조직 등이 있다. 가상조직은 조직을 구분하는 물리적 요소들이 존재하지 않기 때문에 조직의 경계를 확인하기 어렵고, 조직의 경계는 심리적으로 설정된 경계의 형태를 띤다. 이 조직은 정보 네트워크를 통해 업무가 이뤄지므로 의사결정단계가 줄어들고, 환경변화에 보다 신속하고 유연하게 대응할 수 있는 장점이 있다. 또한 네트워크를 통해 정보를 공유하기 때문에 참여자들이 멀리 떨어져 있는 경우에도 지속적인 협력이 가능하다.

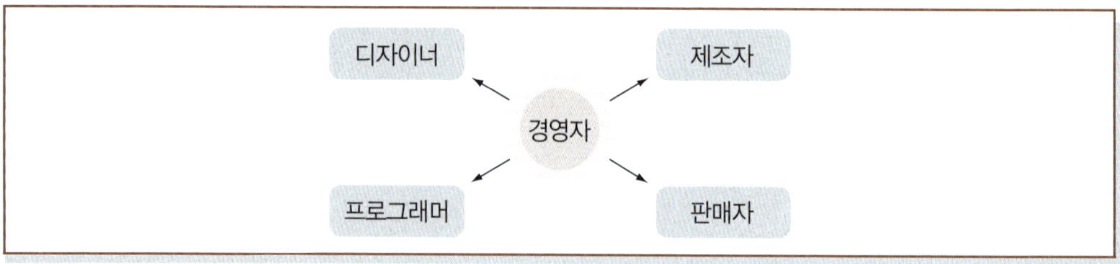

|그림 7-6| 가상조직도

|표 7-3| 조직구조의 장 · 단점

유형	장점	단점
기능조직	• 자원의 효율적 사용 • 규모의 경제 • 기술 전문화와 개발 • 최고경영자의 지시와 통제	• 기능 간의 불충분한 커뮤니케이션 • 외부변화에 대한 지연 반응 • 혁신지연 • 최고경영자에 집중된 의사결정
사업부조직	• 신속한 반응 • 불안정한 환경에서의 유연성 • 고객욕구에 대한 관심촉진 • 기능부문 간 우수한 조정	• 부문 간 자원의 중복 • 기술의 깊이와 전문화 부족 • 부문 간 조정 부족
매트릭스 조직	• 단일 위계보다 자원의 효율적 사용 • 변하는 환경에 대한 유연성과 적응성 • 전 부문에 활용할 수 있는 부문 조정	• 이중 명령의 사슬로 인한 좌절과 혼란 • 매트릭스의 양측면 간의 갈등 • 행동보다 더 많은 회의와 토론
팀조직	• 부문 간 장벽 감소와 타협 증가 • 신속한 반응시간과 의사결정 • 종업원 참여로 사기와 열정 증가	• 이중 충성심과 갈등 • 회의로 인한 시간과 자원소비 • 비계획된 분권화
가상조직	• 전 세계적인 전문지식 의존 • 높은 유연성과 반응 • 간접비 감소	• 통제의 부족과 취약한 경계 • 경영자의 업무 부담 • 종업원의 충성심 약화

4. 조직화 과정

잘 정의된 조직화 과정은 개선된 커뮤니케이션, 명료성과 효율성을 조직에 준다. 이러한 과정은 어떠한 작업이 목적을 달성하는지를 판단하고, 이러한 과업을 개인들에게 할당하고, 조직구조에 개인들을 배치하는 것을 포함한다. 따라서 조직화는 신중하게 계획되고, 적용되어야 한다. 다음은 조직화 과정이다.

- 직무설계: 목적과 계획수립, 과업과 활동에 필요한 종업원들의 목록 작성
- 부문화: 필요한 활동을 관리단위로 분류와 집단화
- 권한의 위임: 구체적인 개인이나 집단에 정의된 업무활동 할당
- 통제의 범위: 할당된 과업을 수행하기 위해 개인들에게 권한 할당
- 명령의 사슬: 조직도를 사용할 때 조직 내에 관계의 위계정의

제2절 조직변화

1. 변화의 이해

조직이 직면하는 가장 큰 과제의 하나는 세계 시장의 변동성이다. 세계화(globalization)는 시장에 영향을 크게 미치고, 성장과 위협을 준다. 그러나 다양한 시장에 상품을 제공하기 위해 조직은 시장의 욕구와 기대를 이해하고 반응해야 한다. 조직은 확대되는 시장에 적응하기 위해서 끊임없이 혁신하고, 운영 효율을 추구할 필요가 있다. 변화나 전진을 거부하는 조직은 미래를 계획하는 회사에 의해서 시장에서 강제적으로 퇴출당하거나 전멸당할 수 있다. 전체 조직이나 일부 조직의 성과를 향상하기 위해 조직변화가 필요하다. 조직변화(organizational change)는 조직이 새로운 환경이나 시장을 개발하거나 반응하기 위해 작업방법이나 목적을 변경하는 과정이다. 조직은 개방 시스템이고, 외부환경뿐만 아니라 내부환경에서의 변화에 의해 영향을 받는다. 조직구조, 기업목적, 정책과 전략은 기업의 성공과 생존을 위한 변화가 필요하다. 경영자들은 변화를 예상하고, 효과적으로 처리해야 한다.

1) 변화의 개념

변화(change)는 사람들이 조직에 익숙한 오래된 생활방식에서의 변동이다. 변화는 기본적으로 기업 내・외부의 자극으로부터 온다. 이것은 유기체의 성장처럼 자연적이고, 기술이나 실무에서 변화에 대한 조정, 직원의 만족과 생산성을 향상하기 위해 종업원 복지계획의 도입처럼 반응적이나. 경영자는 변화가 조직에 위협이 될 때까지 기다리거나 필요한 변화를 유발하기 위한 조치를 착수하거나 변화를 예상하고, 계획하고, 실행할 때 역량을 강화하는 것을 준비해야 한다. 어떤 경우이든 변화의 자극제로써 작용하는 내부와 외부의 힘을 확인할 필요가 있다.

2) 조직변화의 필요성

성공을 위해 조직이 전체 전략과 방향을 변경할 필요가 있다고 인식할 때, 즉 주요 시장을 추가하거나 철수하고, 운영하는 방법을 변경하기 원할 때 조직변화가 일어난다. 조직이 수명주기를 통해서 진화할 때 조직변화가 발생하고, 성장하기 위해 조직을 재구축해야 한다. 조직변화는 환경의 변화에 대한 반응이다. 변화를 촉진하는 이유는 시장의 역동성, 세계화, 조직개발, 외부환경에 대한 반응, 성과차이, 합병과 인수 등이 있다.

(1) 시장의 역동성

역동적인 시장상황은 예기치 않는 변화를 야기하고, 조직은 이러한 변화에 적응하는 것이 어렵다고 안다, 사업을 지속하고, 고객에세 세품이나 서비스를 지속적으로 제공하기 위해 조직은 이러한 변화를 조정해야 한다. 시장의 역동성은 기회와 위협이다.

(2) 세계화

세계화는 세계적인 도전뿐만 아니라 거대한 기회이다. 시장은 지리적으로 확대되고, 성공하기 위해 조직은 지역에 걸쳐 있는 고객들에게 제품이나 서비스를 제공해야 한다. 이렇게 하는 동안 조직은 제품을 생산하고, 다른 나라와 비교하여 어떤 나라에 서비스를 전달하는 것이 더 적당하고, 논리적이라고 안다. 현지 자원의 이용가능성, 제품을 제공하는 국가의 환경, 상품과 서비스의 현지화는 이러한 이유에서이다. 세계 시장에 제품을 공급하기 위해 조직은 세계환경과 시장행동을 이해해야 하고, 새로운 환경에 적응해야 한다.

(3) 조직개발

조직이 규모에서 성장하고 발전함에 따라 정책, 절차와 구조를 진화시킬 필요가 있다.

조직변화는 사명, 방향, 전략, 조직구조와 위계에 대한 변화를 포함한다. 조직의 내부방향과 환경을 조정하는 것은 상당한 전념과 신중한 관리가 필요하다.

(4) 외부환경에 대한 반응

조직은 외부환경에 크게 영향을 받는다. 외부압력은 고객, 경쟁자, 변화하는 정부규제, 주주, 금융시장과 조직의 외부환경에 있는 다른 요인들이다.

(5) 성과차이

문제를 갖고 있는 조직은 변화를 고려할 필요가 있다. 성과차이는 생산, 판매, 마케팅, 서비스 등과 같은 여러 영역에서 확인될 수 있다. 그러한 회사는 진지한 조사를 수행하고, 원인을 유발하는 차이를 확인하고, 성공하기 위해 변화할 필요가 있다.

(6) 합병과 인수

합병과 인수는 많은 영역에서 재조직을 발생시킨다. 두 조직이 합병할 때 중복과 낭비 요인을 제거하기 위해 중요한 변화가 일어난다.

2. 조직의 변화요인

조직변화는 운영과 기능의 거의 모든 영역에 영향을 주는 전략적 계획이다. 변화를 유도하는 요인은 언제나 신속한 주의가 필요하다. 기업에서 변화를 유도하는 주요 요인은 외부환경과 내부환경이다. 환경에는 통제가능과 통제불능의 요인이 있다.

1) 외부환경

조직의 외부환경은 조직이 통제할 수 없는 환경이다. 이러한 요인이 조직외부에 있지만, 운영, 성장과 지속가능성에 중요한 영향을 준다. 주요 외부환경의 요인은 경제적 요인, 사회문화적 요인, 세계환경과 기술 등이 있다. 외부환경은 기업이 통제하기 어렵다.

- 경제적 요인: 성치와 법적 환경, 이자율과 실업, 정부의 통화와 재정정책과 같은 거시경제적 요인은 회사에 큰 영향을 주고, 조직의 변화를 촉진하는 원인이다.
- 사회문화적 요인: 현지와 지역 상황은 가치, 규범, 태도와 인구특성에 큰 영향을 준다. 이러한 요인들은 현재나 미래의 기업운영에 크게 영향을 준다.

- 세계환경: 세계화는 변화에 민감한 조직을 만든다. 세계시장에 있는 어떤 변화나 위기라도 모든 기업에 영향을 주고, 시정조치를 즉각적으로 수행하기 어렵다.
- 기술: 기술은 사업운영의 본질적인 부분으로 제조, 유통, 물류, 금융과 같은 모든 측면에서 진행을 조정한다. 조직은 효율성을 향상하고, 경쟁을 유지하기 위해 끊임없이 변하는 기술진보로 새롭게 해야 한다.

2) 내부환경

조직의 내부환경은 상당히 통제하는 조직 내에 있는 요인이다. 주요 내부환경 요인은 종업원, 조직구조와 조직과정 등이 있다. 내부환경은 기업이 통제할 수 있다.

- 종업원: 종업원들이 작업장을 변경하기 위해 창의력을 발휘하거나 더 효율적이고 효과적인 성과를 위해 작업과업을 변경해야 한다.
- 조직구조: 조직구조는 회사의 효과적인 운영을 관리하고 안내한다. 이것은 회사에서 권한과 위계를 정의하고, 조사하는 것이다.
- 조직과정: 조직과정은 결과를 산출하고, 고객을 위한 가치를 갖는 활동의 집합이다. 제조, 유통, 물류, 정보기술은 지속적으로 새롭게 할 필요가 있는 다양한 과정이다.

3. 조직의 변화관리

조직의 변화(organizational change)는 조직 안에서 변화에 영향을 주는 조직구조, 전략, 운영방법, 기술이나 조직문화를 변경하는 과정과 조직에 있는 이러한 변화의 결과이다. 변화관리는 조직성공을 추진하기 위해 성공적으로 변화를 채택하는 조직을 안내하고, 준비하고, 갖추는 규율이다. 변화관리는 새로운 사업과정의 영향, 조직구조나 조직문화에 있는 변화를 관리하는 것이다. 따라서 변화관리는 현재 상태를 바람직하고 발전하는 미래 상태로 이동할 때 종업원들을 지원하는 구조화된 방법을 제공한다.

1) 변화에 대한 저항

조직변화는 불가피하고, 조직에 영향을 주는 복잡한 과정이다. 모든 종업원들은 기존 환경과 과정에 대한 변화를 환영하지 않는다. 안전이나 신분이 위협을 받는다면 현재 상태를 방어하는 것은 정상적인 인간의 반응이다. 조직개선을 실행하는 것이 어렵거나 불가능할 때 조직변화는 종업원들에게 회의와 저항을 유발할 수 있다. 이것은 변화과정 중과 후에 종업원들을 지원하기 위한 노력을 하는 경영의 역할을 더욱 중요하게 한다. 변화에 대한 저항은 도전적이다. 변화가 조직에서 저항 받는 이유는 많이 있다.

(1) 변화에 대한 저항의 의미

변화에 대한 저항(resistance to change)은 개인이나 집단이 어떤 심리적·사회적·문화적 특징을 지니고 있고, 일단 습득하고 있는 특징을 지속적으로 오래 유지하고, 이러한 지속성과 안정성을 유지하려는 것을 의미한다. 새로운 변화와 발전에 저항하는 원인으로는 균형유지, 습관, 준거체제, 성공적 경험이나 불안 등이 있다. 변화에 대한 저항은 명시적, 묵시적, 즉각적이거나 지연적일 수 있다. 변화에 대한 저항은 유익한 변화를 방해할 수 있으나 우수한 의사결정에 기여할 수 있다. 따라서 경영자는 변화에 대한 개인과 조직의 저항 원천을 확인해야 한다.

(2) 변화에 대한 저항의 이유

새로운 정책과 프로그램은 저항에 부닥치고, 실행할 때 불필요한 지연이나 왜곡을 야기한다. 변화에 대한 반응과 필요성 간의 갈등은 변화를 관리할 때 가장 난처한 문제이다. 다음은 사람들이 변화에 대한 저항에 원인이 되는 가장 중요한 요인이다.

- 사람들은 현재 하고 있는 것을 계속하는 것은 쉽다고 느끼나 새로운 것을 학습하는 것은 불편하게 느낀다.
- 변화는 권력과 힘의 재분배로 시작하기 때문에 변화에 부정적으로 영향을 받는 개인과 집단은 반대하는 경향이 있다.
- 새로운 시스템을 학습하거나 이행하는 사람들이 실패우려로 변화에 저항한다.
- 덜 교육받고, 덜 지적인 개인, 개인적인 경험에 크게 의존하는 개인과 위험을 회피하려는 사람들은 변화에 저항한다. 변화로 많은 것을 잃을 입장에 있는 사람들이 가장 반대하는 경향이 있다. 전통적인 기질이 있는 사람들은 변화는 부적절하고, 비효율적이라고 인식하고 변화를 저항한다.

(3) 변화에 대한 저항의 발생 상황

변화가 기존 비공식적인 십난구싱원을 변경한다면 적극적인 저항에 직면할 것이다. 변화에 대한 조직저항의 원천은 변화의 세한된 집중, 구조적 타성, 기존자원의 할당과 권력관계에 대한 위협과 같은 요인에 있다. 다음은 변화에 대한 자극이 좌절될 수 있는 상황이다.

• 제안된 변화의 영향이 변화를 시키는 영역에 대한 의미를 설명하지 못할 때
• 변화에 대한 자극이 불안정할 때
• 부문별 예산이나 자원배분에서 수정이 있을 때
• 기존 권력관계가 기능의 재조직으로 변경될 때

(4) 변화에 대한 저항의 유형

변화는 현재의 상태를 변경하고, 새로운 결과를 발생시키기 때문에 조직구성원들에게는 불안하다. 조직구성원들은 대체로 현재의 상태를 중시하는 경향이 있다. 따라서 조직에서 변화는 조직구성원들의 저항을 야기한다. 노동조합원이 경영자가 제안한 직무에서의 변화를 기꺼이 수용할 수 있지만, 노동조합이 반대한다면 저항할 것이다. 이처럼 저항은 집단의 힘에 의해서도 발생할 수 있다. 변화에 대한 저항은 논리적, 심리적, 사회적 저항이 있다. 이 세 유형은 변화에 대한 종업원들의 태도에서 각각 다르다.

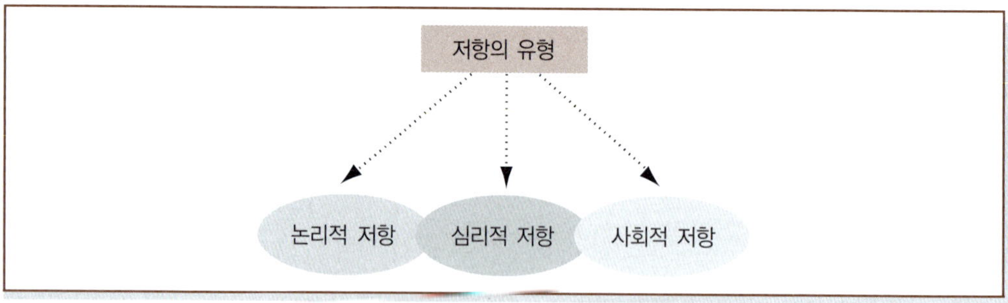

| 그림 7-7 | 변화 저항의 유형

■ 논리적 저항: 변화를 조절하는데 필요한 시간과 노력으로부터 발생된다. 이것은 종업원들이 발생시키는 비용이다. 이 비용은 조정에 필요한 시간, 학습에 필요한 추가적인 노력, 변화의 경제적 비용과 반대를 포함한다.
■ 심리적 저항: 미지의 공포, 변화의 낮은 인내, 관리의 혐오와 안전욕구 등과 같이 변화에 대한 개별 종업원들의 태도와 느낌에 의한 저항이다.
■ 사회적 저항: 사회적 가치는 환경에서 있어서 강력한 힘이다. 개인들이 변화에 저항할 때 전체 조직뿐만 아니라 집단조차도 적극적으로 변화에 저항하는 것을 예상하는 것은 어렵지 않다. 집단이 변화에 대한 저항을 보이면, 집단규범, 가치와 비공식적인 역할 규정의 예를 인용할 수 있다.

2) 변화저항의 원천

종업원들은 변화가 자신들에게 유리하고, 역량을 강화한다면 환영하지만, 유리하지 않다면 그들은 변화에 저항하는 경향이 있다. 변화가 어떤 결과를 수반하는지와 구성원들의 직무에 어떻게 영향을 주는지를 이해하는 과정 없이 종업원들에게 위협이 될 때 종업원들은 변화에 저항하게 된다. 변화저항의 주요 원천은 조직의 목적보다 자신의 이해와 업무 방해, 개성 특성, 불확실성, 실패공포나 직무상실 공포 등이 있다.

- 조직의 목적보다 자신의 이해와 업무 방해: 종업원들은 조직의 목적이 개인적인 이해와 의무에 방해가 될 때 변화에 저항한다. 그들은 변화가 지연되거나 업무수행에 방해될 것이라고 두려워하기 때문이다.
- 개성 특성: 어떤 사람들은 다른 사람들보다 변화에 더 저항한다. 그러나 긍정적인 종업원들은 부정적인 종업원들보다 기꺼이 변화를 수용하려고 한다.
- 불확실성: 최종 결과가 잘 알려지지 않을 때 변화는 불확실성이 크다. 변화 후의 환경이 변화 전의 환경보다 더 좋거나 더 나쁠 수 있다. 이러한 불확실성은 종업원들에게 불안정을 자아내고, 통제력을 상실하게 된다.
- 실패공포: 종업원들이 새로운 요구사항에 적응할 수 없다고 불안을 느끼기 때문에 변화는 종업원들의 능력에 대해 불확실성을 자아낼 수 있다. 능력과 성과를 자신하는 종업원들은 자신감이 적은 사람들보다 제안된 변화를 더욱 환영한다.
- 직무상실 공포: 변화가 실행될 때 조직에서 자신의 직무를 상실하지 않을까 하는 공포이다. 직무상실의 공포는 변화의 주요 저항요인으로써 재구축이나 축소를 실행하는 조직에서 자주 일어난다.

3) 조직변화 계획

조직변화는 잠재적 문제의 지표나 조직 내에 있는 문제이다. 자발적인 변화는 잠재적 기회나 상황을 미리 확인하는 미래를 계획하는 조직에서 일어난다. 변화는 조직을 위해 더 나은 상태로의 이동이고, 현재 환경에 불균형을 주지 않기 위해 잘 계획될 필요가 있다. 조직변화과정은 과정조사, 문제확인, 변화계획과 변화실행 등이 있다. 조직은 현재 과정과 절차를 이해하기 위해 조사를 착수하고, 문제를 확인한다. 문제영역을 평가하고, 실행에 필요한 변화를 평가한다. 그런 후 경영자는 조직이 원하는 바람직한 미래 상태를 결정한다. 이것은 모든 관계자에게 커뮤니케이션을 해야 하고, 원만한 변화의 수단을 계획해야 한다. 완성된 변화계획은 계획과 자원할당 등 순차적인 방법으로 실행된다. 책임은 변화과정을 맡고 있는 핵심인물에게 맡겨야 한다. 변화과정을 지휘하기 위해 최고경영자가 전 과정에 포함되는 것이 중요하다.

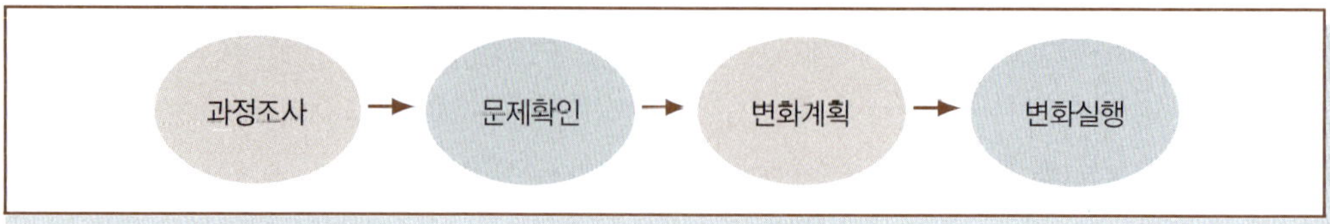

| 그림 7-8 | 조직변화과정

4) 변화저항의 극복

조직에서 변화실행은 조직구성원들의 변화에 대한 저항으로 매우 어려운 일이다. 그러나 철저한 분석, 계획과 전략 후에 경영자가 공감을 갖고 추진한다면 변화실행은 유연하게 이루어지고, 그 결과는 성공적일 수 있다. 조직을 미래로 성공적으로 이끌기 위해서 변화가 어떻게 작용하는지를 최고경영자는 충분히 이해해야 한다. 변화저항은 종업원들의 불안관리, 효과적인 커뮤니케이션, 신뢰 분위기 창조와 종업원 우려와 변화의 필요성 연결 등으로 극복될 수 있다.

- 종업원들의 불안관리: 경영자는 종업원들의 불안을 다룬다. 종업원들에게 신뢰를 주고, 변화가 긍정적인 결과를 가져온다고 확신시키고, 조직의 이익에 집중한다.
- 효과적인 커뮤니케이션: 훌륭한 지도자는 효과적인 커뮤니케이션을 한다. 변화를 통해 얻게 되는 것이 무엇인지를 커뮤니케이션하고, 변화를 수용하지 않는다면 잃게 되는 것이 무엇인지를 종업원들에게 전달함으로써 큰 영향을 미친다.
- 신뢰 분위기 창조: 변화의 도입 전에 팀 구축, 신뢰강화, 공개와 정직한 커뮤니케이션은 신뢰의 분위기를 창조하는데 도움이 된다. 종업원들이 변화과정에 포함된다면 공포 없이 실행되는 변화를 수용하는데 효과적이다.
- 종업원 우려와 변화의 필요성 연결: 건강, 직무안정과 더 좋은 작업환경 등을 우려하는 문제에 변화의 필요성을 연결함으로써 변화에 대한 종업원들의 인식이 긍정적, 수용적으로 될 수 있다. 종업원들에게 변화로 얻게 되는 결과를 제시한다.

Sense LG CNS, 조직개편

LG CNS는 전략사업부를 에너지 · 사이니지 · 스마트빌딩을 담당하는 스마트에너지사업부와 오프라인투온라인(O2O) · 모바일 · 사물인터넷(IoT) · 의료 · 사내벤처를 담당하는 미래신사업부로 재편했다. 여기에 의료사업담당을 신설했다. 스마트에너지부 · 미래신사업부 눈길 전사자원관리(ERP) 운영 고도화와 이행 방식 혁신을 위해 ERP운영실을 ERP운영담당으로 한 단계 승격시켰다. 전사 품질과 수주 · 이행 진단 강화를 위해 품질관리실도 품질관리 담당으로 높였다. LG CNS 관계자는 “이번 조직개편은 시장과 사업 환경 변화에 대응하고 실질 중심 조직을 만들기 위해 단행됐다”며 “성과주의 책임경영 구현, 기술중심 조직역량 강화, 인재 발탁과 사업혁신, 성과창출 촉진 등이 중점 추진 사항”이라고 말했다.

출처: 한국경제 2016.10.07

제3절 위기경영

1. 위기경영

경영실패는 기업과 주주에게 심각한 손실을 발생시킨다. 위기경영의 경험으로부터 얻는 최고의 사례와 교훈은 기업에게 매우 귀중한 자원이다. 위기경영은 종업원들, 조직, 주주와 외부고객들에게 혼란을 주는 급박하고, 예기치 않은 사건을 다루는 기술이다. 위기관리는 조직에서 급박하고, 예기치 않은 사건을 다루는 과정이다. 위기가 발생하는 원인은 다양하다. 제품결함, 고객들의 불매운동이나 법적 소송, 노사분쟁이나 종업원들의 파업 등은 기업에 큰 손상을 주는 위기이다. 또한 조직의 위기는 뇌물수수, 사기, 자료나 정보의 조작과 같은 불법적인 행동 등이 있다.

1) 위기의 개념

위기는 예측할 수 없는 사건의 결과로써 발생될 수 있다. 위기(crisis)는 적절히 처리되지 않는다면 부정적인 결과를 갖는 심각한 위협이다. 위기경영에서 위협은 조직, 주주와 산업에 입힐 수 있는 잠재적 손상이다. 이처럼 위기는 공공의 안전, 재무적 손실과 평판의 손상과 관련된 위협이다. 산업재해와 제품피해와 같은 위기는 기업에 매우 치명적인 위협으로 재무적 손실, 시장점유율의 하락, 회사의 이미지 실추나 법적 소송을 야기할 수 있다. 효과적인 위기관리는 이러한 위협을 연속적으로 다루는 것이다. 위기는 조직에 피해를 제한하기 위해 신속히 의사결정을 하는 것이 필요하다. 다음은 위기의 특징이다.

- 위기는 조직에 손상을 주는 갑작스럽고, 예측하지 못한 사건이다.
- 위기는 개인들에게 공포와 위협감을 촉발한다.

2) 위기의 유형

갑작스럽고, 예측하지 못한 사건은 조직의 위기이다. 위기는 조직에서 불안정이 될 뿐만 아니라 종업원들을 동요시키는 긴급한 상황이다. 위기는 개인, 집단, 조직이나 사회에 영향을 준다. 위기는 기업에 갑작스럽고, 예기치 않게 발생한다. 그 결과는 기업에 심대한 부정적인 영향을 미치는 사건이다. 따라서 위기관리 전략이 사전에 수립되면, 위기로 인한 손상을 축소하거나 제거하는 데 유용하다. 위기의 주요 유형은 자연재해, 기술위기, 대립위기, 조직비행, 작업자 폭력, 루머 등이 있다.

- ■ 자연재해: 자연재해는 신의 행위이다. 자연재해는 생명, 재산과 환경에 위협이 되는 지진, 화산폭발, 태풍, 산사태, 폭풍, 가뭄, 폭우와 같은 환경현상이다.
- ■ 기술위기: 인간이 과학과 기술을 적용함으로써 발생한다. 기술사건은 기술이 복잡하고 무엇인가 시스템에서 잘못될 때 불가피하게 발생한다.
- ■ 대립위기: 욕구와 기대가 수용되기 위해 불만족한 개인이나 집단이 정부와 다른 이해집단과 투쟁할 때 발생한다. 대립위기의 유형은 배척 운동, 연좌데모, 권한이 있는 사람에게 최후통첩, 건물의 봉쇄, 저항이나 불복종 등이 있다.
- ■ 조직비행: 조직이 법적, 윤리적 비행을 범할 때 조직비행 위기가 발생한다. 이것은 적절한 예방 없이 비행을 감수할 때 발생한다.
- ■ 작업장 폭력: 종업원이 조직에서 다른 종업원들에게 폭력을 행사할 때 발생한다.
- ■ 루머: 조직이나 제품에 관한 허위정보는 조직의 평판을 해치는 위기를 야기한다.

3) 위기경영의 개념

위기경영(crisis management)은 조직이 갑작스럽고, 상당히 부정적인 사건을 다루는 데 도움이 되는 전략의 적용이다. 즉, 위기경영은 조직이 소식, 이해관계자나 일반 공중에 피해 조짐이 있는 주요 사건을 다루는 과정이다. 따라서 조직은 인적구조, 운영능력이나 평판에 피해를 주는 사건을 관리하고 조정한다. 이것은 계획과 사건의 반응을 고려하지만, 상황을 극적으로 다루어야 한다. 운영, 직원, 고객, 조직의 평판이나 법과 재무상황에 위협이 되는 사건에 대한 반응과정으로 목적은 피해를 최소화하는 것이다.

위기 시 성공적인 커뮤니케이션의 비결은 위기관리 계획을 갖는 것이다. 위기를 다루는 운영절차를 정의하기 위해서 위기관리 계획은 커뮤니케이션 과업과 책임을 개괄하고, 매체 접촉부터 기자회견까지 모든 것을 포함한다. 계획은 사람들이 회사를 위해 대변하고, 모든 접촉정보를 경영진에게 제공하고, 정보를 보급하는데 사용할 매체를 준비할 사람을 명확하게 지정한다. 잠재적 문제를 확인하고, 대응팀을 지정하고, 훈련하며, 위기경영 계획을 준비하고, 검사함으로써 사전에 문제대비를 준비한다. 또한 경영층을 위기대응팀에 포함한다. 회사 대변을 위한 뉴스센터를 설치하고, 기자회견을 위한 전화, 컴퓨터, 기타 장비를 준비한다. 다음은 뉴스센터를 준비하는 단계이다.

- 뉴스를 신속하게 갱신하고, 24시간 내내 질문에 응답할 훈련된 직원을 배치한다.
- 가능한 신속하게 뉴스 매체에 완전한 정보를 제공한다.
- 미리 훈련된 단일의 홍보직원을 임명함으로써 모순된 발표를 예방한다.
- 뉴스 센터에서 지정된 대변인에게 모든 전화를 연결하도록 직원들에게 지시한다.
- 새로운 정보를 블로그 게시, 문자 메시지, 페이스북과 기타 다른 매체에 제공한다.
- 전체 이야기를 솔직하고 완전하게 제공한다.
- 과실이 있을 때 사과하고, 발표와 행동에 의해서 회사의 관심을 입증한다

Sense 위기 시 주의사항

- 무슨 일이 있어도 다른 사람을 비난하지 않는다.
- 일반 공중을 추측하지 않는다.
- 사적 비밀을 위반하는 정보를 발표하지 않는다.
- 제품이나 서비스를 전시 판매하기 위해서 위기를 사용하지 않는다.
- 특정한 매체에만 호의적이지 않는다.

4) 위기경영 전략

때로는 기업의 위기가 루머나 조작된 사실로부터 발생하기도 한다. P&G는 달 위의 남자와 별 로고가 사탄주의와 관련 있다는 루머에 시달렸다. 그래서 P&G는 이 루머가 사실이

아니라는 것을 밝히기 위해 법적 조치까지 취했지만 루머는 사라지지 않았고, 결국 달 위의 남자와 별 로고를 포기해야만 했다. 이처럼 위기대응은 쉽지 않다.

위기 유형과 기업 유형별로 대응 커뮤니케이션 전략은 다를 수 있다. 그러나 가장 중요한 것은 진실하고, 신속하게 사과하고, 재발되지 않도록 개선조치를 시행하고, 상시적인 예방시스템을 가동하는 길이다. 부인이나 변명, 정당화나 환심을 사려고 한다면 더욱 기업위기가 악화될 것이다. 물론 루머에 대해서는 단호하고 확실한 조사를 통하여 조치를 취하여야 하지만, 대부분의 위기는 기업과 관련되어 사실인 경우이다. 따라서 많은 책임감을 느끼고, 진실하게 사과하는 길이 확실한 위기 해결책이다.

방어 ←―――――――― 수용

위기유형	루머	자연재해		악의		사고	위반
대응 커뮤니케이션	공격	부인	변명	정당화	환심	개선	사과

――――――――→ 책임감

| 그림 7-9 | 위기 유형별 대응커뮤니케이션 전략

5) 전략적 고객 커뮤니케이션

기업 커뮤니케이션의 중요성은 기업사고, 범죄나 추문, 인질, 테러공격, 제품변경에 관한 정보, 재무적 위기 등을 포함하는 위기 시에 발생한다. 위기 시 고객, 종업원, 지역사회는 정보를 요구한다. 루머는 예측할 수 없고, 통제할 수 없이 확산된다. 위기는 예측할 수 없더라도 미리 대비할 수 있다. 기업이 위기에 처할 때 사람들이 필요로 하는 정보에 신속하게 반응하는 회사는 장기적으로 부정확한 정보를 제시하거나 은폐하는 회사보다 위기관리가 더 잘 진행되는 경향이 있다.

(1) 목표청중에게 집중

위기상황에서 고객 커뮤니케이션은 목표고객에게 집중해야 한다. 목표고객에게 가장 잘 도달할 수 있는 매체를 결정한다. 또한 기업 웹 사이트나 광고 캠페인, 홍보, PR 등을 적극 활용하여 사실을 신속하고 정확하게 알린다.

(2) 제3자 활용

기업의 위기에 대해 실망한 고객들은 기업의 자발적인 고객 커뮤니케이션 노력을 불신할 수 있기 때문에 객관적인 시각에서 공정한 메시지를 고객에게 전달할 수 있는 주체를 효과적으로 활용한다. 기업과 이해관계가 없는 제3자를 활용하는 것이 효과적이다. 제3자의 입을 통해 객관적 원인규명을 위한 기업의 노력과 의지를 간접적으로 전달하게 된다. 제3자를 통한 고객 커뮤니케이션 수단은 기업의 책임 소재와 관련하여 부정적인 결과를 발표해야 하는 경우 기업에게 미리 대처할 수 있는 시간을 제공하기도 한다.

Sense 보잉사(Boeing)의 위기관리: 제3자 활용방안

비행기가 추락할 경우 보잉사는 미국연방항공청(Federal Aviation Administration)과 미국연방교통안전위원회(National Transportation Safety Board)와 함께 조사팀을 이루어 조사 작업을 벌인다. 보잉사는 자체적인 수습보다는 정부 조사관들이 주도적으로 조사 작업에 착수하고, 자신들은 정부 조사관들이 객관적이고 공정한 조사를 할 수 있도록 적극적으로 협조한다는 원칙을 고객에게 커뮤니케이션 한다. 비행기 사고의 경우 고객들의 억지 루머와 주장이 개입될 여지가 많다. 이러한 루머와 싸우는 가장 좋은 방법은 사고에 대해 기술 전문가들이 설명하게 하는 것이다.

(3) 진실하고 솔직한 정보제공

끝까지 숨길 수 있는 비밀은 이 세상에 하나도 없다. 시사 고발 프로그램의 발달, 인터넷 매체의 보편화 등은 위기를 증폭시키는 역할을 담당할 뿐만 아니라 기업이 위기를 은폐할 수 없는 상황으로 몰고 간다. 기업이 은폐했던 진실이 제3자에 의해서 밝혀진다면 기업은 언론에 대한 통제력을 잃게 되고, 언론을 비롯한 여러 주체들이 사건의 가장 나쁜 부분만 부각하여 이를 감정적으로 다룰 가능성이 높다. 기업이 정직하고 투명할수록 고객은 기업을 더욱 신뢰한다. 당당하게 잘못을 시인하고, 이를 개선하기 위해 고객과 커뮤니케이션해 나간다면 고객의 충성도를 회복할 수 있고, 장기적 고객관계를 유지할 수 있다.

2. 위험관리

위험은 기업의 재무적 손실과 종업원들의 안정을 위협한다. 위험관리는 위험평가, 위험대처 전략개발, 경영자원을 활용한 위험의 이전을 포함한 인적활동이나 위협과 관련된 불확실성 대처의 구조화된 방법이다. 이러한 전략은 위험을 다른 부분으로 이전하고, 위험을 회피하고, 위험의 부정적인 결과를 축소하고, 특정한 위험을 수용하는 것을 포함한다.

1) 위험관리의 개념

위험관리(risk management)는 돌발적인 손실을 예상하고, 손실이나 재무적 영향을 최소화하는 절차를 계획하고, 실행함으로써 순수한 위험을 처리하는 과학적 방법이다. 위험관리는 기회의 확인, 손실회피와 이전이다. 이것은 조직이 손실을 최소화하고, 기회를 최대화할 수 있는 방법으로 활동, 기능이나 과정과 관련된 위험을 확인하고, 분석하고, 평가하고, 처리하고, 감시하고, 커뮤니케이션하는 것이다. 위험관리는 모든 수준에서 우수한 관리와 의사결정의 통합된 구성요소이다. 환경, 안전과 건강을 보호하는 위험관리 과정은 사업단위에 있는 운영과 관리기능의 일부분이다. 각 부문과 경영자들은 위험관리기능에 직・간접적으로 포함되어 있다는 것을 의미한다. 위험관리의 효과성은 관리자나 경영자가 위험을 다루는 방법에 달려있다. 다음은 불확실성을 다루는 과정인 위험관리의 주요 특징이다.

- 불확실성의 문제를 처리하는 체계적인 분야이다.
- 선택시스템을 제공한다.
- 잠재적인 골칫거리를 이해하는 방법이다.
- 바람직하지 않는 사건에 반응하는 지침이다.

2) 위험관리의 목적

위험관리의 기본적인 목적은 위험의 비용을 극소화하는 것이다. 효과적인 위험관리 구조는 위험과 그 영향의 이해를 통해 우수한 의사결정을 지원한다. 위험관리의 과업을 맡은 조직의 담당자들은 사람, 집단이나 조직이 직면하는 위험을 감소하는 것을 목표로 한다. 위험관리를 효과적으로 적용하기 위해서 위험관리 문화가 개발되는 것이 중요하다. 위험관리 문화는 조직의 전체 비전, 사명과 목적을 지원한다. 미래 사건과 결과와 관련된 불확실성을 다루는 위험관리는 위험의 성격, 가능성과 영향을 제공한다.

- 효과적인 전략적 계획을 위한 구조화된 틀을 제공한다.
- 기회의 극대화와 손실의 최소화를 확보한다.
- 관리의 관점을 확대하고, 선제적 행동을 촉진한다.
- 조직의 효율성과 효과성을 향상한다.
- 자원사용을 최적화한다.
- 의사결정의 개방성을 촉진하고, 커뮤니케이션을 향상한다.
- 조직에서 책임성의 수준을 향상한다.

3) 위험관리의 이점

조직이 목적을 달성하기 원한다면 위험추구는 불가피하다. 위험을 인식하고 있는 조직은 경쟁우위를 제공할 수 있는 위협과 기회를 적극적으로 관리한다. 위험관리와 추구는 기업의 생존과 성장에 매우 중요한 본질이다. 위험관리는 위험을 확인할 때 명확하고, 구조화된 방법을 제공한다. 위험을 명확하게 이해하면, 조직은 위험을 측정하고, 적절한 조치를 취할 수 있다. 다음은 위험관리를 실행하는 이점이다.

- 시장의 변동성에 유연하고, 빠른 반응을 하게 한다.
- 고객의 항상 변하는 욕구를 더 잘 충족하게 한다.
- 회사는 선점자 이점을 확보할 수 있고, 이것은 장기적으로 경쟁우위가 된다.
- 위험 수준과 위험을 관리하는 방법이 회사의 외부인식에 영향을 준다.
- 자원을 절약한다. 시간, 자산, 수입과 사람은 모두 가치 있는 자원이다.
- 위험관리는 조직의 평판과 공적 이미지를 보호한다.

4) 위험관리의 범위

조직은 위험을 피할 수 없고, 감내할 수 있는 수준에서 위험관리 조치를 취한다. 전략, 프로그램과 운영수준에서 위험관리는 통합한다. 이러한 방식으로 조직의 위험관리 전략은 최고경영자로부터 오고, 조직의 정상적인 활동 속에 배어있어야 한다. 모든 직원들은 목적 달성을 위한 위험의 관련성과 위험관리 직원을 지원하기 위한 훈련을 알아야 한다. 각 수준에 있는 관리자들은 위험을 효과적으로 관리할 수 있는 적절한 기술이 있어야 한다. 위험관리는 중요한 의사결정이 이루어지는 곳에 정밀하게 적용되어야 한다. 위험에 관한 의사결정은 단기, 중기나 장기적 목적과 관련이 있어야 한다. 위험관리의 범위는 전략적 의사결정, 프로그램과 프로젝트 수준과 운영수준 등이 있다.

(1) 전략적 의사결정

전략적 의사결정은 의사결정을 위한 맥락을 설정하는 장기적 목표와 관련이 있다. 전략적 의사결정과 관련이 있는 위험은 미래와 관련된 적절한 관점에 포함될 때까지 분명하지 않을 수 있다. 정기적으로 전략적 의사결정과 관련된 위험을 고려한다.

(2) 프로그램과 프로젝트 수준

중기 목표는 기업변화를 일으키는 프로그램을 통해서 다루어진다. 중기 목표와 관련된 의사결정은 시간과 재무 책임에 의해서 전략적 결정보다 범위가 더욱 좁다.

(3) 운영수준

서비스의 계속성을 확보하기 위한 단기 목표를 강조한다. 그러나 운영수준에 있는 위험에 관한 의사결정은 단기와 장기 목표의 달성을 지원해야 한다. 또한 조직의 관점에서 변화의 도입을 계획하는 의사결정 중에 위험관리는 적용되어야 한다. 이상적인 위험관리 상황에서 순위화하는 과정은 가장 큰 손실이 있는 위험을 따르고, 발생이 가장 큰 위험을 먼저 처리하고, 발생가능성이 낮고, 적은 위험은 다음 순서로 처리한다.

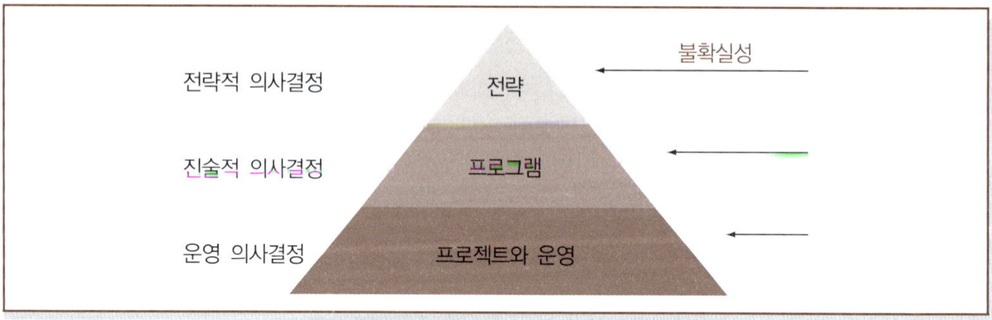

| 그림 7-10 | 위험관리의 범위와 적용

5) 위험관리의 책임

조직이 효과적인 위험관리를 위해 다양한 관리수준에서 책임을 명확히 지정하는 것이 필수적이다. 이러한 관점에서 각 관리수준에서의 책임은 다음과 같다.

(1) 이사회

이사회는 통합성과 윤리적 가치에서 기대되는 것을 정의할 때 중요한 역할이 있고, 감독활동을 통해 기대를 확인할 수 있다. 핵심 의사결정에서 권한을 가짐으로써 이사회는 전략수립, 목표와 자원할당의 공식화 역할을 한다. 이사회는 위험관리를 감독한다.

- 효과적인 위험관리를 제정하고, 위험을 관리한다.
- 기업의 위험 선호도를 알고, 동의한다.
- 위험의 범위를 검토하고, 위험 선호도를 고려한다.
- 가장 중요한 위험과 경영진이 대응할지를 평가한다.

(2) 최고경영자

최고경영자는 조직에 있는 위험관리에 전적으로 책임이 있다. 그는 조직윤리와 내부환경 요인들에 영향을 주는 전략을 수립한다. 최고경영자는 리더십을 종업원들에게 위임하고, 사업운영 방식을 검토하고, 위험을 관리한다. 관리자들은 개별 단위에 책임이 있는 직원들에게 구체적인 위험관리 정책과 절차의 수립에 대한 책임을 할당한다.

(3) 위험관리임원

위험관리임원은 책임 분야에서 효과적인 위험관리를 수립하고 유지할 때 다른 관리자들과 함께 일한다. 그는 진행과정을 추적하고, 다른 관리자를 지원하고, 관련된 위험정보를 보고할 책임이 있다. 또한 내부 위험관리위원회의 구성원이 된다.

(4) 내부감사

내부감사는 기업의 위험관리의 추적과 일상적인 의무의 하나로써 또는 상위 관리자의 특별한 요청에 따라 위험관리의 성과를 평가한다. 또한 내부감사는 기업의 위험관리과정의 적절성과 효과성을 향상하기 위해 위험을 추적하고, 검토하고, 평가하고, 기록하고, 권고함으로써 이사회나 감사위원회를 지원한다.

(5) 외부인

기업의 위험관리는 기업에 있는 종업원들의 책임이고, 직무기술의 명시적이거나 암묵적인 부분이다. 종업원들은 위험관리에 사용되는 정보를 생산하거나 위험을 관리하는데 필요한 조치를 취한다. 기업과 독립적인 외부감사는 재무감사와 내부통제를 통해 관리에 유용한 추가적인 정보를 제공함으로써 기여한다. 위험관리에 영향을 미칠 때 조직에 유용한 정보를 제공하는 사람들은 규제자, 고객, 거래자, 신용평가자, 매체와 재무분석가 등이 있다. 그러나 이러한 외부인들은 기업의 위험관리에는 책임이 없다.

3. 위험관리과정

위험관리로 모든 위험을 제거하지 못한다. 그러나 효과적인 위험관리는 조직이 손실을 감소하거나 예방에 몰입하는 것이다. 모든 조직은 위험관리 전략을 수립하고, 위험관리가 기업이 수행하는 본질적인 부분이라는 것을 확실히 하기 위해 전략, 정책 설정과정을 포함한 전략의 적용은 조직시스템 안에 있어야 한다. 위험관리는 위험의 확인에서 시작하고, 위험을 관리할 때 수행되어야 하는 일련의 과정이 체계적이어야 한다.

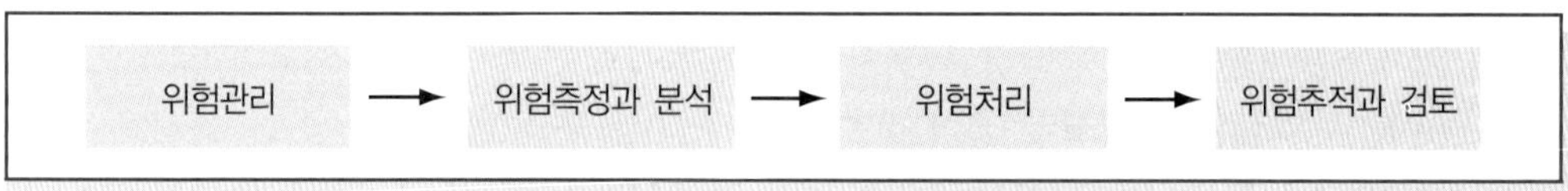

| 그림 7-11 | 위험관리과정

1) 위험확인

위험이 먼저 확인되지 않는다면 위험은 관리될 수 없다. 기업이 위험을 정의하면, 다음 단계는 가능한 많은 위험을 확인하기 위해 정보를 활용한다. 위험확인의 목적은 부정적이거나 긍정적으로 기업의 목표와 활동에 영향을 주는 잠재적 위험을 확인하는 것이다. 이것은 위협, 취약성과 관련된 위험이 확인되는 단계이다. 어떠한 위험도 배제되지 않도록 확실히 하기 위해 이러한 과정은 체계적이고 포괄적이어야 한다. 어떤 위험은 이미 알려져 있어 조직에 의해서 통제될 수 있더라도 모든 위험을 확인하고, 기록하는 것이 매우 중요하다.

위험기록의 목적은 구조적 형태에서 확인된 위험을 보여주는 것이다. 위험기록표는 위험의 기록과 평가를 촉진하는데 사용된다. 잘 계획된 구조는 포괄적 위험확인, 기록과 평가과정을 확실히 하는데 유용하다. 위험의 결과와 가능성을 고려함으로써 상세하게 분석될 필요가 있는 핵심적인 위험을 순위화하는 것이 가능하다. 기업활동과 의사결정과 관련된 위험의 확인은 전략, 프로그램과 운영수준으로 순위화할 수 있다.

| 표 7-4 | 위험기록표

구분	설명
위험의 이름	발생한 위험의 이름
위험의 범위	사건, 규모, 형태, 수와 의존관계의 질적 기술
위험의 성격	전략, 운영, 재무, 기술
위험의 정량화	중대성과 발생가능성
위험의 태도	위험의 손실가능성, 재무적 영향, 잠재적 손실의 가능성과 규모
위험의 처리	위험의 관리 가능한 주요 수단, 추적과 검토 계획서의 확인
개선 행동	위험감소를 위한 권고
전략과 정책개발	전략과 정책개발에 책임이 있는 기능의 확인

2) 위험측정과 분석

모든 조직은 운영이나 목적의 달성에 영향을 주는 새롭거나 변하는 위협과 취약성에 끊임없이 노출되어 있다. 이러한 위협과 취약성의 확인, 분석과 평가는 관련된 위험의 영향을 이해하고, 측정하고, 적절한 조치와 통제를 결정하는 방법이다. 위험평가는 위험관리가 실행되더라도 많은 경우에 수행되지 않는 것을 주의한다. 관리자들은 이러한 사실을 인식하지만, 실제적인 사례를 통해서 위험평가의 사용을 촉진할 수 있다. 위험평가는 중요성에 따라 순위를 정하고, 순위선정은 여러 요인들의 측정을 제안한다. 위험평가는 사전에 설정된 기준을 위험의 수준과 비교하고, 이러한 위험이 처리를 필요로 하는지를 결정하는 것이다. 위험평가의 결과는 조치가 필요한 위험의 순위 목록이다. 손실노출의 경우에 고려할 사항은 손실의 잠재적 중요성과 발생가능성이다.

위험분석은 위험의 수준과 성격을 평가하고 이해하는 단계로 위험한 상황의 노출과 관련된 손실의 적절한 측정이 필요하다. 또한 위험분석은 어떤 위험이 더 큰 영향을 주는지를 파악할 때 유용하다. 위험분석은 위험을 통제하기 위해 자원할당에 관한 의사결정을 위해 위험의 잠재적인 영향이나 발생가능성을 더 잘 이해할 수 있다. 이러한 정보는 위험에 대한 조치나 가장 적절하고, 비용효과적인 위험대처 방법을 결정하는데 도움이 된다. 따라서 위험측정은 다음과 같은 확인이 필요하다.

- 발생할 수 있는 손실의 가능성이나 기회
- 기업의 재무에 미치는 손실의 영향
- 손실을 예측할 수 있는 능력

3) 위험처리

위험처리는 부정적인 결과를 축소하거나 제거하기 위해 또는 불리한 상황의 발생 가능성을 축소하기 위해 위험을 처리하거나 통제하는데 필요한 수단을 확인하는 것이다. 위험처리는 긍정적인 결과를 향상하는 것을 목적으로 해야 한다. 모든 위험처리 전략을 실행하는 것은 가능하지 않기니 비용 효과적이시노 않다. 기업은 위험처리의 적절한 결합을 선택하고, 순위화하고, 실행하는 것을 목적으로 해야 한다.

4) 위험추적과 검토

위험추적과 검토는 위험관리과정에서 필수적이고 통합된 단계이다. 기업은 위험을 추적하고, 처리계획의 효과성을 검토한다. 즉, 위험을 효과적으로 관리하기 위해 설정된 위험 전략과 관리이다. 변화하는 환경이 위험의 순위를 변경하지 않도록 위험을 주기적으로 추적한다. 마지막으로 확인되고, 평가된 위험요소는 조직에 있는 다른 수준의 사람들에게 커뮤니케이션하고, 손실을 완화하기 위해 적절한 방법을 검토한다.

제4절 조직문화

1. 조직문화의 의미

조직문화는 조직의 독특하고 사회적이고 심리적인 환경에 기여하는 가치와 행동이다. 조직문화는 자아 이미지, 내부 작동, 외부세계와의 상호작용으로 표현되는 조직의 기대, 경험, 철학과 가치를 포함한다. 이것은 공유된 태도, 신념, 관습과 성문이나 불문 규칙에 근거한다. 조직문화는 생산방법, 마케팅, 광고실무와 새로운 제품창조까지 확대되기 때문에 모든 조직에 독특하고, 변화하기 어려운 요소 중의 하나이다.

1) 조직문화의 개념

조직문화(organizational culture)는 조직의 심리, 태도, 경험, 신념과 가치이다. 조직에 있는 사람과 집단이 공유하고, 내부와 외부 사람들과 상호작용하는 방식을 통제하는 가치와 규범의 특정한 집합이다. 즉, 조직문화는 적절하고 부적절한 행동이 무엇인지를 사람들에게 보여주는 공유된 업무, 가치, 신념의 체계를 의미한다.[22] 이러한 가치는 조직성과뿐만 아니라 종업원 행동에 강력한 영향을 준다. 회사성공은 결단력이 있고, 고객 지향적이고, 사람 지향적인 조직문화에 기인한다. 조직문화는 가장 강력한 자산이거나 가장 큰 부채의 하나일 수 있다. 조직 내에 있는 문화나 공유된 가치는 성과향상과 관련이 있다. 조직문화는 기업 이미지, 수입, 판매량, 시장점유율과 주가와 같은 성공지표와 관계가 있다. 조직문화는 다음과 같이 나타난다.

- 기업을 운영하고, 종업원, 고객들과 공동체를 다루는 방법
- 의사결정, 새로운 아이디어와 개인적 표현을 개발할 때 자유가 허용되는 정도
- 권한과 정보가 위계를 통해 흐르는 방법
- 종업원들이 집단적 목적에 몰입하는 방법

2) 조직문화의 요소

문화는 종업원들이 생각하고, 행동하고, 다른 사람들과 상호작용하는 방식에 영향을 준다. 조직문화를 어떻게 발견할 수 있는가? 조직문화를 발견하는 방법의 하나는 종업원들을 관찰하거나 면접하는 것이다. 문화는 조직환경의 가시적인 측면에서 저절로 드러난다. 조직문화의 요소는 사명선언문, 의식, 규칙과 정책, 물리적 배치, 이야기와 언어가 있다.

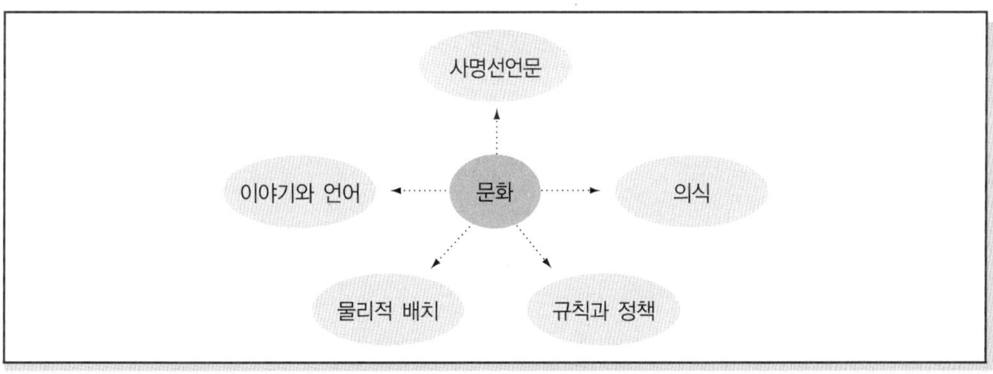

| 그림 7-12 | 조직문화의 요소

(1) 사명선언문

사명선언문(mission statement)은 어떤 회사인지와 무엇을 하는지를 기술하는 목적의

22. Chatman, J. A., & Cha, S. E.(2003).

진술이다. 계획할 때 가장 중요한 기능이다. 효과적인 사명선언문은 종업원들에게 잘 알려지고, 전달되고, 종업원들의 행동에 영향을 준다. 어떤 사명선언문이 일별기준으로 종업원들의 행동에 영향을 주지 않는다면 기업문화를 이해하는 도구로써 거의 유용하지 않다. 사명선언문은 기업문화에 통찰력을 제공한다.

(2) 의식

의식(ritual)은 정해진 방식에 따라 치르는 행사로 상징적 의미를 갖는 조직 내에 있는 반복적인 활동이다. 의식은 기업문화의 역사에 있는 뿌리이다. 기업문화는 종업원들 간의 동료애와 귀속감을 창조하고, 종업원들에게 기업가치를 가르치고, 조직의 정체성을 창조한다. 의식 중에 종업원들은 자기결정권, 의지력과 열정과 같은 기업문화와 가치와 연결되는 것을 느낀다.

(3) 규칙과 정책

기업문화를 발견하는 방법은 규칙(rules)과 정책(policies)을 검토하는 것이다. 회사는 수용가능과 불가능한 행동을 결정하기 위해 규칙을 제정하고, 회사에 존재하는 규칙은 회사가 갖고 있는 가치의 형태를 나타낸다. 의사결정, 인적자원과 종업원의 사생활에 관한 정책은 회사가 중요하고, 강조하는 것이다. 왕따와 부당한 대우, 작업장 감시, 문호개방 정책, 성적학대, 직장 연애와 기업의 사회적 책임 등이 기업문화를 구성하는 어려운 문제이다. 이것은 관리기능이 실무에서 어떻게 관련되는지를 강조한다, 규칙과 정책을 통한 갈등해결은 조직문화에 긍정적인 영향을 준다.

(4) 물리적 배치

회사의 빌딩, 사무실과 작업장의 배치는 기업문화에 관한 중요한 메시지를 전달한다. 사무실 공간의 배치는 기업문화의 강력한 지표이다. 고위경영자가 종업원들과 상호작용하는 개방적인 배치를 하는 회사는 팀 중심과 평등주의 문화이지만, 고위경영자가 자신의 방을 갖고 있는 회사는 높은 수준의 위계를 나타낸다.

(5) 이야기와 언어

조직이 신입직원과 종업원들에게 문화를 전달하는 효과적인 방법은 이야기의 능숙한 사용을 통해서이다. 이야기는 조직이 직면하는 중요한 사건과 그것에 대한 반응이나 회사의 가치를 실제로 보여주는 종업원들의 영웅적 노력을 돋보이게 한다. 이러한 이야기들은 종업원들의 정서를 자극하고, 종업원들과 회사나 이야기의 영웅과 구별한다. 종업원들에게 행동 방향을 주고, 확실한 목표에 힘을 줌으로써 감동적인 이야기는 경영자들이 종업원들을 자극하는 핵심적인 방법이다. 신입직원과 공유된 이야기는 회사의 역사, 가치와 우선사항을 전달하고, 신입직원과 조직 간의 연대감을 창조한다.

언어는 조직문화를 확인하는 또 다른 방법이다. 회사는 종업원들에게 분명히 하고, 조직 내부인과 외부인을 구별하는 고유한 약어 및 전문용어를 갖고 있다. 이러한 관례는 은어이다. 은어는 집단이나 전문직에 의해 사용되는 전문용어이다. 모든 직업, 무역, 및 조직은 자신의 전문용어가 있다.

Sense "벤처처럼 조직을 유연하게"… LG전자의 변신

LG전자는 올해, 직원들의 아이디어에 파격적인 지원을 하는 제도를 만들었다. 우수한 아이디어를 가진 연구원에 5개월의 시간과 1,000만원의 개발비를 주고 직접 시제품을 만들게 하는 것이다. 사업성이 높은 아이디어는 벤처로 독립시킬 예정이다.

LG전자는 최근 조직문화 개선안도 잇따라 도입하고 있다. 전날 야근한 직원들이 출근을 1시간 정도 늦게 하도록 했고, 불필요한 회의를 줄이기 위해 매월 하루는 '회의 없는 날'로 정했다. 직원 간 호칭도 부장, 과장 등 직급이 아닌, '팀장'이나 '리더' 같이 역할로 부르는 방안을 검토하고 있다. LG전자는 올 초 사내 통신망에 '우리 톡시다'라는 제목의 게시판을 만들어 직원들의 의견을 받았다. 1주일간 1,500건 가까운 아이디어가 쏟아졌다. LG전자 관계자는 "조직이 다소 정체돼 있고 분위기가 딱딱하다는 지적이 있었던 것이 사실"이라며 "직원들의 의견을 바탕으로 개선안을 하나씩 마련하고 있다"고 말했다.

출처: 조선일보 2016.10.21

2. 조직문화의 유형

조직문화는 조직의 생산성과 성과에 영향을 주고, 고객주의와 서비스, 제품품질과 안전, 정확성과 환경에 대한 지침을 제공한다. 조직문화가 직접적으로 관찰될 수 없더라도 조직문화를 기술하는데 사용되는 가치를 확인하는 것은 조직을 효과적으로 관리하는데 도움이 된다. 이러한 조직문화는 혁신적 문화, 공격적 문화, 결과 지향 문화, 안정적 문화, 인간 지향 문화, 팀 지향 문화와 상세 지향 문화가 있다.

1) 혁신적 문화

혁신적 문화(innovative cultures)를 갖고 있는 회사는 새로운 아이디어에 유연하고, 적응적이고, 실험적이다. 이러한 회사는 수평적 구조가 특징이고, 신분차이는 경시된다. 종업원들은 전통적인 의미의 상사가 없고, 위험추구는 성공뿐만 아니라 실패도 격려한다. 구글은 종업원들의 선택한 프로젝트에 몰두할 수 있도록 20%의 자유시간을 허용함으로써 종업원들의 위험추구를 장려한다.

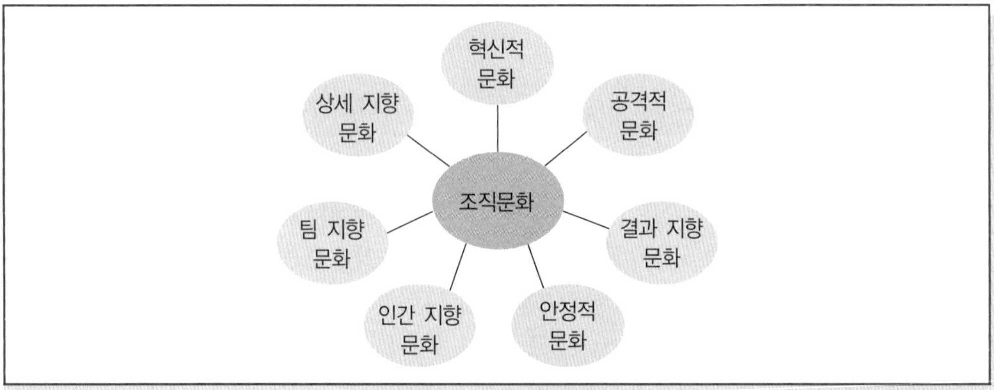

| 그림 7-13 | 조직문화의 유형

출처: O'Reilly, C. A., Chatman, J., & Caldwell, D. F.(1991), "People and Organizational Culture: A Profile Comparison Approach to Assessing Person-organization Fit," *Academy of Management Journal*, 34, 487-516.

2) 공격적 문화

공격적 문화(aggressive cultures)를 갖고 있는 회사는 경쟁력과 경쟁자를 능가하는 것을 중요시한다. 이러한 회사는 해마다 경쟁자로부터 많은 소송과 논란에 직면한다. 공격적인 회사에서 사람들은 경쟁자를 몰아내자는 말을 사용한다. 또한 시장점유율을 확대하여, 경쟁자들이 판매하는 것을 포기하게 하려고 하고, 과거의 문제가 해결되기 전에 새로운 법적 문제를 만든다.

3) 결과 지향 문화

결과 지향 문화(outcome-oriented cultures)는 성취, 결과와 행동을 중요한 가치로 강조하는 문화이다. 종업원들은 회사 제품을 효과적으로 판매하기 위해 훈련과 지도를 받고, 매일 돈을 벌어들이는 방법을 안다. 이러한 문화가 있는 회사는 결과와 목적의 달성에 근거하여 종업원들을 평가한다. 결과 지향 문화는 경영자뿐만 아니라 직원에게 성공에 대한 책임을 주고, 종업원과 집단 결과를 보상하는 시스템을 사용한다. 이러한 회사는 연공서열과 충성심과 이러한 대가로 성과지표와 연결된 보상은 흔하다. 성과압력이 비윤리적 행동이나 규범이 되는 문화가 될 때, 개인들은 동료를 경쟁자로 생각하고, 단기적인 결과를 보상받고, 결과로 발생하는 해로운 작업환경은 부담이 될 수 있다.

4) 안정적 문화

안정적 문화(stable cultures)는 예측가능하고, 규칙 중심적이며, 관료적이다. 환경이 안정적이고 확실할 때 안정적이고, 변함없는 수준의 산출을 제공하기 때문에 안정적 문화의 조직은 효율적이다. 이러한 문화는 급박한 조치가 일어나지 않도록 하고, 결과적으로 변화하고, 역동적인 환경에 잘 맞지 않는다. 그러나 공공기관은 안정적인 문화로 관찰된다. 회사가 문화의 민첩성을 증가하기 위한 변화 프로그램을 시작할 때 최초 행동의 하나는 관료주의와 싸우는 것이다.

5) 사람 지향 문화

사람 지향 문화(people-oriented cultures)는 공정성, 지원성과 개인적 권리의 존중을 중요시한다. 이러한 조직은 사람들을 존경과 위엄으로써 대우하는 것을 강조하고, 기대한다. 예를 들면, 스타벅스는 사람 지향 문화이다. 회사는 종업원들에게 최저임금 이상을 지불하고, 건강보호와 퇴비보조 혜택을 정규직원뿐만 아니라 임시직에게도 제공하고, 모든 동료들에게 주간무료 커피와 같은 창조적 특혜를 준다. 이러한 정책의 결과로 회사는 산업평균보다 더 낮은 이직률의 혜택을 누린다.

6) 팀 지향 문화

팀 지향 문화(team-oriented cultures)의 회사는 협력적이고, 종업원들 간의 협력을 강조한다. 많은 서비스 기업들은 필요할 때 종업원들이 다른 동료들을 도울 수 있도록 교차훈련을 통해 팀 지향 문화를 장려한다. 팀 지향 조직에서 구성원들은 협력자와 관리자 간의 긍정적인 관계를 갖는 경향이 있다.

7) 상세 지향 문화

상세 지향 문화(detail-oriented culture)의 조직은 성밀성을 강조하고, 상세함에 주의를 기울인다. 그러한 문화는 다른 기업과 차별화하는데 도움을 줌으로써 환대산업 23.의

회사에 경쟁우위를 준다. 예를 들면, 리츠 칼튼(Ritz Carlton) 호텔은 고객이 선호하는 신문과 사용하는 베개 유형과 같은 모든 고객요청 사항의 상세한 기록을 유지한다. 이러한 정보는 컴퓨터에 기록되고, 재방문하는 고객을 위해 더 좋은 서비스를 제공하는데 사용된다. 호텔 종업원들이 듣거나 받은 어떠한 요청도 고객에게 더 좋은 서비스를 제공하기 위해 데이터베이스에 저장된다.

3. 조직문화의 창조와 유지

1) 조직문화의 창조

조직문화는 어디에서 오는가? 이러한 질문을 이해하는 것은 문화가 어떻게 변하는지를 이해하는데 중요하다. 조직이 외부와 내부의 도전에 직면하고, 그것들을 어떻게 다루는지를 알 때 조직문화가 형성된다. 기업을 운영하는 방법은 환경의 도전에 대해 성공적으로 적응하고 성공을 확실히 할 때 조직가치가 유지된다. 조직가치와 기업을 운영하는 방법을 새로운 구성원들에게 교육한다. 조직문화를 창조할 때 가장 중요한 요소는 설립자의 가치, 선호와 산업계의 요구이다.

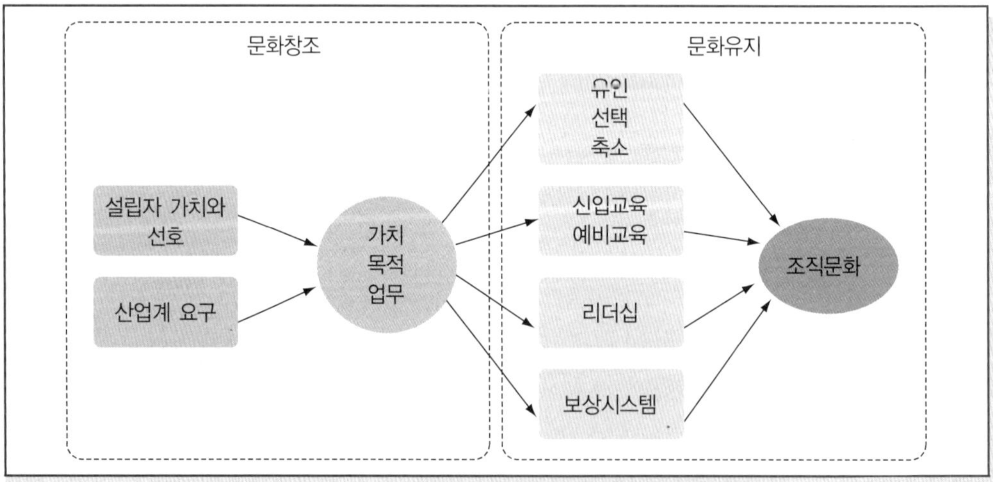

| 그림 7-14 | 조직문화의 창조와 유지 과정

출처: Carpenter, M. A., Bauer, T., & Erdogan, B.(2009), *Principles of Management*. Washington, DC: Flat World Knowledge.

---

23. 환대산업(hospitality industry): 서비스산업에 있어서 숙박산업(lodging industry), 관광산업(travel industry), 식음산업(food industry), 레스토랑 산업 (restaurant industry).

(1) 설립자의 가치

초기에 확립된 회사의 문화는 불가피하게 조직의 미래에 대한 비전, 사명, 설립자의 개성, 배경과 가치와 관련된다. 기업가가 자신의 사업을 시작할 때, 기업을 운영하기를 원하는 방식은 조직의 규칙, 구조, 구성원들을 결정한다. 기업에 배어있는 핵심가치는 사회적 행동과 지속가능성에 대한 현재 회사의 몰입에서 관찰될 수 있다. 현대그룹의 창업자인 정주영 회장의 가치는 창조성, 도전정신과 근검절약이었다. 설립자의 가치는 경쟁우위를 제공함으로써 기업문화의 일부분으로써 유지되고, 기업을 운영하는 적절한 방식으로써 새로운 구성원들에게 가르친다.

(2) 산업계의 요구

설립자가 기업문화에 강력한 영향을 행사하지만, 산업계의 특성도 중요한 역할을 한다. 동일한 산업에 있는 회사들이라도 다른 문화를 갖기도 한다. 동시에 산업계의 특성과 요구는 조직문화 가운데 동일성을 창조하는 힘이 된다. 예를 들면, 차이가 있기는 하지만, 보험회사와 은행은 안정적이고, 규칙 중심적이다. 첨단기술 산업의 회사들은 혁신문화를 갖고 있고, 비영리조직은 인간 중심적이다. 은행, 병원처럼 신뢰성이 높고, 규제 사항이 많은 회사라면 많은 규칙과 규제, 관료제 구조와 안정적 문화가 예상된다.

2) 조직문화의 유지

기업이 성숙함에 따라 문화가치는 정교화되고 강화된다. 초기의 조직문화는 미래가치에 영향을 준다. 조직문화는 외부영향으로부터 기업을 보호하는 유기체이다. 조직문화는 조직이 고용한 사람들의 유형과 조직을 떠난 사람들의 유형을 알아낸다. 신입직원이 고용되면, 회사는 신입직원을 동화하고, 조직에서 수행되는 방식을 가르친다. 조직문화는 유인-선택-축소 과정을 통해서 유지되고 발전된다. 조직문화를 형성하고 유지할 때 리더의 역할과 보상 시스템은 매우 중요하다.

(1) 유인-선택-축소

유인은 사람들이 조직에 느끼는 매력이다. 사람들은 자신에게 적합한 조직에 매력을 느낀다. 경쟁적인 성격을 갖고 있는 사람은 대인 간의 경쟁이 규범으로 있는 회사가 편안하고, 일하는 것을 선호한다. 어떤 사람은 팀 중심 사업장에서 일하는 것을 선호한다. 어떤 사람들은 다른 문화를 더 매력적으로 느낀다. 예를 들면, 어떤 사람은 혁신적인 문화를, 어떤 사람은 보수적인 문화를 선호한다. 가치의 유사성은 사람들이 회사에 끌리는 이유 중의 하나에 불과하다. 우수한 복리혜택이 더 강력한 매력일 수 있다.

회사는 과업을 수행할 사람들을 선택한다. 사람들이 적합한 장소를 찾듯이 화사도 또한 현재 회사문화에 적합한 사람을 찾는다. 많은 회사들은 기업문화에 적합한 사람을 고용한다. 예를 들면, 항공사들은 특정한 직무관련 기술보다 오히려 개성과 태도에 근거하여 종업원들을 선발하지만, 은행은 차분하고 정직한 사람을 선발한다.

회사는 부적합한 사람을 탈락시킨다. 회사는 기업가치에 적합하지 않은 사람을 탈락시키기 위해 다양한 기법을 사용한다. 회사가 사람과 조직에 적합한 사람을 선발한 후라도 적합하지 않은 직원이 있을 수 있다. 축소는 회사에 적합하지 않은 후보자가 회사를 떠나게 하는 정상적인 과정이다. 회사는 핵심가치를 공유하는 사람들을 유인하고, 선발하고, 유지하지만, 핵심가치와 다른 사람들을 채용과정이나 후에 조직으로부터 배제한다.

(2) 신입직원의 예비교육

조직의 가치, 규범과 행동패턴이 종업원들에게 전달되는 또 다른 방법은 예비교육이다. 예비교육은 신입직원들이 조직 내에서 효과적으로 활동하는데 필요한 태도, 지식, 기술과 행동을 배우는 과정이다. 예비교육은 조직의 사회화 과정이다. 조직은 신입직원들이 조직의 내부인이 되도록 성공적으로 사회화를 한다면 신입직원들은 동료들이 받아주는 것을 느끼고, 수행하는 능력에 관하여 자신감을 갖는다. 신입직원들은 조직문화의 일부인 업무, 규범과 가치를 이해할 것이다. 이렇게 하면, 직무를 더 잘 수행하고, 더 높은 직무만족, 몰입, 장기근속을 갖는 유능한 신입직원이 된다.

(3) 리더십

조직문화를 창조하고, 변경할 때 지도자는 수단이 된다. 지도자의 스타일과 조직문화 간에 직접적인 연관이 있다. 예를 들면, 지도자가 영감을 통해 종업원들을 동기 부여할 때 기업문화는 더욱 힘을 주고, 인간 중심이 된다. 지도자가 성과에 의거하여 종업원들을 보상할 때 기업문화는 더욱 성과 중심적이고, 경쟁력이 있다. 지도자의 문화에 대한 영향력은 역할 모델이다. 역할 모델(role model)은 다른 개인들이 현재나 미래에 닮고 싶은 사람이다. 지도자의 행동, 조직정책과 지도자 행동 간의 일치와 역할 모델은 조직문화가 윤리를 강조하는 정도를 결정한다. 의사결정할 때 다른 사람들을 포함하고, 다른 사람의 의견을 찾는 조직에서 팀 중심 문화는 발전 가능성이 높다. 역할 모델로써 행동함으로써 지도자들은 조직에 구성원들의 행동을 지도하는 규범과 가치에 관해 조직에 신호를 보낸다. 지도자는 다른 사람의 행동에 반응함으로써 문화를 형성한다. 일상 행동을 통해서 지도자들은 조직문화를 형성하고 유지한다.

(4) 보상 시스템

기업문화는 조직에서 사용되는 보상의 유형에 의해 형성된다. 보상 시스템은 조직이 행동이나 결과를 보상하는 방법이다. 어떤 회사들은 성과가 관찰 가능하거 불가능한 요소를 기준으로 하는 보상 시스템을 갖는다. 이러한 회사에서 감독자와 동료들은 결과뿐만 아니라 행동을 기준으로 종업원의 성과를 평가한다. 이러한 조직은 비교적 사람이나 팀 중심이고, 종업원들이 가족의 일부로써 행동하는 문화이다. 그러나 목표달성이 보상의 유일한 기준인 회사는 과정에 대한 고려 없이 결과만을 측정한다. 이러한 회사는 결과 중심이고 경쟁적인 문화이다. 조직이 성과나 연공서열을 보상하는지 여부는 문화에서 중요하다. 승진이 연공서열을 기준으로 할 때 결과 중심의 문화를 수립하는 것은 어렵다. 보상되거나 무시되는 행동의 유형은 문화에 대한 특색을 구성한다. 어떤 행동이 보상받거나 어떤 행동이 처벌받는지는 회사문화가 어떻게 진화하는지를 알 수 있다. 통제기능을 사용할 때 보상 시스템은 경영자들이 행사할 수 있는 도구이다.

Sense 기업 조직문화 혁신바람

기업	주요 내용
삼성	스타트업과 같은 유연한 기업 문화 위한 '스타트업 삼성 컬처혁신' 선포
현대차	업무 효율성을 높이기 위해 시행 중인 '워크 스마트' 프로그램 확대 적용
SK	일부 계열사 직급 체계 단순화 등 CEO 세미나 통해 변화·혁신 구체화
LG	구성원과 경영진 간 쌍방향 소통 위한 '우리 틉시다' 등 시행
한화	'젊은 한화' 위해 승진시 1개월 안식월 주는 등 조직문화 개편
포스코	'갑질' 문화 근절 위해 상호존중 문화 실천

올해 초 대한상공회의소가 맥킨지와 함께 발표한 한국 기업문화 종합보고서에서는 "국내 기업 77%는 조직 건강에 문제가 있다"는 지적이 나왔다. 국내 100개사 임직원 4만여 명을 대상으로 조사한 이 보고서에서 100개사 중 77개사의 조직건강도가 글로벌 기업 평균 조직건강도에 비해 낮게 나온 것이다. 그 중 52개사는 최하위 수준이었다. 상명하복식 문화, 지속적인 야근, 비생산적 회의 등 후진적 기업문화가 경쟁력을 좀먹고 있다는 평가다. 이에 국내 대기업들은 기존 권위주의적 기업문화로는 지속적인 성장이 어렵다고 판단하고 스타트업 기업문화 도입에 나서고 있다.

한국2만기업연구소는 최근 보고서를 통해 지속 가능한 기업 경쟁력을 가지려면 조직문화 혁신이 우선 해결과제라고 꼽았다. 오일선 한국2만기업연구소 소장은 "부서 간 소통이 강조되는 조직문화로 탈바꿈하기 위한 변화 모색이 예전보다 더욱 활발해질 것"이라고 밝혔다. 이어 "조직문화 혁신의 큰 방향은 '명동'에서 '소공동'으로 전환될 가능성이 높다"고 전했는데 '명동'이 (명)령해서 행(동)하게 하는 군대식 조직문화를 상징한다면 '소공동'은 (소)통하고 (공)감대를 형성해 행(동)하게 하는 열린 조직문화를 뜻한다.

출처: 서울경제 2016.11.16

Chapter 08

인적자원관리

Insight 8

레노버 창업자 류촨즈(柳傳志) 회장, 평생 공로상 수상

레노버 창업자 류촨즈(柳傳志) 회장은 창업 30년 만에 세계적 기업으로 성장시킨 공로를 인정받았다. "중국 자본주의의 개척자"로 불리는 레노버 창업자 류촨즈(柳傳志) 회장이 CNBC가 선정하는 아시아 기업인 지도자 어워드(ABLA) 최고 영예인 평생 공로상(Lifetime Achievement Award)을 수상했다.

류 회장은 수상 소식을 듣고 이렇게 말했다. "내가 상을 받을 만한 자격이 있는지 모르겠군요. 이전 수상자들과 비교하면 말입니다" 류 회장은 1984년에 레전드(Legend)라는 회사를 창업했다가 뒤에 레노버라고 이름을 바꾸었다. 당시 류회장은 중국 과학원 연구원이었는데, 10명의 엔지니어들과 함께 정부 지원 연구소로부터 2만 5,000달러를 빌려 컴퓨터 회사를 시작했다. "당시에 중국은 폐쇄 경제 체제였습니다. 컴퓨터가 많이 보급되긴 했지만 기능은 매우 제한적이었지요."

당시 중국에서 PC 제조업체가 되기 위한 첫 번째 장애는 관료주의였다. 컴퓨터를 만들기 위해 당국으로부터 허가를 받는 것이 너무 어려웠다고 류 회장은 회고한다. 그러나 수많은 시행착오를 거치면서, 텔레비전을 수입하고 전자시계를 팔다가, 1990년에 비로소 자신의 브랜드로 PC를 처음 생산하기 시작했다. 첫 레전드 브랜드 서버가 1995년, 첫 랩 탑이 1996년에 나왔고, 1999년에 레노버는 아시아 태평양 지역 최고의 PC 판매자가 되었으며, 이제 회사를 창업한 지 30년 만에 델(Dell), 에이서(Acer), 휴렛패커드(HP) 등과 함께 세계 최대의 PC 제조회사가 된 것이다.

그는 회사 경영의 최우선 순위로 의사결정 권한, 예산부여, 인적자원관리 등 세 가지를 들었다. 이 72세의 노 경영자는 1999년부터 리더십 역할을 CEO인 양 위안킹에게 차근차근 이양하고 있지만, 한 번도 최고 자리에서 쉰 적이 없다. 그는 현재 레노버의 모회사라 할 수 있는 레전드홀딩스의 회장으로서 다른 기업인들에게 통찰력의 중요성을 강조하며 규칙적으로 조언을 해 주고 있다. “글로벌 시장이 오늘날과 같이 불확실성으로 가득 찬 상황에서는, 기업가들이 불확실싱을 제대로 관찰하고 회사를 발전시키기 위해 무엇을 해야 할지 행동으로 옮겨야 합니다.”고 강조한다.

■ 사람 중심의 류촨즈 경영 스타일

류촨즈 회장은 회사를 운영하는 것은 인재를 다루는 것이라며 인재는 가장 높은 이윤을 주는 상품이며 인재를 잘 다루는 기업이 최후의 승자라고 말한다. 철저히 성과와 능력중심으로 인사를 시행한다. 류촨즈 회장은 양위안칭 회장을 29세에 컴퓨터사업부 사장으로 발탁하고, 2001년 사장, 2005년 회장으로 초고속 승진시켰다. 그는 회사의 핵심관리층을 양성해 회사의 주인으로 만들어야 한다고 강조한다. 그는 1989년 중국 최초로 스톡옵션제, 1993년 종업원 지주제를 실시했다. 직원들의 주인의식을 고취시키고 일할 동기를 부여해야 회사가 발전한다. 류촨즈 회장의 인재양성론은 엔진문화라고도 불린다. 회사의 간부들이 큰 엔진이라면 직원들은 작은 엔진이 되어야 한다. 직원들이 엔진에 따라 움직이는 기어가 아니라 스스로가 엔진이 돼 스스로 더 잘 일할 수 있도록 해야 한다. 기업의 인재를 이끄는 리더의 중요성도 강조한다. 기업의 리더는 기업의 위기상황에서 죽음을 불사하고 기업을 지킬 수 있는 정신이 있어야 한다며 리더는 반드시 해야 할 일과 자신이 이끌어갈 사람들에 대해서도 이해하고 있어야 한다. 류촨즈 회장은 3가지 유형의 인재를 중용한다. 즉, 혼자서도 일을 잘하는 사람, 구성원들이 일을 잘 할 수 있도록 이끌어 줄 수 있는 사람, 상황판단이 빠르고 전략수립이 가능한 사람이다.

출저: 소선비즈 2014.11.13.

Chapter 08 인적자원관리

제1절 인적자원관리

1. 인적자원관리의 이해

사람이 가장 중요한 자원이다. 회사의 중요한 요인은 바로 적절한 인재의 채용, 적절한 배치, 훈련, 개발, 업적평가와 보상이다. 특히 채용은 기업의 성공이나 실패를 결정하는 경영자의 중요한 기능이다. 인적자원계획은 조직의 미래 인적자원의 필요를 충족하기 위한 포괄적인 전략의 개발이다. 또한 인적자원관리는 내부조직에 있는 사람들의 관계, 작업방법, 경제와 사회적 변화와 관련이 있다. 많은 기업들은 인적자원의 중요성을 인식하고, 경쟁우위를 얻기 위해 전략적 방식을 도입한다. 결과적으로 많은 기업들은 우수한 인적자원관리로 경쟁우위를 포착할 기회를 선점한다.

1) 인적자원관리의 개념

인적자원(human resource)은 조직의 목적을 달성하기 위해 주어진 과업을 수행하는 데 책임이 있는 사람이다. 조직의 업무와 관련된 개인들의 가치, 태도, 신념, 지식, 기술, 창조적 능력과 재능의 합이다. 인적자원은 직원, 사원, 인력이나 종업원 등으로 표현되기도 한다. 어떤 용어가 사용되든 조직의 인적자원은 다양한 수준에서 다양한 조직 활동에 종사하는 개인들을 포함한다. 조직에 근무하는 사람들은 서로 다른 시간에 서로 다른 욕구를 갖고 있다. 이러한 욕구는 생리적 욕구, 사회적 욕구와 심리적 욕구이다.

인적자원관리(human resource management)는 인적자원 계획, 개발과 활용이다. 즉, 종업원의 모집과 선발, 적절한 예비교육과 동기, 적절한 훈련과 개발, 종업원의 성과평가, 적절한 보상과 혜택, 노사관계의 유지, 종업원 안전, 복지와 건강 유지 등이 있다. 인적자원관리의 목적은 기존의 인적자원을 효율적으로 활용하는 것이다. 조직의 모든 수준에 건전한 관계를 확립하고, 유지하고, 작업환경에서 추구하는 개인적, 사회적 만족을 위해 달성하고, 종업원의 효과적인 사용을 확보하기 위한 것이다. 조직은 조직의 목표달성을 위한 인적자원을 계획, 조직, 지휘, 조정, 통제, 관리한다.

- 인적(human): 조직에 있는 숙련된 종업원
- 자원(resource): 제한된 이용성이나 희소성
- 관리(management): 제한되고, 희소한 자원을 최적으로 사용하는 방법
- 인적자원(human resource): 주어진 과업을 수행하는데 책임이 있는 사람
- 인적자원관리(human resource management): 인적자원 계획, 개발과 활용

2) 인사관리자의 역할

인사부서는 전문화된 지식과 기술을 갖고 있는 인사관리자가 있다. 인사관리자는 운영기능뿐만 아니라 관리기능을 수행한다. 즉, 부서를 관리하기 위해 계획, 조직, 지휘와 통제와 같은 관리의 기본적인 기능을 수행한다. 또한 인사관리자는 다른 계선관리자가 맡긴 모집, 선발, 훈련과 배치의 운영기능을 수행한다. 인적자원의 효과적인 관리와 조직 내에 인간관계의 달성과 같은 많은 역할을 한다. 인사관리자의 역할은 다양하고 복잡하다. 과업은 인적자원의 가치를 조정하고, 인적자원관리 기법을 적용함으로써 촉진된다. 다음은 관리와 운영기능 이외에 인사관리자의 중요한 역할이다.

- 정책수립: 인사정책 수립은 인사관리자의 중요한 과업이다. 급여관리, 이동, 평가, 복지활동, 인사기록과 통계, 작업 정책수립으로 최고경영자를 돕는다.
- 자문역할: 인사관리자는 인사정책과 실무, 근로계약과 노동법에 익숙하여 문제에 유용한 자문을 제공할 수 있다.
- 연결고리 역할: 인사관리자는 조직에서 좋은 노사관계를 달성하고 유지하려고 한다. 그는 노조 지도자에게 인사정책을 제공하고, 노조 지도자의 견해를 최고경영자에게 전달하고, 경영자와 근로자 간의 연결고리 역할을 수행한다.
- 대표역할: 인사관리자는 최고경영자의 대변인이나 회사의 대표로써 행동하고, 직원들에게 관리정책과 결정을 전달한다.
- 의사결정 역할: 인사관리자는 인적자원과 관련된 문제를 결정할 때 효과적인 역할을 한다. 그는 인적자원관리의 목적, 정책과 프로그램을 계획하고 수립한다.
- 중재자 역할: 인사관리자는 종업원이나 집단, 상사와 부하, 경영자와 종업원들 간의 갈등이 있을 때 중재자로써 행동한다. 조직에서 노사평화와 조화를 유지한다.

- ■리더십 역할: 인사관리자는 종업원과 집단에게 리더십과 안내를 제공한다. 조직에 효과적인 커뮤니케이션을 확보하고, 협력을 확충하기 위해 종업원들에게 영향을 준다.
- ■복지 역할: 인사관리자는 조직에서 복지관리자로써 근로자들과 가족의 복지를 위해 구내식당, 탁아소, 교통, 병원과 다른 복지 서비스에 관계한다.
- ■조사 역할: 인사관리자는 종업원들의 기록을 유지한다. 결근, 이직과 같은 다양한 인사영역을 조사하고, 최고경영자에게 개선을 위한 적절한 조치를 제안한다.

2. 인적자원관리의 특징

인적자원은 조직의 목표와 목적을 달성하기 위해 주어진 과업에 책임이 있는 개인이나 직원이다. 인적자원은 조직구성원들을 자산으로 보는 관점으로 조직은 개인적, 조직적, 사회적 목적을 달성하기 위해 구성원들을 훈련하고, 교육하고, 개발한다. 빠르게 변하는 경쟁환경에 대처하고, 전문화된 과업을 수행하는데 인적자원의 역할이 증가하고 있다. 따라서 우수한 종업원을 모집하고, 선발하는 과정이 매우 중요하다.

1) 인적자원관리의 특징

기업은 사람이 중심이고, 사람을 통해서 제품을 생산, 판매와 구매활동을 하는 인적 구조체이다. 조직의 경쟁력은 인적자원을 효율적으로 관리하고, 개발하는데 달려있다. 이러한 인적자원관리의 특징은 관리의 고유부분, 보편적 기능, 사람중심, 인사기능, 지속적 관리과정과 인간관계 기반 등 다양하다.

(1) 관리의 고유부분

인적자원관리는 관리과정에 내재해 있다. 이 기능은 인사부서에 의해서보다 오히려 조직 전체를 통해 모든 관리자에 의해서 수행된다. 관리자가 최적의 종업원을 확보하려면 종업원을 선발할 책임을 맡아야 한다. 관리자는 종업원들을 훈련하고, 동기를 부여하고, 종업원들의 성과를 평가하는데 관심을 가져야 한다.

(2) 보편적 기능

인적자원관리는 관리의 보편적 기능이다. 이것은 조직에 있는 모든 부문에 걸쳐 다양한 수준에 있는 모든 관리자들에 의해 수행된다. 즉, 임원부터 조장의 모든 관리자들이 계속적인 기준으로 인사기능을 수행한다.

(3) 사람중심

인적자원관리는 사람중심이고, 조직의 모든 유형과 관련이 있다. 이것은 상층부터 하층에 있는 종업원들의 모든 분류와 관계가 있다. 다음은 기업에서 종업원의 분류이다.

- 블루칼라 노동자(육체노동자)와 화이트칼라 노동자(정신노동자)
- 관리직원과 비관리 직원
- 전문직과 비전문직 직원

(4) 인사기능

인적자원관리는 작업장에 있는 사람들의 관리와 관계되는 기능이다. 이것은 인력계획, 고용, 배치, 훈련, 평가와 보상을 포함한다. 이러한 활동이 효율적이기 위해 인사부서가 조직된다. 인적자원관리는 인사기능을 계획, 조직, 지휘와 통제하는 관리이다.

(5) 지속적 관리과정

인적자원관리는 일회성 기능이 아니다. 조직목적이 유연하게 달성되기를 원한다면 지속적으로 수행되어야 한다. 인적자원기능은 인간관계와 일상 운영에서 중요성을 지속적으로 준비하고, 인식하는 것이 필요하다.

(6) 인간관계 기반

인적자원관리는 조직에서 인적자원의 동기부여와 관계가 있다. 인간은 제조의 물적요소처럼 다루어질 수 없다. 모든 사람들은 다른 욕구, 지각과 기대를 갖고 있다. 관리자들은 이러한 요인에 적절한 주의를 기울여야 하고, 작업장에 있는 사람들을 다루기 위한 인간관계기술이 필요하다. 인간관계기술은 부하의 훈련, 성과평가, 이동과 승진 등에서 필요하다. 인적자원기능이 적절하게 수행된다면 조직에서 인간관계는 화기애애할 것이다.

2) 인적자원관리의 중요성

인적자원관리의 목적은 조직의 목적을 달성하기 위해 인적자원의 효과적인 이용, 생산적인 작업관계의 수립과 유지, 종업원들의 개인적 발달과 개발 등이다. 이것은 고용의 공정한 조건과 작업의 만족을 제공하기 위한 것이다. 다음은 인적자원관리의 목적이다.

- 인적자원을 효과적으로 활용할 수 있다.
- 조직과업을 기능, 직위, 과업으로 분리함으로써 조직구성원들 관계의 적절한 조직구조를 확립하고, 유지할 수 있다.
- 훈련과 교육을 통한 인적자원개발은 종업원들에게 승진의 기회를 제공한다.
- 다양한 서비스와 복지를 직원들에게 전달함으로써 인적자원을 확보한다.
- 개인과 조직의 목표를 조정함으로써 종업원들이 몰입감과 충성심을 갖게 한다.
- 다양한 금전과 비금전적 보상을 제공함으로써 개인의 욕구를 확인하고 만족시킨다.

3) 인적자원관리의 역할

인적자원관리의 핵심적인 목적은 회사의 목적을 달성하기 위해 조직의 기존 인적자원을 효율적으로 활용하는 것이다. 이러한 다양한 인적관리의 목적을 달성하기 위해 인적자원관리가 수행하는 역할은 인적자원계획, 모집, 선발과 배치, 훈련과 개발, 성과의 평가와 시정조치, 동기부여와 종업원의 보수 등이 있다.

- 인적자원계획: 다양한 직책에 필요한 직원의 수와 유형 결정
- 모집, 선발과 배치: 채용과정과 직원활용 기능 수행
- 훈련과 개발: 종업원의 성과와 성장 도모
- 성과의 평가와 시정조치: 공정한 보상과 활동의 개선
- 동기부여: 경제적 인센티브와 승진기회의 제공
- 종입원의 보수: 높은 수준의 생활을 성취하기 위한 충분한 보수와 복지혜택 제공

4) 인적자원관리의 한계

인적자원은 조직을 위해서 일하는 사람들이다. 회사의 인적자원부서는 사용자의 정책을 창조하고, 실행하고, 종업원들에 대한 행동을 관리할 책임이 있다. 이러한 인적자원관리는 기업의 자산으로써 인적자원을 관리하지만, 불확실한 미래, 최고경영자의 보수적 태도, 잉여직원의 문제, 시간소요와 비용발생 등의 한계점을 갖고 있다.

- 불확실한 미래: 미래는 언제나 불확실하다. 기업은 매일 정치적, 문화적, 기술적 변화를 경험한다. 고용상황에 영향을 주고, 기업은 직원을 채용하거나 해고한다.
- 최고경영자의 보수적 태도: 최고경영자는 보수적인 태도를 취하고, 잘 변화하려고 하지 않는다. 변화에 대한 회피태도가 종업원들에게 대체로 확산된다.

- 잉여직원의 문제: 인적자원관리는 초과 직원에 대한 정리해고를 제공한다. 어떤 종업원들이 회사를 떠날 때 기존직원들의 심리에 영향을 준다. 그들은 불안감이나 스트레스를 느끼고, 회사를 신뢰하지 않는다.
- 시간소요: 직원의 수요와 공급과 관계없이 인적자원관리는 모든 부문에서 정보를 수집한다. 이러한 정보는 상세하게 수집되고 모든 직무마다 고려된다. 따라서 인적자원관리 활동에는 많은 시간이 소요된다.
- 비용발생: 인적자원관리의 과정이 제공하는 해결안은 비용을 발생한다. 이러한 활동을 수행할 때 회사는 많은 돈을 지불한다.

제2절 종업원 모집과 선발

1. 종업원 모집

적절한 후보자의 선발은 조직에서 가장 큰 과제이다. 조직의 성공은 주로 직원에 달려있다. 적절한 후보자의 선발은 조직성공의 기초를 구축하고, 이직률을 감소하는데 도움이 된다. 종업원 모집은 직무공석을 효과적으로 채울 수 있는 직무 후보자를 발견하고 유인하는 과정이다. 직무분석과 직무명세서는 직무성격과 직무 후보자의 필요 요건을 명시하기 때문에 모집과정에서 중요하다.

1) 모집의 의미

모집(recruitment)은 미래 종업원들을 탐색하고, 직무에 지원하도록 촉진하는 과정이다. 따라서 모집은 직원의 다양한 원천을 확인하는 과정으로 구인과 구직을 연결하는 활동이다. 즉, 필요한 직원의 수와 유형을 결정한 후 채용에 적합한 후보자들을 발견하는 과정이다. 모집은 직무에 자격이 있는 응시자들을 확보하는 것을 목적으로 한다. 인력의 내부와 외부원천은 필요한 직원의 유형에 달려있다.

2) 모집과정

조직의 결원보충과 신규 사업의 확대로 조직은 종업원을 모집하게 된다. 종업원의 모집은 우수한 인재의 확보와 종업원의 생산성 향상 측면에서 매우 중요한 활동이다. 종업원의 모집과정은 충원인원의 확인, 직무기술서와 직무명세서의 준비, 원천의 선택, 모집광고와 접수관리이다.

(1) 충원인원의 확인

모집절차는 회사의 각 부문으로부터 직원 충원요구서를 받는 인적자원부에서 시작한다. 직원 충원요구서에는 충원직원의 수, 수행할 업무와 필요 자격 등이 포함된다.

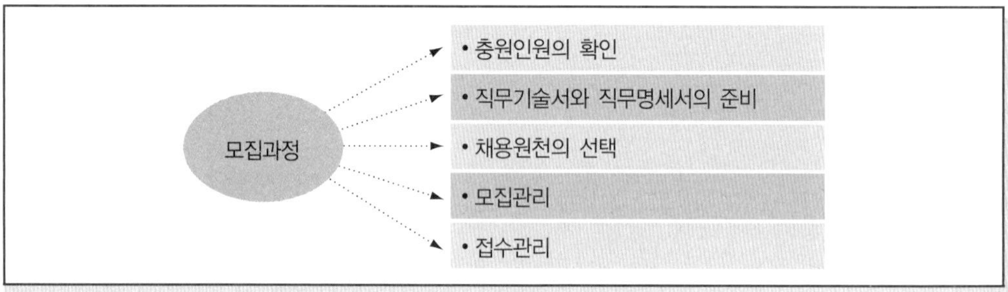

| 그림 8-1 | 종업원의 모집과정

(2) 직무기술서와 직무명세서의 준비

직무분석(job analysis)은 직무를 기술하고, 기록하고, 수행하는데 필요한 기술과 필요사항을 명시하는 과정이다. 직무분석을 통해 직무기술서와 직무명세서를 준비한다.

(3) 채용원천의 선정

모든 조직은 내부와 외부원천으로부터 후보자를 선택한다. 모집은 추가적인 종업원이 필요할 때 조직이 수행하는 적절한 인적자원의 개발과 유지활동이다. 모집의 다양한 원천은 내부원천과 외부원천이 있다. 채용의 내부원천은 조직의 구성원에 의한 인사로 이동, 승진이나 재고용을 포함한다. 기존직원의 선발과 배치는 간단하고 경제적이다. 현재 종업원들의 기술과 능력을 정확하게 평가할 수 있고, 종업원들의 사기가 향상되고, 충성도가 촉진된다. 그러나 조직에 있는 직원의 모집은 새로운 수혈이 되지 못하고, 승진은 연공서열에 근거하기 때문에 부적합 종업원들이 승진되고, 유능한 직원이 배제될 수 있다. 채용의 외부원천은 조직 외부에서 고용하는 형태로 주로 광고, 구인기관, 교육기관이나 추천에 의해서 이루어진다. 기존직원에 의한 추천은 적절한 후보자를 발견하고, 종업원들 간의 좋은 관계를 유지할 수 있으나 친한 친구들의 파벌과 내부집단이 촉진될 수 있다. 공개광고를 통한 외부모집은 필요한 기술과 역량이 있는 많은 후보자들 중에서 적절한 인력을 확보할 수 있다.

(4) 모집광고

적절한 원천을 선택한 후 결원은 TV, 라디오, 신문, 인터넷과 직접우편과 같은 적절한 매체에 의해서 후보자에게 전달된다.

(5) 접수관리

구직자로부터 모집접수를 받은 후 지원서와 이력서를 거르는 과정이 시작된다. 직무특성에 일치하는 정확한 후보자들을 선발하는 것은 매우 중요하기 때문에 모집선발 과정은 필수적인 단계이다. 요구된 기술을 갖는 후보자들이 선택되고, 면접기회를 제공받는다. 모집과정이 끝나면 즉시 선발과정으로 이어진다.

Sense 제록스: 빅데이터로 오래 일할 인재 발굴

많은 기업이 인재 발굴에 빅데이터를 활용하고 있다. 과거 지원자들이 제출한 이력서와 자기소개서, 입사 후 달성한 성과와 경력 등을 분석해 이를 바탕으로 향후 좋은 성과를 낼만한 인재를 예측하는 방식이다. 제록스는 콜센터에 장기 근무한 직원들의 상세한 정보를 수집했다. 이후 콜센터 신규 직원을 선발할 때 활용하고 있다.

빅데이터는 인력수급 상황을 실시간으로 파악해 적재적소에 직원을 채용하려는 기업에도 유용하다. 글로벌 컨설팅 기업 프라이스워터하우스쿠퍼스(PwC)의 영국 지사 인력분석팀은 한 소매업체가 단기간에 대규모 인력을 채용하는 과정을 지원했다. 소매업체의 경쟁사가 파산하자 그 직원들을 대규모로 포섭해 소매업체가 채용하도록 했다. 이 과정에서 PwC는 경쟁사 직원들의 정보를 분석해 이들이 거주하는 지역의 소매업체 지점에 필요한 인력을 제공했다. 그 결과 해당 소매업체는 4주만에 700명을 고용했다.

출처: 조선일보 2016.09.25

2. 종업원 선발

선발절차는 관심이 있는 다양한 직무에 맞는 후보자들을 심사하는 과정이다. 부적합한 후보자는 이 단계에서 거절된다. 직무를 효율적으로 수행할 수 있는지를 판단하기 위해 후

보자들을 검증할 수 있다. 이 단계에서 통과된 후보자들은 취업면접을 받게 된다. 직무에 적절하다고 판단된 후보자들은 건강검진과 신원조회를 통과해야 한다. 선발과정을 모두 통과한 후보자들에게 임명장이 수여될 때 고용과정이 완성된다.

1) 선발의 의미

모집의 목적은 조직이 추가적인 인력이 필요할 때 필요한 기술과 지식을 갖고 있는 적절한 인력의 원천을 개발하고 유지하는 것이다. 이것은 자격이 있는 후보자들 중에서 유능한 직원을 탐색하는 과정이다. 모집과 달리 선발(selection)은 조직에서 특별한 직무를 성공적으로 수행할 수 있는 필요한 기술과 능력을 갖고 있는 개인을 선택하는 과정이다. 선발은 부적격한 후보자들을 제거하고, 소수 인력을 선택하는 과정이다.

2) 선발의 중요성

적절한 유형의 직원을 확보하기 위해 많은 투자가 필요하기 때문에 선발은 매우 중요한 과정이다. 초보자들에게는 교육과 훈련비용이 필요하다. 적절한 유형의 사람들이 선택되지 않는다면 시간, 노력과 돈의 측면에서 막대한 손실이 된다. 선발의 모든 절차에서 후보자들에 대한 많은 정보를 확보한다. 결근과 이직은 조직이 직면하는 중요한 문제이다. 부적합 종업원들이 임명될 때 조직의 효율성은 감소된다. 그러한 종업원들은 작업을 회피하고, 자주 결근하고, 직장을 이직한다. 이러한 경우는 선발과 훈련에 들어간 모든 비용은 낭비가 된다. 과학적 선발과 배치는 안정적인 인력을 구축한다, 이것은 결근율과 이직률을 감소하고, 종업원들의 사기를 증대한다. 종업원들이 직무의 필요조건에 적합하다면 그들은 더 높은 효율성과 생산성을 나타낸다. 이것은 조직의 목적을 효과적으로 달성하는데 도움이 된다.

3) 직무분석

직무분석(job analysis)은 직무를 기술하고, 기록하고, 수행하는데 필요한 기술과 필요사항을 명시하는 과정이다. 직무를 수행하는데 필요한 특성, 과업수행 방법, 시기 및 이유, 작업환경과 작업할 때의 행동방법 등을 결정하기 위해 직무에 관한 정보를 체계적으로 수집하고 분석하는 과정이다. 직무분석을 통해 직무내용, 직무수행 방법과 절차, 작업요건 등을 기술한 직무기술서(job description)와 인력의 자격요건, 즉 특정한 직무를 수행하는데 필요한 인력의 교육, 업무지식, 업무기술, 업무경험, 업무능력에 대한 조건 등에 대한 상세조건을 명시한 직무명세서(job specification)가 있다. 직무분석은 모집, 선발, 배치, 평가, 보상, 인재개발 등의 제반 인사기능의 기초자료가 된다.

- 직무기술서: 직무내용, 직무수행 방법과 절차, 작업요건
- 직무명세서: 인력의 자격요건, 즉 지식, 태도, 기술 등에 대한 상세 조건

| 표 8-1 | 직무기술서와 직무명세서의 비교

직무기술서	직무명세서
• 직위(job title)	• 교육(education)
• 직무개요(job summary)	• 경험(experience)
• 직무활동(job activities)	• 기술, 지식, 능력(skill, knowledge, abilities)
• 근무조건working conditions)	• 업무성향(work orientation factors)
• 사회환경(social environment)	• 연령(age)

3. 종업원 선발절차

선발절차는 채워야 할 직무에 따라서 동일한 조직 내에서 부서와 회사에 따라 다르다. 예를 들면, 어떤 조직은 심사나 사전면접 등을 하지 않지만, 사전심사는 많은 응시자들을 제거하기 위해서 필요하다. 이와 마찬가지로 건강검진은 최종 선발 전에 실시된다. 모든 조직은 요구사항을 충족하는 선발절차를 계획한다. 직무에 응시하는 모든 지원자들은 많은 단계를 넘어야 한다. 어떤 단계에서 적합하지 않다면 다음 단계는 고려되지 않고 탈락된다.

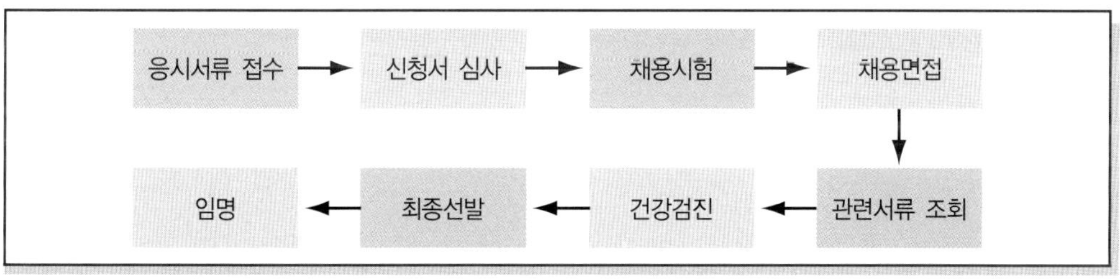

| 그림 8-2 | 선발절차

1) 응시서류 접수

직원을 보충할 때마다 구인광고가 이루어지고, 지원자들로부터 신청을 받는다. 신청서 방식은 직무에 따라 다르다. 신청서는 후보자에 관한 많은 정보를 갖고 있는 질문을 구성하기 때문에 유용하다. 연령, 자격, 경험 등에 관한 정보는 면접관에게 매우 가치가 있다. 신청서에 자료를 입력하는 통일성으로 신청서를 매우 쉽게 처리할 수 있다.

2) 신청서 심사

신청서를 접수한 후 선발위원회에서 신청서를 심사하고, 면접할 후보자를 위한 명단을 준비한다. 지원자들은 성별, 경험과 자격요건과 같은 구체적인 기준에 관한 면접을 요청받는다. 모집자 수를 고려하여 서류전형을 통과한 면접대상자의 수를 선정하고, 면접대상자들에게 통지한다.

3) 채용시험

채용시험은 지원자의 직무적합성을 판단하는 시험이다. 지원자들은 직무를 제공받기 전에 개인들의 자질과 단점을 드러낸다. 개인들은 신체적 특성, 직무수행 능력, 정신적 능력의 수준, 좋아하는 것과 싫어하는 것과 성격 특성 등에서 다르다. 신체적, 정신적, 개인적 변수의 형태는 많은 조합을 발생시키고, 이러한 특정한 형태를 고려하여 활동, 직무나 작업의 분야에 적합한 개인들을 선별한다. 직무요건과 개인의 신체적, 정신적, 기질적인 형태 간의 일치는 어려운 과업이지만, 이러한 일치는 조직과 사회의 번영과 개인에게 유익하다. 특정한 개인에게 적합한 직무를 결정하기 전에 응시자들의 직무수행 능력과 지식의 수준, 관심과 적성을 알아야 한다. 다음은 채용시험에 필요한 사항이다.

- 지능검사
- 적성검사
- 전문직업검사[24]
- 관심검사
- 성격검사

4) 채용면접

적절한 사람을 선발하기 위해 채용면접은 매우 중요하다. 지원자의 커뮤니케이션 기술이나 지원자의 사고방식을 면접에서 판단할 수 있다. 지원자가 채용시험을 통과하는 경우 면접은 더욱 중요하다. 신청서에 포함된 정보는 면접 중에 확인될 수 있다. 신청서에 있는 지원자의 사실 정보는 확인되고, 많은 정보는 후보자로부터 얻는다. 이러한 것들은 지원자의 능력과 성격을 시험하기 위해 사용된다. 이와 같이 면접은 지원자의 명확한 모습을 밝히는 기회이다. 신청서와 채용시험이 지원자에 관한 많은 정보를 제공하더라도 지원자에 관한

24. 특수한 직업분야의 전문지식을 검사하는 업적시험.

완전한 정보를 제공하지 못한다. 채용면접은 지원자에 관한 많은 정보를 확보하기 위해 사용된다. 다음은 채용면접의 주된 목적이다.

- 지원자의 적합성 발견
- 지원자에 관한 정보탐색
- 직무의 조건과 조직정책 제공

면접을 위한 적절한 물리적 배치가 매우 중요하다. 이것은 지원자의 눈으로 보는 조직의 평판을 형성한다. 조용한 환경에서 이루어지기 위해서 면접은 소음이나 간섭이 없는 방에서 진행되어야 한다. 또한 면접관은 면접을 위한 사전 준비와 사전 토론 준비를 한다. 면접은 부문의 장이 실시하는 사전면접이 있을 수 있다. 최종면접은 조직의 장, 부문의 장, 인사관리자와 외부 전문가를 포함한 선발위원회의 면접으로 실시된다. 면접 중에 선발위원회의 구성원들은 장점에 의거하여 지원자를 평가한다. 지원자의 면접을 끝낸 후 위원장은 구성원들에게 자문을 구하고, 간단한 토론을 한 후 지원자의 등급을 결정한다.

Sense 하나은행, 채용면접

15명 내외로 조를 짠 뒤, 2명의 면접관이 담임제로 밀착 평가한다. 공식 면접뿐 아니라 식사 태도, 휴식 시간의 몸가짐 등 모든 생활을 살펴본다. 1박2일 동안 이뤄지는 합숙 면접이 있다. 'BEI(Behavior Event Interview)' 면접이다. 과거 행적을 통해 하나은행에 적합한 인재를 찾아낸다는 뜻이다. 자기소개서를 검증하는 과정이다. 부장급 면접관 3명이 질문을 던진다. 이 면접의 강도는 상당하다. 예를 들어 학창시절 자원봉사 경험을 강조한 지원자에게는 "왜 지금은 봉사를 하고 있지 않느냐?"고 물어본다. 이에 대해 "취업 준비 때문에 바빠서 잠시 중단하고 있다"고 답하면, "바쁘다고 안하는 게 진정한 봉사냐"고 물어보는 식이다. 자소서에 나온 과거 경험에 대해 구체적으로 어떤 역할을 담당했는지, 도움을 준 사람은 누구였는지 같은 질문을 통해 세세하게 검증한다.

출처: 조선일보 2016.09.28

5) 관련서류 조회

조직은 지원자가 제출한 모든 정보를 조회해야 한다. 추천인이 어떤 조직의 책임 있는 위치에 있거나 지원자의 상사라면, 지원자의 능력과 성격에 관한 중요한 정보의 원천이다. 최종선발 전에 고용자는 지원자가 제출한 추천인을 조사하고, 지원자의 과거 경력, 교육, 개인적 평판, 재정상태나 범죄경력을 조사한다.

6) 건강검진

지원자의 신체검사나 건강검진은 선발절차에서 중요한 단계이다. 건강검진에 통과한 지원자는 최종적으로 선발된 후보자이다. 의학적으로 부적합한 사람의 선발에서 발생하는 시간과 비용을 피하기 위해 대부분의 조직은 건강검진을 실시한다. 신체검사는 직무의 효율적인 성과에 중요한 개인의 신체적 특징을 알려준다. 적절한 건강검진은 종업원들의 건강기준과 신체적 적합성을 확보할 수 있고, 사고, 이직과 결근율을 감소할 수 있다. 다음은 신체검사의 장점이다.

- 직무요건을 충족하는 신체적 능력 확인
- 노동법에 따른 보상에 대한 회사의 보호
- 조직에 침투할 수 있는 전염병의 예방

7) 최종선발과 임명

지원자가 선발절차에서 모든 장애물을 극복한 후 지원자는 고용계약을 하고, 임명장을 받음으로써 공식적으로 임명된다. 지원자는 직원의 신분으로 전환되고, 어떻게 동료와 상사와 함께 상호작용하는지를 동료와 상사들이 관찰한다. 수습기간 동안 사용자가 부적합하다고 발견하면, 경영층은 다른 부서로 이동하거나 능력을 향상하기 위해 시간과 훈련기회를 제공할 수 있다. 신입직원은 조직에 적응하고, 자신의 과업을 수행해야 한다.

제3절 종업원 훈련과 개발

1. 훈련

종업원 훈련과 개발은 관리의 인적기능의 통합된 부분이다. 훈련은 특정한 직무를 수행하기 위해 종업원의 지식과 기술을 증가시키는 행동이다. 종업원들이 실제로 알고 있는 것과 알아야만 하는 것 간에는 차이가 있다. 훈련에 의해서 직무를 수행할 때 이러한 지식의 차이를 채우는 것은 관리의 중요한 과업이다. 직무를 수행하는 능력을 향상하는 개인의 비교적 장기적인 변화를 찾는 점에서 훈련은 학습경험이다. 훈련은 기술, 지식, 태도와 사회적 행동의 변화를 포함한다.

1) 훈련의 의미

훈련(training)은 종업원들에게 특정한 직무에 필요한 전문적 지식과 기술을 전수하는 교육과정이다. 이것은 특정한 과업과 운영을 더 효과적으로 처리할 수 있는 능력을 향상한다. 이와 달리 개발(development)은 개념과 이론지식에 근거하여 통찰력, 태도, 적응성, 리더십과 인간관계에 관하여 관리직원의 성장과 성숙을 목적으로 하는 교육과정이다. 훈련과 개발 프로그램은 직무, 관계자와 목적의 성격에 따라 계획된다. 이러한 프로그램은 현장훈련과 직장외 훈련이 있다

- 훈련: 종업원들에게 특정한 직무에 필요한 전문적 지식과 기술을 전수하는 과정
- 개발: 통찰력, 태도, 적응성, 리더십과 인간관계에 관하여 관리직원의 성장과 성숙을 목적으로 하는 교육과정

기능공과 전문 근로자의 훈련은 특정한 과업훈련, 특별한 훈련센터에 있는 도구와 장비를 활용한 실습장훈련, 직업훈련기관의 협력으로 하는 인턴쉽 훈련, 직무경험과 교실지도를 결합한 도제훈련과 직무순환 등의 방식이 있다. 감독자와 관리자 훈련 프로그램은 교실강의, 회의, 집단토론, 사례연구, 역할연기, T-훈련과 프로그램 훈련 등이 있다. 또한 훈련은 근로자의 소득, 직무안전과 경력개선으로 직무만족과 사기향상을 목적으로 한다.

관리자 개발훈련은 중역 잠재력을 확인하고, 의사결정 능력을 개발하기 위한 인바스켓 훈련, 경쟁상황에서 의사결정 능력을 개발하기 위한 경영게임, 위원회 위촉, 역할연기, 커

뮤니케이션 능력, 인간관계와 부하직원과의 상호작용을 향상하기 위한 교류분석 등이 있다. 개발훈련은 조직의 관리자원을 확보하고, 적절한 사용을 가능하게 한다. 인바스켓훈련(in basket exercise)은 관리자들의 문제해결 능력을 배양시키는 방법이다. 훈련절차는 훈련생들이 직무와 관련된 보고서, 전화 메시지나 메모 등을 받은 후 제시된 사안들과 제한된 시간 내에 우선적으로 처리해야 할 것을 파악하고 결정한다. 그런 후 참가자들이 함께 해결과정을 토론하고, 교육자로부터 피드백을 받는다.

2) 훈련의 목적

훈련은 계획된 행동의 연속성을 학습하는 과정이다. 이것은 현재 직무에 대해 종업원의 성과를 향상하고, 의도된 직무를 준비한다. 훈련은 현재 직무성과를 유지하고, 향상하는 것을 목적으로 하지만, 개발 프로그램은 미래 직무를 위한 기술을 개발하는 것이다. 다음은 이러한 훈련의 목적이다.

- 생산성 향상: 훈련은 작업의 생산성을 향상하고, 회사의 수익을 증가한다.
- 품질향상: 잘 훈련받은 근로자들은 생산 실수가 적다.
- 조직 분위기 향상: 훈련은 재무적 성과를 향상하는 생산성과 생산품질을 향상한다. 이것은 결과적으로 회사의 전반적인 사기를 향상한다.
- 건강과 안전향상: 적절한 훈련은 산업재해를 예방하고, 안전을 향상한다.
- 개인적 성장: 훈련은 종업원들에게 넓은 인식, 확대된 기술을 제공하고, 개인적 성장을 향상한다.

2. 훈련절차

훈련은 기술, 지식, 태도나 사회적 행동을 변화하고, 특정한 직무를 수행하기 위한 종업원들의 기술과 지식을 증가한다. 훈련 프로그램은 현재 직무성과를 유지하고, 향상하는 것을 목표로 한다. 신입직원들은 새로운 기술을 학습하도록 훈련을 받는다. 신입직원들이 자극을 더 받을 가능성이 있기 때문에 새로운 기술과 지식이 쉽게 전달될 수 있다. 잘 개발된 훈련 프로그램은 새로운 규범과 행동양식을 종업원들에게 가르침으로써 문화변화를 야기하는 수단이 된다. 종업원들의 훈련욕구가 확인되면, 인적자원관리자는 적절한 훈련노력을 개시해야 한다. 관리자들은 종업원들에게 필요한 훈련을 찾아내고, 그들에게 적합한 훈련방법을 사용할 수 있다.

1) 훈련욕구의 파악방법

신입직원들은 새로운 기술을 배울 수 있도록 훈련을 받아야 한다. 그들은 더 많은 동기부여가 될 가능성이 있기 때문에 새로운 기술과 지식은 쉽게 전달될 수 있다. 반면에 경험이 있는 직원들을 훈련시키는 것은 문제가 있을 수 있다. 그들의 훈련욕구는 읽어내기 쉽지 않고, 직무수행 방법의 변경을 분개할 수 있다. 관리자들이 조직이나 부서에 있는 종업원들의 훈련욕구를 파악할 때 사용하는 방법은 업적평가, 직무요건 분석, 조직분석과 종업원 조사 등이 있다.

- 업적평가: 종업원들의 업적은 업적기준이나 직무목적에 따라 측정된다.
- 직무요건 분석: 직무기술서에 명기된 기술이나 지식을 조사하고, 필요한 기술이나 지식이 부족한 종업원들을 훈련 프로그램에 포함한다.
- 조직분석: 조직의 효과성과 목표를 충족할 때의 성공은 필요한 훈련의 영역과 종류를 판단하고, 확인하기 위해 분석된다. 예를 들면, 이직률이 높거나 업적기록이 낮은 종업원들은 추가적인 훈련이 필요하다.
- 종업원 조사: 종업원의 의견은 작업에서 겪는 문제와 문제해결에 필요한 행동이다.

2) 훈련절차

조직훈련의 필요성이 확인되면 인적자원관리자들은 적절한 훈련노력을 위한 주도권을 가져야 한다. 관리자들은 다양한 훈련방법을 찾아야 한다. 가장 일반적인 훈련은 현장훈련과 직장외 훈련이다. 직장외 훈련은 작업장 밖에서 이루어지지만, 실제 작업조건과 유사하도록 만들어야 한다. 이러한 훈련의 유형은 종업원들이 실제적인 장비와 실제적인 작업환경에서 훈련하는 실습장 훈련을 포함한다. 이러한 훈련의 목적은 학습과정을 간섭하는 현장훈련 압력을 피하는 것이다. 훈련절차는 훈련욕구 확인, 훈련과정의 준비, 운영과 지식의 제시, 반복적인 훈련과 훈련성과의 추적 등 순으로 이루어진다.

(1) 훈련욕구 확인

종업원들의 훈련욕구는 작업에서 경험하는 문제에 대한 해결능력을 향상하는 훈련이다. 훈련 프로그램은 구체적인 문제해결능력을 제공할 때나 훈련생의 성과를 향상할 때 도움이 되도록 계획한다. 조직목적과 관련이 있는 자원을 할당하고, 특정한 과업을 위해 필요한 종업원 행동을 판단한다. 조직목적을 달성하는데 필요한 지식, 기술과 태도를 분석한다.

(2) 훈련과정 준비

훈련생들에게 제공할 훈련대상자, 훈련일정, 훈련 프로그램, 훈련의 물적자원 등을 준비해야 한다. 다음은 훈련 교육자들이 갖추어야 할 태도이다.

- 학습자를 편하게 한다.
- 직무의 중요성과 구성요소를 설명한다.
- 관심을 유발한다.
- 학습자를 정상적인 작업환경과 가깝게 위치시킨다.
- 학습자와 장비, 자재와 전문용어를 친숙하게 한다.

(3) 운영과 지식의 제시

훈련 교육자는 훈련생들에게 새로운 지식과 운영을 전달하기 위해 명확하게 말하고, 보여주고, 실증하고, 질문해야 한다. 훈련생들이 직무를 실제로 알고, 이해하기 위해 질문할 수 있도록 장려받아야 한다.

(4) 반복적인 훈련

훈련생들에게 반복적으로 직무를 경험할 수 있도록 반복적인 훈련을 제공해야 한다. 이러한 반복적인 훈련은 점진적으로 기술, 속도와 자신감을 강화한다.

(5) 훈련성과의 추적

훈련성과의 추적은 실제로 실시한 전체 훈련결과의 효과성을 평가하고, 추후 훈련에 대한 개선책을 찾는 과정이다. 성과를 훈련생과 공유할 수 있는 기회를 갖는다.

3. 훈련방법

훈련과 개발은 행동에서의 지속적인 변화를 유도하는 과정이다. 성공적인 변화를 위해 경영자들은 종업원들과 커뮤니케이션, 훈련, 추적과 상담에 집중해야 한다. 효과적인 교육과 훈련은 종업원들이 변화를 이해하고, 적응하는데 필수적이다. 인적자원부서는 종업원들을 변화시키기 위해 훈련과 교육을 준비하고 실시한다. 훈련내용은 필수적인 업무관련 기술, 기법과 지식을 포함한다. 종업원들의 능력개발 훈련은 현장훈련과 현장외훈련 등이 있다. 구체적인 훈련 방법은 오리엔테이션, 정책과 절차 교육, 리더십개발, 개인지도, 직무순환 경험이나 직책훈련 등이다.

1) 현장훈련

현장훈련(on-the-job training)은 훈련생이 실제 직무를 수행하면서 감독자나 선임자로부터 직무수행에 관한 지식과 기술을 배우는 훈련방법이다. 직장훈련, 현장훈련, 직무상 훈련이라고도 한다. 근로자가 작업장에서 숙련된 근로자와 함께 작업하면서 지식이나 기술을 얻는 방법이다. 훈련은 계획된 행동의 연속을 학습하는 과정으로 현재 직무에 관한 종업원들의 성과를 향상하고, 계획된 직무를 준비한다. 이 훈련방법은 직무가 고도의 기술·전문성·정밀성을 요구하는 경우의 훈련에 적합해 실무적 훈련에 유리하나 많은 시간에 적은 수의 인원을 훈련할 수밖에 없다는 단점이 있다.

(1) 오리엔테이션

오리엔테이션은 새로운 환경, 직무와 활동 등에 적응하기 위해 신입직원을 지도하는 과정이다. 즉, 신입직원의 조직 내 동화와 조직 내에서 지속적인 사회화 과정의 일부이다. 오리엔테이션의 주요 목적은 종업원 몰입을 확보하고, 불안을 감소하고, 조직의 기대를 이해하게 하고, 직무와 조직으로부터 기대하는 것을 전달하는 데에 있다. 오리엔테이션은 다음과 같은 정보를 제공한다.

- 일상 업무에 대한 일반적인 정보
- 조직의 역사, 창업자, 목적, 운영, 제품이나 서비스
- 조직의 정책, 작업규칙과 종업원 복지

① 오리엔테이션의 유형

오리엔테이션(orientation)은 새로운 직원들을 조직, 특정한 직무나 부서에 소개하는 과정으로 두 가지 종류가 있다. 종업원들이 조직을 이해하는데 필요한 기본적인 정보를 제공하는 개요 오리엔테이션과 직무관련 오리엔테이션이 있다. 개요 오리엔테이션(overview orientation)은 종업원들에게 경영일반, 부서와 지점, 주요 정책, 일반적인 절차, 보상, 사고예방과 노동조합 등 기본적인 정보를 전달한다. 직무관련 오리엔테이션(job-specific orientation))은 조직의 기능, 종업원의 책임과 의무, 회사의 정책, 절차, 규칙과 규제 등 직무를 수행하는데 필요한 사항을 신입직원에게 전달한다. 많은 내용들이 직무수행과 관련

되기 때문에 직무관련 오리엔테이션은 직속상사나 관리자에 의해서 수행된다. 오리엔테이션 과정은 감독자와 동료와 함께 계속된다.

| 표 8-2 | 오리엔테이션의 비교

개요 오리엔테이션	직무관련 오리엔테이션
• 경영일반 • 부서와 지점 • 주요 정책 • 일반적인 절차 • 보상에 관한 정보 • 사고예방 조치 • 종업원과 노동조합 문제	• 조직의 기능 • 책임 • 기대 • 의무 • 정책, 절차, 규칙과 규제 • 작업장의 배치 • 동료와 다른 사람들에게 소개

② 오리엔테이션의 목적

오리엔테이션은 신입직원이 회사의 근무환경과 작업수행에 필요한 사항을 전달하는 과정이다. 오리엔테이션의 목적은 적응비용 절감, 불안감소, 종업원 이직률 감소, 감독자나 동료를 위한 시간절약, 현실적 직무기대, 긍정적 태도와 직무만족 등이 있다.

- **적응비용 절감**: 적절한 오리엔테이션은 종업원들이 쉽게 적응하고, 직무를 학습하는데 드는 비용을 감소한다.
- **불안감소**: 새롭고, 낯선 환경에 들어가는 종업원은 직무를 수행하기 위해 학습하는 능력을 방해할 수 있는 불안을 경험할 수 있다. 오리엔테이션은 종업원이 추측의 스트레스를 경험하지 않기 때문에 알지 못하는 상황에서 나타나는 불안을 감소한다.
- **종업원 이직률 감소**: 종업원들이 가치가 없다거나 직무를 수행할 수 없는 위치에 있다고 느낄 때 이직률은 증가한다. 오리엔테이션은 조직이 종업원들을 중요시하고, 직무수행에 필요한 도구를 제공한다.
- **감독자나 동료를 위한 시간절약**: 초기 오리엔테이션이 좋을수록 감독자와 동료들은 종업원을 가르치는 시간을 더 적게 소비한다.
- **현실적 직무기대, 긍정적 태도와 직무만족**: 종업원들이 조직의 가치와 태도에 관해서 배울 뿐만 아니라 다른 사람들이 기대하는 것과 자신이 기대하는 것을 초기에 배운다. 사람들은 경험으로부터 배우는 동안 불필요하고 해로운 많은 실수를 한다.

(2) 개인지도

중견직원이나 상사에 의한 훈련은 가장 효과적인 관리개발 기법이지만, 기꺼이 지도하려고 하지 않는다. 개인지도를 요청받을 때 어떤 관리자들은 불편하게 느낀다. 종업원들에게 자신의 방식으로 문제를 해결하는 것을 허용하지 않는다면 그들은 기술과 지식을 개발할 수 없다. 개인지도(coaching)는 상당한 자제심이 필요하다. 관리자들은 개인지도의 효과성을 부정함으로써 종업원들에게 어쩔 수 없이 하는 것으로 인식한다.

(3) 직무순환

종업원들이 회사운영의 다양한 측면을 익히고, 경험을 확대하기 위해 직무순환(job rotation)을 통해서 종업원들을 다른 직책으로 이동한다. 즉, 직무순환은 능력과 자질을 향상하기 위해 종업원들이 여러 직무를 경험하도록 하는 인사관리기법이다.

(4) 직책훈련

직책훈련(training position)은 직책에 필요한 기본적인 능력을 중점적으로 배양하는 능력 향상하는 관리자 개발 방법이다. 훈련생은 조수의 직함으로 관리자에게 배치된다. 이러한 배치는 함께 일할 기회를 훈련생에게 제공하고, 우수한 관리자를 모범으로 삼는 방법이다. 신입사원, 중견사원, 초급, 중급, 고급관리자, 경영자 과정 등으로 실시하는 교육훈련이다. 기업에서 가장 많이 실시하는 계층별 교육은 리더십 교육이다. 사원, 대리, 과장, 차장, 부장, 임원 각 계층별로 필요한 리더십 과정을 운영한다.

(5) 계획된 작업

현상훈련은 사전에 계획된 작업(planned work)을 훈련생에게 제시한다. 경험과 능력을 개발하기 위해 훈련생에게 중요한 과업을 할당한다. 훈련생은 프로젝트 팀을 지휘하거나 중요한 위원회 회의에 참석할 수 있다. 이러한 경험은 조직이 어떻게 운영되는지에 관한 통찰력을 얻게 되고, 인간관계기술을 향상할 수 있다.

2) 직장외훈련

현장훈련과 달리 직장외훈련(off-the-job training)은 직장 밖에서 전문적으로 실시하는 훈련이다. 산업체 실무현장 이외의 시설, 즉 연수원, 훈련전용 시설이나 학교 등의 교육훈련 시설에서 이루어지는 훈련이다. 훈련은 강의형식이나 독학형식을 띠고, 다양한 환경에서 사용되는 기술과 지식을 개발하기 위한 훈련이다. 다음은 직장외훈련의 유형이다.

- 강사의 프레젠테이션: 훈련관은 강의를 통해서 훈련생들에게 새로운 정보를 구두로 제시한다. 강사의 프레젠테이션은 교실강의, 세미나와 워크샵 등이 있다.
- 집단토의: 훈련관은 주제를 토의할 때 훈련생들의 집단을 지도한다.
- 시범설명: 훈련관은 과업을 완수하는 정확한 단계를 보여주거나 정확하게 완성된 과업의 사례를 보여준다.
- 독서과제: 훈련관은 훈련생들에게 새로운 정보를 제공하는 독서과제를 준다.
- 실습: 훈련관은 훈련활동의 주제와 관련이 있는 실제 상황이나 서류상으로 해결되는 문제를 할당한다.
- 사례연구: 훈련관은 훈련생들에게 상황에 관한 정보를 제공하고, 상황에 관한 문제를 해결하거나 의사결정하도록 지도한다.
- 역할연기: 훈련생들은 교육 속에서 실제 상황을 연기한다.
- 현장방문 및 수학여행: 훈련생들은 현장을 관찰하고, 해결되는 문제와 배우는 기술과 상호작용할 기회를 받는다.

Sense 훈련의 개념

- 현장훈련(on-the-job): 훈련생이 실제 직무를 수행하면서 감독자나 선임자로부터 직무수행에 관한 지식과 기술을 배우는 훈련이다.
- 직장외훈련(off-the-job): 시설이나 학교 등의 교육훈련 시설에서 이루어지는 훈련이다.
- T-집단훈련(T-group training): 감수성훈련으로 10여명 정도로 구성된 소집단의 구성원이 외부환경으로부터 차단된 상황에서 비정형적 접촉에 의한 인간관계의 체험을 통해 자기 자신을 인식하고, 타인의 입장을 이해하는 훈련이다. T-group은 training group의 약자이다.
- 프로그램 훈련(programmed instruction): 특별한 형태로 구성된 교재로 학습자료를 제시하고, 훈련생에게 개별학습을 시켜서 특정한 학습목표까지 확실하게 도달시키기는 훈련이다.
- 인바스켓 훈련(in basket exercise): 중간관리자들의 분석적인 문제해결 능력을 배양시키기 위해 고안된 교육훈련방법이다. 관리자의 일상 상황과 비슷한 장면을 설정하고, 결재서류를 인바스켓(미결함)에 넣어 두면 훈련생은 그러한 서류에 대하여 차례로 의사결정을 하여 아웃바스켓(기결함)으로 옮겨 넣는데, 비교적 단시간(30~45분)에 다량(20~30통)의 서류를 처리하게 함으로써 독해력 · 판단력 · 결단력 등을 높이고자 하는 것이다.
- 경영게임(management game): 경영활동의 의사결정 부분을 간략하게 재현하여, 기업경영 모델을 만들어 의사결정을 하는 과정에서 경영자의 교육 · 훈련이 가능하도록 고안된 경영자 개발방식이다.
- 교류분석(transactional analysis): 어떠한 자아 상태에서 인간관계가 교류되고 있는가를 분석하여 자기 통제를 돕는 심리요법의 하나이다.

| 표 8-3 | 훈련과 개발의 장점

훈련	개발
• 교육 인력의 양과 질 개선	• 관리직원의 노후화 예방
• 성과달성에 필요한 시간과 비용 절약	• 필수지식과 기술이 있는 관리자의 충분한 확보
• 종업원의 노후화 예방과 사고감소	• 조직의 장기적 생존과 성장 확보
• 유망한 종업원의 발굴	• 경영자의 신구대체
• 원자재와 장비의 경제적 사용	• 집단의 응집력이나 팀워크 창조
• 근로자의 감독에 대한 필요성 감소	• 조직의 관리자원의 확보와 적절한 사용
• 권한의 위임과 분권화 촉진	

4. 직무설계

직무의 구성요소와 직무설계 기술은 전문지식으로 관리자가 직무를 설계하는데 중요하다. 직무설계는 과정, 청사진과 조직구조와 관련이 깊다. 서비스는 집약적인 노동이고, 사람의 역할이 중요하다. 조직에 큰 영향이 있기 때문에 내부마케팅은 복잡성과 확산성에 따라서 추가적인 훈련이 필요하다. 조직의 전방과 후방 구성요소가 다르다. 전방은 고객과 상호작용을 하지만, 후방은 전방을 지원한다. 문제는 사람요소 관점에서 직무설계를 어떻게 다루는가이다. 해답은 청사진으로 과정, 그리고 과업과 직무의 분리를 조사하는 것이다.

1) 직무설계 과정

직무설계(job design)는 조직설계를 향한 첫 단계이다. 직무설계 과정을 통해서 관리자는 과업을 직무로 분리하는 방법을 결정한다. 모든 직무를 정의하는 통합된 과정을 찾아내고, 직무기술과 조직설계를 개발한다. 모든 기술의 집합은 조직에 의해서 수행되는 모든 직무의 기술이다. 과업을 직무로 분리하고, 투입과 산출 관계를 위한 과정을 효율적으로 따르는 사람의 수와 과업을 완수하는데 필요한 종업원의 강점을 알아낸다. 종업원 유지에 필요한 비용을 산출하는 직무명세서를 개발하는 것처럼 다른 관련된 요소를 시작할 수 있다.

2) 직무설계의 전략적 선택

직무설계와 관련한 기법은 노동의 분업, 전문화와 교차훈련이 있다. 이러한 기법은 청사진의 관섬을 유지하면서 실행할 수 있는 설계 선택이다. 이 기법은 직무단순화, 직무확대와 직무확충의 중요한 요소를 잘 이해할 수 있다. 교차훈련(cross training)은 효과성을 향상하기 위해 회사에서 다른 직위의 기술과 책임을 종업원에게 훈련하는 것이다.

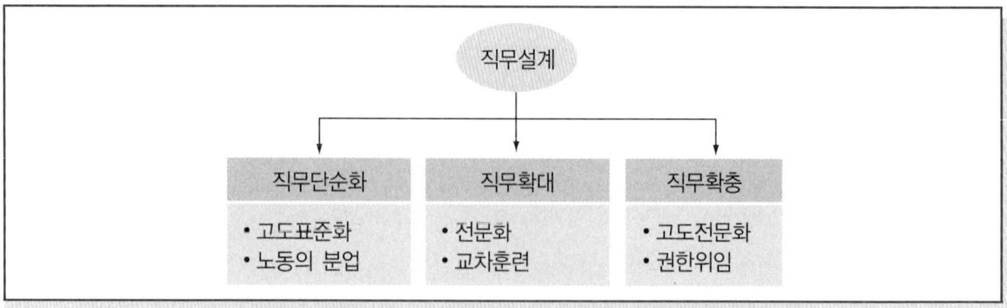

| 그림 8-3 | 직무설계 전략적 선택사항

(1) 직무단순화

직무단순화(job simplification)는 작업절차를 표준화하여, 직무를 비교적 단순한 과업으로 분할하는 것으로, 정신과 신체적 노력의 감소를 통해 생산성을 향상하고자 하는 직무설계기법이다. 노동의 분업(division of labor)은 과업을 유사한 직무로 분류하여 세분하는 것이다. 목적은 높은 협업, 순조로운 작업과 높은 효율성이다. 예를 들면, 음식점의 요리사와 웨이터와 관련된 과업은 효율성을 위해 다른 직무로 분할된다. 작업과정에서 효율성과 생산성을 올리기 위해 직무설계의 일부분으로써 각 종업원들에게 소수의 직무를 준다. 노동의 분업을 적용하고, 집단을 결합함으로써 회사는 과업을 단순화하고, 복잡성과 확산성을 줄인다. 그러나 단순화의 개념을 더 멀리 확장하지 않는다. 노동의 적절한 분업은 적절한 직무설계와 조직설계를 추진하게 한다. 노동의 분업은 청사진 안에 나타나고, 회사가 직무설계, 직무내용과 직무관계를 개발하는데 도움이 된다.

(2) 직무확대

직무확대(job enlargement)는 직무능력을 활용하여 도전의 기회를 증대하고, 만족을 유발하기 위하여 전문화된 직무의 내용 및 범위를 확대하는 것이다. 따라서 동일한 유형의 많은 직무로 직무량이 확대가 된다. 종업원들에게 직무설계의 한 부분으로써 단계와 직무를 확대하고, 과업수행에 대한 추가적인 책임을 준다. 이것은 종업원들의 중요성과 만족을 증가한다. 예를 들면, 소형 샌드위치 판매점이 있다. 샌드위치의 주문 제작으로 샌드위치의 모든 준비단계를 수행하는 사람이 한 사람이다. 샌드위치를 만들고, 포장하고, 고객에게 전달하고, 대금을 수납하는 사람들은 노동의 분업이 없다. 요리사와 전달자의 역할은 하나로 결합된다.

(3) 직무확충

직무확충(job enrichment)은 직무내용을 고도화해 직무의 질을 높이는 것을 의미한다. 즉, 한 사람의 직무의 범위와 책임의 정도를 확대하는 것이다. 따라서 책임, 자율성, 의사결정이 증가한 더 많은 직무가 된다. 다음은 직무확충의 방법이다.

- 종업원에게 과업을 수행하는데 필요한 권한을 위임한다.
- 종업원에게 유연성을 허용한다.
- 구체적인 기술을 개발한다.
- 종업원이 자신의 수행을 스스로 추적하고 측정하도록 한다.

직무확충은 종업원들이 제공하는 서비스에 참여와 관심을 증가하는 것이다. 직무확대와 직무확충은 유연성과 분권화의 조직구조에 도움이 된다. 이것은 개별화와 논리적 상관성이 있다. 이와 달리 직무단순화는 낮은 복잡성과 확산성을 나타내고, 과업수행이 예측가능하고, 표준화된 행동을 나타낸다. 직무설계 과정을 통해 관리자는 과업을 구체적인 직무로 어떻게 분할하는지와 직무를 확충하는 곳을 결정한다.

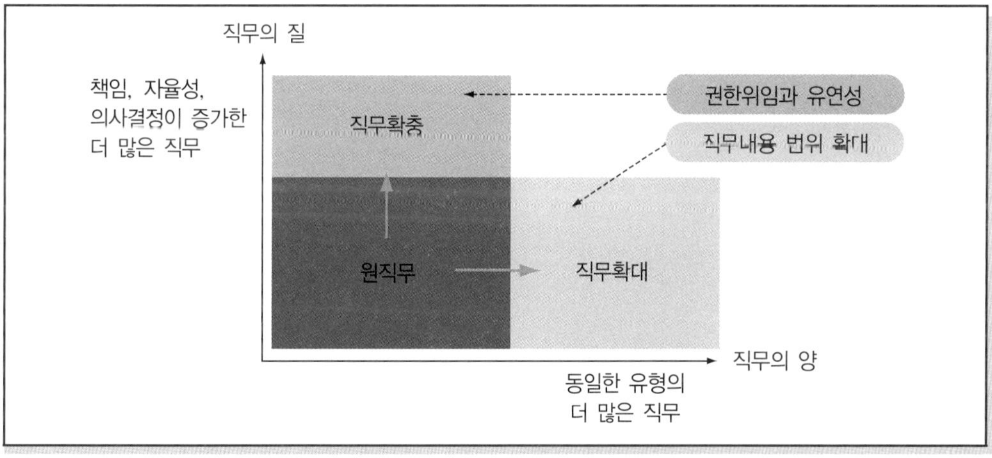

| 그림 8-4 | 직무확대와 확충의 관계

5. 경력개발

경력개발은 장기적인 과정이다. 경력개발은 직무성과를 향상할 뿐만 아니라 개인의 성장을 가져온다. 종업원들이 자신의 경력개발에 대한 욕구와 의지가 점점 증가되고, 조직은 조직의 목적을 달성하기 위해 종업원들의 노력을 지원하고 장려한다. 경영층은 종업원들에게 지속적인 학습, 창의력, 혁신과 예기치 않은 변화에 대한 적응을 촉진한다. 조직에서 추진하는 종업원의 경력개발은 기술, 경험, 승진, 가치, 인정과 보상을 포함한다. 경력개발은 적시에 조직의 즉각적이고 미래 인적자원의 필요를 충족하고, 조직 내에 있는 잠재적 경력경로에 관한 조직과 개인에게 정보를 제공한다.

1) 경력개발의 의미

경력(career)은 한 개인의 평생에 걸쳐 직업, 직책과 직무와 관련된 경험으로써 개인의 직업발달 과정을 뜻한다. 즉, 한 개인이 일생에 걸쳐 직업과 관련하여 취하는 과정과 행동이다. 직무에 관련된 일정한 경험, 의무와 상황에 대한 자신의 주관적인 해석과 자신의 직업생활에 대한 일정한 활동패턴이다. 경력향상은 사용자에 의해서 승진하거나 더 많은 책임을 받고, 회사에서 상위 업무를 배치받는 것이다.

경력개발(career development)은 직업적 또는 전문적 숙련도와 인식 등을 발전시키기 위한 개인의 의식적이고 구조화된 노력을 기울이는 과정이다. 따라서 경력개발은 직무숙달과 전문적 개발을 포함하여 기술과 지식의 계속적인 획득이나 발전과정이다. 직무숙달 기술은 자신의 직무를 성공적으로 수행하는데 필요하고, 전문적 개발 기술은 직무기술서의 범위를 초과하는 기술과 지식이다. 개인들은 잠재적 능력을 성숙시킬 뿐만 아니라 더 나은 개인으로 발전된다. 따라서 직업선택 이후부터 퇴직에 이르기까지 개인의 경력을 다루는 활동이다. 경력개발의 주요 목적은 학습의 계획적이고 신중한 과정을 통해 관리의 효과성을 향상하는 것이다. 이것은 미래 조직의 욕구를 충족하기 위해 관리자의 계획적인 성장을 제공한다. 다음은 이러한 경력개발의 목적이다.

- 지식의 증가
- 기술의 증가
- 태도의 변화

2) 경력개발의 효과

종업원의 경력개발은 독립변수이고, 조직 효과성은 종속변수이다. 종업원의 경력개발 독립변수는 개인지도, 훈련과 개발, 역량강화, 참여와 권한위임이다. 종업원 개발성과는 기술향상, 종업원 학습, 자기주도, 종업원 태도와 행동 등으로 나타난다. 종업원 개발 성과는 조직 효과성에 궁극적으로 영향을 준다. 조직 효과성은 전반적인 조직목표의 달성이다. 기술향상은 종업원의 기술수준을 증가하는 것을 뜻한다. 기술향상은 훈련과 개인지도를 통해서 가능하다. 종업원 학습은 학습 호기심을 통해 지식을 획득하는 과정이다. 종업원 학습은 종업원의 능력과 역량을 강화한다. 능력과 역량은 종업원 생산성과 성과에 도움이 된다. 자기주도 종업원 개발은 개별적인 종업원에 달려있다. 개별 종업원이 학습하기를 원할 때, 더 많이 학습하고, 세미나, 워크삽, 현장훈련과 직장외훈련과 같은 많은 활동에 참여한다. 이것은 종업원 개발이 되고, 종업원 개발은 종업원 성과를 향상하게 된다. 종업원 태도와 행동은 종업원의 반응성이다. 종업원이 워크삽과 훈련에 지명될 때, 종업원 태도와 행동은 훈련과 개발 프로그램에서 진지함을 결정한다. 이러한 즉각적으로 반응하는 종업원은 종업원 성과를 향상하는 다른 기술을 학습한다.

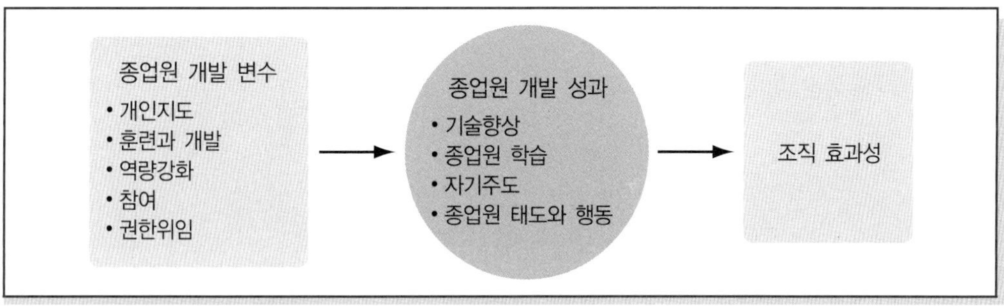

| 그림 8-5 | 종업원 개발 변수와 조직 효과성 간의 관계

3) 경력개발과정

종업원들이 경력개발로부터 원하는 것은 자신의 경력단계에 따라서 다르다. 초기 단계에서 중요한 것이 후기 단계에서 반드시 중요한 것은 아니다. 각 단계는 개인들의 다른 경력욕구와 관심을 나타낸다. 경력개발 과정은 개발목표 설정, 개발욕구 확인, 개발욕구 결징, 개발프로그램 수행과 프로그램 평가로 이루어진다.

- 개발목표 설정: 경영자의 욕구가 결정될 수 있는 틀을 개발한다.
- 개발욕구 확인: 조직계획을 목표로 하고, 현재와 미래 성장을 예측한다.

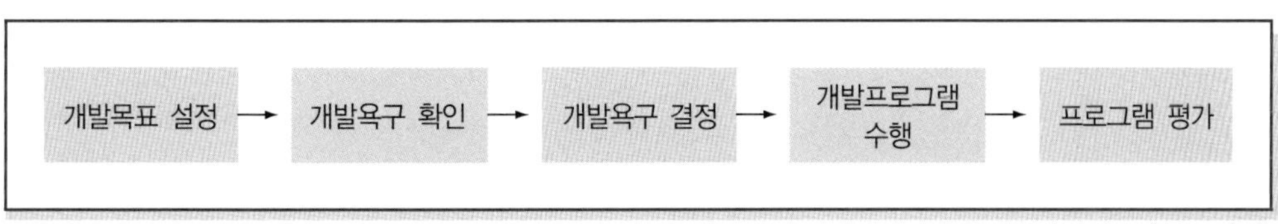

| 그림 8-6 | 경력개발과정

- **개발욕구 결정**: 현재 관리역량과 관리인력을 평가한다. 조직의 미래욕구와 관련된 기술 부족을 결정한다.
- **개발프로그램 수행**: 개인의 상이한 욕구, 태도와 행동, 신체적, 지적, 정서적 자질에 근거하여 수행한다. 조직의 욕구, 시간과 비용에 따라 준비한다.
- **프로그램 평가**: 조직목적을 달성하기 위해 훈련의 가치를 평가한다.

Sense 시대를 앞서간 경영

"자기보다 현명한 사람들을 주위에 모으는 방법을 알았던 사람, 여기에 잠들다." 호암 이병철은 미국의 철강왕 앤드루 카네기의 묘비명을 즐겨 인용했다. 평생을 추구했던 경영원칙 '인재제일(人材第一)'과 맥이 닿아 있어서였다. 호암은 인재경영을 통해 '삼성의 300년 대계'를 구상했다. "1년의 계(計)는 곡물을 심는 데 있고, 10년의 계는 나무를 심는 데 있으며, 100년의 계는 사람을 심는 데 있다"며 "인재만 모으면 100년이 아니라 300년을 가는 기업을 건설할 수 있다"고 강조했다.
의인물용 용인물의(疑人勿用,用人勿疑)가 대표적인 예다. 의심이 가거든 고용하지 말고, 일단 뽑았으면 의심하지 말고 일을 맡겨야 한다는 뜻이다. 직원들을 인간적으로 대한 호암이었지만 신상필벌(信賞必罰)은 칼 같았다. 열심히 일하는 사람이 보람을 느끼게 하고, 유능한 사람을 소중히 여기는 기업풍토를 조성하기 위해서는 엄정한 인사관리 규칙이 있어야 한다고 본 것이다. 삼성은 기업 인사고과제도를 국내에서 처음으로 도입한 기업이다.

출처: 한국경제 2010.02.01

제4절 업적평가

1. 업적평가의 이해

사람들은 능력과 소질이 각각 다르다. 그러므로 더 우수한 능력을 갖고 있는 종업원들이 보상을 받고, 이동을 통해서 종업원들의 잘못된 배치를 바로잡기 위해 관리자들이 개인들의 차이를 아는 것이 필요하다. 종업원은 자신의 업적을 향상하기 위해 동료 종업원들과 비교하여 업적의 수준을 알기를 원한다. 이와 같이 개별 종업원의 상대적인 실적을 측정하기 위해 적절한 업적평가 시스템을 가질 필요가 있다.

1) 업적평가의 의의

업적평가(performance appraisal)의 기본적인 목적은 종업원의 가치를 규칙적으로 판단할 수 있게 하는 것이다. 출근율과 같은 객관적인 많은 요인들을 평가할 때에 종업원 가치는 공정한 측정이 되지만, 태도와 성격과 같은 요인은 매우 주관적이다. 객관적인 요인들은 인적자원부서가 보유하고 있는 기록에 근거하여 정확하게 평가될 수 있지만, 주관적인 요인들을 정확하게 측정할 수 있는 도구가 없다. 이러한 요인들의 평가는 모든 종업원들의 업적을 충분하게 평가하기 위해 사용되어야 한다. 다음은 이러한 업적평가의 목적이다.

- 특정한 기간 동안 종업원의 업적 확인
- 업적과 목표 간의 차이 판단
- 경영자, 상사와 부하 간의 관계와 커뮤니케이션 강화
- 미래의 훈련과 개발욕구 확인을 위해 개인의 장점과 단점 진단
- 업적에 관해 종업원에게 피드백 제공
- 종업원들이 수행하는 기능의 책임과 기대 명확화
- 모집, 선발, 훈련과 개발과 같은 조직의 인적자원 기능의 효과성 판단

2) 업적평가의 이점과 단점

업적평가는 평가자와 피고과자에게 모두 유용하다. 업적평가는 감독자나 경영자가 부하를 인적자원으로써의 중요성을 알게 한다. 업적을 평가할 때 평가자에게는 부하를 신중하게 평가하게 하고, 부하에게 기회와 책임을 알도록 하는 것이 중요하다. 업적평가의 이점은

다음과 같다.

- 업적평가 시스템은 감독자가 종업원들의 업적을 체계적이고 주기적으로 평가하는데 도움이 된다. 이것은 개인들에게 가장 적합한 과업을 할당하는데 도움이 된다.
- 업적등급은 종업원들을 지도하고, 시정하는데 유용하다. 감독자는 작업의 효율적인 수행으로 종업원들을 건설적으로 지도할 목적으로 평가의 결과를 사용할 수 있다.
- 직원의 능력을 알게 되고, 직원들에게 특별한 임금인상을 제공함으로써 적절한 보상을 제공할 수 있다.
- 업적평가는 이동이나 승진과 관련한 건전한 인사정책의 기초로 사용된다.
- 등급은 훈련 프로그램의 효과성을 평가하는데 사용된다. 종업원들의 단점은 업적평가에 의해서 나타나고, 훈련 프로그램은 그에 맞춰 수정될 수 있다.
- 업적평가는 종업원들이 업적을 개선하는 자극제가 된다.
- 종업원들이 평가의 공평성을 확신한다면 체계적인 평가는 불평을 예방하고, 종업원들 간의 신뢰를 나타낸다.

어떤 종업원의 업적이 다른 종업원들보다 더 우수하다면 그는 승진을 추천받을 수 있지만, 그렇지 못하다면 다른 직무로 이동될 수 있다. 업적평가의 기록은 노동조합에서 퍼붓는 차별의 비난에 대해 경영층을 보호할 영구적인 형태로 이용할 수 있다. 그러나 업적평가는 많은 장점에도 불구하고 다음과 같은 단점이 있다.

- 업적평가에 포함된 요인들이 부적절하다면 업적평가의 결과는 정확하지 않다.
- 업적평가에 사용된 특성의 가중치가 적절하지 않을 수 있다.
- 어떤 요인들은 종업원들의 진취성과 성격처럼 매우 주관적이다. 그래서 실제적인 평점이 과학적이지 않을 수 있다.
- 감독자들은 직원을 평가할 때 필요한 능력을 갖고 있지 않다. 감독자들은 개인적인 정서와 호감성으로 평가하게 되고, 그래서 평가는 편향적일 수 있다.

2. 업적평가의 방법

업적평가는 감독자나 업적평가의 기법을 훈련받은 사람들이 종업원의 성격과 업적을 체계적으로 평가하는 것을 의미한다. 개인적 사실이나 직무의 필요 요건에 의해서 작업집단 안에 있는 종업원들을 비교하기 위해 다양한 평가기법이 사용된다. 이러한 업적평가는 전통적인 방법과 현대적인 방법이 있다. 전통적 방법에는 비구조화 평가법, 서열법, 강제할당법, 도표척도법, 대조목록법, 중요사건 서술법과 현장검토법 등이 있고, 현대적인 방법에는 목표관리법과 행동기준 평정법 등이 있다.

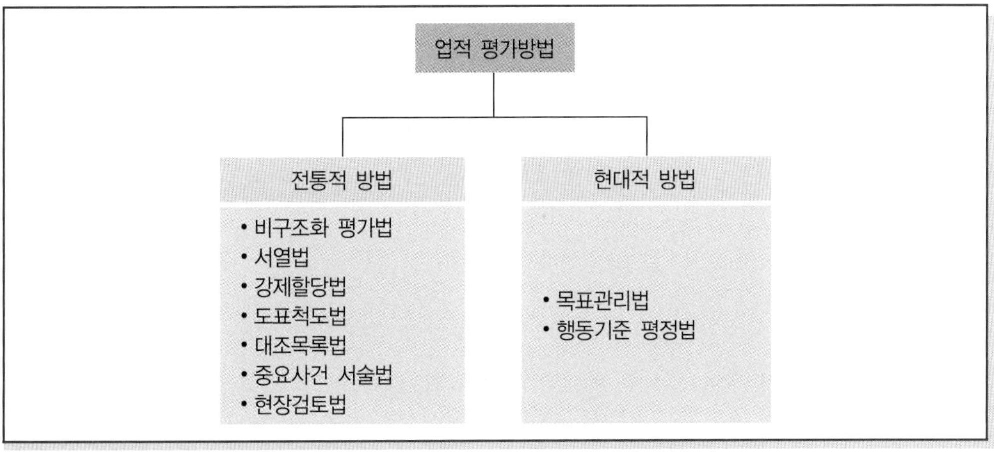

| 그림 8-7 | 업적평가 방법

1) 전통적 방법

전통적인 방법은 업적평가의 매우 오래된 평가 기술로 상사와 부하 간의 커뮤니케이션이 부족하다. 전통적인 방법에는 비구조화 평가법, 서열법, 강제할당법, 도표척도법, 대조목록법, 중요사건 서술법과 현장검토법 등이 있다.

(1) 비구조화 평가법

비구조화 평가법(unstructured appraisal)에서 평가자는 비구조화 방식으로 피고과자에 관한 인상을 기록한다. 논평은 직무성과의 질, 특정한 직무행동에 대한 이유, 성격특성과 개발 필요 등과 같은 구체적인 주제로 구분할 필요가 있다. 이러한 시스템은 매우 주관적이지만 간결함이 장점이고, 특히 중소기업에서 많이 사용된다.

(2) 서열법

서열법(ranking method)은 가장 간단한 방법이다. 피고과자의 근무성적을 서로 비교해서 그들 간의 서열을 정하여 평정하는 방법이다. 종업원들의 수가 적고, 직업성과가 측정 가능할 때 이 방법은 편리하게 채택된다. 서열법의 변형은 쌍비교법이다. 쌍비교법(paired comparison)은 순차적으로 두 개씩 짝을 지어 두 사람을 비교하여 우수한 사람을 선택하고, 다른 한쪽은 탈락시킨다. 순차적으로 비교를 되풀이하여 집단 중에서 가장 우수한 피고과자를 순차적으로 선택하는 방법이다.

(3) 강제할당법

강제할당법(forced distribution method)은 전체 평정등급을 나누어 미리 성한 비율에 맞추어 피고과자를 강제로 할당하는 방법이다. 예를 들면, A(10%), B(20%), C(40%), D(20%), E(10%)로 평가를 강제적으로 할당시키는 것이다. 이 방법의 기본적인 가정은 종업원들을 우수, 평균 이상, 평균, 평균 이하와 열등으로 분간할 수 있다는 것이다.

(4) 도표척도법

도표척도법(graphic rating scale)은 피고과자를 측정하기 위한 특성 항목에 점수를 부여한 후 항목별로 평가된 점수를 선으로 이어서 피고과자의 전체 특성을 시각적으로 파악하는 방법이다. 구성원 특성을 정기적으로 측정하여 시간 흐름에 따른 그 사람의 특성변화 추이를 알 수 있다.

(5) 대조목록법

대조목록법(check list method)은 성과나 평가특성에 대한 목록을 중심으로 피고과자를 평가하는 방법이다. 종업원 평가는 종업원의 업적과 행동에 관한 많은 목록을 작성하고, 평가자는 해당 목록을 체크하여 평가하는 방법이다. 평가자가 확인한 모든 목록의 측정값의 평균으로 종업원의 최종 평점을 산정한다.

(6) 중요사건 서술법

중요사건 서술법(critical incident appraisal)은 기업의 목표달성에 영향을 미치는 중요사건을 기록·검토하여 이를 중심으로 피고과자를 평가하는 방법으로 실시하기가 쉽고, 비용도 적게 발생하여 실용성이 높다. 이 방법은 종업원 행동의 긍정적이거나 부정적인 측면을 반영하는 종업원의 사건과 반응을 기준으로 하는 종업원 평가이다. 사건의 지속적인 기록은 감독자가 유지하고, 특정한 사건에 대한 종업원 반응의 성격에 따라 점수가 할당된다.

(7) 현장검토법

현장검토법(field review method)에서 감독자는 인사부서의 전문가에 의해 면접을 받는다. 종업원에 관한 관련 정보를 얻기 위해 전문가는 감독자에게 질문을 하고 기록한다.

특정한 요인에 관한 평가 형태는 없지만, 전반적인 평가를 얻을 수 있다. 근로자들은 우수, 만족과 불만족으로 분류된다. 현장검토법의 성공은 면접자의 능력에 달려있다. 면접자가 직무를 안다면 그는 정확한 평가를 할 수 있다.

2) 현대적 방법

현대적 관점에서 사용되는 업적평가의 중요한 방법은 목표관리법과 행동기준 평정법이 있다. 목표관리법은 결과 지향적 평가이고, 행동기준 평정법은 부하의 행동평가에 근거한다. 목표관리법은 상사와 부하가 함께 부하의 목표를 명확하게 설정하고, 수행한 업적을 측정・평가함으로써 관리의 효율화를 기하는 업적평가 방법이다. 행동기준 평정법은 직무상 행동을 구체적으로 표현하여 피고과자를 평정하는 방법이다.

(1) 목표관리법

목표관리법(management by objective: MBO)은 종업원이 직속상사와 협의하여 작업 목표량을 결정하고, 이에 대한 성과를 함께 측정하는 방법이다. 목표관리법은 Peter Drucker의 저서인『경영의 실제』'목표와 자기통제에 의한 관리(Management by Objectives and Self-control)'에서 유래했고, 이를 Douglas McGregor가 발전시켰다. McGregor는 특성과 개인적 자질의 평가를 포함하는 전통적 평가시스템은 매우 신뢰할 수 없다는 사실에 관심을 기울였다. 이외에도 특성평가의 사용은 난제가 있다. 즉, 관리자는 부하평가에 대해 불편해 하고 평가하는 것을 반대한다. 이것은 부하의 동기부여와 발전에 해로운 결과가 되기 때문이다.

목표관리법은 작업계획과 검토로 불리는 부하 평가에 대한 행동적 접근이다. 종업원은 인식할 수 있는 특성에 의해서 평가받는 것이 아니라 합의한 목표나 목적에 관한 성과에 의해서 평가받는다. 평가의 본질적인 특징은 직무목표의 상호설정이다. 성과평가에 목표설정을 적용하는 것은 다음과 같은 단계를 따른다.

- 부하는 상사와 직무기술서를 토의하고, 직무내용과 중요한 영역을 합의한다.
- 부하는 상사와 목표를 토의하고, 최종 목표를 계획한다.
- 상사와 부하는 함께 설정한 목표를 달성하기 위해 부하의 성과를 토론한다.

(2) 행동기준 평정법

행동기준 평정법(behaviorally anchored rating)은 결과를 얻기 위해 직무평가의 중요한 영역을 확인하고, 중요한 영역들로 분류한 다음 척도에 의해서 평가하는 방법이다. 행동기준 평정법은 직무상 행동을 구체적으로 표현하여 피고과자를 평정하는 방법으로써 피고과자의 행동을 사전에 평가항목(anchor)으로 정해 놓고, 이것을 체크하는 방법이다. 목표관리법이 목표가 달성되고 직무수행 성과를 향상시킬 수 있는 정보를 제공하는 과정에 초점을 두고 평가할 수 있는 객관적인 지표를 활용하는 방법인 반면에, 행동기준 평정법은 직무의 핵심적인 활동에 초점을 두는 것이다.

3. 업적평가의 절차

업적평가는 조직의 목적을 달성하기 위해 종업원들의 실제 업적에 관하여 종업원들과의 커뮤니케이션하는 과정이다. 업적평가는 종업원들의 사기를 증진하고, 조직의 성과를 향상하는 단계이다. 이러한 업적평가의 절차는 업적기준 설정, 업적기준과 기대 커뮤니케이션, 실제 업적측정, 업적과 기준비교, 결과토의와 피드백, 의사결정과 시정조치 등의 순서로 진행된다.

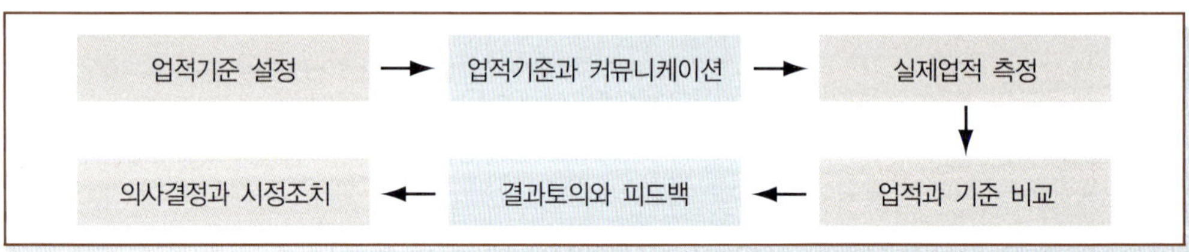

|그림 8-8| 업적평가 절차

1) 업적기준 설정

업적평가 과정의 첫 단계는 종업원들의 실제 업적을 비교할 근거로써 사용되는 기준을 설정하는 것이다. 조직목적과 목표와 기여한 정도로써 종업원들의 업적을 판단할 기준설정이 필요하다. 설정된 기준은 명확하고, 쉽게 이해할 수 있고, 측정 가능한 용어이어야 한다. 종업원의 업적을 측정할 수 없는 경우에 업적기준 기술은 매우 신중해야 한다.

2) 업적기준과 커뮤니케이션

업적기준을 설정한 후 조직의 모든 종업원들에게 기준을 커뮤니케이션하는 것은 경영진의 책임이다. 종업원들은 알아야 하고, 업적기준은 명확하게 설명되어야 한다. 이것은 종업원들에게 자신의 역할을 이해하고, 회사가 기대하는 것을 정확하게 알게 하는데 도움이 된다. 업적기준은 평가자에게도 전달되어야 하고, 필요하다면 업적기준은 종업원들이나 평가자로부터 관련된 피드백에 따라 이 단계에서 수정될 수 있다.

3) 실제업적 측정

업적평가 과정의 가장 어려운 부분은 특정한 기간 동안 종업원들이 수행한 실제업적을 측정하는 것이다. 이것은 일 년 내내 업적을 확인하는 지속적인 과정이다. 이 단계는 적절한 측정기법을 신중하게 선택해야 하고, 개인적 편견이 수행과정의 결과에 영향을 주지 않고, 평정오류가 없도록 주의를 기울여야 한다.

4) 업적과 기준 비교

실제업적을 기준업적과 비교한다. 비교는 기준에 따라 종업원들의 업적에 편차가 있을 수 있다. 결과는 조직의 기대업적보다 더 크거나 더 작은 실제업적을 나타낼 수 있다. 이것은 종업원들의 업적과 관련된 자료의 재작성, 평가와 분석을 포함한다.

5) 결과토의와 피드백

평가결과를 일대일 기준으로 종업원들과 커뮤니케이션하거나 토론한다. 토론의 집중은 커뮤니케이션과 청취이다. 결과, 문제와 가능한 해법을 문제해결과 합의도출의 목적을 갖고 종업원과 함께 토론한다. 종업원들의 미래 업적에 영향을 주기 때문에 긍정적인 태도로 피드백을 제공한다. 회의의 목적은 직면한 문제를 해결해야 하고, 더 좋게 수행하도록 종업원들을 동기부여하는 것이다.

6) 의사결정과 시정조치

마지막 단계는 종업원들의 업적을 개선하고, 필요한 시정조치를 취하거나 보상, 승신, 이동이나 퇴출 등과 같은 관련된 인적자원을 수행할 수 있는 의사결정이다.

Sense 평정오류(rating error)

- 유사성 오류(similarity error): 평가자가 자신과 유사하다고 인정되는 사람들을 더 좋게 평가
- 대비오류(contrast error): 자신과 반대되는 특성을 지닌 피고과자를 과대나 과소평가하는 경향
- 근접오류(proximity error): 시간적 또는 공간적으로 근접해 있는 항목들에 대해서는 멀리 떨어져 제시된 항목들보다 비슷하게 평가하는 경향, 즉 평가기간 전체의 실적이 아니라 최근의 실적으로 평가함으로써 발생하는 오류
- 논리적 오류(logical error): 두 가지 이상의 행동특성을 서로 관련이 깊은 것으로 생각하고, 그 중 하나의 특성만을 보고 다른 특성까지도 유사한 성질의 것으로 평정하는 오류
- 표준오류(error of standards): 평가자가 어떤 대상을 평가할 때 대상의 표준을 잘못 정해서 일어나는 오류
- 관대화 경향(tendency of leniency): 실제 직무수행이나 성과수준보다 높은 수준으로 평가하는 경향
- 중심화 경향(central tendency): 평균점수에 가깝게 집중적으로 평가하는 경향
- 엄격화 경향(severity tendency): 실제보다 낮게 평가하려는 경향
- 후광 효과(halo effect): 어떤 사람이 가지고 있는 두드러진 특성이 그 사람의 다른 특성을 평가하는데 전반적인 영향을 미치는 효과
- 뿔 효과(horn error): 하나의 부정적인 측면만을 가지고 나머지를 과소평가하는 경향

Chapter 09

동기부여와 리더십

Insight 9

오너의 강력한 리더십이 더 중요

■ 나가모리 시게노부 일본전산 회장

10월 24일 나가모리 시게노부 일본전산 회장은 상반기(4~9월) 실적을 설명하는 자리에서 "2020년까지 직원들의 잔업 시간을 제로(0)로 줄이겠다"고 전격 발표했다. 이는 '두 배 일하라', '휴일에도 일하라'고 했던 그의 평소 경영철학을 180도 뒤집는 발언이었다. 나가모리 회장은 1973년 일본전산을 창업한 이래 직원들이 회사에 몸 바쳐 일하는 것이 회사의 핵심가치라고 강조해왔다. 그러나 나가모리 회장은 "앞으로 일본전산에서 '맹렬히 일한다'는 말은 사라질 것"이라고 말했다. 자신도 평소 자정에 퇴근하던 습관을 고쳐 오후 7시에 퇴근하겠다고 했다. 일본전산은 지난해부터 잔업수당을 포함한 과감한 비용절감에 나서, 올해 상반기 사상 최고 순이익 기록을 경신했다. 세계 경제 불황 속에서 부품·소재 분야 중심의 일본 교토(京都) 기업들이 내부 개혁을 거듭하며 높은 수익성을 유지하고 있다. 일본전산에 이어 정밀기기 제조업체인 시마즈제작소도 상반기에 사상 최고 영업이익과 순이익을 경신하는 등 매출 1,000억 엔 이상 18개 교토 기업이 모두 높은 수익성을 유지했다. 엔화 가치 상승으로 상당수 일본 기업이 고전했던 것과 극명하게 대비된다.

■ 교토식 경영의 저자 스에마쓰 지히로

교토식 경영의 저자 스에마쓰 지히로(末松千尋·60) 일본 교토대 경제학과 교수는 "교토 기업들의 특징은 강력한 리더십과 기업 지배구조를 갖고 있다는 점"이라며 "독보적인 기술력을 바탕으로 빠른 의사결정을 내릴 수 있어 대외 악재 속에서도 탁월한 성과를 내고 있다"고 분석했다. 스에마쓰 교수는 도쿄(東京) 기업 분석이 주류였던 일본 학계에 '교토 기업'의 성공 사례를 소개하면서 이름을 알린 학자다. 지난달 '위클리비즈 10주년 기념 경제·경영 글로벌 콘퍼런스'에 참석한 스에마쓰 교수를 만나 저금리·저성장 속에서도 경쟁력을 잃지 않는 교토 기업들의 생존 비결을 들어봤다.

■ 지금도 교토식 경영은 유효한가?

교토 기업은 소비자 요구를 세분화하는 모듈식 경영방식을 갖고 있다. 쓸데없이 사업영역을 확대하지 않고 강점을 발휘할 수 있는 사업 분야를 정해 그곳에 경영 자원을 집중하고 있다. 굉장히 세분화된 분야에서 최고의 기술력을 쌓아 높은 시장 점유율을 유지한다. 2002년 '교토식 경영'을 펴낼 당시에는 PC·반도체 산업에서만 이런 전략을 적용할 수 있다는 의견이 많았다. 하지만 이후 자동차 등 이를 받아들인 산업이 꾸준히 늘어났다. 지금은 교토식 경영의 유효성보다는 이를 개별 기업에 어떻게 활용할 것인가에 대한 논의가 더 활발하다.

■ **세분화된 시장에 집중하면 성장에 한계가 있지 않나?**

교토 기업은 일본 국내 시장만으로는 성공하기 어렵다는 판단에 따라 처음부터 세계 시장을 공략한다. 상당수 교토 기업은 일본이 아닌 미국에서 먼저 성공을 거뒀다. 무라타제작소의 무라타 아키라 명예회장은 1957년 미국에 건너가 판매 거점뿐 아니라 공장도 설립했다. 일본 기업 최초로 모토로라, 제너럴일렉트릭(GE) 등 미국 대기업과 계약을 맺는 데 성공했다. 이나모리 가즈오 교세라 회장은 세라믹콘덴서를 보자기에 가득 담아 홀로 미국에 건너가 미국 기업의 문을 두드렸다. 텍사스인스트루먼트와 계약을 맺어 단숨에 판매망을 넓혔고, 그의 제품은 일본으로 역수입됐다. 삼코인터내셔널은 1987년 일본 벤처기업 최초로 실리콘밸리에 연구소를 설립해 현지 기업과 많은 계약을 맺어 성공했다. 호리바제작소는 1970년대 미국 캘리포니아주의 배기가스 규제가 강화되자마자 배기가스 측정기를 팔아 큰 성공을 거뒀다.

■ **글로벌 금융위기를 거치면서도 비교적 좋은 성과를 낸 비결은?**

무라타제작소·호리바제작소·오므론·교세라 등 교토 기업의 큰 특징은 강한 리더십과 기업 거버넌스(지배구조)다. 파나소닉이나 소니 등 도쿄 기업보다 의사 결정이 더 빠르다. 내부 회계 시스템도 더 엄격하다. 다수의 일본 기업은 '주먹구구식'이란 표현이 어울릴 정도로 비용이나 이익을 상세하게 계산하지 않는다. 그 결과 교토 기업은 글로벌 금융위기 이후 실적 회복도 더 빨랐다. 승자독식과 불확실성으로 표현되는 뉴노멀 시기에 빠른 의사결정 구조는 그 어느 때보다 중요해졌다.

■ **교토 기업들은 모두 강력한 리더십을 갖고 있나?**

직원들에게 많은 자유를 주는 닌텐도엔 강력한 리더가 없었다. 게임 제작자의 창의력을 최대한 이끌어내는 장점이 있어, 닌텐도는 한때 성공 가도를 달린 적도 있다. 하지만 닌텐도는 스마트폰 등장에 따른 모바일 게임시장 대응에 실패하는 등 최근 수년간 문제점을 드러냈다. 이런 측면에서 볼 때 닌텐도는 교토에 기반을 두고 있지만, 강력한 리더가 특징인 '교토식 경영'을 하는 기업은 아니다. 교토식 경영의 대표 기업인 호리바제작소는 '직원의 개성을 존중한다'고 하지만 실제로는 직원들에게 일정 수준의 자유만을 준다.

■ 자유로운 분위기가 기업의 경쟁력이라는 의견도 있는데

모든 조직원이 민주적으로 의사 결정 과정에 참여하는 보텀업(상향식) 방식은 가장 이상적인 모델이다. 직원들의 업무 몰입도가 높고 전문성을 빠르게 키울 수 있다. 그러나 상향식 조직문화가 늘 혁신을 불러온다는 것은 착각이다. 실제로는 성공 사례가 극히 드물다. 미국 실리콘밸리와 북유럽, 독일, 네덜란드 등 일부 지역에서만 성공 사례를 찾을 수 있다. 대부분 기업에선 보텀업 방식이 오히려 혼란을 부른다. 구글조차도 돈은 많이 벌고 있지만, 의사결정 과정에선 잡음이 많다. 일본도 과거 제조업 공장에 QC서클(품질관리 모임) 등 상향식 조직문화가 성공한 사례가 있다. 하지만 사무직 조직에선 의사결정이 지지부진한 탓에 별다른 성과를 내지 못했다. 보텀업 방식은 극히 일부 산업을 제외하면 대부분 기업에 적용하는 데 많은 한계점이 있다.

■ 교토 기업 경영자의 공통점은 무엇인가?

거의 모든 창업자와 사장이 이공계·기술직 출신이다. 도쿄 기업의 경영자 대부분이 인문 계열 출신인 것과 큰 차이점이다. 또한 교토 기업 경영자는 개성이 넘친다. 전자부품업체 롬의 사토 겐이치로는 사원 앞에 얼굴을 보이지 않는 괴짜다. 은행이나 거래업체와도 교류하지 않고, 일주일에 이틀은 오후 4시 30분에 퇴근해 곧바로 집으로 돌아간다. 호리바 마사오 명예회장은 원래 아버지를 따라 학자가 되려 했으나 1945년 일본의 패전으로 연구 설비가 미국에 압수당하자 호리바 제작소를 설립했다.

출처: 조선일보 2016.11.26 03:05

Chapter 09

동기부여와 리더십

제1절 지휘

1. 지휘

모든 관리자는 계획, 조직과 충원 이외에 부하를 지휘해야 한다. 기업은 잘 계획되고, 협조된 계획을 갖고 있고, 활동과 권한관계를 적절하게 배치하고, 적절하게 선택하고, 직원들이 과업을 효율적으로 수행하도록 한다. 계획이 효과적인 행동으로 전환되고, 집단 노력을 통해서 기업의 목적이 달성되도록 관리자는 조직된 노력을 주도해야 한다. 지휘는 계획과 조직을 작동시키는 경영의 주도적인 기능이다.

1) 지휘의 개념

지휘(directing)는 부하와 다른 사람들이 계획을 수행하도록 관리자가 취하는 조치이다. 지휘는 부하들에게 상사가 명령과 지시를 하고, 부하들을 지도하고 격려를 하는 과정을 포함한다. 관리자가 부하의 행동에 영향을 주는 방식으로 모든 준비가 완성된 후 다른 사람들이 행동하도록 하는 관리자의 최종 행동이다. 이러한 지휘는 행동을 개시하고, 협력을 확보하며, 효율성을 향상하고, 변화를 촉진시키고, 조직의 안정과 성장을 지원한다. 다음은 지휘의 특징이다.

- 지속적인 관리기능
- 설득적인 기능
- 창조적인 기능
- 연결기능
- 인간요소의 관리

2) 지휘의 중요성

지휘는 관리자가 조직구성원들에게 과업을 수행하도록 시키는 행동이다. 조직에서 지휘는 작업 구성원들의 사기와 생산성 향상에 중요하다. 지휘의 중요성은 구성원의 행동 개시, 종업원의 노력 통합, 개인의 최대 성과, 조직의 변화 촉진, 조직의 안정과 균형 제공 등을 포함한다.

(1) 구성원의 행동 개시

지휘는 구성원들의 행동을 개시한다. 조직은 인적과 비인적 자원의 집합이다. 이러한 자원들은 바라는 결과를 달성하기 위한 방식으로 관리되어야 한다. 지휘를 통해 경영자는 조직의 목적을 달성하도록 조직의 개인들에게 알리고 동기부여를 한다. 지휘가 없으면 계획, 조직과 충원과 다른 관리활동은 비효과적으로 된다.

(2) 종업원의 노력 통합

지휘는 종업원들의 노력을 통합한다. 조직의 목표를 달성하기 위해 개인들은 효율적이고, 효과적이어야 한다. 종업원들의 행동은 개인의 성과가 조직의 다른 사람들의 성과에 영향을 주는 방식과 상호 관련이 있다. 조직이 더 효율적인 방식으로 조직의 목표를 달성하기 위해 개인들의 노력을 통합하고, 이것은 지휘를 통해서 가능하다.

(3) 개인의 최대 성과

지휘는 개인들의 최대 성과를 산출하기 위해 시도한다. 모든 개인들이 적절한 동기부여, 리더십과 커뮤니케이션이 없다면 구성원들의 잠재력과 역량은 충분히 이용되지 않을 것이다. 지휘는 이러한 능력을 이용하는 방법을 제공하고, 증가하는데 도움이 된다.

(4) 조직의 변화 촉진

지휘는 조직의 변화를 촉진한다. 조직은 사회 안에 존재하고, 사회 안의 변화는 조직이 변화할 준비를 갖추도록 조직 과정을 변화시킨다. 또한 변화는 조직구조와 개인을 포함한다. 이러한 변화를 구체화하고, 추진하기 위해 경영자는 변화에 영향을 받는 개인들을 동기부여한다. 조직의 변화는 환경에 유연하게 적응할 수 있다.

(5) 조직의 안정과 균형 제공

지휘는 조직의 안정과 균형을 제공한다. 효과적인 동기부여, 리더십과 커뮤니케이션은 조직에 안정을 제공하고, 조직의 다른 부분과 균형을 유지한다. 조직은 장기적으로 존재하고, 각 부문은 조화로운 방식으로 작동한다.

3) 지휘의 요소

지휘는 조직목적의 달성을 위해 부하와 커뮤니케이션하고, 리더십을 제공하고, 동기를 부여하는 관리의 중요한 기능이다. 지휘는 부하에게 명령과 지시로 시작하고, 부하들이 과업을 수행하고, 부하들의 다양한 욕구를 만족시킴으로써 종결된다. 관리자는 부하에게 직무수행의 적절한 방법을 지도, 자문, 교육한다. 또한 성과가 계획과 일치하도록 부하의 작업을 감독한다. 조직의 목표가 바라는 형태로 달성되도록 부하를 동기부여한다. 지휘의 중요한 요소는 감독, 동기부여, 리더십과 커뮤니케이션이다.

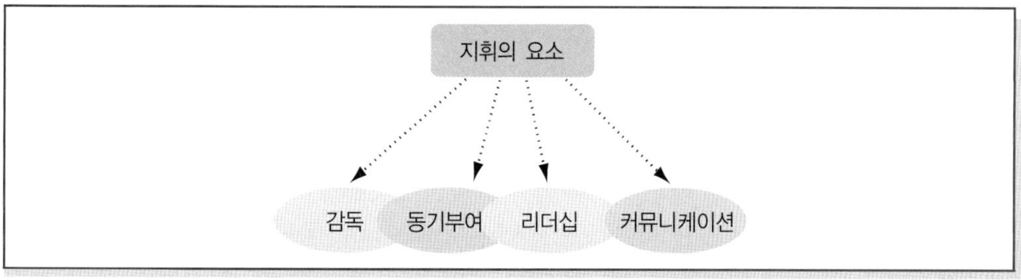

| 그림 9-1 | 지휘의 요소

4) 지휘의 원리

지휘는 조직의 모든 수준에 있는 관리자가 수행하는 지속적인 기능이다. 지휘를 통해 관리자는 조직에서 행동을 개시한다. 조직의 목적과 목표를 달성하기 위해 부하를 효과적으로 지휘하는 데 유용한 원리가 있다. 이러한 지휘의 원리에는 목표의 조화, 명령의 일원화, 지휘의 통일, 직접적인 감독, 민주적 리더십과 추적 등이 있다.

(1) 목표의 조화

지휘의 가장 중요한 요소는 개인, 집단과 기업의 목표를 조화시키는 것이다. 다양한 목표의 일치는 노사를 위한 최대 번영을 확보하기 위한 필요사항이다. 조직은 갈등적인 이해를 조정하기 위해 효과적인 조치를 고안하고 도입해야 한다.

(2) 명령의 일원화

종업원은 한 사람의 상사로부터만 명령을 받아야 한다. 명령이나 지시를 위해 지휘, 지시와 정책의 통일된 시스템은 조직구성원들에게 보고와 지휘체계를 명시하여 줌으로써 지위의 안정감을 갖게 하며, 관리자가 전체적인 조정을 가능하게 한다.

(3) 지휘의 통일

지휘의 통일은 동일한 목적을 갖는 활동의 집단을 위해 한 사람의 상사와 한 개의 계획만 가져야 한다는 것을 뜻한다. 지휘의 통일과 명령의 일원화는 동일하지 않다. 지휘의 통일은 건전한 조직구조이지만, 명령의 일원화는 부하의 효과적인 기능이 된다.

(4) 직접적 감독

개인적인 접촉을 동반한다면 지휘의 노력은 효과적이다. 상사가 부하와 직접적 접촉을 유지한다면 부하는 행복하게 느끼고, 참여의식이 주입된다. 이러한 관계는 효과적인 기능을 위해 부하를 동기부여하고, 직접적 감독은 부하가 일을 수행하도록 하는 가장 좋은 방법의 하나이다. 개인적인 접촉은 상호간의 이해와 협력을 촉진한다.

(5) 민주적 리더십

지휘가 효과적이 되기 위해 리더는 부하의 의견과 견해를 존중해야 한다. 리더는 직무, 작업환경 등과 관련된 문제에 부하의 참여를 확실하게 한다. 결과적으로 상사는 부하로부터 업적달성의 최대 기여를 확보할 수 있다.

(6) 추적

지휘는 명령과 지시만을 의미하지 않는다. 효과적으로 지휘하기 위해 경영자와 관리자는 부하를 지시할 뿐만 아니라 과업을 추적한다. 부하의 과업을 감독하고, 성과를 조사하고, 행동의 적절한 조치를 지시하고, 결점을 지적하고, 작업방법을 개발하고, 지시의 방법을 변경하는 것은 상사의 의무이다.

2. 감독

감독은 과정, 활동, 책임과 과업을 추적하고 조절하는 활동이다. 부하가 수행하는 것이나 방법을 관찰하고 지휘하는 행동이나 과정이다. 효과적인 감독은 부하의 지속적인 성장을 지원하고 생산성을 증가하지만, 부적절한 감독은 조직 내에서 부하의 불만족을 야기하고 생산성을 하락한다. 훌륭한 감독은 부하의 자신감과 역량개발을 촉진한다.

1) 감독의 개념

감독(supervision)은 부하의 작업수행을 관찰하고, 지도하고, 촉진하고, 통제하는 역할이다. 작업장에 있는 부하를 관찰하고, 그들이 조직의 계획과 정책에 따라 작업하는 것을 확보한다. 감독은 성과를 달성하기 위해 종업원들의 노력을 지도하고 지시하는 과정이다.

2) 감독의 특징

감독은 부하의 작업수행을 잘못되지 않도록 지도하고 조정하는 역할이다. 이러한 감독의 특징은 전체수준의 감독, 최저수준의 작업 감독과 부하의 지도 등이 있다.

(1) 전체수준의 감독

감독은 관리의 모든 수준에서 이루어진다. 최고경영층은 하위관리자의 작업을 감독하는 중간 관리자의 작업을 감독한다.

(2) 최저수준의 작업 감독

감독은 관리의 최저수준에서 가장 분명하다. 모든 수준의 관리자들이 부하의 작업 감독을 관여하더라도 최저수준의 관리자들은 작업자의 감독이 중요한 의무이다.

(3) 부하의 지도

감독은 작업성과에서 부하를 지도하는 것을 목표로 한다. 부하를 지도하기 위한 감독의 행동은 작업일정 계획의 준비, 작업과 작업장비의 할당, 유연한 작업흐름을 유지하기 위한 명령과 지시, 좋은 성과를 위한 부하의 격려를 포함한다.

3) 효과적인 감독의 요인

효과적인 감독에는 여러 가지 요인이 있다. 효과적인 감독의 요인은 기술과 능력, 리더의 위치, 감독의 성격, 집단의 응집력과 상사와의 관계 등이 있다.

(1) 기술과 능력

상황이 어떻든 상사가 수행하는 의무의 범위는 특정한 기술의 소유를 요구한다. 감독자는 전문적 기술, 인간관계 기술과 개념기술을 필요로 한다.

(2) 리더의 위치

리더십은 종업원들의 행동에 영향을 주는 과정이다. 부하의 작업행동에 영향을 줌으로써 관리자는 조직목표의 달성을 지시한다. 집단에 리더십을 행사하고, 더 높은 성과를 위해 종업원들에게 영향을 주기 위해 감독자는 조직에서 적절한 위치와 신분을 맡고, 필요한 권한을 받는다. 조직이 부여한 합법적인 권한은 리더의 위치를 강화한다.

(3) 감독의 성격

전반적이거나 부분적인 감독을 행사할 것인지를 결정하기 위해 감독자는 영리해야 한다. 전반적인 감독은 부하의 사기와 생산성에 막대한 영향을 준다.

(4) 집단의 응집력

효과적인 감독은 집단의 응집력과 관련이 있다. 집단의 응집력은 구성원이 집단을 위해 갖는 매력도이다. 작업집단의 구성원이 공통의 목적을 달성하려고 하고, 집단 작업에 대한 책임을 공유할 준비가 되어 있기 때문에 높은 응집력을 갖는 집단은 좋은 성과를 산출한다.

(5) 상사와의 관계

감독의 문제는 상급 관리자의 착오, 실수와 부주위에서 발생한다. 부하의 작업성과와 관련된 견해와 제안을 솔직하게 표현하기 위해 감독자와 부하와의 관계는 진실해야 하고, 상호 간에 원활한 의사소통이 필요하다. 결국 상사와의 관계는 생산성과 연결된다.

제2절 동기부여

1. 경영의 인간요소

기업이 추구하는 목표는 시장경제에 있어 최소 투입으로 최대 이익을 창출하는 것이다. 기업경영에 인적요소와 물적요소의 투입으로 제품이나 서비스를 고객들에게 제공하여 이익을 창출하는데, 결국 사람이 중심이다. 기업의 중요한 욕구와 목적을 달성하도록 하는 것은 종업원들이다. 종업원들을 지휘함으로써 경영자들은 종업원들의 잠재력을 활용하여 기업의 목적에 기여한다. 따라서 경영자들은 종업원들의 역할, 개성과 특성을 이해하고 지휘한다. 따라서 경영의 인간요소는 중요하고, 신중한 주의가 필요하다.

1) 종업원 역할의 다양성

종업원들은 조직에서 다른 생산요소보다 더 중요하다. 종업원들은 많은 조직과 관련이 있다. 종업원들은 가족, 회사, 산업협회, 협력자, 정당과 학교 등의 구성원들이다. 이러한 다양한 역할에서 기업은 종업원들이 조직에서 수행하는 활동을 지배하는 규칙과 윤리를 확립한다. 따라서 종업원들은 방대한 사회 시스템의 구성원으로서 다양한 역할을 한다.

2) 동일한 사람의 비존재

어떤 사람도 동일하지 않다. 동일한 사람은 존재하지 않고, 사람들은 각자 독특하다. 욕구, 기호, 태도, 잠재력, 지식과 기술의 수준과 야망 등이 개인들마다 모두 다르다. 독립된 인간 실체로써 종업원들의 복잡성과 특성을 경영자들이 이해하지 못한다면 그들은 리더십, 커뮤니케이션과 동기부여를 오용할 수 있다. 따라서 기업은 개인들의 모든 욕구를 만족시킬 수 없지만, 개별적인 조정을 할 때 경영자들은 상당한 개인적인 차이를 고려해야 한다.

3) 개인적 존엄성의 중요성

경영은 조직목적의 달성이다. 달성 결과는 중요하지만, 수단이 결코 인간의 존엄성을 훼손해서는 안 된다. 개인적 존엄성의 개념은 조직에서 그들의 직위가 어떠하든 개인들이 존경으로 대우받아야 한다는 것을 의미한다.

4) 전인적 인간의 고려

전인적 인간(whole person)[25]을 고려하지 않는다면 인간의 본성에 관하여 말할 수 없다. 인간은 외부요인에 의해서 영향을 받는 총제적인 사람이다. 경영자들은 기업이 성공하기 위해서 근로자의 협력과 몰입을 유도해야 하고, 종업원들에 대해 인간으로써 존엄성에 관심을 두고, 개인적 성장과 발전을 위한 기회를 제공해야 한다.

Sense 공정인사 지침

현장에서는 채용에서 평가, 교육훈련, 퇴직관리 등 인사관리 전반에 걸쳐 능력중심으로 인력운영을 개편하려는 움직임이 나타났다. 경총의 조사(2016년 5월)에 따르면 '공정인사 지침'에 따라 인사제도의 개편을 위해 노력 중인 사업장이 78.3%에 이른다. 공정인사 지침의 내용이 인력운용 제도에 반영되는 것에 공감하는 사업장이 66.6%, 지침 발표 후 인력운영 제도에 대한 관심도가 제고된 사업장이 63.6%로 나타났다.

코오롱인더스트리는 평가의 공정성 확보를 위해 근로자의 태도, 능력, 업적을 기반으로 구체적인 평가기준을 마련하고, 평가결과와 보상, 교육훈련의 연계성을 강화하고 있다. 연공서열을 완화하고 능력중심의 승진제도를 도입하여 근로자들의 동기부여 수준을 높였다. 직급별 육성목표와 기대역할을 구체적으로 제시하여 직원들의 성장과 능력향상을 독려함과 동시에 업무성과가 부진한 근로자를 위한 교육프로그램을 마련하여 성과개선을 지원했다. 희망퇴직제도를 운영하는 것에 그쳤던 퇴직관리 방식을 개선하여 전직 지원제도를 도입했고, 퇴직 예정자들이 충분히 퇴직 이후의 삶을 준비할 수 있도록 주변 산학기관들과 연계하여 지원하는 것을 적극 검토하고 있다.

출처: 동아일보 2016.09.29

2. 동기부여

동기요인(motivator)은 개인이 과업을 효과적으로 수행하도록 유인하는 것이다. 동기부여가 개인의 욕구를 반영할 때 동기요인은 이러한 욕구를 만족시키기 위한 추진을 향상하는 확인된 보상이나 인센티브이다. 경영자는 어떤 추진에 유리한 환경을 확립함으로써 동기를 향상하기 위해 많은 것을 할 수 있다. 예를 들면, 제품의 우수성으로 평판을 개발하는

25. 지(知)・정(情)・의(意)를 모두 갖춘 사람.

회사의 종업원들은 회사 평판에 기여하기 위해 동기를 부여받는 경향이 있다. 동기요인은 개인의 행동에 영향을 주는 요인이다. 기업에서 경영자는 동기요인과 인센티브에 관심을 기울여야 한다. 또한 경영자는 종업원들이 효과적으로 과업을 수행하도록 지휘함으로써 동기요인을 적절하게 사용해야 한다.

1) 동기부여의 의미

동기(motive)는 어떤 사람이 특정한 행동을 하게 하는 내적 요인이나 마음 상태이다. 종업원들이 과업에 몰입하는 심리적 특성이 동기부여이다. 동기부여(motivation)는 조직의 목표를 달성하기 위해 개인의 내적 추진력을 집중하는 과정이다. 동기부여는 사람들이 어떤 방식으로 행동하도록 하는 힘이다. 동기부여는 직무, 역할이나 주제에 지속적으로 관심을 갖고 몰입하도록 사람들 안에 있는 바람과 행동력을 자극하는 내적·외적 요인이다. 사람들이 필요한 행동을 하도록 격려하고, 장려하고, 촉진하기 위해 수행하는 경영자의 과업이다. 따라서 동기부여는 바라는 목표를 달성하기 위해 사람들이 행동하도록 자극하는 과정이다. 다음은 동기부여의 특징이다.

- 내적 느낌: 어떤 방식으로 행동하도록 힘이 되는 심리적 현상이다.
- 목표지향적 행동: 개인의 행동을 목표로 향하게 한다.
- 욕구관련: 욕구는 생리적이거나 심리적인 불균형이 있을 때마다 생기는 결핍이다.
- 긍정이나 부정: 정적 동기부여는 보상에, 부적 동기부여는 힘과 공포에 근거한다.
- 지속적 과정: 욕구의 만족과 동기는 지속적인 과정이다.
- 역동성: 현재 욕구는 미래 욕구와 다를 수 있고, 동기부어는 매우 역동적이다.

동기부여는 종업원들이 자신의 욕구충족 능력을 갖고, 조직목표의 달성을 위하여 노력을 기울이는 것이다. 행동의 요인은 동기에 있고, 이를 유발하기 위해서는 동기의 유발이 필요하다. 인적자원의 개발, 생산성의 향상과 동기유발 방법 등은 여러 관점에서 다양하다. 이러한 동기부여의 3가지 요소에는 개인적 노력의 강도, 방향, 지속성 등이 있다.

- 강도(intensity): 개인이 열심히 일하는 정도
- 방향(direction): 조직목표와 일치 정도
- 지속성(persistence): 노력의 지속 정도

능력(ability)은 직무를 수행하는데 필요한 기술과 지식이며, 효과성의 결정요인이다.

우수한 서비스를 제공하기 위해 종업원들이 기꺼이 한층 더 노력하도록 하거나 목표를 달성하도록 하는 것은 무엇인가? 이 질문에 대한 답은 동료, 부하와 감독자의 작업행동을 이해하고 관리하는 것이다. 직무를 잘 수행하는데 필요한 자원, 정보와 환경은 성과를 결정하는데 중요하다. 동기부여, 능력과 환경은 종업원 성과에 영향을 주는 중요한 요인이다.

$$\text{성과} = f(\text{동기부여} \times \text{능력} \times \text{환경})$$

2) 동기부여에 대한 가정

동기부여를 이해하기 위해 동기에 대한 기본적인 가정을 알 필요가 있다. 첫째, 동기부여는 성과를 산출하는 요인 중의 하나이다. 다른 요인들은 능력, 자원과 개인들이 수행할 때의 환경이다. 둘째, 동기부여는 주기적인 공급과 보충이 필요하다. 즉, 겨울 난방과 같다. 열이 점진적으로 없어지기 때문에 실내의 온도를 유지하기 위해 보일러에서 자주 열을 공급해 주어야 한다. 따라서 경영자는 종업원들에게 동기부여를 자주 보충해주어야 한다. 셋째, 동기부여는 경영자들이 조직에서 직무관계를 배치할 수 있는 도구이다. 경영자들이 작업을 하는 종업원들을 다루는 법을 안다면 직무할당을 하고, 계획대로 진행된 성과를 보상한다. 넷째, 동기부여는 종업원들에게 유용하다. 종업원들은 동기부여를 받는 것을 좋아하지만, 동기를 부여받지 못한 종업원들은 좋은 느낌을 갖지 못한다. 경영층은 적절하게 동기부여하고, 만족할 만하게 수행한 사람들을 보상한다.

3) 동기부여의 이점

동기부여는 작업자를 격려하고, 자신감을 창조하는 관리자의 수중에 있는 효과적인 추진력이다. 경영자는 작업자에게 동기를 부여함으로써 조직목표를 달성할 수 있다. 작업자들이 동기를 부여받는다면, 그들은 조직을 위해 어떤 변화라도 진심으로 수용한다. 다음은 다양한 동기부여의 이점이다.

- 관리자는 작업자들이 조직의 목적을 달성하는 방향으로 행동을 지휘한다.
- 동기부여는 작업자들의 기술과 지식을 향상시킨다.
- 작업능력과 기꺼이 작업하려는 의지는 동기부여에 의해서 창조될 수 있다.
- 동기부여는 조직에서 좋은 산업관계에 기여한다.
- 동기부여는 변화저항에 대한 가장 좋은 치료제이다.
- 동기부여는 모든 생산요소의 최대 활용을 촉진하고, 높은 생산성에 기여한다.

• 동기부여는 근로자의 귀속감을 촉진한다.
• 동기부여는 낮은 이직률과 결근율을 유도한다.

4) 동기부여의 유형

관리자가 종업원들이 업무를 효과적으로 수행하기를 원한다면 보상의 약속을 제시하거나 공포를 제기할 수 있다. 보상의 약속은 긍정적 동기부여이지만, 공포의 제기는 부정적 동기부여이다. 경영자들은 이러한 유형을 널리 사용한다.

(1) 긍정적 동기부여

긍정적 동기부여는 보상에 근거한다. 긍정적 동기부여는 동기를 증가할 가능성을 높이고, 이익이나 보상의 가능성을 통해 다른 사람들이 일을 하도록 하는 과정이다. 인센티브 동기부여는 견인전략이다. 훌륭한 성과에 대한 상, 적절한 인정과 칭찬을 받는 사람들은 우수한 팀 정신, 협업과 행복감을 느낀다. 긍정적 동기부여는 우수한 성과에 대한 칭찬과 평가, 임금, 감사, 부하에 대한 진정한 관심, 권한위임과 책임 등을 포함한다.

(2) 부정적 동기부여

부정적 동기부여는 힘과 공포에 근거한다. 종업원들이 결과를 두려워하기 때문에 공포는 사람들을 어떤 방식으로 일을 하도록 한다. 부정적 동기부여는 동기를 감소할 가능성을 높이고, 이것은 압박전략이 된다. 처벌의 부과는 처벌받는 사람들에게는 좌절이 된다. 처벌은 적대감과 업무에 대한 부정적인 태도를 자아낼 수 있다. 그래서 부정적인 동기부여만을 사용하는 경영자는 없다.

3. 동기부여 과정

동기부여 과정은 특정한 방향으로 종업원들의 행동을 유도하고, 유지하는 방법에 근거하여 종업원들의 행동에 영향을 주는 경영과정이다. 동기는 인간행동에 영향을 주는 관련된 요인이지만, 동기부여 과정(motivating)은 행동에 영향을 주는 과정이다. 동기부여 과정은 어떤 목표를 달성하기 위해 개인들이 일하도록 자극하는 내적 동기와 필요로 시작한다. 내적 동기와 필요를 만족시킨다는 신념으로 개인들은 이러한 목표를 선택한다. 목표를 달성한 후 개인들은 의식적이거나 무의식적으로 노력이 가치가 있는지를 판단한다. 개인들은 노력이 보상을 받을 만하다고 인식하는 동안 노력하는 습관은 강화되고 노력을 계속하거나 반복할 수 있다. 강화는 다른 욕구에 영향을 주고, 과정이 반복되도록 추진된다. 과정이 반복되기 때문에 행동의 결과로 일어나는 것은 다른 욕구와 동기에 영향을 준다.

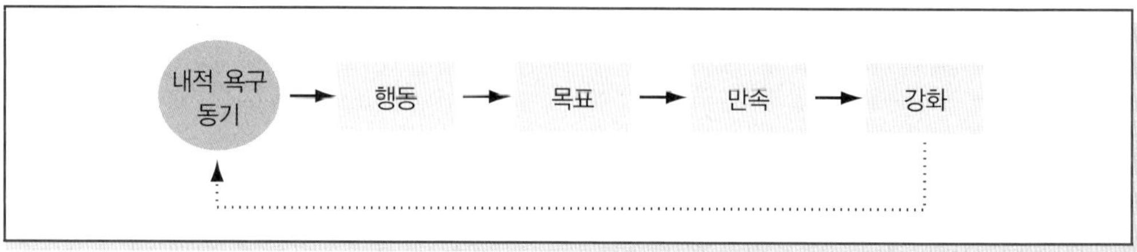

| 그림 9-2 | 동기부여 과정

만족(satisfaction)은 욕구-필요-긴장-행동-만족의 최종 결과이다. 동기부여와 만족은 상호 관련이 있다. 동기부여는 필요나 목표를 만족시키는 추진이나 노력이지만, 만족은 필요가 만족될 때 경험하는 안도감이다. 즉, 동기부여는 결과에 대한 추진력이지만, 만족은 이미 경험한 결과이다. 인간은 어떤 결핍감을 느끼면, 이 결핍감을 채우려는 구체적인 필요가 발생한다. 이 때 내적인 긴장이 발생하고, 구체적인 대상을 찾기 위해 행동에 이르게 된다. 이러한 행동결과가 필요를 충족시킬 수 있을 때 만족을 느끼게 된다. 이러한 과정이 욕구-필요-만족의 사슬이다.

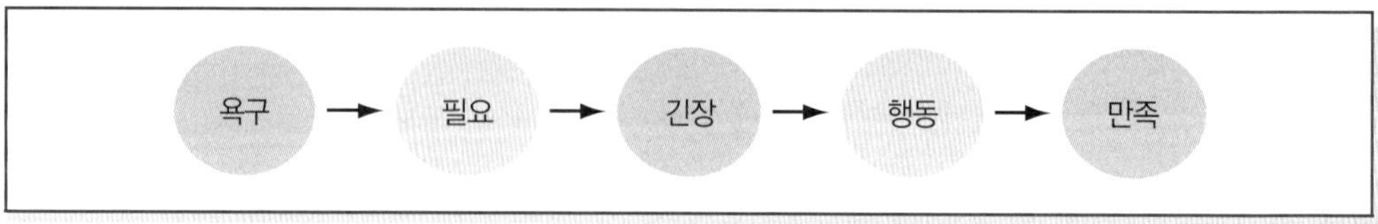

| 그림 9-3 | 욕구-필요-만족의 사슬

제3절 동기부여 이론

동기부여는 조직의 목표를 달성하기 위해 종업원들을 지휘, 감독하고, 자극하는 일이다. 경영자들은 종업원들의 행동방향을 설정하고, 어떤 목표를 지향하고, 종업원들의 행동을 자극시킨다. 따라서 동기이론은 동기유발의 과정을 설명하는 이론으로 욕구이론과 과정이론이 있다. 욕구이론은 욕구의 내용에 초점을 둔 이론이지만, 과정이론은 정보처리, 인식, 직무환경 요인과 상황 등에 초점을 둔다. 욕구이론은 어떤 요인이 행동을 유지하거나 활성화시키는가, 행동을 움직이게 하는가에 관한 이론이다. 주요 욕구이론은 욕구단계이론, ERG이론, 2요인이론, 욕구이론과 X · Y이론 등이 있다. 과정이론은 요인들이 서로 어떻게 관련되어 있는가를 분석하는 이론이다. 동기유발에 어떻게, 왜 영향을 주는지에 집중하고, 요인 간의 관계나 교류절차에 대해 연구한다. 과정이론은 기대이론, 공정성 이론, 목표설정 이론과 강화이론 등이 있다.

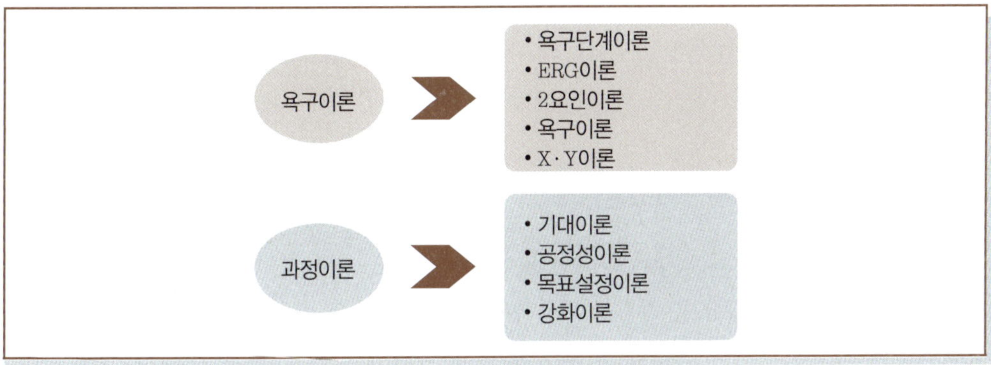

| 그림 9-4 | 동기부여 이론의 유형

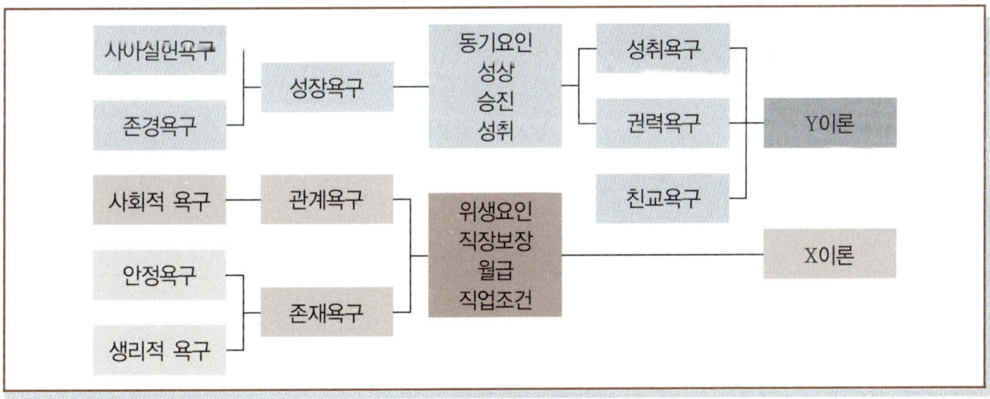

| 그림 9-5 | 동기부여 이론의 비교

자료: Hellriegel D. and Slocum J. W.(2004), *Organizational Behaviour: Contingency Views, 10th ed,* South Western College Publishing, Cincinnati, OH.

1. 욕구이론

동기이론은 사람들이 일과 관련하여 성취에 필요한 것을 설명한다. 동기부여의 욕구이론은 모든 동기부여는 욕구를 충족하려는 개인의 욕망으로부터 나온다는 이해로부터 출발한다. 욕구이론(need theory)에 의하면 인간은 불만족한 욕구에 의해서 동기를 부여받고, 하위 욕구는 상위 욕구가 충족되기 전에 먼저 충족되어야 한다. 어떤 수준의 만족을 달성하지 못할 때 사람은 동기부여가 된다. 만족한 욕구는 동기요인이 아니다. 욕구이론은 사람들이 어떤 방식으로 행동하도록 유발하는 개인의 심리적 요인을 분석하고, 이해하는데 집중한다. 행동은 욕구를 만족시키기 위한 시도의 결과이고, 특정한 행동은 개인을 자극하는 특별한 욕구에 근거한다. 예를 들면, 사람들과 대화하면서 사무실 주위를 돌아다니는 종업원들은 동료애를 갖고 있고, 그들의 행동은 이러한 욕구를 만족시키는 하나의 방법이다.

1) 매슬로우의 욕구단계이론

매슬로우(Abraham Maslow)에 의하면 인간의 욕구는 선천적이며, 강도와 중요성에 따라 단계를 이루는 욕구 구조를 갖고 있다. 하위 욕구가 제대로 충족되지 않으면 상위 욕구가 나타나지 않는다. 심리적으로 건강한 사람은 현재 당면하고 있는 욕구의 수준이 높은 사람이다. 욕구는 기본욕구, 사회욕구와 내적욕구로 구성된다. 기본욕구에는 생리적 욕구, 안전·안정 욕구가 있고, 사회욕구에는 소속·애정 욕구, 존경욕구가 있다. 내적욕구는 자아실현 욕구가 해당된다.

- 생리적 욕구(physiological needs): 기아를 면하고, 생명유지를 위한 가장 기초적 욕구로 의식주·성적 욕구가 있다.

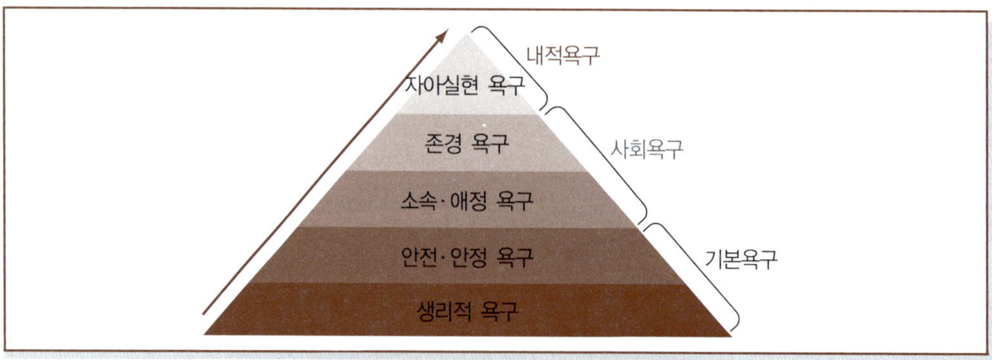

| 그림 9-6 | 매슬로우의 욕구단계 모형

- 안전 · 안정 욕구(safety needs): 위험, 위협, 박탈로부터 자신을 보호하고, 불안을 회피하고자 하는 욕구이다.
- 소속 · 애정 욕구(belongingness and love needs): 인간의 사회적이고 사교적인 동료의식을 위한 욕구이다. 애정, 귀속, 우정, 사랑 등이 있다.
- 존경 욕구(esteem and status needs): 자기 존경에 초점을 두고 있으며, 타인으로부터의 인정과 존경이다.
- 자아실현 욕구(self-actualization needs): 계속적인 자기 발전을 위하여 자신의 잠재력을 최대한 발휘하는 데 초점을 둔다. 성장 동기가 자아실현의 심리적 조건이 된다.

존경욕구를 만족하려고 하는 종업원은 감독자가 칭찬할 때 만족을 느낀다. 그러나 사회적 욕구를 만족하려고 하는 종업원은 개별적인 칭찬을 불쾌하게 여길 수 있다. 조직은 종업원들의 다양한 욕구를 어떻게 만족시킬 수 있는가? 생리적 욕구는 개인의 급료에 의해서 만족될 수 있지만, 또한 급료는 안전과 존경과 같은 다른 욕구를 만족시킬 수 있다. 사회적 욕구는 우호적인 환경, 다른 사람들과의 협업과 커뮤니케이션에 도움이 되는 작업장을 제공함으로써 만족될 수 있다. 대부분의 종업원들이 사회적 욕구에 의해서 주로 동기를 받는다면 회사 야유회나 친목회는 도움이 된다. 승진기회 제공, 보상 시스템에 의한 개인의 성취인정이나 직책은 존경욕구를 만족시키는 방법이다. 자아실현 욕구는 흥미 있고, 매력적인 과업할당뿐만 아니라 개발과 성장기회를 제공함으로써 만족될 수 있다. 다양한 욕구를 만족시킴으로써 조직은 더 높게 동기화된 작업장을 확보할 수 있다.

언제나 욕구의 단계를 따르지 않는다. 즉, 반전과 대체가 있다. 예를 들면, 창조하는 과정(자아실현)에서 먹고, 잠자는 것을 간과할 수 있다. 어떤 사람들은 집단의 귀속욕구(사회적 욕구)를 배제하고, 거의 부의 획득(존경욕구)에 집중한다. 욕구는 강도에서 상대적이고 개인적이다. 높은 욕구가 나타나기 전에 낮은 욕구가 반드시 충분히 성취되어야 하는 것은 더욱 아니다. 또한 개인의 욕구는 시간에 따라 변할 수 있고, 환경이 단계를 하향으로 이동시킬 수 있다.

2) 알더퍼의 ERG이론

ERG(existence-relatedness-growth)이론은 미국의 심리학자 클레이턴 알더퍼(Clayton Paul Alderfer)가 주장한 동기유발에 관한 이론이다. 알더퍼는 인간의 핵심 욕구를 존재욕구(existence needs), 관계욕구(relatedness needs), 성장욕구(growth needs)로 분류한다. 존재욕구는 생존을 위한 필수적인 생리 · 신체적 안전욕구이고, 관계욕구는 사회에서 타인과 관계를 유지하고자 하는 욕구이며, 성장욕구는 개인적 자아를 완성하고자 하는 내적 성장욕구이다. 알더퍼는 욕구의 단계가 미리 정해져 있는 것은 아니라고 보았다. 욕구는 다른 욕구가 얼마나 충족되느냐에 따라 달라질 수 있고, 높은 단계의 욕구가 채워지지 않으면 그보다 낮은 단계의 욕구가 더 커질 뿐이다. 또한 한 시점에서 두 개 이상의 욕구가 동시에 발생하는 것도 가능하다. 매슬로우의 욕구단계설과 비교하면, 존재욕구는 생리와 안전욕구, 관계욕구는 사회적 욕구, 성장욕구는 존경과 자아실현의 욕구와 관련이 있다. ERG이론은 욕구를 어떤 특별한 순서로 평가하지 않고, 많은 욕구가 주어진 시점에 작용할 수 있다고 인식한다. 따라서 개인을 움직일 수 있는 욕구는 복합적인 욕구이다.

- 존재욕구: 생존을 위한 필수적인 생리·신체적 안전욕구
- 관계욕구: 사회에서 타인과 관계를 유지하고자 하는 욕구
- 성장욕구: 개인적 자아를 완성하고자 하는 내적 성장욕구

ERG이론의 기본원리는 욕구의 좌절과 퇴행, 욕구강도와 욕구만족 등이 있다. 욕구의 좌절과 퇴행(frustration-regression)은 상위 욕구인 성장욕구가 충족되지 않으면 하위 욕구인 관계욕구로 퇴행한다는 것이다. 상위 욕구를 만족시키는 것이 불가능하면 좌절하여 하위 욕구로 퇴행하게 된다. 예를 들면, 어떤 직무에서 성장기회의 부족으로 좌절한 사람은 관계욕구로 퇴행할 수 있고, 동료와 함께 사회화하기 위해 시간을 소비하기 시작할 수 있다. 욕구강도(needs strength)는 하위 욕구인 존재욕구가 충족될수록 상위 욕구인 관계욕구에 대한 바람이 증가한다는 것이다. 욕구만족(needs satisfaction)은 각 수준의 욕구가 충족되지 않을수록 그 욕구에 대한 바람은 더욱 커진다는 것이다.

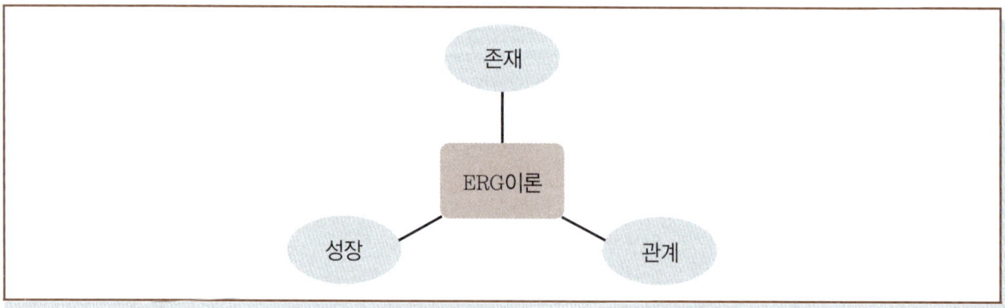

| 그림 9-7 | 욕구의 유형

3) 허즈버그의 2요인이론

프레드릭 허즈버그(Frederick Herzberg)는 2요인이론(two factor theory) 또는 동기·위생이론(motivation-hygiene theory)으로 개인들에게 직무상에서 만족과 불만족 요인으로 동기의 문제를 접근한다. 즉, 직무만족에 영향을 주는 동기요인과 직무 불만족 요인은 위생요인이 있고, 요인들은 상호 독립되어 있다는 욕구이론이다. 동기요인(motivator) 또는 만족요인(satisfier)은 조직구성원에게 만족을 주고 동기를 유발하는 요인이다. 위생요인(hygiene factor) 또는 불만족 요인(dissatisfier)은 충족되지 않으면 조직구성원은 불만을 하지만, 충족되더라도 적극적으로 행동하거나 동기를 유발시키지는 않는 요인이다.

- 동기요인: 조직구성원에게 만족을 주고 동기를 유발하는 요인(만족요인)
- 위생요인: 충족되지 않으면 불만을 하지만, 충족되더라도 적극적으로 행동하거나 동기를 유발시키지는 않는 요인(불만족 요인)

동기요인은 성취, 인정, 흥미, 책임의 증가, 승진과 성장기회와 같은 직무와 관련된 요인이다. 동기요인은 종업원들을 열심히 노력하도록 장려하는 조건이다. 위생요인은 회사정책, 감독, 작업환경, 급여, 직무 안전과 안정을 포함한다. 따라서 위생요인은 직무 외재적 요인으로 요인이 적당하면 불만을 느끼지 않지만 불만이 해소되었다고 만족한다는 의미는 아니다. 즉, 당연적 사항으로 요인이 있으면 불만을 하지 않지만, 없으면 불만을 한다. 다음은 2요인이론의 특징이다.

- 직무 만족과 불만족에 영향을 미치는 요소는 서로 다르다.
- 만족의 반대는 만족이 없는 상태이며, 불만족의 반대는 불만족이 없는 상태이다.
- 종업원들을 만족시키려면 만족에 영향을 미치는 요소들을 강조해야 한다.

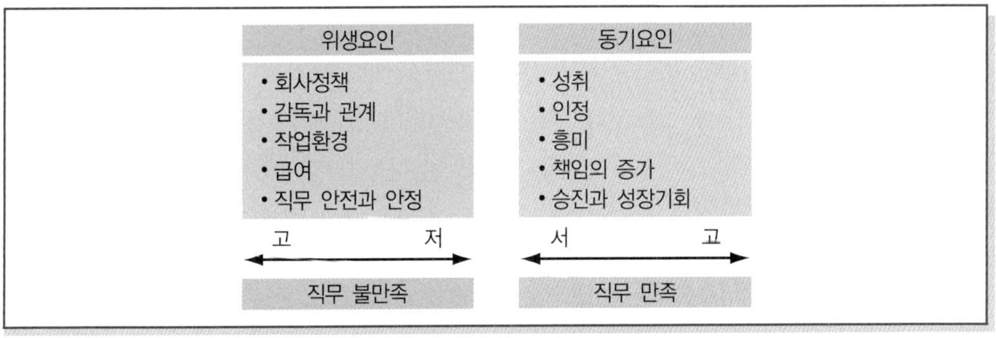

| 그림 9-8 | 동기의 2요인 이론

경영자들이 동기부여하는 과정에는 두 가지 단계가 있다. 첫째, 종업원들이 불만족이 되지 않도록 위생요인이 적절한 수준에서 제공되는지를 알아야 한다. 둘째, 경영자는 성취와 인정과 같은 동기부여를 경험할 기회를 종업원들에게 제공해야 한다. 허즈버그는 직무는 동기부여 요인의 높은 수준을 제공하기 위해 재설계되어야 한다고 권고한다. 그러나 허즈버그의 2요인이론은 주관적인 해석의 가능성이 높고, 만족을 측정하는 방법이 부적절하고, 만족과 생산성 간의 관계에 대한 실증적인 증거가 많지 않다.

4) 맥클리랜드의 욕구이론

맥클리랜드(David C. McClelland)의 욕구이론은 후천적 욕구이론(acquired needs theory)이다. 개인들은 자신들의 인생 경험의 결과로써 권력욕구, 친화욕구와 성취욕구를 습득하고, 이러한 욕구를 결합한다. 맥클리랜드의 동기이론은 개인의 동기는 사회문화 환경과 상호작용하는 과정에서 조성되고, 학습을 통하여 개인의 동기가 개발될 수 있다는 것을 전제로 하는 성취동기이론이다. 맥클리랜드는 기본적인 동기부여 욕구의 유형을 권력욕구, 친화욕구와 성취욕구로 분류한다.

- 권력욕구: 타인에게 영향력과 통제력을 행사하려는 욕구
- 친교욕구: 다른 사람들과의 친근하고 밀접한 관계를 맺으려는 욕구
- 성취욕구: 표준을 달성하고 표준을 능가하려는 욕구

권력욕구(need for power)는 타인에게 영향력과 통제력을 행사하려는 욕구이다. 이 욕구는 사람들이 자신의 상황을 통해 원하는 통제의 정도로 사람들이 실패와 성공을 어떻게 다루는가와 관련이 된다. 실패의 공포와 권력의 쇠퇴는 강력한 동기요인이 될 수 있다. 권력욕구가 있는 개인들은 조직에서 리더십의 제자리를 찾고, 솔직하고, 논쟁적이고, 단호하고, 완고하고, 쉽게 만족하지 않는다. 그들은 설득적인 말을 필요로 하는 위치에 있는 것을 즐기고, 다른 사람들에게 영향을 주는 수단을 통제하는 조직에서 위치를 찾는다. 최고경영자들은 권력욕구에 의해서 높게 동기부여를 받는다.

친교욕구(need for affiliation)는 다른 사람들과의 친근하고 밀접한 관계를 맺으려는 욕구이다. 많은 사람들은 조직에 있는 다른 사람들과 따뜻하고, 우호적이고, 개인적인 관계를 개발하는 것에 많은 시간을 소비한다. 그들은 친화욕구가 높고, 다른 사람들의 느낌에 민감하고, 개인적 상호작용에 도움이 되는 즐거운 사회적 상호작용으로 직무를 찾는다.

성취욕구(need for achievement)는 표준을 달성하고 표준을 능가하려는 욕구이다. 성공하려는 강력한 성취욕구는 개인들이 과업을 수행하기 위해 어떻게 동기를 받는지와 관련

이 있다. 높은 성취욕구를 갖고 있는 사람들은 문제해결에 대한 책임을 맡는 것을 좋아한다. 그들은 어려운 목표를 설정하는 경향이 있고, 이러한 목표를 충족하기 위해 계산된 위험을 추구한다. 그들은 어떻게 잘하는 지에 관한 피드백을 매우 중요시한다. 높은 성취를 갖고 있는 사람들은 도전적이고, 경쟁적인 작업환경에서 매우 높게 동기를 받는 경향이 있다. 낮은 성취욕구를 갖고 있는 사람들은 동일한 상황에서도 저조하게 수행하는 경향이 있다. 높은 성취욕구와 높은 성과 간에는 상관관계가 있다.

맥클리랜드의 이론은 개인과 직무 간의 조화를 강조한다. 높은 성취욕구를 갖는 종업원들은 도전적이고 만족감을 느끼고, 자극적이고 복잡한 과업에서 더 잘 달성한다. 그들은 자율성, 다양성과 상사와의 빈번한 피드백을 환영한다. 반면 낮은 성취욕구를 갖는 종업원들은 안전, 안정과 예측가능성의 상황을 선호한다. 그들은 비인격적인 감독보다는 배려에 더 잘 반응하고, 사회적 만족을 위해 작업장과 동료를 고려한다. 경영자들은 종업원들에게 독립수단을 허용하고, 책임과 자율을 증가하고, 점진적으로 더 많은 과제를 주고, 높은 성과를 칭찬하고, 보상함으로써 종업원들의 성취요구를 상승할 수 있다.

5) McGregor의 X · Y이론

맥그리거(Douglas McGregor)는 미국의 심리학자이자 경영학자로 인간관계론 학파의 중심인물이다. 기업의 인간적 측면에서 인간을 두 가지 유형으로 분류하고, 각각을 X이론과 Y이론이라고 한다. X이론은 인간을 게으르고, 지시나 명령이 있어야 일을 하는 존재로 보는 반면 Y이론은 인간을 의욕적이며 창조성과 잠재력을 가진 존재로 본다. 즉, 인간은 작업활동에 부정적인 경향이 있고, 자기통제에 대한 능력과 개인적 책임이 결여되어 있다는 X이론에 대해 동기부여와 자기통제를 통하여 조직의 목표를 만족시키는 관리방식인 Y이론을 주장하였다. X · Y이론은 인간의 본성에 대해 서로 상반된 관점을 갖는다.

- X이론: 부정적인 견해 → 수동적 존재 → 강압적 지배
- Y이론: 긍정적인 견해 → 능동적 존재 → 자율성 존중

X이론은 본래 인간은 노동을 싫어해 경제적인 동기가 있어야만 노동을 하고, 명령이나 지시받은 일 이외에는 시행하지 않는다는 전통 이론에 따른 인간관이다. 경영자는 금전적 보상을 유인으로 사용하고, 엄격한 감독, 상세한 명령으로 통제를 강화해야 한다. X이론은 비관적이고, 정직이고, 완고하다. 통제는 상사에 의해서 부하에 부과된다. 즉, 인간은 작업활동에 부정적인 경향이 있고, 능력과 책임이 적고, 당근과 채찍(carrot and stick)을 적절히 사용하여 종업원들의 동기부여 감퇴를 저지해야 한다는 주장이다.

Y이론에서 인간에게 노동은 놀이와 마찬가지로 자연스러운 것이며, 인간은 노동을 통해 자기의 능력을 발휘하고, 자아를 실현하고자 한다. 따라서 경영자는 자율적이고 창의적으로 일할 수 있는 여건을 제공해야 한다. Y이론은 자기 방향, 조직의 요구와 개인의 요구의 통합에 중점을 둔다. 따라서 X이론보다는 Y이론이 더 타당하고, Y이론의 관점에서 경영자들은 종업원들을 관리해야 한다.

| 표 9-1 | X · Y이론의 특징

X이론	Y이론
• 인간은 일을 싫어하고, 회피하려 한다. • 인간은 명령받기 좋아하고, 안전을 추구한다. • 조직의 목적을 달성하기 위해 독재, 명령, 위협, 처벌이 필요하다. • 인간은 창의성이 없다. • 인간은 지시받기 좋아한다. • 책임을 싫어하고, 조직에 대한 야망이 없다.	• 인간은 일을 좋아한다. 일이란 놀이와 휴식과 같다. • 인간은 물질 보수보다 인정, 용인, 칭찬을 더 선호한다. • 인간은 자기 통제능력이 있다. • 인간은 기꺼이 책임을 수용한다. • 책임회피, 야망결여, 안전제일은 인간의 본질이 아니다. • 인간은 문제해결을 위해 상상력과 창조력을 사용한다. • 인간은 자기 지시능력을 가지고 있다.

2. 과정이론

과정이론(process theories)은 동기유발의 과정을 설명하는 이론으로 동기의 인지적 과정이론(cognitive process theories of motivation)이라고도 한다. 욕구이론이 욕구를 바탕으로 한 이론이라면, 과정이론은 정보처리, 인지나 직무환경 요인과 상황 등에 초점을 둔다. 과정이론은 인지 요인들이 서로 어떻게 관련되어 있는가를 분석하는데 초점을 둔다. 즉, 인지변수(cognitive variables)가 동기유발에 어떻게, 왜 영향을 미치는지에 관심을 두며, 변수 간의 관계나 교류 절차에 대해서 연구한다. 따라서 과정이론은 개인들이 자신의 환경을 분석하고, 반응과 느낌을 개발하고, 특정한 방법으로 반응하는 합리적 과정으로써 동기부여를 보는 관점이다. 주요 과정이론은 공정성 이론, 기대이론, 목표설정이론과 강화이론 등이 있다.

1) 공정성 이론

공정성에 관한 사상은 사람들이 성과에 대해 받는 보상에서 사회적 공정성(social equity)을 추구하는데 동기화된다고 주장한 애덤스(J. Stacy. Adams)[26].가 개발한 공정성 이론(equity theory)에 근거한다. 애덤스의 이론에 의하면 개인은 자신의 노력과 그 결과로 얻어지는 보상과의 관계를 다른 사람과 비교하여 자신이 느끼는 공정성에 따라서 행동동기가 영향을 받는다는 동기이론이다.

$$\frac{\text{산출(자신)}}{\text{투입(자신)}} = \frac{\text{산출(타인)}}{\text{투입(타인)}}$$

| 그림 9-9 | 공정성 공식

공정성(equity)은 다른 사람들의 대우에 비례하여 공평하게 대우받고 있다는 신념이다. 공정성 이론에 의하면 직무로부터 얻는 결과는 급여, 승진, 인정, 사회적 관계와 내적 보상이다. 이러한 보상을 얻기 위해 개인은 시간, 노력, 교육, 경험과 충성심과 같은 다양한 자원을 직무에 투입한다. 사람들은 투입과 산출을 비율로써 고려하고, 이 비율을 다른 사람의 비율과 비교하는 경향이 있다. 다른 사람은 작업집단에 있는 사람이거나 평균적인 집단의 사람이다.

- 공정성: 다른 사람들의 대우에 비례하여 공평하게 대우받고 있다는 신념

개인은 비계량적이고 주관적인 방식으로 다른 사람의 비율과 비교한다. 두 비율이 동일하다면 개인은 공평성의 상태를 경험한다. 과소보상을 해결하는 방법은 노력으로 투입감소, 급여인상 요구로 산출증가, 합리화로 원래 비율왜곡, 상황이탈과 비교대상의 변경 등이 있다. 개인은 다른 사람과 비교하여 과도보상을 느낄 수 있다. 과도보상은 대부분의 사람들에게 매우 불안감을 주는 것 같지는 않지만, 이러한 상황에서 불공정을 경험하고, 불공정을 감소하기 위해 동기화된다. 과도보상을 해결하는 방법은 더 많은 노력으로 투입증가, 산출감소, 합리화로 원래 비율왜곡, 다른 사람의 투입감소나 산출증가 등이 있다.

---

26. Adams, J. Stacy(1965).

| 표 9-2 | 불공정성에 대한 잠재적 반응

반응	설명
인식왜곡	다른 사람이 이전 생각보다 더 유능하다고 믿기 위해 자신의 생각 변경
투입증가	더 열심히 일하도록 다른 사람 격려
투입감소	노력과 작업의 양 감소
산출증가	급료인상 협상이나 비윤리적 방식 사용
타인변경	성과가 떨어지는 사람과 자신 비교
조직이탈	직무포기 및 조직사퇴
법적행동	불공정이 법적 보호를 받을 수 있다면 불만 제기나 회사 고소

2) 기대이론

브룸(Victor H. Vroom)은 기대이론(expectancy theory)을 발전시키고, 설명한 선구자의 한 사람이다. 기대이론은 개인의 동기는 자신의 노력이 어떤 성과를 가져오리라는 기대, 그러한 성과가 보상을 줄 것이라는 수단에 대한 기대감의 복합적 함수에 의해 결정된다는 이론이다. 즉, 개인이 어떤 행동을 할 때, 자신의 노력의 정도에 따른 결과를 기대하고 그 기대를 실현하기 위하여 어떤 행동을 결정한다. 개인은 행동의 결과로 나타날 수 있는 성과에 관한 기대를 가지고 있으며, 사람마다 성과에 대한 선호는 다르다고 가정한다. 따라서 개인에게 동기를 부여하려면 그가 바라는 최종목표와 목표에 이르는 중간 수단들과의 연결 가능성이 높아야 된다.

포터와 로울러(Porter, L. W., & Lawler)는 기대이론에서 한층 더 완성된 동기부여 모델을 만들었다. 이 모델은 관리자에게 주로 적용되는 모델이다. 인식된 노력과 실제적으로 보상받을 가능성은 실제적인 성과의 기록에 의해서 영향을 받는다. 사람들이 일을 할 수 있고, 인정을 받고, 보상받을 가능성이 높다고 알 때 일을 할 것이다. 사람이 행위를 선택하는 데 미치는 요인은 가치, 수단과 기대이다. 즉, 동기의 강도 = 가치 × 수단 × 기대로 표현된다.

- 가치: 보상이 개인에게 주는 매력의 강도
- 수단: 성과에 따라 보상이 주어질 가능성
- 기대: 특정한 행동이 바라는 결과에 이를 가능성

가치, 수단이나 기대는 행위의 결과로 얻게 되는 보상에 부여하는 중요도에 따라 동기부여가 이루어진다. 종업원들은 관리자가 주는 보상이 자신의 마음에 들어야 더 열심히 일한다. 수단은 성공이 보상으로 이루어질 것이라는 기대의 강도에 따라 동기부여가 이루어지는 것을 뜻한다. 종업원들은 실제로 자신에게 이익이 된다는 확신이 든다면 더 열심히 일한다. 자신의 행동이 성공에 이를 것이라는 결과를 낳을지에 대해 예측하고, 그 가능성 수준에 따라 동기부여가 이루어지는 것을 뜻한다. 즉, 일이 지나치게 어렵지 않으면 종업원들은 기대감이 높아지고 더 열심히 일한다. 브룸 이론의 장점은 다양한 개인의 욕구와 동기의 중요성을 인정한 것이다. Maslow와 Herzberg의 지나치게 단순한 특징을 벗어나 더욱 현실적이다. 개인들은 조화를 이루어야 하는 조직의 목표와 다른 개인적 목표를 갖고 있다. 그러나 브룸 이론은 실무에서 적용하기 어렵다는 것이 한계이다.

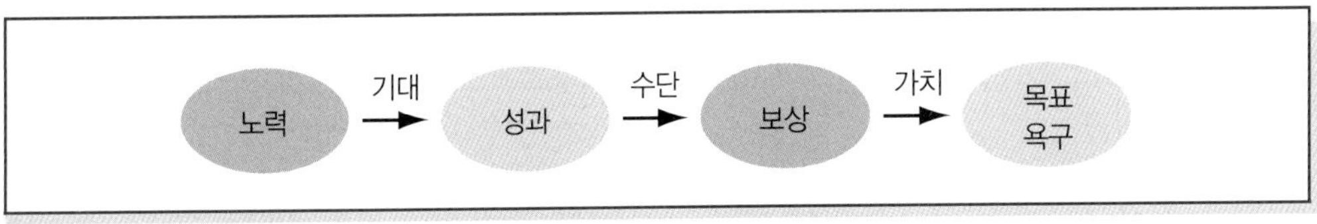

| 그림 9-10 | 기대의 진전 과정

3) 목표설정 이론

목표설정 이론(goal setting theory)은 목표를 달성하려는 의도가 동기의 근원이 된다는 이론이다. 심리학자인 로크(Edwin Locke)에 따르면 목표를 설정하고, 추구하는 인간의 성향은 개인이 특정한 목표를 이해하고, 수용할 때만 유용하다. 인간행동은 두 가지 인지, 즉 가치와 의도에 의해 결정된다. 목표는 미래에 달성하고자 하는 바람직한 상태이다. 구체적이고 어려운 목표일수록 높은 성과를 가져오고, 개인의 성과는 목표에 의해서 결정된다. 개인들은 수용하고 달성할 것으로 기대하는 어떤 명확한 목표로 이동하는 방식으로 행동할 때 동기화된다. 종업원들이 직무를 수행할 때 달성할 목표를 분명히 하고, 목표가 수용 가능할 때 동기가 유발된다는 이론이다. 인간의 행동은 쾌락 정도가 아닌 가치관과 의도에 의해 결정된다. 다음은 목표가 지녀야 할 속성이다.

- 목표의 구체성: 목표가 구체적일수록 모호성을 감소시키고, 행동방향이 명확하다.
- 목표의 난이도: 어려운 목표일수록 도전감을 자극하여 동기를 유발한다.
- 목표설정 과정의 참여도: 종업원들이 목표설정 과정에 참여하면 목표가 구체화되고, 성과가 향상된다.
- 목표의 수용성: 자발적인 목표가 강압적인 목표보다 동기유발이 더 잘 된다.
- 동료들 간의 경쟁: 동료들 간의 경쟁이 성과를 촉진시킨다. 그러나 반대로 양적 목표에 대한 지나친 경쟁은 해가 될 수도 있다.

■ 노력에 대한 피드백: 노력에 대하여 피드백이 주어질 때 성과가 향상된다.

가치관에 적합한 과업을 수행하고자 하는 욕구가 발생되면 목표가 설정된다. 목표에 대한 도전욕구는 동기이다. 인간의 행동은 목적 지향적이므로 목표와 달성 의도에 따라 유지된다. 즉, 목표달성 의도가 가장 강력한 동기요인이 되는 것이다. 인간은 자신이 갖고 있는 가치가 바탕이 되어 정서(emotions)와 욕망(desires)이 형성되고, 이를 토대로 의도나 목표가 설정되면, 실제 행동이나 성과의 결정요인으로 작용한다. 따라서 인간은 자신이 설정한 목표를 달성하려는 의도가 중요한 동기의 힘이다.

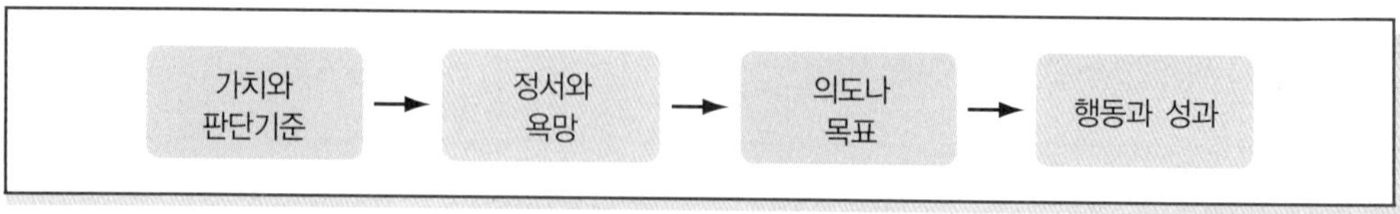

| 그림 9-11 | 목표설정의 과정

목표설정이론은 내용체계가 간결하고, 여러 가지 비판점이 있다. 첫째, 목표이론은 어떠한 요인으로 개인들이 목표를 수용하게 하는지를 구체적으로 제시하지 않고 있다. 가치가 어떻게 결정되고, 정서가 어떻게 목표로 전환되는지도 언급이 없다. 둘째, 목표의 수용성, 목표의 난이도 등의 요인들이 어떻게 결합되어 개인의 노력을 결정하는가에 대해 설명하지 못한다. 셋째, 결과가 구체적으로 분명하게 나타나는 직무에서는 목표이론의 적용이 기대되지만, 복합적인 직무에서는 비교적 효과가 적다.

4) 강화이론

강화이론(reinforcement theory)은 행동 과정에서 적절한 환경으로 강화를 주면 행동을 계속하려는 동기가 유발되어 행동이 지속되고, 그렇지 않을 경우에는 행동이 감소하거나 소멸된다는 이론이다. 강화는 원하지 않는 어떤 특정한 것을 제거해 줌으로써 바람직한 행동의 강도와 빈도를 증가시키는 것이다. 즉, 유쾌한 자극을 주면 자극과 관련된 반응이 빈번해지고, 불쾌한 자극을 주면 관련된 반응이 감소하거나 소멸하게 된다. 강화이론은 과거 행동의 결과가 순환적 학습과정에서 미래 행동에 어떻게 영향을 주는지를 나타낸다. 상황이나 사건(자극)에 대한 개인들의 자발적인 행동(반응)은 특정한 결과의 원인이다. 이러한 결과가 긍정적이면, 개인들은 미래에 동일한 상황에서 유사한 반응을 갖는 경향이 있다. 이러한 결과가 불쾌하다면, 개인은 회피하기 위해 행동을 변경하는 경향이 있다.

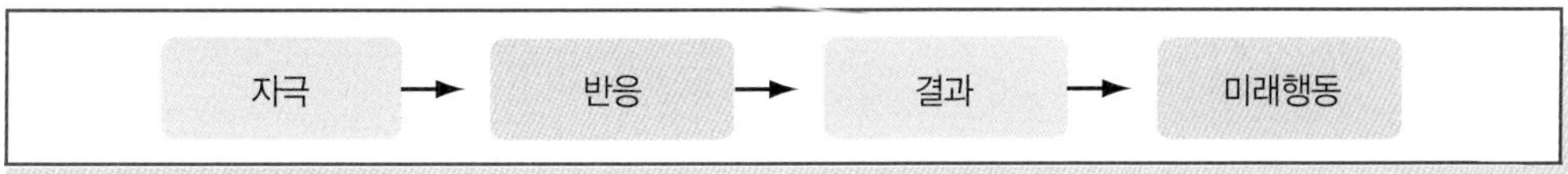

| 그림 9-12 | 순환적 학습과정

강화요인은 정적강화, 부적강화, 소거, 처벌이 있다. 부적강화와 정적강화는 모두 행동의 발생빈도를 증가시키지만, 정적강화(positive reinforcement)는 칭찬·보상·승진 등과 같이 유쾌한 사건 제시로 행동의 빈도를 증가한다. 부적강화(negative reinforcement)는 불쾌한 사건 제시로 바람직한 행동의 빈도를 증가한다. 부정강화는 회피이다. 소거(extinction)는 유쾌한 사건 제거로 바람직하지 않은 행동의 빈도를 감소한다. 처벌(punishment)은 불쾌한 사건 제시로 바람직하지 않은 행동을 감소한다. 강화이론은 너무 단순하여 효과적이지 못하고, 많은 행동주의 과학자와 경영자들은 효과성에 의문을 제기한다.

- 정적강화: 유쾌한 사건 제시로 바람직한 행동 증가
- 부적강화: 불쾌한 사건 제시로 바람직한 행동 증가
- 소거: 유쾌한 사긴 제거로 바람직하지 않은 행동 감소
- 처벌: 불쾌한 사건 제시로 바람직하지 않은 행동 감소

	원하는 행동 증가	원하지 않는 행동 감소
유쾌한 사건	정적강화 (행동 증가)	소거 (행동 감소)
불쾌한 사건	부적강화 (행동 증가)	처벌 (행동 감소)

| 그림 9-13 | 강화요인의 종류

제4절 리더십

1. 리더십의 이해

리더는 자신과 다른 사람에게 적절한 일을 하도록 하는 사람이다. 리더는 방향을 설정하고, 고무적인 비전을 구축하고, 새로운 것을 창조한다. 리더십은 리더가 조직구성원들이 자발적이고 열정적으로 조직목표를 달성하기 위해 영향을 주는 기술이나 과정이다. 리더는 조직이 능력을 최대로 활용하여 조직의 목적을 달성하도록 돕기 위해 행동한다. 리더는 종업원들과 고객들을 위해 능력, 정직과 계산된 위험추구와 같은 가치를 주입해야 한다.

1) 리더십의 정의

리더십(leadership)은 조직의 목표를 효과적으로 달성하기 위하여 조직구성원들이 자발적으로 집단활동에 참여하도록 유도하는 능력이다. 즉, 조직구성원들이 목표수행에 자발적으로 기여할 수 있도록 유도·조정하는 행동이나 과정이다. 즉, 조직목표의 달성을 기꺼이, 열정적으로 노력하기 위해 조직구성원들을 지휘하고, 영향을 주는 과정이다. 자신감과 열정으로 일을 하려는 자발적인 의지를 개발하도록 조직구성원들을 장려한다. 자신감은 경험과 기술적 지식을 반영하고, 열정은 작업을 수행할 때 열의와 전념이다. 조직목표를 달성하기 위해 리더는 조직 앞에 위치하고, 진행을 촉진하고, 조직을 격려한다. 다음은 리더십의 특징이다.

- 목표와 관련: 리더십은 목표를 전제로 행동이 전개되는 과정이다.
- 지도자와 추종자 간의 관계: 지도자는 조직의 목표와 자신의 권위를 통해 추종자의 행동에 영향을 미친다.
- 포괄적 능력: 조직구성원의 의견·태도·행동에 대해 영향을 주는 능력이다.
- 상호작용의 과정: 리더십은 지도자가 추종자에게 일방적으로 강요하는 것이 아니라 상호작용의 과정을 통해서 발휘되는 것이다.
- 지도자의 권위: 리더십은 지도자의 권위를 통해서 발휘된다. 지도자의 권위는 공식적·법적으로 주어진 지위, 전문적 기술능력과 기타 지도자의 자질에 내재한다.

2) 리더십의 성격

리더십의 본질은 지도자를 자발적으로 따르게 하는 자질(followership)이다. 즉, 사람들이 자발적으로 따르게 하는 의지이다. 사람들은 자신의 희망, 욕구와 필요를 달성하는 수단을 제공하는 사람을 따르는 경향이 있다. 조직구성원들은 힘이 없는 것이 아니며 많은 방법으로 활동한다. 리더는 조직구성원들보다 더 많은 힘을 갖고 있다. 리더는 많은 방식으로 추종자의 행동에 영향을 준다. 리더는 작업자들이 회사에 해롭거나 이롭게 하도록 영향을 미친다. 추종자들은 리더로부터 윤리와 가치를 배운다. 리더는 윤리의 실제적 스승이고, 이상을 강화한다. 다음은 리더십의 중요성이다.

- 권한촉진
- 조직 노력에 대한 추진력
- 협력의 근거
- 공식과 비공식 조직의 통합

3) 리더십의 요소

리더십은 조직의 목표달성을 위해 조직구성원들이 집단활동에 자발적으로 참여하도록 하는 지도자로서의 능력이나 자질이다. 만족스럽게 수행하는 사람들의 조직은 리더십의 분야에서 다른 어떤 사람들보다 더 능숙한 기술을 갖고 있는 사람들이 있다. 이러한 기술은 권한행사 능력, 종업원에 대한 이해, 추종자에 대한 격려 능력과 동기부여 능력 등이다.

(1) 권한행사 능력

권한은 타인이나 조직을 지배할 수 있는 제도화된 능력을 말한다. 즉, 어떤 사람이나 조직에 영향력을 미칠 수 있는 잠재적 능력이다. 권한은 리더십의 첫 번째 요소이다. 프렌치(J. French)와 레이븐(B. Raven)은 조직환경에서 권한의 유형을 합법적인 권한, 보상적 권한, 강압적 권한, 준거적 권한과 전문적 권한으로 분류한다. 관리자는 이러한 종류의 권한을 하나 이상 갖고 있다.

- ■ 합법적 권한(legitimate power): 조직의 위계를 통해서 부여받은 권한이다. 관리자들은 부하에 대해 합법적인 힘을 갖는다.
- ■ 보상적 권한(reward power): 보상이나 처벌을 줄 수 있는 힘이다. 관리자가 통제할 수 있는 보상이 많고 보상이 부하에게 중요할수록 관리자의 힘은 더욱 크다.

- 강압적 권한(coercive power): 심리적, 정서적, 신체적 위협을 통해서 준수를 강요할 수 있는 힘이다. 강압적 힘을 사용할수록 분개와 적대감을 더욱 자극한다.
- 준거적 권한(referent power): 동일시나 모방을 기반으로 한다. 추종자들이 배경, 태도, 소속이나 개성에서 비슷한 리더와 동일시하기 때문에 리더에 호의적으로 반응한다. 충성심과 열정을 자극하는 리더의 카리스마의 형태를 취한다.
- 전문적 권한(expert power): 중요한 기술적 발전을 성취할 수 있는 과학자나 중요하고 괴팍한 고객을 다루는 방법을 아는 관리자가 전문적 힘의 예이다.

(2) 종업원에 대한 이해

동기부여의 이론적인 측면을 아는 것만으로는 부족하고, 종업원에 대한 기본적인 이해가 필요하다. 사람과 상황에 적응하는 능력이 관리자에게 더욱 필요하다. 그러나 동기부여의 요소와 이론을 이해하는 관리자는 인간욕구의 본질과 강도를 더 잘 알고, 바라는 반응을 얻기 위해 그것을 만족시키는 방법을 계획하고 관리할 수 있다.

(3) 추종자에 대한 격려 능력

이것은 추종자들이 충분한 능력을 적용하도록 자극하는 능력이다. 이러한 리더는 추종자의 편에서 충성심, 헌신과 강력한 희망을 낳는 매력과 호소를 갖고 있다. 이것은 욕구 만족의 문제가 아니라 추종자로부터 리더까지 비이기적인 지원의 문제이다. 감성 리더십은 절망적이고 겁나는 상황으로부터 발생한다. 감성리더십(inspirational leadership)은 리더가 자신의 내면을 파악하고, 조직구성원의 감성을 이해하고, 배려하고, 조직구성원들과 관계를 형성해 조직의 감성 역량을 높이는 능력이다.

(4) 동기부여 능력

동기를 자극하는데 도움이 되는 환경을 개발하는 능력이다. 이러한 리더십의 요소는 리더의 유형과 그가 개발하는 환경이다. 동기부여의 강도가 조직환경뿐만 아니라 환경의 일부가 되는 요인에 크게 의존한다. 관리자의 주요 과업은 성과를 위한 환경의 설계와 유지이다. 사람들은 자신의 개인적인 목적을 만족시키는 수단을 제공하는 리더를 추종하는 경향이 있다. 많은 관리자들은 부하에게 동기를 부여하는 것과 동기부여가 어떻게 작동하는지를 알고, 행동을 수행할 때 이러한 이해를 더 많이 반영할수록 부하들은 리더에게 더욱 효과적이다.

2. 리더십의 유형

많은 리더들은 가장 잘 작동할 수 있는 리더십의 유형이 있다고 추측한다. 레윈(K. Lewin)은 「집단역학」을 통해 지도자의 유형을 독재형, 민주형과 방임형으로 구분한다. 리더의 말이나 행동은 리더가 하는 리더십의 유형을 결정한다. 리더십을 분류하는 방법은 리더가 사용하는 권한에 근거한다. 리더십을 개념화하는 또 다른 방법은 참여자들과 커뮤니케이션을 통해 조직에서 과업과 관계를 강조하는 방법을 결정한다.

1) 독재형 리더십

독재형 리더십(autocratic leadership)은 추종자의 의견을 들으려 하지 않고, 조직의 목표, 운영정책과 상벌을 독단적으로 결정하고, 직무수행 정보를 독점함으로써 추종자들이 자신에게 의존하지 않을 수 없게 한다. 관리자는 가능한 많은 권한과 의사결정 권한을 갖고 있다. 관리자는 종업원들과 상의하지 않고, 종업원들은 어떠한 설명도 받지 않고, 명령에 복종하는 것을 기대한다. 보상과 처벌은 구조화되어 있다. 다음은 독재형 리더십의 특징이다.

- 관리자는 가능한 많은 의사결정을 하려고 한다.
- 관리자는 의사결정에서 가장 많은 권한과 통제를 갖는다.
- 관리자는 완전한 위임을 이용하기보다는 권한을 행사하려고 한다.
- 다른 동료와의 상의는 불필요한 과정이 된다.
- 관리자는 리더십 개발에 관심이 적고, 당면한 과업을 수행하는 것을 선호한다.

| 표 9-3 | 독재형 리더십의 장 · 단점

장점	단점
• 통제의 증가로 스트레스 감소 • 리더가 관찰하는 동안 조직의 생산성 증가 • 운영의 개선 • 신속한 의사결정	• 관리의 단기적 접근 • 빈약한 리더십 기술로 인식 • 관리자의 업무량 증가 • 명령에 대한 반감 • 팀의 리더에 대한 의존

2) 민주형 리더십

민주형 리더십(democratic leadership)은 권력의 기초가 조직의 동의에 있고, 민주적 리더는 행동과 의사결정에 부하들과 상의하며, 그들의 참여를 촉진한다. 리더의 조언에 따른 집단토의에 기초하여 조직운영의 목표와 정책을 결정하며, 업적이나 상벌을 객관적인 자료에 의하여 결정한다. 민주적 리더십은 책임의 공유, 위임의 사용과 지속적인 협의를 촉진한다. 다음은 민주형 리더십의 특징이다.

- 관리자들은 모든 주요 문제와 의사결정을 협의한다.
- 관리자는 부하들에게 과업을 효과적으로 위임하고, 과업의 관리와 책임을 준다.
- 관리자는 활동의 결과와 작업 환경에 대한 피드백을 환영한다.
- 관리자는 다른 사람들이 리더가 되도록 장려하고, 리더십 개발에 관여한다.

| 표 9-4 | 민주형 리더십의 장 · 단점

장점	단점
• 긍정적인 작업환경 • 성공적인 자주성 • 창조적인 사고 • 충돌의 감소 • 종업원 이직률의 감소	• 의사결정의 지연 • 불성실한 참여의 위험 • 유능하거나 경험이 있는 종업원의 참여 필요

3) 방임형 리더십

방임형 리더십(laissez-faire leadership)은 추종자들의 자유행동을 최대한으로 허용하는 유형이다. 관리자는 부하들에게 그들의 작업에서 최대한의 독립성을 주고, 목표를 설정하고, 성취하는 수단을 부하들에게 주로 의존한다. 지도자가 방임적 행태를 보일 경우 지도자는 명목상으로만 존재한다. 또한 의사결정에 관여하지도 않고, 전적으로 수동적이며 국외자로서 행동하기 때문에 실질적으로는 지도자가 없는 경우이다.

| 표 9-5 | 방임형 리더십의 장 · 단점

장점	단점
• 리더에 대한 과업이 없다. • 조직의 역량을 강화한다. • 원하는 것을 간섭 없이 할 수 있는 기회를 통찰력이 있는 작업자에게 허용된다.	• 관리자를 활용할 수 없는 것에 종업원들은 불안을 느낀다. • 종업원들이 어떻게 수행하는지를 알도록 관리자는 규칙적인 피드백을 제공할 수 없다. • 관리자는 우수한 성과의 종업원들에게 감사할 수 없다. • 관리자는 자신의 책임을 이해하지 않고, 종업원들이 대신할 것으로 희망한다.

3. 리커트의 관리 연속체

미시간 대학교의 교수인 Rensis Likert는 관리자가 과업이나 종업원과의 관계에 집중하는지에 따라 관리를 기술하였다. 권위형과 통제형을 권위형 시스템이라 부르고, 협력형과 양육형을 참여형 시스템으로 규정했다. 권위형에서 관리자들은 매우 독재적이고, 부하들을 거의 신뢰하지 않고, 공포와 처벌을 통해서 부하들을 동기부여하고, 하향식 의사결정을 사용한다. 참여형에서 관리자들은 모든 문제에서 부하들을 신뢰하고, 부하로부터 아이디어와 의견을 구하고, 건설적으로 이러한 것들을 사용한다. 또한 관리자들은 상하와 동료 간의 커뮤니케이션을 사용하고, 조직 전체에 걸쳐 의사결정을 장려하고, 목표설정과 같은 영역에서 집단참여의 기준으로 경제적 보상을 제공한다.

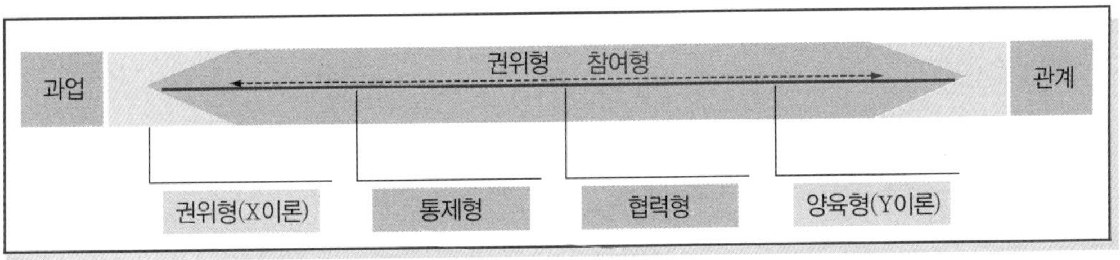

| 그림 9-14 | 리커트의 관리 연속체

1) 권위형

권위형은 과업 지향적이고 고도로 구조화된 권위 중심형이다. 대인 간의 관계가 덜 중요하다. 관리자는 부하직원을 신뢰하지 않고 부하직원을 의사결정에 참여시키지 않는다. 부하는 위협과 공포의 분위기에서 일을 한다. 하향적 의사 전달이 보편적이고, 목표설정과 의사결정과정에서 부하들의 참여가 배제되며, 통제 과정이 고도로 집권화되어 있고, 비공식조직이 조직의 목표에 저항하는 특징을 지닌다. 이직률이 높고 관리자는 부하의 생활에 관여하려고 하지 않는다. 관리자는 공포·위협·처벌 등의 관리 수단을 사용하고, 생리적 욕구와 안전 욕구 등을 충족시켜 주고, 이에 따른 경제적 보상을 제공해 준다.

2) 통제형

통제형은 과업 지향적이지만, 조직의 통제는 덜 권위주의적이다. 관리자는 부하에게 겸손하나 부하를 계속적으로 불신한다. 어떤 의사결정이 하급 수준에서 허용되지만, 조직 문제는 조직의 상층에서 해결된다. 관리자의 커뮤니케이션이 명령 사슬을 따르더라도 어떤 상호작용은 상층 경영층과 하층 부하 간에 직접적으로 수행된다.

3) 협력형

협력형에서 관리자는 부하직원을 상당히 신뢰하지만 완전히 신뢰하는 것은 아니며, 관리자와 부하 간의 접촉이 비교적 원활하다. 관리자는 협상과 협동으로 부하직원을 통제한다. 의사결정이 낮은 수준에서 허용된다. 의사전달 과정이 쌍방적이고, 목표 및 주요 정책은 최고관리층에서 주로 결정하되 구체적인 결정은 하급 계층에서 이루어지며, 통제 과정이 상당 부분 하급 계층에 위임되고, 비공식조직은 조직의 공식적 목표를 지지하거나 약간 저항할 수 있다. 커뮤니케이션은 비교적 조직의 상하로 잘 흐른다.

4) 양육형

양육형에서 관리자는 상사와 부하 간의 관계에 집중한다. 관리자는 부하를 신뢰하고, 조직의 모든 수준에서 의사결정을 장려한다. 관리자는 공포, 위협과 협박을 사용하지 않는다. 근로자의 동기는 목표설정 시 참여에서 온다. 자유롭고 공개적인 메시지 교환은 상사, 부하와 동료들 가운데에서 발생한다.

Sense "전쟁 준비" 충언에도 눈감아 조선왕조 최악의 수모당해

조선의 가장 큰 문제는 다름 아닌 최고 리더, 인조였다. 호란이 일어나기 전까지 인조는 위험신호를 인지하고 대응하기는커녕 오히려 사태를 악화시켰다. 그는 원하는 정보만 들으려 했고, 책임을 지려 하지 않았다. 늑장대응으로 일관하기까지 했다. 예를 들어 처음 후금(이후 청나라)이 조선에서 보낸 공물의 문제점을 지적하며 수령을 거부했을 때, 인조는 후금을 강하게 비난하며 절교하겠다는 의사를 밝힌다. 신하들은 "후금은 그저 예단을 늘리길 원할 뿐인데 그렇게 엄격한 말로 거절하면 군사를 일으켜 쳐들어올 것"이라고 경고하면서 인조의 방침에 반기를 들었지만, 인조는 이를 듣지 않았다. 다행히 인조의 '절교 문서'를 들고 가던 사신들이 발이 묶여 있던 사이 '단교를 재고해 달라'는 상소가 빗발쳤고, 인조는 자신의 명령을 철회했다. 하지만 '사신들의 발을 묶어 어명을 어겼다'는 빌미로 몇몇 충신들을 처벌하려 든다. 나라를 위기에서 구한 신하들을 처벌하려 드니 점점 바른말을 하는 신하는 줄어갔다.

'병사들이 목숨 걸고 싸운다면 오랑캐를 무찌를 수 있다'며 군사훈련을 독려했지만, 말만 하고 아무런 행동도 취하지 않았다. 전쟁을 예감한 신하들이 병력 확충과 전쟁 준비를 권했지만 무슨 이유에서인지 '필요 없다'는 태도로 일관했다. 이런 일화는 끝도 없이 많았다. '삼전도의 굴욕' 정도로 전쟁이 끝난 게 천만다행일 정도로 청나라의 분노는 커졌고, 조선의 대비책은 전무했다. 인조는 말 그대로 무능과 무책임의 전형을 보여 줬던 것이다.

출처: 동아일보 2016.10.17

4. 리더십 이론

1) 위인이론

위인이론(great man theory)은 리더는 조직구성원과 다른 우수한 소질과 독특한 특징이 있다는 견해이다. 위인의 아이디어는 시대의 요구로 위인은 신기하게도 나타난다는 관념으로 신화적인 영역에 빠진다. 아이젠하워와 처칠과 같은 사람을 지적함으로써 검증하기가 쉽다. 어떤 뛰어난 능력을 가진 사람이 필요한 시대와 장소에 존재하지 않았다면 세계의 역사는 전혀 다르게 되었을 것이라고 가정한다. 다음은 위인이론의 가정이다.

- 위인은 만들어지는 것이 아니라 태어나는 것이다.
- 위인은 우수한 소질과 독특한 특징이 있다.
- 위인은 큰 욕구가 있을 때 나타난다.

2) 특성이론

특성이론(trait theory)은 리더는 만들어지는 것이 아니라 태어난다는 견해에 근거한다. 리더로 인식되는 사람들은 어떤 개인적인 특성을 갖고 있다. 리더들은 독특한 특성(trait)을 소유하는 사람들로서 보유하고 있는 성격은 타인들을 지도할 수 있는 능력뿐만 아니라 추종자들과는 다른 독특한 능력을 갖고 있다. 리더십은 한 개인의 특성, 성격, 스타일과 사고의 통합이다. 이러한 리더는 권위형 리더십을 사용하고, 부하를 일방적으로 지시하고, 절대적인 복종을 전제로 한다. 리더의 특성은 나이, 지능지수, 윤리성, 도덕성, 신체적 요소, 커뮤니케이션 기술, 교육, 카리스마, 유머, 감수성, 미래에 대한 비전, 책임감, 열정, 유연성과 사회적인 계급 등이 포함된다. 다음은 핵심적인 리더십의 특성이다.

- 추진력: 성취, 동기부여, 야망, 열망, 에너지, 주도성, 끈기
- 정직성: 성실, 자신감, 정서적 안정
- 인지적 능력: 사업의 이해, 창조성, 유연성, 카리스마

리더의 특성은 리더십을 설명하는 유용한 방법이 아니다. 모든 리더들은 모든 특성을 갖고 있지 않고, 많은 추종자들은 특성을 갖고 있을 수 있다. 다음은 리더십의 특성이론이 주로 비판받는 점이다.

- 기술과 특성을 착각하고 있다.
- 동의된 특성이 개인에게 존재하는 강도와 정도를 정확하게 지적하지 못한다.
- 다른 시대에 다른 상황에서 리더들은 다른 리더십 특성을 보여야 한다.
- 리더십은 개인적인 자격과 특성을 넘어 생각해야 한다.

3) 상황이론

사람들에게는 없는 선천적인 재능이 있는 소수의 사람들이 리더가 될 수 있다는 특성이론은 논리적이지 못하다. 상황이론은 리더십의 효과성이 리더의 특성이나 행위와 상황적 조건에 따라 달라진다는 리더십 이론이다. 어떤 상황에서든 항상 효과적인 단일 리더십은 없고, 상황에 따라 리더십은 변한다. 의사결정이 필요할 때 유능한 리더는 단일 유형을 선택하지 않는다. 상황적 의사결정에 영향을 주는 요인들은 추종자들의 동기와 능력이다. 이것은 특정한 상황에 있는 요인들에 의해서 영향을 받는다. 추종자들과 리더의 관계는 추종자의 행동만큼 리더의 행동에 영향을 주는 다른 요인이 있을 수 있다. 리더의 지휘능력은 리더의 선호하는 유형, 추종자들의 능력과 다양한 상황을 포함한다.

상황적합이론(contingency theory)은 지휘의 유일한 방법은 존재하지 않으며, 어떤 상황에 효과적인 리더십 유형은 다른 상황에서 성공적이지 못하다고 주장하는 행동주의 이론의 한 분류이다. 상황이론(situational theory)은 리더가 주어진 상황요인을 채택하는 추종자의 행동에 집중하는 경향이 있지만, 상황적합이론(contingency theory)은 리더의 능력과 조직 내에 있는 다른 변수에 관한 우발적 요인을 포함하는 더 광범위한 견해이다. 상황적합이론의 기반은 리더의 행동유형 이론으로 리더의 특성이나 행동이 조직성과에 미치는 영향을 조절해 주는 변수와의 적합성 관계를 설명한다. 이론의 형식은 리더의 행동유형과 상황변수를 구분하여 제시한 다음 각 상황에 적합한 리더 유형을 식별하는 논리로 구성한다. 상황적합이론의 특징은 현실을 설명하는 변수의 증가로 특성이론이나 행동이론보다 리더십 효과성에 대한 설명력이 우수하다. 상황변수는 리더의 특성이나 행동에 대한 영향력을 증가하거나 감소시키는 변수이다. 상황변수는 리더, 구성원, 과업과 집단의 특성 등이 있다.

- **리더의 특성**: 리더의 성격, 가치관, 욕구, 동기, 경험
- **구성원의 특성**: 구성원의 성격, 가치관, 숙련도, 성숙도, 경험
- **과업의 특성**: 구조화의 정도, 난이도, 과업절차, 명확성
- **집단의 특성**: 리더의 권력, 의사결정구조, 보상체계, 응집력

(1) 피들러의 상황적합이론

일리노이 대학교의 피들러(Fred E. Fiedler)와 그의 동료들은 리더십의 상황적합이론(contingency theory)을 개발하였다. 리더십의 유형과 상황적 호의성 간의 상호작용에 의해 집단성과가 나타나며, 리더십의 효과성이 결정된다는 이론으로 리더십의 유형과 상황특성에 적합한 리더십 유형을 제시한다. 리더십의 유형은 관계지향과 과업지향, 상황특성은 리더에게 호의적 또는 비호의적으로 분류한다.

과업지향 리더십	관계지향 리더십
• 과업 자체 중점 • 리더 중심의 결정과 지시 • 규칙과 규정 강조 • 일정관리 중시	• 부하들과 신뢰관계 중점 • 부하들의 참여와 자율성 존중 • 부하들의 개인사정 관심 • 부하들의 편한 관계

| 그림 9-15 | 리더십의 유형

피들러는 리더의 상황적 호의성에 따라 리더십의 효과성이 다르다고 주장한다. 주어진 상황이 리더가 집단에 영향을 미치게 하는 정도는 상황적 호의성(favorableness)이다. 리더십은 상황적 호의성, 즉 리더와 부하의 관계, 과업구조와 직위권력이라는 3가지 상황에 따라 영향을 받는다.

- **리더와 부하의 관계**(leader-member relations): 부하가 리더를 신뢰 · 존경하는 정도와 리더가 이를 수용하는 정도이다. 가장 중요한 요인은 관리자의 힘과 효과성이다.
- **과업구조**(task structure): 과업의 일상성 · 복잡성 정도이다. 과업이 명확하다면 성과는 더욱 쉽게 관리되고, 집단구성원들은 성과에 더 명확하게 책임을 진다.
- **직위권력**(position power): 리더의 직위에 따라 있는 리더의 공식적 · 합법적 권력이다. 리더가 집단구성원들에게 지시에 순응하도록 하는 것이다.

가장 싫어하는 동료(least preferred co-worker: LPC)는 함께 일하는 것을 가장 싫어하는 동료이다. 함께 일하는 것이 가장 싫은 사람에 대한 척도가 리더십 판단의 기초가 된다. 리더는 LPC가 있을 때, 그를 긍정적으로 평가하면 관계지향 리더십, 부정적으로 평가하면 과업중심 리더십이다. 이 LPC는 리더의 업무에 대한 동기가 사람들과의 관계와 과업 수행 중에서 어떤 쪽에 있는가를 나타낸다. 리더십의 유형은 쉽게 바꿀 수 없기 때문에 리더는 리더십의 유형을 변화시키기보다는 상황 특성을 변화시키는 것이 효과적이다. 리더의 LPC

에게 관대하고 호의적일 경우 관계중심 리더십이, 반대일 경우 과업중심 리더십이 된다.

- 과업지향 리더십: LPC 점수가 낮다.
- 관계지향 리더십: LPC 점수가 높다.

피들러의 리더십 이론은 상황변수를 도입한 최초의 리더십 연구이며, 리더십 유형과 상황의 적합성이 집단성과의 기준이 된다는 관점이다. 또한 LPC는 독창적인 리더십 유형 분류방법이며, 3가지 상황변수와 측정방법을 제시하였다. 그러나 몇 가지 문제점이 있다. 3가지 상황변수 설정과 가중치에 대한 객관적 논리가 부족하고, 리더가 상황이 유리한지 알 수 없기 때문에 실제적으로 적용하기가 어렵다. 또한 상황에 따라 상황변수는 항상 변화하고 있고, 리더가 행동을 변화시키는 것이 매우 어렵다.

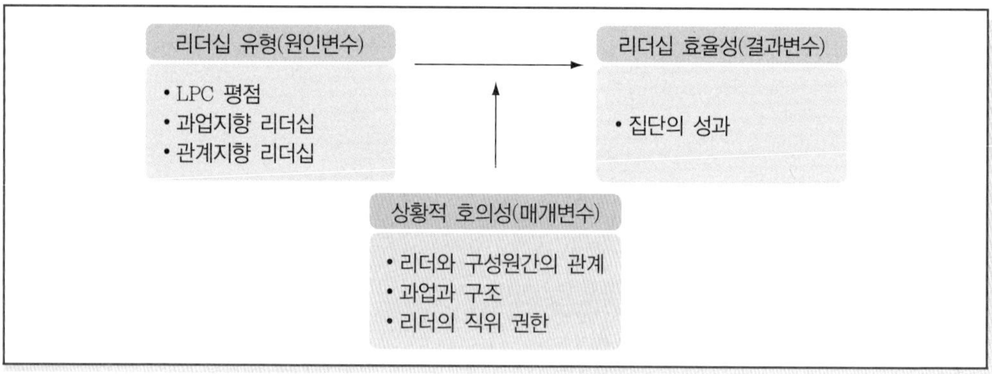

| 그림 9-16 | 리더십 유형과 리더십 효율성의 관계

(2) 경로-목표이론

경로-목표이론(path-goal theory)은 기대이론에 기반을 두고 있는 에반스(Martin G. Evans)의 연구를 기초로 하우스(House, R.)가 발전시킨 이론이다. 리더의 행동이 어떻게 부하의 동기를 유발하고, 성과를 얻을 수 있는가를 설명하는 이론이다. 리더의 역할은 집단구성원들이 높은 목표를 수립하고, 자신감을 갖고, 과업을 성공적으로 수행함으로써 기대하는 보상을 얻을 수 있도록 경로를 명확히 해주는 것이다. 부하들은 추구하는 목표에 도움을 준다고 생각하는 리더의 영향력을 수용한다. 부하들에게 보상을 명확히 제시함으로써 동기를 부여하고, 궁극적으로는 리더십의 효과성을 증대시킬 수 있다. 경로-목표이론은 4가지 리더십 유형과 2가지 상황변수로 구성된다. 다음은 경영자가 사용할 수 있는 4가지 상황별 리더십 스타일이다.

- 지시적 리더십(directive leadership): 구체적 지침, 표준과 작업일정을 제공하고 규정을 마련하여 직무를 명확히 해주는 리더 행동이다.
- 지원적 리더십(supportive leadership): 부하의 욕구와 복지에 관심을 쓰며, 상호 만족스런 인간관계를 강조하면서 후원적인 분위기 조성에 노력하는 행동이다.
- 참여적 리더십(participative leadership): 부하들에게 자문을 구하고, 제안을 끌어내어 이를 진지하게 고려하며, 부하들과 정보를 공유하려는 행동이다.
- 성취지향적 리더십(achievement oriented leadership): 도전적인 작업목표를 설정하고, 성과개선을 강조하며, 부하들의 능력발휘에 대해 높은 기대를 갖는다.

리더의 주요 기능은 부하들과 함께 목표를 명확히 설정하고, 목표를 달성하고, 장애물을 제거하기 위한 최선의 경로를 찾는 것이다. 관리자들은 보상의 이용가능성(목표)와 보상을 얻을 수 있는 경로를 확보해야 한다. 관리자의 리더십 유형은 보상에 이를 수 있는 경로의 인식, 이용할 수 있는 보상에 영향을 준다. 종업원 중심 관리자(employee-centred manager)는 급여와 승진, 지원, 칭찬, 안전과 존경을 제공한다. 이러한 종업원 중심 관리자는 종업원과의 차이에 민감하고, 개인들에게 보상을 조정한다. 반면 과업 중심 관리자(task-oriented manager)는 협소한 보상을 제공하지만, 종업원 성과와 보상을 연결하는데 능숙하다. 과업 중심 관리자의 종업원들은 급여인상, 상여금이나 승진을 얻기 위한 생산성이나 성과 수준을 정확히 안다.

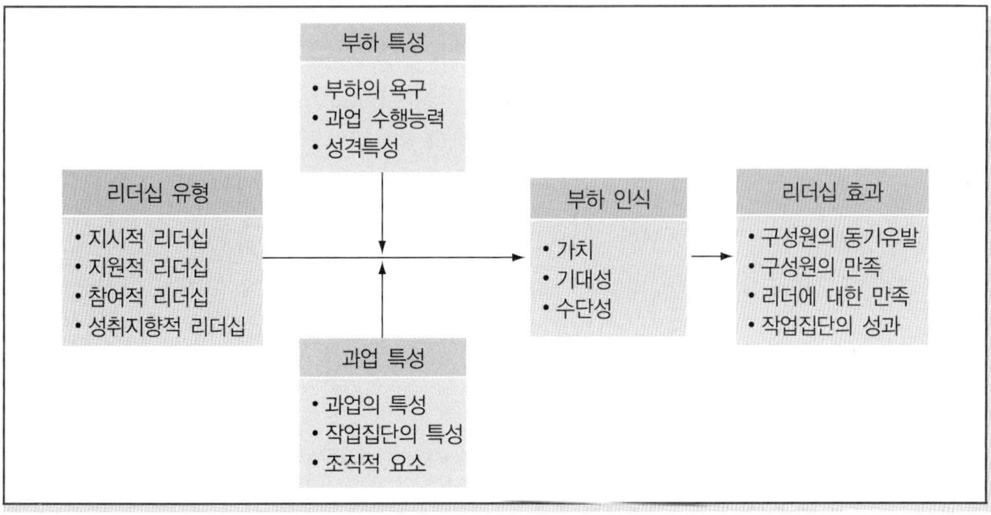

| 그림 9-17 | 하우스의 경로-목표모형

경로-목표이론은 리더의 행동이 부하의 만족도와 업무성과에 어떻게 영향을 미치는가를 알아보기 위한 것이다. 리더 행동이 부하의 만족과 노력투입 동기에 미치는 효과는 부하의 특성과 과업의 특성이라는 상황 요인에 따라 달라진다. 부하 특성은 부하의 욕구, 과업수행능력, 성격특성 등이 있고, 과업 특성은 과업의 특성, 작업집단의 특성과 조직적 요소 등이 있다.

(3) 리더-참여 모델

빅터 브룸(Victor Vroom)과 필립 예톤(Phillip Yetton)이 경로-목표이론을 확장한 리더-참여모델(leader-participation model)은 모든 상황에 적합한 의사결정 과정은 없으며, 리더는 적당한 부하의 참여정도를 선택해야 한다는 이론이다. 부하가 의사결정에 어떻게 관여하는지를 5개 선택으로 설명한다. 선택은 완전한 참여에서 전혀 참여하지 않는 범위이다. 리더는 의사결정시 부하의 참여수준을 계속적으로 선택하고, 부하는 참여수준을 기대한다. 유연성은 의사결정 중에 존재한다. 때때로 종업원들의 많은 참여는 적절하다. 어떤 경우는 종업원들이 적게 참여하는 것이 필요하다. 어떤 상황은 직접적으로 종업원이 관여하지 않는다. 그래서 참여가 필요하지 않다. 긴급한 상황에서 시간제약 때문에 의사결정은 종업원들의 참여 없이 이루어진다. 그러나 종업원들은 자신들이 관여할 때 가장 수용하기 쉽다.

(4) 거래적 리더십 이론

거래적 리더십(transactional leadership)은 상호이익을 위해 교환에 근거한 상사와 부하 간의 관계를 설명한다. 리더는 급여, 휴식이나 복리처럼 부하가 원하는 것을 제공하고, 부하는 초과근무나 충성심을 상사에게 보답으로 제공한다. 거래는 각 상대방이 어떤 것을 얻기 위해 교환할 때, 어떤 것을 포기할 때 발생한다. 이 이론은 각자가 다른 사람이 원하는 것을 갖고 있을 때에만 작동된다. 예를 들면, 재무위기 시에 리더는 초과근무에 대한 상여를 제공할 수 없으나 작업은 이루어야만 한다. 그러한 상황에서 시간, 공적인 인정을 제공하는 약속으로써 근로자에게 제공할 대안을 찾아야 한다. 이러한 리더십은 양자가 상호의존성을 알아야 한다.

(5) 변혁적 리더십 이론

변혁적 리더십은 번스(Burns)의 저서 Leadership(1978)에서 처음 제기되었으며, 바스(Bass)에 의해 정립된 리더십 이론이다. 변혁적 리더십(transformational leadership)은 리더가 구성원들에게 비전을 제시하고, 부하들에게 충성, 신뢰와 존경 등의 감정을 일으켜서 기대보다 높은 노력을 이끌어내고, 태도와 가치관의 변화를 통해 성과를 이끌어 내는 리더십이다. 조직과 구성원 간의 확고한 가치에 대한 호소를 통해 목표를 성취하는데 초점을 둔다. 관리자가 종업원들에게 자신의 가치를 커뮤니케이션할 때 변혁은 시작된다. 종업원들이 조직의 가치에 이를 때 영감, 동기부여와 사기의 높은 수준에 이르게 된다.

변혁적 리더는 종업원들에게 성공이나 성취에 대한 비전과 낙관적인 전망을 제시한다. 변혁적 리더들은 커뮤니케이션을 잘하고, 자신의 사례로 다른 사람을 고무한다. 조직을 강화하는 가치전환 과정에서 근로자들을 자발적인 참여자로 간주한다. 성공적인 변혁적 리더는 자신감, 역동적인 개성, 강한 확신, 커뮤니케이션 능력, 이미지 구축, 재능과 동기부여 능력 등을 소유한다. 거래적 리더십은 기대되었던 성과만을 부하로부터 얻어내는 반면, 변혁적 리더십은 부하로부터 기대 이상의 성과를 얻어낼 수 있다.

5. 리더의 기술

일반적으로 리더는 지식, 학력, 신뢰성과 책임, 활동과 사회적 참여, 그리고 사회경제적 지위에서 추종자들보다 더 높다. 리더는 흥미를 끄는 비전의 제시, 힘 과시, 조직가치 예시, 위험추구, 기업가의 상상력 등에서 추종자들을 능가한다. 부정적인 특성은 지식의 부족, 비참여, 극단적인 경직성, 권위주의적 행동과 공격적인 언어다. 리더십과 관리는 근소하게 다른 사고방식과 행동과정을 강조하는 거의 같은 개념이다. 관리자(manager)는 활동을 조정하고 조직화한다. 리더(leader)는 사람들과 행동에 영향을 주고, 건설적인 변화를 위해 조직을 자극한다. 리더는 관리와 리더십과 관련된 행동, 기술과 기능으로 시작한다.

1) 관리기능과 리더십 기술

관리(management)에는 계획, 조직, 동기와 통제의 기능이 있다. 이러한 모든 기능은 조직의 성공을 위해 중요하지만, 강조하는 정도는 환경에 달려있다. 계획기능은 많은 변화나 혁신을 겪는 산업에서는 가장 중요하다. 조직은 조립라인처럼 정해진 노동 작업에서는 중요하다. 통제는 창조성이 소중한 기업에서는 비교적 적게 사용된다. 훌륭한 리더십은 무엇보다도 가치 있고, 달성할 수 있는 목표가 설정되는 것을 의미한다. 리더는 관리의 동기 측면에서, 훌륭한 관리자는 조직화에서 탁월하다.

전문적 기술, 인간과 개념 능력은 관리자의 업무에 중요하다. 전문적 기술(technical skill)은 자료, 정보, 혁신과 기법을 사용하는 능력이다. 신입종업원의 소프트웨어 사용처럼 기술적인 특정한 분야훈련을 받는다. 예를 들면, 웨비나(Webinar)는 웹(Web)과 세미나

(seminar)의 합성어로 웹상에서 행해지는 세미나 교육이다. 인간기술(human skill)은 목표를 달성하기 위해 사람들과 함께 작업하는 능력이다. 조직에서 직위와 관계없이 동료의 욕구와 동기를 이해하고, 강점과 약점을 인식해야 한다. 리더십 능력개발은 사람들이 함께 잘 일할 수 있는 것을 알아낼 수 있는 것에서 시작한다. 이러한 결정을 위해서 다른 사람의 능력을 객관적으로 측정하는 방법을 알아야 한다. 동류를 알고, 그들의 태도와 관점을 알아차릴 수 있어야 한다. 개념적 기술(conceptual skill)은 조직을 전체로 보는 능력과 미래를 보고 비전을 추구하는 능력이다. 개념적 기술을 개발하는 좋은 방법은 조직이 환경과 상호작용하는 방법에 관하여 비판적으로 생각하는 것이다.

- 전문적 기술: 자료, 정보, 혁신과 기법을 사용하는 능력
- 인간기술: 목표를 달성하기 위해 사람들과 함께 작업하는 능력
- 개념적 기술: 조직을 전체로 보는 능력과 미래를 보고 비전을 추구하는 능력

2) 미래지향과 변화기술

미래지향(future orientation)은 집단이 계획과 만족의 지연과 같은 미래지향적 행동을 장려하고, 보상하는 정도이다. 조직에서 미래지향적 행동은 선제적인 미래 목표와 계획의 수립 능력과 선제적 행동이 필요하다. 미래지향성이 높은 사람과 낮은 사람의 특징은 차이가 있다. 따라서 조직의 목표를 달성하기 위해 리더는 구성원들에게 비전을 제시하고, 가치를 공유하고, 변화를 관리해야 한다. 또한 리더는 미래지향적 기술, 청취기술, 이해와 신뢰유지 기술이 있어야 한다.

| 표 9-6 | 미래지향성의 특징

높은 미래지향적인 사람	낮은 미래지향적인 사람
• 미래를 위해 현재 저축하는 경향 • 장기적 성공을 위한 작업 강조 • 유연하고, 적응적인 성향 • 성공과 영적성취를 통합된 전체로 간주	• 저축보다는 현재 소비하는 경향 • 가능한 신속하게 만족 선호 • 경직되고 비적응적 경향 • 성공과 영적 성취를 분리하고, 상충하는 것으로 간주

(1) 비전제시

리더가 부서, 단위나 조직을 위해 갖는 비전(vision)은 공유된 가치에 근거하고, 목표설정에 중요한 역할을 한다. 대체로 조직은 명료한 비전으로부터 이익을 얻을 수 있다. 비전은

일상 활동을 우선적으로 처리하고, 처리해야 할 프로젝트에 대한 지침을 결정하는데 사용되고, 동일한 비전에 전념하는 다른 사람들에게 어떤 활동을 선정하도록 관리자를 상기시킨다. 훌륭한 리더는 비전개발, 비전의 명확화와 비전의 조정을 통합하는 능력이 있다.

- 비전개발: 새로운 목표를 보고, 목표에 이르는 새로운 방법은 독창성이다. 리더는 특정한 맥락에서 특정한 집중으로 창조성을 실행한다.
- 비전의 명확화: 가치가 명확해야 하는 것처럼 비전은 가치에 따라 행동할 것을 기대하는 사람들이 쉽게 이해해야 한다. 가장 효과적인 비전은 다른 사람들이 이해할 수 있는 언어로 기술한 것이다.
- 비전의 조정: 비전은 수정을 필요로 한다. 문제가 발생할 때 근로자들과 리더들은 융통성을 유지하고, 원래의 비전을 수정하고, 개선하기 위해 노력한다.

(2) 가치공유

구성원들이 일상 과업을 수행할 때 가치가 모든 구성원을 안내하기 때문에 리더의 가치 촉진과 인식은 조직성공에 중요하다. 동료들 간에 공유된 가치를 촉진하는 방법은 명확성과 의견일치이다. 리더가 조직의 가치에 따라서 행동하는 것을 추종자들이 본다면 가치가 실제로 조직에 중요하다는 것을 확신한다. 공유된 가치를 갖고 있는 조직은 많은 이점이 있다. 이점은 높은 수준의 회사 충성도, 작업과 배려에 관한 규범, 개인적 효과성의 강한 느낌, 중요한 조직목표에 관한 의견일치, 직무스트레스와 긴장의 감소 등이 있다. 공유된 가치는 사업장에서 윤리적 행동을 촉진한다. 조직의 윤리적 기준은 구성원의 특정한 윤리규정보다 더 좋게 차이를 해결하는데 적합하다.

(3) 변화관리

목표를 설정하기 위해 예리한 지도자들은 변화를 기대하고 효과적으로 관리한다. 언제나 변화에는 저항이 있다. 어떤 사람들은 현 상태를 좋아하고, 어떤 사람들은 변화가 불리하게 영향을 미칠 것을 두려워한다. 변화의 결과가 예측 불가능하기 때문에 어떤 사람들은 변화를 저항한다. 변화를 위한 계획을 지지하는 결정을 하고 홍보함으로써 리더들은 변화의 대리인이 된다. 조직에서 변화관리에 필요한 단계가 있다.

- 비전이 실행될 때 발생할 수 있는 문제를 예상한다.
- 조직은 비전에 집중한다.

- 리더와 종업원들은 과정보다는 결과를 더 생각한다.
- 변화에 전념하는 사람들은 강력한 지원 네트워크를 구축한다.

(4) 미래지향적 기술

정보가 세계와 국가 경제에서 가장 중요한 산물이 되어감에 따라 정보의 획득, 이해, 분석과 커뮤니케이션 능력은 조직성공과 리더에게 중요하다. 신입직원은 예기치 않은 기술적 요구에 직면하게 된다. 만일 최근에 졸업했다면 컴퓨터 세대이기 때문에 새로운 커뮤니케이션과 정보기술에 관하여 기존 직원보다 더 많은 것을 알 것이다.

3) 청취기술

관리자들은 탁월한 커뮤니케이션 기술을 습득해야 한다. 커뮤니케이션은 사업장에서 이루어지는 피드백을 주고 인식하는 것으로 가장 중요한 커뮤니케이션 기술은 청취기술이다. 청취기술은 종업원들에게 반응하고, 종업원의 동기와 의도를 이해하는데 필요하다. 상위수준의 관리자는 환경 내에 있는 정보를 끊임없이 청취해야 한다. 사업을 향상하기 위해서 관리자는 시장상황을 감시하고, 공급자와 다른 사업 파트너와의 관계를 관리하고, 정부규제에 정통해야 한다. 효과적인 청취, 언어와 비언어 기술 이외에도 권한위임은 조직의 공유된 가치와 비전 안에서 근로자들을 위해 생각하고 행동할 수 있는 기회를 제공한다. 신뢰, 이해와 권한위임의 이점은 관리자나 리더들의 통제 없이 근로자들이 주도권을 갖기 때문에 창조성과 생산성이 향상된다.

4) 이해와 신뢰유지

이해는 종업원들이 말하는 것에 주의를 하는 것에서 시작한다. 리더가 종업원들의 투입을 높게 평가하고, 그들의 논평을 진지하게 받아들이는 청취는 이해를 촉진한다. 종업원들에게 조언, 의견과 제안 요청은 리더가 청취에 열린 마음을 보여주는 방법이다. 종업원들이 자신들의 아이디어가 높게 평가된 것을 알 때 아이디어를 더 많이 제공할 것이다. 리더가 문제를 보는데 선입견이 있다면 문제를 좁은 방법으로 표현한다. 종업원들의 이해와 신뢰를 유지하는 데 도움이 되는 제안은 다음과 같다.

- 동료들을 문제의 토론에 포함한다.
- 개인적인 생각을 장려한다.
- 부하가 리더에게 아이디어를 커뮤니케이션하는 것을 쉽게 한다.

• 아이디어를 장려하고, 조언을 준 사람에게 보상한다.

리더들과 종업원들이 상호신뢰를 달성하면 신뢰를 유지하면서 근무한다. 신뢰를 유지하는 데는 일관성, 일치성, 신뢰성과 진실성이 있다. 일관성은 방해에도 불구하고 비전과 목표에 집중을 유지하고, 과정을 계속 유지할 수 있는 능력이다. 추종자들은 많은 역경에도 불구하고 조용하고 열중하는 리더들을 존경하고 신뢰한다. 일치성은 리더들이 말한 것과 행동하는 것 간의 유사성이다. 리더의 행동은 자신의 진술, 목적과 견해와 일치해야 한다. 신뢰성은 리더들이 도움이 필요한 동료와 종업원들을 지원하는 것을 의미한다. 진실성은 종업원과 조직의 복지를 연결하고, 약속과 책무를 지키는 것이다. 종업원들이 리더의 결정과 동일하지는 않지만, 관심을 명백하게 유지하고 자신의 말을 지키는 리더를 신뢰할 것이다.

제5절 집단과 팀

1. 집단의 이해

집단구성원들은 다른 구성원에게 어느 정도의 영향력을 갖고 있다. 설득력 있고, 뒷받침하는 논증을 표현하는 참여자들은 집단에서 다른 사람에게 강하게 영향을 미친다. 영향력은 언어뿐만 아니라 비언어로 행사될 수 있다. 다른 사람에게 찡그리는 집단구성원들은 사람들이 반응하고, 말하거나 심지어 투표하는 방식에 영향을 미친다. 또한 각 구성원들은 집단의 일원으로서 자신을 규정하고, 구성원으로서 외부인에 의해서 규정된다. 구성원들은 집단에서 계속 만나고 상호작용함에 따라 유대감을 형성한다.

1) 집단의 개념

인간은 다른 사람들과의 커뮤니케이션을 통해 자아 정체성을 형성하고, 집단맥락에서 많은 상호작용을 한다. 집단(group)은 둘 또는 그 이상의 사람들이 대면적 상호작용을 하면서 서로가 집단에 속한 것을 알고, 긍정적 상호의존성을 인식하며, 상호간 목적달성을 위해 노력하는 조식이다. 십단에는 가족, 친구집난, 작업집단, 위원회, 문제해결집단, 창조싱집단, 치료집단 등이 있다. 조직맥락에서는 작업집단과 문제해결집단에 집중한다. 집단을 정의하는 방법은 집단 내에 있는 구성원의 행동을 보는 것이다.

Sense 집단의 특성

- 최소 2인 이상의 일정한 구성원이 유사한 관심사와 목적을 가지고 있다.
- 집단구성원 간에 공유된 성취 가능한 공동의 목적이 있다.
- 대면적 의사소통 및 상호작용을 통해 소속감, 정체감, 연대감이 형성된다.
- 상호작용과 집단 내 행동을 규제하는 사회통제 기능과 집단문화가 있다.
- 구성원들 간의 상호작용으로 집단의 특성이 형성되며, 구성원의 행동에 영향을 준다.
- 집단을 둘러싼 여러 환경과의 지속적인 교류를 통해 집단의 기능이 발달한다.
- 집단은 형성부터 해체까지 지속적 변화의 발달단계를 가진다.

2) 준거집단의 유형

집단은 동일한 관심을 갖고 모여 일관되고 획일적인 활동을 하는 사람들의 집합이다. 회원집단(membership group)은 명확히 개인이 소속되어 있는 집단이지만, 준거집단(reference group)은 개인의 행동에 직접적 또는 간접적인 영향을 미치는 개인이나 집단이다. 두 집단이 일치할 때도 있고, 개인의 소속집단이 준거집단일 때도 있다. 준거인(referent)은 타인의 행동에 직접 또는 간접적으로 영향을 미치는 사람이다. 집단은 규범과 가치를 제공하며, 구성원 개개인의 사고와 행동방식에 영향을 미친다. 개인이 자신의 태도

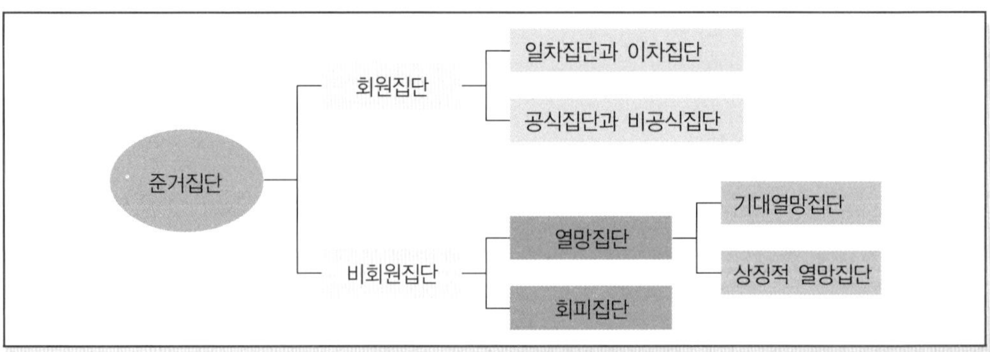

| 그림 9-18 | 준거집단의 유형

와 행동을 결정하는 데 있어서 준거의 틀로써 집단을 이용한다. 준거집단은 회원집단과 비회원집단으로 구분된다. 회원집단은 일차집단과 이차집단, 공식집단과 비공식집단이 있고, 비회원집단은 열망집단과 회피집단이 있다.

(1) 회원집단

미국의 사회학자 쿨리(Cooley)는 집단의 유형을 일차집단과 이차집단으로 분류하였다. 일차집단(primary group)은 구성원들이 친밀한 관계를 유지하고 광범위한 특징과 상호작용을 공유하는 집단인 반면, 이차집단(secondary group)은 구성원들이 대면적인 접촉을 드물게 하거나 결코 하지 않으며, 비개인적으로 제휴하고, 단지 하나 또는 약간의 특징과 공동관심사를 공유하는 집단이다. 공식집단은 집단구성원의 자격조건이 명확히 알려져 있고, 조직구조가 문서화되어 있는 집단으로써 직장, 지역자치단체, 교회 등이 있다. 비공식집단은 상호 간의 친목에 근거하여 조직된 집단으로써 조직의 구조가 엄격하지 않고, 대체로 문서화되어 있지 않다.

(2) 비회원집단

비회원집단은 개인이 특정 집단에 소속되어 있지는 않지만, 개인의 사고나 행동양식에 영향을 미치는 집단으로 열망집단과 회피집단이 있다. 열망집단(aspiration group)은 개인이 현재 소속되어 있지는 않지만, 소속되기를 원하는 집단으로 기대열망집단과 상징적 열망집단이 있다. 기대열망집단(anticipatory aspiration group)은 개인이 장래에 소속될 가능성이 있는 집단으로서 개인과 집단 간에 직접적인 접촉이 이루어진다. 한편 개인이 소속될 가능성은 희박하지만, 집단의 신념과 태도를 개인이 수용하는 집단을 상징직 열망집단(symbolic aspiration group)이라고 한다. 상징적 열망집단으로는 유명 연예인이나 스포츠맨 등이 있다. 회피집단(dissociative group)은 개인이 현재 소속되지도 않았고, 향후에도 소속되기를 원치 않는 집단으로 개인은 집단구성원의 가치나 행동을 회피하고자 하며, 범죄집단이 해당한다.

3) 준거집단의 영향

준거집단은 구성원들의 행동에 직간접적으로 많은 영향을 미친다. 준거집단은 개인에 대하여 기능이 있다. 첫째, 개인에 대하여 행위의 기준을 설정하는 기능이고, 둘째, 개인이 자신과 다른 사람을 평가할 때에 평가의 기준을 제공하는 기능이다. 이러한 준거집단의 사회적 영향으로는 규범적 영향, 정보적 영향, 가치 표현적 영향과 비교기준적 영향이 있다.

- **규범적 영향**: 준거집단은 집단의 규범과 기대에 순응하는 구성원들에게는 보상을 제공하고, 그렇지 않은 구성원에게는 제재를 가함으로써 집단규범에 순응하게 한다. 집단규범에 대한 순응은 구성원들이 집단의 행동을 모방하고, 집단에서 수용되는 규범, 태도나 행동에 영향을 미치는데, 집단규범에 순응할 때 주어지는 기본적인 보상은 사회적 수용(social acceptance)이다.
- **정보적 영향**: 개인이 준거집단 구성원들의 행동과 의견을 참조하여 자신의 태도나 행동을 결정할 때 나타난다. 예를 들면, 소비자들이 준거집단인 전문가의 증언이나 친구가 특정한 제품을 추천하는 경우이다.
- **가치 표현적 영향**: 자신의 자아 이미지를 유지하고 강화하기 위해 어떤 집단의 규범, 가치, 행동을 따른다. 열망집단과 동일시하고, 회피집단과는 차별화한다.
- **비교기준적 영향**: 자신과 준거집단의 태도, 신념 등의 일치여부에 따라 준거집단과 연결하거나 분리하는 것으로 제품을 사용하는 일반인이 광고 모델보다 신뢰감과 호감을 더 얻을 수 있다.

4) 준거집단 영향의 결정요인

준거집단은 집단의 매력이 있어야 구성원들의 일치된 행동을 유인할 수 있고, 준거집단의 구성원들에게 많은 영향을 준다. 다음은 준거집단에 영향을 주는 개인적 요인이다.

- **집단의 매력성**: 구성원이 집단에 대한 태도가 호의적일수록 매력은 증가한다.
- **타인의 행동지식**: 주위 사람의 행동을 잘 알수록 영향을 받을 가능성이 높다.
- **자신감**: 자신감이 강한 사람일수록 특정 문제에 대한 준거집단의 영향력은 적다.
- **개성**: 타인 지향적 사람들은 존경하는 준거집단과 동료들의 가치와 태도에 민감하게 영향을 받는다.

5) 집단수명주기

집단은 항상 변하는 동적 시스템이다. 집단은 함께 성장하고, 궁극적으로 흩어진다. 어떤 사람들은 집단에 가입하고, 어떤 사람들은 집단을 떠난다. 이러한 변화는 역동적이고, 집단의 성격을 변형한다. 집단의 사회화는 집단구성원들이 어떻게 상호작용하고, 관계를 형성하는지를 포함한다. 사람들이 한번 태어나서 변하듯이 집단도 변한다. 집단구성원들은 서로 연합하고, 커뮤니케이션하거나 상호작용하는 과정을 경험한다. 지도적 위치에 있는 사람들은 집단의 필요와 다른 환경이 변화함에 따라 지도 위치가 상승하거나 하락할 수 있다.

인간은 자신의 출생, 부모, 언어나 문화를 선택할 수 없지만, 커뮤니케이션을 통해서 이러한 것들을 알게 된다. 또한 성장하고, 나이 들고, 병들고, 사망하고, 자신을 알고, 재능을 발견하고, 다른 사람들을 만난다. 이와 같은 방식으로 집단은 동일한 단계를 경험하고, 생활과 관계된 많은 특징을 띤다. 집단은 시간이 흐름에 따라 성장하고, 질병, 역기능을 극복하고 번한다. 개인들이 영원히 생존하지 않듯이 집단도 마찬가지이다. 집단발전의 모델은 집단발전의 단계를 나타내고, 새로운 집단에 가입할 때 기대할 수 있는 단계를 예측할 수 있다. 집단은 형성, 격동, 규범, 성과와 산회단계로 발전한다.[27]

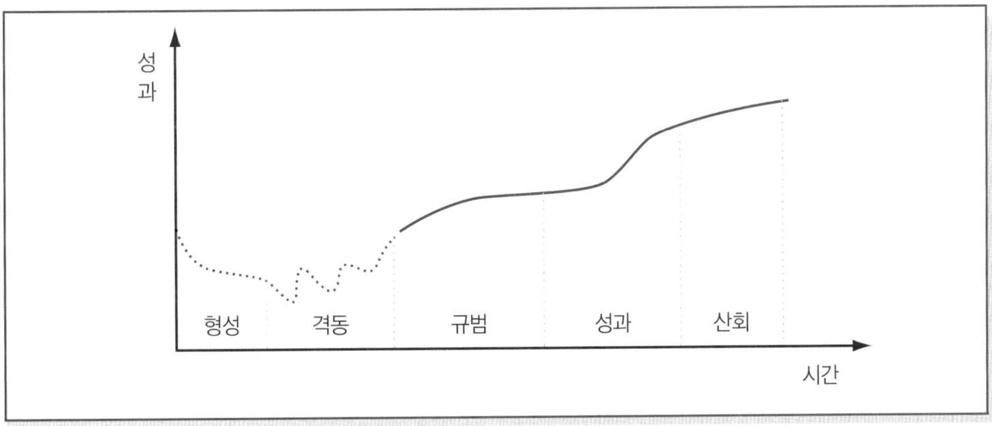

| 그림 9-19 | 집단의 발전단계

| 표 9-7 | Tuckman의 집단발전 선형모델

단계	활동
형성단계(Forming)	구성원들을 하나로 합치고, 서로 배우고, 집단의 목적을 결정한다.
격동단계(Storming)	성원들은 더 직접적인 커뮤니케이션에 관여하고 서로 알게 된다. 집단구성원들 간의 갈등은 이 단계에서 종종 발생한다.
규범단계(Norming)	구성원들은 커뮤니케이션하고, 일하는 방법에 관한 말과 비언어 규칙을 제정한다. 신분, 서열과 역할이 수립된다.
성과단계(Performing)	구성원들이 목적을 수행하고 목적에 이른다.
산회단계(Adjourning)	구성원들이 집단을 떠난다.

27. Tuckman, B.(1965).

2. 팀의 이해

팀(team)은 공동의 목표를 달성하기 위해 사명과 작업에 대한 책임을 공유하는 둘 이상의 사람이다. 조직의 목적을 달성하기 위해 조직은 함께 작업하고, 활동을 조정하는 다양한 개인과 집단을 구성한다. 조직에서 많은 업무는 상호의존적이다. 개인과 부서는 업무를 완수하기 위해 개인과 부서에 의존한다. 업무가 매우 상호의존적일 때 팀은 성공적인 업무완수에 필요한 자원의 교환, 조정과 정보공유를 확보하는 가장 좋은 방법이다.

1) 팀의 개념

팀(team)은 구체적인 목적을 완수하기 위해 업무 간에 상호작용을 하고, 조정하는 두 사람 이상의 소수 집단이다. 팀은 집단의 특별한 형태이다. 공동의 목적을 달성하기 위해 함께 일하는 사람들의 집단이다. 팀은 공동의 목적, 성과에 전념하는 보완적인 기술을 가지고, 상호책임을 지는 사람들의 작은 수이다. 예를 들면, 구글은 새로운 아이디어를 평가하고, 실행여부를 제시하기 위해 3~4명의 구성원으로 팀을 구성한다. 팀은 보통 3명으로 구성되고, 팀원들은 정기적인 상호작용을 한다.

- 팀은 두 사람 이상이 필요하다.
- 팀원들은 정규적으로 상호작용하고 협조한다.
- 팀원들은 공동의 목표를 가지고 있다.

팀원들은 성과목표를 공유한다. 팀이 사람들의 집단이라 하더라도 두 팀은 교환할 수 없다. 사용자, 교사나 지도자는 사람들의 집단을 만들 수 있으나 팀을 구축하지는 않는다. 팀은 고유한 사명감과 집단적인 책임감을 포함한다. 점심 판매대에 줄을 서있거나 승강기에

| 표 9-8 | 팀과 집단의 차이

팀	집단
• 리더십 역할의 공유와 교대	• 지정된 강력한 지도자
• 서로에게 책임이 있는 팀 유지	• 책임을 지는 개인
• 구체적인 팀 비전이나 목적설정	• 집단과 조직을 위한 동일한 목적설정
• 공통적인 업무성과물 보유	• 개별적인 작업 성과물
• 개방형 토론과 문제해결을 촉진하는 회의운영	• 효과적인 회의운영
• 공동 작업을 평가하여 직접 측정 효과	• 효과성의 간접적 측정
• 작업의 토론, 결정과 공유	• 토론, 결정, 작업 개인에게 위임

타고 있을 때처럼 상호작용을 하지 않는 사람들은 팀을 구성하지 않는다. 팀은 발표, 주제토론, 보고서 작성, 새로운 설계나 시제품 제작처럼 구성원들이 공동목적이나 제품에 집중된다는 의미에서 집단과 다르다.

팀워크(teamwork)는 팀(team)과 일(work)이 결합된 단어이다. 팀은 생산이나 문제해결에 정상적으로 기여하는 집단의 형태이다. 팀은 구성원들에게 과업을 부과한다. 팀의 각 구성원은 기술, 재능, 경험과 교육을 보유한다. 각 구성원은 팀이 성공하기 위해서 자신의 의무를 수행해야 하고, 팀은 구성원들의 경합된 활력과 재능으로 개인보다 더 높은 성과를 달성할 수 있다. 개인들은 집단에 대한 귀속감과 다양한 견해를 갖고, 다양성은 활기를 돋울 수 있다. 팀은 의사결정에 구성원을 관여시킴으로써 긍정적인 결과를 낳을 수 있다. 사람들은 프로젝트와 목표에 주의가 집중되는 성공적인 팀에 속하기를 원한다. 팀의 중요한 부분이라고 지각할 때 구성원들은 생각과 의견을 기꺼이 표현하고, 행동을 추구한다. 다음은 성공적인 팀을 구성할 때 고려해야 할 가치 있는 요소이다.[28]

- 구성원들을 현명하게 선택한다.
- 합리적인 지도자를 선택한다.
- 협력을 촉진한다.
- 목표를 명확히 한다.
- 몰입을 이끌어낸다.
- 책임을 명확히 한다.
- 신속한 행동을 주입한다.
- 기술을 적용한다.
- 신속한 피드백을 제공한다.

집단역학(group dynamics)은 일정한 사회적 상황에서 집단구성원 상호간에 존재하는 상호작용이다. 팀의 상호작용을 포함하고, 구성원들이 목표와 사명의 일부분이라고 느끼는 정도에 영향을 준다. 강한 정체성을 갖는 팀은 강력한 힘이 있지만, 시간과 몰입이 필요하다. 구성원들을 과도하게 통제하는 팀은 위험이 있거나 창조적 상호작용을 감소하고, 좁은 시야(tunnel vision)에 매몰될 수 있다. 팀원들이 다양한 관점을 표현하고 문제에 접근하기 때문에 동기와 촉진 간의 균형, 통제와 영향력은 어려운 과제이다.

---

28. Thill, J. V. & Bovee, C. L.(2002).

2) 팀의 성격

문제해결팀과 과업팀은 특정한 과업을 해결하고, 그런 다음 목표를 달성하면 해체된다. 이러한 팀은 서로 다른 전문지식과 책임을 갖고 있는 다양한 부서로부터 사람을 끌어 모은 다기능적인 팀이다. 다양한 의견과 전문지식은 최선의 결정에 이를 수 있지만, 경합되는 이해는 효율적인 커뮤니케이션이 필요하고 긴장이 된다. 팀이 성공할 때 생산성, 창조성, 종업원 참여와 직무 안정성이 향상된다. 회사의 의사결정에 종업원들이 참여하기 때문에 팀은 참여경영의 핵심이다. 성공적인 팀은 정보와 지식의 향상, 다양한 견해의 증가, 해결안 수용의 증진과 성과의 향상 등 많은 장점을 제공한다.

- 정보와 지식의 향상: 개인들의 경험을 결합함으로써 팀은 의사결정과정에서 많은 정보에 접근할 수 있다.
- 다양한 견해의 증가: 구성원들은 의사결정과정에 다양한 관점을 제공할 수 있다.
- 해결안 수용의 증진: 의사결정에 참여하는 사람들은 해결안을 더욱 지지하고, 다른 사람들이 수용하도록 촉진한다.
- 성과의 향상: 팀에서 작업하는 것은 목적의식과 상호책임감을 공유하는 근로자들의 창조성과 정력을 향상한다.

가장 효과적인 팀은 명확한 목적, 목적의 공유감과 강력한 신뢰감을 갖고, 자유롭고 정직하게 커뮤니케이션하고, 합의로 의사결정을 하고, 창조적으로 생각하고, 갈등해결 방법을 안다. 이러한 팀은 파괴적인 갈등에 의해 해체되지 않고, 시간과 정력을 작업에 집중할 수 있다. 이와 달리 이러한 특징이 하나 이상 부족한 팀은 갈등에 빠지거나 시간과 자원을 낭비하는 잠재적인 단점이 있다. 최악으로 팀에서 작업하는 것은 집단사고 위험이나 시간낭비가 될 수 있다. 팀은 다음과 같은 단점을 알아야 하고, 대응하기 위한 노력을 해야 한다.

- 집단사고: 팀은 행동규범을 준수해야 하는 무서운 압력이 있다. 반대나 인기가 없는 의견을 취소하도록 하는 동료압력이 있을 때 집단사고가 나타난다.
- 숨겨진 안건: 어떤 팀 구성원들은 집단을 통제하고, 어떤 사람들을 약화시키는 것처럼 사적이고 비생산적인 동기인 숨겨진 안건을 갖고 있을 수 있다.
- 비용: 일정을 조정하고 회의를 계획하는 것은 많은 시간과 돈을 소비한다.

3) 팀의 유형

팀은 영구적이거나 장기적일 수 있으나, 제한된 시간 동안만 존재하기도 한다. 문제가 해결될 때까지 특정한 문제를 처리하는 과업집단(task force)은 임시적인 팀이다. 제품개발팀처럼 임시적일 수 있다. 기업은 많은 유형의 팀을 사용한다. 어떤 기업은 조직의 공식구조의 일원으로 팀을 조직하지만, 어떤 기업은 종업원 참여를 증진하기 위해서 설계된다. 팀의 유형은 작업팀, 문제해결팀, 자율팀, 다기능팀과 가상팀이 있다.

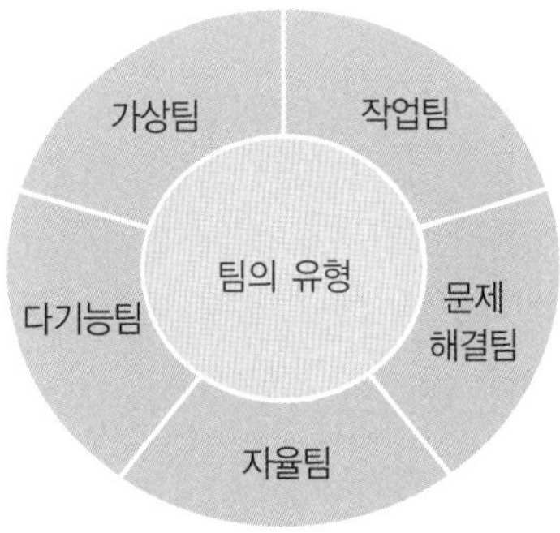

|그림 9-20| 팀의 유형

(1) 작업팀

작업팀(work team)은 반복적인 과업에서 작업하는 종업원들의 집단이다. 작업팀은 직무 내용이 자주 변경되고, 제한된 기술과 특정한 의무가 있는 종업원들이 대처할 수 없을 때 가장 유용하다. 작업팀은 구성원들이 함께 과업을 수행하는 집단이다.

(2) 문제해결팀

문제해결팀(problem-solving team)은 특정한 문제를 해결하기 위해 모이는 임시적인 작업자들의 결합이다. 문제가 해결된 후에는 해체된다. 문제해결팀은 제한된 기간에 형성되고 소멸되기 때문에 조직구조에 큰 영향을 미치지는 않는다.

(3) 자율팀

자율팀(self-managed team)은 다방면의 기술을 보유한 5~15명의 종업원들이 팀을 구성하여 감독자 없이 생산에 관한 결정을 스스로 내리며 독자적으로 생산활동을 수행하는 경영참가제도이다. 구성원들이 직무수행 절차, 과업의 분담, 새로운 구성원의 선발 등과 같은 문제에 대해 결정할 수 있는 권한과 능력을 갖는다.

(4) 다기능팀

다기능팀(cross-functional team)은 조직 내의 서로 다른 부서에서 온 소수의 사람으로 구성된 팀으로 특정한 과업을 완수하는 책임을 서로 지게 되고, 이를 교차기능팀 또는 과업집단(task force)이라고도 한다. 다기능팀은 특정한 과업이 완성될 때까지만 존재한다. 다기능팀은 신제품을 개발하거나 새로운 프로젝트를 수행하기 위해서 사용된다.

(5) 가상팀

가상팀(virtual team)은 정보통신 기술의 발달로 연결된 지리적 또는 조직적으로 분산된 구성원들로 구성된다. 가상팀은 파견근로자, 협력사의 직원, 고객, 공급업자, 컨설턴트 또는 다른 외부인으로 구성된다. 팀 구성원들은 비록 대면회의를 하더라도 협업하고, 작업수행을 위해 이메일, 메시지, 전화, 블로그, 화상회의와 기타 기술도구를 사용한다. 많은 가상팀은 고객 문제해결이나 특정 프로젝트 수행을 집중하는 교차기능팀이다. 가상팀의 주요 장점은 복잡한 프로젝트를 완수하거나 특정한 전략적 기회를 이용하기 위해 가장 적절한 사람의 집단을 신속하게 구성할 수 있는 능력이다. 관리자들이 가상팀을 지휘할 때 다루어야 할 중요한 영역은 관계를 구축하기 위한 기술사용, 기술을 통한 문화형성, 진행과정 추적과 종업원 보상 등이 있다.

- 관계구축을 위한 기술사용: 리더는 가상환경에서 작업하기 위해 기술, 대인과 커뮤니케이션 기술을 갖춘 사람을 선발하고, 팀원들이 서로 알 수 있는 기회를 확실히 제공하고, 신뢰관계를 확립해야 한다. 소셜 네트워크의 장려는 가상팀 성공의 핵심이다.
- 기술을 통한 문화형성: 기술을 통한 문화형성은 사람들이 관심사를 표현하고, 실수를 허용하고, 아이디어를 공유하고, 공포를 인식하거나 도움을 요청하는데 안전하다고 느끼는 가상환경을 창조하는 것을 의미한다. 리더는 다양성 문제를 개방적으로 다루고, 가상환경에 있는 커뮤니케이션 문제나 오해를 야기할 수 있는 문화적 차이를 구성원들에게 교육해야 한다.
- 진행과정 추적과 종업원 보상: 진행과정 추적과 종업원 보상은 리더가 프로젝트 개발의 정점에 있고, 팀이 목적을 충족하기 위해 어떻게 진행되는지를 모든 사람들이 알게 한다. 리더는 정기적인 피드백을 제공하고, 가상적인 수상식과 가상회의와 같은 방법을 통해 개인과 팀의 성취를 보상한다.

|표 9-9| 효과적인 가상팀 관리

전략	방법
관계구축을 위한 기술사용	• 다양한 기술과 의견에 대한 관심과 중시 • 커뮤니케이션과 신뢰를 향상하기 위한 기술사용 • 적시적 온라인 반응 확보 • 온라인 사회화 관리
기술을 통한 문화형성	• 심리적 안전 가상문화 창조 • 구성원들의 전문지식과 강점 공유 • 아이디어 공유를 꺼리는 구성원 포용
진행추적과 종업원 보상	• 전자 커뮤니케이션 패턴 심사 • 목표게시와 평가표 사용 • 온라인 기념식, 인정을 통한 직원 보상

4) 팀의 딜레마

어떤 사람들은 팀워크의 아이디어를 좋아하지만, 어떤 사람들은 싫어하고, 어떤 사람들은 팀의 일원으로서 작업하는 것에 관하여 긍정과 부정적 감정을 갖고 있다. 팀의 딜레마는 자주성 위축, 무임승차자 용인과 역기능성 등이 있다.

(1) 자주성 위축

팀의 성공은 개인의 독창성과 행동이 아니라 구성원들이 함께 어떻게 잘 수행하는가에 달려있다. 팀워크는 집단성공을 위해 희생하는 것을 요구하고, 대부분의 사람들은 조직의 성공을 달성하기 위해 개인적 희생을 인식한다. 개인주의적 문화에서는 팀을 수용하고 높이 평가하는 것이 어렵지만, 집단주의 문화에서는 개인보다는 집단을 더 중시한다.

(2) 무임승차자 용인

팀은 때때로 다른 작업윤리를 갖고 있는 사람들로 구성된다. 팀 무임승차자(free rider)는 팀 구성원으로 혜택을 얻지만, 팀 과업에 적극적으로 참여와 기여하지 않는 팀 구성원이다. 어떤 구성원은 집단 프로젝트에 거의 노력하지 않으나 어려운 과업의 달성으로부터 혜택을 받는 경우가 있다. 동일한 노력을 하지 않는 무임승차는 사회적인 태만이다.

(3) 역기능성

팀은 때때로 역기능적이다. 어떤 회사는 팀으로 큰 성공을 하지만, 팀이 실패하는 경우도 많다. 관리자들은 팀워크가 야기하는 딜레마를 인식해야 한다. 어떤 사람들은 팀의 일원으로서 작업의 아이디어에 의해서 자극을 받지만, 어떤 사람들은 비판적, 냉소적이거나 짜증을 낸다. 팀 리더로서 무임승차의 가능성을 경계하고, 작업활동의 결과가 공평하게 배분되는 것을 확보해야 한다.

| 표 9-10 | 팀의 공통적인 역기능성

구분	역기능성	효과적인 팀 특성
신뢰	**신뢰의 부족**: 실수 노출, 관심사 공유나 아이디어 표현을 기피한다.	**신뢰**: 구성원들은 깊은 정서 수준에서 상호 신뢰한다.
갈등	**갈등의 공포**: 사람들은 조화를 위해 다른 사람과 잘 지내고, 갈등 의견을 표현하지 않는다.	**건전한 갈등**: 구성원들은 최적 해결안을 발견하기 위해 서로 불일치와 도전을 즐겁게 느낀다.
몰입	**몰입의 부족**: 사람들이 자신의 참된 의견 표현을 두려워한다면 수행에 그들의 참된 몰입을 얻기 어렵다.	**몰입**: 모든 아이디어가 테이블 위에 있기 때문에 사람들은 중요한 목적과 결정에 동의를 궁극적으로 얻을 수 있다.
책임성	**책임의 회피**: 사람들은 결과에 대한 책임을 인정하지 않고, 일이 잘못된 점을 비난한다.	**책임성**: 구성원들은 책임성의 원천으로써 관리자에게 의존하기보다는 오히려 서로 책임을 진다.
지향점	**결과 부주의**: 집단결과에 앞서 구성원들은 개인적인 야망을 갖고 있다.	**결과중시**: 개인적인 안건을 고려하지 않는다. 집단적인 결과를 성공으로 정의한다.

5) 효과적인 팀 구축

기능팀은 순조롭게 구성되지 않는다. 종업원들이 함께 모이고 과업을 잘 수행하기 위한 특별한 행동을 취하는 관리자에 의해서 조직에서 팀이 구축된다. 작업팀의 효과성은 산출결과, 개인적 만족, 적응과 학습능력에 근거한다. 만족은 구성원들의 개인적 욕구를 충족시키고, 몰입을 유지하는 것과 관련이 있다. 산출결과는 과업산출의 질과 양이다. 적응과 학습능력은 과업에 지식과 기술을 가져오는 팀의 능력이고, 조직에 있는 새로운 위협이나 기회에 반응하는 조직의 잠재력을 향상한다.

(1) 팀 갈등관리

팀 내의 구성원이나 다른 팀과의 충돌이 발생할 수 있다. 갈등(conflict)은 한 쪽이 다른 쪽의 의도나 목표를 방해하는 적대적인 상호작용이다. 조직은 사람들에게 높은 성과를 격려하기 때문에 개인들 또는 팀들 간에 있는 경쟁은 건전한 영향을 준다. 그러나 사람들이 팀에서 함께 작업을 할 때 갈등은 불가피하다. 갈등을 효과적으로 해결하는 것은 팀 리더의 가장 어려운 과제이지만 가장 중요한 과업이다. 내적 갈등을 다루는 방법이 성공에 중요하지만, 사람들이 공간, 시간과 문화적 차이로 분리되어 있기 때문에 가상팀 내의 갈등은 더 자주 발생하는 경향이 있고, 해결하는데 더 오래 걸린다.

(2) 갈등과 협력의 균형

경미한 갈등은 실제로 팀에게 도움이 될 수 있다. 건전한 갈등 수준은 사람들이 응집력이 있는 집단에 너무 몰입해서 반대 의견을 표현하는 것을 꺼리는 집단사고(groupthink)를 예방하는데 도움이 된다. 어느 정도의 갈등은 여러 관점이 표현되기 때문에 좋은 의사결정으로 이어진다. 낮은 수준의 갈등은 잘못된 의사결정이 될 수 있다. 과업이 아닌 개인적인 문제에 집중되거나 적절하게 관리되지 않는 갈등은 팀의 사기와 생산성에 해로울 수 있다. 과도한 갈등은 파괴적이고, 관계를 허물고, 아이디어와 정보의 건전한 교환을 방해한다.

팀 리더는 갈등과 협력 사이에 적절한 균형을 찾아야 한다. 팀은 의견과 아이디어의 결합으로 이익이 없기 때문에 지나치게 적은 갈등은 성과를 감소시킬 수 있다. 과도한 갈등은 팀의 협력적 노력을 저지하고, 종업원 만족과 몰입을 감소하고, 팀의 성과를 해친다. 적절하게 관리되는 갈등은 최고 수준의 팀 성과에 이를 수 있다.

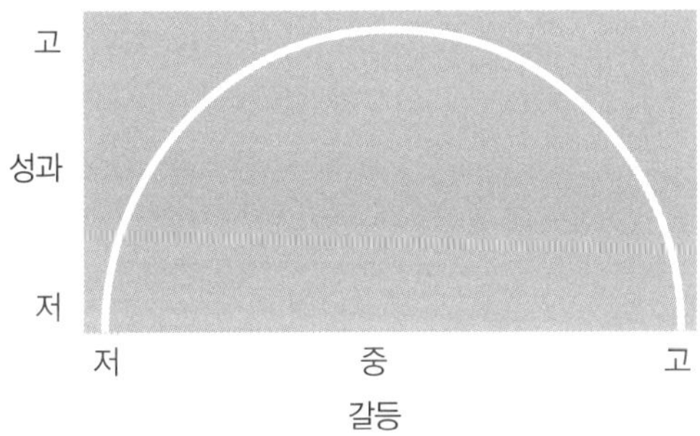

| 그림 9-21 | 갈등과 협력의 균형

출처: Daft, Richard(2010), *Management, Ninth Edition*, South-Western, Cengage Learning, Canada.

(3) 갈등의 원인

갈등의 원인은 다양하다. 갈등의 주요 원인은 자금, 정보와 소모품과 같은 자원에 대한 경쟁이다. 개인들이나 팀이 희소하거나 감소하는 자원에 대해 경쟁해야 할 때 갈등은 거의 불가피하다. 또한 사람들이 다른 목표를 추구하기 때문에 갈등이 발생한다. 목표 차이는 조직에서 자연스럽다. 개별 판매원의 목표는 다른 사람이나 판매관리자와 충돌할 수 있다. 판매부서의 목표는 제조부서와 충돌할 수 있다. 갈등은 의사소통 단절로부터 발생될 수 있다.

충분하지 못한 의사소통은 어떤 팀에서도 발생할 수 있으나 가상과 세계 팀은 특히 의사소통이 단절되기 쉽다. 구성원들이 중요한 의사소통의 상호작용에서 빠져있다고 느낀다면, 신뢰문제는 가상팀에서 갈등의 주요 원천이다.

(4) 갈등관리의 유형

개인뿐만 아니라 팀은 자신의 관심사와 다른 사람의 관심사를 충족시키기 위해 갈등을 다루는 특별한 유형을 개발한다. 갈등을 다루는 유형은 경쟁유형, 회피유형, 타협유형, 협력유형과 수용유형이 있다. 갈등관리의 두 측면은 개인이 갈등에 접근할 때 독단(assertiveness)과 협력(cooperativeness)의 정도이다.

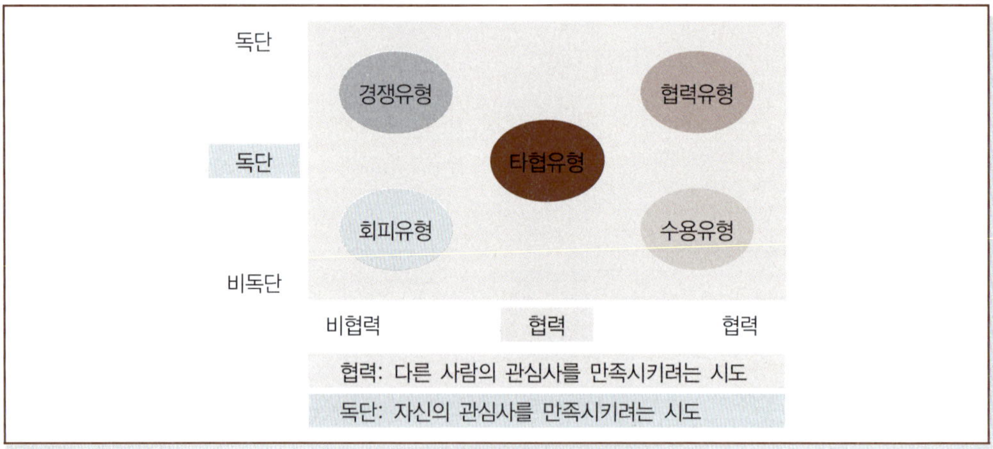

| 그림 9-22 | 갈등관리의 유형

출처: Thomas, K. W.(1992), "Conflict and Conflict Management: Reflections and pdate," *Journal of Organizational Behavior*, 13(3), 265-274.

- 경쟁유형(competing style): 독단적이고, 협력적이지 않아 신속하고, 과단성 있는 행동으로 비상이나 긴급한 원가절감과 같은 중요한 문제나 인기 없는 행동에 필수적일 때 사용되어야 한다.
- 회피유형(avoiding style): 독단이나 협력이 모두 없는 유형이다. 승리의 가능성이 없을 때, 더 많은 정보를 필요할 때나 혼란이 값 비싼 경우 이것은 적절하다.
- 타협유형(compromising style): 독단과 협력이 중간 수준이다. 양자의 목표가 동일하게 중요할 때, 상대방이 동일한 힘을 갖고 있고 양자가 차이를 나누기를 원할 때, 사람들이 시간압박으로 편리한 해결책에 도달할 필요가 있을 때 적절하다.

- 협력유형(collaborating style): 독단과 협력이 모두 높다. 실질적인 거래나 협상이 필요하더라도 양자가 모두 승리할 수 있게 된다. 타협이 너무 중요할 때, 합의를 위해 양측의 노력이 필요할 때 협력유형은 중요하다.
- 수용유형(accommodating style): 높은 협력이다. 잘못되었다고 사람들이 알 때, 문제가 다른 사람보다 자신에게 더 중요할 때, 추후 토론에서 사용을 위한 사회적 신용을 구축할 때, 조화유지가 특히 중요할 때 가장 잘 작동된다.

3. 집단 커뮤니케이션

인간은 원래 집단의 한 부분이다. 모든 생산집단에서 커뮤니케이션은 중요한 역할을 한다. 집단회의 중 어떤 구성원들은 정보를 요청하고, 어떤 구성원들은 정보를 제공한다. 구성원들 간에는 불일치가 있고, 구성원들은 지위와 표현을 명확히 한다. 집단에서 커뮤니케이션은 때때로 일치나 일관된 패턴으로 나타나지 않는다. 집단에서 뛰어난 참여자가 전체 대화를 거의 독차지하나 고립된 구성원은 거의 기여하지 않는다. 집단 리더는 다른 구성원과 상호작용하는 것을 장려하거나 말하는 사람을 통제한다.

1) 집단 커뮤니케이션의 성격

집단 커뮤니케이션은 집단에서 발생하는 문화적, 언어적, 지리적으로 유사한 사람들과의 정보교환을 의미한다. 집단구성원들은 상징, 특별한 언어나 용어를 사용한다. 예를 들면, 정보기술에 종사하는 사람은 인터넷과 관련된 서버(server)라는 용어를 사용하나 음식 서비스업에 있는 사람이 사용하는 서버(server)는 레스토랑에서 고객주문을 받는 근로자를 의미한다. 집단 커뮤니케이션(group communication)은 공동의 목표를 달성하기 위해 작업하는 두 사람 이상의 상호의존적인 구성원들 간의 상호작용이다. 집단은 정보를 받고 생산하며, 구성원들은 상호의존적이고, 집단은 목표를 갖고 있고, 예측할 수 없고 모순적인 긴장을 균형화한다. 집단 커뮤니케이션의 요소는 구성원, 공동목표, 상호작용, 상호의존성과 작업 등으로 이루어진다.

- 구성원(members): 두 사람 이상
- 상호작용(interaction): 집단구성원들은 의미를 생성하기 위해 언어와 비언어 메시지를 사용하고 관계를 구축한다. 커뮤니케이션은 상호작용을 필요로 한다.
- 공동목표(common goal): 공동목표는 집단을 정의하고 통합한다. 집단은 명확하고 높

은 목표를 갖고 있다. 이러한 목표는 성공한 집단과 실패한 집단을 구별하고, 행동을 안내하며, 기준을 설정하고, 갈등을 해결하고, 구성원의 동기를 부여한다.

- 상호의존성(interdependence): 집단구성원들은 다른 구성원들의 행동에 의하여 영향을 받거나 준다.
- 작업(working): 집단구성원들은 공동의 목표를 달성하기 위해 함께 작업을 한다.

| 그림 9-23 | 집단 커뮤니케이션의 요소

집단 의사결정에서 합의를 얻는 방법은 타협과 협력이다. 합의 의사결정은 전원동의를 필요로 하고, 결과적으로 응집력과 주인의식을 증가하고, 행동과정에 몰입하게 된다. 이러한 집단 의사결정 방식은 단점을 초래할 수 있다. 집단의 단점은 집단사고와 지나친 낙천주의이다. 집단사고는 응집력이 있는 집단이 부정적인 사고를 저지하는 현상이다. 집단은 초인이라는 과도한 낙천주의와 신념을 갖는 경향이 있다.

2) 집단 커뮤니케이션의 영향요인

집단은 참여자가 다양하기 때문에 집단 커뮤니케이션은 특별한 노력을 필요로 한다. 집단 커뮤니케이션의 질과 양에 영향을 미치는 여러 요인들 중에는 응집력, 규범, 역할, 순응, 집단사고와 갈등이 있다. 어떤 것은 집단 커뮤니케이션에 긍정적 영향을 주나, 어떤 것은 극복해야 할 장애물이다. 성공적인 집단 커뮤니케이션을 달성하기 위한 방법은 이러한 영향요인을 검토하는 것이다.

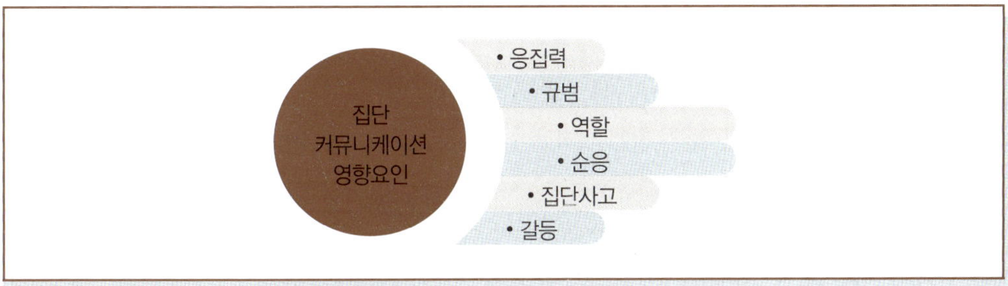

| 그림 9-24 | 집단 커뮤니케이션의 영향요인

(1) 응집력

응집력(cohesiveness)은 집단구성원들이 서로 단결하여 집단목표와 행동규범에 순응하는 강도이다. 즉, 집단이 단결하는 정도이다. 응집력은 두 가지가 있다. 집단은 구성원이 구성원 자격을 유지할 때 응집력이 있다. 집단구성원이 응집력을 갖는 이유는 다른 구성원에 대한 매력, 개인이 혼자서 얻을 수 없는 지각된 혜택과 포기할 수 없는 자금과 사회적 투자를 포함한다. 구성원이 집단과 강하게 동일하다고 생각된다면 집단은 응집력이 있다. 구성원들이 집단의 목적과 목표와 동일할수록, 집단의 활동에 관하여 다른 사람들에게 말할수록, 구성원이 자긍심을 가질수록, 집단은 더 큰 응집력을 갖게 된다.

(2) 규범

집단규범(group norm)은 집단구성원이 구성원 자격으로서 기대되는 행동기준이나 의식이다. 즉, 집단에서 수용하는 행동이나 사고의 반복적인 패턴이다. 규범은 집단에 의해서 결정되고, 집단 내에서 커뮤니케이션을 조절하는데 사용된다. 규범은 평범한 것부터 중요한 것까지 포함할 수 있다. 신입구성원은 집단에 참여할 때 관찰과 시행착오를 통해서 기존의 규범을 학습한다. 규범은 집단의 행동을 촉진하고, 개인구성원의 행동에 영향을 준다.

(3) 역할

집단의 모든 구성원은 각자의 역할(role)이 있다. 역할을 맡기는 사람이 집단에서 행동에 관한 어떤 기대를 갖도록 하는 것이다. 예를 들면, 학교에서 교수님에게 강의 역할을 기대하는 것과 같다. 학교는 교수님이 강의를 준비하고, 강의하고, 토론을 촉진하고, 시험을 준비하고, 성적표를 제출하는 것을 기대한다. 집단구성원들은 명확히 동일시할 수 있는 역할이 있다. 한 개인의 역할은 구성원이 집단에서 수행하는 기능이다. 리더, 통솔자, 정보관리자, 익살꾼과 분석자는 조직에서 맡은 역할을 표현한 것이다. 많은 역할이 가능하지만, 주된 역할은 과업역할과 문제역할이다.

① 과업역할

과업역할(task role)은 집단의 목적을 달성하고, 참여자와 의사결정을 촉진하기 위해 수행된다. 과업역할자의 유형은 정보대리인, 검토자, 주도자와 관리자가 있다. 정보대리인은 사실, 신념과 개인적인 경험을 제공하고, 드러난 아이디어나 의견을 명확히 하고, 추가적인 투입을 요청한다. 검토자는 관점을 명확히 하고, 다른 사람이 말한 것을 논평한다. 주도자는 해법을 제시하고, 새로운 아이디어를 주고, 문제의 새로운 정의를 제공함으로써 집단이 유지되도록 돕는다. 관리자는 사람들이 순조롭게 진행하고 시간을 알도록 유지한다.

② 문제역할

역할은 집단에 때때로 역기능적이거나 집단을 괴롭히기도 한다. 역할의 유형은 방해자, 회피자, 인식추구자, 고립자, 통솔자, 무임승차자와 이탈자가 있다. 방해자는 아이디어에 대한 불일치와 근거 없는 반대를 포함하여 부정적이고 완고한 저항행동을 멋대로 한다. 회피자는 입을 비쭉 내밀기, 냉소, 냉담이나 야단법석과 같은 행동으로 집단행동에 관여하지 않는다. 인식추구자는 자신의 자격에 관한 정보를 제공하고, 거드름을 피우거나 개인적 성취를 말함으로써 자신에게 관심을 끌려고 한다. 고립자는 참여할 수 없는 자이다. 통솔자는 너무 자주 말하거나 너무 길게 말하기도 한다. 무임승차자는 직무를 공유하지 않는다. 방해자는 끊임없이 비판하고 불만한다. 이탈자는 집단이 쓸데없는 것을 추구하도록 하는 사람이다. 사회화하는 사람은 사교와 개인적인 이유로만 집단의 구성원이 된 사람이다.

(4) 순응

순응(conformity)은 일련의 아이디어, 규칙이나 원칙에 동의하거나 일치하는 행동이다. 집단에서 아이디어는 하나 이상의 주도적인 구성원의 의견이다. 순응에 높은 가치를 두는 참여자들은 구성원들과 같은 태도를 취하기 위해 개인적인 입장을 포기하거나 타협한다. 어떤 면에서 순응은 부정적인 일치로 보인다. 만장일치 결정이 이루어지더라도 구성원들은 동료압력이나 지배적인 태도에 영향을 받는다.

(5) 집단사고

심리학자인 어빙 재니스(Irving Janis)는 『집단사고의 희생자들(Victims of Groupthink)』에서 집단사고(groupthink)의 개념을 제시했다. 협동의 목적은 갈등의 최소화와 효과성의 최대를 실현하기 위해 기능과 상호작용하는 노력이다. 집단의 응집력이 높고, 만장일치의 분위기가 있을 때 집단사고는 위험한 결정에 이를 수 있다.

① 집단사고의 개념

극단으로 치닫는 순응은 집단사고가 된다. 집단사고(groupthink)는 응집력이 높은 집단구성원들이 집단에서 의사결정 시에 만장일치에 도달하려는 분위기가 다른 대안들을 현실적으로 평가하려는 경향을 억압할 때 나타나는 구성원들의 왜곡되고 비합리적인 사고방식을 뜻한다.[29] 이것은 집단착각 현상으로 대안분석과 이의제기를 억제하고, 합의를 쉽게 이루려고 하는 심리적 경향이다. 즉, 집단구성원들이 대안에 대한 충분한 분석이나 토론 없이 쉽게 합의하고, 대안이 최선이라고 믿고, 합리화하려고 하는 현상이다. 집단사고에 빠지게 되면 구성원들은 새로운 정보나 변화에 민감하게 반응하지 못해 상황적응 능력이 떨어지게 된다. 집단사고는 조직을 경솔하게 만들고, 불합리한 결정을 내리고, 다른 사람들의 말을 무시하고, 조직 내에서 소란을 두려워한다. 집단사고에 사로잡힌 집단은 단합되거나 응집력 있는 전선을 외부에 나타내려는 노력으로 대안해결, 문제나 관심사를 발견할 수 없다.

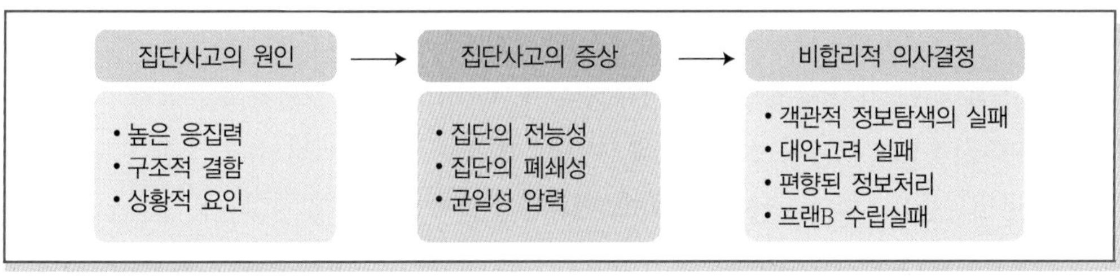

| 그림 9-25 | 집단사고의 과정

② 집단사고의 원인

높은 응집력이 있는 집단이 집단사고가 일어나는 이유는 말하지 않고도 이해를 한다거나 서로 간에 최소한의 설명이 없어도 일이 가능하다는 점이다. 비슷한 견해를 지닌 구성원들은 질문을 함으로써 응집력을 저해할 수 있기에 때문에 질문을 꺼린다. 다음은 조직의 응집력은 집단사고로 이어질 가능성이 높은 경우이다.

- 집단이 외부와 고립되어 충분한 토의가 이뤄질 수 없는 경우
- 외부로부터 위험이 임박하여 구성원의 스트레스가 고조되는 경우
- 지시적인 리더십인 경우
- 구성원들의 사회적 배경과 관념의 동질성이 높을 때

---

29. Irving Janis(1972).

③ 집단사고의 징후

집단사고는 집단구성원들이 집단의 능력을 과신하기 때문에 일어난다. 집단사고의 징후는 집단의 전능성, 집단의 폐쇄성과 균일성의 압력 등이 있다.

- 집단의 전능성(omnipotence): 집단구성원들은 집단이 전능하다고 간주한다. 이전 성공, 자아탐닉과 우월감이 이러한 태도를 유발한다.
- 집단의 폐쇄성(closed-mindedness): 집단은 지배적인 집단의견에 순응하지 않는 정보를 차단하는 경향이 있다.
- 균일성 압력(uniformity): 구성원의 의견, 가치와 아이디어의 동일성은 일방적인 의사결정이 된다. 자발적 균일성은 지배적인 집단의견에 대한 개인적 의심이나 반대 의견을 극소화한다.

④ 집단사고의 최소화

구성원들 간에 강한 응집력을 보이는 집단에서 만장일치에 도달하려는 분위기가 다른 대안들을 현실적으로 평가하려는 경향을 억압할 때 집단사고가 나타난다. 집단사고에 빠지게 되면 구성원들은 새로운 정보나 변화에 민감하게 반응하지 못해 상황적응 능력이 떨어진다. 다음과 같은 집단사고를 피하는 기술들을 사용하면 집단사고 경향을 줄일 수 있다.

- 행동질문과 평가: 자신의 행동을 질문하고 평가한다. 공개토론을 장려하고, 집단 리더가 중요한 평가자의 역할을 하도록 하는 것이다.
- 하부집단의 분할: 동일한 과업으로 하부집단을 나눈다. 종종 하부집단의 분할은 신선한 관점이 된다.
- 신뢰할 수 있는 외부인사 포함: 흠 없고 객관적인 견해를 얻기 위해 신뢰할 수 있는 외부인사와 함께 집단의 의사소통과 행동을 각 집단구성원이 하도록 한다.
- 의혹, 추측과 반대 의견 표현 특별회의 개최: 모든 의혹, 추측과 반대가 있는 특별 회의를 한다. 집단심의에서 어떤 의심이라도 표현하도록 구성원들을 장려한다.
- 문화적 다양성의 척도: 집단 내에 문화적 다양성의 척도를 갖는다. 집단이 남녀노소, 인종 등으로 구성될 때 다양한 생각에 관한 기회가 증가하고, 다양한 아이디어, 의견과 주장의 출현은 집단사고의 영향을 꺾을 수 있다.
- 옹호: 옹호는 다양한 견해의 장점과 약점, 찬성과 반대, 그리고 유리와 불리를 집단구성원이 고려하도록 한다.

Sense 의사결정의 함정

요인	설명
친숙성	친숙한 상황은 안전하거나 통제할 수 있다.
수락	다른 사람들이 좋아하는 결정을 따른다.
일관성	대안이 더 좋다고 제안하는 증거에도 이전 결정과 일치하는 선택을 한다.
사회적 증거	다른 사람들이 선택했다는 생각으로 좋은 선택이다.
확증적 편향	자신의 신념과 일치하는 정보는 수용하고, 일치하지 않는 정보는 무시한다.
최신효과	최근의 정보나 사건이 중요하다.
전문가효과	어떤 상황을 잘 아는 사람은 새롭거나 다른 상황에서 우수한 결정을 한다.
미입증 가정	결정의 편향으로써 그럴 듯하지만 미입증된 정보이다.
가능성 추정	극적이기 때문에 사건의 가능성을 과대 추정한다.
환상적 상관관계	예외적 사건의 가정은 형태나 사건을 대표한다.
지지이론	특정한 표현이 매우 자세해서 어떤 사건을 강조하고 결정에 영향을 준다.
정보폭포	루머가 거짓으로 판명될 때까지 신뢰하고, 유포가 진행된다.

Chapter 10

경영통제

Insight 10

실적 압박감 높을수록 회계조작 유혹

■ 호세 로드리게스 KPMG 글로벌 감사위원회지원센터 리더

호세 로드리게스 KPMG 글로벌 ACI 리더는 "회계 투명성 제고는 기업의 장기적 성장에 필수적인 요소"라고 지적했다. 분식회계에 대한 처벌 수위는 한국보다 미국에서 훨씬 높은 것 같다. 회계부정을 저지른 CEO가 시간이 흐른 후 다른 기업의 CEO가 되는 경우가 한국에 있었다고 들었는데 미국에서는 생각할 수 없는 일이다.

■ 대우조선해양의 분식회계 규모가 5조 4,000억 원

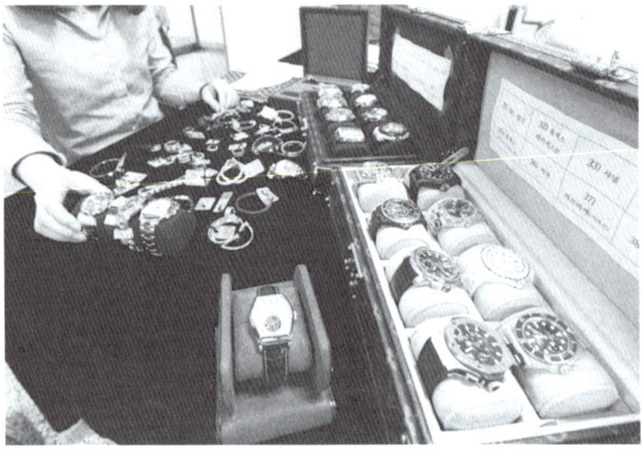

대우조선해양이 고재호(61) 전 사장 재임(2012~2014년) 동안 저지른 분식회계 규모가 5조 4,000억 원에 이른다고 검찰이 밝혔다. 배임수재 등 개인 비리 혐의로 소환 조사를 받고 있는 남상태(66) 전 대우조선 사장은 친구 회사를 사업 파트너로 끌어들여 일감을 몰아주고 뒷돈을 챙기는 등 회사 돈 120억 원을 부당하게 빼낸 혐의를 받고 있다. 윗물이 흐린데 아랫물이 맑을 리 없다. 얼마 전 이 회사의 40대 차장급 직원이 8년간 회사 돈 180억 원을 빼돌려 외제차와 명품시계 등을 사는 데 쓴 사실이 드러나 충격을 줬다. 경남 거제경찰서에서 거액을 횡령한 대우조선 전 임직원 은신처에서 압수한 명품이 시가 15억 원이나 된다. 2000년 이후 대우조선에 7조원이 넘는 혈세가 투입됐지만, 부채비율 7,300%, 영업적자 5조 5,000억 원의 부실기업이 된 것은 이상한 일이 아니었다. 결국 거짓 회계를 믿고 주식을 산 투자자들만 막대한 피해를 보게 됐다.

■ 회계사기(fraud)

대표적인 예가 엔론 사태이다. 엔론 사태와 월드컴 사태 등 대형 회계부정 스캔들을 겪으면서 미국에서는 이런 인식이 비교적 널리 퍼져 있다. 그런데도 크고 작은 회계 부정이 끊이지 않는 이유는 뭘까? 회계사기(fraud)의 역사를 보면 언제나 실적에 대한 작은 부담감이나 압력이 도화선이 된다. 시간이 지나면서 압박은 점점 커지고 해선 안 될 일을 하게 되는 것이다. 작은 부정도 시간이 흐르면서 쌓이고 쌓여 점점 커지다가 결국 더는 숨길 수 없는 지경에 이르게 된다. 시간이 오래 흐를 경우 실제 수익과 장부에 기록된 수익의 차이가 눈덩이처럼 불어날 수 있다는 것이 문제이다.

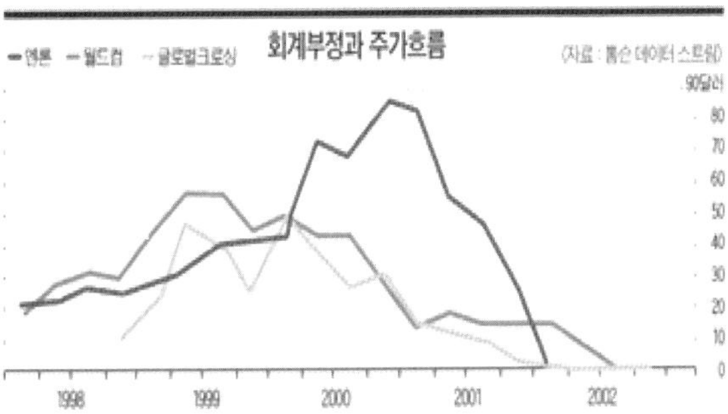

회계업무 종사자들은 모든 사람을 잠깐 속일 수는 있지만, 영원히 속일 수는 없다는 것을 항상 명심해야 한다. 비현실적인 실적 목표가 부담돼 회계부정으로 이어지는 경우도 적지 않다. 높은 실적 목표를 달성하기 위해 경영진과 직원들이 노력하는 게 나쁜 것은 아니다. 하지만 무턱대고 목표를 높게 잡는 것은 회계부정의 원인이 될 수 있어서 경영진은 실적 목표에 대해 보수적인 판단을 내려야 한다. 비현실적인 실적 목표치를 세우고 이를 급여나 상여금과 연결하는 것은 회계부정 방지 차원에서 절대 바람직하지 않다. 임직원들이 재무제표상의 매출이나 영업이익 등을 조작하도록 조장할 수 있기 때문이다.

■ 회계 투명성을 높여 성공한 기업

잘 알려진 기업 중에는 미국의 첨단기술기업 제너럴일렉트릭(GE)과 자동차 업체 포드가 있다. 두 기업 모두 투명성과 진정성을 기업문화의 토대로 삼았다. 포드가 글로벌 금융위기로 어려운 상황을 맞았지만, 구제금융 없이 살아남을 수 있었던 것도 이와 무관하지 않다. GE도 여러 차례 금융위기를 겪었지만 잘 극복하고 세계적인 기업으로 명성을 이어가고 있다. 투명한 회계 덕택에 위기 때에도 투자자들의 신뢰를 잃지 않고 유지할 수 있었다. 투명하고 견고한 지배구조와 기업문화를 바탕으로 훌륭한 기업을 일군 사례는 미국 말고도 많이 있다. 포드는 2008년 글로벌 금융위기 당시 볼보와 랜드로버 등 적자 자회사를 정리하고, 핵심 사업에 집중하며 금융 위기를 극복했다. 당시 미국의 3대 자동차 회사 중 정부 구제 금융을 받지 않은 기업은 포드가 유일했다. 제조업의 대명사였던 GE는 2008년 글로벌 금융위기를 겪으면서 발전용 터빈 등 핵심 사업을 제외한 다른 분야를 모두 매각하기로 방침을 세웠다. 300억 달러에 달하는 보유 부동산을 사모펀드 블랙스톤에 매각했고 캐피털 부문도 분할매각을 통해 대폭 축소했다. 지난 6월에는 중국의 가전업체인 하이얼 그룹에 가전 부문 매각을 완료했다. 매각 대금은 56억 달러로 알려졌다. GE는 이와 함께 맞춤형 유지・보수 서비스와 컨설팅 서비스를 통해 새로운 부가가치를 창출하고 있다. 두 기업은 경영권 승계의 모범 사례로도 꼽힌다.

■ 인공지능(AI)과 빅데이터 등 기술변화는 회계 산업에 어떤 변화를?

정보기술(IT)을 바탕으로 한 데이터 분석의 발전은 회계법인의 직무 수행 방식에 큰 변화를 가져올 것이다. 회계사라는 직업이 없어지지는 않겠지만, 기술 활용이 앞으로 회계사와 회계법인 성공의 중요 변수가 될 것은 분명해 보인다. 이런 변화를 적극적으로 수용하고 적응해야 살아남을 수 있다. 기업마다 IT 기반의 차이가 크기 때문에 회계 관련 데이터 분석 역량 차이도 커질 가능성이 높다. 따라서 기업들도 관련 IT 기반 투자를 늘려야 할 것이다.

■ 회계 관행을 개선하기 위한 노력

최고의 조언은 회계의 투명성을 높이라는 것이다. 지배구조와 기업운영 방식은 물론 기업이 가진 문제에 대해서도 투명한 소통이 이뤄지도록 해야 한다. 그렇게 해야 투자자들도 마음 편하게 해당 기업 주식에 장기투자할 수 있다. 아시아 국가에서는 CEO의 권위에 도전하는 것을 터부시하는 문화가 있는 것 같다. 하지만 뭔가 잘못된 점이 있다면 투자자와 직원 모두가 나서 견제하고 도전할 수 있어야 기업이 강해진다.

■ 분식회계(window dressing)

기업이 고의로 자산이나 이익 등을 크게 부풀리거나 부채를 실제보다 적게 계산해 재무상태나 경영성과를 고의로 조작하는 것을 말한다. 분식회계를 통해 부풀려진 기업의 가치를 믿고 투자한 투자자들은 큰 손해를 보게 된다. 분식회계가 일어나는 이유는 자금차입이 쉬워질 뿐만 아니라 금융비용을 절감할 수 있기 때문이다. 매출과 순익이 크면 우량기업으로 인정돼 차입자금에 대한 금리가 낮아지고 주가도 높게 형성될 가능성이 크다.

■ 호세 로드리게스

플로리다주 공인회계사회 회장, 미국 펜실베이니아대 경영대학원 KPMG 리드 파트너 아카데미 학과장, 미국 증권거래위원회(SEC) 기업 심리 담당 파트너(현)

출처: 조선비즈 2016.07.17

Chapter 10

경영통제

제1절 경영통제

1. 경영통제의 이해

경영자는 실제적인 성과가 계획된 목표와 일치하는지를 확인하고, 편차가 발생할 경우에 수정조치를 취한다. 경영통제는 직접적으로 계획과 관련이 있다. 경영통제의 과정은 계획이 적절하게 실행되고 있는지를 확인하는 것이다. 경영기능은 계획, 조직, 지휘와 통제이다. 계획은 모든 기능에 앞서 진행되고, 통제는 마지막 단계이다. 통제는 조직목표가 달성되는지를 알게 하는 유일한 방법이다.

1) 경영통제의 개념

통제(controlling)는 관리자들이 실제적인 활동이 계획된 활동과 일치하는지를 확인하는 과정이다. Koontz와 O'Donnell은 경영통제는 계획에 따라서 목표달성을 확인하기 위해 기준과 편차에 대한 성과의 측정이라고 정의한다. 계획과 통제는 밀접하게 관련되어 있다. 통제는 관리자들에게 활동을 계획하고, 조직하고, 지휘하는 효과성을 추적 관찰하는데 도움이 된다. 따라서 통제는 계획된 활동으로부터 얻는 결과에서 중요한 차이를 탐지하고, 시정하는 것이다. 다음은 통제의 기능이다.

- 통제는 관리의 필수적인 기능이다.
- 통제는 계속적인 과정이다.
- 통제는 시정적인 활동이다.
- 통제는 측정을 포함한다.

- 통제의 핵심은 행동이다.
- 통제는 통합된 시스템이다.

경영통제는 경영계획을 수립하고, 실제적인 활동이 계획된 활동과 일치하는지를 파악하는 과정이다. 경영활동에서 통제기능이 중요한 이유는 계획대로 실행되고, 조직구성원들과 부서 간의 활동을 조정하기 위해서이다. 따라서 경영통제의 주요기능은 감시기능, 비교기능, 시정조치와 피드백 기능 등이 있다.

- 감시기능: 모든 활동을 감시하고, 적절한 행동을 확인하는 기능
- 비교기능: 계획과 성과 간의 일치 정도를 활동 단계별로 비교하는 기능
- 시정조치: 계획과 성과 간의 차이를 시정하는 기능
- 피드백 기능: 미래의 의사결정을 위해 조직구성원들과 경영층에게 피드백

2) 계획과 통제의 관계

계획과 통제는 상호 밀접하게 연결되어 있다. 효과적인 계획은 통제를 용이하게 하고, 통제는 계획을 용이하게 한다. 계획과 통제의 상호관계는 [그림 10-1]과 같이 묘사된다. 계획은 미래를 위한 체계이고, 통제를 위한 청사진을 제공한다. 통제는 어떤 기준의 존재를 예상한다. 계획은 통제의 기준으로 사용하는 성과기준을 제공한다. 모든 목적, 계획, 정책, 절차와 예산은 측정될 수 있는 기준이 있다. 통제 시스템은 자원의 할당과 사용을 조정하고, 계획의 다음 단계를 지원한다. 통제는 혼란과 왜곡을 방지하고, 적절한 추적으로 계획을 유지하는 것을 의미한다. 통제의 교훈은 미래 계획을 수정하고 개선하기 위한 피드백이다. 이처럼 계획과 통제는 상호 강화한다. 사실에 근거한 계획은 통제를 쉽게 하고, 적절한 통제는 미래 계획을 개선한다.

계획과 통제 간의 관계를 설명할 때, 계획은 미래를 보고, 통제는 과거를 본다고 한다. 이 말은 사실이지만 불완전하다. 계획은 조직의 목적, 전략, 주요 정책과 프로그램과 미래

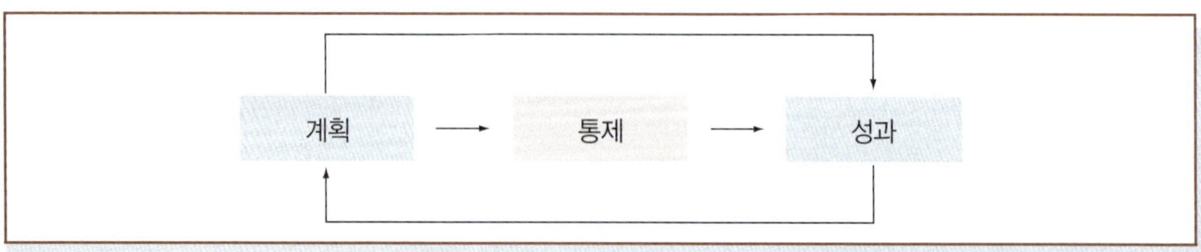

| 그림 10-1 | 계획과 통제의 관계

사건의 예측을 사전에 결정하는 미래를 계획하는 활동이다. 통제는 계획이 적절하게 실행되고, 결과가 달성되고, 차이가 시정되는지를 확인하는 과거 회고적인 활동이다. 계획은 미래를 보는 것이고, 미래에 대한 계획은 부분적으로 과거와 현재의 투영이다. 이와 같이 계획은 과거 경험에 근거한다. 조치의 미래 과정을 착수하기 위해 계획 수립자는 조직의 과거 결정, 정책, 프로그램과 몰입을 돌이켜 보아야 한다.

3) 경영통제의 중요성

통제는 차이를 확인하고, 시정단계를 착수함으로써 미래의 성과를 향상하는 것이다. 사전통제는 계획에서 편차와 왜곡의 발생에 대한 예방조치를 가능하게 하고, 조직을 기민하게 하고, 미래 환경에서 생존하게 한다. 조기경보와 신속한 반응과정은 통제를 사전적으로 하는 통제 시스템에 긴요하다. 통제 없는 계획은 무용지물이다. 통제는 조직의 활동에서 환경변화와 이러한 변화의 영향을 추적 관찰하는데 도움이 된다. 개인과 조직의 활동이 조직의 목표와 기준과 일치하기 위해 관리자들은 잘 계획된 통제 시스템에 의해서 활동을 조절한다. 관리자들이 조직목표가 충족되는지를 아는 유일한 방법이기 때문에 통제는 중요하다.

(1) 변화대처

모든 조직들은 환경에 있는 변화를 대처해야 한다. 시장변화에 대응할 수 있는 유연성은 경쟁력이다. 예를 들면, 새로운 제품과 기술이 출현하고, 정부규제가 시행되거나 개정되고, 경쟁자가 전략을 변경한다. 통제기능은 이러한 환경변화에 반응하는데 도움이 된다.

(2) 최선의 품질창조

기업들은 전사적 품질경영을 추구한다. 전사적 품질경영 활동에서 공정결함이 탐지되고 실수가 제거된다. 종업원들은 작업을 검사하고 개선하기 위해 권한을 부여 받고, 효과적인 통제를 위해 태도와 방법을 변경한다.

(3) 신속한 주기 창조

통제는 고객들에게 신제품과 서비스를 창조하고, 전달하는 주기를 바르게 한다. 속도는 고객주문을 수행하는데 필수적이다. 그러나 마케팅 관리자들은 고객들이 속도뿐만 아니라 맞춤제품과 서비스를 기대한다는 것을 기억해야 한다. 가장 성공한 회사들은 고객욕구에 맞게 개인화하고, 특정한 방법으로 좁은 고객틈새를 표적화하고, 고객욕구를 충족한다.

(4) 가치추가

고객들이 자사제품을 경쟁제품보다 더 선호하기 위해서 조직은 제품이나 서비스에 가치를 추가한다. 정확한 통제절차를 통해서 달성되는 평균 이상의 품질을 달성한다.

(5) 위임과 팀워크의 촉진

참여적 경영은 통제과정의 본질을 변경한다. 전통적인 시스템 하에서 관리자는 성과를 위한 기준과 이를 달성하기 위한 방법을 명기한다. 관리자들은 기준을 커뮤니케이션하지만, 종업원들이나 팀이 특정한 문제를 해결하는 방법을 결정하기 위해 자신의 창조성을 사용하도록 한다. 통제는 기준과 성과의 차이를 확인하는 과정으로 위임된 과업은 팀워크를 통해 수행된다. 따라서 통제는 종업원들의 진행을 추적·관찰한다.

4) 통제의 장벽

통제는 계획된 활동으로부터 얻는 결과에서 중요한 차이를 탐지하고 시정하는 관리의 필수적인 기능이지만, 여러 가지 장벽이 있다. 다음은 가장 중요한 통제의 장벽이다.

- 통제활동은 단기적 생산에 바람직하지 않은 지나친 강조가 될 수 있다.
- 통제활동은 종업원들의 직무상 좌절을 증가시키고 사기를 저하시킬 수 있다.
- 통제활동은 보고서의 위조를 촉진할 수 있다.
- 통제활동은 조직구성원들의 관점을 너무 좁게 할 수 있다.
- 통제활동은 시정조치가 이루어지는 수단보다도 오히려 통제 목적이 될 수 있다.

2. 경영통제의 과정

통제는 계획과 다른 기능처럼 관리의 지속적인 과정이다. 계획과 성과를 일치하도록 함으로써 통제는 계획과 밀접하게 연결되고, 계획이 갖고 있는 통일, 지속성과 유연성의 특성이 있다. 관리기능으로써 통제는 기업의 목표와 계획이 달성되기 위해 부하의 활동성과를 측정하고, 시정하는 것을 뜻한다. 오류와 차이가 신속하게 보고되고, 분석되고, 적절한 시정조치가 시행되도록 통제는 행동이 계획과 지시와 일치하는 정도를 아는 것이다. 시정행동은 계획의 변경, 조직구조의 변경, 인력배치의 수정이나 지휘 기법의 변경을 수반한다. 목표를 설정하고 활동을 구체화하기 위한 계획이 없다면 통제는 어떤 유용한 목적을 갖지 않는다. 통제는 목표와 계획의 존재를 가정한다. 따라서 어떤 관리자도 계획되지 않은 행동을 통제할 수 없다. 완전하고, 조정된 계획은 통제과정을 용이하게 한다. 이러한 통제과정은 기본적으로 기준제정, 성과측정, 성과와 기준 비교, 시정조치로 이루어진다.

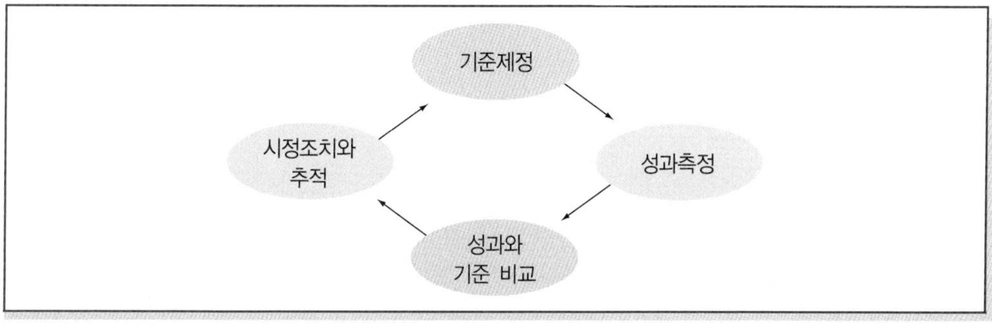

| 그림 10-2 | 통제과정

1) 기준제정

기준(standard)은 결과를 얻기 위해 성과를 측정하는 규준(norm)이다. 통제과정의 가장 본질적인 요소는 결과가 무엇인지를 아는 것이다. 이것은 미래의 예측, 목적의 결정과 성과기준을 필요로 한다. 기준은 유형적, 구체적, 무형적이거나 추상적일 수 있다. 그러나 관계자들이 이해하고, 할당된 의무의 완수가 측정될 수 있게 표현되어야 한다. 계획은 통제를 수반하기 때문에 통제과정의 첫 단계는 계획달성을 전제로 한다. 계획은 차이를 발견하기 위해 실제 성과를 비교하는 기준이다. 기준은 단기와 장기적 목표 간의 균형이 있어야 한다. 이러한 기준의 예는 수익성, 시장지위, 생산성, 종업원 태도나 사회적 책임 등이 있다.

- 수익성 기준: 주어진 기간 동안 수익을 얼마나 확보하는가이다.
- 시장지위 기준: 회사가 특정한 시장에서 차지하는 판매점유율이다.
- 생산성 기준: 조직이 다양한 부분에서 생산한 양이다.
- 종업원 태도 기준: 회사의 종업원들이 나타내는 태도의 유형이다.
- 사회적 책임 기준: 조직이 사회에 기여한 정도이다.

2) 성과측정

기준이 제정되면 통제과정에서 다음 단계는 성과측정이다. 이것은 통제기준에 의해서 과업을 측정하고, 시정조치에 책임이 있는 사람들에게 평가를 커뮤니케이션하는 것이 필요하다. 성과측정은 기준과 동일해야 한다. 차이가 적절한 행동에 의해 사전에 탐지될 수 있기 위해 기준과 비교한 성과측정은 사전관찰을 기준으로 한다. 조직성과의 다양한 유형을 측정할 때 어려움은 주로 측정되는 활동에 의해 알게 된다. 성과확인은 미래를 예측하게 한다. 판매가 상승하거나 감소하는 지를 예측하기 위해 고객질문이 때때로 사용된다. 예를 들면, 기구의 진동은 고장을, 근로자의 고충은 파업을 예측하기 위해서 사용될 수 있다. 이러한 예측으로 실제적인 사건이 발생하는 것을 기다리지 않고 시정조치가 착수될 수 있다.

3) 성과와 기준비교

관리자들이 조직성과를 측정할 때 통제의 다음 단계는 기준과 성과를 비교하는 것이다. 기준은 성과를 평가하기 위한 모델로 사용하기 위해 제정된 활동수준이다. 평가된 성과는 조직 내에서 일하는 어떤 개인들이거나 전체에 해당된다. 기준은 성과가 적절하거나 부적절한지를 판단하는 척도이다. 적절한 기준이 제정되고, 도구가 성과의 정확한 판단에 활용될 수 있다면 성과측정은 쉽지만, 실무에서 올바른 기준을 개발하는 것이 어렵다. 노사관계, 재무와 공중관계는 이러한 유형의 사례이다. 적절한 기준의 설정, 정확한 측정과 성과평가의 수단을 개발하는 것은 매우 어려운 과업이다. 성과를 측정하기 위해 개발된 새로운 기법은 객관적이고, 현실적이고, 유용한 기준이어야 한다. 관리는 예외의 원칙을 적용하고, 발생할 때마다 중요한 차이에 집중해야 한다.

4) 시정조치

실제 성과와 제정된 성과기준과 비교하여 측정한 후 통제과정의 다음 단계는 필요한 시정조치를 하는 것이다. 시정조치는 성과기준의 수준으로 조직성과를 개선하는 것을 목표로 하는 관리활동이다. 즉, 시정조치는 조직성과를 방해하는 조직실수를 수정하는데 집중한다. 어떤 시정조치를 하기 전에 관리자들은 사용하는 기준을 적절하게 제정하고, 조직성과의 측정은 타당하고 신뢰할 수 있다는 것을 확신해야 한다. 그러나 어떤 바람직하지 않는 조직의 결과를 야기하는 문제를 정확히 찾아내는 것은 어렵다.

실제 성과와 계획된 성과기준 간에 중요한 차이가 발생될 때 상황을 시정하기 위해 구체적인 조치가 취해져야 한다. 차이가 통제 가능한 요인이라면 혁신적인 사람과 조직은 통제과정에서 이미 준비된 시정조치를 갖고 있다. 차이가 발생하고, 시정조치에 관한 절차가 직무수행자에게 미리 제공된다면 지체 없이 조치가 취해질 수 있다. 시정조치의 권고만으로는 충분하지 않고, 권고한 시정조치가 이행되지 않는다면 통제과정은 비효과적이거나 실패한다. 시정조치를 수행하기 위해 구체적인 절차가 제정되어야 하고, 책임이 명확하게 할당되어야 통제기능이 효과적으로 작동된다.

| 표 10-1 | 시정조치의 중요한 단계

운영국면	관리국면
• 차이원인의 신속한 탐지 • 필요한 시정조치에 관한 의사결정 • 의사결정에 일치하는 신속한 시정조치 • 시정조치의 철저한 감독	• 요인파악을 위해 반복되는 난제의 탐지 • 필요시 징계조치 • 상황의 재발을 방지하기 위한 창의적 계획 • 상황의 인식과 계획된 측정의 도입

3. 경영통제의 유형

통제 시스템의 유형은 사전통제, 동시통제와 사후통제 시스템이 있다.[30] 사전(feed forward)은 자신이 설정한 행동목표를 실천하기 위해 함께 일하는 사람들로부터 아이디어를 받는 것이다. 사후(feedback)는 송신자가 메시지를 보내고, 수신자가 이를 받고, 영향·인상 등을 송신자에게 다시 보내는 메시지의 반응이다. 사전은 미래의 목표에 대한 아이디어에, 사후는 과거·현재의 수정해야 할 점에 초점을 둔다. 동시통제 시스템(concurrent)은 작업을 수행하는 중에 동시에 통제하는 시스템이다.

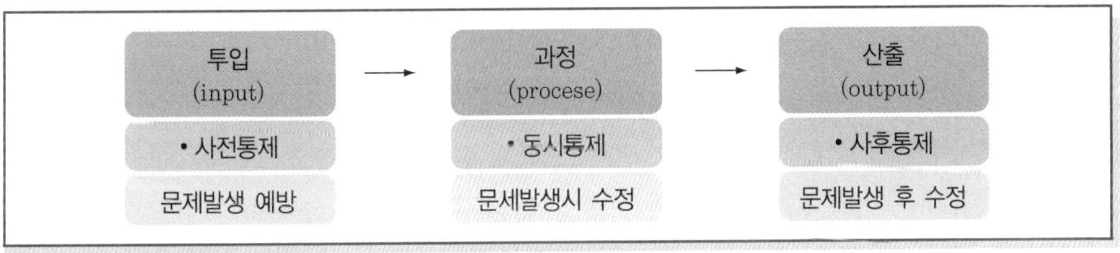

| 그림 10-3 | 통제의 유형

| 표 10-2 | 통제의 특징

유형	행동통제	결과통제
사전통제	문제발생의 사전예방	시장수요나 경제예측
동시통제	프로젝트가 수행 중 직접적인 관리감독	생산라인의 실시간 속도
사후통제	고객만족의 질적 측정	수익성, 매출성장과 같은 재무측정

30. Bartol, Kathryn M., and David C. Martin(1998), *Management: International Edition*.

1) 사전통제

선제성은 활동이 수행되기 전에 적절한 예방으로 문제를 사전에 확인하는 것이다. 사전통제(feed forward control)는 문제가 발생하기 전에 문제를 예상하고, 시정조치를 취하는 예방적 통제이다. 계획이 성공하기 위해 미리 행동하는 것이다. 사전통제의 본질은 발생할 문제를 미리 예측하는 것이다. 예를 들면, 팀 리더는 현장으로 이동하기 전에 종업원들의 품질, 완성도와 신뢰성을 확인한다.

2) 동시통제

동시통제(concurrent control)는 활동이 발생하는 동안 통제가 일어난다. 즉, 진행 중인 활동을 확인하고 조정하는 과정이다. 이러한 통제는 사전적인 것은 아니지만, 활동 중에 문제가 악화되는 것을 예방할 수 있다. 이러한 이유로 동시통제는 현재를 다루기 때문에 실시간 통제이다. 예를 들면, 팀 리더는 수행하는 동안 구성원들의 자질이나 성과를 확인한다.

3) 사후통제

사후통제(feedback control)는 완성된 활동에 관한 정보를 수집하고, 정보를 평가하고, 미래에 유사한 활동을 개선하기 위해 조치를 취하는 것이다. 이것은 사후통제이고, 반응에 대한 근거이다. 사후통제는 관리자들이 계획된 목적에 따라서 미래성과를 가져오기 위해 과거 수행에 관한 정보를 사용한다. 즉, 이미 완성된 활동을 측정하는 것으로 시정은 활동이 끝난 후 일어난다. 예를 들면, 완성된 직무에 관해 기술자들을 장려하는 피드백이다.

Sense 올림푸스 · 도시바 · 미쓰비시 車까지 … 신뢰 절벽 떨어진 日기업 왜

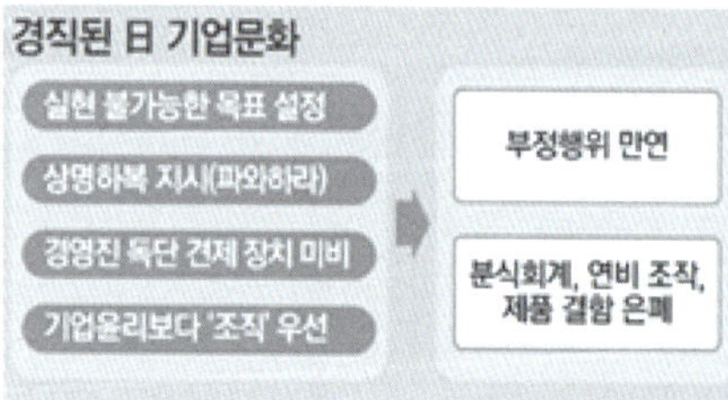

日 주요 기업 잇단 스캔들

기업	시기	내용
미쓰비시	2016년	4개 차종 62만대 연비 5~10% 조작
	2000~2004년	주요 차종 결함 리콜 사실 조직적 은폐
도시바	2015년	2008년부터 8년간 약 2조2000억원 이익과다계상
다카타	2014년~	에어백 결함 드러나 2004년부터 대규모 리콜
올림푸스	2011년	증권투자 은폐 위해 2조원대 분식회계

2015년 8월 도시바에서 일하는 익명의 과장이 주간지 닛케이BP 취재진에 10시간짜리 녹음 기록을 건넸다. "회의가 월 1회에서 주 1회로, 요즘에는 매일 회의하고 있다. 하루 만에 진척이 있을 리가 없다. 압박하려는 의도다. 비용 계상을 미뤄 달성한 것처럼 위장할 수밖에 없다." "회계만 속인 게 아니다. 부적합한 기술 데이터는 묵살됐고, 상부에 보고되지 않았다."

닛케이BP는 도시바의 챌린지가 과거에는 '가능하면 열심히 하자'는 것이었지만, 2008~2009년부터 '목표달성'으로 바뀌었다고 전했다. 이때부터 도시바의 비극은 시작됐다. 회계든 기술이든 모든 숫자가 조작되기 시작했다. 지난해 들통 난 도시바 회계조작은 세계 최고를 자부하는 일본 기업의 치부가 적나라하게 드러난 사건이었다.

올림푸스 회계조작과 다카타 에어백 리콜 사태에 이어 도시바가 일본 재계에 충격을 던진 데 이어 급기야 이번에는 일본의 자존심이라 불리는 미쓰비시그룹 미쓰비시자동차 연비조작 사건이 일파만파로 커지고 있다. 한 기업의 병폐로 치부하기에는 유사한 사건이 너무 자주, 너무 여러 곳에서 곪아터지면서 일본 재계에도 위기감이 감돌고 있다.

출처: 매일경제 2016.04.24

제2절 경영통제의 기법

대부분의 조직에서 다양한 도구와 기법이 관리통제를 위해 개발되고 사용되고 있다. 이러한 경영통제의 기법에는 전통적 기법과 현대적 기법이 있다. 오퍼레이션 리서치(operations research)와 PERT(Programme Evaluation and Review Technique)는 중요한 현대적 통제기법이다. 전통적 기법은 비과학적 방법에 중점을 두나, 현대적 기법은 과학적 방법에 근거하고 더 정확한 통제기법이다.

| 표 10-3 | 주요 통제기법

전통적 통제기법	현대적 통제기법
• 예산통제 • 표준원가제도 • 재무비율분석 • 내부감사 • 손익분기점분석 • 통계적 통제	• 제로베이스 예산 • 임계경로법 • PERT • 경영감사

1. 전통적 통제기법

계획과 통제의 새로운 기법에도 불구하고 전통적 기법은 특별한 중요성과 지속적인 효용성으로 아직도 인기가 있다. 관리자들은 효과적인 통제를 위한 많은 도구와 기법을 사용한다. 통제는 조직의 목표를 달성하기 위해 수립한 계획이 달성되었는지를 확인하기 위해 경영성과를 측정하고 목표와 성과 간의 차이를 분석해 이 차이를 최소화할 목적으로 수행하는 활동이다. 전통적 통제기법은 예산통제, 표준원가제도, 재무비율분석, 내부감사, 손익분기점분석과 통계적 통제 등이 있다.

1) 예산통제

예산(budget)은 수적으로 표현된 예상 유입과 예상 유출의 내역서이다. 즉, 예산은 수적인 용어로 주어진 미래 기간 동안 계획의 구성이다. 조직은 사업단위, 부서나 조직을 위한 예산을 수립한다. 예산의 기간은 일 년이고, 재무용어로 표현된다. 예산은 통제시스템의 근거이다. 예산은 성과를 측정하는 척도를 제공하고, 조직 내에서 부문 간 비교를 촉진한다.

(1) 예산통제

예산통제(budgetary control)는 예산을 집행할 목적으로 기업의 일별운영에 대한 통제 실행이다. 즉, 목적을 달성하기 위해 사전에 준비된 재무와 계수의 내역서이다. 예상 결과는 인시(man hours)[31], 산출단위, 기계가동시간(machine hours)[32]이나 기타 계수적으로 측정 가능한 용어로 표현된다. 예산은 비용예산처럼 운영을 다루고, 자본예산과 같은 자본지출과 관련이 있고, 현금예산처럼 현금의 흐름을 반영한다. 예산이 회사의 전 운영 부문을 포함하고, 포괄적 예산이 사용 중일 때 예산통제의 이점은 실현된다. 계획은 주로 예산 안에 있다. 그러나 다수의 기업들은 중요한 활동을 예산에 의해서 계획하고 통제한다. 예산과 예산통제의 시스템은 다음과 같은 이점이 있다.

- 예산은 계수에 의해 다양한 행동과 대상을 표현한다.
- 예산은 대상 간을 비교하는 수단을 경영자에게 제공한다.
- 최대 효율은 낭비와 손실을 피함으로써 달성된다.
- 예산을 초과하는 지출은 사전승인 없이는 발생하지 않는다.
- 예산은 목표의 역할을 한다.

---

31. 한 사람이 한 시간 동안 일하였을 때의 일의 양을 나타내는 단위.
32. 기계의 1시간당 작업량.

- 모든 구성원들은 정확하게 해야 하는 것을 안다.
- 예외에 의한 관리가 가능하다.
- 예산은 수익계획에서 가장 유용하다.

(2) 예산통제의 요소

계획예산과 집행예산과의 차이를 제거하기 위해 편차를 관찰한다. 다음은 기본적으로 예산통제가 포함하는 요소이다.

- 수익, 재무상태나 시장점유율 등을 달성하기 위한 목적의 결정
- 행동의 정확하고 상세한 과정 기록
- 행동과정을 계량과 화폐용어로 전환
- 실행과 예산의 지속적인 비교

(3) 예산의 목적

예산은 계획과 관련이 있고 권한을 위임한다. 예산은 다양한 목적으로 사용된다. 계획을 위한 조직된 절차개발, 조정의 수단과 통제기준이 있다. 또 다른 목적은 비용통제, 생산의 효율성과 진행 파악, 필요자본 파악, 조사와 개발 촉진 등이 있다. 계획과정, 다양한 부서 활동의 조정과 통제 등은 기본적인 예산의 목적이다.

(4) 예산의 유형

예산은 계획의 근거로 작성된다. 대부분의 기업들은 다양한 계획을 갖고 있기 때문에 많은 예산의 유형이 있다. 종합예산은 요약형태로 다른 모든 예산을 결합하기 위해 준비된다. 종합예산의 구성요소는 다양한 기능예산이다. 종합예산의 요약계획은 추정손익계산서와 추정재무상태표이다. 다음은 예산의 중요한 유형이다.

- 판매예산
- 생산과 제조예산
- 구매예산
- 자본지출 예산
- 관리비 예산

- 연구개발 예산
- 현금예산

2) 표준원가제도

표준원가제도(standard costing)는 생산에 투입되는 요소의 투입물량과 투입단가를 결정해 놓고, 이 표준원가와 실제로 발생한 원가의 차이를 분석하는 것이다. 즉, 표준원가와 실제원가의 차이를 분석하여 보고하는 제도이다. 모든 활동과 관련된 경비와 원가가 기록되고, 분류되고, 기준이나 예산비용과 비교된다. 어떤 차이가 발견된다면 관련 관리자가 시정조치를 취한다. 이 기법은 어떤 활동이 수익성이 있고 없는지를 발견하는데 도움이 된다.

3) 재무비율분석

모든 기업조직은 손익계산서와 재무상태표를 준비한다. 이러한 재무제표(financial statements)를 비교조사할 때 수익, 자산, 부채와 매출액의 변화추세가 평가될 수 있다. 재무비율분석(financial ratio analysis)은 재무제표를 분석하는 것으로 재무제표의 다양한 요소 간의 관계이다. 이것은 기업의 수익성, 유동성과 상환능력을 이해하는데 도움이 된다.

4) 내부감사

내부감사는 경영통제의 효과적이고 널리 사용되는 도구이다. 내부감사(internal auditing)는 내부직원이나 감사가 수행하는 회계, 재무와 운영의 정기적이고 독립적인 평가이다. 즉, 기업의 내부에 있는 사람에 의하여 이루어지는 경영활동의 감사이다. 내부감사는 회계자료나 재무제표의 허위, 오류의 발견과 방지를 목적으로 하는 회계감사가 주된 내용이나 경영정책, 절차, 방법과 질로 확대될 수 있다. 즉, 기업의 조직과 운영, 업무 전반의 운영, 예산통제나 표준원가계산 등을 평가하기 위하여 업무감사나 제도감사로 확대되고 있다.

5) 손익분기점분석

손익분기점(break-even point: BEP)은 총비용과 총수익이 같은 점으로 순손실이나 순이익이 없는 점이다. 손익분기점분석은 사업이 모든 비용을 포함하고, 이익이 발생하는 시점을 파악하기 위해 사용된다. 따라서 비용을 충당하는데 필요한 매출액을 계산할 수 있고, 고정비, 변동비와 이익 간의 관계를 나타낸다.

6) 통계적 통제

차이의 원인을 찾기 위해 통계자료의 다양한 비율, 평균과 구성비가 분석된다. 통계보고서는 추세를 시각화하는 도표의 형태로 표현되고, 운영의 약점과 필요한 시정조치가 제안된다. 생산, 판매, 구매와 인사에서 도표와 도해가 많이 사용된다. 통계자료와 정보는 계획과 통제방법을 지원하는 가장 흔한 수단이다.

2. 현대적 통제기법

현대적 기법은 조직의 활동을 통제하기 위한 새로운 측면을 제공한다. 이러한 현대적 통제는 영기준예산, 네트워크분석과 경영감사 등이 있다.

1) 영기준예산

영기준예산은 미국의 기업 경영자이던 피터 파이흐(Peter A. Pyhrr)에 의해 개발되었다. 영기준예산(zero base budgeting)은 예산편성의 기준으로 전년도 예산을 사용하지 않고, 모든 사업을 재평가하여 우선성이 높은 사업에 자원을 배분하는 방법이다. 영기준예산의 편성절차는 결정단위의 설정, 결정항목의 작성, 결정항목 간의 순위의 결정과 실행예산안의 편성의 4단계로 진행된다.

| 표 10-4 | 영기준예산의 장 · 단점

장점	단점
• 합리적 자원배분 • 예산의 실질적인 합리성 모색 • 하의상달과 관리자의 참여촉진 • 감축 및 삭감의 근거	• 계획기능 위축 • 업무부담 가중 • 사업의 축소폐지 곤란 • 정치적인 요인의 과소평가 • 소규모 조직의 불이익과 희생 • 분석 및 평가곤란

2) 네트워크분석

네트워크분석(network analysis)은 복잡한 프로젝트의 계획과 통제, 생산에 필요한 자원의 일정계획을 위한 기법이다. 이것은 프로젝트의 구성요소를 분석하고, 각 사건 간의 연속적인 관계를 평가함으로써 목표를 달성한다. 이러한 분석의 결과는 상호관련된 활동의 네트워크로써 도해로 표현되고, 임계경로법과 PERT 등이 있다.

(1) 임계경로법

경영통제를 위한 중요한 네트워크 기법인 임계경로법(Critical Path Method: CPM)은 시간감축을 위해 Dupont의 워커(Morgan R. Walker)가 개발하였다. 어떤 프로젝트를 완성하기 위해 가장 중요한 활동을 계획하고 통제하는데 사용된다. 이 기법에서 프로젝트는 활동으로 분해되고 관계가 파악된다. 이러한 관계는 네트워크 도해로 표시된다. 네트워크 도해나 흐름 계획은 자원과 시간의 사용을 최적화하기 위해 사용된다. CPM의 목적은 일정의 단축이 가능할 때에 비용이 전체 최적화를 달성할 수 있는 일정 계획을 수립하는 데 도움을 주는 것이다. 즉, 시간과 비용의 효율성을 향상할 수 있다.

(2) PERT

PERT(Program Evaluation and Review Technique)는 프로젝트를 계획하고, 관찰하고, 통제하는 네트워크 기법이다. 즉, 작업순서나 작업진행 정도를 한눈에 알 수 있도록 작성한 계획의 평가검토 기법이다. 프로젝트를 구성하는 작업내용은 이벤트(event)라 하여 원으로 표시하며, 각 작업의 실시는 활동(activity)이라 하여 소요시간과 함께 화살표로 표시한다. 따라서 계획내용은 이벤트, 활동과 시간에 의해서 네트워크로 표시된다. 최장시간경로를 임계경로(critical path)라 하며, 이 임계경로를 단축하는 것이 일정단축 또는 납기준수에 매우 중요하다.

PERT의 적용은 경영자가 달성할 목표를 알고, 목표를 달성하는데 필요한 행동을 결정하고, 수행될 연속된 과정을 결정하고, 목표달성에 필요한 연속적인 단계를 경과할 시간을 신중하게 설정하는 것이 필요하다. PERT는 활동을 계획하고 통제하기 위해 확률과 선형계획을 사용한다. 확률은 프로젝트에 있는 다양한 활동의 시간을 추정하는데 도움이 되고, 선형계획은 프로젝트 목적의 달성을 극대화하기 위해 사용된다. PERT는 프로젝트 목표를 달성하는 확률을 예측할 수 있다.

3) 경영감사

생산 효율성이나 투자 평가는 경영의 주요 문제이다. 회사는 일 년에 한번은 감사가 실시된다. 이러한 법정감사(statutory audit)는 회사의 기록과 보고서가 건전한 회계원리를 반영하는지를 확인하기 위해서 실시된다. 감사는 과거 실적의 역사적 기록을 보는 것이다. 경영감사(management audits)는 경영진의 전체성과의 체계적이고 냉정한 검사, 분석 및 평가이다. 부서, 계획과 정책, 운영방법, 물적시설과 인적자원의 운영과 같이 조직구조, 구성요인이나 경영진의 전체성과를 평가하는 절차나 형태이다.

경영감사를 회계나 법정감사와 혼동해서는 안 된다. 회계감사(accounting audit)는 역사적 재무자료를 검증하고 확인하는 것이나 경영감사는 과거, 현재와 미래를 본다. 법정감사는 독립적인 유자격 감사에 의해서 수행되지만 경영감사는 경영진 자체가 수행하고, 경영감사의 수행의 자격은 법적으로 규정되어 있지 않다. 경영감사는 경영진의 전체성과를 평가하기 위해 관련 자료의 체계적인 편찬과 분석이며, 다음은 경영감사의 기능이다.

- 경제적 기능: 회사에 영향을 주는 소비자들, 주주들, 종업원들, 공급자들과 지역사회처럼 이익과 관련되어 회사의 경제적 가치를 평가하는 것이다.
- 기업구조: 경영진이 목적을 추구하는 회사구조의 효과성이 평가된다.
- 수익의 건전성: 이익 결정요소와 회사 자산의 수익 잠재력이 실현되는 정도를 평가하는 것이다.
- 주주에 대한 의무: 위험의 극소화, 합리적인 수익, 가치 상승으로 인한 이익과 관련된 정보를 주주에게 제공한다.
- 조사와 개발: 조사와 개발의 성공은 회사의 과거 진행에 의해서, 조사정책은 미래 발전과 산업지위의 향상을 위해 회사의 능력을 평가한다.

Sense 민영화돼도 여전히 정부 눈치 … '최순실 게이트' 또 연루

포스코는 2000년 9월 정부 지분을 선량 매각하면서 민영화됐다. KT는 정부 지분을 매각하고 2002년 8월 민영기업으로 전환됐다. 두 회사는 표면적으로는 정부와 완전히 분리됐다. 그러나 이번에 '최순실 국정농단 사태'에서 다시 한 번 드러났듯 포스코와 KT는 정권마다 번번이 정경유착 스캔들에 휘말리며 여전히 정부의 입김에서 자유롭지 못한 모습을 드러냈다. 더 큰 문제는 정권의 입김이든 외압이든 이로 인해 발생한 경영적 손해는 결국 주주들이 떠안아야 한다는 것이다. 전문가들은 "민영화된 기업들은 내부자들이 경영부터 이사회까지 장악하는 폐쇄적 구조를 띠고 있는 것이 특징"이라며 "매번 반복되는 문제를 끊으려면 외부 주주들의 목소리를 대변할 인사를 이사로 선임해 경영을 감시하도록 해야 한다"고 조언했다.

출처: 연합뉴스 2016.11.13

- 이사회 분석: 이사의 자질, 기여, 근무하는 정도, 조직을 위한 수탁인으로써 이사의 행동, 재무정책, 생산 효율성, 판매열의와 경영진 평가 등이 있다.

제3절 윤리경영

1. 윤리경영

세계화와 커뮤니케이션의 폭발적인 증가 때문에 윤리는 기업계에서 유행어가 되고 있다. 윤리기준은 성문화되어 있지 않기 때문에 적절한 행동에 관한 불일치와 딜레마가 발생한다. 가치가 충돌할 때 윤리적 딜레마는 옳거나 잘못된 상황에서 발생한다. 윤리는 행동과 의사결정시 좋거나 나쁜 것에 관한 기준이다. 윤리적 문제는 개인이나 조직의 행동이 해롭거나 이로울 때 나타나고 때때로 복잡하다. 조직의 구성원들은 상황과 관련하여 윤리적으로 적절하거나 부적절한 행동에 관한 견해가 다를 수 있다. 관리자들은 옳은 것을 결정하는 어려운 상황에 직면하고, 상사와 조직에 대한 의무감과 불안 사이에서 갈등을 겪는다. 윤리는 법과 자유선택에 따라 지배되는 행동과 비교할 때 명확하게 이해된다.

1) 윤리의 개념

윤리(ethics)는 성격, 관습이나 수용되는 행동을 언급하는 그리스어의 에토스(ethos)에서 유래되었다. 개인의 행동을 지배하는 도덕원리나 활동이 수행되는 방법이다. 윤리는 옳거나 잘못된 것에 관한 개인이나 집단의 행동을 지배하는 도덕원리와 가치이다. 윤리적 기준을 사용함으로써 사람이나 집단은 옳은 것과 그른 것을 식별하기 위해 행동을 규제한다. 윤리는 자연과학이 아니라 인간 마음의 창조이다. 이러한 이유로 윤리는 절대적이지 않고, 시간, 장소와 상황에 영향을 받는다. 윤리는 다른 사람들을 다루는 동안 따르기로 기대한 행동강령이다. 행동강령(code of conduct)은 특정한 집단의 구성원을 구속하는 원리와 기대이다. 집단구성원의 올바른 활동을 지도하는 지침이 된다.

2) 기업윤리

기업윤리(business ethics)는 기업의 행동을 지도하는 원리와 기준이다. 기업은 이해관계자들의 욕구와 이익을 극대화하려는 욕망에서 균형을 이루어야 한다. 균형유지는 상호

보완을 필요로 한다. 명시적이거나 암묵적인 규칙은 기업이 개인이나 사회 전체에 해를 주지 않고, 이익을 버는 것을 안내하기 위해 개발된다. 기업윤리의 범위는 회사와 종업원들, 공급자들, 고객들과 이웃들과 관련된 규범을 다룰 만큼 방대하고, 주주들에 대한 수탁자의 책임이다. 이것은 기업의 철학을 반영한다. 다음은 기업윤리의 특징이다.

- 회사원들이 활동을 수행할 때 준수하는 행동강령이다.
- 조직 내에서 보편적인 적용이다.
- 상대적인 규범으로 기업마다 다르다.
- 장기적이고 지속적인 관계일 때 매우 효과적이다.
- 잘 수용되는 사회적 가치를 기반으로 한다.
- 고객들과 기업과 관련된 다른 사회집단을 보호한다.
- 법적, 도덕적, 경제적, 그리고 문화적 제한을 규정한다.
- 법에 의해서 강제할 수 없고, 회사원들의 자기수양이다.
- 정기교육 프로그램과 훈련지도가 필요하다.

법의 영역은 기업활동의 범위를 강제로 규정한 영역이다. 입법자는 사람과 기업이 준수해야 할 규칙을 정한다. 선택의 영역은 법이 규정하지 않고, 개인이나 조직이 완전한 자유를 갖고 있는 행동과 관련이 있다. 윤리의 영역은 법의 영역과 선택의 영역 사이에 있다. 이 영역은 구체적인 법을 갖고 있지 않지만, 개인과 회사를 안내하는 도덕적 행동에 관한 공유된 원칙과 가치에 근거한 행동의 기준이다. 많은 기업들과 개인들은 선택이 법이나 자유 선택에 의해서 지배되는 영역에서 갈등을 겪는다. 가장 좋은 선택은 윤리의 영역을 인식하고, 도덕적 가치를 강력한 힘으로써 수용하는 것이다.

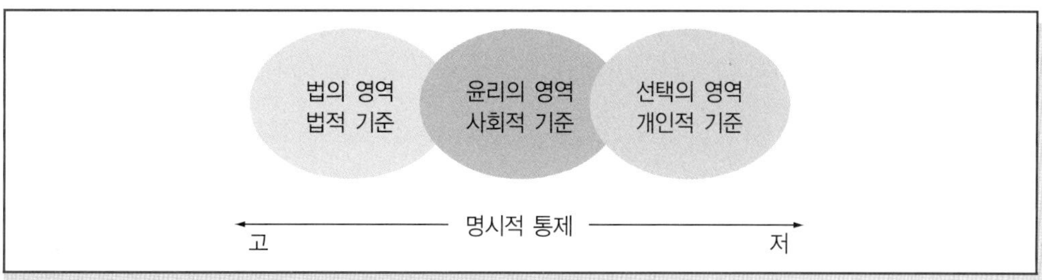

| 그림 10-4 | 인간행동의 영역

3) 윤리경영의 이유

윤리는 종업원들에게는 의무이지만, 기업과 종업원들의 이익을 보호하고, 이해관계자 집단의 신뢰를 구축한다. 윤리경영은 최고경영층에서 시작해야 하고, 회사 전체에 스며들어야 한다. 따라서 기업이 경쟁환경에서 생존하고, 성장하기 위해서 경영자들은 윤리적으로 기업을 경영해야 한다. 다음은 기업이 윤리적으로 경영을 해야 하는 주요 이유이다.

- 기업과 종업원들의 이익 보호
- 주주기대의 충족
- 이해관계자 집단의 신뢰구축
- 종업원들과 기업의 평판 보호
- 사회에 대한 기여

4) 윤리경영의 장점

많은 기업들이 기업윤리와 재무성과 간의 상관관계를 인식하고 있다. 윤리행동에 명확한 의지를 보이는 회사는 윤리행동을 보이지 않는 회사보다 더 나은 성과를 내고 있다. 종업원들이 윤리를 준수하는 회사는 직원들의 낮은 이직률을 보인다. 따라서 기업윤리의 장점은 인재유치와 보유능력, 투자자 충성도와 고객만족 등이 있다.

(1) 인재유치와 보유능력

사람들은 높은 윤리적 가치를 갖고 있는 회사에서 종사하기를 바란다. 윤리적인 회사는 유능한 인재를 유치할 수 있고, 종업원들을 돌보고, 답례로 종업원들은 회사를 돌보는 것으로 상호 보상한다. 윤리적 풍토는 종업원들에게 중요한 관심사이다. 동료들의 결정과 행동에 따라 행동하고, 신뢰하고, 결정을 받아들이기 때문에 윤리적 조직들은 신뢰할 가치가 있는 환경을 창조한다. 이러한 작업환경에서 종업원들은 동료와 상사에 대한 존경과 배려를 기대하고, 회사는 강한 팀워크와 생산성을 장려하고, 종업원 성장을 지원한다.

(2) 투자자 충성도

투자자들은 투자한 회사의 윤리, 사회적 책임과 이미지에 관심이 있다. 투자자들은 윤리적 풍토가 효율성, 생산성과 수익에 기반이 된다고 인식한다. 이해관계자들과의 관계는 신뢰와 헌신이고, 신뢰와 헌신은 지속적인 충성심이 된다.

(3) 고객만족

고객만족은 성공적인 기업전략에서 중요한 요인이다. 반복구매와 상호존중의 지속적인 관계는 기업의 성공에 필수적이다. 지속적인 성공을 위해 고객들 가운데에서 회사에 신뢰와 존중을 나타내야 한다. 이것은 윤리적 실천을 채택하는 회사에 의해서 달성된다. 높은 윤리에 대한 믿음으로 고객들은 작은 일탈을 위기나 작은 사고로 지각할 수 있다. 강력한 윤리적 회사는 고객의 이익을 최우선으로 놓는다. 고객에 대한 윤리적 행동은 강한 경쟁위치를 구축하고, 강한 대중 이미지를 촉진한다.

5) 윤리경영의 요소

기업은 윤리적 행동을 증진하기 위해 무엇을 할 수 있는가? 많은 조직들은 구성원들 간의 윤리적 행동을 장려한다. 직원의 선발과정에서 개인의 도덕적 성장, 개인적 가치, 자아강도와 통제 위치를 검토한다. 윤리는 행동과 의사결정시 좋거나 나쁜 것에 관한 기준이다. 윤리적 문제는 개인이나 조직의 행동이 해롭거나 이로울 때 나타나고 때때로 복잡하다. 윤리경영의 핵심적인 요소는 강력한 윤리강령, 윤리교육, 윤리지도와 기밀보고 시스템이 있다.

(1) 강력한 윤리강령

윤리는 해야 할 일과 추구해야 할 일이다. 경영자들은 회사의 이미지와 목적을 위해 비전을 종업원들에게 알린다. 이것은 종업원들에게 작업장에서 행동을 어떻게 해야 하는지를 알게 하고, 준수해야 하는 것을 제공한다. 윤리강령은 종업원들이 따를 주요 가치와 윤리적 규칙을 기업이 공식적으로 기술한 것이다. 최고경영자의 리더십과 윤리적 행동은 문화적 분위기를 수립하기 때문에 매우 중요하다. 목표가 명확하고, 현실적일 때 종업원들은 모호성을 감소하고, 동기를 부여하기 때문에 종업원들의 직무목표는 유형적이고, 현실적이어야 한다. 직무목표는 업적평가의 핵심 사안이다. 조직이 종업원들에게 높은 윤리적 기준을 준수하기를 원한다면 업적평가에서 이러한 차원을 포함해야 한다. 업적평가는 경제적 결과에만 집중하는 것이 아니라 포괄적이어야 한다.

(2) 윤리교육

이해하지 않거나 따르지 않는 어떤 윤리강령은 저장된 종이나 파일에 불과하다. 회사는 필수적인 교육을 제공할 수 있는 사내 교육부서를 갖고 있다. 교육관은 윤리분야에서 충분한 경험과 훈련을 가져야 한다. 윤리적 훈련은 윤리적 문제해결을 가르치는 훈련이어야 한다. 독립적인 윤리적 감사는 조직의 윤리강령에 의해 의사결정과 관리실무를 평가하고, 비윤리적 행동을 저지하는데 사용될 수 있다.

(3) 윤리지도

복잡한 윤리적 딜레마에 직면하는 종업원들을 위한 우호적이고 신뢰할 수 있는 사내·외전문가가 있어야 한다. 문제에 대한 윤리적 결정을 촉진하기 위해 윤리적 개념, 분석적 기술과 의사결정 도구를 사용하는 사람은 충분한 전문지식이 있어야 한다. 또한 윤리를 지도할 때 기밀성의 확보와 기밀성을 보호하는 우호적이고 정직한 지도가 필수적이다.

(4) 기밀보고 시스템

기밀보고 시스템은 보복의 두려움이 없이 관찰된 비행이나 위반을 보고하는 수단을 종업원들에게 제공하는데 적합하고, 또한 윤리적 위반을 방지하는데 도움이 된다. 추가적으로 윤리적 문제의 조기탐지와 해결은 도난이나 비행과 같은 경우에 많은 손실을 보호해 준다. 윤리적 딜레마가 있는 종업원들이 보복의 공포 없이 무엇인가를 할 수 있기 위해 조직은 공식적인 보호 구조를 제공할 수 있다.

6) 기업윤리의 범위

윤리는 옳거나 잘못된 것에 관한 개인이나 집단의 행동을 지배하는 도덕원리와 가치이다. 조직의 구성원들은 상황과 관련하여 윤리적으로 적절하거나 부적절한 행동에 관한 견해가 다룰 수 있다. 윤리적 문제와 현상은 조직의 모든 수준에서 발생한다. 기업윤리의 범위는 규칙과 권한, 회계와 자금, 인적자원, 마케팅과 생산공정 등이 있다.

(1) 규칙과 권한

윤리준수는 경영자들이나 종업원들이 규칙과 권한을 복종하고 고수하는 것이다. 조직에서 윤리적 풍토는 법률준수를 확실히 하는 것이다. 높은 윤리를 중시하는 조직들은 규정이나 기대한 것 이상으로 법을 준수한다.

(2) 회계와 자금

회사와 종업원들이 직면하는 회계와 자금의 윤리적 문제에는 자산가치의 불법적 평가, 내부자 거래와 금융시장을 조작하는 증권사기, 경영자 보상이나 과도한 비용과 급행료 결제 등이 있다. 특히 분식회계와 같은 회계사기는 투자자와 고객의 이탈을 초래한다.

(3) 인적자원

인적자원관리는 윤리를 도입하고 실행할 때 중요한 역할을 한다. 특히, 윤리는 인적자원 전문가에게는 중요한 사안이다. 인적자원관리의 윤리는 종업원과 사용자 간의 권리와 의무처럼 노사관계에서 발생하는 윤리적 사안을 포함한다. 다음은 인적자원관리에서 직면하는 기업윤리의 사안이다.

- 연령, 성, 민족, 종교, 지역, 장애 등의 차별
- 소수집단 우대
- 종업원 대표, 작업장이나 노동조합의 민주화
- 종업원의 사적비밀
- 내부고발자
- 고용계약의 공정성과 노사 간의 힘의 균형
- 작업장 안전과 건강

(4) 마케팅

마케팅 윤리는 마케팅의 운영과 규제 이면의 도덕을 다룬다. 마케팅 윤리는 고객과 시장에 관한 불공정 거래 사안이다. 다음은 마케팅 부문에서 직면하는 심각한 사안이다.

- 가격담합, 가격차별화와 초기고가
- 공급의 조작, 독점거래 협정
- 허위, 오도나 과장 광고
- 암시장과 노인 소비자 시장

(5) 생산공정

제품과 생산공정에서 신체적 손상이나 제품결함을 야기하지 않는 것을 확실히 하는 것은 회사의 의무이다. 심각한 딜레마는 제품이나 생산공정에서 위험의 정도가 있다는 사실로부터 발생하나 허용성의 정도를 정의하는 것은 어렵다. 허용성의 정도는 예방기술이나 수용할 수 있는 위험의 사회적 인식에 달려있다. 다음은 생산윤리의 유형이다.

- 결함, 중독성과 위험성이 있는 제품
- 회사와 환경 간의 윤리관계는 오염, 환경윤리, 탄소배출거래를 포함한다.

- 새로운 기술에서 발생하는 윤리문제, 즉 유전자변형 제품
- 제품 테스트 윤리

Sense 현대글로비스, '한국윤리경영대상' 대상 수상

현대글로비스는 최고경영자가 윤리경영에 대한 확고한 의지를 갖고 전담 조직인 '윤리경영팀'을 신설해 체계적인 활동을 펼친 성과가 높은 평가를 받았다. 현대글로비스는 '윤리경영 내실강화', '협력사 동반성장', '글로벌 윤리경영 추구'를 윤리경영 3대 추진 전략으로 설정하고 세부 실행방안을 운영하고 있다. 이를 위해, 대표이사를 위원장으로 한 윤리경영 의사결정 기구인 '윤리위원회'와 부서별 담당자가 주축이 된 '윤리경영리더협의체'를 구축했다.

현대글로비스는 정기적인 임직원 윤리교육을 실시하고, 윤리실천KPI 제도를 통해 임직원의 윤리실천을 조직평가에 반영한다. 또, '윤리'와 발음이 비슷한 6월 2일을 '윤리데이'로 지정해 전 임직원이 윤리실천 서약을 시행하고 경영진이 직접 윤리의식 홍보물을 배포하는 등 윤리경영 문화 정착에 앞장서고 있다. '헬프라인', '클린노티스'와 같은 윤리경영 익명 제보 채널도 갖추고 윤리적 딜레마 상황에 빠진 임직원들에게 올바른 윤리 지침을 제시해 주고 있다.

출처: 경향신문 2016.11.13

2. 기업의 사회적 책임

기업은 관계를 맺고있는 사회와 환경에 관한 책임이 있다. 기업의 사회적 책임은 기업이 고객, 종업원, 공급자, 사회 공동체와 주주 등 이해관계자들에 대해 스스로 인식한 의무를 자발적으로 완수하기 위해 실천하는 행동이다. 기업의 사회적 책임을 지속하는 가장 체계적인 방법은 윤리기준, 사회적 책임과 기업실천을 연결하는 기업문화를 구축하는 것이다. 모든 기업은 사회적 책임에 관한 정책을 갖고 있고, 활동을 상세히 기록한 보고서를 생산한다. 따라서 이해 당사자들이 기업에 기대하고 요구하는 사회적 의무들을 자발적으로 수행하는 기업들이 많이 증가하고 있다.

1) 기업의 사회적 책임

사회적 책임은 나쁜 것과 옳은 것을 구별하고, 옳게 행동하는 선량한 시민을 의미한다. 기업의 사회적 책임(corporate social responsibility: CSR)은 사회가 기업에 기대하고 요구하는 사회적 의무들을 충족하기 위해 수행하는 활동이다. 따라서 조직뿐만 아니라 사회의 복지와 이익에 기여하는 선택을 하고, 행동을 하는 경영자의 의무이다. 기업경영에서 사회와 환경의 관심사를 자발적인 기준으로 통합하는 개념이다. 다음은 사회적, 경제적, 환경적 영향과 인권을 고려하는 사회적 책임의 활동범위이다.

- 지역사회와 동반자 역할
- 사회적 책임 투자
- 종업원과 고객 간의 관계개발
- 환경보호와 유지

2) 기업의 사회적 책임 기준

기업의 사회적 책임은 기업이 이행관계자들과 공존하기 위한 당연한 의무 사항이다. 기업의 사회적 책임은 경제적, 법적, 윤리적, 재량적 책임 기준으로 나누어진다. 기업의 사회적 책임을 구성하기 위해서는 이 기준에 들어맞아야 한다. [그림 10-5]는 기업의 사회적 성과에 대한 평가 모델이다.

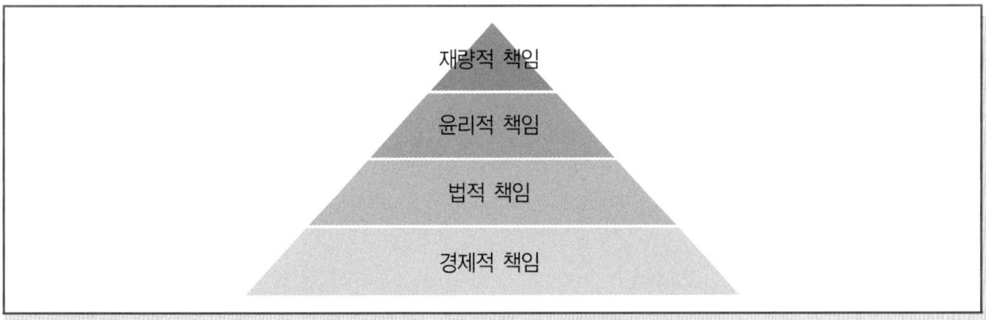

| 그림 10-5 | 사회적 책임 기준

출처: Mark S. Schwartz and Archie B. Carroll(2003), "Corporate Social Responsibility: A Three-Domain Approach," *Business Ethics Quarterly*, 13(4), 503-530.

(1) 경제적 책임

기업은 사회의 기본적인 경제적 단위이다. 경제적 책임은 사회가 원하고, 기업을 위해 이익을 극대화하는 상품과 서비스를 생산하는 것이다. 경제적 책임은 이익극대화의 관점이다. 기업이 유지되기 위해서는 이익 지향적 기준으로 운영되어야 한다. 그러나 경제적 이익은 사회적 책임이지만, 이를 추구만 한다면 기업은 곤란하게 된다.

(2) 법적 책임

법적 책임은 사회가 적절한 기업행동에 관하여 중요한 것으로 생각하는 것이다. 즉, 정부, 지역단체의 법적 요구사항 내에서 경제적 목적을 달성하는 것이다. 기업의 불법적 행동은 기업사기, 의도적인 결함제품 판매, 불필요한 수리 또는 절차, 소비자에 대한 의도적인 오도와 미제공한 작업에 대한 청구 등을 포함한다. 법을 위반하는 조직은 성과와 기업 이미지가 결과적으로 나쁘다.

(3) 윤리적 책임

윤리적 책임은 법으로 성문화되지 않고, 기업의 직접적인 경제적 이익을 제공하지 않는 행동을 포함한다. 윤리적 조직의 의사결정자들은 공평과 형평으로 행동하고, 개인의 권리를 존중한다. 비윤리적 의사결정으로 개인이나 회사가 다른 사람이나 사회를 희생하여 이익을 얻게 될 때 행동은 윤리적인 문제를 발생시킨다.

(4) 재량적 책임

재량적 책임은 순수히 자발적이고, 경제, 법이나 윤리에 의해서 강제하지 않는 사회적 기여를 하려는 기업의 욕구에 의해서 움직인다. 자유재량 활동은 회사에 어떠한 이익을 주지 않고, 기대하지 않는 인류애적인 공헌이다.

3) 사회적 책임의 원리

사회적 책임 활동을 둘러싸고 있는 불확실성 때문에 사회적 책임을 정의하는 것이 어렵지만, 사회적 책임 활동을 확인하는 것은 필수적이다. 사회적 책임 활동의 원리는 지속가능성, 책임성과 투명성이 있다.

(1) 지속가능성

지속가능성은 현재 취해진 조치가 미래에 이용될 수 있는 정도이다. 자원은 유한하기 때문에 자원이 현재 이용된다면 미래에 자원이 사용될 수 없다. 석유, 철이나 석탄과 같은 추출 자연의 원자재는 양적으로 유한하고, 사용되면 미래에 이용될 수 없다. 미래의 어떤 시점에서 이러한 자원에 의해서 현재 제공되는 기능을 수행할 필요가 있다. 지속가능성은 사회가 창조된 것보다 더 많이 자원을 사용할 수 없다는 것을 의미한다. 이것은 자원의 투입과 산출로 기술될 수 있다. 예를 들면, 제지업은 벌목을 대신하기 위해 나무를 심는 정책이 있고, 이것은 유지비용이 된다. 조직을 사회와 경제 시스템의 일부로 보는 관점은 이러한 영향이 현재 창조된 가치와 비용의 측정을 위해서가 아니라 기업 자체의 미래를 위해서 고려되어야 한다는 것을 의미한다. 지속가능성의 측정은 자원의 재생산 비율과 관련하여 기업이 소비하는 비율을 고려한다.

(2) 책임성

책임성은 기업의 행동이 외부환경에 영향을 주는 것을 기업이 인식하고, 행동의 영향에 책임이 있다는 것을 가정한다. 이 개념은 조직의 내외에 취해진 조치의 영향을 정량화하는 것을 뜻하고, 조치에 영향을 받는 모든 당사자에게 정량화를 보고하는 것을 포함한다. 조직은 사회 네트워크의 일부이고, 네트워크에 책임이 있다. 책임성은 환경성과의 적절한 조치를 개발하는 것과 기업의 조치를 보고하는 것이 필요하다. 이러한 필요성은 성과를 개발하고, 조직하고, 보고할 때 기업에는 비용이 된다. 이것은 다음과 같은 근거가 필요하다.

- 모든 이해관계자가 이해할 수 있어야 한다.
- 제공된 정보가 사용자와 관련이 있어야 한다.
- 측정의 정확성, 결과의 대표성과 객관성이 있어야 한다.
- 일관성과 비교성이 있어야 한다.

(3) 투명성

투명성은 조치의 외적 결과가 조직의 보고서로부터 확인될 수 있어야 하고, 관련된 사실은 보고서 안에 위장되어 있지 않아야 한다. 조직의 모든 조치의 결과는 투명해야 한다. 투명성은 배경정보와 지식이 부족한 외부 사용자에게 특히 중요하다. 따라서 투명성은 조치의 외부결과를 위한 조직의 측면과 힘을 외부 이해관계자들에게 이전하는 과정의 측면에서 책임의 인식과정이 보여야 한다.

Sense 롯데, 준법경영위 설치해 윤리경영 우선시 하겠다

4개월여에 걸친 검찰 수사를 마친 신동빈 롯데그룹 회장이 대국민 사과를 발표하고 또다시 고개를 숙였다. 신 회장은 25일 서울 소공동 롯데호텔에서 기자간담회를 열고 "지난해부터 시작된 경영권 분쟁이 마무리되지 않은 상황에서 최근 검찰 수사로 다시 심려를 끼쳐 깊이 사과드린다"고 밝혔다. 이에 따라 롯데는 신 회장 직속으로 외부 전문가가 참여하는 준법경영위원회를 구축하고 그룹과 계열사의 준법경영 체계를 정착시킬 계획이다. 또 오는 2020년까지 매출 200조원으로 아시아 톱10 그룹으로 도약하겠다는 그동안의 목표를 조정하기로 했다. 외형 성장에만 집중한 결과 기업의 사회적 책임에 부족했다는 자성 때문이다. 롯데는 질적 성장으로 목표를 전환하고 사회적 가치를 우선시 해 좋은 기업이 되겠다고 강조했다. 신 회장은 또 그룹의 정책본부를 전면 쇄신하기로 했다. 계열사를 지원하는 역할로 조직을 축소재편하고, 계열사 스스로 판단하고 실행하는 책임 경영을 강화한다는 방침이다.

출처: 매일경제 2016.10.25

Chapter 11

성격과 커뮤니케이션

Insight 11

아이폰 사용자는 감성·개방성 … 안드로이드폰은 정직·겸손

아이폰과 안드로이드폰 사용자의 성향을 분석한 결과나 나와 흥미를 끌고 있다. 아이폰 사용자는 감성·개방성이 상하고, 안드로이드폰 사용자는 정직하고 겸손하다는 조사가 발표된 것이다. 스마트폰은 애플의 독자 운영 체제를 쓰는 아이폰과 삼성전자·LG전자·화웨이·샤오미 등이 생산하는 구글 안드로이드폰으로 크게 나뉜다.

■ 아이폰 사용자는 감성, 자의식, 개방적, 외향적, 여자

영국 의학 전문 매체인 메디컬뉴스투데이는 "영국의 링컨대·랭커스터대·하트퍼드셔대 공동 연구팀이 500명을 대상으로 아이폰과 안드로이드폰 사용자 간 성향 차이점을 연구한 결과, 아이폰 사용자는 스마트폰을 자신의 지위나 자신을 드러내는 상징으로 여기는 인식이 강한 것으로 나타났다"고 29일 보도했다. 아이폰 사용자들은 특히 감성과 자의식이 안드로이드폰 사용자보다 강할 뿐 아니라, 더 개방적이고 외향적이라고 연구팀은 밝혔다. 또 부와 사회적 지위에 대한 관심이 크고, 자기 이익을 위해 규정을 깰 가능성도 더 큰 것으로 분석됐다.

■ 안드로이드폰 사용자는 정직, 겸손, 안정, 완만, 동조, 남자

반면 안드로이드폰 사용자들은 아이폰 사용자보다 감성과 개방성은 덜하지만, 상대적으로 더 정직하고 겸손한 것으로 나타났다. 이번 조사에 응한 아이폰 사용자의 평균 연령은 26.9세, 안드로이드폰 사용자는 31.4세로 아이폰 사용자의 연령이 더 낮았고, 여성보단 남성이 많았다. 이들은 정직하고 겸손한 모습과 자신의 이익을 위해 규칙을 어기는 행동이 아이폰 사용자보다 적었으며, 부와 명예보다 안정적이고 완만함을 추구했다. 특히 주변과 동조하려는 성향이 강해 사회적인 모습을 보였다.

연구팀은 "이번 연구는 설문을 바탕으로 하고 있어 사용하는 스마트폰만으로도 그 사람의 성향과 성격을 알 수 있다"고 설명했다. 그러면서 "기호에 따른 성격의 차이가 일상에서 사용하는 스마트폰에서도 나타났다"며 "스마트폰이 아닌 다른 기호품을 비교해도 비슷한 결과가 나올 것"이라고 덧붙였다. 한편 연구팀은 이번 연구를 토대로 개인이 아이폰과 안드로이드폰 중 어떤 제품을 구입할 것인지 예측하는 모델도 만들었다. 연구팀은 "이 모델을 200명을 대상으로 시험해본 결과 적중률이 69%에 달했다"면서 "스마트폰이 사용자의 성향을 드러내는 디지털 소품인 셈"이라고 말했다.

출처: 헤럴드경제 2016.12.01.

■ 화장하는 동안 섹시해져라

서울 주요 백화점에서 한 시간 만에 완판된 화장품이 있다. 미국의 메이크업 브랜드 나스가 한정 출시한 2017「봄・여름 팝 고우즈 더 이즐 컬렉션」블러셔다. 출시일인 1월 6일 백화점이 문을 열자마자 소비자들은 나스 매장으로 달려갔다. 이 블러셔는 영국에서도 1주일 만에 셀프리지 등 백화점에서 모두 팔렸다.

나스는 1999년 블러셔 제품을 내놓으면서부터 이름을 도발적으로 짓기 시작했다. 블러셔는 미국 가수인 마돈나가 가장 좋아하는 제품으로도 유명하다. 또 다른 인기 블러셔는 섹스어필이다. 2014년 출시한 어데이셔스 립스틱에는 제품 각각에 유명 여배우 이름을 붙였다. 각 립스틱 색상을 통해 그들의 이미지를 그려냈다. 진한 빨간색 립스틱에는 마릴린이라는 이름을, 발랄한 산호색 립스틱에는 나탈리를 붙였다. 이외에도 오드리, 브리짓, 비비안, 샬롯 등을 제품명으로 내세웠다. 회사 측은 "각 립스틱에 인격을 부여했다"고 설명한다. 립스틱 색상을 통해 구체적인 여성상을 그려냈다는 얘기다. 나스는 제품의 감성적 가치를 전달하는 이름을 붙였다는 점에서 달랐다. 마케팅의 아버지로 불리는 경영학자 필립 코틀러에 따르면 상품기능을 나타내는 브랜드보다 문화·성격·가치를 전달하는 브랜드가 더 강력하다. 이런 브랜딩은 제품에 대한 소비자 인식의 틀을 잡는다는 게 그의 이론이다.

출처: 한국경제 2017.02.07.

Chapter 11

성격과 커뮤니케이션

제1절 성격과 태도

1. 성격의 이해

모든 조직은 다양한 성격, 가치와 태도를 갖고 있는 개인들의 집합이다. 성격과 특징은 업무를 수행하는 능력과 행동을 결정한다. 조직은 작업장에서 지식, 기술, 능력, 성격과 가치를 갖고 있는 사람들을 고용한다. 성격은 사업장에서 다양하게 개인의 성과에 영향을 준다. 모든 성격이 모든 직무에 적합하지 않듯이 조직은 구성원들의 성격특성을 신중하게 고려하고, 역할을 할당해야 한다. 이렇게 해야 생산성과 직무만족이 증가된다.

1) 성격의 개념

성격은 동기, 정서, 가치, 관심, 태도와 역량을 포함한 개인의 독특한 특징이다. 다양한 상황에 대한 행동경향을 반영하는 개인의 내적 속성이다. 성격(personality)은 고대 라틴어 persona와 중세 라틴어 personalitas에서 유래되어 개인의 외모와 관계된 가면(mask)이 원래의 의미이다. 성격은 개인의 외모뿐만 아니라 개인의 내적 특징 및 성질과 관련이 있다. 페르소나의 원래 뜻은 고대 희랍 무대에서 배역들이 썼던 가면을 나타내는 말로 외적 인격 또는 가면을 쓴 인격을 뜻한다. 오늘날에는 배우가 연기생활을 하면서 맡았던 여러 배역의 인격부터 사람들에게 알려진 사생활의 요소를 가지고 개발한 자아상을 말한다.

성격은 개인을 특징짓는 지속적이며 일관된 행동양식으로 시간, 상황이 달라져도 지속되며, 한 사람을 다른 사람과 구별짓는 특징적인 생각, 감정, 행동들의 패턴이다. 성격은 지식, 지능이나 마음의 움직임을 제어한다. 상황대처 방식, 대인관계, 도덕적 가치, 감정적 반응, 스트레스나 곤경에 대처하는 방식 등이 사람의 성격에 따라 독특하다. 성격은 환경에 대하여 특정한 행동 형태를 나타내는 개인의 독특한 심리적 체계이기 때문에 개인의 성격차이는 구매욕구와 행태에 따라서 다양하게 나타난다. 독특한 개인의 성격은 화장품, 의류나 주류제품 등 구매에서 많은 차이가 있다.

2) 성격과 태도의 역할

사람들이 생각하고, 느끼고, 행동하는 방식은 작업장의 모든 측면에 영향을 주기 때문에 성격은 직장 행동에 부분적으로 기여한다. 태도는 고려해야 할 중요한 요소이다. 사람들의 성격은 집단, 태도와 의사결정하는 방법에 영향을 준다. 많은 조직들은 회사의 문화에 가장 적합한 지원자들을 고용단계에서 심사하고, 건강한 환경을 창조하기 위해 긍정적인 특질과 태도를 갖고 있는 개인들을 고용하기 원한다. 직원을 긍정적으로 동기부여를 할 수 없는 관리자는 저생산성에 이르는 서비스의 품질에 직접적으로 영향을 주고, 조직의 분위기와 성실성을 위태롭게 한다. 관리자의 성격은 동기부여, 리더십, 성과와 갈등에 영향을 준다. 관리자가 조직원들의 개성을 잘 이해할수록, 더 좋은 성과를 산출할 수 있다.

2. 성격의 특성

조직이 가동되고 상황에 반응하는 방식은 오랫동안 진화했다. 관리자들은 모든 수준에 부하를 포함시키는데 더욱 참여적이다. 지식과 고객지향적인 과업으로의 이동은 조직 내에 낮은 수준에까지 더 많은 지율권을 부여한다. 조직에 영향을 주는 환경의 지속적인 변동성은 변화와 새로움에 조직을 개방한다. 이러한 모든 요인들은 과거보다 더욱 중요하게 보이는 성격의 원인이 된다.

1) 성격 5요인 이론

행동패턴은 신뢰할 수 있고, 우호적이고, 쾌활한 지속적인 특징으로 가정하는 개인의 성격특성을 확인하고, 측정하려는 연구가 지속되었다. Costa와 McCrae(1992)는 여러 성격이론과 다양한 성격검사를 통합하여 성격 5요인이론(Big 5 personality traits)을 만들었다.[33] 성격 5요인은 개방성(openness), 성실성(conscientiousness), 외향성(extroversion), 우호성(agreeableness)과 정서적 안정성(neuroticism)으로 구성되고, 두문자를 조합하여 OCEAN 이라고도 한다.

33. Costa, P. T., & McCrae, R. R.(1992).

- **개방성**: 통찰력과 상상력, 다양한 관심을 갖고 있는 특성이다. 개방성은 지적 자극, 변화, 다양성을 선호하는 정도로 학문적 성취지향과 관련 있는 특성이다. 새로운 것을 배우기를 좋아하고, 새로운 경험을 즐기는 사람들은 개방성이 높다.
- **성실성**: 성실성은 조직적이고, 체계적이고, 철저한 특성이다. 성실성이 높은 사람들은 신뢰할 수 있고, 업무수행과 고객에 대한 반응성이 신속하다.
- **외향성**: 활동적이고, 말하기를 좋아하고, 적극적이고, 확신에 차있는 특성이다. 외향적인 사람들은 다른 사람들과의 상호작용을 통해서 에너지를 얻지만, 내향적인 사람들은 자신 안에서 에너지를 얻는다.
- **우호성**: 친절하고, 협력적이고, 동정심이 있는 특성이다. 친화성이 낮은 사람들은 다정하지 않다. 이 특성은 친절하고, 다정하고, 공감적이다.
- **정서적 안정성**: 이 특성은 정서적 안정과 불안전성이다. 신경성이 높은 사람들은 정서적 불안전성과 부정적 정서를 자주 경험한다.

| 표 11-1 | Big 5 성격의 특성 비교

높은 사람	요인	낮은 사람
호기심, 창의성, 비현실성	개방성	현실, 관습, 변화에 저항
생산, 규칙, 엄격, 근면, 야망	성실성	비구조, 저생산, 비협조, 쾌락, 나태, 부주의
활동, 협동, 말하기 좋아함, 열정, 낙관	외향성	냉정, 조용, 고독, 비동정, 이해성이 부족, 괴팍
협력, 순응, 동정, 신뢰, 관대, 솔직	우호성	요구가 많음, 도전, 경쟁, 논쟁, 무례, 냉소, 비협조
조용, 침착, 안정, 강건, 이성	정서적 안정성	걱정, 초조, 경계, 불안, 변덕

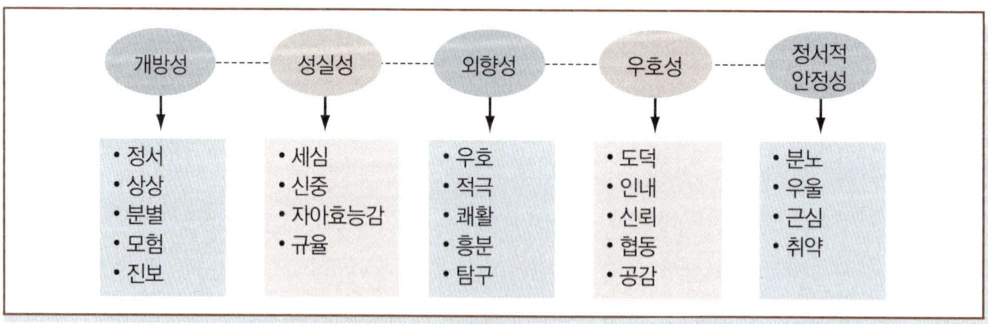

| 그림 11-1 | Big 5 성격특성(OCEAN)

Sense 칼 융의 성격 유형

스위스의 정신분석학자 칼 구스타브 융(Carl Gustav Jung)은 정신분석의 유효성을 인식하고, 연상 실험을 창시하여, 프로이트의 억압을 콤플렉스라고 하였고, 분석심리학의 기초를 세웠다. 그는 성격유형을 두 가지 태도(내향성, 외향성)와 네 가지 기능(사고, 감정, 감각, 직관)을 범주로 제안했다. 2가지 태도와 4가지 기능을 조합하여 8가지 성격 유형을 제시하였다. 아래 표는 칼 융이 분류한 성격의 유형이다.

| 표 11-2 | 칼 융의 성격 유형

태도 / 기능	외향성(extroversion)	내향성(introversion)
사고(thinking)	경험 자료를 종합, 새로운 사실 산출	개인의 이념이나 관념에 영향
감정(feeling)	감정을 주위환경에 잘 맞춤 타인의 기분 고려	주관에 의해 감정판단 주체에 입각해서 판단
감각(sensing)	현실주의자 구체적인 경험 추구 사실성에 가치	객관적 자극 주관적 감각 세밀한 지각능력
직관(intuition)	자신 속에 있는 이미지에 지배 신비주의자나 예언가 장래성과 미래의 가능성에 초점	장래성과 미래의 가능성 실현의 계기를 잘 만듦

2) 자아변수

5요인 성격특성 이외에 자아변수는 자아존중감, 자기감시성이나 자아효능감 등이 있다. 사람들에 대한 이해는 성격이론에서 자아개념이라고 한다. 자아개념(self-concept)은 자신에 관한 지식으로 조직행동에 적용할 수 있는 자아변수로 중요하다.

(1) 자아존중감

자아존중감(self-esteem)은 자아 인식능력과 자아 이미지이다. 자신에 대한 존경과 능력을 갖고 있는 느낌이다. 자아존중감은 안정적이고, 지속되는 경향이 있는 성격특성이다. 자신의 외모, 신념, 정서와 행동의 평가와 같은 다양한 자신에 관한 믿음이다. 자아존중감은 생존과 정상적이고 건강한 발달을 위해 필수적인 본질적인 인간의 욕구이다. 개인의 신념과 성실성에 근거하고, 개인의 생각, 행동, 느낌과 연결되어 발생한다. 자아존중감은 직무에서 성과와 만족의 수준과 관련이 있다. 높은 자아존중감이 있는 사람들은 그렇지 못한 사람들보다 더 높은 수준의 성과를 얻는다.

(2) 자기감시성

자기감시성(self-monitoring)은 사회환경에서 자신의 행동과 모습을 감시할 수 있는 정도이다. 자신의 행동을 상황에 적합하도록 변경할 수 있기 위해 사회상황에 더 많은 주의를 기울이는 성격특성이다. 즉, 개인의 행동이 상황의 영향을 받는 정도이다. 개인은 타인과 상호작용할 때 자신의 외부 모습을 감시하고, 타인에 맞춰서 반응하는 경향이 있다. 자기감시성이 높을수록 자신의 태도보다 타인의 의견이나 사회적 상황에 더 많은 영향을 받는다. 자기감시성이 높은 사람은 사회적 카멜레온(Social Chameleon)이라고도 하는데 특정한 상황에 맞게 자신의 스타일을 변경하여 적응한다. 자아감시성이 높은 사람은 유연성이나 적응성이 있으나, 낮은 사람은 사회환경의 규범에 잘 순응하지 않고 상황에 관계없이 행동한다.

(3) 자기효능감

자기효능감(self-efficacy)은 특정한 과업을 성공적으로 수행할 수 있는 자신의 능력에 관한 믿음이다. 자기효능감은 개인의 존재가치보다는 능력에 관한 판단과 믿음이라는 점에서 자아존중감(self-esteem)과는 차이가 있고, 성공이나 실패 경험을 통해 강화되거나 약화될 수 있다. 자기효능감이 높은 사람은 도전적인 과제가 주어졌을 때 쉽게 포기하지 않고, 더 많은 노력을 기울인다.

| 표 11-3 | 자기효능감이 높은 사람과 낮은 사람의 특징

자기효능감이 높은 사람	자기효능감이 낮은 사람
• 어려운 문제를 수행해야 할 과업으로 본다. • 참여하는 활동에 깊은 관심을 갖는다. • 관심과 활동에 더 큰 몰입을 형성한다. • 좌절과 불만으로부터 신속하게 회복된다.	• 어려운 과업을 회피한다. • 어려운 과업과 상황은 자신의 능력 밖이다. • 개인적 실패와 부정적 결과에 집중한다. • 개인적인 능력에 대한 신뢰를 쉽게 잃는다.

3) 작업태도 및 행동

태도(attitude)는 환경의 다양한 측면에 관하여 의견, 신념과 느낌을 뜻한다. 태도는 생각하는 방식이고, 세계, 작업의 내외와 어떻게 관련되는지를 나타낸다. 사람들은 먹는 음식, 사는 장소, 입는 옷에 관한 신념이나 태도를 갖고 있다. 이처럼 작업태도(work attitude)는 개인들이 작업에 관해서 느끼고, 작업에 대해 몰입을 보이는 정도이다.

긍정적 작업태도는 매우 중요하다. 왜냐하면 생산적 사고를 촉진하고, 생산적 작업에 이르기 때문이다. 긍정적인 사람은 더욱 친숙하게 되고, 응집력이 있는 팀을 구축하는데 필수적인 건설적 관계를 쉽게 형성한다. 종업원들이 행동하는 방식에 영향을 주는 가장 큰 요인인 작업태도는 직무만족과 조직몰입니다. 직무성격, 상사와 동료가 공유하는 라포(rapport)와 관계, 조직에서 대우받는 방식과 직무와 관련된 스트레스 수준에 근거하여 사람들은 작업을 평가한다.

(1) 직무만족

직무만족(job satisfaction)은 자신의 직무에 대해서 갖는 느낌으로 종업원들이 작업장에서 어떻게 만족하는가를 의미한다. 높은 직무만족이 있는 종업원은 긍정적인 태도를 갖고 있고, 불만족을 갖고 있는 종업원은 직무에 대해 부정적인 태도를 갖고 있다.

(2) 조직몰입

종업원들은 직무만족과 몰입을 어떤 특성과 연결하는 경향이 있다. 조직몰입(organizational commitment)은 자신이 근무하는 회사에 대해 갖고 있는 정서나 심리적 애착(psychological attachment)이다. 높은 몰입을 갖는 종업원은 자신의 목표를 조직의 목표와 동일시하고, 이러한 목표를 달성하기 위해 어떠한 노력도 기꺼이 기울인다. 그러한 종업원은 조직에 남아 조직과 함께 성장한다.

4) 직무성격

과업에서 자율권을 갖고, 중요한 과업을 수행하고, 건강한 피드백 구조를 가짐으로써 자신의 기술을 사용할 수 있는 능력을 직무가 제공한다고 느낄 때 종업원들은 만족하고 몰입한다. 직무가 새로운 기술을 강화하고 향상하는데 도움이 될 때 종업원들은 더욱 만족하는 경향이 있다.

(1) 직무일치성

직무일치성은 종업원의 개인적 신념, 가치와 목표가 조직의 직무와 일치하는 정도이다. 직무가 상당히 많이 일치한다고 생각하는 종업원들은 만족하게 되고, 몰입하게 된다.

(2) 조직정의

사람들은 모든 상황에서 공평하게 대우받는 것을 좋아한다. 이것은 만족과 몰입을 야기하고 유지할 때 큰 역할을 한다. 이러한 요인은 회사정책의 공정성, 경영자와 상사의 부하에 대한 공정한 대우와 보상이다.

(3) 작업장 관계

또 다른 만족과 몰입의 요인은 부하, 동료와 관리자와의 관계이다. 관계는 종업원들이 대우받는 방식, 작업집단 내에서 사회적인 인정, 관리자들의 배려와 공정성의 정도이다.

(4) 심리적 유대

조직과 정서적으로 애착을 갖는 종업원들은 만족하고, 조직목표를 달성하기 위해 직무에 기꺼이 몰입한다. 정서적 애착은 긍정적인 결과를 낳는 무언의 비공식 유대이다.

Sense SNS에 '운동 셀카' 올리는 사람은 나르시시스트

자신이 운동하는 모습을 사진으로 찍어 공개하는 사람들은 자기애가 지나치게 강할 수 있다는 연구결과가 나왔다. 영국 런던 브루넬대 심리학 연구팀이 페이스북 사용자 555명을 대상으로 이들이 '상태 업데이트'를 하는 것에 어떤 성격적 특성과 동기가 영향을 주는지 분석했다.

모든 참가자는 온라인을 통해 설문조사를 받았는데 연구팀은 이를 통해 각 참가자의 성격이 '빅 5 성격 특성'으로 알려진 외향성, 신경성, 개방성, 친화성, 성실성뿐만 아니라 자존감, 나르시시즘 중 어느 쪽에 가까운지를 조사했다. 그 결과, 나르시시스트, 즉 자기애가 강한 사람들은 상태 업데이트에 주로 자신의 다이어트와 운동과 관련한 주제를 더 많이 게시하는 것으로 나타났다. 또한 이들은 자신의 성취에 대해서도 더 자주 올렸는데 이는 이들이 페이스북 친구들의 관심과 확인을 통해 동기를 부여받고 있기 때문이었다. 연구팀은 이들의 상태 업데이트가 많은 '좋아요'(추천)와 댓글을 받는 것은 이들이 갈망하는 관심으로, 이들의 자랑이 심해질 수 있는 것을 발견했다. 또한 이번 연구에서는 자존감이 낮은 사람들은 현재의 낭만적인 연인에 관한 상태 업데이트를 더 자주 공개하는 것으로 나타났다. 자신의 자녀에 관한 상태 업데이트를 주로 하는 사람들은 성실성과 연관성이 있는 것으로 확인됐다. 연구를 이끈 타라 마샬 박사는 "왜 사람들이 페이스북에 어떤 주제에 관해 쓰게 되는지 이해하는 데 매우 중요한데 왜냐하면

이들의 업데이트는 별도로 '좋아요'(추천)와 댓글을 받기 때문"이라고 말했다. 이어 "'좋아요'(추천)와 댓글을 더 많이 받는 사람들은 그렇지 못한 이들과 달리 사회적으로 포함된 사람(social inclusion)의 혜택을 경험하는 경향이 있다"고 덧붙였다. 또 그는 "이번 결과는 자기애가 강한 사람들의 자랑은 상태 업데이트에서 좋아요와 댓글을 더 받을 수 있으므로 보상이 되지만, 그들의 페이스북 친구들은 그런 자기중심적인 게시물을 속으로는 싫어하지만 정중하게 지지하는 것일 수도 있다는 것을 보여준다"고 말했다. 이어 "한 사람의 상태 업데이트가 어떻게 친구들에 의해 더 큰 관심을 받을 수 있는지에 관한 연구는 사람들이 자신들이 즐기기보다 성가신 주제를 피하는 것을 도울 수 있을 것"이라고 덧붙였다. 이번 연구결과는 국제 학술지 Journal Personality and Individual Differences에 실렸다.

출처: 나우뉴스 2016.08.16

제2절 커뮤니케이션의 이해

1. 커뮤니케이션의 의의

조직에 있는 많은 사람들은 커뮤니케이션하는데 많은 시간을 보내고 능숙하기도 하다. 일반적으로 비즈니스 커뮤니케이션은 개인 커뮤니케이션보다 더 객관적이며, 체계적이고, 간결하다. 인간이 커뮤니케이션하지 않고 살아간다는 것은 거의 불가능하다. 인간은 이심전심(telepathic)하는 존재가 아니기 때문에 모든 커뮤니케이션은 필요한 의미를 전달하는 상징이다. 이것은 커뮤니케이션을 하는 개인이나 회사가 개념을 일련의 상징으로 축소하고, 메시지의 수신인에게 전달하는 것을 의미한다. 수신인은 원래의 메시지를 얻기 위해 상징을 해독한다. 참여자들은 포함된 상징이 실제로 의미하는 것의 공통적인 시각을 공유한다. 실제로 당사자들은 경험의 공유영역을 공유해야만 한다.

1) 커뮤니케이션의 개념

communication(의사전달)은 라틴어 communicare에서 유래된 것으로 공동(common) 또는 공유하다(share)를 뜻한다. 따라서 커뮤니케이션은 언어, 몸짓이나 문서 등 상징을 통해서 정보, 의견, 감정을 전달, 수신, 해석하는 과정이다. 커뮤니케이션에서 전달되는 정보는 사실, 생각, 개념, 의견, 신념, 태도, 지시와 감정 등을 포함한다. 사람들은 커뮤니케이션을 통해서 영향력을 행사하고, 정보를 교환하고, 감정을 표현을 한다. 따라서 커뮤니케이션은 송수신인 간에 전달하고, 수신하는 메시지가 전달되는 과정이다. 다음은 커뮤니케이션에 관한 주요 정의이다.

- 개인이나 조직 간에 정보가 전달되는 과정[34].
- 의미를 이해하고 공유하는 과정[35].
- 사실, 생각, 의견이나 감정 등 둘 이상 개인 간의 교환[36].
- 감정, 인지나 행동상태를 변경하는 개인들 간에 발생하는 상징적 과정[37].

언어는 사람과의 관계를 연결하고, 정보, 생각이나 감정을 공유하는 매개역할을 한다. 또한 관계를 맺고 있는 사람을 통하여 메시지를 음성적 또는 비음성적인 메시지로 느낌이나 생각을 교환하고, 이해하는 의식적이거나 무의식적 과정이다. 생각의 교환은 대화, 몸짓, 문서와 그림에 의해서 이루어진다. 커뮤니케이션의 핵심요소는 정보, 상징, 교환과 공유이다. 커뮤니케이션 참가자들은 정보를 의도적으로 교환하며, 정보를 전달하는데 단어, 그림, 음악, 감각적 자극과 같은 상징을 사용함으로써 상호 간에 의미를 공유한다. 따라서 커뮤니케이션은 상징을 통하여 의미를 전달하고 해석하는 상호작용 과정이다.

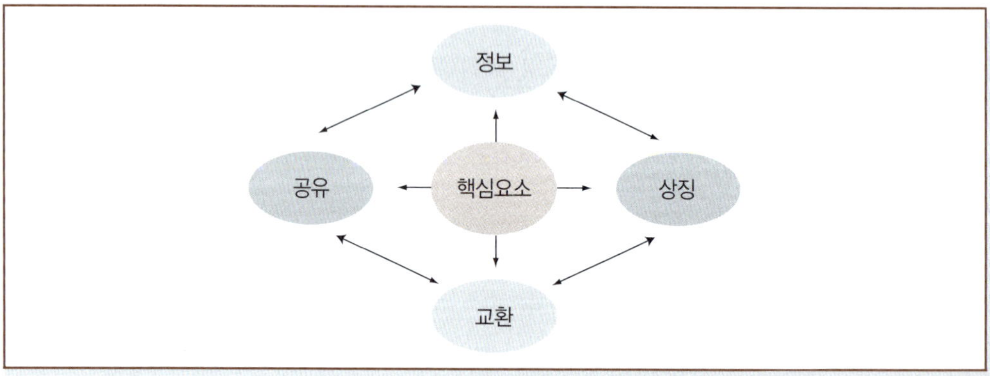

| 그림 11-2 | 커뮤니케이션의 핵심요소

2) 커뮤니케이션의 중요성

조직 내에서 커뮤니케이션은 변화나 행동에 영향을 주는 것과 관계가 있다. 커뮤니케이

34. Peter Little(1977).
35. Pearson, J., & Nelson, P.(2000.
36. Newman, W. H., Summer, C. E., & Warren, E. K.(1977).
37. Albrecht, Terrance L., Gerianne M. Johnson, and Joseph B. Walther(1993).

션은 사람들이 공동의 목표를 달성하기 위해 함께 하고, 일하는 것을 돕는다. 관리자는 커뮤니케이션을 통해서 자발적인 근무의지를 확실히 하고, 근무하는 능력을 평가한다. 변화는 정보의 교환과 이해를 통해서 더 잘 관리된다. 관리자는 부하들에게 열정과 신뢰로 일하도록 하고, 부하의 높은 동기유발을 구축해야 한다. 커뮤니케이션은 조직의 사람들을 이끌어 가는 힘이며, 팀에게 일과 사기를 강화한다. 효과적인 언어와 문서 커뮤니케이션은 경영, 기술, 업무와 사회와 같은 조직의 모든 영역에서 유용하다. 경영자로 승진을 원한다면 커뮤니케이션 능력을 가져야 한다. 구두나 문서 커뮤니케이션을 효과적으로 하지 못한 사람들은 동일한 직위에 머무른다.

고객에게 직원은 회사이다. 고객, 공중과의 거래는 회사를 대표한다. 중요한 커뮤니케이션은 각 메시지가 회사의 문화와 자질을 나타내고, 호의를 구축하거나 파괴할 수 있기 때문에 회사에 매우 중요하다. 다른 사람들과 효과적으로 커뮤니케이션하는 능력은 성공한 사람의 최고 자질로 자주 거론된다. 메시지를 전달하는 능력이 부족하여 다른 사람으로부터 정보를 얻지 못한다면 지적인 사람으로 간주되기 어렵다. 훌륭한 의사전달자라면 고객과 기업으로부터 좋은 인상을 받을 수 있다. 이러한 인상은 구두와 문서 메시지를 커뮤니케이션하는 능력에 달려있다. 다음은 커뮤니케이션 역량이 필요한 영역이다.

- 조직에서 성공은 문서와 구두 커뮤니케이션을 잘하는 능력에 근거한다.
- 효과적인 커뮤니케이션 능력은 가치 있는 자산이다.
- 정신적인 노동자는 자신의 발전을 위해서는 다른 사람에게 자신의 생각을 효과적으로 전달할 수 있어야 한다.
- 커뮤니케이션 능력은 모든 직무기술, 즉 고객관계, 노사관계, 마케팅, 영업, 공중관계와 교육과 같은 많은 영역에서 필요조건이다.
- 커뮤니케이션은 서비스 부문에서 더욱 필요하다.

Sense 효과적인 커뮤니케이션 방식

- 수신인에게 실용적인 정보를 제공한다.
- 모호한 인상보다는 사실을 전달한다.
- 간결하고 효율적인 방식으로 정보를 표현한다.
- 기대와 책임을 분명히 한다.
- 흥미를 돋우고, 설득적인 주장과 제안을 제시한다.

2. 커뮤니케이션의 과정

1) 커뮤니케이션의 과정

커뮤니케이션은 모든 인간행위의 핵심이며, 개인행위, 사회구조, 정치행위, 예술창작, 언어와 문화 등 인간사를 탐구할 수 있다. 언어를 서로 교환하는 커뮤니케이션은 발신인과 수신인 간의 의미를 전달하는 과정에서 많은 요소들이 개입한다. 커뮤니케이션은 발신인, 수신인, 메시지, 부호화, 채널, 해독, 피드백, 잡음과 맥락 등으로 구성되며, 이들 요소들이 복합적으로 작용한다.

- 발신인(sender): 다른 개인이나 집단에 메시지를 보내는 당사자
- 메시지(message): 전달하고자 하는 내용
- 부호화(encoding): 전달하려는 생각을 말, 문자, 그림 등으로 전환하는 과정
- 채널(channel): 발신인이 수신인에게 메시지를 전달하는 데 사용하는 경로
- 해독(decoding): 발신인이 부호화하여 전달한 메시지를 해석하는 과정
- 수신인(receiver): 발신인이 전달한 메시지를 받는 당사자
- 반응(response): 메시지에 노출된 후 나타나는 수신인의 행동
- 피드백(feedback): 수신인이 받은 메시지에 대해 발신인에게 보이는 반응
- 잡음(noise): 의사전달과정에서 계획되지 않은 현상이나 왜곡
- 맥락(context): 커뮤니케이션이 이루어지는 공간이나 행동이 일어난 상황

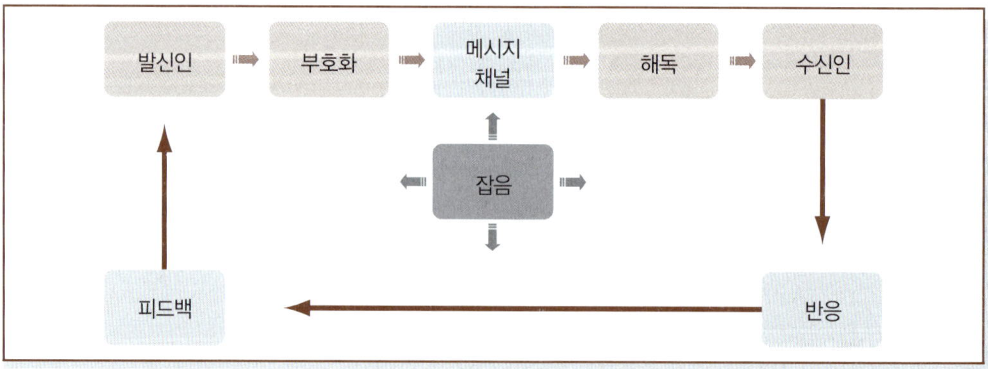

| 그림 11-3 | 커뮤니케이션의 과정

[그림 11-3]은 커뮤니케이션 모델이지만 이것은 너무 단순하다. 커뮤니케이션은 이처럼 단일 단계로 발생하지 않는다. Katz와 Lazarsfield에 의하면 메시지는 여론주도자를 통

해 여과되고, 대부분의 경우 메시지는 몇 가지 경로에 의해 수신인에게 도달한다. 하나 이상의 경로로 동일한 메시지를 보내는 것을 중복(redundancy)이라 하고, 이것은 메시지를 전달하는 좋은 방법이다. [그림 11-4]에서 발신인은 다른 경로로 거의 확인할 수 있는 메시지를 보낸다. 잡음과 간섭의 효과는 메시지를 왜곡하고, 여론주도자는 메시지를 조절하지만, 세 가지 다른 경로를 사용함으로써 메시지의 의미가 더 많이 전달된다. 이것이 마케팅 커뮤니케이션을 통합하는 근거이다. 커뮤니케이션의 다른 견해는 의미의 공동 창조와 관련이 있다. 이 견해에서 커뮤니케이션은 한 사람이 다른 사람과 하는 것이 아니다. 커뮤니케이션은 최초 발신인, 이해자를 포함함으로써 더 나은 생각을 할 수 있다. 공동 의미의 수용은 최초 발신인의 의도에서 오는 것이 아니라 이해자의 선택에서 일어난다.

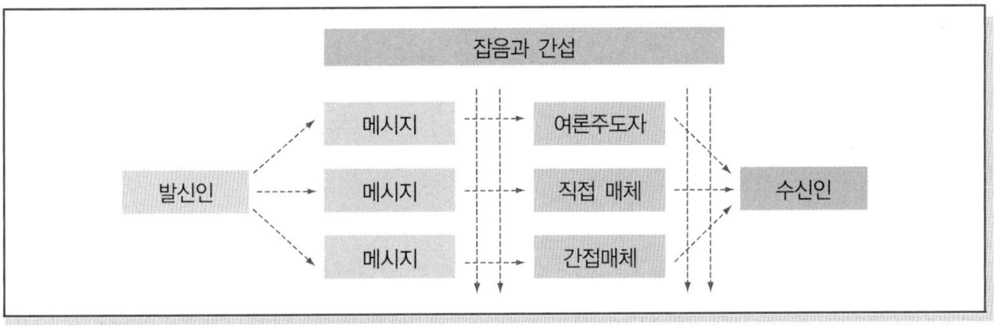

| 그림 11-4 | 커뮤니케이션의 잡음과 간섭

2) 커뮤니케이션의 영향요인

효과적인 커뮤니케이션은 양방향 과정이지만, 이 과정을 파괴하고 커뮤니케이션의 전체 해석과 이해에 영향을 주는 많은 요인들이 있다. 많은 문제는 커뮤니케이션의 다른 단계에서 튀어나올 수 있다. 이것은 발신인, 메시지, 부호화, 채널, 해독, 수신인, 피드백과 맥락을 포함한 요인과 관련이 있다. 최소한의 오해와 혼란에서도 자신의 메시지를 얻도록 커뮤니케이션에 영향을 주는 요인을 이해하는 것은 중요하다. 효과적인 커뮤니케이션에 대한 장벽이 되는 문제영역은 아래와 같다.

- 신분과 역할: 발신인과 수신인은 위계상 동일한 신분이거나 다른 수준일 수 있다. 신분의 차이는 때때로 커뮤니케이션 과정의 효과성에 영향을 준다.
- 문화차이: 조직 내외에서 발생하는 문화차이는 커뮤니케이션 과정을 방해한다.
- 커뮤니케이션 채널의 선택: 부적절한 채널에 의해서 메시지를 보내는 것은 잘못된 신호를 보낼 수 있고, 혼란을 야기하는 것으로 끝날 수 있다.

- 커뮤니케이션의 길이: 커뮤니케이션이 목적에 맞고, 수신인에게 적절하다는 것을 확실히 할 필요가 있다. 메시지가 너무 긴가? 아니면 짧은가?
- 올바른 언어의 사용: 단어의 서툰 선택이나 불충분한 문장구조는 커뮤니케이션을 방해한다. 구두법은 문장의 전체 의미를 바꿀 수 있다.
- 장애: 시력상실, 난독증과 형편없는 정신건강과 같은 장애는 커뮤니케이션의 장애일 수 있으며, 커뮤니케이션의 효과성을 평가할 때 고려한다.
- 알려지거나 알려지지 않은 수신인: 수신인을 아는 것과 모르는 것은 커뮤니케이션의 효과성을 판별할 때 중요하다. 알려진 수신인은 양자가 공통 경험과 공유된 도식을 갖고 있기 때문에 불충분한 정보에도 메시지를 잘 이해할 수 있다. 알려지지 않은 수신인은 메시지를 해독하는데 더 많은 정보와 시간을 필요로 할 것이다.
- 개인적 지각, 태도와 개성: 개인적 특성, 연령과 선호 형태로 수신인을 고려한다. 예를 들면, 청소년에 비해 성인과 어린이는 다른 커뮤니케이션의 욕구와 선호를 갖는다.

Sense 커뮤니케이션 달인의 비결

- 듣는다: 인간은 두 개의 귀와 한 개의 입을 갖고 있다. 역량 있는 사람은 말할 때를 안다.
- 청자에게 맞춘다: 열심히 듣기 때문에 이해할 수 있다. 또한 말할 때 현재 특정한 청자에게 메시지를 맞춘다. 메시지가 명확하고 모든 당사자가 이해한다.
- 복잡한 것을 단순하게 한다: 청자를 위해 메시지를 간결하고 구체적으로 만든다. 내용을 분해하거나 환언함으로써 청자에게 메시지를 더 쉽게 이해할 수 있게 만든다.
- 대화시점을 안다: 대화시점을 알면 효과적인 커뮤니케이션에 언제나 유익하다.
- 분위기를 활용한다: 질문하고 답변하는 흐름을 활용한다.
- 신뢰를 실천한다: 모호한 언어를 피하고, 크고 분명하게 말한다.
- 구체적이다: 우회적으로 말하지 않고, 간결하고, 분명한 요점을 말하고, 실수하지 않는다. 혼란스런 여지를 남기지 않는다.
- 상호작용에 집중한다: 상호작용을 분산하는 환경을 제거한다. 다른 사람이 말하는 중간에 끼어들지 않는다. 메시지와 청자에게 집중한다.
- 질문을 한다: 청자를 이해하려는 노력으로 구체적인 질문을 사용한다.
- 비언어 단서를 안다: 대화를 할 때 신체언어는 말만큼 중요하다. 비언어 신호로 좌절, 신경과민이나 흥분을 인식한다.

메시지의 수신인은 어떤 종류의 시각, 청각, 운동감각의 사람인가? 메시지를 어떻게 받아들이는가? 적합한 커뮤니케이션 유형은 무엇인가?

- 환경, 소음과 주의산만: 환경은 때때로 효과적인 의사소통의 장애요인이 된다. 파티장처럼 시끄러운 장소는 발신인과 수신인이 메시지 전달과 수신을 위해 추가적인 노력이 필요하기 때문에 구두 커뮤니케이션에 긴장하게 된다.
- 메시지의 명확성: 메시지 전달방식이 분명한가? 모호한가?
- 피드백의 부족: 이해확인은 양자에 의해서 이루어져야 하기 때문에 피드백은 중요하다. 피드백의 부족은 불확실성과 혼란에 이르기 때문에 문제를 발생할 수 있다.

3) 커뮤니케이션의 원리

사람들은 많은 잡음에 둘러싸이고, 선택적 주의를 기울일 뿐만 아니라 정보를 주관적으로 판단하고, 항상 듣고 싶은 것만 듣는 경향이 있다. 따라서 사람들의 주의를 끌고, 설득력이 있는 메시지를 개발하여 효과적인 매체를 통해서 전달해야 한다. 경영학자인 Koontz와 O'Donnell은 커뮤니케이션의 원리를 제시하였다. 즉, 커뮤니케이션의 원리에는 명료성의 원리, 진실성의 원리와 비공식 조직의 전략적 사용 원칙 등이 있다.

(1) 명료성의 원리

분명하고, 간결하고, 쉽게 이해할 수 있는 언어로 전달하는 것은 송신인의 책임이다. 커뮤니케이션은 수신인이 이해하고, 주목하고, 반응하는데 도움이 되도록 메시지가 구성되고, 과도한 의미를 포함하지 않아야 한다. 명료성에 대한 주의는 커뮤니케이션에 필수적이다. 메시지가 분명하고, 간결할수록 전달력과 이해력이 더 뛰어나다.

(2) 진실성의 원리

커뮤니케이션은 기업의 목표를 달성하기 위해 상사와 부하 간의 필요한 협력을 확보하고, 유지하는 수단과 도구이다. 상사는 중간관리자를 경유하여 종업원들에게 직접적으로 메시지를 전달한다. 메시지가 관리자와 종업원들에게 동일하게 중요하기 때문에 커뮤니케이션은 진실해야 한다. 따라서 태도는 합리적이고 사려 깊게 고려되어야 한다.

(3) 비공식 조직의 전략적 사용 원칙

이 원리는 효과적인 커뮤니케이션을 위해 관리자와 경영자는 공식 조직의 커뮤니케이션 경로를 보충하기 위해 비공식 조직을 사용하는 것을 의미한다. 조직이 성장함에 따라 관리자와 경영자는 공식조직의 커뮤니케이션을 보충하기 위해 비공식 조직을 이용한다. 그러한 시도는 기업노력의 조정을 육성하고 보장해야 한다.

4) 커뮤니케이션의 개발

커뮤니케이션은 언제나 비용이 든다. 표적청중이 메시지를 이해하기 위해 시간과 노력을 투입하는 것이 가치 있어야 한다. 커뮤니케이션은 AIDA를 따른다. AIDA 모델은 소비자가 제품이 있다는 것에 먼저 주의를 기울인 후에 그 제품에 대해 관심이 생기고, 흥미가 생기면 제품을 소유하고 싶은 욕망이 유발되어, 결국 제품을 구매하게 된다는 것을 설명한다. 따라서 이것을 마케팅 커뮤니케이션에 활용할 수 있다. 첫째, 마케터가 고객의 주의를 끌어야한다. 수신인이 흥미가 없다면 메시지는 전달되지 않는다. 둘째, 마케터는 메시지를 흥미있게 만들어야 한다. 그렇지 않으면 수신인이 주의를 기울이지 않을 것이다. 메시지가 적합하다면 수신인이 제품에 대한 열망에 이르게 된다.

단 계	AIDA	• 마케팅 전략
인지적 단계	주의(Attrntion)	• 제품 자체의 속성 제공 • 제품출시 정보제공
감정적 단계	흥미(Interest)	• 구체적인 정보를 제공하는 메시지
	열망(Desire)	• 제품에 대하여 갖고 있는 태도와 느낌 전환
행동 단계	행동(Action)	• 구매의욕 자극

| 그림 11-5 | AIDA와 마케팅 전략

제3절 커뮤니케이션의 유형

1. 개인 커뮤니케이션

커뮤니케이션은 관계자들 간에 정보, 의견이나 감정을 언어나 비언어적으로 전달하고 교환하는 과정이다. 개인 커뮤니케이션은 개인과 개인 수준에서 이루어지는 의사 전달과 정보 흐름이다. 개인 커뮤니케이션 수단에 의한 구분 방법은 말과 글에 의해 정보를 전달하는 언어 커뮤니케이션과 말이나 글 이외의 수단을 사용하는 비언어 커뮤니케이션으로 구분할 수 있다.

1) 언어 커뮤니케이션

언어 커뮤니케이션(verbal communication)은 말로 하는 구두 커뮤니케이션(oral communication)과 글에 의한 문서 커뮤니케이션(written communication)으로 분류된다. 구두 커뮤니케이션은 정보와 의사전달에 있어서 가장 빈번히 사용되는 방법이다. 여기에는 직접대면, 영상 및 전화에 의한 방법이 있다. 수신인에게 감정을 표현하고, 수신인을 설득하기 위해서는 문서 커뮤니케이션보다는 일대일 대면을 통한 구두 커뮤니케이션이 바람직하다. 또한 일대일 대면에서는 발신자는 수신인으로부터 바로 피드백을 받을 수 있고, 그에 따른 메시지를 조절할 수 있다.

| 표 11-4 | 구두와 문서 커뮤니케이션의 장 · 단점

구분	장점	단점
구두	오해나 착오가 적음	기록이 남지 않음
	비언어 커뮤니케이션과 결합하여 소통향상	시간낭비이거나 불편
	다수의 합의를 유도하는데 효과	대화를 비즈니스에 한정하기 어려움
	자연스런 커뮤니케이션	타인의 업무방해
문서	영구적 기록가능	공식적 기록으로 많은 준비필요
	정교한 메시지 전달가능	글쓰기 능력필요
	상호간의 일정에 관계없이 작성, 검토가능	

문서 커뮤니케이션에는 메모, 서신, 이메일, 보고서, 안내서, 협조문, 공람, 회람 등이 포함된다. [표 11-5]는 기업 커뮤니케이션의 주요 형태이다. 이러한 형태는 조직의 규모와

당시 존재하는 특별한 상황에 많이 의존한다. 따라서 상황에 적합한 커뮤니케이션의 유형을 선택하는 것이 중요하다.

| 표 11-5 | 구두와 문서 커뮤니케이션의 유형

구두 커뮤니케이션	문서 커뮤니케이션
• 비계획적 접촉	• 비공식 메모
• 비공식적 대화	• 메모
• 개별 회의	• 서신
• 직무면접, 훈련면접, 설득면접	• 이메일
• 전화	• 보고서
• 위원회 회의	• 안내서
• 집단회의	• 협조문
• 전체직원회의	• 회람
• 공식적 강의나 발표	• 교육 및 절차문서

(1) 구두 커뮤니케이션

구두 커뮤니케이션은 인간이 최초로 사용한 가장 원시적 형태의 커뮤니케이션이다. 구두 커뮤니케이션의 특징은 송신인과 수신인이 동시에 동일한 공간에 존재하는 면대 면 상황에서 이루어진다는 데 있다.

① 비계획적 접촉

구두 커뮤니케이션은 통제가 부족하다. 이것은 바라는 정보가 전달되기 어렵고, 최악의 경우 수신인의 분노를 자아낼 수 있다. 결과적으로 일상적이거나 복잡하지 않은 정보의 전달을 위해서 단지 비계획적인 만남을 사용할 수 있고, 발신인이 더 많은 통제를 갖고 있는 환경에서 전달을 위해 더 복잡하고 민감한 문제를 남긴다.

② 계획적 정보전달

장점은 발신인이 조우에 대한 많은 통제를 갖고 있는 것이며, 더 효율적인 정보의 전달을 확보할 수 있다. 개인적 접촉의 기본적인 직접성이 부족하더라도 대안은 전화이다.

③ 개별회의

개별회의의 장점은 반응이 즉시 이루어지고, 명확한 결론에 이르는 가능성과 다른 개인의 관점에 대한 반응의 유연성이 있다. 단점은 기록이 부족하다.

④ 면접

면접은 종업원의 선발, 평가, 훈련, 계약이나 판매를 확실히 하기 위한 설득과 같은 다양한 목적을 갖고 있다. 장점은 개별회의와 동일하다. 단점은 전체적으로 효과적인 면접이 거의 이루어지지 않는다는 점이다. 그러나 어떤 실제적인 대안이 발견되지 않으면 개인면접은 비즈니스 커뮤니케이션에서 가장 중요한 요소이다.

⑤ 전화

전화는 속도와 즉시성이 장점이다. 신체언어와 몸짓처럼 개인만남의 형태가 없는 것이 단점이다. 수신인에게 적당하지 않은 때와 커뮤니케이션 중에 간섭이 있는 것이 문제이다. 대안은 서신, 메모와 개별회의이다.

⑥ 집단회의

많은 사람들이 관여되어 확대된 개별회의의 장점과 단점을 갖고 있다. 여러 가지 관점이 함께 나타나고 결론이 다양한 관점에서 진전되는 것이 장점이지만, 과도하게 다양한 관점이 혼란과 불확실성을 야기하는 것이 단점이다.

⑦ 위원회 회의

위원회는 매우 분명한 방식으로 구성되고, 공식적인 절차에 따라 회의를 진행한다. 이러한 공식성은 동시에 다양한 의견이 표현되도록 허용되는 동안 개인적인 관여가 없는 방식으로 아주 복잡한 문제를 토의한다. 위원회가 통제하기 어렵게 되더라도 능숙한 의장이 신중하게 통제할 때 결론에 이를 수 있는 가장 효과적인 방식이다.

⑧ 전체직원회의

관여된 모든 사람들이 자신의 견해를 확실히 발표할 수 있는 이점이 있지만, 큰 회의는 다루기 힘들고, 많은 사람들은 동료 앞에서 말하는 것을 꺼리는 단점이 있다. 대안은 서식이나 설문지로 의견을 찾는 것이다.

⑨ 공식 상연이나 발표

장점은 문서보고보다 더 간결한 방식으로 비교적 즉시로 특정한 주제의 명확한 견해를 한 사람이 발표할 수 있는 점이다. 단점은 수신인들이 정보를 완전히 이해하는지를 보장하지 못한다. 특히 복잡한 통계자료가 포함될 때 더욱 그렇다. 단점을 어느 정도 유인물로 보완할 수 있다. 발표 때 시각자료는 단순한 구두보다 더 큰 영향을 주고, 함께 사용될 때 전반적인 효과를 더 강화할 수 있다.

(2) 문서 커뮤니케이션

문서 커뮤니케이션에는 메모, 서신, 이메일, 보고서, 안내서, 협조문, 공람, 회람 등이 포함된다. 전달내용이 중요하거나 기록으로 남겨 두어야 하는 경우에는 문서 커뮤니케이션이 더 효과적이다.

① 비공식적 메모

근접한 작업 동료에게 매우 신속하게 커뮤니케이션하기 위해 사용된다. 장점은 기록 속도와 수신인이 알 수 있는 뚜렷한 장소에 남길 수 있는 점이다. 그러나 단점도 있다. 신속하게 쓰기 때문에 표현과 수기에 각별한 주의가 있어야 한다. 수신인이 볼 수 있는 장소에 있어야 하기 때문에 비밀이 유지되지 않는다. 필기이기 때문에 복사분이 없다. 수신인이 읽었다는 것을 보장하지 못한다.

② 메모

메모는 작업 동료에게 보내는 공식적인 문서이다. 문서로 작성되어 발신인이 사본을 갖고 있다. 간단하게 작성되어 지시나 요점의 설명이 적은 것이 단점이다. 가능한 대안은 전화나 개인접촉을 포함하는 것이다.

③ 서신 및 이메일

서신은 회사나 조직 밖의 사람들과 커뮤니케이션할 때 사용된다. 서신의 장점은 많은 사항을 전달하고, 발신인이 사본을 보관할 수 있는 점이다. 비용이 저렴하고, 보안이 유지된다. 그러나 잘못 이해할 수 있고, 토론할 수 없고, 제안만이 가능하다. 이메일은 전자로 전달되는 메시지이다. 수신인은 발신인이 보낸 즉시 메시지를 읽고, 반응하고, 저장하거나 폐기할 수 있다.

④ 서식과 설문지

이 문서들의 장점은 표준양식으로 많은 사람들로부터 정보를 얻을 수 있으며, 자료를 수집하고, 해석하고, 실행하는 것을 더욱 쉽게 해준다. 좋지 못한 단어로 구성된 질문은 필요한 정보를 추출하기가 어렵기 때문에 실계할 때 많은 주의가 필요하다. 서식은 개인적인 태도와 차이를 표현하는데 매우 제한적이다. 비용과 시간이 들어간다. 많은 사람들은 전화로 모르는 사람에게 정보를 제공하는 것을 싫어한다.

⑤ 수신전화 전언문서

전화 건 사람, 수신인의 필요한 행동과 전화의 목적을 제공하는 형태로 기록된다. 걸려온 전화정보와 간단한 메시지가 효과적으로 전달되는 장점이 있다.

⑥ 게시문

게시문은 조직 내에 있는 많은 사람들에게 정보를 제공하는 명확하고 직접적인 서류이다. 게시문이 적절하게 디자인된다면 시각적인 효과가 있다. 개인들에게 개별적으로 커뮤니케이션하는 시간과 비용을 절약할 수 있지만, 사람들이 복잡하고 혼잡하다면 게시판을 보는 습관을 회피한다.

⑦ 보고서

보고서는 단일 페이지부터 수백 페이지 이상의 서류이다. 보고서의 가치는 특정의 사건이나 상황에 관한 정확하고 충분한 조사를 제공할 때 있다. 구두발표는 문서보고서로 보충할 수 있지만, 수신인이 충분히 이해하기 위해 깊이나 명료한 자료를 전달하지 못한다.

⑧ 보도 자료

보도 자료는 언론에 정보를 보내기 위해 사용된다. 포함하고 있는 자료는 회사의 언어로 전달되는 것이 장점이지만, 부정확한 보고를 최소화해야 한다. 대안인 기자회견은 기자를 다루는데 능숙하고 경험이 부족하다면 효과가 적다.

2) 비언어 커뮤니케이션

(1) 비언어 커뮤니케이션의 본질

비언어 커뮤니케이션(nonverbal communication)에는 얼굴표정, 목소리 돈, 물리적 거리와 침묵과 같은 요인이 포함된다. 이러한 비언어 채널은 물리적 거리나 소음으로 언어 커뮤니케이션에 장애가 있는 경우나 문서 커뮤니케이션이 어렵고, 즉각적인 피드백이 필요한 경우 효과적이다. 일대일 대면에 의한 커뮤니케이션에 있어서도 중요한 정보는 비언어적인 단서에 의해 전달된다.

비언어 커뮤니케이션은 몇 가지 점에서 언어 커뮤니케이션과 구분된다. 첫째, 언어 커뮤니케이션은 의식적인데 반해, 비언어 커뮤니케이션은 습관적이고 무의식적이다. 말하고 쓸 때 많은 생각을 하지만, 대화 중에 나오는 몸짓이나 웃음은 무의식적으로 자연스럽게 나온다. 둘째, 비언어 커뮤니케이션은 형식에 얽매이지 않는다. 비언어 단서들은 매우 모호해서 잘못 이해할 여지가 높다. 미국의 심리학 교수인 앨버트 메라비언(Albert Mehrabian)은 『침묵의 메시지(Silent Messages)』에서 메라비언의 법칙(The law of Mehrabian)을 발표하였다. 이 법칙에 따르면 한 사람이 상대방으로부터 받는 이미지는 신체언어가 55%, 청각이 38%, 언어가 7%로 구성된다. 시각 이미지는 태도나 자세 등 신체언어이며, 청각은 목소리 톤이나 음색 등이다. 비언어 부분이 93%나 차지하고, 언어는 7%에 불과하다. 신체언어를 통해 보는 시각적 요소 55% 중에서도 표정이 35%, 태도가 20%라고 한다. 사람들은 결국 표정을 통해 듣는 것이다. 전체 커뮤니케이션의 93%가 비언어적 행위에 의해 이루어지고, 비언어적 커뮤니케이션 행위를 통해 전달할 수 있는 표현이 거의 70만 가지 이상이라고 한다. 비언어 커뮤니케이션은 언어 커뮤니케이션과 달리 뇌의 변연계에서 이루어지기 때문에 전달자의 숨은 뜻을 감추기 어렵다.

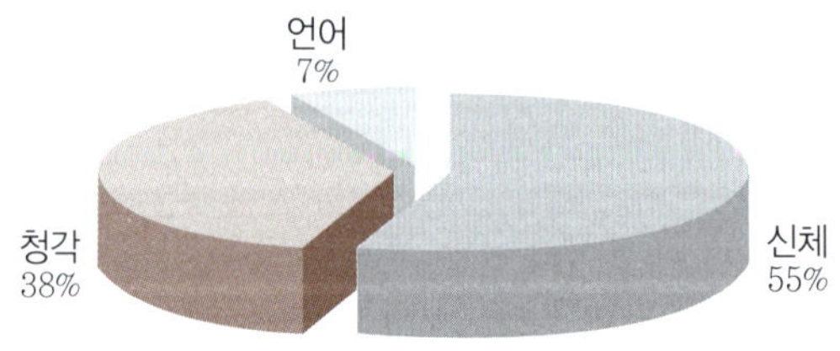

| 그림 11-6 | 커뮤니케이션의 영향력

메시지의 비언어 부분은 무의식적인 경향이 있고, 언어 단서보다 종종 발신인의 감정과 선호를 더 자연스럽고 정직하게 나타낸다. 언어 메시지가 비언어 커뮤니케이션과 일치하지 않는다면 사람들은 비언어 메시지를 믿는 경향이 있다. 비언어 단서는 언어 단서와 매우 긴밀하게 연결되어 분리하기가 어렵다. 언어와 비언어 메시지를 받는 사람들은 커뮤니케이션이 일어나고 전체 메시지를 해석하는 맥락에서 양자를 결합한다. 다음은 비언어 커뮤니케이션의 중요성이다.

■ 신뢰성이 높다.

비언어 커뮤니케이션은 언어 커뮤니케이션보다 더 많이 신뢰할 수 있다. 말은 보다 쉽게 통제될 수 있지만, 슬픔, 즐거움, 기쁨과 같은 안면표정을 숨기는 것이 어렵다.

■ 신체언어와 외모는 비언어 커뮤니케이션을 지원한다.

손의 움직임, 미소 등은 특정한 관점을 설명하고 이해하는데 매우 유용하다.

■ 언어전달의 신속성을 준다.

머리를 흔들어 표현하는 부정이나 수락은 많은 시간을 절약한다. 그래서 비언어 커뮤니케이션은 신속히 메시지를 전달한다는 측면에서는 매우 중요하다.

(2) 비언어 커뮤니케이션의 기능

비언어 단서는 말보다 메시지를 더 많이 전달할 수 있다. 이러한 단서는 시선접촉, 안면표정, 신체동작, 공간, 시간, 영역과 외모를 포함한다. 이러한 모든 비언어 단서는 수신인이 메시지를 해석하거나 해독하는 방법에 영향을 미친다. 말 없는 신호는 수신인에게 강한 영향을 주지만 이해하는 것은 간단하지 않다. 아래로 응시하는 것은 겸손을 가리키는가? 피로를 의미하는가? 언어와 비언어 단서가 일치하지 않을 때 메시지를 판독하는 것은 더욱 어렵다. 형이 화가 나지 않았다고 말하지만, 형이 외출할 때 문을 쾅 닫는다면 어떻게 생각할 것인가? 맛있다고 말하면서 적게 먹는다면? 이러한 비언어 메시지는 말보다 더 많은 것을 말한다. 언어와 비언어 메시지가 충돌할 때, 수신인은 비언어 단서를 더 많이 신뢰한다. 화자가 긍정적인 메시지를 전달했으나 그가 말할 때 눈을 돌렸다. 청취자는 부정적으로 메시지를 인식한다. 다음은 비언어 커뮤니케이션의 주요 기능이다.

- 의식적 또는 비의식적 정보제공
- 대화의 흐름 조절
- 감정표현
- 언어 메시지의 제한, 보완, 부정 또는 확대
- 타인의 통제나 지배
- 특정 과업촉진

(3) 비언어 메시지의 분석

사람들은 몸동작과 개인적 관계행동으로 비언어적으로 커뮤니케이션을 한다. 이러한 비언어 커뮤니케이션은 언어 커뮤니케이션을 변경하거나 보완한다. 비언어 커뮤니케이션은 항상 어떤 맥락에서 발생한다. 맥락은 종종 비언어 행동의 의미를 결정한다. 동일한 비언어 몸짓이라도 상황에 따라 의미가 다르다. 맥락과 말을 구사하는 상황을 고려하지 않는다면 비언어 행동을 정확하게 해석하는 것은 거의 불가능하다. 주요 비언어 단서는 몸동작, 신체적 특징, 접촉행동, 준언어, 공간언어, 인공치장물과 환경 등이 있다.

① 몸동작

몸동작은 손, 머리, 발, 다리, 팔, 자세, 눈 동작과 얼굴표정을 포함하며 동작학(kinesics)에서 다룬다. 모든 동작은 메시지에 영향을 준다. 신체자세는 사람들이 서있거나 기대는 방식이다. 수신인이 받고 피드백을 주는 방식으로 커뮤니케이션이 어떻게 흐르는지를 파악할 수 있다. 예를 들면, 긍정을 위한 비언어 신호는 머리를 끄덕이거나 미소를 짓는다. 상징은 단어를 강화하거나 대체하기 위해 모방을 통해서 학습한 비언어 행동이다.

② 신체적 특징

신체 형태, 전반적인 매력, 체취, 몸무게, 머리와 피부색과 같은 신체적 특징은 비언어 커뮤니케이션의 중요한 부분이다. 사람들은 대인과의 접촉에서 자신의 반응을 결정한다. 첫인상과 이미지는 유사한 신체적 특징을 갖고 있는 사람들의 과거 경험과 무의식적으로 연상될 수 있다.

③ 접촉행동

다른 사람 차기, 껴안기나 몸동작 이끌기는 비언어적으로 커뮤니케이션하는 접촉행동의 예이다. 접촉행동은 메시지에 다른 의미를 추가한다. 접촉은 다른 사람을 위로하거나 지지한다. 악수는 평등을 표현할 수 있다. 팔을 두드리는 것은 친밀감이나 억제를 전달한다.

④ 준언어

준언어(paralanguage)는 말한 것이 무엇인지보다는 오히려 어떻게 말해졌는지에 영향을 미치는 음성의 질과 발성으로 구성된다. 음성의 질은 음높이, 말 속도, 발화와 공명 등이 있다. 발성은 전체 메시지에 단서를 준다. 음성의 톤, 말 속도와 억양은 전체 메시지의 중요한 부분이다. 예를 들면, 피곤한 사람은 더 천천히 말을 하고, 낙담한 사람은 단조로운 어조로 말을 하지만, 오는 휴일로 마음이 들떠있는 사람은 흥분을 나타낸다.

2. 조직 커뮤니케이션

조직은 사업, 정치, 전문직, 종교, 사회나 다른 목적을 돕는 사람의 집단이다. 조직의 활동은 상호작용과 반응을 필요로 한다. 사람들은 정보, 아이디어, 계획과 필요한 물품을 교환하고, 결정, 규칙, 제안, 계약과 합의를 만든다. 이러한 모든 활동은 훌륭한 커뮤니케이션을 필요로 한다. 그래서 커뮤니케이션은 모든 조직의 생명선이다. 조직 내에서 정보의 교환은 사내 커뮤니케이션이다. 사내 커뮤니케이션은 하향, 상향과 수평 등 서로 다른 수준에서 발생한다. 공식 커뮤니케이션은 메모, 서신, 보고서, 이메일과 팩스와 같이 회사의 명령 체계를 따르는 계획된 커뮤니케이션이다. 조직 내외에서 정보를 교환하기 위해 정보를 전달하는 다양한 커뮤니케이션의 공식과 비공식 형태를 사용한다.

1) 공식 커뮤니케이션

조직에서의 커뮤니케이션은 공식 커뮤니케이션(formal communication)과 비공식 커뮤니케이션(informal communication)으로 나눌 수 있다. 업무와 관련된 커뮤니케이션인 공식 커뮤니케이션과 업무 이외의 사적인 만남이라든지, 사교모임에서의 커뮤니케이션인 비공식 커뮤니케이션으로 구분한다. 특히 비공식적인 커뮤니케이션이 조직 내에서 중요한 비중을 차지하는 것은 업무와 관련된 정보를 자연스럽게 전파하는 기능을 갖고 있기 때문이다. 공식 커뮤니케이션은 조직의 책임과 권한에 따라 메시지의 전달이 일어난다.

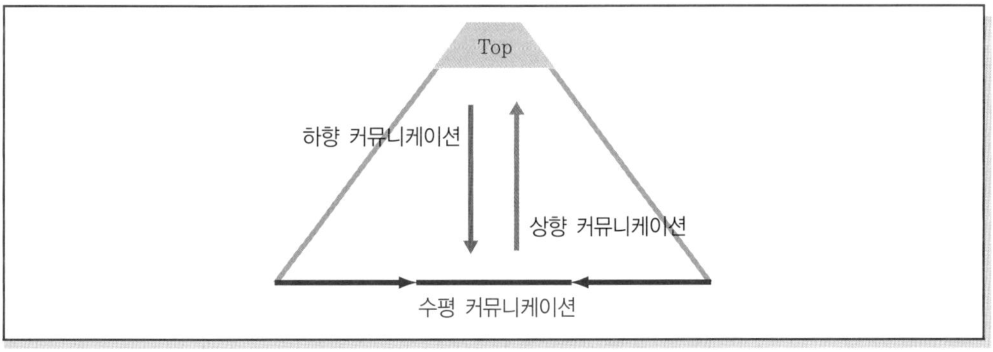

| 그림 11-7 | 상향, 하향과 수평 커뮤니케이션

(1) 상향식 커뮤니케이션

상향식 커뮤니케이션(upward communication)은 수직적 커뮤니케이션으로 제안제도나 상황적 보고가 예이다. 하향식 커뮤니케이션과는 달리 하급자로부터 의사나 정보가 상급자에게로 흘러가는 것을 말한다. 상향식 커뮤니케이션의 목적은 하급자의 자발적인 의사전달과 일선 경험을 통한 실무적인 아이디어의 창출이다. 그러나 조직의 규모가 비대해지면서 상향식 커뮤니케이션이 제대로 활용되지 못하는 수가 많다. 또한 상급자들이 때때로 하급자들의 의견이나 아이디어를 무시하는 경우가 많다. 하급자들도 보고할 내용이 좋지 않을 때 보고를 기피하는 경향이 있기 때문에 상향식 커뮤니케이션이 효과를 보지 못하는 수가 있어 중요성에 비해 충분히 활용되지 못한다. 다음은 상향식 커뮤니케이션의 기능이다.

- 종업원 성과와 직무관련 문제반영
- 동료종업원에 관한 정보노출
- 업무실행과 정책에 관한 커뮤니케이션 태도와 이해
- 목표달성과 관련된 태도와 과업보고

(2) 하향식 커뮤니케이션

하향식 커뮤니케이션(downward communication)은 지시적인 전통적 커뮤니케이션으로 업무와 관련된 상급자의 의견이나 전달사항이 공식적인 경로를 거쳐 하급자에게 전달되는 것을 의미한다. 이에는 업무지시, 메모, 정책지시, 회사 간행물, 안내서 등이 포함된다. 이것은 명령의 일원화와 책임소재의 명확성을 확보할 목적으로 가장 널리 사용된다. 그러나 조직구성원 사이에 갈등이 유발되는 수가 있다. 즉, 직무에 대한 직접적인 아이디어를 반영하지 않은 지시 등으로 하급자들에게 불필요한 스트레스를 야기하는 수가 있다. 일반 라인에서는 효용성이 높게 나타나고, 핵심은 지시나 명령의 수용에 있다. 다음은 조직에서 하향식 커뮤니케이션의 기능이다.

- 목표 주입: 종업원들에게 조직의 사명, 목표와 목적을 교육하는 메시지이다.
- 직무지시: 직무에 대한 과업을 지시하는 방법을 구체화한 메시지이다.
- 직무수행 근거: 과업수행 이유와 조직의 다른 활동과 관련성을 설명한 메시지이다.
- 절차와 실행: 조직의 책임, 의무와 특권을 종업원들에게 알려주는 메시지이다.
- 피드백: 종업원들에게 조직에서의 성과를 알려주는 메시지이다.

(3) 수평식 커뮤니케이션

수평식 커뮤니케이션(horizontal communication)은 조직 내에서 동일한 지위에 있는 구성원이나 동등한 부서 간의 커뮤니케이션이다. 수직적 커뮤니케이션이 조직 내에서 주요 커뮤니케이션으로 작용하지만, 보다 효과적인 조직이 되기 위해서는 수평식 커뮤니케이션이 원활히 이루어져야 한다. 이는 정보의 공유에 직접 관련되기 때문이다. 다음은 수평식 커뮤니케이션의 기능이다.

- 문제해결 용이
- 상이한 근로집단 간의 정보공유 허용
- 부서나 팀 간의 과업 협력촉진
- 사기진작
- 갈등해결 수단제공

많은 장점에도 불구하고 수평식 커뮤니케이션은 영역, 전문화, 동기부여의 부족 등 몇몇 단점을 갖고 있다. 다른 사람과의 커뮤니케이션은 아이디어와 계획을 노출하고 전반적인 효과를 감소하는 것으로 개인이나 부서는 느낄 수 있다. 질투나 시기가 효과적인 수평식 커뮤니케이션을 방해한다. 부서원이 프로젝트에 함께 일할 때 책임기준, 사고방식과 전문용어의 틀을 개발한다. 부서 외의 사람들은 이러한 지식이 부족하기 때문에 전문화된 커뮤니케이션을 이해하고 평가하는데 어려움을 갖는다.

(4) 대각선 커뮤니케이션

대각선 커뮤니케이션(diagonal communication)은 사용되는 빈도는 높지 않지만, 다른 방법이 효과적이지 못할 때 사용될 수 있으며, 조직구조에서 집단이나 계층을 달리하는 사람들 간의 커뮤니케이션을 말한다. 관리자들은 종업원들의 과업을 관리하기 위해 비공식 커뮤니케이션을 활용하기도 한다. 주로 직무관련 정보는 공식 커뮤니케이션을, 개인적인 문제는 비공식 커뮤니케이션을 이용한다.

2) 비공식 커뮤니케이션

비공식 커뮤니케이션은 커뮤니케이션의 공식적 경로 외에서 자생적이고 비계획적이며 소문의 형태를 띠는 커뮤니케이션 형태이다. 종업원들 간의 비공식적 의사소통망인 포도덩굴(grapevine)을 통해 전달된다. 종업원들은 공식적인 채널에 의해 알 수 없는 정보를 얻기 위해 포도덩굴을 활용하고 있다. 회사의 공지사항이나 매일 일어나는 일상적인 것을 공식경로가 아닌 비공식 경로를 통해 주고 받는 네트워크이다. 종종 포도덩굴(grape vine)이라 불리며, 비공식 네트워크는 공식적 상하 또는 수평식 커뮤니케이션의 대용이다. 통로, 커피숍,

파티나 레스토랑에서 교환된 메시지는 비공식 커뮤니케이션의 일례이다. 비공식 네트워크는 공식적, 큰 조직에서보다 팀 구축을 강조하는 수평조직에서 보다 급속하게 발전한다.

종업원들의 55%가 포도덩굴을 통해 주요 정보를 얻는다고 한다. 또한 공식 커뮤니케이션 채널을 통해 얻는 정보 이상으로 포도덩굴을 통해 얻는 정보를 신뢰한다고 한다. 포도덩굴은 종업원들에게 있어 중요한 정보 원천이다. 포도덩굴에 참여함으로써 사회적 욕구를 충족하고, 불확실성에 대한 두려움과 중요한 정보를 통해 지위를 강화한다. 종업원들이 상황에 대한 이해와 문제에 신속히 반응하도록 도움을 준다. 변화의 시기에도 종업원에게 안정감을 주기도 한다. 그러나 관리자들이 이것을 통제할 수 없기 때문에 조직의 목표와 다르거나 부정확한 정보가 확산될 경우 이를 제어하기 어렵다. 메시지를 전달하는 사람이 소수이기 때문에 메시지가 잘못 이해되거나 왜곡될 가능성이 낮다. 실제로 포도덩굴을 통해 전달된 정보의 70~90%가 정확한 것으로 나타나고 있다. 비공식 커뮤니케이션의 특징은 전달속도가 빠르며, 선택적, 임의적, 불안정하거나 정보의 정확성도 높다.

Sense 포도덩굴

- 포도덩굴은 빠르다.
- 포도덩굴은 일반적으로 정확하다.
- 포도덩굴은 많은 정보를 전달한다.
- 포도덩굴은 종업원 태도와 감정의 지표이다.
- 포도덩굴은 루머용 일반 채널이다.
- 포도덩굴은 덩이로 전파된다.

3) 외부 커뮤니케이션

외부 커뮤니케이션은 조직 밖에서 발생하는 커뮤니케이션을 말한다. 외부 커뮤니케이션의 방법은 서신, 제안서, 보고서, 소책자. 연차보고서, 매체와의 인터뷰 등이 있다. 효과적인 커뮤니케이션은 내외적으로 좋은 평판을 구축하고, 조직뿐만 아니라 개인의 궁극적인 성공에 긍정적인 영향을 준다. 외부 커뮤니케이션은 외부인과의 공식, 비공식 접촉으로 고객의 욕구를 알게 되는데 중요하다. 많은 고위경영자들은 고객과 함께 대화할 기회를 만들고, 실제세계와 접촉을 유지하고, 고객가치를 파악하고, 고객으로부터 피드백을 받는다. 전화나 개인적인 대화는 분노하는 고객이 다시 찾아오고, 회사의 제품이나 서비스에 대한 바람을 창조하고, 구매를 촉진하며, 성과를 자극하고, 호의를 창조할 수 있다.

제4절 커뮤니케이션의 장애극복

1. 커뮤니케이션의 장애요인

문화나 나라가 동일하지 않듯이 사람들도 정확하게 동일하지 않다. 동일한 말을 전달할 때도 수신인의 가치, 태도, 지식이나 경험에 따라 주관적으로 지각한다. 따라서 발신인이 동일한 내용을 동일한 장소에서 전달할 때 수신인에 따라서 지각의 왜곡이 발생할 수 있다. 결과로써 메지지 전달자의 의미와 수신인의 반응은 많은 요인으로 영향을 받는다.

1) 의미적 장애

커뮤니케이션의 기본 원리는 발신인이 메시지를 전달하기 위해 사용하는 상징이 발신인과 수신인의 마음에서 동일한 의미를 가져야 한다. 발신인의 메시지 의미가 수신인에게 분명하게 전달되는지를 확신할 수 없다. 세계는 의미이해의 차이 결과로써 오류로 혼잡하다. 상징은 실제 세계에 존재하는 것에 대한 기호이다. 상징은 단어와 실제 존재하는 사람 간에 이루어진 연결로 공동의 경험을 통해서만 배운다. 공동의 경험이 적은 사람은 상징과 자신을 쉽게 연결시키지 못한다. 의미의 약속에는 문제가 있고, 그래서 다른 형태의 의미와 친숙해야 한다.

명시적 의미(denotation)는 보통 단어의 사전적 정의이다. 명시적 의미는 긍정적이거나 부정적인 질을 가리키지 않고, 대상, 사람이나 사건을 명명한다. 자동차, 책상, 집과 물과 같은 단어는 대상을 가리키는 명시적 의미를 전달한다. 수신인은 단어가 사용되는 사물의 유사한 이해를 갖는다.

함축(connotation)은 일상적인 정의와 다른 단어의 함축이나 암시이다. 어떤 단어는 함축적인 의미, 즉 질적 판단과 개인적 반응을 갖는다. 사람이란 말은 함축적이지만, 아버지, 예언자, 형제는 지시적이다. 어떤 단어는 어떤 맥락에서 긍정적인 암시를, 다른 맥락에서는 부정적인 의미를 암시한다. 예를 들면, 배가 아프다는 의미는 위장에 고통이 있다는 말이지만, 사촌이 땅을 사면 배가 아프다고 할 때는 남이 잘되어 심술이 난다는 의미이다.

2) 물리적 장애

커뮤니케이션은 단어만으로 구성되지는 않는다. 청각장애, 신체적 상황이나 외모, 조잡한 음향, 잡음이 있는 환경, 거리, 물리적 배열상태 등은 청취나 발표의 맥락에서 물리적 장애를 야기한다. 능숙하게 전달하더라도 메시지는 다양한 잠재적인 장애를 초래한다. 다음은 쓰기와 말하기의 장애이다.

- 쓰기: 가능한 물리적 종이, 들쭉날쭉한 여백, 지문이나 얼룩, 불분명 사본, 읽을 수 없는 인쇄물, 물과 커피 또는 차 반점 등이 연속적으로 있다.
- 말하기: 잡음은 중얼거림, 불명확한 발음, 지나치게 빠른 말, 쉿 하는 환기, 에어컨 바람소리, 전화 소리, 쾅 닫히는 문소리 등이 있다.

3) 심리적 장애

모든 사람은 현실에 관한 자신의 주관적 개념을 갖는다. 또한 인간의 감각적 지각인 오감은 제한적이고, 각자의 정신적 여과는 독특하다. 다른 사람과의 일상적인 상호작용에서 자신의 주위에 있는 세계를 다양하게 추상하고, 추론하고, 평가한다.

(1) 정서적 장애

정서적 장애는 정서나 기분의 변화가 심한 경우이다. 첫 번째로 발표하거나 싫어하는 사람에게 글을 쓰는 동안은 정서적 장애를 가질 수 있다.

(2) 지각적 장애

지각적 문제는 현실의 지각이 다르기 때문에 사람들은 다르게 생각한다는 점이다. 물질세계는 각 개인에게 특별한 현실을 제공한다. 인간의 감각적 지각은 유사하지만 각 개인의 정신적 여과는 독특하다. 부정적인 정보는 수신인에게 더 지각하도록 한다. 그래서 자신의 주위 세계를 추상화하고, 추론하고, 평가하는 방식이 다양하다.

(3) 추상화

추상화(abstracting)는 어떤 것을 선택하고, 다른 것을 제외하는 것이다. 추상화의 장애는 사람들이 사건을 묘사할 때뿐만 아니라 사람과 대상을 묘사할 때 일어난다. 그러나 편향되지 않는 묘사에 신중해야 한다. 편향은 사실적인 보고에 편파적이다. 어떤 특별한 사실을 발표할 때 자신의 편향된 아이디어를 포함한다. 개인적인 선호가 정보의 사실적 보고에 영향을 미치지 않도록 한다.

(4) 추론

추론(inference)은 사건이나 대상으로부터 추리하여 얻은 결론이다. 즉, 추론은 이미 갖고 있는 정보를 사용하여 어떤 것을 이끌어낸 결론이다. 어떤 추론은 필요하고 바람직하나 어떤 추론은 심지어 위험하다. 편지를 붙일 때 목적지에 도착할 것이라고 추론한다. 직접적인 관찰이나 합리적인 증거로 추론할 때 신뢰할 수 있다. 직접적으로 관찰하지 않은 사물에 관한 결론은 사실이 아닐 수 있다. 추론은 부정확하거나 현실적이지 않을 것이라고 알아야 하고, 결론을 내기 전에 위험을 예상해야 한다. 검증 가능한 사실 가운데에서 명확하게 구별하는데 신중하지 않다면 단지 추측일 뿐이다.

2. 커뮤니케이션의 장애극복

커뮤니케이션의 장애는 의미적 장애, 물리적 장애, 심리적 장애, 가치와 태도의 장애, 언어문제 등 여러 가지에 의해서 발생한다. 이러한 장애는 의미를 왜곡하여 업무를 방해하고, 개인 간의 관계를 훼손한다. 커뮤니케이션의 장애는 기업의 효율성을 저해하기 때문에 장애요인을 효과적으로 극복하는 것이 필요하다. 커뮤니케이션에 가장 중요한 장애는 다음의 간단한 규칙에 의해서 극복될 수 있다.

1) 커뮤니케이션의 목적정의

중요한 고려사항은 커뮤니케이션을 통하여 달성하고자 하는 목적을 자신에게 묻는 것이다. 메시지 전달목적을 달성하는 것을 확실히 한다. 수신인이 커뮤니케이션에 응하여 행동하도록 원하는 것을 신중하게 생각한다. 찾고 있는 반응을 정확하게 정의하는 것은 많은 도움이 된다. 특히 수신인의 입장이 되고, 전달하려고 하는 서신이나 메모가 원하는 방식으로 반응하는지를 알아볼 때 더욱 그렇다. 고객부터 고위경영자까지 긴요하지 않은 문제에 낭비할 시간이 없다. 결과적으로 전달할 필요가 있는 메시지를 정확히 알아야 한다. 말하지 않을 것을 아는 것은 말하는 것을 아는 것만큼이나 중요하다. 그래서 중요하지 않은 것은 모두 배제한다. 이것은 목적을 신중하고 정확하게 말하는 또 다른 방법이다. 따라서 커뮤니케이션의 목적을 정의하는 것이 필요하다.

- 태도를 변하게 하려는가? 아니면 기대하는 행동을 요청하는가?
- 수신인이 생각하는 것을 단순히 찾으려고 하는가? 또는 조언을 요청하는가?

2) 커뮤니케이션 시점과 방법포착

의사결정에 책임이 있는 사람을 알지 못한다면 길고 복잡한 서신을 쓸 필요가 없다. 적절하지 않은 사람에게 쓰거나 다른 방식으로 접촉한다면 시간만 낭비할 뿐이다. 더 나쁜 것은 비효율적인 인상을 주고, 미래 커뮤니케이션에 나쁜 징조가 된다. 언제나 적절한 사람과 확실히 커뮤니케이션을 한다. 혼선에서 오는 실수는 오해를 야기할 수 있고, 그래서 확실하게 적절한 사람을 접촉한다.

커뮤니케이션을 하는 적절한 시점을 판단하는 것은 사업에서 중요하다. 사람들이 오는 주말의 기대로 행복을 느끼게 되는 금요일에 서신이 도착하도록 신중하게 편지를 쓸 수 있다. 기업 맥락에서 아침에 첫 번째로 전화 걸기는 아마도 실수일 것이다. 복잡한 찬성을 요청하기를 원할 때 통로에 있는 사람을 붙잡는 것은 좋은 생각이 아니다. 관련된 사람에 대해 심리적으로 적절하고, 특정한 상품을 주문받기 위한 때와 같은 거래형태의 커뮤니케이션 시점을 선택할 때 수신인의 태도의 장벽이나 외부환경의 잡음을 피하는 것이 중요하다. 또한 어떤 상황에서 문서 커뮤니케이션은 필수적이지만, 어떤 사람에게는 너무 형식적이기도 하다. 특정한 상황과 수신인에 대한 최적의 커뮤니케이션 경로를 언제나 신중하게 생각한다.

3) 수신인의 이해

메시지를 부호화하기 전에 신중하게 생각하고, 사람들이 잘못된 가정으로 차이가 나지 않도록 한다. 편견, 편향과 부적절한 언어의 장벽이 없고, 수신인의 욕구와 일치하는 가장 적절한 경로를 사용할 때 정보가 효율적으로 전달된다. 발신인과 수신인 간의 관계를 이해하고, 이해되지 않는 특수용어와 모호성을 피한다. 청중욕구의 이해는 커뮤니케이션 주제에 대한 동일한 마음의 그림을 가질 수 있다. 발신인과 수신인 간의 지위 문제는 관련이 있다. 즉, 어떤 것을 듣거나 읽는 방식은 발신인이 상사인 경우는 다를 수 있다. 의미를 명확한 언어로 사용할 수 있는 기술이 필요하다. 기술은 다양한 목적을 성취하기 위해 공식과 비공식적인 상황에서 다양한 사람들에게 말하는 능력을 포함한다.

4) 청취기술 향상

커뮤니케이션의 중요한 부분은 청취이다. 대부분 사람들은 훌륭한 청취자가 아니다. 다른 사람이 말할 때 듣는 척한 적은 없는가? 마음이 산만할 때 수업에 집중하는 방법을 아는가? 사람들의 아이디어가 지루하거나 복잡할 때 무시하는가? 화자의 의사나 독특한 버릇이 이상할 때 아이디어에 집중하는 것이 어렵다고 느끼는가? 많은 사람들은 형편없는 청취습관 때문에 상기 질문을 아마도 긍정할 것이다. 연구에 의하면 25~50%만을 효과적으로 청취한다. 형편없는 청취습관은 기업에서 비용 요소이고, 관계에 악영향을 준다. 메시지를 다시 쓰고, 선적을 다시 하고, 약속일정을 다시 잡고, 계약을 재협상하고, 정책을 다시 설명한다. 청취기술을 향상하기 위해 청취를 방해하는 장벽을 인식해야 한다. 그런 다음 청취기술을 향상하는데 효과적인 특정 기술에 집중할 필요가 있다. 적극적인 청취자가 되려는 의식적인 노력으로 좋지 않은 습관으로 야기되는 해로운 결과를 극복할 수 있다. 가만히 편하게 있으면서 나태한 마음으로는 우연히 듣게 되는 것을 들을 수 없다. 적극적이고 효과적인 청취자가 되기 위해서는 청취기술이 필요하다.

Sense 청취기술

- 수신인에게 집중: 훌륭한 청취자가 되는 첫 단계는 말을 멈추는 것이다(Stop talking). 다른 사람이 자신의 견해를 설명하도록 하는 것이다. 화자는 다음에 무엇을 언급하는 것이 아니라 상대방이 말하는 것에 집중하는 것을 배운다.
- 주변 환경 통제: 간섭소음을 제거한다. 문을 닫고, TV를 끄고, 목소리가 큰 사람이나 소음이 있는 곳으로부터 떨어진다. 청취하기에 좋은 조용한 시간과 장소를 선택한다.
- 수용적 마음의 자세: 청취로 무언가를 배운다는 것을 기대한다. 마음은 긍정적이고 수용적인 틀을 추구한다. 메시지가 복잡하다면 정신체조를 고려한다. 이것은 어려운 일이긴 하지만 손이나 팔을 펴고 마음의 한계를 확대한다.
- 개방적 미음 유지: 자신의 편견과 가치에 근거한 정보를 꼼꼼하게 추려내고 여과한다. 청취향상을 위해 객관적으로 들을 수 있도록 자신을 훈련한다. 자신이 듣기 원하는 것이 아니라 실제로 한 말을 듣는다.
- 중요한 요점 청취: 화자의 주제를 찾음으로써 집중과 만족을 높인다. 요점을 발견할 때 자신을 축하한다.
- 시차 활용: 다음에 올 것을 기대한다. 화자가 제시하는 증거를 평가한다. 자신에게 백일몽을 허용하지 않는다. 화자의 다음 요점이 무엇인지를 추측하려고 한다.
- 진의 청취: 화자가 말한 것과 입 밖에 내지 않은 것에 집중한다. 사실과 느낌까지도 듣는다.
- 외모가 아니라 아이디어로 판단: 메시지의 내용에 집중한다. 화자의 용모, 목소리나 버릇에 의해 분산되는 것을 피한다.
- 열정 유지: 반응하기 전에 화자의 전체적인 주장이나 메시지를 듣는데 집중한다. 이러한 신중한 집중은 잘못된 결론에 이르기 전에 화자의 이유와 논리를 이해할 수 있도록 해준다.

- 선택적 기록: 어떤 상황에서 사려 깊은 기록은 후에 회상해야 할 중요한 사실을 기억할 수 있다. 기록은 전체 메시지에 집중하는 것을 방해하지 않기 위해서 가장 중요한 요점만을 선택한다.
- 피드백 제공: 자신이 듣고 있다는 것을 화자가 알게 한다. 머리를 끄덕이고, 시선접촉을 유지한다. 적절한 때에 관련 질문을 한다. 상호작용은 화자와 청자를 위한 커뮤니케이션을 향상한다.

제5절 비즈니스 커뮤니케이션

1. 비즈니스 커뮤니케이션의 본질

비즈니스 커뮤니케이션은 사업장이나 관계에서 성공의 비결이다. 커뮤니케이션 능력은 경험에서 오고 경험은 효과적인 스승이다. 기업은 커뮤니케이션 없이 존재할 수 없는 사회적인 조직의 형태이다. 기업은 수익을 얻기 위해 제품과 서비스를 생산하고 유통하는 조직이다. 관련자들 간에 원활한 커뮤니케이션이 이루어지지 않는다면 기업활동은 정상적으로 작동되기 어렵다. 이러한 기업활동은 조직 맥락에서 발생하는 커뮤니케이션이다. 조직 내의 종업원과 임원은 상호 간에 커뮤니케이션할 필요성이 많다. 기업은 목적과 목표를 설정하고, 실행하고, 성과를 평가한다. 또한 임원과 직원 간의 상호작용을 통하여 생산성을 증가하고, 직원들의 복리를 향상한다. 기업은 일상적이거나 창의적인 활동을 커뮤니케이션을 통하여 성취한다. 비즈니스 커뮤니케이션은 직무기술이며, 사회적 관계를 유지하고, 직무를 향상하고, 조직의 문제를 해결한다. 또한 이해관계자들 간의 정확하고 진실한 관계를 형성함으로써 기업의 이미지와 신뢰를 제고할 수 있다. 따라서 성공적인 커뮤니케이션은 업무의 생산성을 향상하고, 조직원의 사회적 관계와 유대를 강화하고, 기업의 신뢰를 확보함으로써 궁극적으로 기업의 경쟁력을 증진한다.

커뮤니케이션은 정보, 의견, 감정을 전달, 수신, 해석하는 과정이다. 기업은 수익을 얻기 위해 제품과 서비스를 생산하고 유통하는 조직이다. 비즈니스 커뮤니케이션(business communication)은 조직 상황에서 관리자, 부하, 동료, 고객 등 상호 간 혹은 부서나 집단 상호 간에 의견, 정보, 감정 등을 주고받는 과정이다. 기업활동은 정보, 아이디어, 계획과 전략 등을 교환하고, 고객에게 제품이나 서비스를 제공한다. 기업은 의사결정, 규칙제정, 제안서나 협약서 등을 작성한다. 이러한 기업활동은 조직 맥락에서 발생하는 커뮤니케이션이다. 즉, 조직 상황에서 경영자, 직원, 고객, 주주나 일반 공중 간에 의견, 정보, 감정 등을 주고받는 과정이다. 따라서 비즈니스 커뮤니케이션은 기업조직 내외에서 둘 이상의 관계당사자 간의 의견, 정보, 감정의 흐름이다.

- 둘 이상의 당사자: 기업조직 내외에서 둘 이상의 관계당사자 간의 커뮤니케이션
- 의견, 정보, 감정의 흐름: 어떤 사람이 자료를 다른 사람에게 전달할 때 정보 등의 흐름이 발생한다. 감정의 흐름은 느낌, 상상력의 이전을 의미한다.

2. 비즈니스 커뮤니케이션의 기능

비즈니스 커뮤니케이션은 기업조직의 생명선(lifeblood)이다. 기업조직은 이익을 창출하기 위해 관련된 사람들의 집단이다. 기업활동은 이익을 획득하기 위해 조직의 사람들에 의해서 수행된다. 효과적인 커뮤니케이션이 없다면 누구도 작업하는 것을 상상할 수 없고, 수익을 창출할 수 없다. 기업조직의 목적이 수익을 창출하는 것이기 때문에 조직은 이익이 없으면 파산할 것이고, 파산은 커뮤니케이션 부재의 결과이다. 따라서 커뮤니케이션이 기업조직의 생명선인 이유이다.

1) 비즈니스 커뮤니케이션의 기능

직장인들은 커뮤니케이션하는데 많은 시간을 보내고 커뮤니케이션에 능숙하다. 간결하고 능숙한 커뮤니케이션은 매력적이지만, 일상적이기 때문에 중요성을 잘 인식하지 못한다. 사실상 커뮤니케이션은 상식에 근거하지만, 상식만으로는 충분하지 못하다. 능숙한 전달자는 기호학, 언어학, 수사학, 심리학, 사회학, 시각과 컴퓨터 과학을 포함한 지식을 종합적으로 사용한다. 기업은 수익을 창출하기 위해 다양한 이해관계자들로 구성된 조직이기 때문에 효과적인 커뮤니케이션을 필요로 한다. 비즈니스 커뮤니케이션은 조직의 전략을 실행하고, 비전에 도달하며, 사명을 충족하기 위해 확고한 목표를 가지고 업무현장에서 이루어지고, 직원, 팀, 전체 조직의 성과를 향상해 주는 도구이다. 조직의 맥락에서 발생하는 비즈니스 커뮤니케이션은 다음과 같은 기능을 수행한다.

- 정보, 아이디어, 계획과 전략 교환
- 최선의 고객서비스 제공
- 경영의사, 규칙, 제안서, 계약서와 동의서 결정

비즈니스 커뮤니케이션은 개인과 달리 비교적 정형적이다. 기업의 성공은 주로 효과적이고 능률적인 커뮤니케이션에 달려있다. 기업, 시장, 다양한 집단의 종업원, 소유자와 종업원, 구매자와 판매자, 서비스 제공자와 고객, 판매직원과 고객, 조직 내에 있는 사람과 기타 집단에서 커뮤니케이션이 일어난다. 커뮤니케이션은 조직의 생명선이고 행동 변화를 가져온다. 어떤 조직에서나 주요 문제는 효과적인 커뮤니케이션 과정을 유지하는 것이다. 경영문제는 일반적으로 충분하지 못한 커뮤니케이션에서 온다. 예를 들면, 작업지시서의 오류는 오해 때문에 발생하는 심각한 실수이다. 비즈니스 커뮤니케이션의 기본적인 문제는 실제로 자신이 이해한 의미가 다른 사람이 전달한 의도와 같지 않다는 점이다. 화자와 청자는 메시지를 전달할 때 왜곡이 발생한다는 것을 인식해야 한다. 다음은 비즈니스 커뮤니케이션의 역할이다.

- 기업의 생명선이다.
- 기업의 규모가 크든 작든 조직을 결합하는 접착체이다.
- 이해와 협동의 정신을 촉진한다.
- 좋은 접촉을 유지하고, 협상에 중요하다.
- 좋은 인간관계를 유지하는데 매우 중요하다.
- 사람들을 동기화하는데 유용하다.
- 정보를 수집하고 분배하는데 중요하다.

훌륭한 커뮤니케이션 기술은 언제나 종업원에게는 필수적이다. 이것은 조직 내외에서 정보의 효율적인 흐름이 성공을 결정하기 때문이다. 조직 내에서의 오해나 고객, 정보, 매체, 종업원, 협업자나 일반 공중에 대한 메시지의 좋지 못한 전달과 같은 실패한 커뮤니케이션은 사업의 수행에 심각한 결과를 초래한다. 완벽한 비즈니스 커뮤니케이션은 아마 가능하지는 않지만, 커뮤니케이션은 언제나 과학이라기보다는 오히려 기술이다. 사업은 성공을 위해 커뮤니케이션에 크게 의존하는 새로운 구조로 진화해 나간다. 다음은 사업을 하는 새로운 방법의 특징이다.[38]

- **다양한 경영구조:** 고위경영자가 하부직원과 고립되어 일하는 경직된 위계구조는 분권화와 민주적 구조로 대체되고 있다. 경영자와 종업원은 전보다 더 상호간에 상호작용을 하고, 문제를 해결하고, 생산성을 증가하기 위해 협력해야 한다.

---

38. Meyer, C.(2010).

- 사업장의 다양성: 기업의 세계화 추세로 인종, 국가, 문화, 성, 연령, 신체적 능력과 성적 지향성 등이 혼합되고 있다.
- 팀워크의 강조: 종업원이 훌륭한 커뮤니케이션이 실천될 때 대부분의 사업장은 효율과 능률이 작동하는 긴밀한 협업을 기대한다.
- 커뮤니케이션 기술의 신속한 진화: 기업은 컴퓨터와 이동통신으로 빠르고, 진보된 커뮤니케이션 기술을 사용한다. 이메일, 영상회의, 인터넷과 소셜 미디어를 포함한다.

2) 비즈니스 커뮤니케이션의 구조

비즈니스(business)란 고객의 욕구(needs)를 만족하고 그 대가로 수입을 얻는 활동이다. 경쟁사보다도 탁월한 가치를 창조하여 고객에게 제공할 때 이익을 창출할 수 있다. 이러한 기업의 활동은 커뮤니케이션 없이는 성립하기 힘들다. 기업이나 조직 활동에서 기업이나 조직구성원 간이나 이해관계자와 정보, 의견, 감정을 전달, 수신, 해석하는 과정이 비즈니스 커뮤니케이션이다. 즉, 조직상황에서 경영자, 직원, 이해관계자 간이나 부서나 집단 간에 의견, 정보, 감정 등의 메시지를 주고받는 과정이다. 이처럼 비즈니스 커뮤니케이션은 조직의 성과를 향상해 주는 도구로 내부와 외부기능을 수행한다.

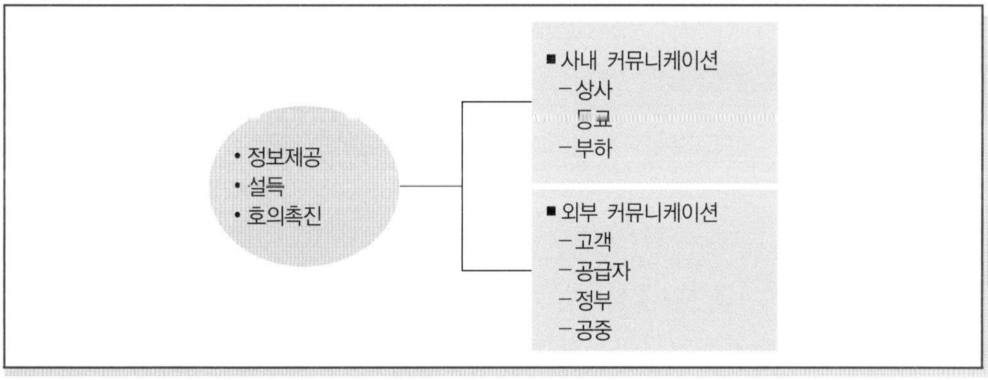

| 그림 11-8 | 비즈니스 커뮤니케이션의 구조

내부기능은 상사, 동료와 부하들이 아이디어나 메시지를 교환하는 것이다. 이러한 메시지가 문서일 때 이메일을 선택하기도 한다. 고객, 공급자, 정부와 공중과 외부적으로 커뮤니케이션을 할 때 회사 서신을 보낸다. 사내 커뮤니케이션의 기능은 절차와 정책을 만들고, 명확하게 하고, 과정관리를 알리고, 신제품과 서비스를 개발하고, 변경이나 개선을 위해 종업원이나 경영층을 설득하고, 활동을 조정하고, 종업원을 평가하고, 보상하는 것이다. 외부기능은 제품이나 서비스에 관한 질의를 답변하고, 고객을 제품이나 서비스를 구매하도록 설

득하고, 공급자 제품명세서를 명확히 하고, 채무의 발행과 채권의 회수, 정부에 대한 대응, 조직의 긍정적 이미지 촉진 등이다. 모든 과업에서 종업원과 관리자는 청취, 말하기와 쓰기 등 많은 커뮤니케이션 기술을 사용한다.

3) 비즈니스 커뮤니케이션의 7Cs

7C's 접근법은 메시지의 내용을 전달하는 것과 관련하여 명료성을 돕는 실용적인 관점이다. 비즈니스 커뮤니케이션에서 명확성(clear), 간결성(concise), 정확성(correct), 정중성(courteous), 완전성(complete), 일관성(consistent)과 신뢰성(credible)의 7C's를 고수하는 것은 발신인이 메시지를 쉽고 정확하게 전달하는데 도움이 된다.

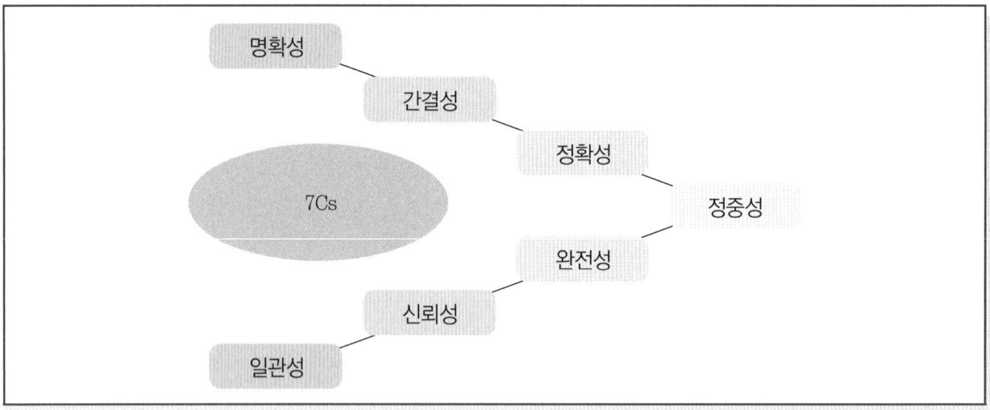

| 그림 11-9 | 비즈니스 커뮤니케이션의 7Cs

(1) 명확성

메시지가 모호하거나 불명확하다면 커뮤니케이션 자체는 시간과 노력의 낭비이다. 아이디어가 정리되면 단어와 구절을 표현과 의미에서 명확하게 구성한다. 간단하고, 단순하고, 구조화된 문장은 제목으로 사용할 때 도움이 된다. 하나의 문제는 다른 문서나 배경정보를 언급할 때 필요하다. 커뮤니케이션의 주요 부분에서 자료의 포함은 극히 혼란스럽다. 요점을 지지할 추가적인 상세정보가 필요하다면 보고서의 뒤에 부록으로 싣는다. 수신인이 중심 메시지에 집중하고, 과도하게 관련 없는 상세로 주의를 분산하지 않도록 한다.

(2) 간결성

매우 중요한 문제를 설명하는데 시간을 소비하는 것이 때때로 필요하지만, 간결성은 메시지를 전달하는데 도움이 된다. 정보를 전달할 때 대충하는 것이 아니라 아이디어를 표현하는 가장 효과적이고 가장 경제적인 방법을 신중하게 생각한다. 언어를 화려하게 꾸미는 유혹을 받게 되는데, 이러한 유혹을 거부한다면 전문적이고 적절한 구성을 산출할 수 있다.

(3) 정확성

대부분의 비즈니스 커뮤니케이션에서 정확성은 가장 중요하다. 부정확성은 특히 공식 문서를 기록할 때 매우 심각하다. 모든 사실과 수치를 확인하는 것이 절대적이다. 수치, 이름, 주소와 문장의 오류를 조사하는 것을 결코 간과해서는 안 된다.

(4) 정중성

어떤 경우라도 수신인에게 담화의 태도로써 정중해야 한다. 이것은 상사, 동료, 부하, 고객 등 모두에게 해당된다. 말투는 조직에 관해 많은 것을 전달하고, 미래 관계에 매우 큰 영향을 미친다. 간단하게 말하지만, 퉁명스럽지 않고, 공식적인 관공서 용어보다 공손하고 친근한 언어를 사용한다. 공식적인 관공서 용어는 커뮤니케이션의 장벽이다.

(5) 완전성

커뮤니케이션이 끝날 때 수신인은 불만스러울 수 있다. 부분적인 내용이나 정보는 더욱 불만이 클 수 있다. 정보를 충분히, 그리고 확실하게 다루는 것이 중요하다. 완전한 답변을 주는 것이 불가능할 경우가 있다. 예를 들면, 충분한 반응을 기대할 때와 방법을 수신인이 알기 위하여 명확하게 설명할 필요가 있다.

(6) 일관성

언어의 흐름은 사람과 시제를 표준화하고, 특정한 스타일과 말투를 고수하는 것처럼 일관성을 유지하는 것이고, 일관성은 신뢰성을 의미한다. 이와 관련된 사안은 많이 있다.

- 명확한 구절의 일관적이고 분명한 사용
- 용어, 내용과 표현의 일관성
- 수동태로 쓴 상용서신과 보고서의 관습은 표현의 어려움이 있다.

(7) 신뢰성

발신인이 신뢰를 확립할 수 있다면 수신인은 메시지를 받는데 아무런 문제가 없다. 신뢰를 종종 간과하나 확신을 갖고 신뢰를 구축해야 이루어진다. 직장에서 커뮤니케이션에 대한 몰입과 자신감을 보이는 것은 매우 중요하다. 의심, 모호와 애매성은 모든 형태의 커뮤니케이션에서 매우 자주 나타나는 바람직하지 않은 현상이다.

Sense 칭찬의 십계명

1. 칭찬할 일이 있을 때 즉시 칭찬하라.
2. 잘한 점을 구체적으로 칭찬하라.
3. 가능한 공개적으로 칭찬하라.
4. 결과보다는 과정을 칭찬해라.
5. 사랑하는 사람을 대하듯 칭찬하라.
6. 거짓 없이 진실한 마음으로 칭찬하라.
7. 긍정적인 눈으로 보면 칭찬할 일이 보인다.
8. 일이 잘 풀리지 않을 때 더욱 격려하라.
9. 잘못된 일이 생기면 관심을 다른 방향으로 유도하라.
10. 가끔씩 자기 자신을 칭찬하라.

출처: 켄 블랜차드 외 지음, 조천제 옮김(2003), 칭찬은 고래도 춤추게 한다, 21세기북스.

Chapter 12

마케팅 관리

Insight 12

뇌는 왜 착각에 빠지나

■ 착각에 빠지는 뇌

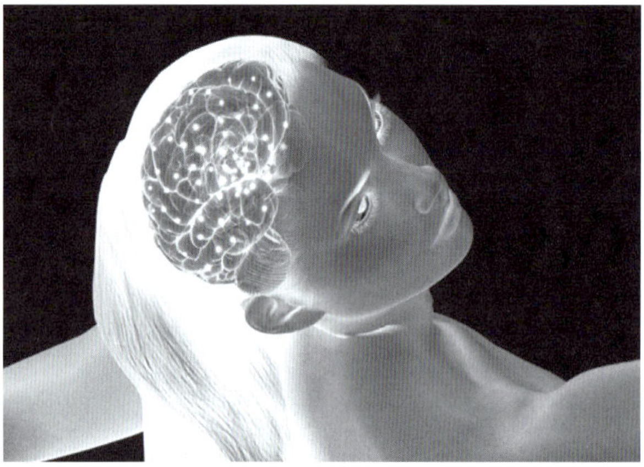

인간의 뇌는 언제나 이성적으로 판단하고, 합리적이다? 만약 이렇게 생각하고 있다면 틀렸다. 실제로 뇌는 종종 착각에 빠진다. 사실이 아닌 선입관을 갖고 판단하며, 보고 싶은 대로 보고, 듣고 싶은 대로 듣는다. 우리가 때때로 비이성적이고 비합리적인 잘못을 저지르는 이유도 여기에 있다. 일본 대중지 〈주간 겐다이〉는 뇌과학자 이케가야 유지 씨의 설명을 토대로 우리의 마음과 행동을 지배하는 '뇌의 비밀'을 소개했다.

■ 뇌의 메커니즘

인간의 뇌는 입력된 정보 가운데, 사용빈도가 많은 것을 '중요하다'고 판단한다. 즉 일정한 간격을 두고 반복하면 기억이 오래 유지된다. 단순 암기보다 시험이나 실전을 거치면 기억으로 정착하기 쉽기 때문이다. 말 많은 사람이 기억력이 좋다. 반면, 우리의 뇌는 쉽게 얻은 지식은 곧바로 잊어버린다. 인터넷을 통해 키워드로 습득한 정보들이 잘 외워지지 않는 것도 이러한 이유에서다. 완결된 행동보다 미완결된 행동을 더 잘 기억한다. 요컨대, 어떤 행동을 끝마치지 못하고 중간에 그만두게 되면 긴장상태가 지속되어 머릿속에 오랫동안 남아 있게 된다. 이것이 바로 '자이가르닉 효과(Zeigarnik effect)'다. 성공보다 실패를 더 오래 기억하고, 이루어지지 않은 첫사랑을 잊지 못한다. TV드라마가 만남이나 사건을 암시하는 복선을 던져주고, 결정적인 순간 끝나는 것도 이러한 효과를 최대한 얻어내기 위함이다. 뇌는 미완성 과제를 계속 곱씹는다. 똑똑한 줄로만 알았던 뇌는 의외로 허점투성이다. 잊고 싶은 기억일수록 뇌는 잊지 않는다. 우리의 뇌는 지속적으로 입력되는 정보를 중요한 것으로 취급한다. 생각하지 않으려고 생각하기 때문에 도리어 잊을 수 없게 되는 것이다. 예를 들어 다이어트 중 '절대 먹어선 안 돼'라고 정한 음식일수록 더 먹고 싶어진다. 억지로 감정을 누르지 않는 것이야말로 성공하는 다이어트의 지름길이라 하겠다.

[문제1] 레스토랑이 두 개 있다. 하나는 집 근처, 또 하나는 차로 15분 거리다. 요리의 맛을 묻자 어떤 응답이 많았을까(질문 받은 사람들은 두 레스토랑이 체인점이며, 음식 맛이 같다는 사실을 모른다)?

① 둘 다 비슷하다. ② 집 근처가 맛있다. ③ 먼 쪽이 맛있다.

정답은 ③이다. 뇌는 행복해지기 위해 변명을 한다. 자신이 내린 선택이 옳다고 확신하기 위해 뇌가 머리를 써 속이는 것이다. 문제의 상황에서는 '시간이 걸려 먹으러 갔으니 맛있다'고 선택을 합리화한다. 만약 여러 옷 중에서 고민하다 조금 싼 옷을 샀다고 하자. 뇌는 돈이 없어서 그 옷을 고른 게 아니라 '정말 마음에 들어서 샀다'며 옷이 마음에 드는 이유를 떠올린다. 반면에 노력해도 손에 넣지 못한 것에 대해서는 '특별히 필요하지 않았다'며 정당화시킨다.

[문제2] 얼룩말 무늬에 대해 질문을 했다. 어떤 대답이 많았을까?

① 흰 바탕에 검은 줄무늬다.
② 검은 바탕에 흰 줄무늬다.

정답은 ①이다. 하지만 여기서 주목해야 할 사실은 흑인의 경우 ②을 선택한 사람이 훨씬 많았다는 점이다. 인간은 자신의 세계에 사로잡혀 판단하며, 자기생각을 과신하기 쉽다. 참고로 생물학자 가운데는 '검은 바탕에 흰 줄무늬'라고 말하는 사람이 꽤 많다.

[문제3] 상대가 거짓말을 하지 않길 원한다. 어느 쪽 말이 더 효과적일까?

① 거짓말을 안했으면 좋겠다. ② 거짓말쟁이가 아니었으면 좋겠다.

정답은 ②이다. ①은 행동을 부정하지만, ②는 인격을 부정하고 있다. 뇌는 어떤 잘못이나 행동이 부정당하는 것보다 '인간으로서의 본질'이 부정당하는 것에 저항을 느낀다. 이를 '인격동일성 보호'라고 부른다. 선거에서 "투표하러 갑시다"보다 "유권자가 지닌 힘을 보여주세요"라고 호소하는 편이 투표율을 상승하게 만드는 것도 마찬가지다.

[문제4] 화재경보기가 울리고 있다. 어떤 대응이 많을까?

① 잘못 울렸나? 상황을 살핀다. ② 불이야! 즉각 대피한다.

정답은 ①이다. 뇌는 비상사태에 대한 대응력이 서투르기 때문에 경고를 낙관적으로 해석하려는 경향이 있다. 특히 경험한 적 없는 재앙일수록 준비와 대응을 게을리 하기 쉽다. 야생 동물세계에서는 달아나는 것보다 그 자리에서 지켜보는 쪽이 결과적으로 적에게 습격당하지 않을 때가 많다. 전문가들은 "이러한 생존 전략이 인간의 뇌에 남아 있는지 모른다"고 지적한다.

[문제5] 백화점에서 잼을 판매하고 있다. 어느 쪽 매출이 높을까?

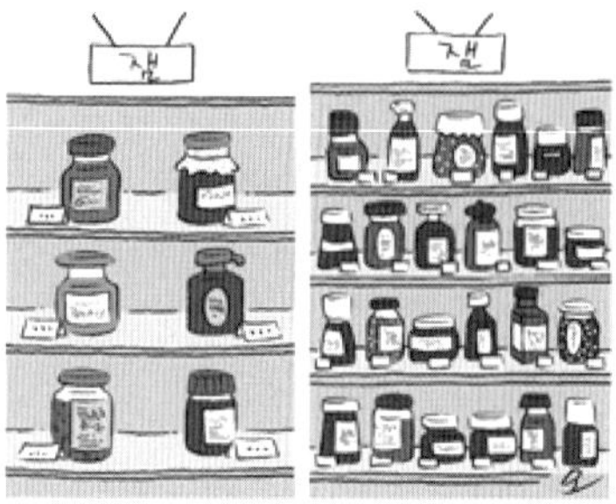

① 6종류의 잼을 판매하는 부스

② 24종류의 잼을 판매하는 부스

정답은 ①이다. 뇌가 동시에 처리할 수 있는 정보량은 한정적이다. 너무 많은 정보가 주어지면 오히려 뇌는 선택 자체를 포기하고, 정보를 무시하게 된다. 진열이 많을수록 눈에 띄어 발걸음을 멈추는 고객이 많아져도 구입하는 건 별개다. 실제로 한 실험에서 물건을 산 고객의 비중은 6종류 부스가 30%였지만, 24종류 부스의 경우 불과 3%에 그쳤다.

[문제6] 돈에 관한 다음의 선택사항 중 어느 쪽을 택하는 사람이 많을까?

① 10억 원을 받는다.

② 50% 확률로 20억 원을 받는다.

덧붙여, 혹시 손해를 입는다면 어느 쪽을 선택하는 사람이 많을까?

③ 10억 원을 손해 본다.

④ 50% 확률로 20억 원을 손해 본다.

정답은 ①과 ④이다. 사실 어느 선택지도 평균을 취하면 10억 원의 금액이 움직이는 양상으로 똑같다. 하지만 뇌는 그렇게 냉정하게 판단하지 못한다. 이득보다는 손해에 더 민감하기 때문이다. 따라서 수익이 날 때는 착실하게, 손해를 볼 때는 조금이라도 최소화하려는 선택을 한다. 프로스펙트 이론(prospect theory)은 손실을 매우 싫어해 수익이 날 때는 쉽게 팔지만, 손해를 볼 때는 버틴다는 의미이다.

[문제7] 오른쪽 가르마와 왼쪽 가르마를 한 사람이 있다. 일반적으로 어느 쪽이 좋은 인상을 남길까?

① 왼쪽 그림이 좋은 인상이다.

② 오른쪽 그림이 좋은 인상이다.

정답은 ②이다. 일반적으로 오른손잡이는 왼쪽 시야를 중시한다. 우뇌 쪽이 영상 처리를 잘하기 때문이다. 시야 절반을 중시하고, 나머지 한쪽을 무시하기 쉬운 인지경향을 가성무시라고 한다. 예를 들면, 생선요리는 머리를 왼쪽으로 놓는 것이 식욕을 돋우고, 슈퍼마켓에서 간판상품도 왼쪽 선반에 진열하는 편이 더 잘 팔린다.

■ **대표적인 뇌의 인지편향**

- 치어리더효과: 혼자 있을 때보다 무리로 모여 있을 때 매력적인 인상을 받는다.
  예) 솔로 활동을 시작한 아이돌, 그러나 그룹에 있었을 때가 더 예뻐 보였다.

- 상류계급편향: 자신의 사회적 지위가 높다고 여기는 사람일수록 비도덕적인 행동을 하는 경향이 있다. 보통 승용차보다 고급 승용차를 모는 사람의 운전매너가 나쁜 것으로 확인됐다.

- 후광효과(halo effect): 하나의 특정요소로부터 받은 인상이 다른 요소를 평가하는 데 영향을 끼치는 것. 외모가 뛰어난 사람을 보고 성격도 좋고, 머리도 좋을 거라고 느낀다.
- 심리적 반발: 강요받거나 침해받았다고 느낄 때 이를 회복하려는 의지가 발생한다. "공부 좀 해라!"라는 말을 듣는 순간 공부하기 싫어진다.
- 밴드왜건효과(band wagon effect): 주위의 의견이나 유행에 영향을 받기 쉬운 것을 일컫는다. 좋아하는 메뉴는 아니지만, 친구들이 주문한 것과 같은 메뉴를 골랐다.
- 인격동일성(personal identity): 한 사람이 되는 조건이나 사실, 또는 존재의 다양한 단계에서 동일한 사람으로 남아있는 것, 즉 개개인의 영속적이고 지속적인 통일성.

출처: 일요신문 2016.02.27

Chapter 12

마케팅 관리

제1절 마케팅의 성격

마케팅은 기업과 고객 간의 교환 과정에서 일어나는 가치창출활동이다. 즉, 마케팅은 구매자와 판매자가 상호이익을 위해 교환을 수행하는 과정이다. 고객을 확인하고, 고객의 욕구를 충족하고, 충성고객으로 유지하는 마케팅 능력은 기업의 성공에 중요하다. 좋은 제품을 개발하고, 좋아 보이는 상품을 만드는 마케팅 활동은 기업의 생존과 발전을 이끄는 가장 중요한 경영활동이다.

1. 마케팅의 이해

마케팅은 기업뿐만 아니라 정부, 공공기관, 단체, 교회, 학교, 스포츠나 개인들에게도 점점 중요한 요소가 되고 있다. 소비자의 욕구를 탐색하고, 문제해결책을 제시하는 것이 아니라 고객이 알지 못하는 욕구까지 찾아내 탁월한 고객가치를 창출해야만 기업은 생존하고 성장할 수 있다. 마케팅 기능이 취약한 기업은 생존이나 발전이 어렵다. 그런 기업은 고객의 욕구를 충족하지 못하고, 표적고객에게 탁월한 고객가치를 제공할 수 없다. 기업의 중요한 경영활동 중의 하나가 다름 아닌 마케팅이다. 제품 아이디어의 창출과 기술개발부터 시작하여 상품을 출시하고, 관리하는 마케팅 활동은 모든 가치사슬에 영향을 미친다. 기업의 경영활동에서 마케팅이 차지하지 않은 영역이 거의 없을 정도이다. 기업에서 마케팅 활동은 전사적으로 이루어져야 자원을 효율적으로 활용할 수 있고, 고객과의 연결성을 강화하고, 경쟁자보다 더 탁월한 가치를 고객에게 제공할 수 있다. 따라서 마케팅이 없는 기업은 기업이 아니며, 생존이나 발전은 힘든 과업이 될 것이다.

Sense 정부, 학교, 스포츠, 연극 등 마케팅

마케팅은 사회 모든 부문에 영향을 미치기 때문에 영리단체이든 비영리단체이든 중요하다. 정부, 단체, 대학, 스포츠 후원자나 연극 등은 그들의 목적을 관계자들에게 알리고, 대중을 끌어 모으는데 마케팅을 활용한다.

마케팅은 고객욕구를 충족하여 수익성이 있는 고객관계를 관리하는 과정이다. 즉, 고객에게 탁월한 가치를 제공하여 신규고객을 유인하고, 고객만족을 통해 기존고객을 유지하는 과정이다. 마케팅(marketing)은 고객들(customers and clients), 협력자들(partners), 그리고 더 나아가 사회 전반에게 가치 있는 것을 만들고, 의사소통하며, 전달하고, 교환하기 위한 활동과 일련의 제도 및 과정들이다(미국마케팅학회, 2007). 따라서 마케팅은 탁월한 가치를 창조하여 고객에게 전달하고, 그 대가로 이익을 창출하는 활동이다. 즉, 마케팅 관리란 표적시장을 선택하고, 우월한 고객가치의 창조, 의사소통 및 전달을 통해 고객을 획득, 유지, 확대하는 기술과 과학이다[39]. 마케팅의 4가지 활동은 창조, 의사소통, 전달과 교환이다.

- 창조(creating): 탁월한 가치를 창조한다.
- 의사소통(communicating): 고객으로부터 배울 뿐만 아니라 제공물을 알린다.

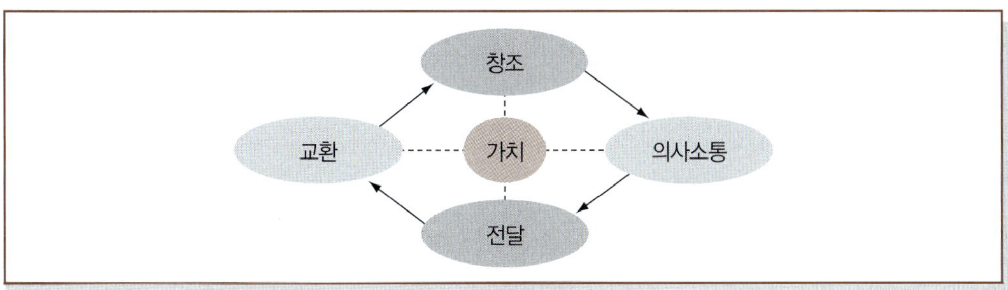

| 그림 12-1 | 마케팅의 활동

39. Kotler, P., Keller, K. L., Ancarani, F., & Costabile, M.(2014).

- 전달(delivering): 가치를 최적화하는 방식으로 소비자에게 제공물을 전달한다.
- 교환(exchanging): 제품과 대가를 교환한다.

마케팅의 구성요소를 보는 전통적인 관점은 4P's이다. 마케팅은 McCarthy가 제안한 마케팅의 4P's로 마케팅믹스(marketing mix)를 다룬다. 4P's는 고객욕구를 충족시키기 위해 사용되는 마케팅 도구의 결합을 의미하는 마케팅믹스이다. 제품(product)은 고객의 욕구와 필요를 만족시키는 제품, 서비스나 아이디어이며, 가격(price)은 제품에 제공하는 대가로 부과한 화폐량이다. 유통(place)은 고객이 구매할 수 있는 곳으로 제품을 전달하는 장소이며, 촉진(promotion)은 광고, 홍보, 판매촉진과 같은 커뮤니케이션의 수단이다.

마케팅 믹스(4P's)

제품(Product)	가격(Price)	유통(Place)	촉진(Promotiom)
• 제품품질 • 제품특징 • 스타일 • 디자인 • 기술 • 브랜드 • 포장 • 크기 • 보장 • 서비스	• 정가 • 할인 • 보상판매가 • 결제조건	• 경로 • 유통범위 • 구색 • 위치 • 재고 • 배송	• 광고 • PR • 이벤트 • 인적판매 • 판매촉진 • 직접 마케팅
환경: 경제 사회문화 정치법률 기술 인구통계 자연환경			

| 그림 12-2 | 마케팅믹스

4P's는 4C's로 대체될 수 있다. 4P's가 기업의 관점에 의한 마케팅이라면, 4C's는 소비자 관점의 믹스이다. 회사의 판매관점에 집중한 4P's 마케팅믹스는 마케팅 과학과 실무의 중요한 부분이다. 기술발전의 영향과 컴퓨터의 보편적인 접근으로 고객인식이 증가하여, 마케팅 변수의 변화를 초래하였다. 판매자 중심인 4P's가 소비자 중심인 4C's로 발전했다.

- 고객 해결책(customer solution): 소비자가 구매하기를 원하는 제품, 서비스와 아이디어를 개발하는 것이다. P(product)와 대응하는 C(customer solution)는 소비자 욕구에 대한 해결책으로 제품을 의미한다.

- 비용(cost): 가치와 비용 간의 관계이다. 가격은 비용의 일부이기 때문에 소비자가 구매하는데 들인 노력, 시간과 심리적 부담 등은 비용이 포함된 유무형의 총 비용이다. 제품이 고객의 선호 충족을 기대한다면 프리미엄 가격은 쉽게 수용된다. 이것은 욕구, 필요와 관련된 비용의 평가로 전환된다.
- 편의성(convenience): 고객이 제품을 구매하는데 유통경로에서 어려움이 없는 정도이다. 인터넷은 제품과 서비스를 얻는 소비자의 방법을 촉진하였다. 성공적인 회사는 제품을 얻는 소비자의 선호 방법에 근거한 다경로에 집중하고 있다. 구매장소는 구매의 편의성을 제공하는 소비자가 구매를 편리하게 할 수 있는 장소이어야 한다.
- 전달성(communication): 기업이 고객에게 일방적이 아니라 쌍방향으로 전달하는 것이다. 기업은 고객의 목소리에 귀를 기울이고, 신속하게 반응하는 것이 중요하다.

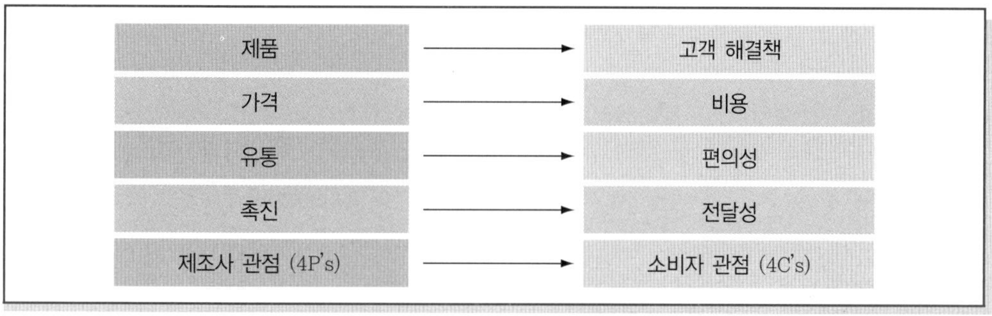

| 그림 12-3 | 4P's에서 4C's

2. 마케팅의 기본요소

욕구(needs)는 기본적인 만족의 결핍을 느끼고 있는 상태로 본원적 욕구이다. 예를 들면, 허기, 갈증이나 추위를 느끼는 것은 생리적인 욕구이다. 인간들은 생존을 위해 욕구를 충족해야 하는데, 결핍을 느낄 때나 고객이 특정한 상품을 갖고 있지 않다고 느낄 때 욕구가 발생 한다. 필요(wants)는 욕구에 대한 구체적인 제품이나 서비스에 대한 바람이다. 즉, 욕구가 구체적인 형태를 가지면 필요가 된다. 예를 들면, 개인들은 배가 고플 때 음식을 필요로 하고, 그래서 한국 사람은 밥을 먹고, 미국 사람은 햄버거를 먹는다. 필요는 욕구가 구체적으로 나타난 것이지만, 문화, 환경이나 개인의 개성에 따라서 다르고, 또한 지속적으로 변화된다. 따라서 필요는 욕구를 충족시키는 구체적 수단이다.

인간의 필요는 끝이 없지만 자금은 한정되어 있다. 고급차나 명품을 사고 싶지만 돈이 부족한 경우이다. 돈이 있어야 구매력으로 연결될 수 있다. 수요(demands)는 구매력이 있는 구체적인 욕구이다. 즉, 잠재고객이 제품에 대한 지불능력을 갖고 있을 때 필요는 수요가 된다. 제품이나 서비스에 대한 필요가 구매의사와 능력이 있을 때 수요라고 한다. 따라서 욕구를 충족시킬 구체적인 수단인 필요가 있을 때, 즉 수요가 있을 때 소비자들은 가치를 제공하는 제품을 구입한다. [그림 12-4]는 욕구, 필요와 수요의 관계이다.

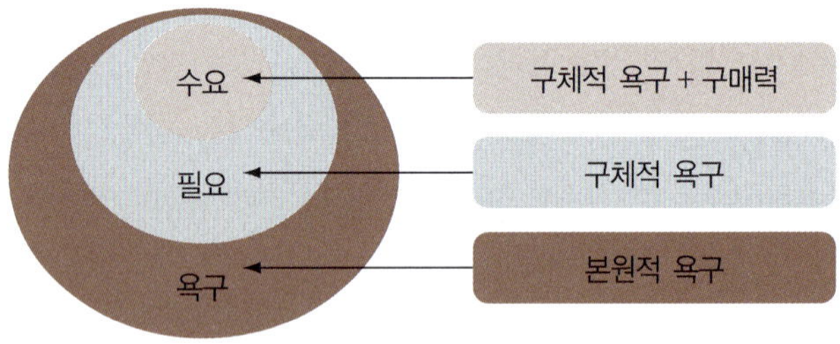

| 그림 12-4 | 욕구, 필요와 수요의 관계

Sense 불만족은 욕구

만족한 돼지보다 불만족한 인간이 낫다(John Stuart Mill). 불만족하기 때문에 욕구가 있고, 욕구가 있기 때문에 필요가 발생한다. 갈증은 시원한 음료를 필요로 하는 욕구를 발생한다. 갈증을 느끼는 소비자는 욕구를 충족할 구체적인 제품을 찾는다.

자료: CJ 갈증해소엔 100% 국산 헛개 열매로 만든 컨디션 헛개수

3. 마케팅 개념의 발전

마케팅은 가치를 창조하고, 알리고, 전달하고, 교환하는 활동이다. 이러한 마케팅 목표를 달성하기 위한 지침이 마케팅 개념(marketing concept)이다. 마케팅 전략을 수립할 때 지침이 되는 마케팅 개념은 생산개념, 제품개념, 판매개념, 마케팅개념과 사회적 마케팅개념 등 5가지 유형이 있고, 이것은 시대에 따라서 여러 가지 양상으로 발전하여 온 결과이다.

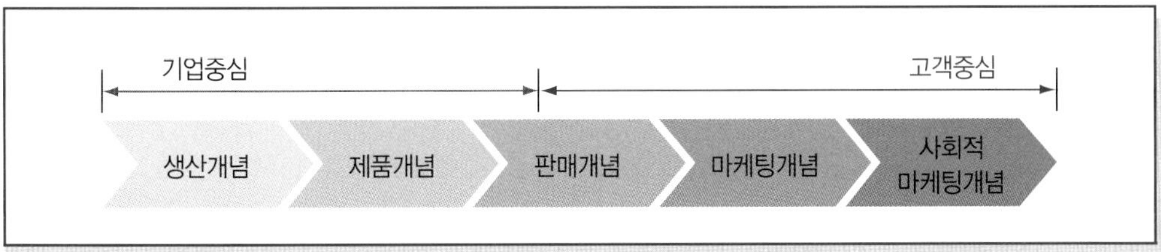

| 그림 12-5 | 마케팅 개념의 진화과정

1) 생산개념

생산개념(production concept)은 수요가 공급을 초과하여 생산하면 제품이 판매되는 시대의 개념이다. 소비자들이 싸고 쉽게 구매할 수 있는 제품을 선호하기 때문에 생산의 효율성과 광범위한 유통의 확보에 집중하는 개념이다. 따라서 원가를 낮추어야만 경쟁력을 가질 경우에 적절한 마케팅개념이다.

2) 제품개념

제품개념(product concept)은 모든 고객이 원하는 이상적인 제품을 만든다는 관점이다. 소비자들은 최고의 품질과 성능을 가진 제품을 선호하기 때문에 기술적으로 우수한 혁신적 제품을 생산하고 개선하는 데 집중한다는 개념이다. 기술자들이 제품개발을 주도하여 기술적으로 뛰어나지만, 시장에서 외면당하는 제품이 출시되는 경우가 발생될 수 있다. 이 개념의 문제는 다른 소비자들 간의 기호와 욕구의 차이를 허용하지 않는다는 것이다.

3) 판매개념

판매개념(sales concept)은 고객들이 회사의 제품을 자발적으로 충분히 구매하지 않는다는 관점이다. 그래서 더 많이 구매하도록 설득해야 할 필요성이 있다는 견해이다. 따라서 충분한 판매촉진의 노력이 없다면 소비자들은 충분한 양의 제품을 구매하지 않는다는 사고이다. 예를 들면, 보험과 같은 비탐색재(unsought goods)는 평상시에 생각하지 않는 제품으로 판매자에 의해서 주로 수용된다. 판매지향은 고객의 욕구가 아니라 판매자의 욕구에 관심이 있다. 타고난 판매원은 어떤 제품이라도 판매할 수 있고, 이러한 판매원은 잉여제품을 처분할 수 있다는 관점을 제조자들은 갖는다. 따라서 인적판매와 광고가 가장 중요한 마케팅 활동으로 간주된다.

4) 마케팅개념

마케팅개념(marketing concept)은 고객들이 필요한 것을 알고, 가치를 인식할 수 있을 만큼 충분히 총명하기 때문에 돈에 합당한 가치를 제공하지 않는다면 제품을 구매하지 않는다는 견해이다. 기업은 고객을 상품의 판매대상으로 보지 않고, 고객의 문제해결로 고객만족을 얻는 것을 목표로 한다. 이를 소비자 지향이라고 한다. 마케팅 개념은 유사한 욕구를 가진 하나 이상의 특정 집단에 적합하도록 회사의 목표를 변경하는 것이다. 고객들은 제품을 구매하고 소비하는 사람들이다. 고객들은 회사를 위해서 제품을 구매하는 전문적인 구매자일 수 있다.

	출발점	집중	수단	목표
판매개념	공장	기존제품	판매와 촉진	매출증대 이윤창출
마케팅개념	시장	고객욕구	통합 마케팅	고객만족 이윤창출

| 그림 12-6 | 판매와 마케팅개념의 특징

제2절 제품관리

1. 제품의 이해

제품(product)은 고객의 욕구나 필요를 충족하는 물리적 대상, 서비스, 장소, 조직, 아이디어나 사람이다. 제품은 생산자가 제조한 생산품이다. 이 제품이 생산자나 유통업자에게 있어서 거래의 대상이 되었을 때, 즉 상품(merchandise)은 유통업체 상품을 의미한다. 제품의 구성요소는 품질, 신용과 서비스이다. 이러한 삼 요소에 집중함으로써 기업은 제품을 경쟁제품과 차별화할 수 있다. 차별화 제품은 상이한 세분시장을 충족하기 위해 차이점이나 변형으로 생산자가 판매가격을 통제할 수 있다. 제품차별화는 자사제품과 경쟁제품 간의 실제적이거나 지각된 차이를 개발하는 것이다.

제품(product)은 편익의 꾸러미(bundle of benefits)이다. 이것은 제품이 물리적 특성(physical characteristics)의 합보다 더 많다는 의미이다. 즉, 브랜드 이미지, 제품포장, 전달방법과 포장의 색상과 같은 주변요소를 포함한다. 기본특성(primary)은 경쟁자와 공통으로 갖고 있는 제품의 핵심편익이다. 보조특성(auxiliary)은 제품에 독특한 특징과 편익이다. 마케터는 제품범위에 의해서 제공된 편익이 욕구와 필요에 적합하게 맞춤화될 수 있도록 소비자의 욕구와 필요가 변하고 있는 방식을 알아야 할 필요가 있다.

2. 제품의 다차원적 개념

고객이 실제로 구매하는 것은 하나 이상의 핵심편익, 공식적인 제품발표와 A/S나 보증과 같은 확장제품으로 구성된다. 여기서 중요한 점은 고객과 최종 소비자들이 확장제품을 구매하고, 핵심편익은 부분적으로 확장제품으로부터 온다는 점이다. Kotler는 제품을 다차원적으로 설명하였다. 핵심제품(core product)은 소비자들이 구매하려는 제품으로부터 기대하는 본질적인 편익이다. 예를 들면, 배고픔을 해결하기 위해 음식을 구매하는 경우이다. 유형제품(tangible product)은 핵심제품을 구체화한 것으로 특징, 품질, 스타일, 포장, 상표 등이 있다. 확장제품(augmented product)은 배달, 설치, 보증, A/S 등과 같은 유형적 제품속성 이외의 부가적인 서비스이다. 보증(warranty)은 제품에 문제가 발생했을 경우 제조업자가 제공해야 할 서비스 및 제품의 성능과 기능을 기술한 공식적인 보증서이다. 또한 보장(guarantee)은 제품성능이 소비자의 기대에 미치지 못할 경우 환불이나 교환과 같은 보상을 약속한 것이다.

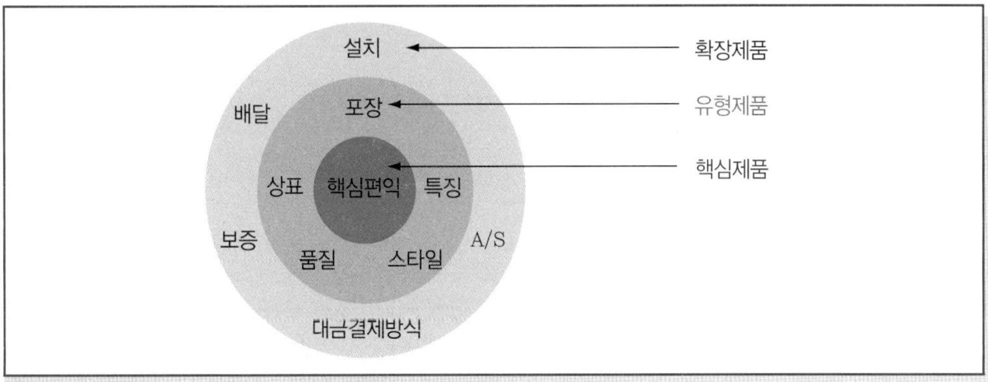

| 그림 12-7 | 다차원적 제품개념

3. 제품의 분류

제품은 필요(needs)와 욕구(wants)를 충족하기 위해 획득, 사용, 소비를 목적으로 시장에 제공할 수 있는 모든 것을 말한다. 브랜드는 판매자가 자신의 제품이나 서비스를 특징짓고, 다른 경쟁자와 차별하기 위해 사용하는 명칭, 용어, 기호, 상징, 디자인 또는 이들의 결합체이다. 따라서 제품 마케팅과 브랜드 마케팅의 차이는 다음과 같다. 제품 마케팅은 제품의 특징, 크기, 사용법, 가격 등을 구체적으로 설명하는 이성적 소구 방법을 사용하는 마케팅을 의미하지만, 브랜드 마케팅은 제품의 상세 내용보다는 브랜드가 줄 수 있는 가치와 정체성 등을 감성적 소구 방법을 사용하여 설명하는 마케팅을 뜻한다. 제품은 사용성, 소비재 유형, 특수방어나 산업제품, 표준화와 주문제작, 유형성과 무형성, 속성으로 넓게 분류한다. 제품(product)과 상품(goods)은 마케팅에서 상호 교환적으로 사용하기도 한다.

1) 사용성에 의한 분류

사용성이나 구매목적에 의한 제품분류는 소비재와 산업재로 분류된다. 개인과 가족의 욕구를 만족시키기 위해 구매한 제품은 소비재이다. 재판매나 다른 제품을 만들기 위해 구입하는 제품은 산업재이다. 일반적으로 최종사용자가 구매한 제품은 소비재가 되고, 재판매하거나 제조목적으로 사용하면 산업재가 된다.

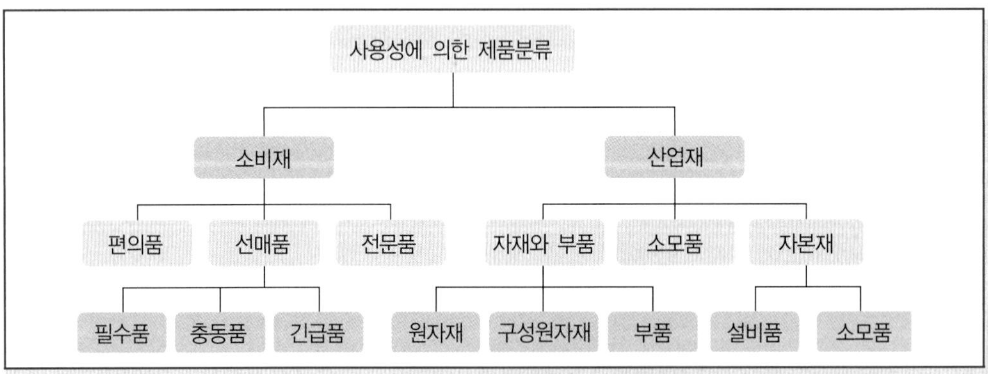

| 그림 12-8 | 사용성에 의한 제품분류

(1) 소비재

소비재(consumer goods)는 최종 소비자가 개인적인 소비를 목적으로 하는 제품이다. 이것은 식품, 의복, 노트, 책이나 노트북이 개인적 소비를 목적으로 구매한 경우에 해당한다. 소비재는 소비자의 구매행동에 근거하여 편의품, 선매품과 전문품 등이 있다.

① 편의품

편의품(convenience goods)은 껌, 청량음료나 식품처럼 소비자가 제품구매를 위해 많은 노력을 기울이지 않는 제품으로써 가격이 비교적 저렴한 제품이다. 또 편의품은 필수품, 충동품과 긴급품으로 분류한다.

- 필수품(staple goods): 규칙적으로 구매하는 제품
- 충동품(impulsive goods): 사전 계획 없이 충동적으로 구매하는 제품
- 긴급품(emergency goods): 비상시에 즉시 구매해야 하는 제품

② 선매품

선매품(shopping goods)은 의복, 구두, 가전제품처럼 구매빈도가 적고, 비교적 오래 사용되는 제품으로 소비자들은 적절성, 가격, 스타일, 품질 등을 경쟁제품이나 대체재와 비교・평가한 다음 구매하는 제품이다. 구매하기 전에 완전한 정보가 부족하기 때문에 구매의사결정을 하는데 소비자들은 상당한 양의 시간과 노력을 소비한다. 선매품은 편의품보다 더 많은 비용을 포함한다.

③ 전문품

전문품(specialty goods)은 제품범주의 특별한 특성 때문에 사람들은 일반적으로 구매하기 위해 특별한 노력을 기울이는 제품이다. 소비자들은 구매하기 위해 판매자를 찾는 특별한 노력을 하고, 판매자가 제공하는 가격에 구매할 준비가 되어있나. 예를 들면, 가구, 신형 승용차, 고급향수, 디자이너의 의류 등으로 제품 차별성, 소비자 관여도, 특정상표에 대한 충성도가 높다.

(2) 산업재

산업재(industrial goods)는 다른 제품의 생산이나 서비스의 제공을 위해 사용이나 소비하는 제품으로 개인적인 사용이 아니라 상업적인 사용을 목적으로 한다. 산업재에는 자재와 부품, 자본재와 소모품 등이 있다. 자재와 부품은 제조업자가 완전한 제품을 생산하기 위해서 제품의 한 부분으로 투입되는 부분품으로 원자재, 구성원자재와 부품이 있다. 원자재(raw materials)는 원유, 철광석이나 목재와 같이 가공 처리되지 않은 자재이다. 구성원자재(component materials)는 강철이나 실과 같이 추가적인 가공과정에서 그 형태가 변화하는 것이며, 부품(parts)은 CPU, HDD나 마우스처럼 제품에 추가적으로 투입하여 완제품

의 외형을 유지하는 것을 뜻한다. 자본재(capital items)는 제품의 일부분을 구성하지는 않지만, 제품생산을 원활히 하기 위해서 투입되는 것으로 이를 설비품과 보조장비가 있다. 소모품(supplies)은 완제품 생산에 전혀 투입되지 않고 공장이나 회사의 운영을 위해 사용되는 제품이다.

2) 제품속성에 의한 분류

제품이나 서비스는 특정한 속성을 더 많이 유지하고 있다. 탐색속성(search qualities)은 제품을 구매하기 전에 소비자가 식별할 수 있는 속성이다. 예를 들면, 의류, 보석, 가구, 가방, 주택, 자동차 등이 해당된다. 경험속성(experience qualities)은 구매 후 혹은 소비하는 동안에 식별할 수 있는 속성이다. 예를 들면, 식당 음식, 휴가, 미용 서비스, 유아 돌봄 등이 있다. 신뢰속성(credence qualities)은 재화나 서비스를 구입하거나 소비한 후라도 알기 힘들거나 또는 전혀 그 특성을 평가할 수 없는 것이다. 예를 들면, 자동차 수리, 의료진단 등이다. 지식이나 기술을 가지고 있는 극소수의 사람들만이 해당 서비스가 제대로 제공되었는지를 판단할 수 있다. 대체로 제품은 탐색속성이 많으나 서비스는 경험 및 신뢰속성이 지배적이다. 소비자들이 유형성이 높은 제품은 평가하기가 쉽지만, 무형성이 높은 제품은 평가하기가 어렵다.

- 탐색속성: 제품을 구매하기 전에 식별할 수 있는 속성
- 경험속성: 구매 후 혹은 소비하는 동안에 식별할 수 있는 속성
- 신뢰속성: 제품을 구입하거나 소비한 후라도 식별할 수 없는 속성

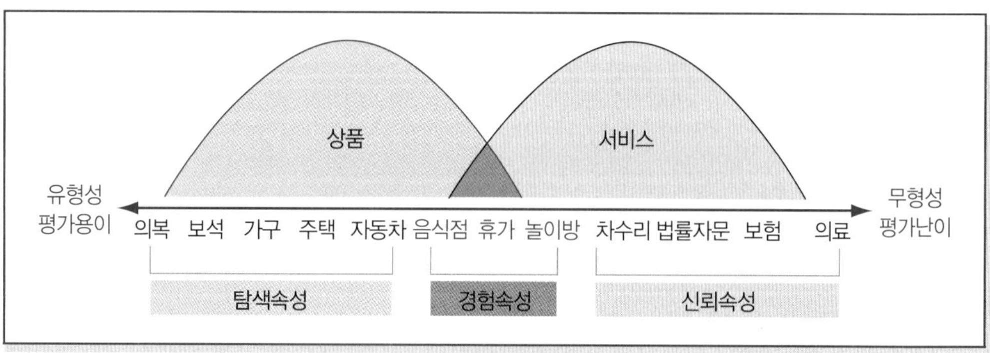

| 그림 12-9 | 제품과 서비스의 속성 특징

제3절 세분화, 표적화와 포지셔닝

시장세분화(segmentation: S)는 전체시장을 비교적 동일한 욕구를 가진 고객의 집단으로 나누는 것이다. 표적시장(target market)은 특정 제품을 구입할 가능성이 가장 높은 소비자의 특정 시장을 의미한다. 표적화(targeting: T)는 시장 세분화를 통해 목표로 하는 시장의 고객집단을 선정하는 과정이다. 포지셔닝(positioning: P)은 소비자의 마음속에 경쟁제품보다 더 유리하게 자사제품을 자리 잡게 하는 과정이다.

1. 시장세분화

시장을 정의하고, 시장의 유형을 파악하여 제품차별화와 시장세분화를 통해 표적고객의 만족을 충족하는 것이 시장의 경쟁우위를 확보하는 방법이다. 세분화 개념은 고객의 욕구에 의해 고객들을 분류하는 방법이다. 고객의 욕구는 동일하지 않다고 전제한다. 세분화는 시장을 분할하는 것이고, 표적화는 목표로 하는 시장을 선정하는 것이다. 포지셔닝은 동일한 세분시장에 목표로 하는 다른 브랜드보다 더 소비자의 마음을 차지하는 전략이다. 시장세분화는 결국 표적고객에게 자사의 제품이 경쟁자의 제품보다 더 유리하게 고객에게 인식하는데 도움이 된다.

1) 시장세분화의 개념

시장세분화 개념은 웬델 스미스(Wendell Smith, 1956)에 의해서 개발되었고, 고객의 욕구에 의해 고객들을 분류하는 방법이다. 고객의 욕구는 동일하지 않다고 전제한다. 세분화는 시장을 분할하는 것이고, 표적화는 목표로 하는 시장을 선정하는 것이다. 시장을 세분화하고, 목표로 하는 소비자를 표적으로 선정하고, 경쟁제품보다 더 유리하게 소비자들의 마음속에 제품을 위치하게 하는 전략을 STP 전략이라고 한다. 따라서 [그림 12-10]과 같이 STP 전략은 조직의 현재상황, 자원이나 능력, 제약사항과 시장진출 목적에 대한 상황분석부터 시작한다. 상황분석을 통해 시장세분화, 표적화와 제품포지션을 설정하여 마케팅믹스를 통해 시장에 접근하는 것이다.

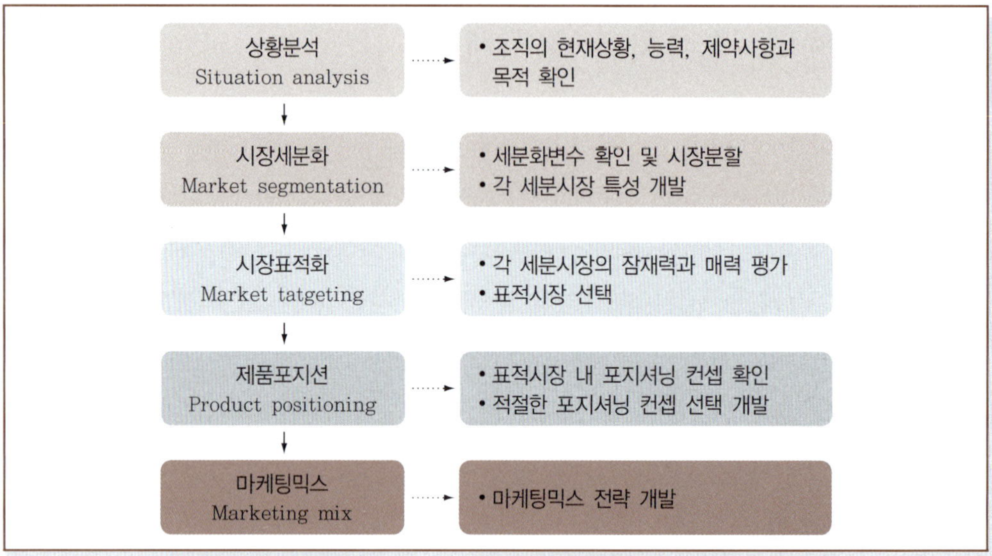

| 그림 12-10 | 세분화, 표적화와 포지션의 과정

기업은 시장을 세분화하고, 목표로 하는 소비자를 표적으로 선정하고, 경쟁제품보다 더 유리하게 소비자들의 마음속에 제품을 인식시키는 활동을 한다. 그래서 STP는 시장세분화, 표적화와 포지셔닝 등으로 연속적인 과정이며, 경쟁영역에서 고객의 인식을 차지하는 활동이다. 다음은 STP가 주는 핵심이점이다.

- 특정 대상을 목표로 하는 광고, 신제품 개발과 브랜드 차별화와 같은 마케팅 전략을 위한 방향과 초점을 제공함으로써 회사의 경쟁력을 향상한다.
- 고객, 시장이나 제품 사용의 확인을 통해서 시장에 있는 성장기회를 탐색한다.
- 세분시장에 효과적이고 효율적으로 마케팅 투자를 하여 더 큰 수익을 실현한다.

2) 시장세분화의 목적

마케팅을 대량마케팅, 제품다양화 마케팅과 표적마케팅으로 분류할 수 있다. 대량마케팅(mass marketing)은 기업이 한 종류의 제품으로 모든 구매자에게 판매하는 전략으로 대량생산, 대량유통과 대량촉진이 특징이다. 대량마케팅은 규모의 경제나 경험효과로 생산원가의 절감과 단일 마케팅 프로그램으로 인한 마케팅 비용을 절감할 수 있다. 제품다양화 마케팅(product-variety marketing)은 기업이 제품의 기능, 형태, 크기, 색상, 디자인 등에서 차이 있게 보이는 2개 이상의 품목을 생산하여 판매하는 방식이다. 소비자들의 취향과 싫증에 다양성과 변화를 도모하는 전략이다. 표적마케팅(target marketing)은 하나 또는 복수의 시장을 선택하여 이에 적합한 차별적인 제품과 마케팅믹스로 표적시장에 노력을 집중하는 것이다.

시장세분화는 구매자의 욕구가 동일한 형태로 널리 존재하는 시장 안에 구매자나 잠재적 구매자를 분할하고, 마케팅믹스를 다르게 하는 과정이다. 회사는 시장을 전략적으로 관리할 수 있는 부분으로 나누고, 마케팅믹스에 작은 변화를 줌으로써 정확하게 목표로 삼고 만족할 만한 결과를 기대한다. 그 이유는 단일 제품이나 동일한 마케팅 방법이 모든 구매자의 욕구와 필요에 소구할 수 없기 때문이다. 제품이나 마케팅 프로그램을 다르게 적용하거나 구매자들의 특성과 제품욕구에 근거하여 구매자들을 분류할 필요가 있다. 기업이 시장에서 자신의 위치를 확립하고 강화할 수 있어야 한다. 이로써 경쟁자들이 공격하는 것이 어렵게 될 뿐만 아니라 시장지식과 고객충성도를 구축할 수 있다. 시장세분화는 결국 틈새시장을 찾아 경쟁자가 제공하지 않았던 고객들의 욕구를 충족하는 것이다. 또한 제품차별화를 통하여 시장에서 경쟁을 완화할 수 있는 이점이 있다.

3) 시장세분화의 방법

한 기업이 단일 제품이나 서비스로 모든 구매자를 만족시킬 수 없다. 시장세분화는 시장을 유사한 욕구와 제품의 요구사항을 갖는 고객집단으로 구분하는 것이다. 따라서 시장세분화는 고객들을 집단 내에서는 소비자의 욕구와 구매행동이 유사하고, 집단 간에는 상이하도록 소비자들을 군집하는 것이다. 적합한 시장을 확인하고, 구별되는 고객집단으로 고객의 욕구 등에 따라 분할하는 것이다. 결국 공통적인 특징과 욕구가 있고, 마케팅믹스에 유사한 반응을 나타내는 집단을 확인하는 것이다.

시장분할의 목적은 희소자원을 강화하기 위한 것이다. 즉, 특정한 고객집단의 개별적인 욕구를 충족하기 위해 가격, 유통, 제품과 촉진과 같은 마케팅 요소를 적절하게 투입하는 것이다. 회사의 자원은 유한하기 때문에 모든 고객이 만족하는 제품을 제공하는 것은 사실상 불가능하고 필요하지도 않다. 그래서 선택된 고객집단을 위해 선택된 제품을 제공하는 것으로 회사가 특정한 고객의 욕구에 집중하게 된다. 따라서 시장세분화는 제품차별화(product differentiation)와 관련이 있다. 다른 고객욕구를 충족하기 위해 변형제품을 적용하고, 그런 다음에 다른 세분시장에 소구하는 것이다. 제품차별화 전략은 제품의 변형을 사용하는 것이지만, 시장세분화 전략은 고객의 욕구를 사용하는 것이다. 제품차별화 접근은 고객의 욕구를 발견하여 이를 충족하고, 경쟁자와 다른 차별적인 제품을 개발하여 마케팅믹스를 계획하여 새로운 세분시장에 진출하는 방법인데 비해, 시장세분화 접근은 새로운 세분시장을 발견하여 적합한 신제품을 출시하는 전략이다.

- ■ 제품차별화 접근: 제품의 변형 → 세분시장 접근
- ■ 시장세분화 접근: 세분시장 발견 → 신제품출시

시장은 이질적이면서 동질적인 요소를 갖고 있기 때문에 시장을 세분하는 방법은 시장의 이질성과 동질성에 따라 구분하는 것이다. 따라서 동일한 욕구를 가진 집단을 확인하는 것이 주된 과업이다. 시장에서 특정한 욕구를 가진 고객집단은 동일집단 내에서 욕구는 유사하나 다른 욕구를 가진 다른 집단에 대해 이질적이어야 한다. 시장은 욕구가 다른 고객으로 구성되어 있지만, 유사한 욕구를 가진 집단을 찾을 수 있다. 세분시장 간에는 시장의 이질성을, 세분시장 내에서는 구성원의 동질성을 확인할 수 있어야 한다. 따라서 이질적인 요소로 구성된 시장에서 동질적인 고객집단을 추출하는 것이 시장세분화이다. 다양한 세분시장을 구성하는 소비자들은 변화하려는 욕구를 갖고 있고, 결과적으로 소비자들은 원래 속했던 특정한 세분시장의 구성원으로 계속 남아 있지 않다. 세분화 과정은 회사의 욕구가 아니라 고객집단의 변화하는 욕구와 시장에서 널리 유행하는 조건에 의해서 변한다.

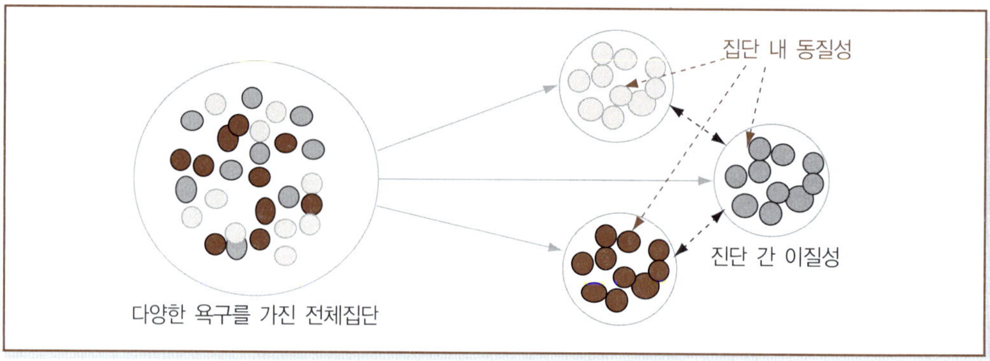

| 그림 12-11 | 세분시장의 이질성과 구성원의 동질성

4) 산업재의 시장세분화

산업재 시장에서 시장세분화는 공급자의 마케팅 자극에 대한 반응을 설명할 때 관련이 있는 공통적인 특성을 가진 현재나 잠재고객의 집단을 확인하는 것이다. 산업재 시장세분화는 소비자 시장처럼 잘 연구되거나 문서화되어 있지 않다. 그러나 시장을 세분하고 정확한 표적시장 프로그램을 창조하는 것은 중요하다. B2B 시장에 사용되는 상호 관련된 변수의 주요 특성이 있다. 첫째, 조직규모, 위치와 같은 조직특성이다. 둘째, 집단은 구매자 특성의 의사결정과정에 근거한다. 이러한 요소는 규모, 지리, 제공시장, 가치, 위치, 산업유형, 사용율과 구매상황을 포함하여 조직을 집단화하는데 사용되는 기준의 수이다.

|표 12-1| B2B 시장의 세분화 기준

유형	세분화 기준	설명
조직 특성	조직규모	계획, 전달, 사용률이나 주문규모와 기타 구매특징
	지리적 위치	특정지역에 있는 잠재고객의 욕구는 다른 지역에 있는 욕구와 다르다.
	산업유형	산업과 기업의 유형 확인, 분류
구매자 특성	의사결정 구조	태도, 정책과 구매전략
	선택기준	구매제품의 유형과 회사가 사용하는 사양
	구매상황	구매절차, 구매상황의 유형, 구매결정과정의 초기나 후기 여부

5) 시장세분화의 한계

시장세분화는 특정 고객의 욕구를 충족하고, 회사의 자원을 효율적으로 활용함으로써 판매를 신장하고 이익을 확보하는 전략이다. 따라서 시장세분화는 고객욕구를 특징적인 집단으로 분류할 때 유용한 과정이지만, 완벽한 과정은 아니다. 판매기회의 확대와 시장점유율 확보에 제한적일 수 있다. 시장세분화가 비판받는 이유는 다음과 같다.

(1) 고객욕구의 불충분한 제공

개별적으로 맞춤형 제품이나 서비스를 제공하는 것이 아니라 오히려 고객집단의 욕구에 가깝게 제공하기 때문에 고객의 욕구가 충분히 충족되지 않을 경우가 있다. 이와 달리 고객관계마케팅 과정은 개별적인 고객에게 맞춤형 접근을 점점 더 개발하고 있다.

(2) 경쟁우위의 문제

시장세분화는 경쟁우위와 어떻게 연결되는지에 대한 고려가 불충분하다. 제품차별화는 경쟁력이 있는 제품이나 서비스를 개발할 필요와 명확하게 연결되고 있지만, 시장세분화는 제품이나 서비스를 경쟁자와 차별화하는 기준으로 세분화를 강조하는 경향이 아니다. 따라서 시장세분화는 경쟁우위를 부각하는데 충분하지 못하다.

(3) 세분화의 가치 불명확

경영자에게 얼마나 가치 있는 세분화인지가 불명확하다. 시장세분화 과정의 효과성을 측정하는 방법을 나타내는 적절한 과정과 모형은 아직 이용할 수 없다.

(4) 설정과정의 불명확

표적마케팅 설정에 관련된 과정은 정확하지 않을 수 있다. 이럴 때 세분화 계획은 실패한다. 세분화 계획을 실행할 때 만나는 장애물을 극복하지 못하기 때문에 B2B 시장의 세분화 계획은 종종 실패한다. 이것은 하부구조 장벽, 공정문제 및 구현 장벽을 포함한다. 하부구조 장벽(infrastructure barrier)은 세분화 과정을 시작부터 방해하는 문화, 자원의 구조와 이용 가능한 자원 등과 관련이 있다.

2. 표적시장

1) 시장표적화 방법

시장표적화(market targeting)는 시장세분화를 통해 목표로 하는 시장의 고객집단을 선정하는 과정이다. 이것은 세분화 과정 동안에 확인된 다양한 세분시장을 평가하고, 가장 잘 제공할 수 있는 세분시장의 수와 위치를 결정하는 것이다. 세분시장이 확인되면 기업은 표적마케팅 방법을 선택할 필요가 있다. 표적시장 마케팅(target marketing)은 기업이 소비자의 욕구와 필요에 따라 시장을 몇 개로 세분하여 각기 다른 마케팅믹스를 제공하는 것이다. 시장에 관한 마케팅 전략은 4개가 존재한다. 즉, 비차별 마케팅, 차별화 마케팅, 집중화 마케팅과 맞춤 마케팅이다.

(1) 비차별 마케팅

비차별 마케팅(undifferentiated marketing)은 시장에 존재하는 고객의 욕구나 필요의 차이를 무시하고 공통점에 중점을 두어 전체시장을 단일제품과 단일 마케팅 프로그램으로 공략하는 대량마케팅(mass marketing) 전략이다. 이것은 다양한 구매자에게 적용하거나 공통적으로 보이는 특징에 집중하는 것이다. 예를 들면, 초기에 Ford의 T 모델 자동차는 동일한 제품으로 전체시장에 접근하였다. 기업이 표준화된 제품을 취급하는 비차별 마케팅의 이점은 제조, 촉진과 유통에서 엄청난 비용의 경제에 대한 기회를 제공하는 것이다.

| 그림 12-12 | 시장의 마케팅 전략

Sense 비차별 마케팅의 포드 모델 T

최초의 자동차는 17세기 후반에 등장했다. 1678년 플랑드르의 성직자였던 페르디낭드 베르비스트가 60센티미터의 작은 증기 자동차를 선보였다. 이 자동차는 중국 황제를 위해 만들어진 자동차였다. 1919년까지 미국에 등록된 자동차 운전자는 660만 명이었다. 포드는 대량생산과 대량판매를 통하여 자동차의 가격을 획기적으로 낮출 수 있었다. 이중 절반이 선택한 차량은 바로 포드의 '모델 T'였다. 마차 같이 생긴 모델 T는 해를 거듭하면서 디자인과 성능을 개선, 미국인들의 꾸준한 사랑을 받았다. 모델 T는 1908년부터 1927년까지 1,500만대가 생산됐으며, 부자의 전유물로 여겨졌던 자동차를 대중화하는데 성공했다.

사진 출처: 네이버

(2) 차별화 마케팅

차별화 마케팅(differentiated marketing)은 전체시장을 여러 개의 세분시장으로 나누고 각 세분시장의 상이한 욕구에 적합한 마케팅믹스를 활용하는 전략이다. 시장의 경쟁강도가 점점 증가하고 정교화 되기 때문에 비차별 마케팅이 드물어진다는 것을 인식할 필요가 있다. 이러한 환경에서 기업은 더 넓은 시장의 영역을 목표로 하는 제품을 출시할 기회가 상당히 감소된다. 시장의 경쟁강도 심화와 정교화로 시장의 탈 대중화(demassification) 현상이 증대함에 따라 제품다양성 마케팅과 표적마케팅의 전략이 점점 중요하다. 새롭고 다른 세분시장에 호소하는 것보다 차라리 제품차별화나 제품다양성 마케팅(product-variety marketing)으로 기존 구매자들에게 더 큰 다양성을 제공하는 방향으로 이동할 필요성이 있다. 회사는 주요 세분시장을 확인하고, 하나 이상의 세분시장을 목표로 하고, 그런 다음 각 세분시장의 특정한 수요에 맞추는 마케팅 프로그램을 개발하는 것이다.

(3) 집중화 마케팅

집중화 마케팅(concentrated marketing)은 세분시장 중에 한 시장을 선택하고, 단일 마케팅믹스로 단일 표적시장에 노력을 집중하는 전략이다. 집중화의 장점은 특정한 시장을 확인하고, 주요 표적으로써 세분시장에 광고하고 유통함으로써 비용을 통제할 수 있다. 집중화의 단점은 목표로 하지 않는 고객을 놓칠 수 있다. 기업이 경쟁자에 의해서 직접적이고 지속적인 공격을 받게 되고, 표적시장의 수요가 침체할 경우 취약할 수 있다. 이것 때문에 많은 기업들은 다중시장 정책을 추구하고, 다양한 다른 세분시장 정책에 집중하고, 그런 다음 각 세분시장에 적합한 마케팅믹스를 개발한다. 집중화 마케팅은 마케팅 노력을 분산하기보다는 오히려 만족할 수 있는 가장 큰 기회를 갖는 구매자에게 집중하여 수익을 창출하는 것이다. 따라서 집중화 마케팅을 종종 산탄총(shot gun)보다는 소총(rifle) 전략이라 한다.

(4) 맞춤 마케팅

맞춤 표적화(customized targeting) 전략은 마케팅 전략이 각 시장세분화와 관계없이 개별고객을 위해 개별적인 전략을 개발하는 미시마케팅이다. 미시마케팅(micro marketing)은 모든 고객 속에서 개별고객을 보는 방법이다. 개별적인 고객의 욕구나 선호를 충족하기 위해 개별적인 맞춤 제품과 마케팅 프로그램을 제공한다. 개별적인 마케팅은 충족되지 않은 고객의 욕구를 발견해 내고, 그러한 욕구를 충족시켜 줄 제품을 생산하여, 고객에게 제공하는 일대일 마케팅이다. 이것은 B2B나 고객의 주문에 의한 맞춤식 자동차 제작처럼 높은 가치가 있는 주문제품에서 매우 지배적이다. 주로 소비재에서는 자동차, 보석, 식품이나 의복이, 산업재에서는 특정한 산업제품이 주문자의 요구사양에 따라 제작된다. 예를 들면, Dell 컴퓨터는 온라인 주문으로 맞춤형 PC를 제작하여 판매한다. 남들과 같은 것을 싫어하는 고객에게 맞춤형 제품을 제공한다.

| 표 12-2 | 표적시장과 대상

유형	전략 방향
비차별 마케팅	불특정 다수
차별화 마케팅	특정한 고객이나 시장
집중화 마케팅	극소수의 표적고객이나 틈새시장
맞춤 표적화	개별고객

2) 세분시장의 평가

세분시장을 평가하는 방법은 시장성장률, 세분시장 수익률, 세분시장 규모, 경쟁강도와 산업의 주기와 같은 세분시장의 매력요인에 대한 평가이다. 기업은 전체시장 중에서 어느 시장을 표적시장으로 선정할 것인가를 결정해야 할 문제에 직면하게 된다. 기업에 가장 바람직한 세분시장을 선정하기 위해서는 각각의 세분시장을 평가하여 선정한다. 시장을 세분화하는 가장 좋은 방법을 결정하기 위해 고려할 요소는 3가지가 있다.

(1) 세분시장의 규모와 잠재적 성장률

시장세분화에 대한 출발점은 각 세분시장의 규모와 잠재적 성장률을 조사하는 것이다. 분명히 세분시장의 적정한 규모가 얼마인지에 관한 질문은 기업에 따라서 매우 다르다. 진출하고자 하는 세분시장은 규모와 잠재적 성장률이 기대되는 시장이어야 한다. 가격탄력성이 적고, 신규나 철수장벽이 적어야 한다. 또한 이러한 요인들을 회사의 역량과 자원으로 충분히 감당할 수 있어야 한다.

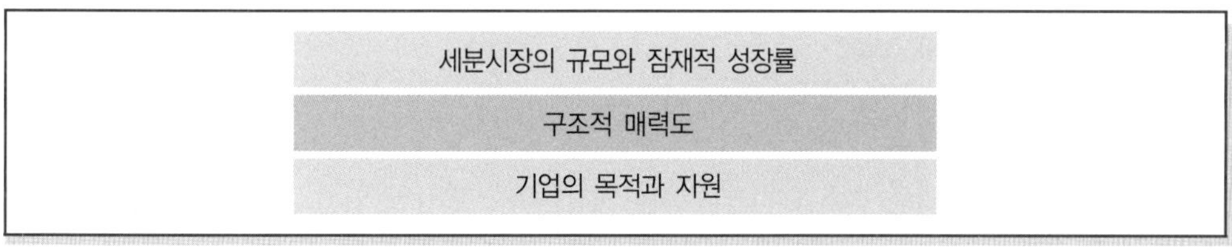

| 그림 12-13 | 세분시장의 평가 요소

(2) 구조적 매력도

세분시장은 충분한 수익이 기대되고, 경쟁환경에서 위협적인 요소가 약한 시장이어야 매력적이다. 세분시장의 수익성은 5가지 주요 요인에 의해서 영향을 받는다. 이는 산업의 경쟁자와 시장 경쟁자의 위협, 시장의 잠재적 진입자, 대체재의 위협, 구매자의 상대적 교섭력과 공급자의 상대적 교섭력 등이 있다.

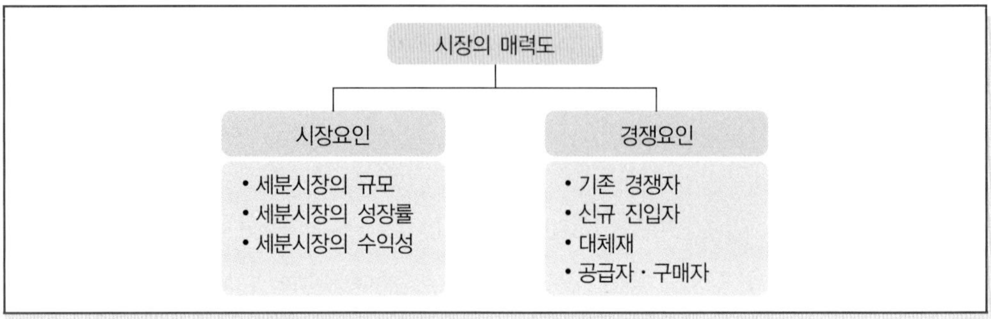

| 그림 12-14 | 시장의 매력도

규모, 성장률, 각 시장의 구조적 매력도를 측정할 뿐만 아니라 조직의 목적과 자원의 배경에 대한 조사가 필요하다. 세분시장 매력요인인 성장률, 수익성, 시장규모, 경쟁강도와 자사와의 적합성 등을 10점 척도로 평가한다. 전체기준이나 주관적 기준에 근거하여, 고, 중이나 저수준으로 분류할 수 있다.

또 다른 세분시장 매력도 요인은 세분시장의 안정성, 수익성과 자사와의 적합성이다. 세분시장의 안정성(segment stability)은 시간의 경과에도 안정적인 세분시장의 욕구이고, 사명의 적합성(mission fit)은 회사의 사명이나 목표가 특정 세분시장과 일치하는 정도이다. 사용하기로 의도한 세분시장의 매력도를 결정하면, 각 세분시장의 매력도의 중요성을 평가하고, 단일제품을 전체시장에 제공할 것인지, 제품범주가 다중 세분시장이나 단일 세분시장에 제공할 것인지, 또는 한 제품을 한 세분시장에 제공할 것인지를 결정할 필요가 있다.

(3) 기업의 목적과 자원

세분시장과 기업의 장기적 목표 간의 적합정도를 찾아야 한다. 세분시장이 법적인 규제와 일치하고, 사회의 여론과 기업의 이미지를 훼손하지 않아야 한다. 기업의 자원과 기술이 세분시장에 부합되어야 한다. 이러한 기업의 자원, 역량과 기술이 세분시장에 적합할 때 매력적인 시장이 된다. 따라서 기업의 목적과 자원이 세분시장과 일치하지 않는다면 표면상으로 보이는 매력적인 세분시장을 포기할 수밖에 없다. 일치하는 것처럼 보이더라도 조직이 효과적으로 운영하는데 필요한 기술역량, 자원과 몰입이 가능한지를 검토한다.

3) 시장유형의 결정

시장표적화는 제품차별화, 커뮤니케이션과 다른 마케팅 변수에 의해서 마케팅믹스를 다루는 과정이다. 시장표적화와 시장세분화를 혼동해서는 안 된다. 시장세분화는 표적화의 선행과정이다. 시장세분화로 회사는 시장을 많은 세분시장으로 나눈다. 그러나 모든 세분시장은 표적시장을 구성할 필요가 없다. 표적시장은 구성된 분할시장에서 선택된다. 시장의 규모, 성장률과 매력도로 다른 세분시장을 평가하고, 세분시장이 회사의 목적 및 자원과 일치한다면 표적시장을 선택하는 절차로 간다. 표적시장 선택의 5가지 유형이 있다. ① 단일 세분시장 집중, ② 선택적 전문화, ③ 시장 전문화, ④ 제품전문화와 ⑤ 집약적 전문화 등이 있다. 진입할 세분시장의 위치와 수를 결정하는 것이다.

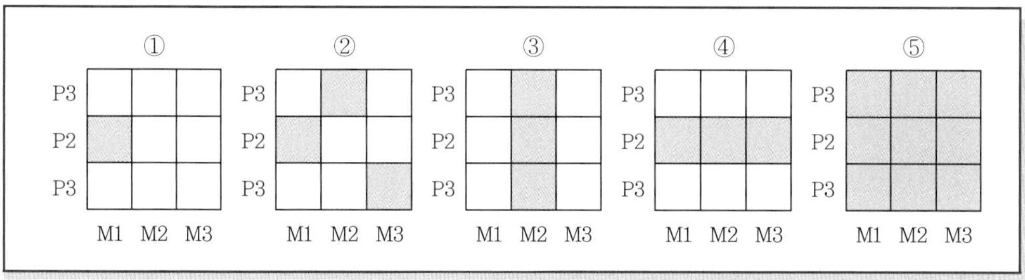

| 그림 12-15 | 시장선택의 유형

P: 제품, M: 시장

(1) 단일 세분시장 집중

단일 세분시장 집중(single segment concentration)은 기업이 단 하나의 세분시장에 집중하는 것이다. 중소기업은 소비자 기호의 급격한 변화나 거대 경쟁자의 진입에 취약하기 때문에 잠재적으로 고위험 전략이지만, 집중화 마케팅은 제한된 자금의 소기업에게 매력적이다. 단일 세분시장 집중을 선택하는 조직은 강력한 시장지위, 전문가 평판과 평균 이상의 수익을 개발할 수 있다. 회사가 강력한 시장 위치, 세분시장의 특별한 욕구, 특별한 명성과 리더십 위치를 갖고 있을 때 적용할 수 있다.

(2) 선택적 전문화

선택적 전문화(selective specialization)는 기업이 어느 한 세분시장에 집중하는 대신 몇 개의 매력적이고, 적절한 세분시장에 진입함으로써 위험을 분산하는 전략이다. 각 세분시장이 조직의 목적 및 자원과 적합하더라도 이 세분시장은 반드시 서로 관련될 필요는 없다.

높은 관련된 효과를 고려하지 않고 여러 시장 가운데 수익성이 있는 몇몇 시장에 각기 상이한 제품을 생산, 판매하는 것이다. 시너지 효과는 크지 않지만, 위험의 분산효과가 있다.

(3) 시장전문화

시장전문화(market specialization)는 기업이 어떤 특정 고객집단의 여러 가지 욕구를 충족시키는데 집중하는 전략이다. 즉, 표적집단에 모든 관련된 제품을 공급하는 특별한 시장분할이다. 예를 들면, TV, 냉장고, 세탁기와 에어컨 같은 모든 가정용 전기제품을 제조하는 전략이다. 예를 들면, 치과병원을 위한 치과자재를 생산하여 판매하는 경우이다. 특정 고객집단을 대상으로 다양한 제품을 제공하기 때문에 소비자 집단에 의한 위험이 있다.

(4) 제품전문화

제품전문화(product specialization)는 기업이 다양한 표적시장에 동일한 제품으로 출시하는 집중전략이다. 단 하나의 제품군을 모든 소비자의 계층에 생산, 판매하는 경우이다. 회사가 어떤 제품을 각기 다른 잠재고객에게 판매하는 것이다. 제품전문화는 제품영역 안에 있는 고객의 강력한 회상을 전제로 한다. 제품전문화로 전문적인 기업으로 평판을 얻을 수 있지만, 다양한 시장을 대상으로 단일제품을 제공하기 때문에 단일제품에 대한 수요부족의 위험이 있다.

(5) 집약적 전문화

집약적 전문화(intensive coverage)는 전체시장 유통범위 전략(full market coverage)이다. 모든 소비자 집단에게 필요한 제품의 전체범위를 제공하는 전략으로 가장 비용이 크다. 매우 큰 회사만이 전체시장 유통범위 전략을 수행할 수 있다. 전체시장 대상 전략은 단일상품으로 모든 시장에서 마케팅 활동을 하는 비차별화 마케팅과 모든 시장에 대해 각기 다른 상품을 제공하는 차별화 마케팅이 있다. 비차별화 마케팅은 구매자들 간의 차이보다 기본적인 구매자 욕구에 집중하는 것이다. 차별화 마케팅은 회사가 몇 개의 세분시장에 각기 다른 프로그램을 계획하는 것이다. 이것은 전자보다 더 많은 전체판매를 창출한다. 그러나 차별화 마케팅의 비용이 더 높은 요소는 제품수정비용, 제조비용, 관리비용, 재고비용과 촉진비용 등이 있다.

3. 포지셔닝

포지셔닝(positioning)은 표적시장에 있는 고객이 브랜드의 차별적인 의미를 경쟁브랜드와 관련하여 이해하도록 제품의 이미지와 가치를 계획하는 과정이다. 브랜드를 고객이 지각하도록 하는 방법이기 때문에 고객의 마음을 차지하기 위한 전생이다. 포지셔닝의 일관성이 없다면 전략의 신뢰성은 급격하게 감소할 뿐만 아니라 고객의 지각 상에 혼란이 일어나 고객은 무엇에 사용하는 제품인지조차 잘 인식하지 못할 수 있다. 따라서 중요한 것은 일관적인 포지션을 유지하는 것이다.

1) 포지셔닝의 특성

포지션(position)은 제품이 점유하는 시장에서의 위치이다. 포지션은 제품이 표적시장 내에 있는 고객의 마음 혹은 인식 속에서 차지하는 상대적 위치를 의미한다. 즉, 포지션은 어떤 제품이 소비자의 마음속에 인식되고 있는 모습이다. 포지셔닝(positioning)은 자사제품이 경쟁제품에 비하여 소비자의 마음속에 가장 유리한 위치를 차지하게 하는 과정이다. 따라서 포지셔닝은 표적고객의 마음속에 의미 있고, 특징적인 경쟁적 위치를 점유하기 위해 회사의 제공물과 이미지를 계획하는 활동이다.

포지셔닝은 제품의 속성과 편익에 관한 것으로 제품이 어떻게 전달되는가와 이러한 요소들이 고객의 마음속에 함께 결합되는 방법이다. 중요한 것은 제품의 물리적 특성이 아니라 심리적 인식이다. 포지셔닝은 고객이 경쟁자와 비교하여 제품의 가치를 어떻게 판단하는가와 제시한 약속을 전달하는 능력이다. 포지셔닝은 소비자의 마음 또는 인식에서 경쟁 브랜드에 비해 특정 브랜드가 차지하고 있는 위치를 강화하거나 변화시키는 전략이다. 고객의 욕구와 필요를 파악하여 동질적인 시장으로 나누는 시장세분화와 경쟁제품과의 차이점을 인식시키는 제품차별화를 결합하는 것이 포지셔닝이다. 따라서 포지셔닝은 세분화된 시장에서 제품차별화를 통해 경쟁우위를 확보하는 방법이다.

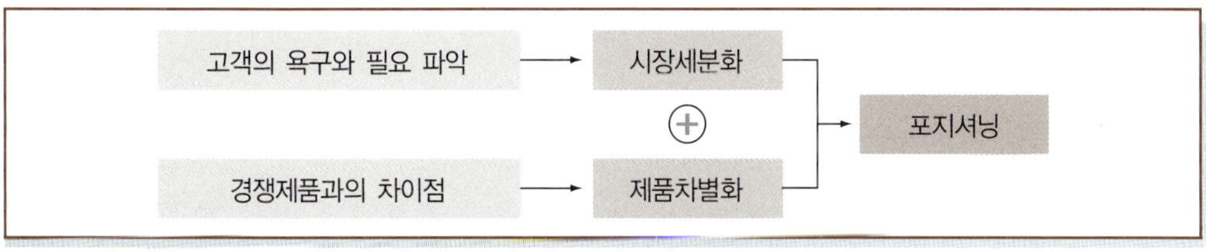

| 그림 12-16 | 포지셔닝의 진행 과정

2) 포지셔닝의 전략

포지셔닝의 목적은 고객이 자사 브랜드에 대해서 경쟁제품보다 마음속에 연상을 더 유리하게 갖도록 하는 것이다. 포지셔닝은 세분화된 시장에서 제품차별화를 통해 경쟁우위를 확보하는 방법이다. 따라서 경쟁상태 내에서의 자사 브랜드의 위치, 소비자의 욕구와 제품 특성 등을 통합적으로 고려한다. 고객들이 특정 제품범주를 생각할 때 자사의 브랜드가 최초로 또한 우수한 제품으로 상기하도록 하는 것이다. 포지셔닝 전략에는 제품속성과 편익, 제품범주, 사용상황과 사용자, 가격과 품질, 경쟁자와 브랜드 이미지 등이 있다.

(1) 제품속성과 편익

자사제품이 표적고객에게 제공하는 편익에 집중하는 전략이다. 브랜드가 경쟁제품과 관련하여 갖고 있는 특징, 속성이나 편익을 기준으로 하여 포지션하는 것이다. 제품속성과 편익은 가장 일반적인 포지셔닝 전략이다. 예를 들면, 현대 소나타는 실용성, 레드 불은 에너지를 제공한다. 제품의 특정한 속성을 강조하는 것은 흥미를 돋운다. 예를 들면, Ritz Carlton 호텔은 호화에 집중한다. 삼성전자의 지펠은 문을 닫을 때 반대편 문이 열리지 않도록 독립 냉각기술을 제시한다. 비비안은 “숨어있는 와이어가 여자를 자유롭게, 비비안 히든 와이어”로 브라의 속성을 제시한다. 또 예를 들면, Volvo는 안전으로, 클라이덴 치약은 미백치약으로 편익을 제시한다.

(2) 제품범주

고객들에게 브랜드를 제품범주의 선도자(leader)나 최초 브랜드로 인식하게 하는 전략이다. 예를 들면, 다시다는 천연조미료, 코크(Coke)는 콜라, 제록스(Xerox)는 복사기, 아스피린은 두통제, 게보린은 진통제로 포지션하는 경우이다. 고객들은 최초(first)를 최고(best)라고 인식하는 경향이 있다. 또 제품을 다른 범주에 있는 제품과 비교하는 것은 차별화하는데 효과적일 수 있다. 예를 들면, 액체세제인 비누를 로션에 비교하여 손을 부드럽게 하는 것을 강조한다.

(3) 사용상황과 사용자

고객들이 제품을 언제 또는 어떻게 사용하는지를 강조하는 것이다. 제품이 언제 또는 어떻게 사용되는지를 안다면 구매자의 마음속에 포지션을 창출할 수 있다. Kellogg는 아침식사보다는 낮에 소비되는 제품으로 포지션하였다. 게토레이는 운동 후 갈증이 발생하는 상황에서 갈증해소 음료, 롯데제과 자일리톨 껌은 핀란드에서는 자기 전에 씹는 껌, 음주전후의 컨디션, 출출할 때 요거트는 간식으로 포지셔닝한다.

제품을 특정한 사용자의 독특한 특성이나 특정 계층의 사용자 집단과 연결하는 것이다. 이를 통해 동일 집단의 사용자들이 제품을 사용하도록 유인한다. 표적 사용자를 확인함으로써 적절한 표적에게 명확하게 커뮤니케이션을 할 수 있다. 예를 들면, 성공한 젊은 사업가로 포시션한 Benz 자동차가 있다. VVIP 카드는 대한민국 국민의 1%만을 위한 최상위층 카드로 포지셔닝한다.

(4) 가격과 품질

싼 게 비지떡이란 속담처럼 가격은 품질을 강력하게 전달한다. 일반적으로 높은 가격은 높은 품질과 가치를, 낮은 가격은 낮은 품질과 가치 수준을 알린다. 가격이 높으면 품질도 좋을 것이라는 가격과 품질 연상효과(price-quality association)는 가격으로 품질을 연상하게 하는 포지션이다. 이는 주로 명품 가방, 외제차, 디자이너 패션이나 보석 등이 있다. 따라서 제품가격으로 제품품질의 위상을 설정한다. 예를 들면, Chanel No.5 향수는 고가격과 고품질로, 티파니는 고가 보석으로, 저가 항공사들은 최저가로 포지셔닝한다.

Sense 가격과 품질연상: CHANEL No.5 오드퍼퓸

샤넬(Chanel) No.5 향수는 매우 높은 품질과 가격으로 포지셔닝하고 있다. CHANEL No.5 오드퍼퓸은 여성성을 나타내는 최고의 향수로 평가된다. 샤넬은 미국 영화배우인 마릴린 먼로가 잠들기 전에 잠 옷 대신 입었다는 누드멘트를 통해 더 유명해졌다. 1921년 출시한 샤넬 No.5는 83가지가 넘는 자재로 만들어낸 독특한 향과 단순한 아르데코 스타일의 병 디자인이 일품이다. 현재 연간 1억 달러의 매출을 기록해주는 장수제품이다.

(5) 경쟁자

경쟁제품에 직접적으로 대응하는 포지셔닝은 구체적인 제품의 우수성 주장을 필요로 한다. 대표적인 예를 들면, 미국의 렌터카 업체인 Avis는 "우리는 2위입니다. 그래서 더욱 노력합니다"로 포지셔닝한다. 국내 한 대형할인점은 다른 할인점과 비교하여 항상 최저가격을 제공한다고 포지션하고 있나. 삼성전자와 LG전자는 가전부문에서 많은 화제를 일으키고, 최고와 최신을 경쟁한다. 경쟁자와 반대로 포지셔닝하는 것은 어떤 제품이 우위를 차지하는 시장에서 주의를 얻는데 도움이 된다. 예를 들면, 미국의 탄산음료인 세븐업은 콜라와

달리 카페인이 없는 Uncola로 포지셔닝하여 콜라가 아닌 탄산음료 중 대표 브랜드라는 인식을 고객들의 마음속에 심었다.

(6) 브랜드 이미지

이미지는 과거 촉진, 명성, 동료의 평가를 포함하고, 고객의 기대를 반영한다. 브랜드도 사람처럼 개성을 가지고 있고, 특정한 상징과 연결되고, 이미지와 결합하여 고객들의 심리에 접근한다. 기업은 브랜드를 소비자들의 실제적, 이상적, 또는 사회적 자아와 일치하는 전략을 사용한다. 이성적인 장점을 부각하는 USP 전략과 달리 감성적으로 접근하는 방식이다. 예를 들면, 아시아나 항공은 "아름다운 사람, 그녀의 이름은 아시아나"로 포지션하여 아시아나 항공사는 따뜻하고 편안한 감정을 제시하였다. 관광 서비스산업에서는 회사 또는 나라의 문화유산(cultural heritage)이나 전통과 연결하여 브랜드 연상을 강화한다.

Sense **제품속성과 브랜드 이미지 광고**

"아름다운 사람, 그녀의 이름은 아시아나"와 '새 비행기' 광고 캠페인은 아시아나 항공의 부드럽고 신선한 이미지에 많은 기여를 했다. 아시아나 항공의 광고는 안전과 서비스라는 두 가지 항공여행의 편익과 신선한 이미지를 결합한 광고를 지속적으로 한다.

출처: 아시아나항공

제4절 유통관리

1. 유통의 이해

제품을 고객에게 전달하는 가장 효과적이고 효율적인 방법을 확인하는 것은 중요하다. 제조자와 소비자를 연결하는 구조는 유통경로이다. 유통은 시간과 장소효용의 창조이다. 이것은 경로의 중요한 목적이다. 소비자들은 이용할 수 있고, 쉽게 구할 수 있는 제품을 구매한다. 마케터들은 유통의 적절한 경로를 발견하고, 제품이 소비자들에게 가장 효율적인 방식으로 도달될 수 있는 것을 확보하는데 상당한 노력을 기울인다. 또한 마케팅 경로는 다른 모든 마케팅 의사결정에 영향을 준다. 마케팅에서는 유통이 성공의 실제적인 비법이다.

1) 유통

유통(distribution)은 상품을 최종 소비자에게 이전시켜주는 활동이다. 따라서 유통은 생산자와 소비자 간의 공간과 시간적 간격을 줄여주는 가치창출 활동이다. 유통경로는 상품이나 서비스를 최종 소비자에게 이전하는 과정에 참여하는 조직체나 개인들이다. 이 과정에 참여하는 경로 구성원들은 제조업자, 중간상과 구매자들이다. 유통구조는 생산자와 소비자 간의 상품의 이동을 위해 구축된 유통기관 및 경로를 의미한다. 제조에서 소비로 가치가 이동하는데 관계가 있는 모든 중개기관으로 구성된 조직 간 시스템이다. 유통경로 조사는 상품이 목표고객에게 가장 효율적으로 전달되는지를 파악하는 것이다. 대체로 중소기업은 대기업보다 판매량이 적기 때문에 유통경로에 따라서 하나 이상의 중개경로를 갖는다.

생산자 → 도매상 → 소매상 → 소비자

| 그림 12-17 | 유통경로

소비자들이 구매하고자 하는 것을 생산하는 것은 마케팅에서 단지 한 부분이다. 소비자들은 이용할 수 있고, 쉽게 얻을 수 있는 상품을 구매한다. 유통은 장소를 결정하는 수단이다. 그러므로 마케터는 유통의 적절한 경로를 발견하고, 가장 효율적인 방법으로 상품이 소비자에게 전달되는 것을 확보하는데 상당한 노력을 기울인다. 마케팅에서 유통은 사업성공의 비결이다. 기업 구매자들이 좋은 유통망을 활용하는 것은 제조업자로부터 직접 구매하는 것보다는 오히려 중간상이나 도매상을 이용하는 것이 더 유리할 수 있기 때문이다.

2) 중개기관의 역할

중개기관은 상품의 소유권을 갖는 형태와 갖지 않는 형태의 두 가지가 있다. 소유권을 갖는 상인중개상(merchant)은 소매상, 협동구매센터, 도매상, 산업유통상, 중개상 등을 포함한다. 상품의 소유권을 갖지 않는 중개인은 대리인(agent)이다. 유통경로를 선택할 때 중개기관의 역할을 이해하는 것이 중요하다. 다음은 중개기관의 주요 역할이다.

- 구매자와 접촉 유지
- 가격과 전달의 협상
- 접촉과 합의 촉진
- 소유권 이전
- 신용 · 정보수집 제공
- 상품제공
- 재고와 보관
- 대량서비스 제공
- 수송제공

2. 유통경로

1) 유통경로의 개념

유통경로(distribution channel)는 제조업자로부터 최종 소비자에게 상품이나 서비스를 이동하는 과정에 참여하는 조직이나 개인들을 뜻한다. 유통은 가상점포뿐만 아니라 물적 점포를 포함한다. 운송방법은 유통경로나 마케팅 경로에 의해서 영향을 받는다. 상품은 제조업자로부터 소비자에게 직접 전달되는 경우는 드물지만, 대신 도매상, 대리인이나 기타 요인의 손을 통하여 이동된다. 수입업자는 도매상으로부터 주문을 받기 위해 대리인을 사용한다. 수입업자가 동남아에서 생산한 가방을 도매상에게 대량으로 납품하고, 도매상은 이것을 소매상에게 보낸다. 도매상은 많은 수입업자와 제조업자의 상품을 소매상에게 전달한다. 이러한 결과는 소비자가 상품을 구매하기 위해 먼 거리를 직접 가지 않기 때문에 많은 시간을 절약한다. 식품은 길고 복잡한 유통 시스템을 통과한다.

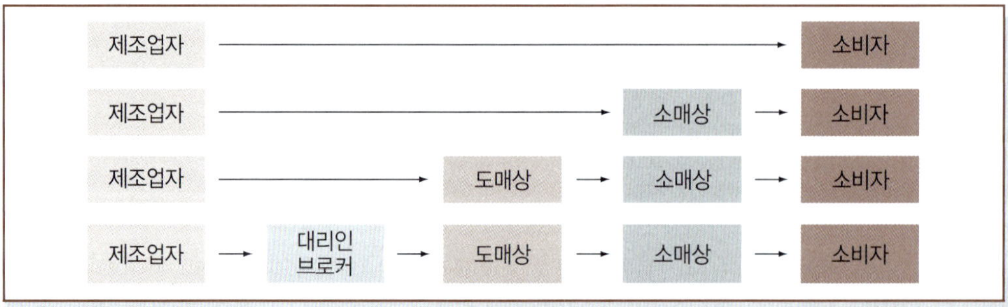

| 그림 12-18 | 소비재의 유통경로

산업재의 유통경로는 소비재 유통경로와 비슷하지만, 상품이 소비자가 아니라 기업과 정부에 판매되는 경우는 유통경로가 다소 다르다. 산업재 유통업자가 개입되는 경우가 많다. 산업재 경로는 기업, 정부나 대리인이 사용하는 제품을 공급하는 기업이지만 재판매를 목적으로 하지 않는다. 산업재 유통경로는 소비재 유통경로에 비해서 길이가 짧다.

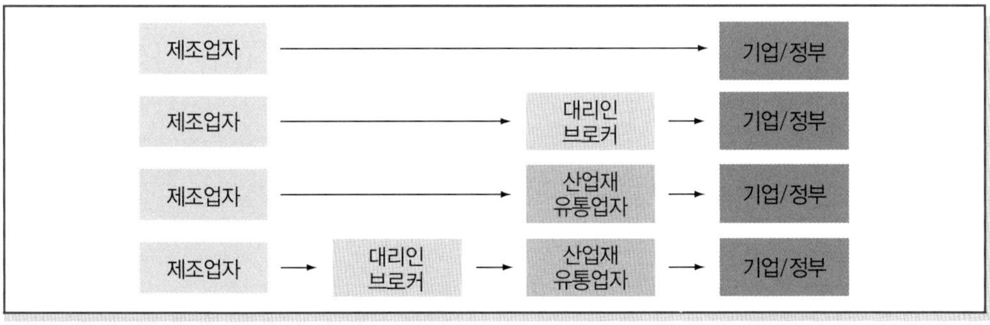

| 그림 12-19 | 산업재의 유통경로

중개상은 유통과정에서 교환의 효율성을 높이면서 중요한 기능을 수행한다. 대리인과 도매상이 사용하는 대부분의 상품에 관해서 효율성이 이루어져 절약이 되지만, 중개인이 배제되면 오히려 상품의 비용이 증가한다. 유통경로상의 구성원은 상품을 선별하고, 집하하고, 분배하고, 분류하여, 최종 소비자에게 전달하는 기능을 수행한다.

2) 유통경로의 유형

직집경로는 비장원 같은 인적서비스의 일반적인 경로로써 중개기관의 사용이 불가능하거나 주택수선과 같은 주요 자본재 구매이다. 이러한 상품들은 더 작은 단위로 쪼개거나, 분류하거나 집하할 수 없다. 이러한 경우는 중개인이 수행해야 할 기능이 없다. 유통망이 효율적으로 관리되면 상품은 경로로 내려오고 정보는 올라온다. 소매상은 소비자들이 필요로 하는 정보를 줄 수 있다. 공식적으로 제조업자나 도매상에게 정보를 전달해 주고, 비공식적으로 소매상은 판매하는 것을 주문받고, 제조업자는 소비자들로부터 얻는 정보로 시장과 고객 상황을 추론한다. 훌륭한 판매원은 정보경로의 역할을 하며, 소매상에서 제조업자까지 정보를 전달해 줄 뿐만 아니라 소비자가 생각하는 것을 소매상으로부터 발견할 수 있다.

| 표 12-3 | 경로 구성원의 분류

구성원	기능
대리점	• 상품 소유권을 갖지 않는다. • 대리점은 소매상과 도매상을 방문하고, 주문을 받아 배송을 처리한다. • 제조업자는 작은 상품범위를 전달하기 위해 많은 판매원을 운영하는 비용을 절약한다.
도매상	• 도매상은 실제로 제조업자, 대리점으로부터 상품을 구매한다. • 소매상이나 때때로 최종 소비자에게 상품을 판매한다.
소매상	• 소매상은 소비자에게 직접 상품을 판매하는 조직이다. • 이것은 우편주문, 방문판매와 온라인 판매를 포함한다.
브로커	• 구매자와 판매자 간의 거래를 중개하는 역할을 수행한다. • 재고를 보유하지 않아 거래에 대한 위험이 없고, 거래에 따라 일정한 보수를 받는다.

(1) 소매상

소매상(retailer)은 소비자, 가족이나 친구의 사용을 위해 상품을 판매한다. 사업적 필요가 아닌 구매라면 어떤 구매라도 소매상의 영역이다. 소매상은 반드시 중심가 점포나 시장상인이 아니다. 우편주문판매나 방문판매도 소매상이다. 소매상은 많은 상품을 소비자에게 노출하는 상이한 브랜드의 상품들을 보유하고, 고객과 직접 대면하기 때문에 고객과 강한 관계를 갖는다. 대체로 상품과 서비스는 소매상들에 의해 촉진되고 상업화된다. 대부분의 소매점은 도시 중심이나 시외 번화가에 있다. 구매자들이 중심지역에 밀집하는 것은 부분적으로 구매자의 편의성을 고려하기 때문이다.

(2) 도매상

도매상(wholesale)은 최종 소비자에게 상품을 판매하지 않고, 주로 소매상, 다른 도매상이나 기업 고객들에게 판매하는 중간상이다. 도매상들은 소매상과 비교하여 상품의 가격을 자주 인하한다. 도매상들은 제조업자의 판매를 촉진하기 위해 브로슈어를 제작하고, 판매, 재고보유, 자금결제와 판촉활동을 수행한 대가로 전체 판매 수수료를 받는다. 상거래는 거래 상대방 확인, 상품의 내용과 품질확인, 거래조건 합의, 상품전달과 대금결제로 이루어진다. 이러한 거래 과정 속에 사용되는 비용을 거래비용(transaction costs)이라 하는데 중간상은 거래비용을 줄여 상거래를 원활히 한다. 도매상은 다음과 기능을 수행한다.

• 공급업자와의 협상

- 광고, 판매촉진, 홍보, 판매원 제공
- 창고, 보관과 제품취급
- 운송과 선적
- 재고관리
- 신용확인과 신용관리
- 가격결정과 경쟁자에 관한 가격정보의 수집
- 경쟁자의 활동에 관한 정보의 경로

3. 유통범위

경로대안을 개발할 때 유통경로 상에 필요한 중간상의 수를 결정하는 것을 유통범위라 한다. 유통범위에는 집약적 유통, 전속적 유통과 선택적 유통이 있다.

(1) 집약적 유통

집약적 유통(intensive distribution)은 청량음료나 사탕처럼 저가상품을 가능한 한 많은 소매상들이 취급하는 전략이다. 소비자들은 이러한 상품을 적은 노력으로 구매할 수 있다. 중요한 요소는 시간과 장소이다. 소비자들이 상품을 찾지 못한다면 경쟁상품을 구매할 것이다. 집약적 유통의 장점은 소비자의 인지도와 구매 편의성의 증가 등이나 단점은 저 마진, 소량주문, 재고관리와 중간상의 통제 어려움이 있다.

(2) 전속적 유통

전속적 유통(exclusive distribution)은 각 판매지역별로 하나 혹은 소수의 중간상에게 자사상품의 유통에 대한 독점권을 부여하는 전략이다. 상품은 보통 높은 가격 범위이고, 판매점은 자세한 상품정보를 필요로 한다. 전속적 유통은 전문품에 적당하다.

(3) 선택적 유통

선택적 유통(selective distribution)은 소비자들이 주변에서 보다 많이 구매하려 하고, 제조업자가 큰 지리적 확산을 원하는 장소에서 컴퓨터와 같은 상품판매에 주로 사용된다. 제소업자는 수로 판매지역별로 상품을 취급하고자 하는 중간상들 중에서 자격을 갖춘 소수의 중간상들을 선택한다.

|표 12-4| 시장 유통범위의 비교

구분	집약적 유통	전속적 유통	선택적 유통
점포전략	가능한 한 많은 점포	한 지역에 하나 점포	한 지역에 제한된 수
통제력	낮음	매우 높음	제한된 범위에서
상품유형	편의품	전문품	선매품

4. 물적유통

1) 물류와 유통

물적유통(physical distribution)은 기업이 소비자가 구매하기에 가장 편리한 장소에 유형상품을 이동하는 과정이다. 물류(logistics)는 더 넓은 개념이다. 원래 군사용어에서 유래된 것으로 물류는 최종 상품이 필요한 곳으로 제조와 유통과정을 통해 자재, 부품, 완제품 등을 이동하고 저장하는 것이다. 이것은 창고위치, 자재관리, 재고수준 및 정보시스템에 대한 전략적 의사결정을 포함한다. 물류는 구매와 마케팅이 중첩되는 영역이다.

어떤 면에서 상품의 물적유통은 상품을 구성하는 편익 다발의 일부이다. 예를 들면, 온라인으로 구매한 셔츠는 점포에서 제공하지 않는 편리성 혜택을 제공한다. 반대로 점포 구매는 온라인 주문이 제공하지 않는 주변 쇼핑의 재미, 진짜 할인 판매를 찾는 흥분처럼 쾌락적 편익이 있다. 실제적으로 셔츠를 확인할 때 유통방법에서 오는 편익은 다르다. 물적유통 방법의 목적은 제조지역에서 고객에게 효율적으로 상품을 이동하는 것이다. 상품은 좋은 상태로 도착하고, 편의성, 저비용이나 선택에 대한 소비자의 욕구에 적합해야 한다. 마케팅 견해로부터 유통의 주제는 운송방법, 도매, 시내 중심가 소매, 우편 마케팅과 농산물의 직매점과 같은 영역을 포함한다. 따라서 물적유통은 운송방법을 다루는 것이다.

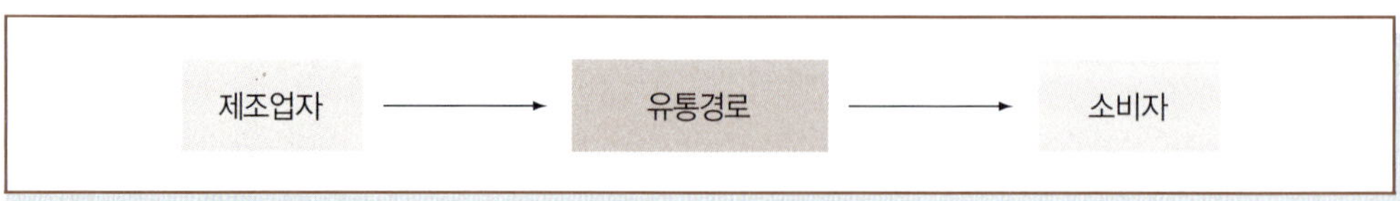

|그림 12-20| 물적유통의 과정

2) 운송방법

운송방법은 속도, 비용과 관련 상품의 처리능력에 따라 다르다. 빠르면 빠를수록 더 많은 비용이 들지만, 어떤 경우에 오히려 신속한 방법이 더 저렴할 수 있다. 과일처럼 부패할 수 있는 상품은 낮은 훼손율을 고려할 때 대기 항공화물이 해운수송처럼 쌀 수 있다. 특정한 상품을 위해 선택된 운송방법은 매우 큰 고객 서비스는 거의 더 많은 비용이 든다. 회사가 경쟁력을 유지하기를 원한다면 고객의 전체 욕구를 고려하고, 정확하게 고객욕구의 상대적 중요성을 판단해야 한다.

Sense 오리온의 초코파이 성공: 러시아인 특유의 입맛에 맞는 상품 개발해야

오리온 초코파이는 러시아 대통령이 즐겨 먹을 정도로 러시아의 국민간식으로 꼽힌다. 오리온 초코파이의 러시아 매출은 2010년 489억 원에서 2014년 827억 원으로 약 1.7배 증가했다. 오리온은 러시아의 문화적 특성을 연구하고 이에 기반을 둔 마케팅을 펼쳤다. 무뚝뚝하지만 믿음직한 '멋진 친구(cool friend)' 이미지를 채택해 포장과 광고 등 모든 마케팅에 적용했다. 2000년에 집권한 푸틴 대통령이 구소련의 영광을 회복하기 위해 '강한 러시아' 정책을 추진할 때, 오리온은 푸틴 대통령의 이미지와 정책을 브랜드 이미지와 결합하기 위해 매년 열리는 러시아 청소년 하키 리그의 메인 스폰서가 됐다. 또 오리온은 러시아의 독특한 티타임 문화를 연구해 마케팅 전략에 반영했다. 차를 즐겨 마시는 러시아인들은 차를 마실 때 단 것을 곁들여 먹는데 특히 초콜릿을 선호했다. 오리온은 초코로 만들어졌는데도 트랜스 지방이 없어 비만을 유발하지 않는다는 점을 강조해 살 찔 거정을 하는 여성들을 안심시켰고, 결과적으로 마케팅에 성공했다.

출처: 조선비즈 2016.11.09.

제5절 서비스 마케팅

1. 서비스의 특성

서비스(services)란 고객과 기업과의 상호작용을 통해 고객의 문제를 해결하는 행위(deed), 수행(performance), 노력(effort)이다. 서비스는 고객의 욕구충족을 목적으로 사람, 시설이나 설비에 의해 제공된다. 또한 서비스는 소유되거나 저장·수송될 수 없는 무형적 활동(intangible activity)이다. 서비스 마케팅은 서비스를 통해 고객의 필요와 욕구를 충족시키려는 개인 및 조직의 활동이다. 서비스는 무형성, 비분리성, 이질성과 소멸성 등 4가지 특성이 있고, 이러한 특성은 어느 정도 상호 공유성을 갖고 있다.

- 무형성(intangibility): 유형의 제품처럼 만지거나 볼 수 없는 특성으로 고객들은 서비스 공급자의 상징물, 건물, 시설, 가격, 종업원 복장 등으로 품질을 추론한다.
- 비분리성(inseparability): 서비스는 생산과 소비가 동시에 수행된다. 서비스 공급자와 고객은 서비스 경험을 공유한다. 고객은 적극적으로 서비스 생산에 참여, 협조한다.
- 이질성(heterogeneity): 서비스의 생산과 전달과정에서 품질의 일관성에 편차가 발생할 수 있다. 서비스 품질은 제공자와 제공상황에 따라서 다르다.
- 소멸성(perishability): 저장이 불가능하고 재고화하기 어려운 서비스의 고유 특성으로 생산과 동시에 소비되는 동시성(simultaneity)이다.

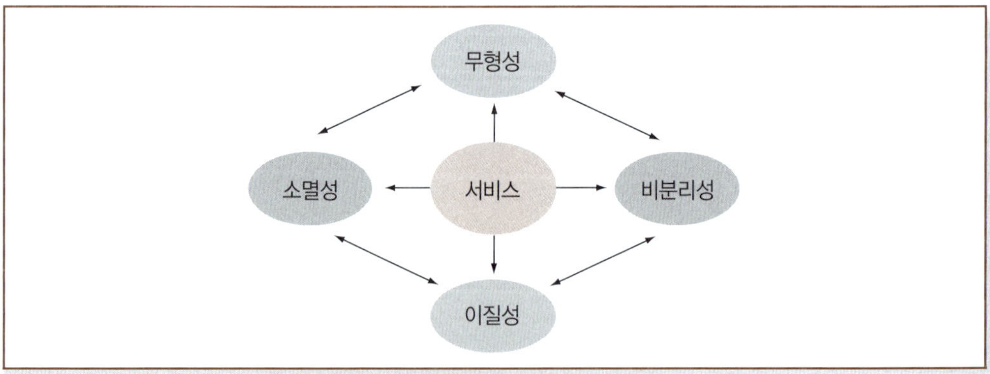

| 그림 12-21 | 서비스의 특성

2. 서비스 마케팅

제품을 유형제품과 서비스로 분류할 수 있지만, 서비스 마케팅과 유형제품 마케팅의 차이는 아주 크지 않다. 많은 방식에서 서비스는 유형제품의 동일한 방식으로 판매된다. 마케팅 기법이 크게 차이가 나지 않기 때문에 유형제품과 서비스 간에는 분명한 경계가 없다. 서비스 구매는 유형제품의 구매와 경미한 차이가 있다. 그 이유는 다음과 같다.

- 마케터는 편익의 다발로써 제품을 정의한다. 즐거움을 찾는 개인이 어떤 좋은 극장을 가거나 새로운 셔츠를 구매한다. 그래서 편익은 기본적으로 동일하다.
- 정의의 어려움이다. 대부분의 유형제품은 서비스 측면을 포함하고, 대부분의 서비스는 유형제품을 포함한다.
- 소비자지향을 정의하는 것이 아니라 소비자가 생각하고, 필요로 하고, 원하는 것을 생각해야 한다는 것을 의미한다.

■ 유형제품 구매

제품 구매결정 → 대금지불 → 제품인수 → 제품사용 → 사용 후 평가

■ 서비스 제품 구매

제품 구매결정 → 공급자위임 → 전달소비 → 서비스평가 → 대금지불

| 그림 12-22 | 유형제품과 서비스 제품의 구매과정

3. 서비스 마케팅믹스

서비스 마케팅믹스는 4P's(product, price, promotion, place)에다 물적증거(physical evidence), 사람(people)과 과정(process)이 추가된 7P's이다. 물적증거는 서비스가 전달되고, 기업과 고객이 상호작용하는 모든 유형적인 요소로 건물, 시설, 종업원의 복장, 명함, 홍보물이나 제반 서류가 해당된다. 사람은 서비스 공급자와 구매자 등 서비스의 전달과정에 참여하는 모든 사람이다. 과정은 서비스가 전달되는 절차, 구조와 활동으로 서비스의 전달과 운영체계이다. [그림 12-23]은 7P's의 특징을 설명한 것이다.

Product	Price	Promotion	Place	Process	People	Physical
물리적 특성 품질 보조서비스 상품계열 브랜드	가격 유연성 차별화 거래조건 할인	인적판매 판촉 매체광고 홍보 옥외광고	매장위치 경로방식 다입지 체인화	서비스 활동의 흐름 서비스 제공단계 고객참여	직원선발 직원교육 동기부여 고객관계	건물 시설장비 설비복장 명함 팸플릿 문서

| 그림 12-23 | 서비스 믹스의 7P's

Chapter 13

생산관리와 지식경영

제1절 생산관리

제2절 정보의 이해

제3절 경영정보시스템

제4절 지식경영

Insight 13

글로벌 생산현장 안방서 관리

■ 글로벌 생산 현황까지 한눈에 파악

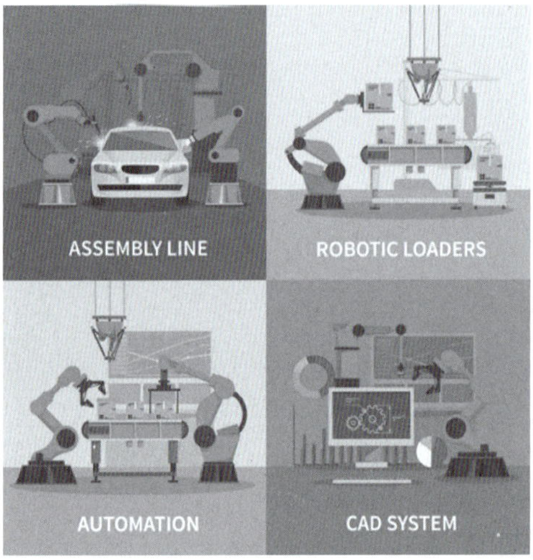

삼성그룹은 전지 SDS SDI 등 전자 계열사를 중심으로 IoT와 데이터 분석 등을 통해 생산력을 끌어올리기에 집중하고 있다. 공장 설비에 센서를 부착해 일어날 수 있는 생산설비의 모든 변수를 계산하고 제품을 가장 효율적으로 배송할 수 있는 시간 등을 뽑아내 적용하는 식이다. 제품개발 과정에도 빅데이터를 적용해 소비자 요구에 다가서고 있다. 삼성전자는 세계 100여 곳의 공장에 '세계 제조실행 시스템(G-MES 2.0)'이라는 정보기술(IT) 솔루션을 적용 중이다. 해외 생산법인에서 사용하던 93개의 시스템을 하나로 통합·연계함으로써 균일한 품질로 전 세계 동시 생산을 가능하게 했다. 한국에 구축된 종합 상황실에서 글로벌 제조현장을 24시간, 365일 모니터링해 관리한다. 스마트폰 등 모바일 기기로 생산현장 어디에 있더라도 자재 입고·품질 등도 관리할 수 있다.

■ 로봇과 IT를 활용한 스마트공장 구축

현대자동차그룹도 스마트공장 구축에 힘을 쏟고 있다. 대표적인 곳은 쏘나타, 그랜저, 아슬란 등 중대형 승용차를 연간 30만대 생산하는 현대차 아산공장이다. 이 공장은 한국을 대표하는 스마트 자동차공장으로 꼽힌다. 1996년 완공됐지만 지속적으로 설비를 개선하고 IT를 공정에 접목해 자동화 및 친환경 공정으로 차를 생산하고 있다. 자동차의 뼈대를 생산하는 차체공장에선 로봇 310여개가 용접 과정을 100% 맡고 있다. 6개의 로봇은 136개 포인트에서 실시간 검사해 근로자가 직접 하는 것보다 더 엄격하게 품질을 관리하고 있다. 프레스공장 등에서도 국내에서 개발한 로봇, 무인운반차량, 레이저 유도차량 등이 활용돼 생산공정의 효율화를 높이고 불량률은 낮췄다. 현대차 관계자는 "로봇과 IT를 활용한 자동생산과 더불어 맞춤형 생산관리 시스템을 구축해 스마트공장을 완성했다"고 말했다.

■ IoT산업을 선도하고 있는 SK

IoT산업을 선도하고 있는 SK그룹은 SK텔레콤을 비롯한 그룹 주요 계열사가 앞장서 IoT 생태계를 확장하고 있다. SK(주)는 중국 충칭에서 대만 홍하이그룹과 손잡고 스마트공장 사업에 들어갔다. 중국 내 홍하이그룹 공장을 대상으로 스마트팩토리 및 ICT 융·복합 보안사업을 벌인다. 중국, 인도, 베트남 등 홍하이그룹의 신흥 글로벌 생산 기지로도 스마트공장 사업을 확대해갈 계획이다. SK 관계자는 "국내 제조업체의 스마트공장 구축 사업도 본격화할 예정"이라고 말했다.

■ IoT · 빅데이터 활용해 쇳물 뽑는 스마트제철소

포스코는 광양제철소를 '스마트 제철소'로 변신시키고 있다. 포스코와 계열 IT기업 포스코ICT는 작년 말부터 광양제철소에서 세계 최초로 IoT·빅데이터 등을 이용해 철강 제품을 생산하고 있다. 내년까지 후판(두꺼운 철판) 공장에 스마트시스템을 완비하고 여의도 면적 5.5배에 달하는 제철소 전체에 이 시스템을 확대 적용할 예정이다. 이렇게 되면 통합관제센터에 앉아 제철소 전체를 손바닥 들여다보듯 파악할 수 있다.

출처: 한국경제 2016.06.06

Chapter 13

생산관리와 지식경영

제1절 생산관리

1. 생산의 이해

생산은 다양한 자원을 부가가치가 있는 제품으로 전환하는 과정이다. 생산관리(production management)는 생산기능의 활동을 계획하고, 조직하고, 지휘하고, 통제하는 과정이다. 이와 마찬가지로 생산관리를 서비스 관리로 확장할 때 이를 운영관리(operations management)라고 한다. 생산이나 운영관리의 목적은 적절한 시간과 적절한 제조비용으로 적절한 품질과 수량의 제품이나 서비스를 생산하는 것이다.

1) 조직의 가치사슬

조직은 투입을 산출로 변환하기 위해 사용되는 시스템이다. 변환과정의 중심에 제품이나 서비스 생산의 중심인 기술적 핵심이 있다. 예를 들면, 기술적 핵심(technical core)은 자동차 회사에서는 자동차를 제조하는 계획이고, 대학에서는 교육과 연구활동이다. [그림 13-1]처럼 조직은 원자재와 다른 자원과 같은 환경으로부터 투입을 받는 가치사슬(value chain)이고, 원자재와 다른 자원을 고객을 위한 제품과 서비스로 변환함으로써 가치를 창출한다. 기술적 핵심에 투입하는 것은 자재와 장비, 인적자원, 토지와 건물과 정보를 포함한다. 기술적 핵심으로부터의 산출은 조직에 의해서 생산되고, 고객에게 판매되거나 제공되는 제품과 서비스이다. 운영전략과 통제 피드백은 기술적 핵심 내에서 산출의 품질과 운영의 효율성을 구체화한다. 운영관리의 원칙은 투입, 변환과 유통을 포함하여 기술적 핵심의 일상 관리와 관련된다.

생산과 운영관리는 상품과 서비스의 생산을 전문으로 하는 관리의 분야이고, 생산문제 해결을 위한 특별한 도구와 기법을 사용한다. 운영관리자는 원자재를 확보하는 방법, 설비

배치 장소, 설치장비, 고객에게 상품이나 서비스를 제공하는 방법과 같은 문제에 관한 의사결정을 포함하여 투입을 산출로 전환하는 모든 활동을 관계한다.

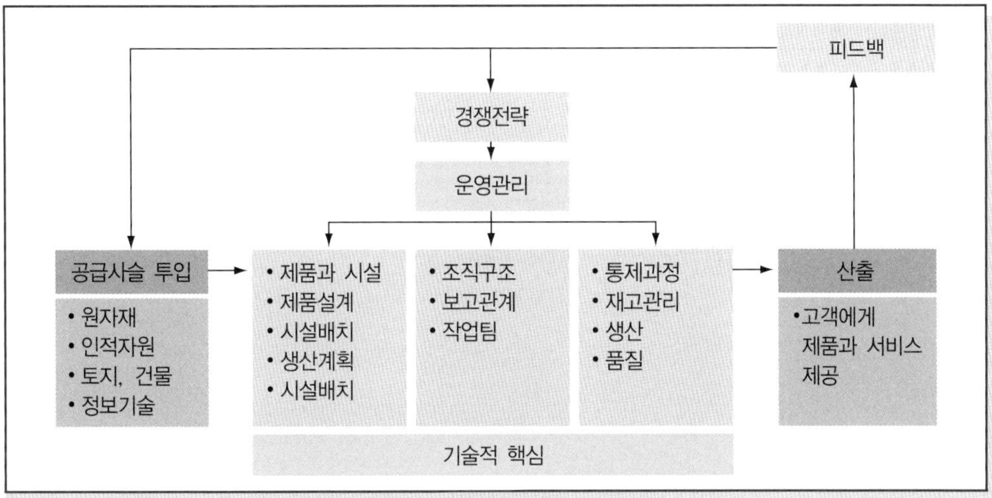

| 그림 13-1 | 조직의 가치사슬

2) 공급사슬관리

고객욕구를 충족하는 고품질의 제품을 효율적으로 생산하기 위해 조직은 고품질, 합리적 가격과 원자재의 신뢰할 수 있는 전달자를 가져야 한다. 따라서 완성품의 유통과 신뢰할 수 있는 유통 시스템이 필요하다. 관리자들은 전체 공급사슬을 관리할 필요성을 인식해야 한다. 공급사슬관리(supply chain management)는 원자재의 확보부터 최종 소비자들에게 완성품의 유통에 이르는 모든 과정을 포함한다. 공급사슬관리는 재고수준과 고객반응 간의 적절한 균형을 달성하기 위해 인터넷 기술을 사용한다. e-공급사슬관리(e-supply chain management)는 자료의 공유와 교환을 위해 조직과 외부 협력자들 간의 전자연결을 수립함으로써 고객들과 공급자들을 잇는 통합된 연결을 창조한다. 전자연결의 사용을 통한 기업통합은 많은 기업들이 이전에 상상할 수 없었던 협업의 수준을 창조하고 있다. 통합으로 많은 기업들은 협력관계를 선택하고, 선택된 공급자와 긴밀한 관계를 형성하고, 양자에게 이익이 되는 과업을 조정한다. 공급사슬에 따라 모든 회사를 통합하는 것은 정보통로를 통해서 중요한 자료를 이동하는 시간을 단축함으로써 최종 소비자에게 신속한 반응을 의미한다.

3) 생산의 개념

생산기능은 자원을 투입하여 결합하여 산출로 전환하는 것에 관심이 있는 조직의 한 부분이다. 생산(production)은 사용자에게 제품의 편익을 창조하거나 향상하기 위해 화학이나 기계적 과정을 통해 자재를 다른 형태로 단계적으로 전환하는 것을 의미한다. 이러한 생산은 가치추가 과정이다. 따라서 생산은 투입된 요소를 변환하여 제품이나 서비스를 산출하는 과정을 의미한다.

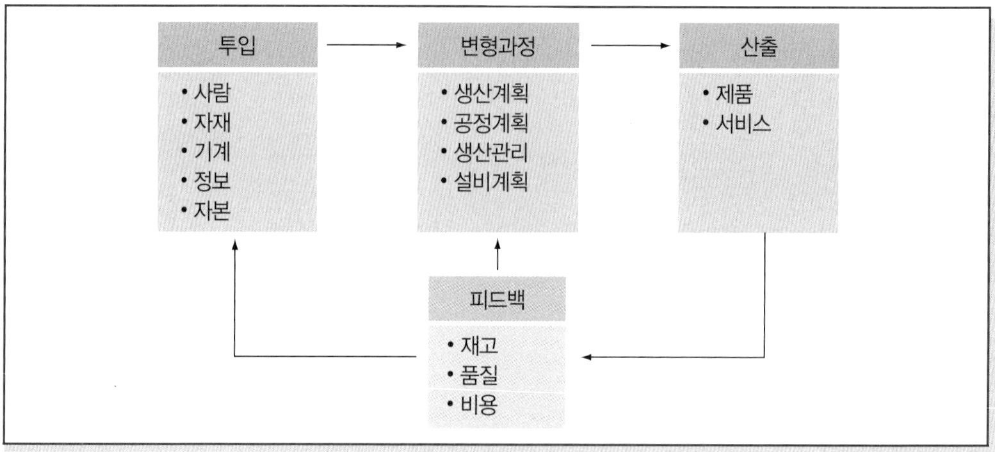

| 그림 13-2 | 생산시스템

4) 생산과정

생산은 생산자원을 결합하고, 최종 제품으로 변환하는 과정이다. 즉, 생산조직은 두 시장 사이에서 운영된다. 생산자원은 조달시장에서 획득되고, 제품은 판매시장에서 판매된다. 생산자원은 회사의 인력, 원자재나 고정자산인 토지, 건물, 기계 등으로 구성된다. 기업의 조직구조는 참여자들의 권리와 의무를 시작하는 공식적인 구조이다. 주주, 경영자와 종업원들의 힘과 책임은 연합과 직무기술의 조항으로 정해진다.

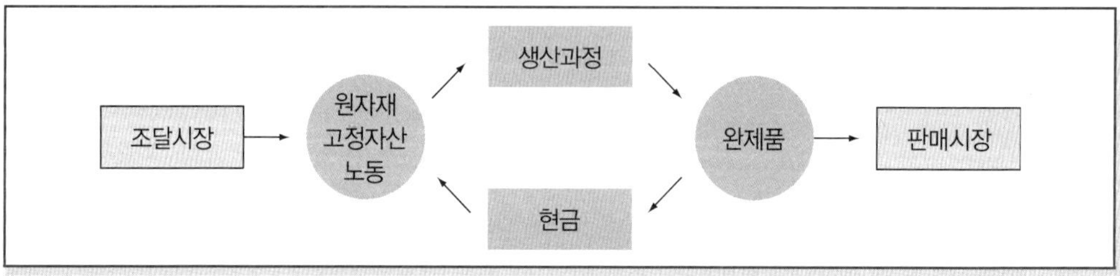

| 그림 13-3 | 생산과정

기업은 발전을 위해 경제적 과정에 참여하고, 가치를 창조하려고 한다. 제조상품이나 서비스의 판매로부터 얻는 수입은 노동, 원자재와 고정자산과 같은 생산요소를 위한 조달시장에 지급되는 가격을 능가해야 한다. 이러한 잉여, 수입은 기업 소유자가 받는다. 효율성(efficiency)은 생산과정의 비용과 관련이 있다. 즉, 투입(input)에 대한 산출(output) 정도를 의미한다. 효율적인 생산과정은 최소의 가능한 비용으로 제품의 양을 생산하는 것을 뜻하는 생산성(productivity)이다. 효과성(effectiveness)은 생산과정의 목적과 관련이 있다. 즉, 목표(goal)에 대한 달성 정도를 의미한다.

- 효율성: 투입에 대한 산출 정도
- 효과성: 목표에 대한 달성 정도

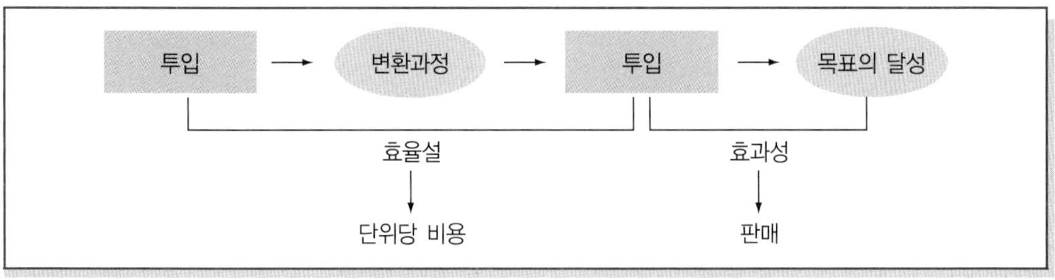

| 그림 13-4 | 생산과정의 효율성과 효과성

2. 생산시스템

생산과 운영관리는 조직의 생산과 운영 하위 시스템에서 사용되는 다양한 자원을 결합하고 변형하는 과정이다. 어떤 제품을 생산하는 상호 관련된 관리활동을 생산관리(production management)라고 한다. 조직의 생산시스템은 조직의 제품을 생산하는 부분이다. 동일한 개념이 서비스 관리에 확장될 때 상응하는 관리활동을 운영관리(operations management)라고 한다. 조직의 생산시스템은 조직의 제품을 생산하는 부분이다. 따라서 생산시스템은 정책에 따라 가치를 추가하기 위해 통제된 방식으로 자원을 결합하고 변형하는 활동이다. 다음은 생산시스템의 특징이다.

- 생산은 조직된 활동이다. 그래서 모든 생산시스템은 목적을 갖고 있다.
- 생산시스템은 다양한 투입을 유용한 산출로 변형한다.
- 시스템 성과를 통제하고 향상하는데 필요한 활동을 피드백이라 한다.

1) 생산시스템의 특징

조직의 생산시스템은 조직의 제품을 생산하는 한 부분이다. 이것은 경영자가 전달하는 정책과 일치하여 가치를 추가하기 위해 통제된 방식으로 자원들이 결합되고 변형되는 활동이다. 이러한 생산시스템은 주문생산, 배치생산, 대량생산과 연속생산시스템으로 분류된다.

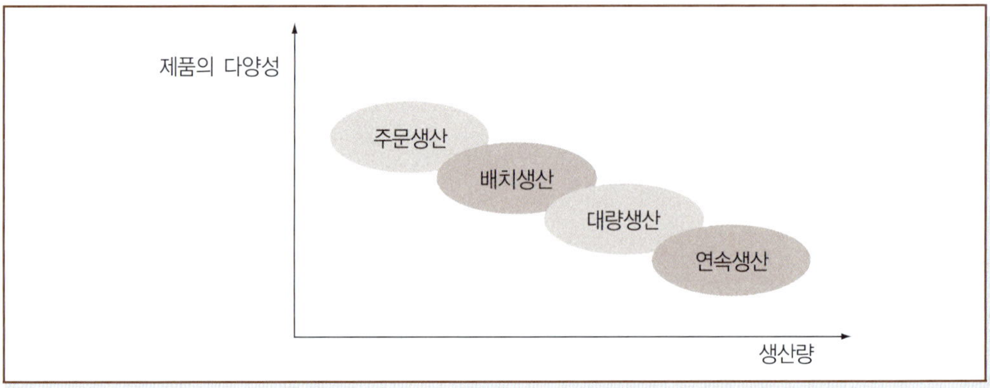

| 그림 13-5 | 생산시스템의 유형

(1) 주문생산시스템

주문생산(job shop production)은 사전에 정해진 시간과 비용 내에서 고객의 사양에 따라 계획되고 생산하는 방식이다. 즉, 고객이나 거래처의 주문에 상응하여 생산하는 방식이다. 주문생산 방식의 특징은 주문량과 다품종의 생산이다. 주문생산은 다른 부문에 배치된 다용도 기계를 구성한다. 각 주문생산은 독특한 기술적 요건과 수요 처리를 필요로 한다. 항공기, 치공구, 가구, 기계장비 등은 주문자 요구에 따른 소량생산 방식을 택한다. 작업장은 여러 종류의 부품을 가공해야 하므로 범용성 장비가 사용된다. 작업 대상물이 필요한 작업장으로만 이동되며, 제품이나 생산량의 변경이 비교적 용이하나 재공품 재고가 많다. 작업 소요기간이 길고, 생산과 재고관리가 복잡하며, 비용이 많이 든다. 다음은 주문생산 방식의 특징이다.

- 제품의 주문량과 다품종 생산
- 다용도 기계와 설비의 사용
- 독특성으로 주문을 수행할 수 있는 매우 능숙한 작업자
- 자재, 도구와 부품의 넓은 재고
- 각각의 제품요구를 배열하는데 필수적인 상세한 계획

| 표 13-1 | 주문생산시스템의 장 · 단점

장점	단점
• 다목적 기계와 설비로 다양한 제품이 생산된다. • 각각의 과업이 학습기회를 주기 때문에 작업자는 더욱 숙련되고 유능해진다. • 작업자의 충분한 잠재력이 활용된다. • 창조적 방법과 혁신적 아이디어의 기회가 있다.	• 빈번한 준비 변경으로 비용이 크다. • 높은 재고와 높은 재고비용 • 생산계획의 복잡성 • 넓은 공간의 필요

(2) 배치생산시스템

배치생산(batch production)은 다양한 제품을 소규모의 한벌(lot)이나 한묶음(batch)으로 생산하는 방식이다. 즉, 동일한 생산시설을 이용해서 많은 품종을 각각 소량씩 생산하는 다품종 소량생산 방식이다. 제품의 흐름은 혼잡하며 단속적이다. 공정별 설비배치 유연성은 높으나 효율성은 낮다. 일정한 간격으로 생산되는 제품의 제한된 수를 특징으로 한다. 배치생산시스템은 공작기계, 단조, 주조업, 의류, 제화, 가구, 도자기 등 많은 업종에서 볼 수 있다. 다음은 배치생산 방식의 특징이다.

- 다품종 소량생산
- 공장과 기계가 유연하다.
- 공장과 기계 생산준비가 품목의 생산을 위해 사용되고, 생산준비 변경은 다음 배치를 처리하는데 필요하다.
- 생산준비 시간과 비용이 주문생산 방식에 비해 더 저렴하다.

| 표 13-2 | 배치생산시스템의 장 · 단점

장점	단점
• 공장과 기계의 최적 이용 • 기능적 전문화 촉진 • 주문생산 방식에 비해 보다 단위당 비용 저렴 • 공장과 기계에 대한 낮은 투자 • 제품조정과 처리의 유연성 • 생산기사의 직무만족	• 불규칙과 긴 흐름으로 자재관리의 복잡성 • 생산계획과 통제의 복잡성 • 연속적 생산에 비해 높은 재공품 • 빈번한 준비변경으로 높은 생산준비 비용

(3) 대량생산시스템

연속적 공정을 사용하는 부품이나 조립품의 작업은 대량생산(mass production)이다. 기계는 라인이나 생산위치에 배열된다. 생산과 공정표준화가 존재하고, 생산물은 동일한 경로를 따른다. 이를 조립라인 공정(assembly line process)이라고도 하며, 제품의 흐름이 직선적으로 컨베이어 시스템에 의해 이동되고, 제품은 동일한 생산과정을 반복적으로 거치는 대량생산시스템이다. 자동차, 냉장고나 컴퓨터 등과 같은 조립라인 공정은 매우 효율적이지만, 유연성은 떨어지는 단점이 있다. 다음은 대량생산시스템의 특징이다.

- 제품과 공정순서의 표준화
- 높은 생산능력과 생산율을 갖는 전용 특수 장비
- 대량의 제품
- 짧은 생산주기
- 낮은 공정재고
- 생산라인의 완벽한 균형
- 자재, 구성부품과 부품의 연속적인 흐름
- 생산계획과 통제의 용이성
- 자동적인 자재관리

| 표 13-3 | 대량생산시스템의 장 · 단점

장점	단점
• 축소된 순환주기로 높은 생산율 • 라인균형으로 높은 생산능력 이용 • 덜 숙련된 작업자 필요 • 낮은 공정재고 • 낮은 단위당 제조비용	• 한 기계의 고장으로 전체 제조라인의 정지 • 생산계획의 변경은 주된 라인배치 변경 필요 • 생산설비의 높은 투자 • 순환시간은 더 낮은 가동에 의해 결정

(4) 연속생산시스템

연속생산시스템(continuous production)은 동일한 제품을 대량생산하는 경우에 사용하는 방식이다. 유동 작업이나 자동화는 연속생산의 대표적인 방법으로 원재료가 장치 내에 이동하는 동안 점차로 제품화된다. 생산시설은 첫 가동부터 완제품까지 생산작업의 준비에 따라 배치된다. 컨베이어, 이동기구와 같은 자재관리 기구를 통해 품목들은 작업순서에 따라 흐르게 된다. 연속생산시스템에서 투입자재는 이동하면서 가공되기 때문에 공간 이용률이 매우 크다. 제당, 제지, 정유, 전력 등과 같은 장치산업의 연속생산에 사용되고, 제품은 매우 표준화되어 있으며, 대량으로 생산된다. 연속생산은 차별화가 어렵고, 가격에 민감한 일용상품을 생산하고, 생산원가는 낮지만 유연성은 매우 떨어진다. 다음은 연속생산시스템의 특징이다.

- 유연성이 전혀 없는 전용공장과 장비
- 전자동 자재관리
- 사전에 결정된 연속작업에 의한 공정
- 구성부품 자재는 완제품에서 식별 불가
- 계획과 일정관리의 일상적인 작업

| 표 13-4 | 연속생산시스템의 장 · 단점

장점	단점
• 제품과 공정순서의 표준화 • 순환시간의 축소로 높은 생산율 • 라인의 균형으로 높은 생산능력의 이용 • 완전자동화로 자재관리에 인력 불필요 • 생산라인에 한정된 기술이 있는 작업자 사용가능 • 대량생산으로 낮은 단위당 비용	• 제품의 수를 수용하고 처리하는 유연성이 존재하지 않는다. • 라인 준비에 매우 많은 투자 • 제품차별화 제한

2) 생산관리

생산관리(production management)는 생산기능의 활동을 계획하고, 조직하고, 지휘하고, 통제하는 과정이다. 이것은 조직의 생산 하부시스템에 사용된 다양한 자원을 조직의 정책에 따라 통제된 방식으로 가치가 추가된 제품을 결합하고 변환하는 것이다. 따라서 생산관리는 예정된 일정에 따라 최소의 비용으로 필요한 양을 생산하기 위해 생산공정과 관련된 의사결정을 다룬다.

(1) 생산관리의 목적

생산관리는 적절한 시간에 적절한 생산비용으로 적절한 품질과 수량의 제품을 생산하는 것이다. 따라서 생산관리의 목적에는 적절한 품질, 적절한 양, 적절한 시간과 적절한 생산비용 등이 있다.

- ■ 적절한 품질: 제품의 품질은 고객욕구에 근거하여 정한다. 적절한 품질은 반드시 가장 좋은 품질이 아니다. 이것은 특정한 요구조건에 적합한 제품의 비용과 기술특성에 의해 결정된다. 고객가치를 제공할 수 있는 적절한 품질을 확보한다.
- ■ 적절한 수량: 제조회사는 적절한 수량의 제품을 생산해야 한다. 수요를 초과하여 생산한다면 자본은 재고의 형태로 묶여있게 되고, 수요보다 적게 생산한다면 제품의 품절이 된다. 따라서 판매기회의 상실이 되지 않는 생산량을 계획한다.

- 적절한 시간: 전달의 적시성은 생산부서의 효과성을 판단하는데 중요한 변수 중의 하나이다. 생산부서는 목적을 달성하기 위해 투입자원의 최적 활용을 해야 한다.
- 적절한 생산비용: 제품이 실제로 생산되기 전에 생산비용이 정해진다. 실제와 표준원가 간의 변동성을 축소하기 위해 사전에 정해진 비용으로 제품을 생산해야 한다.

3) 운영시스템

운영시스템(operating system)은 고객이 필요한 산출물을 제공하기 위해 투입을 전환하는 시스템이다. 이것은 물적자원을 산출물로 전환하고, 고객에게 편익을 제공하기 위해 고객의 필요를 만족시키는 것이다. 어떤 조직에서 제품은 유형상품이지만, 어떤 조직에서 제품은 서비스이다. 버스, 택시, 운수, 철도, 항공사, 병원과 건설업자는 운영시스템의 예이다. 운영시스템은 조직의 유형상품과 서비스를 생산하는 조직의 한 부분이다. 따라서 운영시스템은 상품이나 서비스의 공급을 위해 결합된 자원의 배치이다.

(1) 운영의 개념

운영(operation)은 사용하는 기술과 포함된 인적 관리과정이다. 조직에서 운영은 생산운영과 서비스 운영으로 분류된다. 생산운영(manufacturing operations)은 유형제품을 산출하는 것이지만, 서비스 운영(service operations)은 행위(deed), 수행(performance)과 노력(effort)인 무형상품을 산출하는 것이다.

| 표 13-5 | 생산운영과 서비스 운영의 특징

구분	생산운영	서비스 운영
산출물의 유형과 무형성	유형산출물	무형산출물
산출물의 소비	생산 후 소비	생산 즉시 소비
작업의 성격	적은 노동과 많은 장비	많은 노동과 적은 장비
고객접촉의 정도	적은 고객접촉	많은 고객접촉
전환과정에서 고객의 참여	적은 고객참여	빈번한 고객참여
성과의 측정	정교한 방법	초보적인 방법

(2) 운영관리의 목적

적절한 비용과 적절한 시간에 적절한 만족을 주는 상품이나 서비스를 제공함으로써 고객서비스의 적절한 수준을 제공한다. 자원이용의 목적은 자재, 기계와 노동의 이용을 적절한 수준으로 달성하기 위한 것이다. 운영관리의 목적은 고객 서비스와 자원이용으로 분류한다.

① 고객 서비스

운영시스템의 목적은 고객욕구의 만족을 위한 고객 서비스이다. 운영시스템은 비용과 적시성에 의해 고객을 만족시킬 수 있는 사양을 제공해야 한다. 적절한 가격으로 적절한 시간에 적절한 것을 제공함으로써 고객을 만족시킬 수 있다. 고객 서비스 사양, 비용과 적시성의 측면은 생산, 전달, 공급과 서비스 기능이다. 이것은 고객만족의 주요 원천이고, 운영관리자들을 위한 고객 서비스 목적이다.

② 자원이용

또 다른 목적은 소비자 욕구의 효과적인 만족을 위한 자원이용이다. 즉, 자원의 효율적 사용을 통해 고객 서비스가 달성된다. 자원의 잠재력의 사용 정도는 사용된 시간, 공간이용, 활동의 수준 등에 의해 표현된다. 운영관리는 자원의 이용과 본질적으로 관련이 있다. 즉, 자원으로부터 최대 효과를 얻거나 손실을 최소화하는 것이다. 이것은 한 부분을 개선하면, 다른 부분이 악화될 수 있다. 운영관리의 모든 활동은 이 두 가지 목적을 다루고, 직면하게 된다. 이러한 모순 때문에 운영 관리자가 많은 문제를 직면하게 된다. 따라서 관리자들은 이러한 기본적인 목적에 균형을 이루어야 한다.

| 표 13-6 | 운영관리의 목표

고객 서비스 목표	자원이용 목표
적절한 사양으로, 적절한 가격으로 적절한 시간에 제품이나 서비스를 제공함으로써 고객만족의 적절한 수준 제공	적절한 수준의 자원이용, 즉 자재, 기계와 노동의 적절한 수준 이용

(3) 운영관리의 구조

운영관리자들이 전환과정을 계획하고, 조직하고, 통제할 때 그들은 많은 문제에 봉착하고, 많은 의사결정을 해야 한다. 그들은 기존 생산능력을 최적으로 사용하는 방법을 검토하기 위한 전체 계획, 손익분기점분석, 의사결정나무분석이나 선형계획법 등을 사용하여 어려움을 단순화할 수 있다. 운영관리는 [그림 13-6]처럼 일반적인 관리기능의 구조로 묘시된다. 운영관리자들은 인간행동에 영향을 주는 활동을 계획, 조식과 통제하는 것에 관심이 있다.

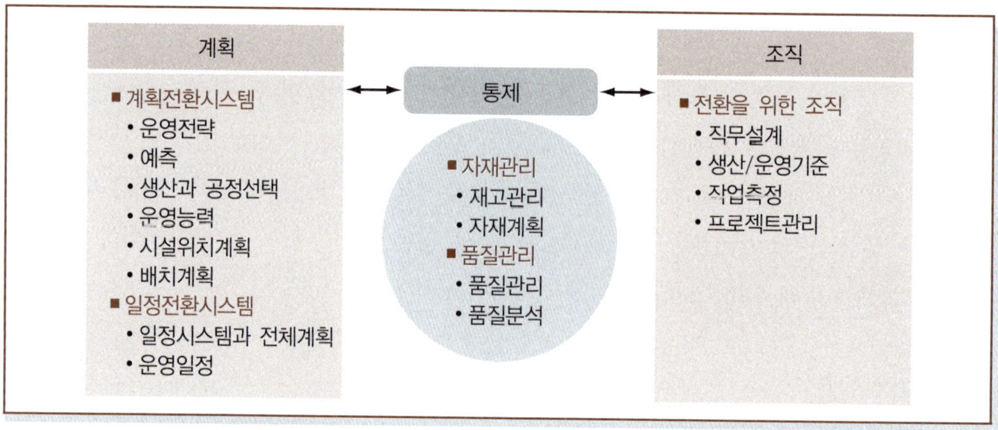

| 그림 13-6 | 운영관리의 구조

- ■ 계획: 미래 의사결정을 지도하고, 행동조치를 수립하는 활동이다. 운영관리자는 조직의 운영시스템의 목적, 목적을 달성하기 위한 정책과 절차를 정의한다. 이러한 단계는 조직의 전체 전략에서 운영의 역할과 집중을 명확하게 하는 것이고, 제품계획, 시설계획과 전환과정의 사용을 포함한다.
- ■ 조직: 과업과 권한의 구조를 수립하는 활동이다. 운영관리자들은 조직의 하위 시스템 안에서 정보의 흐름과 역할의 구조를 수립한다. 그들은 목적을 달성하고, 수행하는 권한과 책임을 부여하는데 필요한 활동을 결정한다.
- ■ 통제: 실제 성과를 계획과 일치하도록 하는 활동이다. 운영시스템을 위한 계획이 달성되는 것을 확보하기 위해 운영관리자는 실제 산출을 측정하고, 계획된 운영관리와 이들을 비교함으로써 통제를 실행해야 한다. 이때 통제비용, 품질과 일정은 중요한 관리요소이다.
- ■ 행동: 운영관리자들은 계획, 조직과 통제하는 노력이 인간행동에 어떻게 영향을 주는지에 관여한다. 그들은 시스템의 행동이 관리의 계획, 조식과 통제행동에 어떤 영향을 주는지를 알기를 원한다. 그들의 관심은 의사결정행동이다.

(4) 글로벌 운영의 관리

세계화(globalization)는 세계적으로 시설의 배치와 운영을 의미한다. 세계화는 지리적 거리가 국가 간 경제, 정치와 사회문화적 관계의 수립과 유지에서 중요한 요인이 되는 과정으로 정의된다. 회사가 시설을 해외에 준비할 때 운영의 복잡성은 증가한다. 세계시장은 품질과 시간에서 새로운 기준을 요구한다. 관리자들은 국내시장처럼 해외시장을 생각해서는 안 된다. 다음은 세계화 추세를 자극하는 요인이다.

- 운송과 커뮤니케이션 기술의 발달
- 개방적 금융 시스템
- 수입욕구의 증가
- 수입할당과 기타 무역장벽의 감소

4) 생산과 서비스 운영

생산(production)은 제조부문에 해당하고, 운영(operations)은 서비스 부문에 해당한다. 병원, 호텔, 관광과 휴양, 소매, 재무 서비스, 정보 서비스나 통신 서비스와 같은 서비스 부문은 제조부문에 비해 최근에 빠른 속도로 증가하고 있다. 제조회사는 자동차, 옷, TV나 가방과 같은 유형상품(tangible goods)을 생산하지만, 서비스 회사는 의료, 교육, 미용, 레스토랑, 통신이나 운송과 같은 무형상품(intangible goods)을 생산한다. 의사, 자문, 판매회사, 온라인 쇼핑회사와 자동차 수리기사는 서비스를 제공한다. 또한 서비스는 상품판매를 포함한다. 상품이 유형제품이라 하더라도 서비스 회사는 상품을 제조하지 않지만, 단지 고객에게 서비스로써 상품을 판매한다.

서비스(services)는 제조상품과 다르다. 첫째, 서비스 고객이 실제 생산과정에 포함된다. 실제로 환자는 서비스를 받기 위해 병원을 방문하고, 직접적인 고객접촉이 없이는 진찰이나 치료를 받을 수 없다. 항공기, 레스토랑과 은행도 마찬가지이다. 둘째, 제조상품은 재고로 보관할 수 있지만, 서비스 산출물은 무형적이기 때문에 저장될 수 없다. 옷, 음식, 자동차나 스마트폰과 같은 제품은 창고에 보관하여 나중에 판매할 수 있다. 그러나 의사는 진찰을 미리 재고로 보관하거나 미용사가 미리 머리를 깎아 고객이 도착할 때까지 선반에 보관할 수 없다. 이러한 서비스는 고객들이 원할 때 즉시 고객에게 제공된다.

제조와 서비스 회사 간의 차이에도 불구하고 동일한 운영문제에 직면한다. 첫째, 각 조직은 일정계획과 관련이 있다. 병원은 의사와 환자의 시간을 효율적으로 사용하기 위해 예약을 해야 한다. 둘째, 제조와 서비스 조직은 자재와 소모품을 획득해야 한다. 셋째, 제조와 서비스 조직은 품질과 생산성에 관심이 있다. 많은 운영문제가 유사하기 때문에 운영관리 도구와 기법이 적용된다. 관리자는 투입을 받고, 고객에게 산출을 제공하는 가치사슬의 한 부분으로써 팀을 고려한다. 팀은 탁월한 고객반응성, 혁신, 품질과 효율성을 달성하기 위한 운영기법을 실행한다.

제조 부문	서비스 부문
• 유형상품 생산	• 무형상품 생산
• 상품재고	• 생산과 소비의 동시성
• 품질측정의 객관성	• 품질지각과 측정의 어려움
• 표준화된 산출	• 개별화된 산출
• 소비자와 분리된 생산과정	• 생산과정에 소비자 참여
• 사업성공에 적절한 중요한 시설위치	• 사업성공에 매우 중요한 시설위치
• 자본집약	• 노동집약
• 예: 자동차 회사, 음료 회사	• 예: 항공회사, 호텔, 법률·세무 자문회사

| 그림 13-7 | 제조와 서비스 조직의 차이

출처: Richard L. Daft(2005), *Organization Theory and Design*, Cincinnati, OH: South-Western.

5) 생산과 운영관리의 범위

효과성, 효율성과 적용성의 조직목적을 충족할 때 고객에게 바라는 이용을 제공하기 위해 물적자원을 사용함으로써 생산과 운영관리는 투입을 산출로 전환하는 것과 관계가 있다. 생산과 운영관리의 범위는 시설입지, 공장배치, 제품설계, 공정설계, 생산과 계획통제, 품질관리, 유지관리와 자재관리 등이 있다.

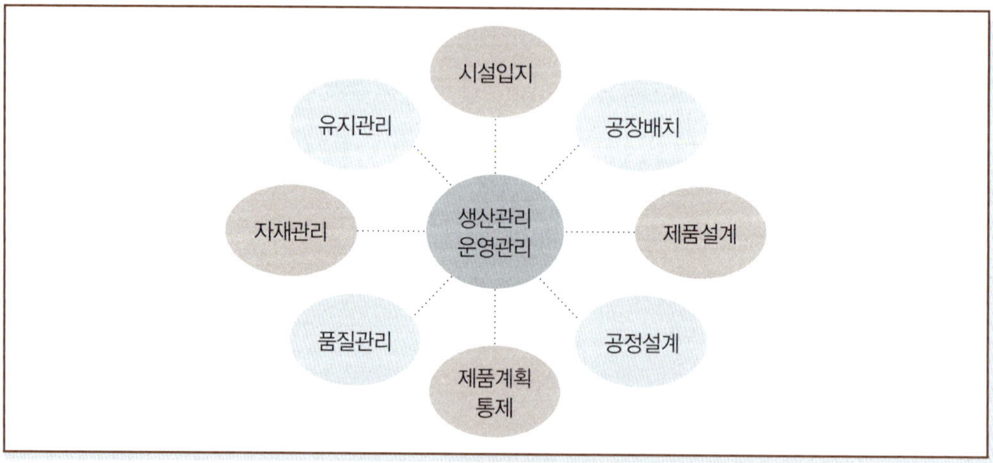

| 그림 13-8 | 생산과 운영관리의 범위

(1) 시설입지

운영을 위한 시설입지(location of facilities)는 기업에 영향을 주는 지리적으로 정적인 요소를 포함하는 장기적 생산능력의 의사결정이다. 이것은 조직을 위한 중요한 전략적 수준의 의사결정이다. 공장건설과 기계에 많은 투자가 들기 때문에 위치의 선정은 핵심적인 의사결정이다. 부적절한 공장의 위치는 공장과 기계장비 투자의 낭비가 된다. 따라서 공장의 위치는 회사의 확장계획과 정책, 제품 다양화, 원자재와 다른 많은 요인의 변화하는 원천에 근거해야 한다. 위치 조사의 목적은 조직에 큰 이익을 주는 최적 위치를 발견하는 것이다.

(2) 공장배치

공장배치(plant layout)는 시설의 물리적 배열이다. 이것은 전환과정에 있는 부서, 작업실과 장비의 구성이다. 공장배치의 목적은 필요로 하는 산출물의 품질과 수량을 가장 경제적으로 충족하는 물리적 배열을 설계하는 것이다. 따라서 공장배치는 모든 시설을 포함한 최적 구조의 설계에 따라서 인사, 운영장비, 저장공간, 자재관리 장비와 모든 지원 서비스를 포함한다. 운영관리의 중요한 사항은 제품이나 서비스를 생산하기 위한 설비배치의 계획이다. 가장 보편적인 배치유형은 공정배치, 제품배치, 칸배치와 위치고정형 배치 등이 있다.

① 공정배치

제조기업에서 공정배치(process layout)는 동일한 기능이나 과업을 수행하는 모든 기계가 함께 분류되는 방식이다. 즉, 유사한 기능을 수행하는 작업자, 기계나 장비를 한 장소에 배치하는 것을 의미한다. 예를 들면, 기계공장에서 선반은 동일한 기능을 수행하고, 한 장소에 함께 위치해 있다. 연마기는 공장의 다른 장소에 있다. 서비스 조직은 공정배치를 사용한다. 은행에서 대출직원은 한 지역에 있고, 출납직원은 다른 지역에 있고, 관리자는 제3지역에 있다. 출납직원을 하나의 통제지역에 배치하는 것은 안전을 증가한다. 공정배치의 이점은 규모의 경제와 비용의 감소이나 단점은 제품이나 서비스가 이동하는 실제 경로가 길고, 복잡할 수 있다. 제품이 완성되기 전에 제품은 생산되는 다양한 공정이 필요하고, 많은 다른 영역을 통해 이동된다.

② 제품배치

제품배치(product layout)는 단일제품을 생산할 때 진행단계에 따라 기계와 과업이 배치되는 형태이다. 원자재에서 시작하여 완성품에 이르는 단일제품을 생산하기 때문에 자동차 조립라인은 고전적인 예이다. 많은 패스트 푸드점은 제품배치를 한다. 조직이 대량의 동일한 제품이나 서비스를 생산하거나 제공할 때 제품배치는 효율적이다. 전문제품을 작업하는데 충분히 큰 수량일 때 이러한 기능의 복제는 경제적이다.

③ 셀배치

셀배치(cellular layout)는 집단기술 원리에 근거한 혁신적인 배치이다. 즉, 유사한 형태를 가지고 있거나 유사한 가공을 하는 부품을 한 작업장에서 생산할 수 있도록 한 배치이다. 제조공장에서 연속적인 운영 전용의 모든 기계는 칸(cells)으로 분류된다. 서비스 조직에서 서비스 선날 공정에서 일하는 모든 사람들은 보고, 서로 쉽게 커뮤니케이션할 수 있는 칸 속으로 조직된다. 제조공장에서 자재의 이동과 같이 작업은 한 위치에서 다른 위치로 이동한다. 팀워크와 공동 문제해결을 용이하게 하는 집단에서 작업을 한다. 각 종업원들이 모든 과업을 수행할 수 있도록 교차 훈련되기 때문에 유연성이 향상된다.

④ 위치고정형 배치

위치고정형 배치(fixed position layout)는 제품이 한 위치에 있고, 종업원들과 장비가 제품위치로 이동되는 형식이다. 위치고정형 배치는 크거나 한 종류인 제품이나 서비스를 생산할 때 사용된다. 예를 들면, 비행기, 선박과 건물이다. 제품은 기능이나 조립라인으로 이동할 수 없다. 사람, 자재와 기계는 모두 조립과 공정을 위해 고정된 위치에 있다. 즉, 생산제품이 큰 중량이나 큰 부피인 경우는 이동이 어렵기 때문에 제품을 고정시키고, 사람, 기계나 장비를 제품이 있는 위치로 이동하여 작업을 수행한다.

3. 생산설계

생산설계(product design)는 아이디어를 현실로 전환하는 것이다. 모든 기업조직은 생존과 성장전략으로써 신제품을 설계하고, 개발하고, 도입해야 한다. 신제품의 개발과 출시는 조직이 직면하는 가장 큰 난제이다. 제품생산의 필요를 확인하는 과정은 마케팅, 제품개발과 제조기능을 포함한다. 제품개발은 마케팅에서 수집한 고객욕구를 기술적인 사양으로 전환하고, 다양한 특징을 제품사양으로 설계하는 것이다. 생산은 제품이 생산되는 과정을 선택하는 책임이 있다. 제품설계와 개발은 마케팅, 고객욕구와 기대와 제품생산에 필요한 활동을 연결하는 것이다.

1) 생산과 운영 기술

운영관리자들의 목표는 제품과 서비스를 효율적으로 생산하기 위해 기술과 관리의 적절한 결합을 발견하는 것이다. 생산과 서비스 운영에서 사용할 수 있는 기술은 무선인식, 유연생산시스템과 린 생산 등이 있다.

(1) 무선인식(RFID)

무선인식(radio-frequency identification: RFID)은 배송물과 같은 개별 품목을 확인하고, 추적할 수 있는 전자태그(electronic tag)를 사용한다. 즉, 반도체 칩이 내장된 태그, 라벨, 카드 등의 저장된 데이터를 무선주파수를 이용하여 비접촉으로 읽어내는 인식시스템이다. 사물에 태그를 부착하고, 전파를 이용하여 사물 및 주변 정보를 감지하고, 필요한 정보를 수집, 저장, 가공, 축적함으로써 사물위치, 사물 간 정보교환 등을 제공하는 시스템이다.

(2) 유연생산시스템

유연생산시스템(flexible manufacturing system)은 한 종류의 생산보다 더 많이 생산하기 위해 신속하게 적용되는 자동화 생산라인의 사용을 의미한다. 생산시스템을 자동화, 무인화하여 다품종 소량 또는 중량 생산에 유연하게 대응할 수 있는 자동화 생산라인이다. 기계장치는 기계를 조정하고, 통합할 수 있는 정교한 컴퓨터 기술을 사용한다. 새로운 제품을 생산해야 할 때 컴퓨터는 기계가 부품, 기계 가공과 도구를 변경하도록 지시한다. 기계기사는 변경시간과 비용을 절약하기 위해 생산기계 자체가 아니라 컴퓨터를 조정한다. 이 방법은 단일 라인이 단일 생산에 제한되는 전통적인 조립라인(assembly line)[40]과 비교할 때 비약적인 발전이다. 유연생산시스템으로 단일생산라인은 컴퓨터 지시에 근거한 다른 제품의 작은 묶음(batch)에 쉽게 적용될 수 있다.

(3) 린 생산

린 생산(lean production)은 비용을 절감하고, 품질과 생산성을 향상하기 위해 고도로 훈련된 종업원들을 사용함으로써 첨단기술과 혁신관리 기법을 결합한 생산방식이다. 인력, 생산설비 등 생산능력을 필요한 만큼만 유지하면서 생산효율을 극대화하는 생산시스템으로 도요타 생산시스템(TPS: Toyota Production System)이라고도 한다. 기술은 린 생산에서 중요한 역할을 한다. 장비는 결함을 수리하기 위해 자동적으로 정지되도록 생산시스템이 설계된다. 그러나 공정의 중심은 기계나 기술이 아니라 사람이다. 예를 들면, 도요타의 운전은 품질과 효율성의 모델이지만, 토요타의 성공은 단지 적절한 시스템을 사용하거나 적절한 기준을 설정한 결과 아니다. 토요타 시스템은 종업원 역량강화와 창조적 문화처럼 기법, 시스템과 관리 철학의 결합이다. 효율적인 조립라인을 위한 방법을 설치하는 것 이외에 관리자들은 품질관심과 혁신욕구와 같은 필요한 태도를 가져야 한다.

40. 대량 생산 방식으로 컨베이어 등의 자동 이송 장치를 이용하여, 각 작업자가 조립 작업의 일부분씩을 분담하여 순차적으로 작업을 진행하여 완성품을 만드는 생산방식.

2) 생산계획과 통제

생산계획(production planning)과 통제는 사전에 생산을 계획하고, 각 품목의 정확한 경로를 계획하고, 각 품목에 대한 시작일과 완료일을 정하고, 생산을 명령하고, 명령에 따라 제품공정을 추적하는 과정이다. 생산계획과 통제의 원리는 계획, 경로계획, 일정계획, 작업배정과 추적이다.

| 그림 13-9 | 생산계획과 통제 과정

- 계획(planning): 무엇을, 어떻게, 언제, 누가할지를 사전에 결정하는 것이다. 계획은 현재 상황과 기대하는 미래 상황 간의 격차를 메운다. 계획이 없다면 일어나지 않을 일이 발생하게 된다.
- 경로계획(routing): 제품의 각 부품이 따라가는 경로의 선택이다. 즉, 원자재가 완성품으로 전환되는 경로의 선택이다.
- 일정계획(scheduling): 운영을 위한 프로그램을 결정한다. 즉, 일정계획은 연속적인 운영뿐만 아니라 각 운영시간과 일자를 정하는 것이다.
- 작업배정(dispatching): 공정 시작과 관련이 있다. 경로계획과 일정계획 하에 이미 계획된 특정한 작업을 시작하기 위해 필요한 권한을 준다. 작업배정은 경로표와 일정표에 있는 각 품목의 생산시점을 위한 지시와 명령 취소이다.
- 추적(follow-up): 소정의 계획에 있는 각 작업의 진행을 일일 보고하고, 계획과 실적 간의 차이 원인을 탐구하는 것이다.

3) 품질관리

품질관리(quality control: QC)는 제품이나 서비스에서 바라는 품질수준을 유지하기 위해 사용되는 시스템이다. 즉, 품질관리는 제품의 품질에 영향을 주는 다양한 요인의 체계적인 시스템이다. 따라서 품질관리는 결함의 예방을 목표로 하고, 효과적인 피드백 시스템과 수정조치 과정을 필요로 한다. 다음은 운영이 최소 비용으로 최적 품질을 생산하는 것을 확실히 하는 활동인 품질관리의 주요 목적이다.

- 제품의 내구성, 유용성과 일관성 제공
- 결함으로 인한 손실의 감소를 통해 회사 비용절감
- 대규모 생산에서 제조 호환성 달성
- 인하된 가격으로 최적 품질 생산
- 고품질의 제품으로 고객만족 확보
- 즉각적인 검사로 품질관리 확보
- 제조 중 변동성 조사

4) 자재관리

자재관리(material handling)는 생산과정 중에 저장실에서 기계까지와 한 기계에서 다른 기계까지의 자재의 이동이다. 이것은 어떤 형태로 제품의 이동, 포장과 저장에 관한 기술과 과학이다. 자재관리 비용은 적절한 영역, 자재관리 도구의 운영과 유지에 의해서 감소될 수 있다. 자재관리 도구는 산출물을 증가하고, 품질을 향상하고, 전달을 신속하게 하고, 생산비용을 감소한다. 자재관리는 필요한 자재의 확보·관리·사용과 어떤 사전에 결정된 목적을 갖고, 생산공정에 관련된 상품과 서비스의 흐름과 관련된 관리기능이다. 다음은 자재관리의 주요 목적이다.

- 자재비의 최소화
- 자재의 효율적인 구매, 입고, 수송과 저장
- 단순화, 표준화, 가치분석과 수입대체를 통한 비용축소
- 새로운 공급원 추적과 공급자와의 진실한 관계개발
- 재고투자의 감소와 재고회전율의 향상

5) 유지관리

장비와 기계는 전체 생산노력의 가장 중요한 부분이다. 장비나 기계의 유휴나 정지시간은 매우 큰 비용이다. 따라서 공장기계는 적절하게 유지하는 것이 매우 중요하다. 다음은 유지관리의 주요 목적이다.

- 최소 정지 유지와 저비용으로 좋은 작업조건에서 공장 유지
- 중단 없이 최적 생신능력에서 사용되는 조건에서 기계와 시설 유지
- 공장의 다른 부문에서 필요한 기계, 건물과 서비스의 가용능력 확보

6) 재고관리

재고(inventory)는 조직이 생산공정에 사용하기 위해 보관하고 있는 상품이다. 대부분의 조직들은 원자재, 재공품(work in process)과 완성품(finished goods)의 재고를 갖고 있다. 원자재(raw materials)는 원유, 철광석이나 목재와 같이 가공 처리되지 않은 자재이다. 재공품(work in process)은 완성품이 아닌 생산공정의 단계로 이동 중인 자재이다. 예를 들면, 자동차 자동화 공장 안에 있는 재공품은 설치를 대기하고 있는 엔진, 핸들, 바퀴, 에어백이나 계기판 등이다. 완성품(finished goods)은 완전히 생산공정을 통과했으나 판매되지 않은 품목이다. 예를 들면, 자동차 공장의 보관소에 주차된 신차는 완성품 재고이다.

(1) 재고의 중요성

현장이나 창고에 대기하고 있는 재고는 비용이 투자되기 때문에 재고관리는 매우 중요하다. 재고는 비생산적인 자산(unproductive asset)이다. 재고에 묶이지 않은 자금은 다른 생산부문에 사용될 수 있다. 제품이 더 혁신적인 모델로 대체됨으로써 빠르게 가치를 상실하기 때문에 적은 재고유지는 특히 첨단기업에 중요하다. 최소 수준의 재고가 유지될 때 운영관리는 탁월하다고 고려된다.

(2) 적시재고

적시공급 재고는 생산성과 효율성을 향상한다. 적시공급(just-in-time: JIT) 재고 시스템은 원자재와 완성품이 공장에 있는 시간의 양을 극소화하고 재고비용을 감소하기 위해 계획된다. 이러한 시스템은 무재고 시스템이나 간반 시스템(kanban system)[41]이다. 상품이 생산의 다음 단계에 필요한 수량만 생산되기 때문에 재공품 재고는 최소를 유지한다. 완성품 재고는 판매수요와 정확하게 일치함으로써 최소화된다. 적시재고 시스템은 많은 이점이 있다. 감소된 재고수준은 자금을 절약한다. JIT는 공급사슬에 있는 모든 사람들이 정보를 공유하는 것이 필요하다. 조정은 공급사슬의 구성원들이 다른 참여자들과 자동적으로 공유하는 정보를 필요로 한다.

(3) 정보기술

첨단정보기술은 적시재고 관리작업을 균일하게 하지만 변화관리가 있다. 조직의 정보

---

41. 칸반은 생산시스템의 생산흐름을 통제하기 위하여 사용되는 마분지 카드이다. 이 카드에 부품 정보가 기록된다. 칸반 시스템은 JIT 시스템의 생산통제 수단이다. 낭비를 제거하고, 필요한 때에 필요한 물건을 필요한 양만큼 만들어서 보다 빨리, 보다 싸게 생산하기 위한 목적이다.

기술은 하드웨어, 통신, 자료관리와 자료를 저장하고, 의사결정을 위한 정보에 접근할 수 있게 하는 기타 기술로 구성된다. 정보기술은 관리의 실무에 긍정적인 의미를 준다.

(4) 경계 해체와 협업

시간, 거리, 개인, 부서와 조직 간의 다른 경계는 오늘날 기업 세계에서 무의미하다. 협업(collaboration)은 정보기술의 사용으로 용이해졌다. 정보기술은 정보와 아이디어의 공유와 교환을 위해 전 세계에 있는 사람들을 연결할 수 있다.

제2절 정보의 이해

1. 정보의 특징

현대인들은 정보의 세계에서 살고 있다. 매일 독자들은 많은 책, 잡지와 신문에 노출되어 있다. 그러나 인간의 능력은 제한되어 있고, 이러한 모든 정보로부터 조금만 소화할 수 있다. 흥미 있는 모든 정보를 빠르게 확인하는데 도움이 되는 명확한 절차는 없다. 필요한 정보는 정확하게 의사결정하고, 과업을 수행하는데 사용될 수 있는 정보이다.

경영전략을 추진할 때 포함된 회사의 구성원들은 자신의 책임을 알아야 하고, 수행하는 과업에 관한 정보를 받아야 한다. 수행에 책임이 있는 사람들은 수행해야 하는 과업과 수행하는 방법에 관한 정보가 필요하다. 효과적인 전략이 적절하게 개발되는지와 어떠한 변화가 생존에 영향을 주는지를 확인하기 위해 통제는 계획을 실행하는 지식을 필요로 한다. 통제 과정에서 어떤 차이를 탐지하고 이러한 차이를 수정하고, 목표를 달성하기 위해 필요한 정보는 적절한 시간에 전달되어야 한다.

1) 자료, 정보와 지식

자료(data)는 자체로는 사용가치나 의미가 거의 없는 간단하고 확실한 사실, 사건과 수치이다. 즉, 자료는 문자, 이미지, 음성표현, 행동과 대상의 형태로 계획된 부호의 집합이다. 따라서 자료는 독서, 관찰, 계산과 측정 등을 통해서 얻은 사실이다. 유용한 자료가 되기 위해 자료는 다른 자료와 연결함으로써 완성된 정보로 처리된다. 자료는 특정한 것을 전달하는 사실과 수치이지만, 어떤 방식으로 조직화되지 않고 패턴이나 맥락에 관한 더 이상의 정보를 제공하지 않는다. 단지 있는 그대로 수집된 자료는 의사결정에 도움이 되지 않는다. 예를 들면, 원유가격은 배럴당 60$이다.

정보(information)는 사용자에게 의미를 주기 위해 특별한 맥락에서 조직되고, 구조화되고, 해석된 자료이다. 즉, 자료가 정보가 되기 위해서 상황을 설명하고, 계산하고, 요약한다. 예를 들면, 원유가격은 배럴당 50$에서 60$로 인상되있다는 것은 자료에 의미를 주고, 그래서 원유가격을 추적하는 사람에게는 정보이다. 정보는 미래의 불확실성을 감소하는데 도움이 되는 방식으로 변환된 자료의 집합이고, 의사결정과정에 이바지한다. 자료와 정보의 관계는 원자재와 완성품 간의 관계와 유사하다. 정보는 구체적인 의사결정을 위해 유용한 원자재를 제공할 때 의미가 있다.

| 그림 13-10 | 자료와 정보의 관계

지식은 자료나 정보와 다르다. 지식(knowledge)은 기술과 정보를 포함한 지적능력과 아이디어를 의미한다. 즉, 노하우, 이해, 경험, 통찰력, 직관과 맥락적 정보이다. 지식은 개인이나 조직에 유익한 정보, 경험과 통찰력의 결합이다. 원유가격이 배럴당 10$ 인상될 때 석유가격은 리터당 2p가 상승할 것이다. 그러나 자료, 정보와 지식 간의 경계는 언제나 분명한 것은 아니다. 어떤 사람에게 자료가 되는 것이 다른 사람에게는 정보이다.

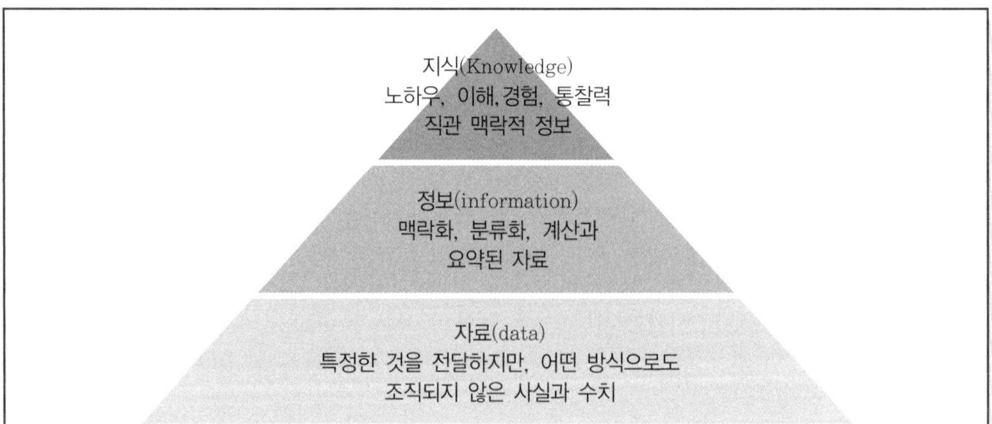

| 그림 13-11 | 자료, 정보와 지식 간의 관계

- 자료: 자체로는 사용가치나 의미가 거의 없는 간단하고 확실한 사실, 사건과 수치
- 정보: 의미를 주기 위해 특별한 맥락에서 조식되고, 구조화되고, 해석된 자료
- 지식: 기술과 정보를 포함한 지적능력과 아이디어

2) 정보의 특징

좋은 정보는 경영의사결정에 가치를 제공한다. 따라서 좋은 정보는 관련성, 정확성, 완전성과 원천의 신뢰성을 포함해야 하고, 추가적인 특성으로는 적절한 사람과의 커뮤니케이션, 적시성과 이해성 등이 있어야 한다.

(1) 관련성

관련성은 경영목적과 관련된 정보의 결정적인 품질이다. 관련된 정보는 지식을 증가하고, 문제 주위에 있는 불확실성을 감소한다. 보고와 메시지는 때때로 난관에 이르고, 좌절을 야기하는 관련이 없는 부분을 포함한다. 많은 오류가 있는 경영의사결정은 과도한 자료의 결과이다. 따라서 정확한 정보는 많은 자료의 축적이 아니라 관련된 자료를 입수하는 데서 오는 경향이 있다.

(2) 정확성

정보는 관리자의 목적을 위해 충분히 정확해야 한다. 어떤 정보도 완전히 정확하지 않고, 정확성을 추구하기 위해 정보에 기울이는 것이 가치 있는 정보를 의미하지는 않는다. 정확성의 정도는 의사결정의 중요성과 밀접해야 하고, 의사결정자의 수준에 따라 다를 수 있다. 요구하는 정보 정확성의 정도는 의사결정의 위계적 수준에 달려 있다.

(3) 완전성

이상적인 세계에서는 의사결정에 필요한 모든 정보를 이용할 수 있다. 그러나 현실세계에서 이것은 가능하지 않다. 분석하고 있는 문제의 핵심사항에 관해 정보를 제공한다면 정보는 완전하다고 고려된다. 정보는 효과적인 의사결정을 위해 최소한의 내용을 포함해야 한다. 자료의 완전성 수준은 조직의 수준에 따라 다르다.

(4) 원천의 신뢰성

증명된 실적기록을 갖고 있을 때 정보원천의 신뢰성은 증가한다. 메시지의 신뢰성을 증가하기 위해 관리자들은 전략적 의사결정이 관계가 있는, 신뢰할 수 있는 다양한 원천으로

부터 보고서를 사용한다.

(5) 적절한 사람과 커뮤니케이션

관리자는 활동과 책임을 부여받고, 책임이 있는 과업을 착수하기 위해 정보를 수집해야 한다. 그러나 이러한 과정은 항상 잘 가동되지 않고, 정보는 조직에 있는 적절한 수준에 도달하지 않는다. 예를 들면, 상사는 필요로 하는 사람에게 정보를 모두 제공하지 않는다. 부하는 자신을 없어서는 안 될 사람으로 만들기 위해 정보를 비밀로 할 수 있다. 정보가 필요한 곳에 똑바로 가기 위해 정보제공자들은 정보욕구를 알아야 한다.

(6) 적시성

좋은 정보는 정보가 필요할 때 전달되는 정보이다. 자료처리 방법이 정확한 정보를 신속하게 산출하더라도 정보의 신속한 확보는 정확성을 해칠 수 있다. 정보를 입수하거나 처리하고 커뮤니케이션하는데 지연된다면 회사에 중요한 정보는 가치가 없을 것이다. 또한 규칙적으로 생산된 정보의 적시성이 중요하더라도 필요한 의사결정이나 활동의 유형과 관련이 있다. 회사는 일간, 주간이나 월간 기준으로 보고서를 생산한다.

(7) 이해성

이해성은 자료를 정보로 변환할 때 정보 이용자들이 이해할 수 있어야 하는 것을 의미한다. 정보가 이해되지 않는다면 사용될 수 없고, 가치를 추가할 수 없다. 사용자 선호, 사전지식, 환경요인이나 언어와 같은 많은 요인들이 정보를 이해할 때 개입된다.

- 사용자 선호: 어떤 사람은 도표나 그림이 있는 정보를 선호하지만, 어떤 사람은 이야기식 기술을 선호한다. 어떤 사람들은 통계와 수치가 있는 발표를 선호하지만, 어떤 사람은 이러한 것들을 이해하지 못한다.
- 사전지식: 이해는 수신한 메시지와 관련된 기억의 결과이다.
- 환경요인: 집단압력, 시간과 정보시스템의 신뢰는 이해성에 영향을 준다.
- 언어: 정보는 기호나 메시지로 부호화된다.

3) 정보의 원천

정보는 많은 정보원으로부터 얻을 수 있는 필수적이고 전략적인 자원이다. 정보시스템에 의해서 수집된 자료는 조직의 기능에 관한 것이다. 이러한 내부정보는 회사가 어떻게 작동되고, 목적을 달성하고 있는지에 관한 지식을 경영층에 제공한다. 대부분의 내부정보는 회계 시스템과 판매와 생산 통계분석에서 온다. 조사와 면접과 같은 내부정보 원천은 정량 정보를 제공한다. 예를 들면, 근로자의 동기수준이다.

회사 관리자들은 환경에 관한 정보가 필요하다. 예를 들면, 경쟁자의 판매량, 회사 제품계열에 관한 잠재적 고객의 시장분할 등이다. 외부환경의 요구에 순응한다면 회사는 성공적일 수 있다. 환경은 회사에 영향을 주는 많은 집단이다. 회사는 이러한 외부집단에 관해 항상 정통해야 하고, 환경에 관한 정보를 다양한 원천으로부터 수집해야 한다. 인적 정보원천에는 판매직원, 고객, 공급자, 유통업자와 은행 등이 있고, 비인적 정보원천에는 잡지, 공식보고서, 시장조사, 의견조사와 자문 보고서 등이 있다.

- 고객: 마케팅, 판매와 만족수준
- 유통업자: 마케팅과 물류
- 경쟁자: 시장침투, 혁신, 제품품질
- 공급자: 거래조건
- 노동조합: 급여와 고용의 안정
- 주주: 회사의 성과
- 금융기관: 자금조건과 투자기회
- 정부: 법적 정치적 규제

4) 정보의 품질요소

정보는 조직의 성공에 필수적인 자원이다. 조직의 미래는 정보를 널리 사용하고 보급하는데 달려있다. 적절한 시간에 적절한 맥락에 있는 우수한 정보는 기회와 문제를 사전에 파악할 수 있다. 정보의 가치는 정보의 사용자와 사용 목적에 따라 다르다. 다음은 우수한 정보 품질의 요소이다.[42]

- 본질적 요소: 정확성, 객관성, 신뢰성, 평판
- 맥락적 요소: 관련성, 부가가치, 적시성, 완전성, 정보의 양
- 표현적 요소: 이해 가능성, 형식, 일관성, 호환성
- 접근성: 접근성, 접근 안전

42. Wang, R. Y., & Strong, D. M.(1996), "Beyond Accuracy: What Data Quality Means to Data Consumers," *Journal of Management Information Systems*, 12(4), 5-33.

| 표 13-7 | 우수한 정보의 특성

특성	설명
정확성(Accurate)	오류, 실수와 기만이 없는 정보
객관성(Objective)	편견이 없고, 진실한 정보
신뢰성(Reliable)	검증가능하고, 신뢰할 수 있는 정보
관련성(Relevant)	타당한 정보와 불확실성을 감소할 수 있는 정보
적시성(Timely)	의사결정에 필요한 시기에 접근할 수 있는 정보
충분성(Sufficient)	의사결정에 필요한 충분한 양의 정보
명료성(Unambiguous)	분명하고, 모호하지 않은 정보
재생성(Reproducible)	계속적인 결과를 낳는 정보

2. 정보의 분류

정보는 해석된 자료이다. 조직은 특정한 맥락에서 자료를 조직화하고, 구조화하고, 처리한다. 즉, 정보는 이용자에게 의미가 있는 형태로 처리되고, 현재나 잠재적 행동이나 의사결정에 실제적이거나 지각된 가치가 있는 자료이다. 자료가 특별한 방법으로 처리될 때 정보가 된다. 정보는 특징, 적용과 관리수준으로 분류된다.

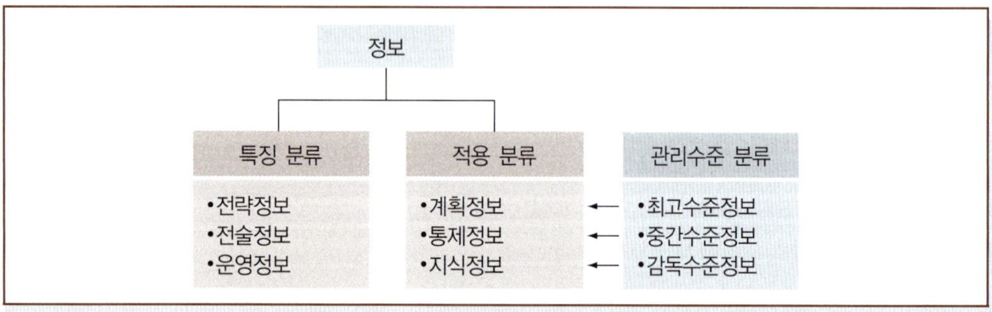

| 그림 13-12 | 정보의 유형

1) 특징 분류

의사결정을 위한 정보는 전략정보, 전술정보와 운영정보가 있다. 전략정보(strategic information)는 회사의 목표를 정의하고, 목표가 어떻게 충족되는지를 확인하는 장기적 정책결정 정보이다. 예를 들면, 새로운 공장확보, 신제품이나 경영의 다각화는 전략정보에 해당된다. 전술정보(tactical information)는 예산, 품질관리, 서비스 수준, 재고수준, 생산성 수준과 같은 경영자원을 통제하는데 필요한 정보이다. 운영정보(operational information)

는 공장과 사업수준 정보와 관련이 있고, 구체적인 운영과업을 계획한 대로 지휘하기 위해 사용된다. 다양한 작업자, 기계와 품질관리 과업이 해당된다.

2) 적용과 관리수준 분류

계획정보는 조직 내에 있는 기준과 사양을 제정할 때 필요한 정보로 최고수준의 정보이다. 이 정보는 어떤 활동의 전략, 전술과 운영계획에 사용된다. 예를 들면, 시간기준, 디자인 기준이다. 통제정보는 피드백을 통해 모든 기업에 대한 통제를 수립하는데 필요한 정보로 중간수준의 정보이다. 이 정보는 시스템에 있는 중요한 과정의 달성, 성격과 이용을 통제하는데 사용된다. 어떤 정보가 수립된 기준과 차이를 나타낼 때 시스템은 통제하기 위한 결정이나 조치를 유도한다. 지식정보는 경험과 학습을 통해서 얻게 되고, 보관기록 자료와 조사로부터 수집되는 감독수준의 정보이다. 조직정보는 조직의 환경과 문화를 다룬다. 이러한 정보는 종업원과 급료정보이다. 조직은 정보를 신중하게 수집, 관리와 사용함으로써 모호성이나 불확실성을 감소한다.

제3절 경영정보시스템

1. 경영정보시스템

경영정보시스템은 기능을 수행할 목적으로 경영자에게 적절한 정보를 제공하기 위해 자료를 처리하는 시스템이다. 정보처리는 다양한 방법으로 사회를 변화시키고 있다. 기업관점에서 자동화된 업무처리와 커뮤니케이션으로 큰 변화가 있다. 정보접근과 정보처리 능력은 회계와 다른 부분에서 더 큰 효율성을 달성하는데 도움이 된다. 경영정보시스템의 기능은 자료의 수집과 저장, 자료를 의사결정에 유용한 정보로 변환, 자료안전을 위한 통제, 자료의 자동화와 간소화 보고 등이 있다.

1) 경영정보시스템의 개념

경영정보시스템(management information systems: MIS)은 경영자들에게 표준화된 보고서와 표현의 형태로 정보를 제공하는 정보시스템이다. 경영정보시스템은 경영의 기능을 수행하는데 필요한 정보의 형태로 자료를 수집하고, 저장하고, 보급하는 계획된 시스템이다. 시스템은 통합과 전체적 관점을, 정보는 처리된 자료를, 경영은 최종사용자인 의사결정자를 의미한다. 경영정보시스템은 경영자에게는 조직시스템과 절차를 실시하는 것이고, 프로그래머에게는 단지 파일 구조와 처리에 시나지 않는다. 경영자는 회사의 운영을 계획하고, 통제하고, 관리한다. 최고경영자는 계획을 다루고, 중간관리자는 통제에 집중하고, 하위관리자는 실제적인 관리에 관여한다. 경영은 기업운영을 계획하고, 통제하고 관리하는 것을 포함한다. 정보는 경영자에게 도움이 되는 처리된 자료이다. 자료는 기업운영으로부터 발생한 사실이다. 경영정보시스템은 다음과 같은 목적으로 경영의사결정을 지원하는 정보를 제공한다.

- 경영자에게 사전과 계획적 보고
- 의사결정을 위한 쌍방향과 특별한 지원
- 최고경영자를 위한 중요한 정보 제공

2) 경영정보시스템의 목적

경영정보시스템은 경영기능을 수행하는데 필요한 정보의 형태로 자료를 수집하고, 저장하고, 보급하는 계획된 시스템이다. 경영정보시스템의 목적은 최적의 방법으로 조직을 관리하고, 경쟁우위를 얻기 위해 정보시스템의 잠재력을 얻을 목적으로 기업의 역동성과 조직구조의 실행이다. 다음은 경영정보시스템의 목적이다.

- 자료입수: 조직의 다양한 내부와 외부원천으로부터 의사결정에 필요한 맥락적 자료나 조직정보를 입수한다.
- 자료처리: 입수한 자료는 전략, 전술과 운영수준에서 기능을 계획, 조직, 조정, 지휘와 통제하는데 필요한 정보로 처리된다.
- 정보저장: 정보나 처리된 자료는 미래 사용을 위해 저장되어야 한다.
- 정보인출: 다양한 사용자에 의해서 필요할 때 저장된 정보를 인출할 수 있다.
- 정보보급: 정보는 조직의 네트워크를 사용하여 주기적으로 사용자에게 보급된다.

3) 경영정보시스템의 서비스 분야

경영자들은 행동의 대안적 조치를 준비하고, 시행하고, 결과를 평가한다. 이러한 일련의 과정은 경영정보시스템에 주로 의존하고, 조직의 욕구와 목적을 촉진하기 위해 채택한다. 전사적 응용프로그램은 기업, 고객과 협력자들 간에 전자상거래, 기업 커뮤니케이션, 협력과 웹 기반 사업과정을 지원하는 도구이다. 이러한 응용프로그램은 사업과정을 고안하기 위한 것이다. 이러한 도구는 방대한 자료를 보여주고, 처리하고, 저장함으로써 작동된다. 다음은 전사적 응용프로그램이 제공하는 서비스이다.

- 온라인 쇼핑과 결제 처리
- 대화형 제품 카탈로그
- 콘텐츠관리
- 고객관계관리
- 제조 및 기타 사업과정 통합
- IT 서비스관리
- 기업자원관리
- 인적자원관리
- 기업정보관리
- 사업협업 및 보안
- 양식 자동화

4) 경영정보시스템의 요소

경영정보시스템은 효과적인 경영의사결정을 위한 정보와 지원을 제공하는 컴퓨터 기반 시스템이다. MIS는 중간수준과 최고수준 경영자의 전략적 의사결정을 지원한다. 그러나 기술이 넓게 접근할 수 있기 때문에 많은 종업원들이 네트워크에 연결되고, 조직은 하향적인 의사결정을 하게 되고, 이러한 시스템은 조직의 모든 수준에서 사용할 수 있다. 예를 들면,

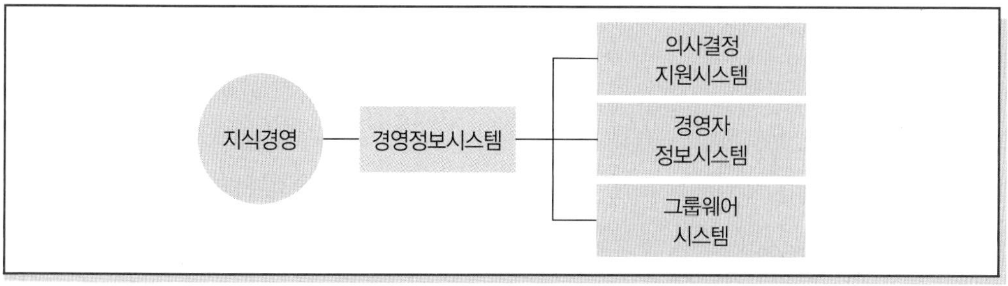

| 그림 13-13 | 경영정보시스템의 기본요소

출처: Stair, R.M. and Reynolds, G.W.(2015), *Principles of Information Systems*, Cengage Learning, Boston, MA.

생산감독이 생산일정에 관한 의사결정을 할 때 그는 다음 달 주문 예상량, 재고수준, 컴퓨터와 직원에 관한 자료가 필요하다. MIS는 의사결정 지원시스템, 경영자 정보시스템과 그룹웨어가 있다.

(1) 의사결정 지원시스템

의사결정 지원시스템(decision support systems: DSSs)은 의사결정자를 지원하기 위해 의사결정 모형과 전문화된 데이터베이스에 의존하는 대화형 컴퓨터 기반의 정보시스템이다. 고려하고 있는 대안을 검토하기 위해 가정법 질문(what-if question: 만약에 그렇다면 어떻게 될까 하는 가정 질문과 대답)을 사용자들은 제기할 수 있다. 이때 전자 스프레드시트(electronic spreadsheets: 계산용 소프트웨어)와 다른 의사결정지원 소프트웨어를 사용할 수 있다. 소프트웨어에 사용되는 가정에 근거하여 관리자들은 다양한 대안을 탐구할 수 있고, 최선의 결과가 있는 대안을 선택하는데 도움이 되는 잠정적인 정보를 받는다.

(2) 경영자 정보시스템

경영자 정보시스템(executive information systems: EISs)은 최고경영자들이 전략적 의사결정을 촉진하는 경영정보시스템이다. 이러한 시스템은 대량의 복잡한 자료에 쉽게 접근할 수 있고, 시의 적절한 방법으로 정보를 분석하고, 제시할 수 있는 소프트웨어에 기반을 둔다. 경영자 정보시스템은 최고경영자에게 관련된 내부와 외부정보에 신속하게 접근할 수 있게 해주고, 해결책을 개발하고, 문제를 진단할 수 있게 해준다. 많은 회사들은 최고경영자들이 핵심 성과지표의 계기판을 볼 수 있는 경영자 정보시스템을 사용한다. 기업성과 계기판은 핵심 기업정보를 그래프로 제시하고, 상태를 해석하고, 어떤 차이나 특이한 패턴을 나타내는 소프트웨어를 사용한다.

(3) 그룹웨어

많은 관리활동은 문제를 해결하고, 고객욕구를 충족하기 위해 함께 작업하는 사람들의 집단을 포함한다. 그룹웨어(groupware)는 사무실이나 세계에 분포되어 있는 사람들이나 작업집단을 연결하는 인터넷에 의해서 또는 컴퓨터 네트워크에서 작동하는 소프트웨어이다. 소프트웨어는 관리자나 팀 구성원들이 정보를 커뮤니케이션하고, 공유하고, 동일한 문서, 도표나 도해에서 동시에 작업하고, 변화와 다른 사람들이 한 논평을 볼 수 있게 해준다. 공동작업 시스템이라고 하는 그룹웨어 시스템은 전자회의 공간에서 상호작용을 할 수 있고, 동시에 컴퓨터 기반 지원자료를 이용할 수 있다.

2. 전사적 자원관리 시스템

판매원이 주문을 받을 때 전사적 자원관리 시스템은 주문이 재고수준, 일정계획, 인적자원, 구매와 유통에 어떻게 영향을 주는지를 확인한다. 시스템은 소프트웨어 안에서 조직과정을 복사하고, 단계별 처리를 통해서 종업원들을 지도하고, 단계별 처리를 자동화한다. 예를 들면, 상품이 도착한 것을 확인한 순간 소프트웨어는 관리자가 구매나 생산승인을 받은 후 자동적으로 온라인 구매명령을 보낸다. 시스템이 모든 운영측면의 자료를 통합하기 때문에 관리자와 종업원들은 오직 한 부분에서 의사결정과 조치가 다른 부분에 어떻게 영향을 주는지를 알 수 있다. 고객들과 공급자들은 정보교환으로 연결되어 있다. 전사적 자원관리 시스템은 비용을 절감하고, 주기를 단축하고, 생산성을 향상하고, 고객들과 공급자들과의 관계를 개선할 수 있다.

1) 전사적 자원관리 시스템의 개념

전사적 자원관리 시스템(enterprise resource planning: ERP)은 인적, 물적자원을 효율적으로 관리하여 생산성 향상 및 원가절감 등을 통하여 기업의 경쟁력을 강화시켜주는 통합정보시스템이다. ERP 시스템은 조직운영의 중추이다. 이것은 주문, 제품설계, 생산, 구매, 재고, 유통, 인적자원, 대금결제와 미래수요에 대한 예측을 포함하여 조직사업에 관한 정보를 수집하고, 처리하고, 제공한다. ERP 시스템은 물류, 생산, 자금, 회계와 인적자원과 같은 기업의 기능영역을 포함하는 통합된 기업경영 시스템이다. 사람, 자재, 돈과 기계와 같은 자원의 최적사용을 위해 이것은 운영과정과 정보흐름을 조직하고 통합한다.

ERP 시스템은 전체 기업을 위한 하나의 데이터베이스, 하나의 응용프로그램과 하나의 사용자 인터페이스를 가정하고, 생산, 유통, 자금과 판매 등을 통합한다. 모든 기능으로부터 온 정보관리는 관리자들과 종업원들이 전체 사업을 계획하고, 추적하고, 통제하는데 도움을 주는 도구이다. 따라서 ERP 시스템은 정확하게 생산일정을 계획하고, 생산능력을 충분히 이용하고, 재고를 감소하고, 약속된 배송일자를 충족하는 제조자 능력을 향상한다. 중앙 데이터베이스에 사업계획, 운영계획과 다기능성 자료가 입력되어 처리된다. ERP는 다기능성을 제공한다. 즉, 다층 플랫폼, 다중시설, 다중생산, 다중통화와 다언어 시설을 제공한다. 이것은 전략과 기업계획 활동, 운영계획과 실행활동, 자재와 자원의 창조를 지원한다.

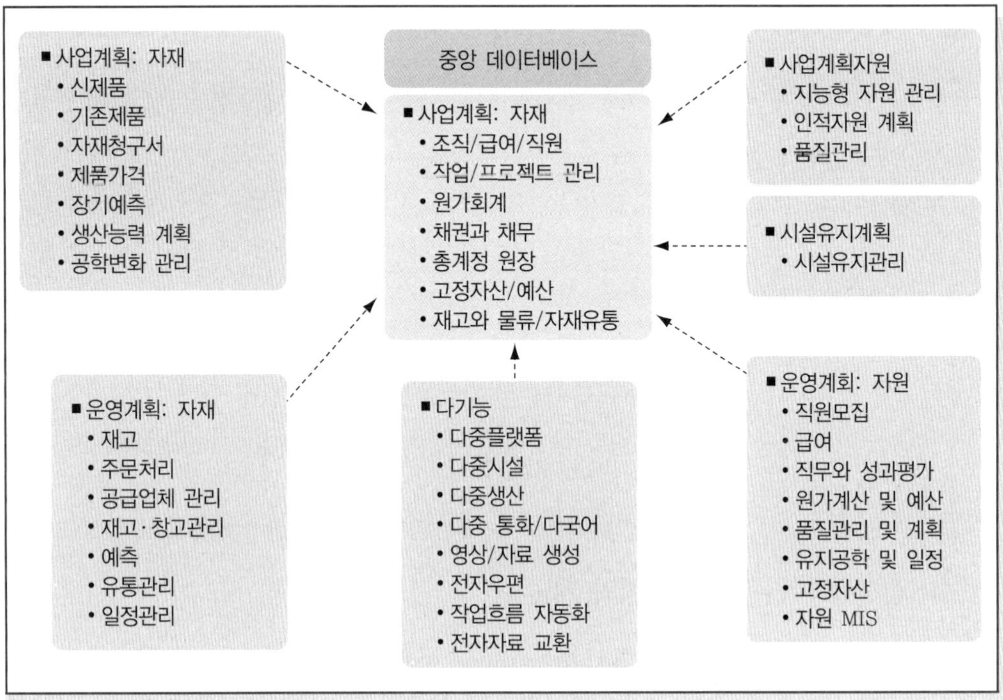

| 그림 13-14 | ERP 시스템의 구조

2) 전사적 자원관리 시스템의 기능

기업의 통합정보시스템인 ERP는 통합적, 실시간, 다기능적인 기업 응용프로그램이다. 이러한 기업 거래구조는 회사의 내부사업 과정을 지원한다. 판매주문처리, 재고관리와 통제, 생산계획, 유통계획과 금융을 지원한다. 다음은 ERP의 주요 기능이다.

- 사업통합과 자동화된 자료갱신
- 핵심사업 과정의 연결
- 사업운영의 유연성과 민첩성
- 분석능력과 계획능력
- 중요한 의사결정
- 경쟁우위
- 최신기술의 사용

3) 전사적 자원관리 시스템의 필요성

ERP는 부분의 합보다 더 큰 전체를 가정한다. 이것은 정보가 저장될 필요가 있는 통합된 저장소에 제공되고, 처리되고, 가치사슬에 있는 어떤 사람에게 보고된다. 다양한 거래의 결과로 발생한 자료를 저장하는 많은 자료표가 있지만, 어떤 부문이나 기능경계에 한정되지 않고, 다중 목적과 다중 장소에서 다중 사용자들에 의해 사용되기 위해 자료가 통합된다. 회사가 ERP를 사용하는 이유는 재무정보의 통합, 고객주문정보의 통합, 제조공정의 표준화와 속도화, 재고감소, 인적자원정보의 표준화 등이 있다.

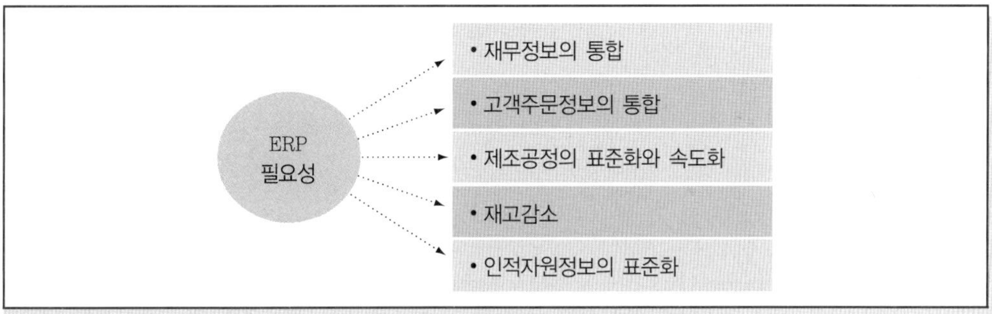

| 그림 13-15 | ERP 시스템의 필요성

(1) 재무정보의 통합

재무정보가 비교가능, 검증가능, 적시성과 이해가능하려면 통합이 필요하다. 최고경영층이 회사의 전체성과를 파악하려고 할 때 각 부분의 다양한 자료를 찾을 수 있다. 자금부는 수입자료, 판매는 매출실적, 다른 사업단위는 수입에 기여하는 자료를 갖고 있다. ERP는 모든 사람들이 동일한 시스템을 사용하기 때문에 질문이 없는 단일의 사실을 생성한다.

(2) 고객주문정보의 통합

판매원이 고객주문을 받아 처리하면 ERP 시스템은 관련 부서로 자동적으로 업무처리를 지시한다. 다른 사람들과 커뮤니케이션할 수 없는 많은 다른 시스템 가운데 분산이 아니라 하나의 소프트웨어 시스템 안에 정보를 통합함으로써 회사는 주문을 쉽게 추적할 수 있고, 생산, 재고와 배송을 다른 부문과 동시에 협력할 수 있다.

(3) 제조공정의 표준화와 속도화

다른 방법과 컴퓨터 시스템을 사용하면 제조회사는 회사 내에 있는 많은 사업 단위들이 동일한 거래를 각각 기록하고 보고한다. ERP 시스템은 제조과정의 자동화로 표준방법을 따른다. 따라서 ERP 시스템은 시간을 절약하고, 생산성을 향상하고, 인원을 절약할 수 있는 단일의 통합된 컴퓨터를 사용할 수 있는 표준화 시스템이다.

(4) 재고감소

ERP는 제조공정 흐름을 더욱 순조롭게 하고, 회사 내에 주문처리 과정을 향상한다. 이것은 생산에 사용되는 자재의 재고를 감소시키고, 창고와 발송 장소에 완성품의 재고를 감소하고, 전달을 신속하게 할 수 있다. 따라서 공급사슬의 흐름을 개선한다.

(5) 인적자원정보의 표준화

여러 사업단위가 있는 회사는 종업원들의 시간을 추적하고, 그들과 커뮤니케이션하는 통일되고 단순한 방법을 갖고 있지 못하다. 그러나 ERP는 이러한 점을 개선한다.

| 표 13-8 | ERP의 장·단점

장점	단점
• 출시기간의 단축	• 실행비용과 시간발생
• 주기단축	• 다른 시스템과의 통합 문제
• 고객만족 향상	• 실행실패의 위험
• 유연성, 품질과 효율성 증진	• 실행변경의 어려움
• 정보 정확성과 의사결정능력 개선	• 공급자와 연결의 어려움
• 온라인 배송	
• 자원이용 증대	
• 공급자 성과증가	
• 품질원가 축소	
• 신속한 의사결정	
• 예측과 최적화	
• 투명성 확보	

3. 인터넷과 이비즈니스

최근 어떤 통신매체도 인터넷만큼 주의를 받지 못한다. 모든 주요 신문, 잡지와 TV 방송은 정보교환이 생활을 어떻게 변화하는지를 다루고 있다. 분명히 인터넷은 소비자들이 구매하고, 제품과 서비스에 관한 정보를 찾는 도구가 되었다. 이비즈니스는 운영효율을 창조하기 위해 인터넷과 온라인 기술을 사용함으로써 고객에게 가치를 증가한다. 예를 들면, 온라인 재고관리, 회계시스템, 조달, 공급자 성과평가, 공급체인 효율향상, 기계수리에 대한 처리요청, 계획, 외주와 생산의 통합 등이 있다. 인터넷은 기업활동을 이비즈니스, 이커머스나 인터넷 마케팅의 영역으로 확대되었다.

1) 이비즈니스

대부분의 조직들은 정보기술 전략의 하나로써 인터넷을 포함하고 있다. 영리와 비영리 조직들은 운영을 세계적으로 확대하고, 사업과정을 개선하고, 새로운 고객에게 접근하고, 자원을 최대한으로 활용하기 위해 인터넷을 도입한다. 많은 조직들은 이비즈니스를 포함하고 있다. 이비즈니스(e-business)는 물적공간보다는 컴퓨터 네트워크에서 디지털 처리로 발생하는 사업이다. 즉, 고객, 협력자, 공급자, 종업원이나 다른 기관과 인터넷으로 연결되는 것을 의미한다. 즉, 이비즈니스는 인터넷을 기업경영에 도입하여 기존기업의 경영활동 영역을 가상공간으로 이전하여 활용하는 모든 상행위이다.

이커머스(e-commerce)는 전자적으로 발생하는 교환이나 거래이다. 이커머스는 웹 사이트 상에 구축된 가상의 상점을 통해 제품과 서비스를 판매하는 모든 행위를 의미한다. 정보기술을 활용한 모든 상행위라고 할 수 있다. 인터넷 마케팅(internet-marketing)은 인터넷과 다른 전자수단을 통해서 상품, 서비스, 정보와 아이디어 마케팅으로 온라인 마케팅(online marketing)이라고도 한다. 이커머스는 인터넷을 통해 제품, 서비스나 정보의 거래와 교환이다. 즉, 인터넷을 통해 사업정보를 공유하고, 사업관계를 유지하고, 사업을 운영하는 것을 의미한다. 쿠팡, 옥션, 에스24, 아마존이나 이베이 등은 인터넷이 없이는 존재하지 않는다. 인터넷은 기존기업과 경쟁할 수 있는 신생기업의 강력한 무기이다.

제조회사와 소매사슬은 이해관계자들을 연결하는 이비즈니스의 핵심요소이다. 각 조직은 인터넷의 기술과 기준을 사용하는 내부 커뮤니케이션 시스템인 인트라넷으로 운영되지만, 회사 내에 있는 사람들만이 접근할 수 있다. 인트라넷(intranet)은 인터넷의 기술을 응용하는 기업 내 전용 컴퓨터 네트워크이다. 자료와 정보를 공유하기 위해 특정한 개별 회사에만 허용되는 시스템이다. 엑스트라넷(extranet)은 협력업체와 공급업체 또는 업체와 고객 간의 정보공유를 목적으로 구성된 네트워크이다. 인터넷을 사용하는 외부 커뮤니케이션 시스템이고, 둘 이상의 조직이 공유한다. 엑스트라넷으로 각 조직은 사적인 인트라넷의 외부에 어떤 자료를 전송하지만, 엑스트라넷을 공유하는 회사만 접근할 수 있다. 전체 시스템의 최종 역역은 인터넷이다. 이것은 일반 공중들이 접근할 수 있다. 조직은 웹 사이트를 통해서 일반 공중들이 이용할 수 있는 정보를 제공하고, 이것은 판매를 위해 제공되는 제품이나 서비스를 포함한다.

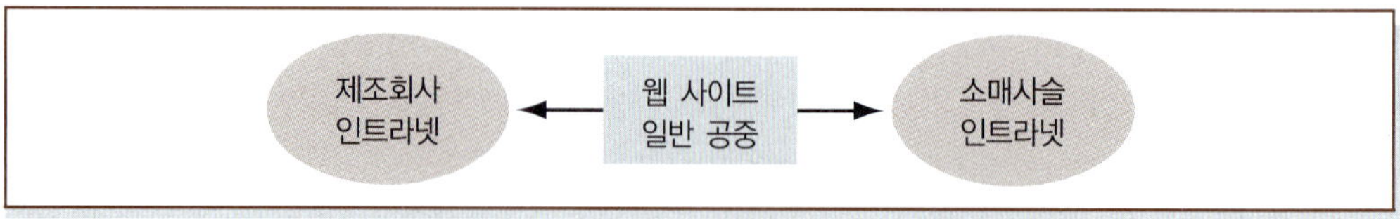

| 그림 13-16 | 웹 사이트로 연결된 이해관계자들

2) 이비즈니스 전략

인터넷을 활용한 기업경영은 대기업이나 중소기업이든 많은 이득을 얻는다. 특히, 창업기업이나 중소기업은 이비즈니스가 강력한 경쟁력이 될 수 있다. 이비즈니스의 주요 전략은 시장확장과 판매신장, 생산성과 원가 효율성 등이 있다.

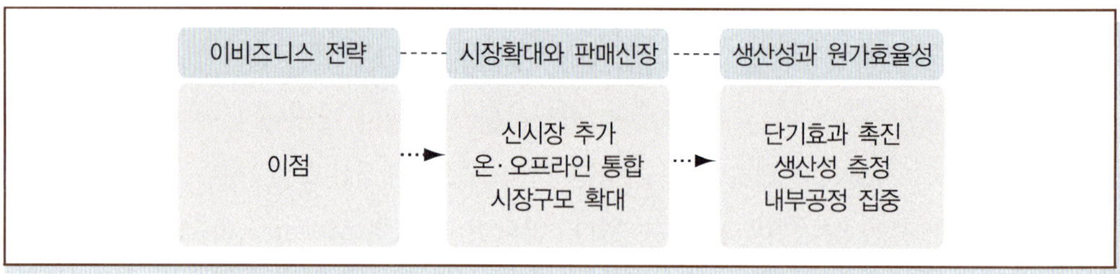

| 그림 13-17 | 이비즈니스 전략

(1) 시장확대와 판매신장

인터넷은 회사와 고객을 직접 연결하고, 새로운 시장을 확대하고, 판매를 증가할 수 있게 해준다. 온라인으로 세계시장에 즉시 제품이나 서비스를 제공할 수 있다. 소매업자들은 인터넷 시장확대 전략을 활용하여 대형 유통업체가 되고 있다. 대부분의 대형 유통업체도 이제 온라인 구매자가 지역 상점에서 구매를 선택할 수 있도록 하고 있다. 대부분의 기업들은 온・오프라인 시장을 통합하고, 신시장을 추가함으로써 시장규모를 확대하고 있다.

(2) 생산성과 원가 효율성 향상

이비즈니스의 주도는 주로 생산성 향상과 비용절감에 의한 수익을 개선시킬 수 있는 방법이다. 현대자동차와 같은 대부분의 제조회사들은 주문과 부품추적 비용을 감소하고, 적시재고 생산을 실행하기 위해 이비즈니스를 사용한다. 소기업조차도 이비즈니스의 이익을 실현하고 있다. 현지 공급자들로부터 높은 가격으로 부품을 구매하는 것보다도 오히려 기업들이 세계시장에 접근할 수 있고, 가장 좋은 가격을 찾거나 현지 공급자와 더 좋은 조건으로 협상할 수 있다.

제4절 지식경영

1. 지식의 이해

지식경영은 기업의 구성원들 개인이 가진 지식의 공유를 통해 기업의 문제해결 능력을 향상시키려는 경영방식이다. 지식은 다른 정보와 연결하고 이미 알려진 것과 비교한 후 정보로부터 이끌어낸 결론이다. 자료나 정보와 달리 지식은 인적요소를 갖고 있다. 책은 정보를 포함할 수 있지만, 어떤 사람이 정보를 소화하고 사용할 때만이 정보는 지식이 된다. 조직지식을 지원하고 강화하는 정보기술은 중요한 역할을 한다. 지식경영은 지식을 체계적으로 축적하고, 조직하고, 널리 이용할 수 있게 하는 노력이고, 지속적인 학습과 지식공유의 문화를 촉진한다. 지식경영은 조직 내 지식의 활발한 창출과 공유를 목표로 한다.

1) 지식의 개념

정보기술에서 지식은 개인이나 조직에게 정보의 소유나 정보를 빠르게 찾을 수 있는 능력이다. 지식(knowledge)은 기술과 정보를 포함한 지적능력과 아이디어이다. 자료는 원래의 사실이나 정보는 처리되거나 해석된 자료이고, 지식은 개인화된 정보이다. 지식은 조직의 자산이자 힘이다. 조직이 성장하기 위해서 조직 내에서 지식은 공유되어야 한다. 경영층과 직원 간에 지식을 공유하는 조직은 더욱 강하게 성장하고 더욱 경쟁력을 갖게 된다. 지식의 공유가 지식경영의 핵심이다.

지식경영을 이해하기 위해 지식 개념을 이해하는 것이 필요하다. 지식은 무엇인가? 지식은 정보와 어떻게 다른가? 자료의 단순한 집합이나 자료 간의 관련성이 없다면 정보가 아니다. 자료의 집합이 정보가 되는 것은 자료 간의 관계 이해이다. 자료를 만들 때 중요한 것은 맥락(context), 즉 자료 간의 관계이다. 다음은 지식의 성격이다.

- 개인화된 정보
- 알고, 이해한 상태
- 저장되고, 처리된 대상
- 지식을 적용하는 과정
- 정보에 대한 접근 조건
- 행동에 영향을 미칠 가능성

조직에서 정보의 기본적인 요소는 자료의 형태이다. 조직은 패턴과 추세를 확인하기 위해 이러한 자료를 수집하고, 요약하고, 분석한다. 수집된 자료는 조직의 기능적 과정과 관련이 있다. 자료의 요소는 거래의 구성요소이고, 다른 자료의 요소와 결합되어 제시되지 않는다면 많은 정보를 제공하지 않는다. 의미 있는 맥락에 자료를 축적할 때 정보를 제공한다. 정보는 비교적 정적이고 선형적이다. 정보는 단지 자료 간의 관계를 제공하기 때문에 자료가 무엇이고, 자료의 관계가 어떤지에 관한 근거를 제공하지 않고, 시간에 따라 자료가 어떻게 변화하는지에 관해서도 보여주지도 않는다. 즉, 정보는 맥락에 의존하는 자료 간의 관계이고, 미래에 대한 의미를 거의 포함하고 있지 못하다.

2) 지식의 위계적 수준

정보가 처리될 때 지식이 될 가능성이 있다. 자료와 정보 간에 존재하는 패턴 관계를 발견할 때 정보는 더 가치가 있다. 패턴과 의미를 알고 이해할 때 자료의 수집과 정보는 지식이 된다. 정보가 많은 통찰력을 제공하더라도 수집된 정보를 분류하고, 분석해야 정보의 가치를 확대한다. 따라서 정보를 분석하고, 관계나 패턴을 판단하는 능력이 필요하다. 지식은 논리적 추론을 사용하는 기존 지식으로부터 창조될 수 있다는 점에서 자료, 정보나 분석과 다르다. 지혜는 자료의 높은 수준의 이해를 창조하기 위해 축적된 지식의 사용이다. 그러나 정보는 맥락 의존적이지만, 지식은 맥락을 창조하는 경향이 있다. 즉, 지식을 나타내는 패턴은 자기 맥락화(self-contextualizing)[43] 경향이 있다. 지식을 표현하는 이 패턴은 역동적이다. 이 패턴은 끊임없이 변하지만, 이러한 패턴이 충분히 이해될 때 어떻게 변하거나 진화하는지에 관해 높은 수준의 예측력과 신뢰성이 있다.

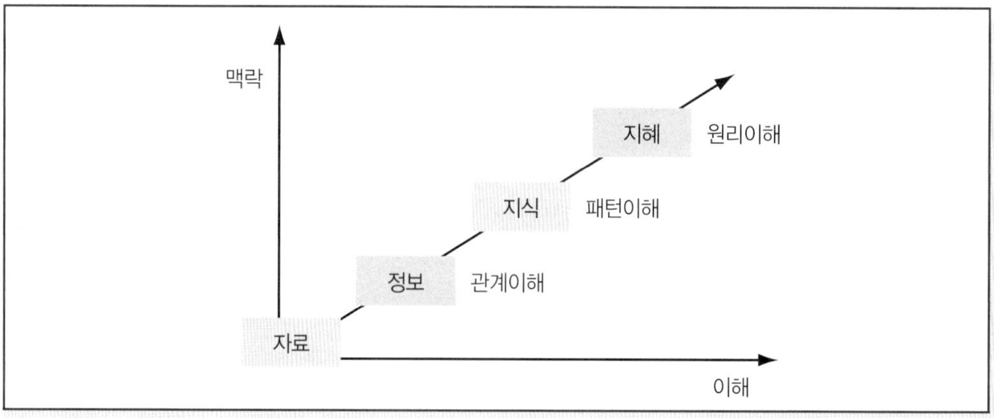

| 그림 13-18 | 자료, 정보, 지식과 지혜의 위계 모형

43. 어떤 일이 일어나는 상황에 관해 생각하거나 정보를 제공하는 것.

Sense 현대차, 中에 첫 해외 빅데이터 센터

현대자동차가 자체 최대 시장인 중국에 해외 첫 빅데이터 센터를 구축한다. 현대차는 11월 8일 구이저우(貴州)성 구이양(貴陽)시 국제생태회의센터에서 정의선 부회장과 구이저우성 1인자인 천민얼(陳敏爾) 성 당서기 등 관계자들이 참석한 가운데 현대차 빅데이터 센터 구축을 위한 전략 합작 협의서를 체결했다고 밝혔다. 센터가 위치할 구이저우성 구이안(貴安)신구는 당국이 지정한 빅데이터 종합시범특구로 입주 기업에 토지, 금융, 세금 등의 혜택이 주어진다. 정 부회장은 이 자리에서 "이번 협력은 커넥티드카 등 미래자동차 개발을 가속화하는 것은 물론 현대차그룹의 중국 사업 발전에도 크게 기여하게 될 것"이라고 말했다.

빅데이터는 미래 자동차 대세인 커넥티드카[44]와 자율주행차[45]를 구현하기 위한 핵심 요소다. 나아가 센터가 수집·분석한 데이터들은 유의미한 정보들로 가공돼 연구개발(R&D)과 상품성 향상, 고객 마케팅, 경영 의사 결정 등 다양한 분야에서도 활용할 수 있다. 관계자는 "중국 내 빅데이터센터는 차량정보와 각종 소셜 데이터를 모은 뒤 이를 활용해 중국 소비자를 위한 맞춤형 커넥티드카 서비스를 개발하는 역할을 한다"고 설명했다. 내년 6월 가동을 목표로 하는 센터는 아마존, 바이두(百度) 등 글로벌 정보통신기술(ICT) 업체들과 인접해 있어 첨단 ICT 트렌드 파악은 물론 글로벌 업체들과의 협력 네트워크를 구축하는 데도 도움이 될 것으로 보인다. 한편 현대차는 커넥티드카 개발을 위해 세계 최대 네트워크 장비 업체인 시스코사와의 협력을 한층 더 강화하기로 했다.

출처. 서울경제 2016.11.09

3) 지식의 유형

지식은 토지, 노동이나 자본보다 더 중요한 필수적인 자산이다. 현대 경제학에서 조직이 이용할 수 있는 지식은 조직의 경쟁우위이다. 구성원들의 몰입과 동기부여뿐만 아니라 기술과 아이디어를 결합한 자료와 정보의 충분한 이용을 통해서 경쟁우위가 실현된다. 기업에서 지식은 자료와 정보를 적용한 체계적인 추리와 조직의 제품이다. 학습의 결과는 조직의 지속가능한 경쟁우위를 제공한다.

---

44. 커넥티드 카(connected car): 정보통신기술과 자동차를 연결시킨 것으로 양방향 인터넷, 모바일 서비스 등이 가능한 차량.

45. 자율주행차(self-driving car): 운전자가 핸들과 가속페달, 브레이크 등을 조작하지 않아도 스스로 목적지까지 찾아가는 자동차.

지식은 암묵지와 명시지로 구분된다.[46] 암묵지(暗默知)는 학습과 경험으로 체화되어 겉으로는 드러나지 않는 지식이나 노하우(know-how)이다. 즉, 공식적으로 문서화되어 있지 않은 조직구성원들의 전문지식과 경험이다. 명시지(明示知) 또는 형식지(形式知)는 문서나 매뉴얼 등을 통해 외부적으로 표출되어 여러 사람들이 공유할 수 있는 지식이다. 암묵지는 사람의 두뇌에 저장되어 있으나, 명시지는 문서나 저장의 다른 형태 안에 포함되어있다. 명시지는 시설, 제품, 공정과 시스템 안에 저장되어 있다. 지식의 두 유형은 상호작용이나 혁신의 결과로 생산될 수 있고, 관계나 연합의 결과일 수 있고, 따라서 조직이 진귀한 상황과 새로운 도전에 반응하도록 한다.

- ■암묵지: 공식적으로 문서화되어 있지 않은 조직구성원들의 전문지식과 경험
- ■명시지: 문서나 매뉴얼 등을 통해 외부적으로 표출되어 사람들이 공유 가능한 지식

(1) 암묵지

암묵지(tacit knowledge)는 공식적으로 문서화되어 있지 않은 조직구성원의 전문지식과 경험이고, 개인적이다. 이것은 사람들의 머리에 저장되어 있고, 학습이나 경험을 통해서 축적되고, 다른 사람들과의 상호작용을 통해서 개발된다. 암묵지는 시행착오와 성공과 실패의 경험을 통해서 향상된다. 암묵지는 맥락 의존적이다. 형식화하고 기록하거나 설명하는 것이 어렵고, 주관적인 통찰력, 직관과 추측을 포함한다. 직관적인 지식으로써 커뮤니케이션하고 표현하기 어렵다. 암묵지는 개인화되어 있기 때문에 공유할 수 있는 정도와 기능은 개인의 능력과 의지에 달려있다. 암묵지의 공유는 많은 조직에서 큰 과제이다. 암묵지는 다양한 활동과 구조에 의해서 공유되고, 커뮤이케이션될 수 있어야 한다. 활동은 대화, 공동작업, 직무훈련 등을 포함한다. 구조는 이메일, 그룹웨어[47], 인스턴트 메시징[48]과 관련 기술의 사용을 포함한다.

암묵지를 관리할 때 장애는 조직에 유익한 암묵지를 확인하는 것이다. 암묵지를 확인하면, 다른 조직이 복제하는 것이 어려운 독특한 자산이기 때문에 이것을 소유하는 조직에게는 가치가 매우 크다. 독특하고, 복제가 어려운 특성은 조직에서 경쟁우위의 토대가 된다. 따라서 지적자본의 사용을 최적화하기 위해서 종업원들의 암묵지를 발견하고, 전파하고, 이용하는 것이 필수적이다. 조직에 친숙하지 않은 새로운 경영자는 조직의 운영에 관한 암묵

---

46. Michael, Polany(1958), *Personal Knowledge*, Towards a Post-critical Philosophy.
47. 그룹웨어(groupware): 네트워크상에서 공동 작업을 지원하는 소프트웨어.
48. 인스턴트 메시징(instant messaging): 네트워크상에서 간단한 메시지나 파일의 송수신이 가능한 소프트웨어의 총칭.

지를 확보하지 못해서 우수한 의사결정이 어렵다. 경영자와 종업원들은 경험과 행동을 통해서 관련된 지식을 학습하고, 내면화해야 한다. 또한 조직 내에서 개인과 집단의 상호작용을 통해서 새로운 지식을 창출해야 한다.

지식은 공식적으로나 비공식적으로 체화된다. 체화(體化)는 생각, 사상, 이론 따위가 몸에 배어서 자기의 것이 된다는 뜻이다. 체화된 지식(embedded knowledge)은 공정, 제품, 문화, 관례, 인공물이나 구조에 들어있는 지식이다. 체화된 암묵지는 자전거 타기, 탁구, 배구 등 운동을 하는 기술과 기타나 피아노 연주하는 지식처럼 몸에 체화된 지식이다. 체화된 암묵지에는 인지적, 시스템적, 문화적 암묵지가 있다. 인지적 암묵지는 문제를 파악하고, 해결방안을 창안하는 것처럼 두뇌에 체화된 지식이다. 시스템적 암묵지는 조직이나 사회 시스템에 배어있는 지식이며, 문화적 암묵지는 문화에 스며들어 있는 지식이다. 경영은 직접적으로 체화된 학습결과를 절차, 관례와 제품 속으로 주입할 수 있다. 체화된 지식을 관리하기 어렵기 때문에 체화된 지식을 관리할 수 있는 회사는 상당히 경쟁우위를 갖는다.

- 체화된 지식: 공정, 제품, 문화, 관례, 인공물이나 구조에 들어있는 지식
- 인지적 암묵지: 두뇌에 체화된 지식
- 시스템적 암묵지: 조직이나 사회 시스템에 배어있는 지식
- 문화적 암묵지: 문화에 스며들어 있는 지식

(2) 명시지

명시지(explicit knowledge)는 문서나 매뉴얼 등을 통해 외부적으로 표출되어 사람들이 공유 가능한 지식으로 성문화된 지식이다. 즉, 문서, 데이터베이스, 웹 사이트나 이메일 등으로 저장되어 있는 지식이다. 이것은 다른 사람들이 쉽게 이용할 수 있고, 체계적이고 공식적인 언어의 형태로 전달되거나 공유될 수 있는 지식이다. 명시지는 성문화되고, 문서화되고, 저장되어 있는 지식이다. 이것은 보고서, 메모, 사업계획, 초안, 특허, 상표, 고객명단, 방법론 등과 같은 지식자산(knowledge assets)이다. 관련된 당사자들이 쉽게 접근할 수 있고, 필요하다면 복제할 수 있는 형태로 유지된 조직경험의 축적이다.

명시지는 암묵지와 완전히 분리되어 있지 않고, 양자는 상호 보완적이다. 암묵지 없이는 명시지를 이해하는 것이 어렵다. 예를 들면, 기술, 수학이나 과학지식이 없는 사람은, 즉 암묵지가 없는 사람은 도서관이나 데이터베이스로부터 쉽게 얻을 수 있는 지식이라 하더라도 매우 복잡한 수학공식이나 화학공성 흐름 도해를 이해하는데 어렵다. 암묵지를 명시지로 전환하지 않는다면 개인의 머리 안에 숨겨져 있고 접근할 수 없기 때문에 조직 내에서 암묵지를 생각하고, 연구하고, 토의하고, 공유할 수 없다. 암묵지와 명시지 간의 동적인 상

호작용을 통해서 개인지식은 조직지식이 될 수 있다. 이 동적 과정은 조직에서 지식창조의 본질이다. 이러한 상호작용은 지식전환의 네 가지 방법에 의해서 발생한다.[49] 지식창조의 과정은 암묵지와 명시지 간의 이중적인 공간 이동에 근거한다. 즉, 사회화, 외부화, 결합과 내면화이다.

- 사회화(socialization): 개인의 암묵지로부터 집단의 암묵지로 이동
- 외부화(externalization): 암묵지로부터 명시지로 이동
- 결합(combination): 흩어진 명시지로부터 체계적인 명시지 이동
- 내면화(internalization): 명시지로부터 암묵지로 이동

조직지식의 창조는 암묵지를 공유하고, 이를 명시지로 변환하고 결합한 후 다시 암묵지로 체화시키는 과정이다. 이러한 조직지식의 창조 과정은 부분적이 아니라 전체적으로 균형 있게 진행되어야 한다. 지식경영은 조직지식의 창조 과정, 즉 조직지식을 획득, 창출, 축적, 공유, 활용함으로써 핵심역량을 강화하고 기업가치를 증가시키는 과정이다.

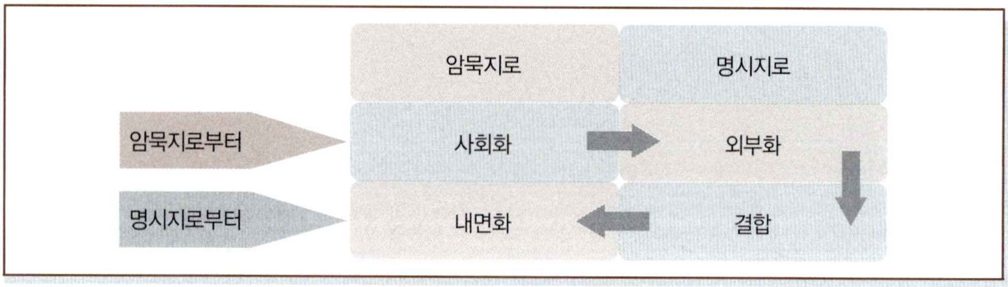

| 그림 13-19 | 조직지식의 창조

① 사회화

사회화는 암묵지를 암묵지로 변환하는 것이다. 개인이 갖고 있는 암묵지를 다른 조직 구성원들이 경험함으로써 공유하는 과정이다. 즉, 암묵지의 공유화이다. 공유된 지식을 통해 공통적인 암묵지를 창조하는 과정이다. 사회화에서 상호작용의 분야는 개인들이 경험과 장소를 공유하는 곳에서 구축된다. 이러한 과정을 통해 불명확한 믿음과 체화된 기술이 창조되고 개발된다. 사회화에서 한 사람의 암묵지는 공유되고, 다른 사람에게 전달되고, 이것은 다른 사람의 암묵지의 일부가 된다.

---

49. Nonaka, L., Takeuchi, H., & Umemoto, K.(1996).

② 외부화

외부화는 암묵지를 명시지로 변환하는 과정이다. 즉, 외부화는 암묵지를 개념이나 도해와 같은 명시지로 연결하는 과정이다. 이 과정은 은유, 유추나 스케치를 사용하고, 암묵지로부터 개념을 창조하기 위해 의도된 대화에 의해서 촉발된다. 예를 들면, 신제품 콘셉트를 창출하거나 신제품 생산공정을 개발하는 과정이다. 전문가의 두뇌에 있는 암묵지는 개념이나 소묘로써 표현되고, 이로써 더 연구되고 정제될 수 있는 명시지가 된다.

③ 결합

결합은 새롭게 기존의 명시지를 체계적인 지식으로 만드는 과정이다. 예를 들면, 조사자가 시제품의 새로운 사양을 준비하기 위해 기존 명시지의 배열을 결합할 수 있다. 혹은 새로운 공정설계나 설비를 창안하기 위해 기사가 활용할 수 있는 초안과 설계사양을 결합할 수 있다. 결합 형태는 유형제품을 생산하기 위해 새로 창안된 개념과 기존지식의 결합이다.

④ 내면화

내면화는 명시지를 다시 암묵지로 변환시키는 과정이다. 즉, 명시지를 암묵지나 개인의 노하우로 구현하는 과정이다. 예를 들면, 어떤 개인이 행동하거나 사용함으로써 학습하는 것이다. 문자, 음성이나 비디오처럼 이용할 수 있는 명시지는 내면화 과정을 촉진한다. 다양한 기계나 장비를 위한 작동 매뉴얼의 사용은 내면화를 위해 사용되는 명시지의 전형적인 사례이다. 설명이나 교육은 학습되고, 암묵지의 일부가 된다.

| 표 13-9 | 암묵지와 명시지의 특성

암묵지	명시지
• 새롭고, 예외적 상황을 다루고, 적응하는 능력 • 전문지식, 노하우 • 대면으로 경험지식을 전달하기 위한 지도	• 보급, 재생산, 접근과 재적용하는 능력 • 교육하고, 훈련하는 능력 • 조직, 체계화하는 능력

(3) 지식 활동주체에 의한 지식

지식 활동주체에 의한 지식은 개인지와 조직지로 분류된다. 개인지(個人知)는 개인이 체득한 지식으로 개인의 두뇌에 저장되어 있는 개념적 지식이다. 조직지(組織知)는 조직의 문화, 시스템, 관례, 제도 등으로 형성되어 있는 지식으로 형식화된 지식이다. 조직지는 공유하기 쉽고, 조직의 가치창조에 직접적으로 연결될 수 있다.

| 표 13-10 | 지식의 유형

기준	종류	개념	예
지식의 존재형태	암묵지	학습과 체험을 통해 개인에게 습득돼 있지만 겉으로 드러나지 않은 지식	자전거 타기, 손맛, 솜씨 고객을 감동시키는 방법
	명시지	문서나 매뉴얼처럼 외부로 표출돼 여러 사람이 공유할 수 있는 지식	업무 매뉴얼, 업무수행 절차
지식의 활동주체	개인지	개인이 체득한 지식, 개인의 두뇌에 저장되어 있는 개념적 지식	산술능력과 같은 개념적 지식 업무수행 중 체득한 노하우와 경험
	조직지	조직의 문화, 시스템, 제도 등에 형성되어 있는 지식으로 형식화된 지식	업무 매뉴얼과 같은 명시적 지식 관련법규와 연구자료

2. 지식경영의 이해

지식경영은 조직의 목적을 달성하기 위해 조직의 지식자산을 개발하고 이용하는 것이다. 지식은 다른 정보와 연결하고, 이미 알려진 것과 비교한 후 정보로부터 이끌어낸 결론이다. 자료와 정보와 달리 지식은 인적요소를 갖고 있다. 책은 정보를 포함할 수 있지만, 어떤 사람이 정보를 소화하고 사용할 때만이 정보는 지식이 된다. 지식경영은 가치를 창조하고, 전략과 전술의 필요조건을 충족하기 위해 조직의 지식자산을 체계적으로 관리하는 것이다. 이것은 지식의 저장, 평가, 공유, 개선과 창조하는 독창력, 과정, 전략과 시스템으로 구성된다. 기업은 기업목적에 따라 지식경영을 정의해야 한다.

1) 지식경영의 개념

지식경영(knowledge management)은 암묵지를 명시지로 전환하고, 조직 내에서 지식을 공유하는 것이다. 즉, 조직이 지식자산으로부터 가치를 창출하기 위한 과정이다. 따라서 지식경영은 조직에 필수적인 지식을 확인하고, 획득하고, 보급하고, 유지하는 과정이다. 관리될 수 있는 지식은 명시적, 문서화된 지식과 암묵적, 주관적 지식을 포함한다. 이러한 지식의 관리는 지식의 확인, 공유와 창조와 관련된 과정을 수반한다. 이것은 지식의 창조와 유지, 지식의 공유와 조직학습을 육성하고, 촉진하는 시스템이 필요하다. 지식경영에 성공하는 조직은 지식을 자산으로 간주하고, 지식의 창조와 공유를 지원하는 조직의 규범과 가치를 개발한다. 지식경영은 세 과정의 지속적인 순환이다.

• 지식의 창조와 향상

• 지식의 유통과 보급
• 지식의 추가와 적용

2) 지식경영의 필요성

지식경영은 지식을 책, 기술, 실무와 전통과 같이 통찰력, 이해와 실무적 노하우의 형태로 전환하는 것이다. 지식경영은 두 가지 측면의 기업활동이다. 첫째, 조직의 모든 수준에 있는 전략, 정책과 실무에서 기업의 명시적 관심사로써 기업활동의 지식을 실행하는 것이다. 둘째, 명시지와 암묵지 간의 지식자산을 연결하고, 긍정적인 결과를 산출하는 것이다. 다음은 지식경영의 필요성이다.

- 기업의 세계화: 조직이 세계화되면 다국가, 다언어와 다문화 지역에서 운영된다.
- 조직의 간소화: 고객가치를 이해하고, 핵심에 집중하는 간소화 조직을 채택한다.
- 지속적인 학습요구: 지식노동자들로부터 지속적인 학습요구가 있다. 이러한 근로자들은 동일한 조직에서 근로시간을 소비하는 것을 기대하지 않는다.
- 기술의 발전: 세계는 웹 사이트, 스마트 폰과 최신 기기의 출현으로 연결되어 있다. 기술의 발달이 연결성과 변화된 기대를 촉진한다. 회사는 고객의 요구에 따라 필요한 정보를 끊임없이 제공하는 온라인 제공을 고객들로부터 요청받는다.

Sense **지식창조는 다양한 실험의 허용과 실패의 용인에서**

3M

3M은 미국에 본사를 둔 세계적인 다국적기업으로 의료용품, 전자・전기・통신 관련제품, 사무용품, 자동차・조선 부문 제품, 보안제품 등 6만 5,000여 가지 제품을 생산한다. 이 회사의 제품은 전 세계 200여 개 나라에서 판매된다. 3M에서 생산하는 스카치테이프는 테이프의 대명사가 되었다.
3M은 기업가 정신과 실험주의를 장려함으로써 지식창출의 기회를 제공한다. 가치 있는 지식이 창출되기 위해서는 다양한 실험이 허용되고, 실패가 용인되는 문화가 있어야 한다. 1949년에 3M의 사장 자리에 오른 직후 윌리엄 맥나이트(William L. McKnight)는 3M의 기술 부문 직원들은 근무 시간의 최대 15%를 상사의 승인 없이 자신이 선택하고 고안한 프로젝트에 근무 시간의 15% 규칙(Rule)을 내놓았다. 신제품과 서비스의 매출비중이 25%가 넘어야 한다는 25% 원칙, 성공적으로 신규 사업을 일으킨 사람에게 수여하는 위대한 전진상 등이 그것이다. Post-it은 바로 이런 분위기에서 탄생한 것이다. 15%의 시간을 자신만의 아이디어를 위해 사용해도 된다는 환경 속에 Art Fry와 Spence Silver가 공동 개발한 제품이다.

3) 지식경영의 구성요소

지식경영은 사람, 과정, 내용과 기술의 요소를 포함한다. 지식경영의 중심은 사람이다. 지식경영에 필요한 정보를 제공하기 위해 훈련실시, 구조확립과 지식경영 본부가 필요하다. 종업원들을 지식노동자로 전환하기 위해서는 적절한 교육훈련과 지식공유를 위한 민주적인 기업문화, 인센티브 제공과 인사고과가 필요하다. 지식경영 실천을 위해 업무 프로세스가 지식경영 프로세스에 적합하게 설계되어야 한다. 지식창출 및 지식공유가 하나의 통합된 프로세스로 추진되어야 한다. 지식경영을 유지하고 발전시킬 수 있는 전략과 업무절차를 수립해야 한다. 즉, 새로운 시스템을 계획하기 위해 현재 상황의 감사로 시작하는 지식경영 전략의 수립과 실행이다. 지식경영의 추진, 성과측정 기준과 조직의 지식자본을 포함한 지식경영 계획을 수립한다. 기술은 지식경영의 실행에 필요한 중요한 도구이다. 기술은 창출된 지식을 공유시키고, 업무의 질적 수준을 증가시킨다. 지식경영의 실행에 필요한 소프트웨어의 사용은 과정의 성공에서 중요하다.

| 표 13-11 | 지식경영의 기본 요소

요소	설명
사람 (People)	• 지식경영을 위한 훈련실시와 정보(작업장에서의 워크샵) • 지식경영 본부뿐만 아니라 지식경영 종업원의 임명 • 지식경영의 효율성에 관한 인센티브와 정보 • 공동체 의식과 실무의 구축과 개발
과정 (Processes)	• 현재상황의 감사나 계획 • 지식경영 추진을 위한 전략수립 • 공동체 의식과 실무의 새로운 시스템 추진 • 다른 지식경영 과정의 배치
내용 (Contents)	• 지식경영 지도의 개발 • 지식경영 규칙의 실행 • 지식자본의 측정
기술 (Technology)	• 지식경영 통제나 감사 시스템의 추진 • 최선의 실무를 위한 방법의 실행 • 지식경영 추진을 위한 소프트웨어의 사용

4) 지식경영 모델

지식경영은 회사 지식을 충분히 활용하기 위한 계획적이고, 체계적이고, 통합된 방법이다. 회사 지식은 효율적이고 효과적인 회사를 창조하기 위한 개인의 기술, 역량, 생각, 혁신과 아이디어 등을 포함한다. 즉, 지식자산과 관련하여 지식의 보유와 저장을 통합한다. 지식경영은 조직의 구성원, 기술, 공정, 스타일과 구조의 계획적이고, 체계적인 협력을 의미한다. 따라서 지식경영 주기는 정보를 조직 내에 있는 지식으로 전환하는 과정이다. 이것은 조직에서 어떻게 지식이 수집되고, 처리되고, 유통되는지를 설명한다.

Zack 모델은 정보의 설계와 개발에 관한 작업에서 추출되었다. 각 단계의 네트워크는 논리적이고 표준화로 설계된다. 이 주기에서 지식 저장소(knowledge repository)의 주요 개발단계는 지식경영 주기의 단계를 분석하고 배치된다. 지식경영 주기의 단계는 수집, 개선, 저장과 인출, 보급과 사용과 피드백이다.

| 그림 13-20 | Zack의 지식경영 모델

출처: Zack, Michael H.(1999), "Developing a Knowledge Strategy," *California Management Review*, 41.3, 125-145.

① 자료나 정보의 수집

자료나 정보의 수집은 범위, 폭, 깊이, 신뢰성, 정확성, 적시성, 타당성, 비용, 통제, 독점과 같은 원자료의 원천에 관한 문제를 다룬다. 수집의 지도원리는 "쓰레기가 들어가면 쓰레기가 나온다(Garbage in, Garbage out)"는 잘 알려진 격언이다. 즉, 유용한 결과를 얻으려면 유용한 자료를 사용해야 한다. 따라서 높은 품질의 원천 자료가 필요하다.

② 개선

개선은 논리적으로 더 좋다는 의미이다. 개선은 내용을 정제하거나 특정한 조직 내에서 사용되는 가장 좋은 방법이나 학습과 일치시키는 것처럼 표준화를 정의한다. 이 단계는 사용할 수 있는 지식을 창조하고, 미래사용을 위해서 더 유연하게 콘텐트를 저장함으로써 가치를 추가한다. 지식의 창조는 기존지식의 개선으로 개선이 없는 지식은 경쟁력이 없다.

③ 저장과 인출

저장은 파일 폴더나 인쇄정보와 같은 물리적 형태나 데이터베이스, 지식경영 소프트웨어와 같이 디지털화하는 것이고, 인출은 저장된 정보를 가져오는 것을 뜻한다.

④ 보급

보급은 어떻게 지식을 최종사용자에게 전달하는지를 정의한다. 또한 전달 매체뿐만 아니라 시간, 빈도, 형태, 언어 등을 포함한다. 지식을 적절한 때와 장소에 보급한다.

⑤ 사용과 피드백

맥락은 제시나 적용에서 중요한 역할을 한다. 부가가치 단계의 성과가 평가되고, 사용자가 지식을 사용할 수 있는 충분한 맥락을 갖고 있는지를 평가한다. 그렇지 않다면 지식경영 주기는 개인들에게 가치를 전달할 수 없다. 저장과 개선은 회사의 가치 있는 지식의 관리를 가능하게 한다. 사용과 피드백을 통해 지식을 계속적으로 새롭게 한다.

3. 지식경영의 전략

지식경영 전략은 조직 내 지식의 창출, 저장, 사용과 공유를 통해서 조직의 구체적인 목표를 달성하는 전략이다. 또한 지식경영 전략은 운영전략과 목표를 정의하는 문제기반 접근이다. 따라서 조직은 어떻게 지식자원을 가장 잘 이용할 수 있는지를 확인한다. 지식경영 전략을 개발할 때 중요한 점은 현재 상태와 기업목표에 의해서 조직을 이해하는 것이다. 기본적인 지식경영 전략이 정의되면 기준과 기술을 탐구한다. 지식경영 전략은 다음 질문을 다루는데 도움이 된다.

- 어떤 지식경영 전략이 조직에 가장 가치를 주는가?
- 대안이 매력적이고 자원이 제한될 때 조직은 대안을 어떻게 순위를 정하는가?

지식경영 전략은 차이분석을 착수함으로써 행동계획을 정의하는데 사용된다. 차이분석은 지식자원의 현재와 기대상태를 비교한다. 즉, 차이분석은 지식자원의 현재와 기대에 대한 차이의 원인을 규명하고 개선하는 것을 의미한다. 구체적인 프로젝트는 확인되고, 동의된 구체적인 차이를 설명한다. [표 13-12]는 우수한 지식경영 전략의 구성요소이다.

| 표 13-12 | 우수한 지식경영 전략의 구성요소

구성항목	구성요소
분명한 전략과 목표	• 제품과 서비스 • 표적고객 • 선호유통이나 전달경로 • 규제환경의 특징 • 시명이나 비전 선언문
지식기반 기업문제의 기술	• 협력욕구 • 성과편차의 균형욕구 • 정보 과부하의 설명 욕구
이용가능한 지식자원의 목록	• 지식자본: 암묵지, 명시지, 전문지식, 경험 • 사회적 자본: 문화, 신뢰, 맥락, 정보 네트워크, 호혜성 • 기반자본: 물적 · 지식 자원
추천된 지식의 분석	• 인공물의 수집과 이용: 최우수와 학습된 데이터베이스 • 미래사용을 위한 보관: 자료저장, 데이터 마이닝 • 연결집중: 알고 있는 사람과 다른 사람 연결

1) 지식감사

지식감사(knowledge audit)는 핵심적인 정보지식 필요와 사용을 검사하는 것이다. 즉, 조직 내에서 있는 핵심정보와 지식 필요성을 확인하는 것이다. 이것은 차이, 중복, 흐름과 그들이 어떻게 비즈니스 목표에 기여하는지를 확인한다. 지식목록은 무엇을 알고 있는지를 이해하는 실무적인 방법이다. 이 목록은 정보자원관리의 원리에 적용함으로써 수행된다. 지식감사는 핵심 지식자산의 소유자, 사용자, 사용과 핵심속성을 확인한다. 다음은 정보자원관리의 핵심적인 활동이다.

- 확인: 어떤 정보가 있는가? 정보를 어떻게 확인하고, 분류하는가?
- 소유: 누가 정보와 조정을 책임지는가?
- 개발: 어떻게 정보의 가치를 증가하거나 수요를 자극할 수 있는가?
- 가치: 돈에 합당한 가치를 극대화할 수 있는가?
- 기회: 조정을 향상하고, 필요한 정보에 접근할 수 있는가?

2) 차이분석

지식경영의 현재와 바라는 상태 간의 차이는 성공적인 지식경영 추진의 여부에 의해서 분석된다. 차이분석(gap analysis)은 조직이 다루는 지식경영 목표를 목록하고, 순위화하는데 사용될 수 있다. 차이분석의 결과는 정보수집과 요구분석 국면에 관여된 이해관계자들에게 전달함으로써 확인된다. 순위는 조직의 핵심 이해관계자들의 합의로 결정되어야 한다. 이것은 지식자원의 현재와 바라는 상태와 지식경영 수준을 수립하는 것을 포함한다.

Chapter 14

회계와 재무관리

Insight 14

한 손엔 기존사업 다른 손엔 신사업

■ 유통업계의 거인이라 불렸던 미국의 시어스

시어스(Sears)는 1970년대 초 미국 전역에 매장 3,500개를 운영하는 최대 유통 업체였다. 1900년대 초 작은 시계 점포로 출발한 시어스는 제2차 세계대전 후 미국 국민이 TV, 냉장고, 세탁기와 식기세척기 같은 가전제품을 구입하는 대표 쇼핑몰로 자리 잡았고, 50년 가까이 미국 유통업계 1위 자리를 지키며 '유통업의 거인'으로 불렸다. 시어스 직원들은 은퇴할 때 수백만 달러의 퇴직금을 받았고, 회사 내부엔 시어스의 최고 전성기를 일궈온 노장 임직원들이 자리를 지키고 있었다.

■ 할인점의 등장은 시어스의 쇄락

1970년대 후반부터 유통업계에 변화의 바람이 불었다. 홈디포·베스트바이처럼 특정 분야 제품을 파는 소매업체와 월마트·타깃 같은 할인매장을 찾는 소비자가 늘어나기 시작했으나 시어스에서 가전제품을 사는 소비자는 줄어들었다. 그러나 저가 제품을 판매하는 월마트는 고품질 제품을 제공하는 시어스의 경쟁상대가 아니라고 봤다. 창고형 매장으로 성공을 거둔 코스트코를 인수할 기회가 왔을 때에도 시어스 경영진은 "창고형 매장은 구식"이라며 거절했다. 시어스의 점유율이 낮아지자 경영진은 제품광고에 패션모델을 등장시키고 기존 매장을 더 화려하게 꾸미는 데 투자했다. 하지만 소비자들은 월마트와 타깃처럼 다양하고 값싼 제품을 파는 할인 매장으로 차를 돌렸다. 결국 시어스는 1989년 월마트에 '미국 1위 유통업체' 타이틀을 내줬다. 시어스는 2005년 헤지펀드 매니저 에디 램퍼트(현 시어스 CEO)에게 팔렸지만 여전히 적자에서 벗어나지 못하고 있다. 선두기업들은 돈·직원·자원·고객이 많고 브랜드도 갖췄다. 혁신하고 실험하기 좋은 환경을 다 갖춘 셈이다. 지속적으로 혁신하지 못하고 쓰러지는 것은 잘나가는 기존 사업을 유지하는 일에만 매달리기 때문이다.

■ 온 찰스 오라일리

40년 넘게 기업의 성공과 실패 요인을 연구해 온 찰스 오라일리(O'Reilly · 74) 스탠퍼드대 경영대학원 교수는 시어스처럼 변화를 읽지 못하는 기업들이 "성공 증후군에 빠져 혁신에 실패했다"고 진단했다. 그는 "대기업들이 오랫동안 업계 선두를 지키며 살아남으려면 '기존 사업의 유지'와 '미래 사업의 실험'이라는 두 가지를 동시에 잘하는 '양손잡이 경영'을 해야 한다"고 강조했다.

■ 성공증후군의 덫

잘나가던 기업들이 시간이 지나면 쇠퇴하고 혁신에 실패한다. 성공 증후군의 덫에 갇히기 때문이다. 기업은 일단 성공하면 그 분야에 나머지 조직과 문화, 프로세스를 맞추기 시작한다. 잘하는 것을 계속 잘하기 위해 조직 전체가 그것에 집중하는 것이다. 직원들 사이에도 "이렇게 하면 보상받는다"는 기업문화가 깊이 자리 잡는다. 시간이 지날수록 잘하던 것은 더 잘하게 된다. 하지만 외부환경 변화에 무뎌지고 내부혁신에 거부감을 느끼게 된다. 하던 일을 계속하려는 관성이 강해진다. 이것이 성공 증후군이다. 수많은 대기업이 성공 증후군에 빠져 쉽게 변화하지 못하고 밀려나곤 한다. 월마트라는 새로운 경쟁업체가 등장했는데도 시어스 경영진은 위기라고 느끼지 않았다. 시장이 어떻게 변할지 내다보는 혜안도 없었다. 오직 회사를 크게 키우는 일에만 매달렸을 뿐 변화에 적응하고 새롭게 혁신할 줄은 전혀 몰랐다.

■ 폐쇄적 조직이 독

애플도 성공 증후군에 걸려 있을 가능성이 있다고 본다. 지난 5~6년간 애플이 완전히 새로운 시장을 창출한 적이 있는지 생각해보라. 애플은 이전에 개발한 제품을 계속 만들고 있을 뿐이다. 이달 8일 미국에서 출시된 아이폰 신모델도 기존 제품의 후속 제품에 불과하다. 애플의 기업문화는 스티브 잡스 때부터 폐쇄적이기로 유명했다. 회사 내 조직들이 서로 의사소통하기 어렵다는 얘기다. 폐쇄적 조직문화는 회사 내 실험 정신을 약화시킨다. 모든 업무 절차가 중앙집권적이고, 간부들이 CEO 한 사람에게 모두 보고해야 한다. 한때 잡스에게 직접 보고하는 간부 숫자가 17명이 넘었다. 한 사람의 리더가 내리는 결정이 언제나 옳다면 좋겠지만, 현실적으로는 절대 그럴 수 없다. 기업이 혁신하기 위해선 기존에 하던 사업만 잘하면 되는 게 아니라 신규 사업을 위한 실험을 꾸준히 해야 한다. 품질개선, 비용절감처럼 기존 사업을 지속하기 위한 관리업무와 앞으로 다가올 미래에 대비하고 새로운 시장을 발굴하는 탐사업무를 동시에 능숙하게 할 줄 알아야 한다. 기존 사업을 관리하는 것과 혁신을 가져올 사업을 탐사하는 것은 완전히 다른 일이다. 다른 일을 동시에 할 수 있는 양손잡이 경영이 필요하다.

■ 찰스 오라일리의 양손잡이 경영

대기업이 계속해서 업계 선두를 지키며 살아남으려면 기존 사업을 유지하면서 동시에 미래 사업의 실험을 하는 '양손잡이 경영'을 해야 한다. '양손잡이 경영'의 대표적 사례는 넷플릭스다. 1997년 설립된 넷플릭스의 초기 사업 모델은 매월 일정 금액을 받고 우편으로 DVD를 대여하는 것이었다. 하지만 DVD 대여 시장엔 이미 1992년부터 1위를 지켜온 블록버스터가 자리 잡고 있어, 후발 주자인 넷플릭스가 점유율을 확대하는 일은 좀처럼 속도가 붙지 않았다. 리드 헤이스팅스 넷플릭스 창업자는 정보통신기술 변화를 예의 주시하다 인터넷 속도가 충분히 빨라진 것을 확인하고, 2007년 동영상 스트리밍(주문형 비디오) 사업에 전격 진출했다. 소비자들은 DVD를 주문하고 도착할 때까지 기다릴 필요가 없는 스트리밍 서비스로 몰렸다. 동영상 스트리밍 서비스는 인터넷을 타고 국경을 넘어 전 세계로 시장을 확대하면서 가입자가 급격히 늘었다. 2016년 현재 전 세계 넷플릭스 가입자는 8,300만 명에 이른다. 넷플릭스는 여기에 만족하지 않고 동영상 콘텐츠를 직접 제작하는 완전히 새로운 사업에 뛰어들었다. '하우스 오브 카드' 등 인기 드라마를 만들어 HBO 같은 전통적인 콘텐츠 제작사와 경쟁하고 있다. 기존 시장에서 경쟁하면서 동시에 미래를 내다보고, 필요하면 기존 사업 매출 감소를 감수하며 혁신해야 한다.

■ 회사의 자원을 신규 사업에 활용하라

양손잡이 경영에서 지금 잘하는 사업도 잘하고, 동시에 미래 성장 사업도 실험하라는 것은 다소 원론적인 얘기로 들린다. 이를 실천하지 못해 쇠락하는 대기업들이 늘고 있다. 경영진이 둘 다 잘해내지 못했기 때문이다. 미국·일본·독일·영국 등 선진국에서 전통적으로 강했던 기업들이 갑자기 파산하거나 헐값에 팔리는 경우가 많아졌다. '지금 이익 수준을 유지하기 위해서 회사 내 혼란을 불러일으킬 수는 없다'는 생각에 사로잡혀 있다. 최고 경영자들이 단기 실적에만 매달려왔기 때문이다. 2000년 초반 미국 DVD 대여업체 블록버스터 경영진은 넷플릭스가 나타났을 때 얕보고 무시했다. 결국 넷플릭스는 성공했지만 블록버스터는 2010년 파산했다. 위기의식을 가지면 잠재적 경쟁업체를 보는 관점이 달라진다.

■ 양손잡이 경영을 잘하는 기업이 되기 위한 조건은 무엇인가?

첫째, 꾸준히 새로운 사업 아이디어를 내는 기업문화를 갖춰야 한다. 민첩하고 변화를 잘 파악하는 직원을 키우고, 외부에서도 아이디어를 받아들여야 한다. 둘째, 신사업 아이디어를 적극적으로 실험할 수 있어야 한다. 대기업은 나양한 사업을 실험할 수 있는 자본과 직원, 고객 네트워크를 충분히 갖추고 있다. 멈추지 않고 실험해야 한다. 셋째, 최고경영자가 해야 할 가장 중요한 일은 실험 결과 좋은 사업이 될 것으로 판단하면 이를 사업화하기 위해 조직의 자원을 조정하고 재분배하는 것이다. 대부분 기업이 첫째와 둘째는 잘하지만 셋째 과제에서 막힌다.

사업 아이디어가 성공할 수 있다고 예상되면 예산을 새로 책정해 투자해야 하는데, 조직 내 갈등이 많이 발생한다. 이때 경영진의 역할이 중요하다. 다른 비용을 절감하고 조직을 재정비하는 동시에 기업문화를 크게 흔들지 않으면서 성장 가능성 있는 사업을 아낌없이 밀어줄 수 있어야 한다. 특히 신사업 탐사를 맡는 혁신 조직은 기존 사업과 별도로 운영되더라도 같은 경영진 아래에서 시작해야 기존 조직의 자원을 최대한 활용할 수 있다. 기존 조직과 완전히 분리된 혁신 조직을 만들면 기존 조직의 자본을 끌어다 쓸 수 없고, 브랜드 · 마케팅 · 인사 역량도 활용하기 어렵다.

■ **신사업 실험에 실패해도 보상하라**

기업 임직원들이 미래 통찰력을 키우려면 어떻게 해야 하나? 리더가 통찰력을 갖추지 못했더라도 조직은 미래를 내다보는 습성을 기르는 것이 중요하다. 직원들이 미래 회사를 위협할 잠재적 위험이 있다는 것을 서로 터놓고 의논할 수 있는 문화를 조성해야 한다는 얘기다. 기업문화는 회사 내에서 직원들이 특정 행동을 하거나 하지 않도록 하는 사회적 통제 시스템이다. 혁신적인 기업들은 대부분 적응력, 민첩성, 개인의 적극적인 추진력, 도전정신을 고취하는 기업문화를 형성하고 있다. 페이스북은 혁신적인 문화를 가진 대표적인 기업이다. 페이스북은 직원들에게 빠르게 움직이고 혁신을 꾀하라고 격려한다. 매출, 신규 고객 수, 이익률, 고객 유지율처럼 통상 몸집이 큰 기업들이 성장 속도를 가늠하는 데 쓰는 수치들은 페이스북 직원들에게 별다른 의미가 없고, 직원들이 중요하게 생각하지도 않는다. 판매 실적에 따라 고과를 매기고 당장 눈앞의 소비자에게만 초점을 맞추며 위험을 감수하지 않고 조직을 더 중앙집권화하려는 행위들은 모두 혁신과 멀어지는 기업문화를 만드는 나쁜 버릇이다.

지금 위기의식을 가져야 하는 산업계는 어디인가? 당연히 기술 산업이다. 경영자들은 스스로 "지금 우리 기술을 대체할 신기술이 나올까, 새로운 사업 모델이 나올까"끊임없이 질문해야 한다. 파괴적 혁신은 주로 저가 시장에서 일어난다. 한국 기업들의 경우 삼성전자나 LG전자는 글로벌 위상도 갖췄고 프리미엄 전자제품으로 잘 알려져 있다. 이런 대기업일수록 저가 시장에서 뒤통수를 칠 만한 경쟁 업체들은 없는지 긴장해야 한다.

출처: 조선일보 2016.09.25

Chapter 14

회계와 재무관리

제1절 회계원리

1. 회계정보

회계는 재무용어로 기업의 활동을 측정하는 시스템으로 기업이 거래를 어떻게 수행했는지를 나타내는 보고서와 재무제표를 제공한다. 모든 사람들이 동일한 방식으로 회계를 준비하고 해석하기 위해 회계절차와 지침이 개발되었다. 이러한 절차와 지침은 일반적으로 인정되는 회계원리이다. 회계는 이해관계자들의 의사결정에 필요한 재무제표를 작성하는 것이 중심적인 영역이다. 회계정보의 사용자들이 하는 의사결정은 경제적이거나 법적이다. 경제적 의사결정은 자원배분과 관련이 있고, 법적 의사결정은 경영자들이 소유자를 위해 회사를 얼마나 잘 경영하였는지를 판단하는 것과 관련이 있다.

1) 회계의 정의

회계는 기업의 언어이다. 회계는 경영자, 주주, 투자자, 정부와 조직의 내외 사람들에게 재무정보(financial information)를 제공한다. 회계(accounting)는 의사결정을 위해 재무정보를 분석하고, 기록하고, 분류하고, 요약하고, 해석하는 기술이다. 따라서 회계는 기업의 활동을 재무용어로 측정하는 시스템이다. 이것은 기업이 수행한 다양한 거래가 기업에 어떻게 영향을 주는지를 보여주는 다양한 보고와 재무제표(financial statement)를 제공한다. 다음은 회계과정이 수행하는 기능이다.

- 분석(analyzing): 발생한 사건과 기업에 어떻게 영향을 주는지 검토
- 기록(recording): 회계 시스템에 정보 저장
- 분류(classifying): 동일한 활동으로 분류

- 요약(summarizing): 활동 결과 집계
- 보고(reporting): 재무자료 발행
- 해석(interpreting): 정보의 관련성을 판단하기 위한 재무자료 설명
- 커뮤니케이션(communication): 의사결정자, 투자자, 채권자와 정부 등 정보에 관심이 있는 사람들에게 보고서와 재무제표 제공

부기와 회계 간의 차이는 혼란이 종종 있다. 부기(bookkeeping)는 장부기록으로 회계 과정을 기록하는 것이다. 즉, 현금의 수입과 지출 등 재산의 변동을 장부에 기록하는 방식이다. 그러나 부기는 단순히 재산의 변동을 장부에 기록하는 방식이지만, 회계(accounting)는 회계정보를 산출하고 보고하는 것을 의미한다. 따라서 부기는 회사의 장부에 회계정보를 기록하는 것이지만, 회계는 회사의 재무상태를 분석하기 위해 사용되는 재무제표(financial statements)를 준비하는 것이다. 즉, 회계는 세금, 재무보고, 예산과 재무정보의 분석을 준비하는 것을 포함한다.

2) 회계의 유형

회계의 유형은 회계정보의 사용목적에 따라 재무회계, 관리회계와 세무회계로 구분된다. 재무회계(financial accounting)는 조직 외부 사용자의 욕구와 관련이 있다. 기업 외부의 투자자나 채권자를 위한 회계정보를 산출하고 보고하는 회계이다. 즉, 재무회계는 기업의 경영활동에 관한 회계보고서를 기업 외부에 공표할 목적으로 작성하는 회계이다. 공급자, 은행과 채권자들은 기업을 신뢰할 수 있는지를 알기를 원한다. 재무회계는 기업의 외부 이해관계자들이 합리적인 의사결정을 할 수 있도록 필요한 회계정보를 제공한다. 따라서 외부의 이해관계자에게 회사의 객관적인 회계정보를 제공하려면 일정한 기준이 필요하다. 재무회계의 핵심 부분은 외부 사용자들에게 기업의 성과와 상태를 보고하는 것이다.

관리회계(management accounting)는 경영자가 의사결정을 내리는데 필요한 회계정보를 제공하는 내부 보고를 위한 회계이다. 경영자에게 제품가격이나 투자결정 등을 하는데 필요한 정보를 제공한다. 관리회계는 외부 사용자들을 위해 준비한 것보다 더 상세하나 어떤 법적 요건을 충족할 필요가 없다. 또한 경영자가 자원을 최대한으로 활용하여 경영책임을 완수할 수 있도록 하는데 필요한 회계정보는 원가정보이다. 원가정보의 산출을 주로 다루는 회계를 원가회계(cost accounting)라고 한다. 원가계산은 관리회계의 주요 항목이다.

세무회계는 공평한 자원배분과 소득의 재분배를 통일적으로 실현하기 위한 회계제도이다. 세무회계(tax accounting)는 기업회계기준에 따라서 측정된 기업이익을 세법에 근거하여 과세소득을 측정하는 과정이다. 세무회계는 현행 세법상 규정된 모든 세목에 대한 세금

계산을 말한다. 즉, 법인세 등 각종 세금을 얼마나 납부해야 하는지를 계산하기 위해 기업회계를 세법 기준에 맞춰 수정한 것이다. 이러한 세무조정업무는 공인회계사나 세무사에 의해서 수행된다.

| 표 14-1 | 회계의 유형과 회계정보 이용자

회계의 유형	이용자	의사결정
재무회계	투자자, 채권자, 신용기관, 임직원	투자결정, 대출결정, 신용평가, 임금협상
관리회계	경영자	투자결정, 원가분석
세무회계	정부	세액계산과 부과

3) 회계정보의 이용자

기업의 재무상태와 손익에 관한 정보를 필요로 하는 사람은 매우 많다. 회계는 정보 시스템으로 다양한 사람들이 필요로 한다. 어떤 사람들은 회계정보에 직접적으로, 어떤 사람들은 간접적으로 관심이 있다. 회계정보에 직접적으로 관심이 있는 사람들은 소유자, 경영자, 채권자, 투자자, 종업원, 고객과 세무당국이다. 간접적 사용자들은 재무분석가나 무역협회 등이다. 또한 회계정보의 사용자는 내부 사용자와 외부 사용자로 구분된다. 내부 사용자들은 주주, 경영자와 종업원이다. 외부 사용자들은 채권자, 투자자, 정부나 고객이다.

Sense 기업 멍들게 하는 부실회계

국내외 주요 회계부정 사례

기업	시기	회계부정 내용
대우그룹	1990년대 말	22조9000억 원 분식회계
엔론	2001	15억 달러 분식회계
월드컴	2002	38억 달러 지출을 설비투자로 처리
대우건설	2013	3896억 원 분식회계
모뉴엘	2008~2013	6000억 원 규모 허위매출 통한 사기대출
STX조선해양	2008~2012	2조4000억 원 분식회계
도시바	2012~2013	1300억 엔 순익 과다계상

수조 원대에 이르는 모뉴엘 사기대출과 대우조선해양 분식회계 의혹까지 대형 경제사건이 터질 때마다 부실감사 논란이 빠지지 않고 뒤따르면서 현 회계제도를 개선해야 한다. 특히 조선과 해운, 철강, 석유화학 등을 중심으로 진행되는 산업 구조조정 과정에서 가장 기초자료인 회계정보가 잘못될 경우, 구조조정 타이밍을 놓치고 한국 경제에 큰 충격을 줄 수 있다는 우려도 나온다. 금감원은 지난해 상반기 대우조선의 고의적 분식회계가 있었는지, 또 누가 주도적으로 손실을 장부상 이익으로 감췄는지 등을 가리는 데 초점을 맞추고 감리를 진행 중이다.

출처: 문화일보 2016.12.05

2. 재무제표

재무제표(financial statements)는 기업이 일정기간 동안에 회계기준에 따라 작성한 회계보고서이다. 재무제표는 기업의 재무상태, 재무성과와 재무상태변동을 체계적으로 기록한 회계정보이다. 재무제표는 회계정보이용자의 경제적 의사결정에 유용한 기업의 정보를 제공하는 것이 목적이다. 이러한 목적을 위한 재무제표는 5가지로 분류된다.

- 재무상태표: 일정시점 현재 기업의 자산, 부채와 자본의 금액과 구성을 표시하는 재무보고서이다. 기업의 경제적 자원, 재무구조, 유동성, 재무건전성과 적응능력 등 재무상태를 파악할 수 있는 정보이다.
- 포괄손익계산서: 일정기간의 기업의 경영성과를 나타내기 위한 것으로 수익과 비용을 표시하며, 최종적으로는 당기순이익(당기순손실)을 나타낸다.
- 현금흐름표: 일정기간 동안 기업의 현금유입과 현금유출에 관한 정보를 제공한다. 현금 및 현금성 자산의 창출능력과 현금흐름의 사용용도를 평가하는 정보이다.
- 본변동표: 일정기간 동안 발생한 소유주 지분의 변동을 표시하는 재무보고서이다. 자본금, 자본잉여금, 이익잉여금, 기타포괄손익의 누계액 등을 포함한다.
- 주석: 재무제표에 표시하는 정보에 추가하여 제공하는 정보이다. 재무제표에서 계산, 제공할 수 없었던 정보를 구체적으로 설명한 것이다.

1) 재무상태표

재무상태표(statement of financial position)는 일정시점 현재 기업의 자산, 부채와 자본의 금액과 구성을 표시하는 재무보고서이다. 기업의 경제적 자원, 재무구조, 유동성, 재무건전성과 적응능력 등 재무상태를 파악할 수 있는 정보이다. 재무상태표의 구성요소는 자산, 부채와 자본이다. 이를 대차대조표(balance sheet)라고도 한다.

(1) 자산

자산(assets)은 회사가 영업활동을 위해 보유하고 있는 재산이다. 과거 사건의 결과로 기업이 통제하고 있고, 미래 경제적 효익이 기업에 유입될 것으로 기대되는 자원을 의미한다. 자산은 현금화의 정도에 따라 유동자산과 비유동자산으로 구분한다.

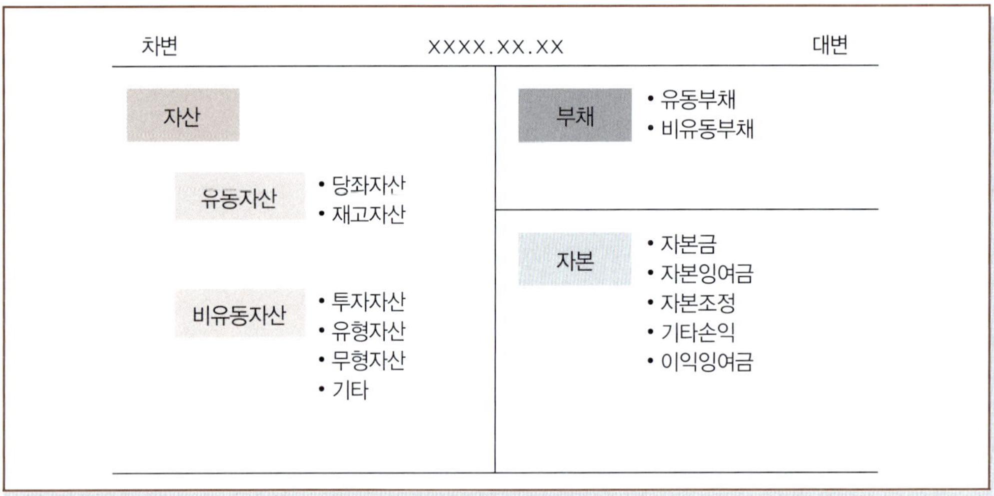

| 그림 14-1 | 재무상태표

① 유동자산

유동자산(current assets)은 1년 이내에 현금으로 바꿀 수 있는 자산이나 전매할 목적으로 소유하고 있는 자산이다. 유동자산은 현금가능성에 따라 당좌자산과 재고자산으로 분류된다. 재고자산은 주문하였으나 아직 회사에 도착하지 않은 미착품과 도착하여 창고에 입고되어 사용이 가능한 원재료 및 부재료, 그리고 공정에 투입되어 생산이 완료되지 않은 재공품과 생산이 완료되어 출고를 대기하고 있는 제품으로 구분된다. 그리고 상품은 가공생산을 거치지 않고 판매하는 것을 뜻하고, 저장품과 소모품은 제품생산에 직접 투입되지 않고 공장을 가동시키는데 사용되는 유류와 소모성 공구 등이다.

| 표 14-2 | 유동자산

구분	내용
당좌자산	• 복잡한 생산과정을 거치지 않고 즉시 현금화가 가능한 자산
	현금 및 현금등가물, 단기금융상품, 단기매매증권, 매출채권(외상매출금과 받을어음), 단기대여금과 주주 · 임원 · 종업원 단기대여금, 미수금과 미수수익, 선급금과 선급비용, 기타의 당좌자산
재고자산	• 판매를 목적으로 보유하고 있는 자산으로 판매과정을 거쳐 현금화가 가능한 자산
	상품 · 제품, 반제품과 재공품, 원재료 · 부재료 · 미착품, 저장품 · 소모품, 기타의 재고자산

② 비유동자산

비유동자산(non-current assets)은 1년 이후에 현금화할 목적으로 보유한 자산이다.

비유동자산은 유형자산(토지, 건물, 기계설비), 투자자산(만기보유증권, 장기금융상품), 무형자산(영업권, 산업재산권)으로 구분된다.

| 표 14-3 | 비유동자산

구분	내용
유형자산	• 장기간에 걸쳐 계속 사용할 목적으로 보유하고 있는 구체적인 형태의 자산
	토지, 건물, 구축물, 기계장치, 공구, 비품, 건설중인자산
투자자산	• 회사가 지속적으로 장기간에 걸쳐 운용하는 자산으로 보통 결산일로부터 1년 이후에 현금화가 가능한 자산
	장기금융상품, 만기보유증권, 매도가능증권, 지분법적용투자주식, 장기대여금, 장기성 매출채권(장기의 외상매출금과 받을어음), 투자부동산, 보증금, 이연법인세차
무형자산	• 물리적인 실체는 없으나 미래에 경영 효익을 얻을 수 있는 자산
	특허권, 실용신안권, 디자인권, 상표권, 상호권, 상품명, 라이센스와 프랜차이즈, 저작권, 컴퓨터 소프트웨어, 개발비, 창업비, 임차권리금, 광업권, 어업권

(2) 부채

부채(liabilities)는 현재 또는 미래에 타인에게 지급할 채무이다. 과거의 기업활동에 의하여 발생하고, 경제적 효익이 내재된 자원이 기업에서 유출될 것이 기대되는 현재의 의무이다. 부채는 상환기간에 따라 유동부채와 비유동부채로 구분된다.

① 유동부채

유동부채(current liabilities)는 결산일로부터 1년 이내에 상환해야 하는 부채이다. 생산 및 구매활동과 관련하여 발생한 영업상의 부채이다. 유동부채는 지급기한이 짧기 때문에 기업이 지급능력을 보유하기 위해서는 유동부채보다 더 많은 유동자산을 보유하고 있어야 한다. 유동자산이 유동부채를 초과하는 부분은 운전자본이며, 이것은 경영자가 단기 기업활동을 수행할 때 자유로이 사용할 수 있는 자금이다.

| 표 14-4 | 유동부채

구분	내용
유동부채	• 1년 이내에 상환해야 하는 부채
	매입채무(외상매입금과 지급어음), 단기차입금, 미지급금, 미지급비용, 미지급법인세, 미지급배당금, 선수금, 예수금, 선수수익, 유동성 장기부채

② 비유동부채

비유동부채는 회사가 지급해야 하는 부채 중 결산기말로부터 1년 이후 장기간에 걸쳐 만기가 도래하는 부채를 말한다. 이러한 비유동부채는 장기간에 걸쳐 사용이 가능하기 때문에 일반적으로 유형자산이나 투자자산의 취득자금으로 많이 조달되어 사용된다.

| 표 14-5 | 비유동부채

비유동부채	•1년 이후에 상환해야 하는 부채
	사채와 사채발행비, 장기차입금, 장기성 매입채무(장기의 외상매입금과 지급어음), 부채성충당금(퇴직급여충당금, 판매보증충당금 등), 이연법인세대

(3) 자본

자본(capital)은 사업을 시작 또는 사업 중에 주주가 투자하는 자금이다. 자본은 주주지분 또는 소유자 지분이라고도 하며, 기업의 자산에서 부채총계를 차감한 후의 잔여지분이다. 자본은 자본금, 자본잉여금, 이익잉여금 및 자본조정으로 구성된다. 자본금은 주주들이 직접 출자한 주식의 액면총액이며, 자본잉여금은 주주들이 액면가액 이상으로 납입하거나 자본거래에서 창출된 이익 중 기업 내에 유보된 금액을 말한다. 자본조정은 소유자 지분에서 가감되어야 하지만 아직 미확정 상태라서 자본의 구성항목 중 어느 것에 가감해야 하는지 불분명한 경우 자본총계에서 가감하는 형식으로 기재하는 항목이다. 이익잉여금은 유보이익으로 기업의 손익거래의 결과 나타난 잉여금 중 사외 유출을 제외하고 사내에 유보된 이익을 말한다.

자본총계 = 자본금 + 자본잉여금 + 이익잉여금 + 자본조정

(4) 회계등식

회계기능은 인식, 측정기능과 전달기능이 있다. 기업은 기업활동에 따라 경제적 사건이 일어난다. 경제적 사건은 거래이고, 거래가 발생하면 회계장부에 기록하고, 재무제표에 반영하는 것을 인식(recognition)이라고 하고, 재무제표 요소의 화폐금액을 결정하는 과정을 측정(measurement)이라고 한다.

모든 기업활동은 회계활동이 아니다. 즉, 모든 활동이 회계장부에 기록되지 않는다. 회계에서는 기업거래만을 기록한다. 거래(transaction)는 기업과 외부인들 간에 돈이나 돈의 가치가 있는 것의 이전을 포함하는 사건이다. 예를 들면, 기업이 현금이나 외상으로 어떤

사람에게 제품을 판매하는 것은 거래이다. 이러한 사건은 기업으로부터 다른 외부인에게 상품의 이전을 포함한다. 따라서 거래는 활동과 돈이 결합되어야 한다.

거래 = 활동 + 돈

재무상태(financial position)는 특정한 시점에 기업이 보유한 자산의 규모, 구성 요소와 자원의 원천에 관한 상황이다. 자산(assets)은 회사가 소유한 가치 있는 재산으로 현금, 유가증권, 토지, 사무실, 건물, 기계장치, 비품 등이 있다. 기업의 소유주와 채권자는 제공한 대가만큼 청구권을 갖는다. 이를 지분이라고 한다. 지분(equities)은 자산에 대한 재무적 청구권이다. 지분은 소유자 지분과 부채가 있다. 부채(liabilities)는 갚아야 할 빚으로 미래에 상환해야 할 의무이다. 회계는 왼쪽에 자산합계, 오른쪽에 부채와 지분을 나타낸다. 지본합계를 나타내는 양식으로 재무상태를 보고하는데 이를 회계등식 또는 재무상태표등식이라고 한다.

자산 = 부채 + 소유자 지분

2) 포괄손익계산서

포괄손익계산서는 수익과 비용에 의해서 기업활동을 나타내는 회계보고서이다. 포괄손익계산서(statement of comprehensive income)는 회계연도의 수익과 비용을 대응시켜 일정기간 동안 회사의 손익을 표시한 재무제표이다. 이것은 일정기간 동안 기업의 경영성과, 기업의 미래 현금흐름과 수익창출능력 등의 예측에 유용한 정보를 제공한다. 손익계산서에는 일정기간 동안 발생된 수익, 비용, 이익이 주요 구성항목이 된다.

수익(revenues)은 자산의 유입이나 증가 또는 부채의 감소에 따라 자본의 증가를 초래하는 특정 회계기간 동안에 발생한 경제적 효익의 증가이다. 이것은 매출액이나 이자수익처럼 기업이 일정기간 동안 기업의 정상적인 경영활동을 통해 벌어들인 자산이며, 자본의 증가나 부채의 감소를 동반한다. 비용(expenses)은 자산의 유출이나 소멸 또는 부채의 증가에 따라 자본의 감소를 초래하는 특정 회계기간 동안에 발생한 경제적 효익의 감소이다. 비용은 기업이 수익을 얻기 위해 일정기간 동안 소비한 자산이며, 자산의 감소나 부채의 증가를 동반한다. 따라서 포괄손익계산서는 일정기간 동안 수익과 비용을 대응하여 기업의 경영성과를 나타내는 재무제표이다.

| 표 14-6 | 손익계산서 기본 구조

구분	주요 계정
① 매출액	국내매출 + 해외매출
- 매출원가	제조원가 + 재고변화
② 매출총이익	
- 판매비와 관리비	급여, 임차료, 감가상각비, 세금과 공과, 광고선전비, 연구비
③ 영업이익	
+ 영업외 수익	이자수익, 배당수익, 임대료, 외환차익, 투자자산처분이익
- 영업외 비용	이자비용, 대손상각, 외환차손, 투자자산처분손실, 대손상각
④ 계속사업이익	
- 법인세	
⑤ 당기순이익	

3) 현금흐름표

현금흐름표(cash flow statement)는 회계기간 동안 자금의 원천과 사용을 나타낸다. 이것은 기업의 유동성에 관한 정보를 제공한다. 즉, 현금흐름표는 일정기간 동안 기업의 현금흐름을 나타내는 재무제표이다. 현금이 어떻게 창출되어 어디에 쓰였는지 보여준다. 현금흐름표와 손익계산서는 회계연도의 시작부터 기말까지 재무상태표와 연결된다. 현금흐름표는 재무상태표와 손익계산서에서 알 수 없는 정보를 제공한다. 기업의 활동을 영업, 투자와 재무활동으로 구분하여 각각 현금유입과 현금유출 관련 정보를 제공하는 재무제표이다.

- 영업활동에 의한 현금흐름: 기업의 수익창출을 위해 발생되는 상품이나 서비스의 판매, 원자재와 상품매입, 제조와 관리활동에서 발생되는 모든 현금의 유출과 유입
- 투자활동에 의한 현금흐름: 기업의 유형자산과 무형자산 등의 처분과 구입, 관계회사 지분매입과 매각, 금융상품 투자
- 재무활동에 의한 현금흐름: 유상증자 및 배당금 지급, 차입금의 차입 및 상환

구분	현금 유입	현금 유출
영업활동에 의한 현금흐름	상품 판매 수수료 수입 이자수입 배당금 수입	상품 구입 종업원 급료 이자비용 법인세 납부
투자활동에 의한 현금흐름	대여금 회수 유가증권 처분 고정자산 처분	현금 대여금 유가증권 취득 고정자산 취득
재무활동에 의한 현금흐름	현금 차입 주식발행	차입금 상환 자기주식 취득 배당금 지급

| 그림 14-2 | 현금흐름표의 구분

제2절 재무관리

1. 재무관리의 기능

재무(finance)는 자본의 조달 및 운용과 관련되는 활동을 의미한다. 즉, 기업이 필요한 자금을 조달하고 관리하는 기능이다. 모든 기업들은 사업을 운영을 하고, 목표를 달성하기 위해 자금이 필요하고, 그래서 자금을 기업의 혈액이라고 한다. 적절한 자금이 없이 어떤 기업도 목적을 성취할 수 없다.

1) 재무관리의 성격

재무관리는 기업의 재무자원을 계획하고, 통제하는 것과 관련된 관리의 한 부분이다. 이것은 기업을 위해 자금조달의 다양한 원천을 발견하는 것을 다룬다. 재무관리(financial management)는 재무의사결정의 분야에서 자금투자, 다양한 자금조달 활동 및 이익처분 등의 분야에서 일반적인 관리원칙의 적용이다. 기업의 목표와 목적을 달성하기 위해 자금을 조달하고 활용하는 과정이다. 즉, 자금의 조달과 운용을 조직하고, 지휘하고, 통제하는 기술이다. 따라서 재무관리는 자금의 조달, 투자와 배당 등을 결정하는 관리활동이다.

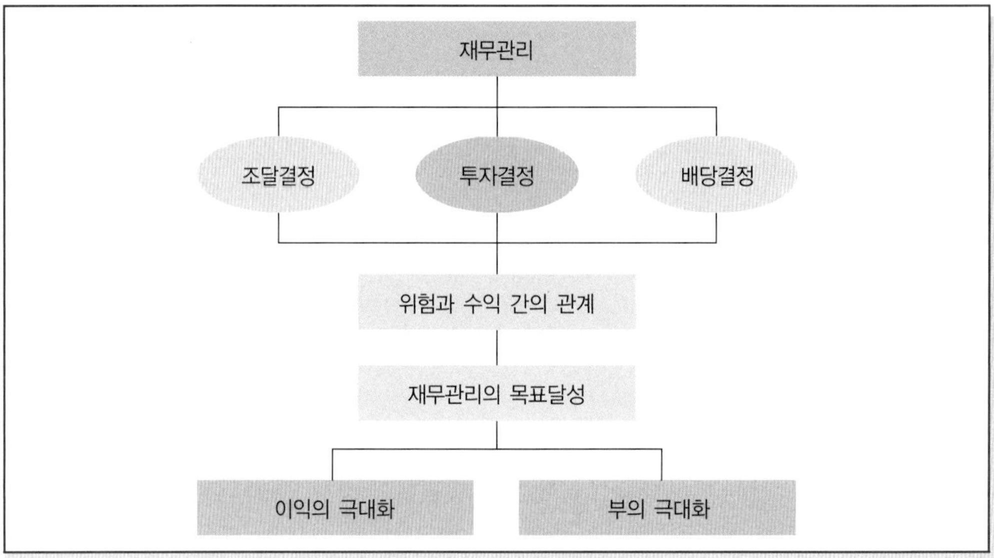

| 그림 14-3 | 재무관리의 상호관련성

재무활동에는 예산계획, 현금흐름분석과 자금계획 등이 있다. 예산(budget)은 수입을 예상하고, 특정 자원들을 배분을 하는 과정이다. 예산은 미래 수입과 지출에 대한 계획이다. 예산계획은 재무목적을 수립하고, 미래 재무자원과 수요를 예측하고, 수입과 지출을 추적관찰하고, 재무목적의 달성을 평가하는 과정이다. 현금흐름분석은 미래의 현금 유입과 유출을 분석하는 것이다. 자금계획은 단기와 장기의 현금흐름을 분석하는 것이다. 자금계획은 필요한 자본을 추정하고, 자금의 사용을 계획하는 것이다. 즉, 기업의 재무활동에 관한 목적, 정책, 절차, 프로그램과 예산을 구성하는 과정이다.

2) 재무관리의 기능

재무관리는 기업의 생존과 성장에 중요한 관리의 한 부분이다. 재무관리의 기능에는 자금수요의 추정, 자본구조의 결정, 자금원천의 선정, 투자유형의 선택, 적절한 현금관리, 재무통제의 실행과 유보금의 적절한 사용 등이 있다.

(1) 자금수요의 추정

재무임원의 첫 과업은 기업의 단기와 장기자금 수요액을 추정하는 것이다. 미래뿐만 아니라 현재를 위한 자금계획을 준비한다. 또한 운전자본뿐만 아니라 고정자산 구입에 필요한 금액을 확인한다. 부적절한 추정은 기업활동에 부정적인 영향을 주고, 초과자금은 경영진이 과도한 지출을 하게 된다.

(2) 자본구조의 결정

자본구조는 기업이 자본조달의 원천인 자기자본과 부채의 구성비율의 조합을 의미한다. 필요자금액을 결정한 후 조달할 자금의 유형을 결정해야 한다. 즉, 장기부채에 의해서 고정자산 자금을 조달하고, 유동자산을 취득하는 것이 현명하다. 자금의 다양한 원천에 관한 의사결정은 자금조달비용과 연결되어야 한다. 자금조달비용이 크다면 유용하지 않다. 자금의 유형과 규모에 관한 의사결정은 기업의 단기와 장기계획에 영향을 주는 중요한 의사결정이다. 자본구조는 부채비율에 의해서 측정된다.

(3) 자금원천의 선정

자본구조를 준비한 후 자금의 적절한 원천을 선택한다. 자금이 조달되는 다양한 원천은 자본금, 차입금과 예금을 포함한다. 자금이 단기적으로 필요하면 단기차입금이 적절하고, 장기자금이 필요하면 자본금과 장기차입금이 적절하다. 그러나 단기자금으로 고정자산을 취득한다면 단기자금을 상환하기 위하여 또 다른 부채를 차입하는 악순환이 될 수 있다.

(4) 투자유형의 선택

자금이 확보되면 투자유형에 관한 의사결정이 이루어진다. 투자유형의 선택은 자금의 사용과 관련된다. 어떤 자산을 구입할 것인가에 관한 의사결정이 이루어져야 한다. 고정자산과 적절한 규모는 운전자본을 위해 유지된다. 자본예산과 같은 의사결정기법은 자본지출에 관한 의사결정에 적용된다. 다양한 자산을 사용할 때 안전, 수익성과 유동성의 원리를 무시해서는 안 된다.

(5) 적절한 현금관리

현금관리는 재무임원의 중요한 과업이다. 재무임원은 다양한 시점에서 필요한 현금을 평가하고, 현금을 배정하는 일정을 수립해야 한다. 현금은 채무상환, 원자재 구매, 임금과 당일비용을 충족하는데 필요하다. 현금의 원천은 현금판매, 채권회수나 단기예금 등이다. 현금관리는 과부족이 있어서는 안 된다. 현금의 부족은 기업의 신뢰가치에 손상을 주고, 유휴현금은 자금비용의 낭비이다. 현금흐름표를 통해 현금의 다양한 원천과 사용을 발견할 수 있다. 자금의 일시적 유동성 실패는 현금수지의 불균형에서 오고 부도의 원인이 된다.

(6) 재무통제의 실행

재무관리의 효율적인 시스템은 다양한 통제방법의 사용이 필요하다. 일반적으로 사용되는 재무통제 방법은 투자수익, 비율분석, 손익분기점분석, 비용통제와 내부감사 등이 있다. 다양한 통제기법의 사용은 재무임원이 다양한 자산의 성과를 평가할 때 유용하고, 필요할 때마다 시정조치를 할 수 있다. 따라서 재무자원의 최적사용을 도모할 수 있다.

(7) 유보금의 적절한 사용

수익이나 유보금의 사용은 재무관리에서 중요한 요인이다. 유보금의 현명한 사용은 확장과 다각화 계획에 필수적이고, 주주의 이익을 보호한다. 수익의 재투자는 더 많은 자금조달을 위한 최상의 정책이다. 배당금 지급과 자금조달 비용 간의 균형을 이루어야 한다.

3) 위험과 수익 간의 관계

주식가격(share price)을 극대화하기 위해 재무임원은 위험과 수익을 평가한다. 재무의사결정은 위험과 수익 특성을 제시하고, 이러한 특성의 독특한 결합은 주가에 영향을 받는다. 재무임원은 위험, 수익과 위험회피에 관한 기본적인 생각이 중요하다. 위험(risk)은 재무적 손실의 기회이다. 어떤 위험은 재무임원과 주주에게 직접적으로 영향을 미친다. 사업위험과 재무위험은 기업에 특유하고, 그래서 재무임원은 관심이 크다. 이자율, 유동성과

| 표 14-7 | 기업과 주주의 위험

위험 관리자	위험의 원천	설명
기업	사업위험	기업이 운영비용을 충당할 수 없는 위험이다.
	재무위험	부채를 충당할 수 없는 위험이다.
주주	이자율 위험	투자가치에 부정적인 영향을 주는 위험이다. 금리가 상승할 때에 투자가치는 하락한다.
	유동성 위험	기업이 파산하여 투자를 회수할 수 없는 위험이다.
	시장위험	경제, 정치와 사회적 사건처럼 투자와 관계없는 시장요인으로 투자가치가 하락할 위험이다.
기업과 주주	사건위험	예측치 못한 사건이 기업이나 투자가치에 큰 영향을 주는 위험
	환율위험	환율의 변동성으로 바람직하지 않은 환율변동성이 클수록 기업이나 투자의 가치가 더 하락할 위험이다.
	구매력 위험	인플레이션이나 디플레이션으로 가격수준의 변동이 기업이나 투자에 부정적인 영향을 주는 위험
	세금위험	세법의 불리한 변경이 발생할 위험

시장위험은 주주에게 특유하고, 그래서 주주는 관심이 크다. 환율, 구매력과 세금 위험은 회사와 주주 양자에게 직접적으로 영향을 준다.

위험은 특정한 자산과 관련된 수익의 변동성이다. 어떤 자산의 수익이 클수록 변동성과 위험은 더 크다. 수익의 변동성에 근거하여 위험을 평가한다면 수익이 무엇인지와 어떻게 수익을 측정하는지를 알아야 한다. 수익(return)은 주어진 기간 동안에 투자에서 초래하는 총이득이나 가치이다. 이것은 일정기간 동안 가치의 변화이다.

4) 재무관리의 목적

기업의 주요 목적은 소유주의 경제적 번영을 극대화하는 것이다. 재무관리는 행동의 적절한 방향을 선택하고, 수익이 있는 전략을 결정하는 기본적인 틀을 제공한다. 따라서 재무관리의 목적은 이익의 극대화(profit maximization)와 부의 극대화(wealth maximization)에 의해서 달성된다.

(1) 이익의 극대화

이익획득은 모든 경제적 활동의 기본적인 목적이다. 기업은 비용을 충당하고, 성장을 위한 자금을 제공하기 위해 이익을 확보해야 한다. 어떤 기업도 이익을 얻지 않고 생존할 수 없다. 이익은 기업의 효율성의 척도이다. 이익은 보장될 수 없는 위험에 대해 기업을 보호하는 역할을 한다.

(2) 부의 극대화

부의 극대화는 주주의 이익을 대신하는 개념이다. 회사가 주주의 부를 극대화할 때 주주들은 개별적인 이익을 극대화하기 위해 부를 사용할 수 있다. 이익을 극대화함으로써 회사는 주주의 부를 극대화하는 방향으로 운영한다는 것을 의미한다. 주주의 부는 주식 소유자들의 결과물이 된다. 주주의 현재 부는 현재 보유한 주식의 수에 주당 현재 주가에 비례한다. 주당 현재시가가 높을수록 주주의 부는 더 크다. 따라서 기업은 이익의 극대화를 통해서 시장에서 주식의 가치를 증가하고, 주식가격을 극대화하는 것을 목표로 한다.

| 그림 14-4 | 이익 극대화의 결과

2. 자금조달의 원천

기업활동은 자금의 흐름과 연결되어 있고, 기업의 유지와 성장은 자금을 필요로 한다. 따라서 기업은 자금을 조달하여 기업활동에 지원한다. 자금조달 방법은 자금의 출처에 따라 내부금융과 외부금융이 있다. 외부금융은 기업의 외부에서 조달하는 것이나 내부금융은 기업 내부에서 조달하는 것이다. 상환기일에 따라 단기자금과 장기자금이 있다. 단기자금은 상환기일이 1년 이하인 자금이나 장기자금은 상환기일이 1년 이상인 자금이다.

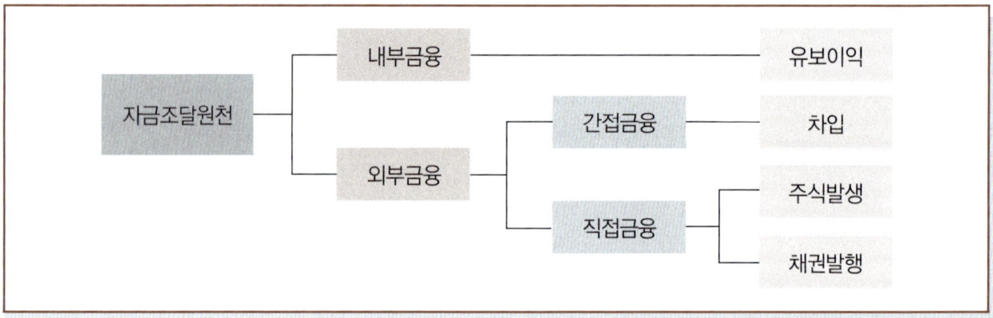

| 그림 14-5 | 자금조달의 원천

1) 내부금융

내부금융(internal financing)은 기업의 영업성과에서 나오는 이익금에서 배당금이나 세금을 제외한 나머지를 사내에 준비금으로 적립하고, 필요할 때 자본으로 전환하는 금융방식이다. 내부금융은 이익잉여금, 자본잉여금, 감가상각 등이 있다. 내부금융은 외부금융에 비하여 조달비용이 낮고 상환할 필요가 없고, 가장 바람직한 자금조달 형태이다. 이러한 내부금융은 주로 기업의 투자자금이나 운전자금으로 사용된다. 차입이나 신주발행으로 조달된 외부자금과는 구별된다.

2) 외부금융

외부금융(external financing)은 기업이 필요한 자금을 외부에서 차입하여 조달하는 것이다. 외부금융에는 직접금융과 간접금융이 있다. 직접금융은 증권시장에서 주식이나 채권을 발행하여 자금을 조달하는 것이지만, 간접금융은 금융기관으로부터 차입하는 것이다. 주식발행은 주식을 추가로 발행하여 필요한 자금을 조달하는 방법이며, 회사채 발행은 회사가 채권을 발행하여 소요자금을 조달하는 방법이다.

직접금융은 자금조달과정에 있어서 금융기관을 개입시키지 않고 주식이나 회사채를 발행하여 투자자로부터 직접 자금을 조달하는 것을 의미한다. 즉, 기업이 자본시장에서 투자자들로부터 자금을 직접 조달하는 방식이다. 간접금융은 기업이 금융기관을 통해 일반으로부터 흡수된 예금을 차입하는 것을 의미한다. 간접은 은행이라는 중개기관(intermediary)이 예금자와 차입자를 간접적으로 연결시켜준다는 뜻이며, 금융은 자금조달을 의미한다.

| 그림 14-6 | 간접금융과 직접금융

(1) 간접금융

간접금융은 금융기관을 통한 차입이다. 은행에서의 장기차입은 대체로 시설투자를 목적으로 차입하며, 단기차입은 운영자금용으로 차입한다. 차입의 중요한 기준은 차입금액, 이자율과 만기이다. 부채가 상환될 때까지 채권자는 기업의 현금흐름의 일부에 관한 법적 청구권을 갖는다. 채권자는 지급을 요청할 수 있고, 극단적인 경우 연체를 이유로 기업을 파산시킬 수 있다.

차입금의 원금은 빌린 돈의 원래 액수이다. 차입금의 이자율은 빌린 자금의 가격이다. 이자지급은 지급해야만 하는 고정비용이다. 이자지급을 못한다면 채무불이행(default)으로 간주될 수 있고, 전체 차입금의 상환을 요청받을 수 있다. 자금 대여자는 이자 지급시기를 연간, 반기, 분기, 월간, 주간이나 일간으로 구성할 수 있다. 대출금의 이자는 고정금리나 변동금리가 있다. 고정금리는 전체 대출기간 동안에 동일한 이자율을 유지하지만, 변동금리는 시간에 따라서 변하는 금리이다. 변동금리는 고정금리보다 더 많은 모험요소가 있다. 변동금리대출은 기준금리의 변동에 따라서 조정된다. 고정금리 대출은 대체로 변동금리 대출보다 더 높은 이자율을 갖는다. 창업기업은 영업의 첫해에 낮은 현금흐름을 상쇄하기 위해 변동금리를 고려한다. 대출금의 만기(maturity)는 차입자가 자금을 사용할 수 있는 시간의 길이이다. 즉, 차입금이 차입일로부터 상환되는 날까지의 기간을 말한다.

단기차입은 일 년 안에 차입금을 상환해야 하고, 중기차입은 일 년 이후에 상환해야 하는 조건이다. 차입목적에 따라 만기를 선택할 수 있다. 일 년 안에 판매를 기대하는 구매는 단기차입금을 사용한다. 고정자산이나 고정설비는 장기대출을 고려한다. 차입금의 만기는 차용자의 자금사용과 일치하는 것이 필요하다. 일반적으로 만기가 길수록 이자율이 더 높아진다. 단기자금은 이자율은 보통 싸지만 곧 상환해야 하고 현금흐름에 큰 영향을 준다.

대출보증(loan security)은 대출이 상환되도록 대출사에 내한 차입자의 보증이다. 차입에 대한 기업가의 서명이 채권자에 의해서 충분한 안전으로 고려되지 않는다면 채권자는 대출을 보증하기 위한 또 다른 사람의 서명을 요구할 것이다. 대출에 서명하는 개인들은 배서이다. 배서(endorsement)[50]는 서명한 어음에 대한 채무이다. 배서인(endorser)은 연대보증인과 보증인이 있다. 연대보증인(comaker)은 차입자와 함께 책임을 공유한다. 대출자는 차입자나 연대보증인에게 배서를 요청할 수 있다. 보증자는 보증서에 서명함으로써 어음의 상환을 확실히 할 수 있다. 대출자는 효과적인 경영의 계속성을 확보하기 위해 회사의 임원들로부터 보증을 요구할 수 있다.

(2) 직접금융

직접금융은 기업이 주식 등 소유지분을 매각하거나 신규로 모집하여 자금을 조달하는 방식으로 상환할 필요가 없는 자금이다. 즉, 기업의 현금흐름을 제한하는 지급이 없고, 자금에 대한 이자도 없다. 투자자들의 자금을 지분으로 조달하는 것이기 때문에 기업이 손실을 볼 경우 투자자들이 투자한 금액에 비례해 직접 손실을 입게 된다. 또한 담보를 설정하지 않아도 되어 기업은 상당히 안정적 자금이다. 그러나 수익이 투자금액에 따라 분배하므로 기업가 개인에게 돌아오는 수입은 적어진다. 지분 제공자는 기업의 일부를 소유하고 배당금, 기업가치의 증가와 기업경영의 발언권에 관심이 크다.

배당금(dividends)은 회사의 순이익에 근거하여 지급하고, 반기나 연간 단위로 지급되는 돈이다. 많은 중소기업은 미래성장을 위해 이익잉여금의 형태로 순이익을 유지하고 신규투자에 필요한 금액 이상으로 이익을 보일 때만 배당금을 지급하는 배당정책을 고려한다. 기업가치의 증가는 성공적인 기업의 자연스런 결과이다. 투자자들은 종종 기업의 장기적 성공만큼 배당에 관심이 없다. 기업이 성공한다면 지분 제공자들은 상당한 이익으로 투자의 전부나 일부를 매도할 기회를 갖게 될 것이다. 경영의 발언권은 지분의 제공자에게 추가적인 고려사항이다. 소유자들에게는 기업이 실패한다면 손실을 보기 때문에 그들의 돈이 어떻게 사용되는지를 알 권리가 있다.

---

50. 배서(endorsement): 어음의 수령인 및 그 후의 어음의 소지인이 일정사항을 증권배면에 기재하여 타인에게 교부하는 행위이다. 양도인을 배서인, 양수인을 피배서인이라 한다.

3. 유가증권

유가증권(securities)은 어떤 재산적 권리를 나타내는 증서이다. 유가증권은 화폐증권, 상품증권과 자본증권이 있다. 화폐증권은 화폐의 대용으로 유통하는 수표나 어음 등이고, 상품증권은 운송 또는 보관 중에 있는 화물의 청구를 표시하는 화물증권이고, 자본증권은 주식・공사채 등 증권시장에서 거래하는 증권이다. 자본증권은 권리의 특성에 따라 주식, 채권과 수익증권이 있다. 주식은 출자자의 권리 또는 지위를 나타내는 증권이다. 채권은 금전에 대한 채무관계를 나타내는 증권이다. 수익증권은 신탁재산에 대한 수익권을 나타내는 증권이다. 이러한 증권은 발행자의 측면에서는 장기자본의 조달수단이지만, 투자자의 측면에서는 재산증식을 위한 투자수단이 된다.

1) 주식

주식(stock)은 주주의 권리・의무의 단위이다. 주식회사에 대한 사원의 지위를 지분이라 하고, 지분, 즉 주주의 지위를 주식이라 한다. 기업이 발행할 수 있는 주식의 종류에는 이익배당과 잔여재산의 분배에 관한 권리의 순서에 따라 보통주, 우선주, 후배주, 혼합주가 있다. 보통주(common stock)는 배당 등의 표준이 되는 주식을 말한다. 보통주는 주식회사가 자기자본을 조달하기 위해 발행하는 것으로 사채와 더불어 기업의 장기적인 자금조달의 원천이 된다. 보통주의 주주는 기업의 소유주로서 경영참가권과 이익배분의 권리를 갖고 있는 반면 기업의 위험도 부담하게 된다. 우선주(preferred)는 이익배당이나 잔여재산분배에 관해 보통주보다 우선적인 권리를 갖는 주식이다.

2) 사채

사채(corporate bond)는 기업이 일반대중으로부터 장기간에 걸쳐 거액의 자금을 조달하기 위해 발행한 유가증권이다. 대체로 사채의 만기는 3~5년으로 기업의 장기자본조달수단으로 이용되고 있다. 기업이 사채를 발행할 때 다양한 옵션을 부가하여 발행하기도 하는데 이를 옵션부사채라고 한다. 전환사채(CB: convertible bond)는 사채소유자에게 일정한 기간 이내에 일정한 조건으로 발행회사의 주식으로 전환할 수 있는 권리가 부여된 사채이다. 사채권자는 발행회사의 주가가 상승하면 주식으로 전환하여 높은 투자수익률을 얻을 수 있는 이점이 있다. 신주인수권부사채(BW: bond with warrants)는 발행회사가 유상증자를 할 때 채권자에게도 주주와 마찬가지로 신주를 인수할 수 있는 권리를 부여한 사채이다.

4. 기업공개와 상장

기업공개(going public)는 소수의 주주들에게 국한되었던 주식을 일반대중에게 공개적으로 판매하는 것을 말한다. 기업공개로 기업은 일반대중들로부터 대규모의 신규자금을 조달할 수 있고, 결과적으로 주식소유가 일반대중에게 분산된다. 기업공개방법은 기존 대주주들이 신주인수권을 포기하고 일반대중으로부터 신주를 공모하는 방법인 신주공모와 기존대주주들의 소유 주식을 일반대중에게 매출하는 방법인 구주매출이 있다. 두 방법을 병행할 수도 있다. 기업공개한 주식은 증권거래소에 상장, 코스닥시장에 등록, 제3시장에 등록하여 공개적으로 거래된다.

1) 기업공개

기업공개(initial public offering: IPO)는 일정 규모의 기업이 상장을 목적으로 여러 사람들을 대상으로 주식을 매출하는 행위를 말한다. 대주주들이 가지고 있던 주식을 일반인들에게 널리 팔아 분산을 시키고, 기업경영을 공개하는 것이다. 상장(listing)은 기업이 증권을 발행해서 유가증권시장, 즉 매매될 수 있도록 증권거래소에 등록하는 일이다. 이와 같이 기업공개는 국민경제적으로 기업성과를 모든 국민이 공유하는 목적에 부합되며, 기업입장에서는 자금조달 수단과 공신력이 확대되어 효율적 경영의 계기가 마련된다. 그러나 기업공개는 기업에게 여러 가지 책임을 요구하게 된다. 기업에 자금을 공급한 주주, 은행 및 기타 채권자 등에게 투명경영과 보고의 책임이 강화된다.

2) 코스닥시장

코스닥시장(KOSDAQ: The Korea Securities Dealers Association Automated Quotation)은 법률상으로는 '협회중개시장'이라 부르는데 한국증권업협회가 운영하는 유통시장으로서 거래소 없이 네트워크(network) 시스템에 의하여 주식거래가 이루어지는 시장이다. 코스닥시장은 미국의 나스닥시장(NASDAQ)을 모방하여 1996년 7월 1일에 증권업협회와 증권사들이 출자하여 개설하였다. 코스닥시장은 컴퓨터와 통신망을 이용한 전자거래 시스템으로 매매가 이루어진다. 증권거래소 상장에 비하여 요건이 까다롭지 않기 때문에 벤처기업들이 많이 등록되어 있다. 코스닥시장은 자금조달 및 투자시장으로서의 역할을 수행하고 있으며, 급속도로 성장하였다.

3) 코넥스

코넥스(Korea New Exchange)는 코스닥시장 상장요건을 충족시키지 못하는 벤처기업과 중소기업이 상장할 수 있도록 2013년 7월 1일부터 개장한 중소기업 전용 주식시장이다. 코넥스 진입요건으로는 자기자본 5억 원, 매출액 10억 원, 순이익 3억 원 가운데 한 가지만 충족하면 된다. 특히 코넥스 시장에는 지정자문인이 된 증권사가 중소기업을 발굴해 코넥스에 상장시키고 관리하는 역할까지 담당하게 되는 지정자문인 제도가 있다. 지정자문인은 상장 예비기업에 대한 적격성 심사, 전문투자자 대상 주식 판매 주선 등을 관할하고, 상장 이후에는 공시·신고 대리 업무, 유동성 공급자 호가 제출의무 등을 수행한다.

Sense 웰빙 기업 자이글의 코스탁 입성 성공

• 공모 청약 경쟁률 610.76대 1…흥행 성공

코스닥시장 상장을 앞둔 자이글이 공모주 청약에서 흥행몰이에 성공했다. 웰빙 아이디어 기업 자이글은 8월 25~26일 양일간 진행된 일반 투자자 청약에서 610.76대 1의 경쟁률을 기록하며 성공적으로 공모를 마감했다. 총 공모주의 20%인 89만 6,000주 모집에 약 5억 4,700만주 이상의 청약이 신청됐으며 청약 증거금은 3조 98억원이 몰렸다.

출처: 헤럴드경제 2016.08.26.

• 서울국제발명전시회 금상·동상 동시 수상

자이글이 대한민국발명특허대전 금상·은상 동시 수상에 이어 서울국제발명전시회에서도 금상과 동상을 동시 수상했다. 웰빙 아이디어기업 자이글(주)은 8월 1일부터 4일까지 서울 코엑스에서 열린 2016 서울국제발명전시회에서 웰빙 그릴의 특허와 디자인으로 금상과 동상을 받았다. 적외선으로 조리해 냄새·연기·기름 튐이 없으며 일산화탄소 등 몸에 해로운 유해가스가 발생하지 않아 밀폐된 실내에서도 쾌적하게 조리할 수 있다. 동상은 자이글(주)의 오프라인 전용 모델인 자이글 플러스가 선정됐다. 자이글 플러스는 혁신적인 반달형 조리팬 합체 방식을 적용해 구이와 볶음을 한판에 할 수 있다.

출처: 한국경제신문 2016.12.7

참고문헌

김양렬(2012), 의사결정론(2판), 명경사.

서도원(2015), 인적자원관리(2판), 대경.

유순근(2017), 창의적 신제품개발(2판), 진샘미디어.

______(2017), 창업 온·오프 마케팅, 박영사.

______(2017), 서비스 마케팅, 무역경영사.

______(2016), 비즈니스 커뮤니케이션, 무역경영사.

______(2016), 센스 마케팅, 무역경영사.

이한재(2014), 경영학원론, 탑북스.

이필상(2010), 경영학원론, 법문사.

임태종, 김기동(2014), IFRS 회계원리, 샘북.

임창희(2015), 경영학원론(3판), 라온.

유영목, 안영진, 홍석기(2016), 생산운영관리(3판), 박영사.

켄 블랜차드외 지음, 조천제 옮김(2003), 칭찬은 고래도 춤추게 한다, 21세기북스.

Adams, J. Stacy(1965), "Inequity in Social Exchange," *Advances in Experimental Social Psychology*, 2, 267–299.

Albrecht, Terrance L., Gerianne M. Johnson, and Joseph B. Walther(1993), "Understanding Communication Processes in Focus Groups," *Successful Focus Groups: Advancing the State of the Art*, 51–64.

Athreya, Kartik, Xuan S. Tam, and Eric R. Young (2009), "Unsecured Credit Markets Are Not Insurance Markets," *Journal of Monetary Economics*, 56(1), 83–103.

Bartol, Kathryn M., and David C. Martin(1998), *Management: International Edition*.

Carpenter, M. A., Bauer, T., & Erdogan, B.(2009), *Principles of Management*. Washington, DC: Flat World Knowledge.

Chatman, J. A., & Cha, S. E.(2003), "Leading by Leveraging Culture," *California Management Review*, 45(4), 20–34.

Costa, P. T., & McCrae, R. R.(1992), "Four Ways Five Factors are Basic," *Personality and Individual Differences*, 13.6, 653–665.

Daft, Richard(2010), *Management*, Ninth Edition, South-Western, Cengage Learning, Canada.

Hellriegel D. and Slocum J. W.(2004), *Organizational Behaviour: Contingency Views, 10th ed*, South Western College Publishing, Cincinnati, OH.

Hitt, M. A., Ireland, R. D., & Hoskisson, R. E.(2012), *Strategic Management: Competitiveness and Globalization*, Cengage Learning.

Hugh Courtney(2003), "Decision-Driven Scenarios for Assessing Four Levels of Uncertainty," *Strategy & Leadership*, 31, no. 1, 14 - 22.

Irving Janis(1972), *Victims of groupthink*, Boston: Houghton-Mifflin.

Koontz, H., & O'Donnell, C.(1964), *Principles of management*. McGraw-Hill Book Company.

Kotler, P., Keller, K. L., Ancarani, F., & Costabile, M.(2014), *Marketing management 14/e*, Pearson.

Leach, C., & Melicher, W.(2012), *Entrepreneurial Finance(4th ed.)*, Boulder: University of Colorado.

Mark S. Schwartz and Archie B. Carroll(2003), "Corporate Social Responsibility: A Three-Domain Approach," *Business Ethics Quarterly*, 13(4), 503 - 530.

Meyer, C.(2010), *Communicating for Results*, 2nd ed, Oxford University Press: Ontario.

Michael, Polany(1958), *Personal Knowledge*, Towards a Post-critical Philosophy.

Mintzberg, H.(1973), *The Nature of Managerial Work*.

Morrish, S.(2011), "Entrepreneurial Marketing: A Strategy for the Twenty-first Century?" *Journal of Research in Marketing and Entrepreneurship*, 13(2), 110-119.

Newman, W. H., Summer, C. E., & Warren, E. K.(1977), *The Process of Management*.

Nonaka, L., Takeuchi, H., & Umemoto, K.(1996), "A Theory of Organizational Knowledge Creation," *International Journal of Technology Management*, 11(7-8), 833-845.

O'Reilly, C. A., Chatman, J., & Caldwell, D. F.(1991), "People and Organizational Culture: A Profile Comparison Approach to Assessing Person-organization Fit." *Academy of Management Journal*, 34(3), 487-516.

Pearson, J., & Nelson, P.(2000), *An Introduction to Human Communication: Understanding and Sharing*, Boston, MA: McGraw-Hill.

Peter Little(1977), *Communication in Business*, Longman; 3rd edition.

Richard L. Daft(2005), *Organization Theory and Design*, Cincinnati, OH: South-Western.

Sarasvathy, S. D., Dew, N., & Velamuri, S. R.(2002), "A Testable Typology of Entrepreneurial Opportunity: Extensions of Shane & Venkataraman(2000)," *Academy of Management Review*.

Schumpeter, Joseph A(2013), *Capitalism, Socialism and Democracy*, Routledge.

Simon, H. A.(1979),"Rational Decision Making in Business Organizations," *American Economic Review*, 69(4), 493-513.

Singh, R. (2001), "A Comment on Developing the Field of Entrepreneurship through the Study of Opportunity Recognition and Exploitation," *Academy of Management Review*. 26: 10-12.

Stair, R.M. and Reynolds, G.W.(2015), *Principles of Information Systems*, Cengage Learning, Boston, MA.

Thill, J. V., & Bovee, C. L.(2002), *Essentials of Business Communication,* Upper Saddle River, NJ: Prentice Hall.

Thomas, K. W.(1992), "Conflict and Conflict Management: Reflections and Update," *Journal of Organizational Behavior*, 13(3), 265–274.

Timmons, J. A.(1999), *New Venture Creation,* 5th ed, Burr Ridge, IL: Irwin McGraw–Hill.

Tuckman, B.(1965), "*Developmental Sequence in Small Groups*," *Psychological Bulletin*, 63, 384–399.

Urban, B.(2011), *Frontiers in Entrepreneurship, 1st ed.*, Johannesburg: Heinemann.

Vesper, K. H., and W. B. Gartner(1997), "Measuring Process in Entrepreneurship Education," *Journal of Business Venturing*, 12(5), 403–421.

Wang, R. Y., & Strong, D. M.(1996), "Beyond Accuracy: What Data Quality Means to Data Consumers," *Journal of Management Information Systems,* 12(4), 5–33.

Zack, Michael H.(1999), "Developing a Knowledge Strategy," *California Management Review,* 41.3, 125–145.

찾아보기

저자 소개

유순근

- 한림대학교 교수
- 고려대학교 경영대학 졸업
- 숭실대학교 대학원(경영학 박사)
- 법무부장관상 수상(2013)

[주요 저서]

- 벤처창업과 경영
- 센스경영학
- 창업 온·오프 마케팅
- 창의적 신제품개발(2판)
- 서비스 마케팅
- 센스 마케팅
- 비즈니스 커뮤니케이션
- 신상품 마케팅
- 기업가 정신과 창업경영
- 중소기업 마케팅
- 속임수와 기만탐지전략

센스경영학

발 행 일 • 2017년 2월 28일

저 자 • 유 순 근
발 행 자 • 최 봉 조
발 행 처 • 진샘미디어
주 소 • 서울시 은평구 연서로 5길 28 부호아파트 102동 상가5호
전 화 • 02)353-4421 / FAX 02)353-4431
홈 페 이 지 • www.jinsaem.co.kr

신 고 번 호 • 제311-2005-000025호
I S B N • 979-11-85504-75-9 93320

정가 29,000원